GRUNDLAGEN DER FAMILIENTHERAPIE

Konzepte für die Entwicklung von Systemen

Lynn Hoffman

ISKO–PRESS

Die amerikanische Originalausgabe erschien unter dem Titel
FOUNDATIONS OF FAMILY THERAPY

Aus dem Amerikanischen übersetzt
von Brigitte Eckert, Flensburg

2.Auflage 1987

ISBN 3-921648-47-5

Umschlaggestaltung: Marinell Haegelin
Druck: Druckhaus Cramer

Für meine Familie

Martha, Joanna, Livia und Ted

INHALT

Seite

Seite

VORBEMERKUNG

Eine große Anzahl von Leuten nahm an der langen Reise teil, die zu diesem Buch führte. Ich möchte Don Bloch, dem Direktor des Ackerman Institutes, meinen Dank aussprechen, der mir sehr großzügig ein inoffizielles Stipendium gewährte, indem er mir Raum und Zeit zur Verfügung stellte, um das Manuskript fertigzustellen.

Eine Atmosphäre kollegialer und kreativer Initiative wurde am Ackerman Institute durch Olga Silverstein und Peggy Papp vom 'Brief Therapy Project' geschaffen, wie auch durch die Mitglieder meines gegenwärtigen Forscherteams Gillian Walker, Peggy Penn, John Patten, Joel Bergman und Jeffrey Ross. Viele meiner Ideen verdanke ich den anregenden Diskussionen mit diesen wichtigen Kollegen.

Peggy Penn und Carl Bryant lasen die ersten Entwürfe des Manuskripts und standen mir mit gutem Rat und großer Ermutigung zur Seite, wofür ich ihnen sehr dankbar bin. Später wurde das Manuskript von Paul Dell und Carlos Sluzki sorgfältig durchgelesen, und ich integrierte ihre hilfreichen und wertvollen Vorschläge in den Text.

Mara Selvini Palazzoli und ihre Kollegen in Mailand, Giuliana Prata, Luigi Boscolo und Gianfranco Cecchin waren am Endstadium nicht beteiligt, ihre intellektuelle Energie und ihre persönliche Unterstützung waren jedoch sehr wertvoll für mich. Dafür bin ich ihnen dankbar, wie auch für ihre nie nachlassenden Ermutigungen.

Ebenfalls danken möchte ich anderen Kollegen, die mich belehrt, angeregt und an mich geglaubt haben. Zu ihnen gehört der verstorbene Don Jackson, Virginia Satir, Jay Haley, Dick Auerswald, Salvador Minuchin, Harry Aponte, Carl Whitaker, Monica McGoldrick, Carrell Damman und Harry Goolishian.

Ich schulde John Byng-Hall, Philippe Caille, Rosalind Draper und Mia Andersson Dank für ihr Verständnis und ihre Anerkennung meiner Arbeit und für ihre Hilfe, diese Arbeit Kollegen in England und in Europa bekannt zu machen.

Ich danke der Herausgeberin Jo Ann Miller von Basic Books, die von Anfang an auf dieses Projekt vertraute und mir half, dem Manuskript seine endgültige Form zu geben. Selten findet man einen Herausgeber, der sich so uneingeschränkt und kreativ allen Details widmet, die einem Buch den letzten Schliff geben.Die Projekt-Herausgeberin Julia Strand arbeitete zu

jeder Zeit geduldig und sorgfältig und brachte das Manuskript in seine endgültige Form. Anerkennung möchte ich auch den Bemühungen von Leo Goldberger aussprechen, der mich zu Basic Books brachte.
Schließlich danke ich den Angestellten und der Fakultät des Ackerman Institutes, die mir die respektvolle und anregende Umgebung boten, in der ich arbeitete, und die mir in großen und kleinen Dingen behilflich waren. Allen diesen Menschen und meiner Familie, die mir während dieses langen Prozesses zur Seite standen, und den vielen anderen, die ich aus Platzmangel nicht namentlich erwähnen kann, sage ich herzlichen Dank.

Februar 1981

Lynn Hoffman

VORWORT

In diesem Band gibt Lynn Hoffman eine dringend erwartete Darstellung und Integration von Theorie und Technik der Familientherapie. Sie überblickt das gesamte Gebiet; sie besitzt jenes auf das Wesentliche gerichtete enzyklopädische Wissen, das sich nur aus langer und kritischer Beobachtung der Besten ihrer Kollegen bei der Arbeit erklären läßt, sowie aus der Auseinandersetzung mit der Lehre und Praxis der Familientherapie, und schließlich aus der Bewältigung der jetzt so stark angewachsenen einschlägigen Literatur. Dieser mutige Versuch trägt zu Recht den Titel 'Grundlagen'.

Man kann mit Sicherheit sagen, daß dieses Buch nicht zu einem früheren Zeitpunkt hätte geschrieben werden können, und daß es auch nicht verfrüht vorgelegt worden ist. Wir befinden uns am Ende eines zweiten grossen Wachstumszyklus in diesem Gebiet. Es ist jetzt erforderlich, eine Bestandsaufnahme zu machen, die verschiedene Ergebnisse zusammenzufassen und das bereits Erarbeitete zu konsolidieren. Diese Aufgabe erfüllt das vorliegende Buch vortrefflich; es wird als solide Grundlage für zukünftige Entwicklungen dienen können.

Die Familie als klinische Einheit und als ergiebiges Feld für theoretische Erörterung begann im dritten Jahrzehnt unseres Jahrhunderts, zuerst in geringem Umfang, aber in dramatischer Weise, die Aufmerksamkeit auf sich zu lenken. Die klinische Psychiatrie wurde während dieser Epoche und während der noch wichtigeren Nachkriegszeit von der Psychoanalyse beherrscht, die ihrerseits auch schon durch innere Erneuerungsbestrebungen erschüttert wurde. Psychoanalytiker wie Sullivan, Horney, Thomson und Fromm-Reichmann sowie viele andere dehnten die Perspektive ihrer Wissenschaft aus, um Einsichten aus der Feldforschung, der Sprachwissenschaft und der Kulturanthropologie miteinbeziehen zu können. Als daher die psychoanalytische Theorie immer kompliziertere Modelle intrapsychischer Sequenzen und Strukturfunktionen konstruierte, wurde immer beharrlicher von den 'Neuigkeiten eines Unterschiedes' gesprochen. Dieser Unterschied bestand im Kontext – und zwar zunächst darin, daß der Kontext, linear gesehen, Wirkungen hatte, und später darin, daß dieser Kontext gleichbedeutend war mit Wirkungen. Das klinische Interesse an der

Familie folgte auf ganz natürliche Weise – und der erste große Wachstumszyklus hatte begonnen.

Wie Hoffman deutlich herausstellt, verlief die systemische Evolution in der Psychotherapie zeitlich parallel zu tiefgreifenden Umwälzungen in der Sichtweise der Naturwissenschaften und anderer Verhaltenswissenschaften. Um nur ein Beispiel herauszugreifen: Die 'Society for General Systems Research'(Gesellschaft für Allgemeine Systemforschung) wurde 1954 gegründet und begann mit der Veröffentlichung ihrer anerkennenswerten Jahrbücher zwei Jahre später. Ich habe mir ganz willkürlich den zweiten Band dieser Serie herausgegriffen und bin auf Anatol Rappaports Kritik von Lewis F.Richardsons 'Mathematical Theory of War'(Die mathematische Theorie des Krieges) gestoßen. Unter der Überschrift 'Etiology of Deadly Quarrels'(Ätiologie tödlicher Auseinandersetzungen) finden wir folgendes:
„Man findet sich immer der Versuchung ausgesetzt, nach linearen Beziehungen von Ursache und Wirkung zu suchen, und zwar besonders dann, wenn die Ereignisse für unser Überleben von größter Wichtigkeit sind." Diese Beobachtung trifft genau zu, und Hoffman macht eben dieses Problem zum Ausgangs- und Endpunkt ihrer Untersuchungen.

Hoffman beginnt ihre Bemühungen um Integration, indem sie sich genau ins Zentrum des epistemologischen Streites begibt:„Der Hauptbegriff der neuen Epistemologie ist die Idee der Zirkularität – und das gilt sowohl für das homöostatische als auch für das evolutionäre Paradigma." Sie hält sich nur kurz mit Linearität auf und begibt sich dann rasch an die Beschreibung ihrer persönlichen intellektuellen Reise. Wie mir scheint, liegt das Wesentliche dieser Reise in dem Versuch zu verstehen, was Schöpfung, Genesis, ist:„Ich war... fasziniert von der Idee, daß Andersartigkeit oder Abartigkeit per se nicht das negative Element war, für das man es gehalten hatte, wenn man sich erst einmal vom Standpunkt jener löste, die es unbedingt korrigiert haben wollten." Das damit verbundene epistemologische Rätsel von Morphostase/Morphogenese stellt in 'Grundlagen der Familientherapie' den roten Faden dar, auf dem die Arbeiten der Theoretiker und klinischen Erneuerer auf dem Gebiet der Familientherapie wie viele glänzende Juwelen aufgereiht sind. Das Kernstück davon ist Bateson: Hoffmans Erörterung seines Frühwerkes 'Naven' und des Begriffes der Schismogenese bilden die Grundlage ihrer Diskussion, „jener merkwürdigen, sich selbst verstärkenden Zyklen", die letztlich das Ziel des Familientherapeuten sind.

Einige gelehrte Forscher und Kliniker, deren Werke in diesem Buch beschrieben sind, sind vielleicht ein wenig pikiert über die nicht zu vermeidende knappe Darstellung ihrer Arbeit. Aber man beachte das außergewöhnliche Spektrum von Talenten: Alle Sterne erster Größe sind eingeschlossen und – mit einigen wenigen Ausnahmen – auch die etwas kleineren Lichter. Hoffmans Arbeit ist aufmerksam, elegant und umfassend. Ich bin beeindruckt von der Ernte ihrer jahrelangen, sorgfältigen Beobachtung. Sie wußte, wer gut war, und – was noch mehr ist – sie wußte, wer gut sein würde.

Ich möchte ihrer Auswahl von ganzem Herzen und ohne jede Einschränkung beipflichten. Die Arbeit der hier zitierten Autoren stellt die grundlegende Literaturliste auf diesem Gebiet dar. Wer sich ernsthaft mit dieser Materie befassen will, könnte mit seiner Ausbildung genau hier anfangen, indem er ganz systematisch dem von Hoffman gewiesenen Pfad folgt: Bateson, Haley, Buckley, Wertheim, Watzlawick, Jackson, Ackerman, Minuchin, Rabkin, Selvini Palazzoli, Auerswald, Wynne, Whitaker, Satir, Weakland, Paul – Hoffman hat das absolute Gehör für die Koriphäen – Prigogine, Elkaim, die Liste ist schier endlos.

Es ist wichtig, sich immer zu vergegenwärtigen, daß Familientherapie eine klinische Wissenschaft ist. Die Güte ihrer Theorien erweist sich darin, ob sie Handlungen erzeugen oder wissenschaftlich begründen können, die zu einem Richtungswechsel führen, der für wünschenswert gehalten wird (von jemandem, der bereit ist, die Rechnung zu begleichen). Es wäre wünschenswert, wenn diese Theorien elegant, sparsam und mit anderen guten Theorien vereinbar wären. Auch sollten sie empirisch verifizierbar sein (was Batesons Ungeduld mit den Bemühungen bezeugt, die Doppelbindungshypothese empirisch zu verifizieren). Aber der Kliniker wird immer bereit sein, eine schlechte Theorie abzukaufen, wenn sie nur funktioniert. Und er wird lieber Wirkungen erzielen als peinlich genau sein, wenn er damit nur Erfolg hat. Das Wunder der Familientherapie besteht in der Verlagerung zu einer systemischen Sichtweise: „Ich muß deine ganze Familie kennenlernen, damit ich dir helfen kann." Dies ist in sich und aus sich heraus eine wirksame Intervention. Wenn man unvoreingenommen und nicht darauf aus ist, jemandem die Schuld zuzuschieben, und wenn man sich ferner gewissenhaft an das Prinzip hält, die Familie zu versammeln, um Kummer oder Fehlverhalten eines ihrer Mitglieder zu erforschen und zu modifizieren, dann ist diese Methode ausgesprochen förderlich. Ich habe an anderer Stelle erwähnt, alle Kliniker sollten jetzt verpflichtet sein, eine Erklärung abzugeben, wenn sie sich entscheiden, den Einstieg in ein Problem über einen anderen als diesen Weg zu nehmen.

Zwei Ströme von Ideen fließen durch den vorliegenden Band. Der erste hat – wie ich bereits erwähnte – Bateson als Quelle und beschäftigt sich mit dem Sammeln der Elemente einer Einheitstheorie der Familienfunktion und der Familientherapie. Hoffman hätte sich durchaus auf diese monumentale Aufgabe und auf jene Autoren beschränken können, deren Werke in diesem Zusammenhang von größter Bedeutung sind. Aber auch die Pioniere, die Bilderstürmer und die großen Erneuerer haben uns viel zu geben. Wo allerdings eine einheitliche Theorie noch nicht voll existiert –

obwohl das vorliegende Buch wichtige Geburtshelferdienste leistet – da steht Hoffman vor der strategischen Entscheidung, wie man sowohl der einen unteilbaren Wahrheit als auch den vielen Wahrheiten gerecht wird.

Natürlich sind alle hier zitierten Autoren sowohl Füchse als auch Igel, die sowohl viele Wahrheiten durchschauen als auch die eine unteilbare (die sie dann allerdings sehr gut kennen). Aber die großen Naturtalente und die reinen Wahrheitssucher erfordern eine andere Behandlung. Man vergleiche zum Beispiel Ackerman und Minuchin sowie Satir und Jackson. Beide Paare hatten ihren Ausgangspunkt und ihr Betätigungsfeld unter denselben allgemeinen Voraussetzungen: Satir und Jackson arbeiteten an dem auf Kybernetik ausgerichteten Mental Research Institute in Palo Alto; Ackerman und Minuchin hatten ihre Wurzeln an der Ostküste in der Welt der psychoanalytischen Kinderpsychiatrie. Allen vier gemeinsam ist eine mächtige Persönlichkeit, und es kann kein Zweifel daran bestehen, daß sie einen starken Eindruck machen; sie haben ausgeprägte Eigenschaften und sind individuell. Und niemand würde einen von ihnen mit den anderen verwechseln. Ackerman und Satir müssen jedoch als Personen erhalten bleiben, wenn ihr Genie und ihre besonderen Beiträge die gebührende Beachtung finden sollen. Man muß Hoffman Achtung für diese Erkenntnis zollen und für ihre Fähigkeiten bei der erfolgreichen Durchführung dieser Aufgabe. Sie hat einen forschenden und wohltuenden Blick, eine Art der Nachforschung, die nicht nur fragt:„Was geht hier vor sich?", sondern auch:„Was geht hier vor sich, und was ist daran gut?" Ihre Forschungsergebnisse werden hier klar und treffend dargelegt. Ich hatte das Glück, alle die Menschen kennenzulernen, mit deren Arbeiten sich Hoffman in diesem Buch beschäftigt. Ich kann mich dafür verbürgen, daß sie äußerst genau in der Auswahl von deren wesentlichen Ideen ist; und da, wo eine persönliche Beschreibung angebracht ist, malt sie ein sehr geschicktes Bild mit den Worten einer komplexen Palette.

Betrachten wir nur einmal ihre Skizze von Virginia Satir. Satir hat einen enormen Einfluß gehabt. Sie war von Anfang an bei der Gruppe am Mental Research Institute in Palo Alto und gilt als Gründungsmutter auf dem Gebiet der Familientherapie. Im Laufe der Jahre hat sie eine Vielzahl von Patienten und Kollegen mit neuer Energie erfüllt. Sie stellt aber – und darin sind Hoffman und ich uns einig – ähnlich wie Milton Erickson eine Klasse für sich dar. Sie sind einfach Prachtexemplare und lehren durch ihre Gegenwart. Ihr Genie steht in scharfem Kontrast zu den kochbuchartigen Techniken Jay Haleys, obwohl er ein meisterhafter Dramatiker ist, der jeden 'Einsatz des Ich' meidet und seine Schüler dazu zwingt, sich selbst sehr einzuschränken und explizit zu sein darüber, was erledigt werden muß und wie es zu erledigen ist.

Ich möchte aber die Aufmerksamkeit des Lesers auf Hoffmans Anekdote über Satir lenken. Sie trug sich in einem Erstinterview zu. Der designierte

Patient ist ein junger Mann, der zwei Mädchen geschwängert hat. Die Familie vergeht vor Scham. Der Junge sitzt isoliert in einer Ecke des Behandlungsraumes. Und dann eröffnet Satir ihren Auftritt mit der herrlichen Zeile: „...möchte ich dir sagen, daß wir eins mit Sicherheit wissen: Du hast einen guten Samen." In einem einzigen Satz erhalten wir hier positive Konnotation, ein neues Bezugssystem, eine meisterhafte Neuverteilung des Mächtegleichgewichts – und mit großer Wahrscheinlichkeit eine 'tiefe' Deutung der Vorgeschichte und der Dynamik dieses Ereignisses. Dies haben wir Hoffman zu verdanken: Sie war anwesend (es fand 1963 statt), sie erkannte es als signifikant, sie behielt es im Gedächtnis und sie übermittelte es.

Das vorliegende Buch ist angefüllt mit solchen Anekdoten, die aus direkter Beobachtung und dem einfühlsamen Studium der Fachliteratur gewonnen sind. Vor allem liegen aber auch Hoffmans eigene originelle Ideen vor, die in das übrige hier angebotene Material eingearbeitet und gedeutet werden. Um nur ein Beispiel herauszugreifen: Ihre Verbindung von Ashby und Minuchin in ihrem klassischen Artikel 'Enmeshment and the Too Richly Cross-Joined System'(Verstrickung und das System mit zu vielen Querverbindungen) wird Klinikern und Theoretikern noch auf Jahre hinaus Denkanstöße geben.
Ich hätte mir das Buch gern länger gewünscht und möchte ihm damit ein Lob mit einer ganz schwachen Verurteilung aussprechen. Die Einschränkungen durch den zur Verfügung stehenden Rahmen sollten vom Leser gewürdigt werden, besondern von dem Anfänger in diesem Gebiet, der das Studium des vorliegenden Werkes als eine gewaltige Hausaufgabe ansehen sollte. Die Leser werden in ihm wieder etwas nachzuschlagen haben – ich kann mir keinen besseren Grund für den Kauf eines Buches als diesen denken.

Februar 1981

Donald A.Bloch, M.D.

Prolog

HINTER DEM SPIEGEL

Dieses Buch ist eine Reise in ein neu entdecktes Königreich, nämlich in die Welt hinter dem Spiegel. Für mich war das Erscheinen des Einwegspiegels, den Kliniker und Forscher seit den fünfziger Jahren einsetzten, um Familieninterviews live zu beobachten, vergleichbar mit der Entdeckung des Teleskops. Etwas anders zu sehen, gab uns die Möglichkeit, auch anders zu denken. Und die neuen Denkweisen haben zu einer erkenntnistheoretischen Revolution geführt, die alle Wissenschaftsbereiche berührt und die viele traditionelle Konzepte in Frage stellt, vom Glauben an die lineare Kausalität bis hin zu den Theorien der individuellen Motivation.

Familientherapie ist zwar nicht per se eine behavioristische Wissenschaft, sie nimmt aber eine merkwürdige Stellung ein, da sie zu den wenigen Gebieten der behavioristischen Forschung und Praxis gehört, die durch diese erkenntnistheoretische Verschiebung beeinflußt wurden. Sie ist daher mehr als nur eine neue Therapietechnik; sie ist begründet auf neuen Vermutungen über menschliches Verhalten und menschliche Interaktion mit weitreichenden Implikationen. Um sie wirklich zu verstehen, müssen wir mehrere Jahrzehnte zurückgehen und die verschiedenartigen Themen und Konzepte erforschen, aus denen die Familienbewegung sich entwickelt hat.

Ein Zwei-Kammer-Modell

Wir wollen mit der technologischen Erfindung beginnen, die wir gerade eben beschrieben haben: dem Einwegspiegel. Der Anthropologe Gregory Bateson sprach in 'Mind and Nature' (Geist und Natur) von den Vorzügen eines Zwei-Kammer-Konzeptes – es ist der Sprung zu einer neuen Perspektive oder das Auftauchen neuer Möglichkeiten, die sich ergeben, wenn zwei Augen, zwei Hände und zwei Gehirnhälften zusammengestellt werden.(1) Dieses Konzept läßt sich auch auf den Einwegspiegel anwenden.

Durch den Spiegel wurde die Psychotherapie in eine Zwei-Kammer-Interaktion verwandelt,die eine ähnliche Möglichkeit eröffnete, neue Dimensionen zu erforschen. Man hatte nun zwei Plätze zur Verfügung. Man konnte die eine Position einnehmen und diese dann von einem anderen auf der zweiten Position kommentieren oder beurteilen lassen.

Es ist daher nicht verwunderlich, wenn dieser Spiegel eine Art Hochsitz wurde, von dem aus die Fauna eines Gebietes betrachtet werden konnte, das schon immer vor unseren Augen ausgebreitet dagelegen, das wir jedoch nie wirklich gesehen hatten. Als die ersten Familien mit Schizophrenen untersucht wurden, entdeckte man sehr früh, daß die Schizophrenie, die man für eine Geisteskrankheit des Individuums gehalten hatte, vielleicht gar keine Krankheit im medizinischen Sinne war. Sie war vielleicht nicht einmal eine Störung. Man konnte sie vielleicht eher als normale Äußerung ansehen, die in den Familien – oder in der sozialen Umgebung, in der sie auftrat – eine Bedeutung hatte.

Dies war nicht nur für die Vorgänge der Beurteilung, sondern auch für die der Therapie beim Zwei-Kammer-Konzept von Vorteil. Der Gebrauch von zwei Räumen zur Aufteilung der Therapieaufgaben – ganz gleich, wie diese Aufteilung beschrieben wurde – führte zu einer neuen und durchschlagenden Methode zur Organisation von Systemveränderungen. Durch dieses Modell wurde es möglich, sich von einem Konzept abzuwenden, das für viele schon veraltet war, das Konzept vom Therapeuten, der als unabhängig Handelnder auf ein unabhängiges Subjekt einwirkt, auf den Klienten oder die Familie.

Warum war dieses Konzept überholt? Um dies zu erklären, muß ich unseren Blick erweitern und eine Reihe von Ideen beschreiben, die unser aristotelisches Universum seit langem erschüttern. Die Verschiebung zu diesen Ideen hin ist zunächst einmal sehr eng verbunden mit Entwicklungen auf den Gebieten der Physik, Biologie, Mathematik und mit den kognitiven Wissenschaften, die sich aus der Computertechnologie entwickelt haben. Merkwürdigerweise hatten am Anfang nicht so sehr die Psychotherapeuten den größten Einfluß auf den Familienbereich, sondern Wissenschaftler wie der Informationstheoretiker Claude Shannon, der Kybernetiker Norbert Wiener und der allgemeine Systemtheoretiker Ludwig von Bertalanffy. Zu ihnen gehört auch Gregory Bateson, dessen geniale Synthesen uns zeigen, wie Ideen von so unterschiedlichen Quellen nützlich sind, um Kommunikationsprozesse zu verstehen, einschließlich jener, die mit der Psychotherapie verbunden sind. Bateson war auch einer der ersten, der uns mit dem Gedanken vertraut machte, eine Familie könne analog zu dem homöostatischen oder kybernetischen System gesehen werden.

Zum Leidwesen derer, die zur Einfachheit neigen, entwickelte sich jedoch das Untersuchungsfeld Familie nicht in einer direkten Linie aus den Vorstellungen dieser frühen Denker. Es gibt jetzt zwei verschiedene Generationen von Auffassungen der Familientherapie. Aufbauend auf dem kybernetischen Modell haben Theoretiker wie der kürzlich verstorbene Psychiater Don Jackson vom Mental Research Institute in Palo Alto (Kalifornien) die gleichgewichterhaltenden Eigenschaften des symptomatischen Verhaltens in der Familie betont, als sei es buchstäblich analog zu den homöostatischen Elementen zu sehen.(2) In jüngerer Zeit haben Theoretiker wie der Psychologe Paul Dell von der Universität Texas ein Evolutionsmodell entwickelt und es dem homöostatischen vorgezogen.(3) Dell leitete seine evolutionäre Epistemologie von der Arbeit einiger Wissenschaftler ab, die in den siebziger Jahren zu Ruhm gelangten,wie zum Beispiel der Physiker Ilya Prigogine oder der Biologe Humberto Maturana. Er entwickelte das Konzept, Familien seien — wie alle lebenden Systeme — sich weiter entwickelnde, nicht im Gleichgewicht befindliche Einheiten, die eine plötzliche Veränderung durchmachen können. Dell wendet dieses Evolutionsparadigma auf eine Betrachtungsweise der Familiensysteme an, im Gegensatz zum homöostatischen Paradigma der früheren Familienforscher.

Zirkuläres und lineares Denken

Der zentrale Begriff der neuen Epistemologie — sowohl im homöostatischen als auch im Evolutionsparadigma — ist die Vorstellung von der Zirkularität. Auf dem Gebiet der geistigen Gesundheit wächst die Unzufriedenheit über die lineare Kausalität des westlichen Denkens. Traditionsgemäß dachte man über Geisteskrankheiten in linearen Begriffen mit historischen und kausalen Erklärungen für das Unglück.

Bemühungen zur Erklärung symptomatischen Verhaltens waren meistens entweder auf einem medizinischen oder einem psychodynamischen Modell begründet. Ersteres vergleicht emotionales oder geistiges Unglück mit einer biologischen Störung oder Krankheit. Die Behandlung besteht darin, eine 'Aetiologie' (Ursachenforschung) der sogenannten Krankheit zu betreiben — ein typisch lineares Gebilde — und dann eine Behandlung einzuleiten, wie zum Beispiel Drogen zu verabreichen oder andere Mittel zu erfinden, mit denen diese körperlichen Vorgänge verändert oder blockiert werden können, die man für den Zustand des Patienten verantwortlich macht. Natürlich sind es Ärzte, die diese Behandlung beaufsichtigen, und die Umgebung ist häufig das Krankenhaus.

Das psychodynamische Modell ist beeinflußt von Entdeckungen des neunzehnten Jahrhunderts über Formen der Energie wie Elektrizität und Dampf. Wie beim medizinischen Modell stellt man sich Aetiologie in linearen Begriffen vor. Die Symptome stammen angeblich von einem Trauma oder einem Konflikt aus der Vergangenheit des Patienten; verschiedene Gründe ließen den Patienten dieses Trauma oder diesen Konflikt ins Unbewußte verweisen. Die Behandlung besteht darin, dem Patienten dabei zu helfen, die Erinnerung an diesen unterdrückten Vorfall zurückzugewinnen – wobei es sich auch um eine Einbildung oder einen nicht akzeptierbaren Wunsch handeln kann – und die Emotionen neu zu empfinden, die begraben wurden. Wenn dieses verborgene Material dem Patienten erst einmal bewußt wird, und wenn die begrabenen Emotionen erst einmal innerhalb des sicheren Rahmens der therapeutischen Beziehung 'durchgearbeitet' worden sind, wird der Patient dieses Symptom vermutlich nicht länger brauchen.

Für beide Modelle ist also typisch, daß die symptomatische Seelenqual als ein Versagen angesehen wird, das entweder biologische oder physiologische Gründe hat oder aus einem unterdrückten Vorfall aus der Vergangenheit stammt. In beiden Modellen ist das Individuum der Ort dieses Versagens, und die Ursache ist verbunden mit einer Fehlerhaftigkeit seiner Gene, seiner Biochemie oder seiner intrapsychischen Entwicklung.

Nach Jahrzehnten strenger Anlehnung an diese Modelle begann sich ein neues Konzept herauszubilden. Beweise, die von den Beobachtern hinter dem Einwegspiegel geliefert wurden, unterstützten die wachsende Enttäuschung mit dieser linearen, historischen Betrachtungsweise. Wenn man eine Person mit einem psychischen Leiden im Sprechzimmer eines Arztes sah, lag die Vermutung nahe, sie leide an einer in der Vergangenheit entstandenen intrapsychischen Krankheit; sah man aber dieselbe Person mit der Familie und im Zusammenhang mit den gegenwärtigen Beziehungen, begann man, etwas völlig Neues zu sehen. Man konnte Beziehungen und Verhaltensweisen eines jeden Anwesenden erkennen, aus denen sich viele zirkuläre, kausale Schlaufen zusammensetzten, die vor- und zurückgespielt wurden, wobei das Verhalten des Kranken nur ein Teil eines größeren, immer wiederholten Tanzes war.

Von allen, die über diese Verschiebung zu einer zirkulären Ursachenforschung geschrieben haben, hat Gregory Bateson am intensivsten und ausdauerndsten versucht, dieses flüchtige Wild zu stellen. In 'Mind and Nature' unterscheidet er zwischen der Welt der physikalischen Objekte und der Welt der lebenden Formen.(4) Die physikalische Welt des Newton geht vom Modell des Billardspiels aus, bei dem die Kausalität linear ist und die Kräfte in einer Richtung auf die Dinge einwirken. Bateson wendet dagegen ein, die Welt der lebenden Formen sei nur armselig erklärt, wenn man sie mit einem Billardtisch vergleiche. In der Welt der lebenden Formen seien nicht nur die Kraft, sondern auch die Information und die Beziehung wichtig.

Das klassische Beispiel für seinen Standpunkt ist der Unterschied zwischen dem Treten eines Steines und dem Treten eines Hundes. Im Fall des Steines bewirkt die Energie, die durch den Tritt vermittelt wird, daß der Stein eine bestimmte Entfernung hinter sich legt, die durch das Gewicht des Steines, durch die Kraft des Trittes usw. vorhersagbar ist. Wenn aber ein Mensch einen Hund tritt, hängt die Reaktion des Hundes nicht allein von der Energie dieses Menschen ab, denn der Hund hat seine eigene Energiequelle, und das Ergebnis ist unvorhersagbar. Neuigkeiten über eine Beziehung werden hier übermittelt – die Beziehung zwischen dem Menschen und dem Hund. Der Hund kann auf verschiedene Weisen reagieren, abhängig von der Art der Beziehung und seiner Interpretation des Tritts. Er wird sich vielleicht krümmen, vielleicht weglaufen oder versuchen, den Menschen zu beißen. Und das Verhalten des Hundes wird wiederum eine Nachricht für den Menschen enthalten, durch die dessen darauf folgendes Verhalten modifiziert werden kann. Wird der Mensch zum Beispiel gebissen, überlegt er es sich vielleicht noch einmal gut, ehe er diesen Hund erneut tritt.

Wir brauchen also, so argumentiert Bateson, eine neue Grammatik, eine neue deskriptive Sprache, um zu beschreiben, was in der Welt der Lebewesen vor sich geht. Wodurch wird diese Grammatik charakterisiert? Wie zu erwarten, wehrt sie sich zunächst einmal gegen eine 'Ding'-Sprache, die sich aus den linearen Begriffen von Ursache und Wirkung entwickelt hat, und zieht ihr eine rekursive Sprache vor, in der sich alle Elemente eines gegebenen Vorganges miteinander bewegen. „Der Mann benutzte eine Sense, um ein Feld zu mähen", ist Dingsprache und linear. Sie gibt zu verstehen, daß ein gekennzeichnetes Segment (ein Mann) ein anderes gekennzeichnetes Segment (eine Sense) genommen und benutzt hat, um ein weiteres Segment (ein Feld) zu bearbeiten. Man kommt zu einem linearen Fortschreiten: A wirkt mit B auf C ein und erzielt D.
Hier nun eine rekursive, zirkuläre Beschreibung desselben Vorganges, wie sie Mary Catherine Bateson, die Tochter des Anthropologen, vorgenommen hat:
„Ein Mann mit einer Sense wird eingeschränkt durch die Form der Sense; sogar seine eigene Körperbewegung erhält Instruktionen durch die Krümmung seines Werkzeugs: eine über Generationen reichende konkrete Proposition über die Einheit der Bewegung von Mensch und Werkzeug durch hochgewachsene Felder; im Laufe der Zeit wird seine eigene Muskulatur das darstellen, was ihn die Sense gelehrt hat, erst durch Steifheit, dann durch sich langsam herausbildende Anmut und Geschicklichkeit. Wir brauchen Zeit, um dieses System zu verstehen und in ihm mehr als nur die instrumentelle Seite zu sehen."(5)

Im System mit Lebewesen ist es nicht möglich, einem Teil einen kausalen Einfluß gegenüber dem anderen zuzusprechen, oder überhaupt irgendwelche linearen Kennzeichen aufzustellen. Wie Bateson sagt: Ein Gehirn 'denkt' nicht. Was 'denkt', ist das Gehirn in einem Menschen, der Teil größerer Systeme ist, die sich mit ihrer Umgebung im Gleichgewicht befinden. Man kann keine Linie ziehen und dann auf die eine Seite den denkenden Teil stellen und auf die andere Seite den Teil, der aus dem Denken Nutzen zieht. „Was denkt, ist ein vollständiger Kreislauf."(6)

So spricht Bateson auch bei der Beschreibung der Evolution des Pferdes über die Beziehung zwischen Pferd und Gras, wobei jeder auf Veränderung des anderen reagiert. Vom Pferd, das sich 'entwickelt' und vom Gehirn, das 'denkt' zu sprechen, als wären sie nicht Teil eines andauernden, auf sich selbst zurückweisenden Prozesses, der auch andere Elemente beinhaltet, hieße die Gesetze der Relativität der lebenden Formen zu ignorieren. Newtonsche Beschreibungen klassifizieren einen Gegenstand in bezug auf seine inhärenten Eigenschaften und Charakteristika. Rekursive Beschreibungen bestimmen einen Gegenstand als seine Beziehung zu anderen Gegenständen. Um noch einmal Bateson zu zitieren:
„Ich war und bin völlig fasziniert von folgender Entdeckung: Wenn man die Sprache richtig benutzt, um eine blühende Pflanze zu beschreiben, sagt man, das Blatt sei ein seitliches Organ an einem Stengel, der durch eine Knospe, d.h. durch einen kleinen Stiel, in seiner Blattachsel gekennzeichnet ist. Die Definition sieht also so aus: Ein Stiel ist der Teil, der das Blatt trägt, und das Blatt ist der Teil, der in seinem Ansatzpunkt einen Stiel hat; und der Teil im Ansatzpunkt des Blattes ist ein kleiner Stiel usw."(7)

Solche Gedanken ziehen ungewöhnliche Folgerungen nach sich, nicht zuletzt bei der Anwendung in der Psychotherapie. Der Therapeut kann nicht länger als derjenige gelten, der durch seine Persönlichkeit, sein Geschick oder durch seine Technik auf den Patienten oder die Familie 'einwirkt'. Der Therapeut ist nicht der Handelnde und der Klient nicht das Subjekt. Beide sind Teil eines größeren Bereiches, in dem der Therapeut, die Familie und alle möglichen anderen Elemente auf eine Weise handeln und aufeinander reagieren, die nicht vorhersagbar ist. Denn jede Aktion und jede Reaktion verändern beständig den Charakter des Umfeldes, in dem sich die Elemente dieses neuen therapeutischen Systems befinden. Eine zirkuläre Epistemologie zwingt den Therapeuten, der Tatsache Rechnung zu tragen, daß er unvermeidlich Teil dieses größeren Umfeldes ist, ein nicht herauszulösendes Element dessen, was er zu verändern sucht.

Der Anfang der Reise

Als sich dieses Buch noch in der Planung befand, war das, was wir jetzt das homöostatische Modell der frühen Familientherapieforschung nennen, in seinem Anfangsstadium, und das evolutionäre Modell, das sich auf den neueren Gedanken der Physik und anderer Wissenschaftsgebiete begründet, war kaum entstanden. 197o schrieb ich einen Artikel über devianzverstärkende Vorgänge (ursprünglich unter dem Titel 'Beyond Homeostasis'), in dem sich Vorstellungen finden, die – wie mir jetzt scheint – versuchen, die beiden Positionen zu verbinden oder die erste weiter zu entwickeln.(8) Er wurde gleichzeitig mit einem ähnlichen Aufsatz veröffentlicht, und zwar mit Albert Speers 'Family Systems. Morphostasis and Morphogenesis', der ebenfalls die Grenzen des homöostatischen Modells sprengte.(9)

Dieses Buch entstand aus dem dringenden Bedürfnis, ein Rahmengefüge herzustellen, das erklären sollte, woher die Begriffe kommen, die in beide Modelle eingehen,und wie diese Modelle zusammenpassen mit vielen anderen Vorstellungen und Modellen, die noch immer im Bereich der Familientherapie hervorsprudeln. (Familientherapie war – und ist es auch immer noch – ein wundersamer Turm zu Babel; die Leute in ihm sprechen viele verschiedene Sprachen.) Zusätzlich habe ich versucht, andere Forschungsergebnisse der sozialen und behavioristischen Wissenschaften zu integrieren, um die Beobachtungen der Kliniker, die mit Familien arbeiten, zu unterstützen.

Meine Faszination für soziale Bereiche und ihre systematische Beschreibung spielte auch eine Rolle bei den Untersuchungen, aus denen sich dieses Buch ergab. Meine Erfahrungen sind vergleichbar mit jenen der frühen Meteorologen, denen deutlich wurde, daß Wettersysteme nicht nur örtlich verstanden werden konnten: Regengüsse für die einen konnten Trockenheit für die anderen bedeuten. Wenn man die Wettersysteme untersucht, stößt man unter Umständen auf komplexe, sich stets wiederholende Vorgänge, in denen verschiedene Elemente ineinander übergreifen: Wind, Vektorströmungen, Wolken, Feuchtigkeit, kalte und warme Wetterfronten, Zeitzonen, Längen- und Breitengrade, die Wirkung der Mondanziehung oder der Sonneneruptionen. Vor allem müßte es eine Möglichkeit geben, den wechselnden Unterschieden bei diesen Variablen Rechnung zu tragen. Um weiter zu wachsen und sich zu entwickeln, mußten die Wissenschaftler der Meteorologie eine Art Aussichtsturm finden, von dem aus sie die Muster und Abfolgen, die sich gleichartig oder unterschiedlich durch die Zeit bewegten, beobachten konnten, anstatt sich nur auf einen bestimmten Wettervorgang zu beschränken, der zufällig an diesem oder jenem Ort stattfand. Kurz gesagt, man mußte die größeren Strukturen erkennen, die unsere modernen Wetterkarten ausmachen. Heute zeigen die Satellitenfotos, die buchstäblich von Aussichtstürmen am Himmel gemacht werden, die Spiralen dieser Wettersysteme, grafisch dargestellt durch Wolkenformationen, die die Erde umkreisen.

Auch die menschliche Verhaltensforschung ist ähnlichen Veränderungen unterworfen worden. Solange man sozusagen auf der Erde stand und an einem Tag Regen erlebte und am nächsten die Sonne, mußte man eine Dämonologie finden, die diese unterschiedlichen Erscheinungen beherrschte. So war es auch mit ungewöhnlichen Verhaltensweisen. Immer wieder wurden Dämonologien erfunden, die irrationales Verhalten erklärten, von Menschengruppen erfunden, um die unterschiedlichen Wetterzustände der Seele zu erklären. Zu manchen Zeiten glaubte man, mächtige Geister beeinflußten eine Person von außen; zu anderen Zeiten dachte man, mächtige Impulse beherrschten eine Person von innen.

Erst kürzlich hat man erkannt, daß — wie auch das Wetter als ein großes, sich bewegendes System gesehen werden kann — menschliches Verhalten sich vielleicht aus umfangreichen Beziehungsstrukturen herleiten läßt, die sich durch die Zeit bewegen. Der Ausspruch: „Er ist schizophren" — das heißt, ist eine Person mit einer angeblich geistigen Störung — ergibt so viel Sinn, als wenn man sagt: „Es ist ein regnerischer Tag". Der sogenannte Schizophrene kann genauso gut als eine Erscheinung des umfangreichen Wettersystems der menschlichen Verhältnisse dargestellt werden. Der nächste Schritt besteht dann darin, einen erdachten Satelliten zu erfinden, von dem aus man die Muster und Abfolgen beobachten kann, aus denen sich für uns die Wetterkarten für solche Verhaltensweisen ergeben, zumindest innerhalb kleiner, einigermaßen stabiler Gruppen.

Hierin liegt natürlich das Problem. Verhaltensweisen können nicht unabhängig von ihrem Umfeld, in dem sie auftreten, untersucht werden, aber dieses Umfeld muß genügend integriert sein, um eine Untersuchung zuzulassen. Wieviel einfacher ist es, die Bewegungen der Ameisen oder die Tänze der Bienen zu verstehen. Wenn nur die großen menschlichen Strukturen — Nationen, Gesellschaften, Kulturen — so einheitlich oder vorhersagbar wären! Die Familie ist ein System, das über die Begrenzungen der einzelnen Personen hinausgeht, aber doch klein und eindeutig genug eingegrenzt ist, um als eine Einheit zu dienen, die untersucht werden kann. Wenn man einmal das Individuum beiseite läßt und die Familie als eine systemische Einheit betrachtet, die in noch größeren Bereichen existiert, dann beginnt man, wie beim Wetter, klare Überschneidungen und deutliche Muster zu sehen.

Es ist daher nicht schwer, die mächtige Verlockung zu sehen, die die Familienforschung für jene bedeutete, die begierig waren, das soziale Feld von einem systemischen Standpunkt aus zu untersuchen. Im Jahre 1963 stolperte ich in Palo Alto zuerst in die Familienforschung. Im Mental Research Institute wurde mir durch die Studien, die sich aus Batesons Forschungsprojekten über Kommunikation von 1952 bis 1962 ergeben hatten, deutlich, daß Veränderungen in einer Familie in großem Maße abhängig sind vom Zusammenspiel zwischen Abweichung und der Art und Weise, wie diese Abweichung innerhalb gewisser Grenzen gehalten wurde.

Ich war auch fasziniert von der Vorstellung, daß eine Abweichung per se nichts Negatives war, wie man allgemein annahm, wenn man einmal den Standpunkt derjenigen aufgab, die sie berichtigt haben wollten. Abweichungen (einschließlich symptomatischer und irrationaler Verhaltensweisen aller Arten) konnten für eine Gruppe höchst wichtig sein. Obwohl die Homöostase einen Kernpunkt für die Palo-Alto-Familienforscher darstellte, war ich selbst – als ich ihre Schriften las – eher an dem interessiert, was gegen die Homöostase arbeitete, wodurch Verschiedenartigkeiten, Fremdheit, Neuigkeit eingeführt wurden. Es schien mir paradox zu sein, von Familien mit symptomatischen Mitgliedern anzunehmen, sie seien pathogen, da sich in mir der Verdacht entwickelte, nur wenn sich jemand oder wenn sich etwas von den Familiennormen entfernte, könnte die Familie neue Informationen ableiten und neue Strukturen herausbilden. Wenn nicht durch irgendeine Spalte diese Vielfalt eindrang, schien es keine Möglichkeit für ein System zu einer grundsätzlichen strukturellen Veränderung zu geben. Die meisten Familien müssen sich neu ordnen,wenn die Generationen geboren sind, alt werden und sterben. Wenn eine Familie diese Art Veränderung nicht erreichen könnte, würde sie vermutlich nicht überleben.

Familien mit symptomatischen Mitgliedern wurden so zu berühmtem Untersuchungsmaterial, da bei ihnen das Ergebnis einer Veränderung gewöhnlich einen äußerst intensiven Ausdruck fand. Ich begann daher mit der Frage, worin die Eigenschaften von Familienbereichen bestanden, in denen neue Information und also auch Veränderung nur unter Schwierigkeiten erreicht werden konnten, wenn überhaupt. Gab es Erklärungen für die Stabilität dieser Bereiche? Sie schienen im Großen und Ganzen dieselben zu bleiben, trotz der Notwendigkeit für periodische Neuorganisation, der sich jede Familie gegenübersieht. Gab es Forschungen in anderen Bereichen, die Licht in diese dunklen Geheimnisse bringen konnten? Gab es überhaupt eine Sprache, in der man dieses Anliegen ausdrücken konnte, da unsere alte Sprache schon durch ihre Struktur dazu bestimmt zu sein schien, sie zu verhüllen? Solcher Art waren die Fragen, für die ich, wenn nicht Antworten, so doch wenigstens Hinweise suchte, die mir zeigen würden, wo ich zu suchen hatte.

Aufbau des Buches

Diese Geschichte beginnt mit der Detektivarbeit jener frühen Familienforscher, die als erste in die düsteren Tiefen von Familien mit schizophrenen Mitgliedern starrten und berichteten, was sie sahen. Wie Dell in einem neueren Aufsatz betont, versuchten viele frühere Untersuchungen über Schizophrenie und die Familie einfach eine neue Theorie für ihre Ursache zu liefern, ob es nun die Familie war, die 'schizophrenogene Mutter' oder irgendein anderer Faktor.(1o) Ich werde mich auf die Forschung konzentrieren, die nicht vorwiegend eine neue Ursachenforschung bietet, sondern uns auf dem erkenntnistheoretischen Weg fortführt, den ich verfolge.

In Kapitel 2 komme ich dann zu dem kybernetischen Modell, das durch Batesons fruchtbare Ideen über die Schismogenese angeregt wurde. Obwohl dieser Ausdruck schwerfällig ist, enthält er doch das Schema für die Art, in der soziale Gruppen zusammenhalten oder sich trennen, lebensfähig bleiben oder sich neu organisieren. Es ist ebenso ein Konzept, das auf viele Eskalationsvorgänge angewendet werden kann, insbesondere auf die bei gesellschaftlichen Interaktionen anzutreffenden.

Die frühen Kliniker waren fasziniert von der Tendenz zur Erhaltung des status quo, die sie in Familien feststellten, und sie postulierten, daß etwas wie der homöostatische Mechanismus dafür verantwortlich wäre. Was mich dabei interessierte, waren die gegenläufigen Vorgänge, bei denen antihomöostatische Prozesse die Oberhand gewannen. Die Auswirkungen dieser Vorgänge für einen Systemwechsel ist das Thema des dritten Kapitels. Eine beliebige, geringfügige Abweichung könnte außer Kontrolle geraten und eine nicht zu stoppende Kettenreaktion hervorrufen oder ein positives Feedback. Es war völlig offen, ob die ursprüngliche Organisation des Systems sich verändern würde, ob sie zerstört oder die gleiche bleiben würde. Aber innerhalb des großen Gesamtschemas schien mir die Abweichung eine Quelle neuer Informationen zu sein, die wesentlich für das Überleben und für die Evolution der sozialen Gruppen war, ein Aspekt, den die frühen Familientheoretiker wohl nicht genügend betont hatten.

In den Kapiteln 4 und 5 beginne ich, das Thema Familientypologie detaillierter zu untersuchen. Anfangs versuchten Familienforscher, die Symptomatologie mit Familientypen zu verbinden: die schizophrene Familie, die Alkoholiker-Familie usw. Diese Art Typologie ist aber schwer aufrechtzuerhalten, insbesondere, da es in einer Familie Personen geben kann, die eine Anzahl verschiedener Symptome aufweisen. Ich untersuche auch andere Versuche, Typologien zu schaffen: die bipolaren, bei denen die Familien in einer kontinuierlichen Reihe angeordnet sind, wobei jedes Ende eine gegensätzliche Form der Organisation darstellt; Vorgangsmodelle, bei denen die Familien nach verschiedenen Arten der Abfolge organisiert sind; Gittermodelle, die mehr als eine Dimension darstellen; Entwicklungsmodelle, die ein Kontinuum von der 'Pathologie' bis zur 'Normalität' aufzeigen. Ganz gleich, wie man die Typologie anordnet, sind verschiedene Familienkategorien normalerweise auch mit unterschiedlichen Arten von Störungen verbunden. Gleichzeitig besteht auch die Möglichkeit, daß die ganze Frage der Typologie entweder voreilig gestellt ist oder in eine Sackgasse führt. Vielleicht wäre es sinnvoller, sich auf Familien-'paradigma' oder auf das ganze System erfassende Formeln zu konzentrieren, mit denen man Information und Veränderung verarbeiten kann.

In den Kapiteln 6, 7 und 8 versuche ich, das Gewebe einer ganz besonderen Familienart unter die Lupe zu nehmen, der Familie, die schwere psychische Störungen hervorruft. Forscher haben zumindest bei dieser Art Familie deutliche Organisationsmuster entdeckt, die entweder anders auftreten oder intensiver als ähnliche Formen in anscheinend normalen Familien. Mitglieder der Bateson-Gruppe wenden die Koalitionstheorie auf Strukturen an, die man normalerweise in 'gestörten' Familien findet, was mich zu einer weiteren Betrachtung der Koalitionstheorie und ihrem nächsten Verwandten, der Struktur-Gleichgewichts-Theorie führte. Von allen Gebieten der Sozialpsychologie, die ich erforschte, erwies sich die Theorie vom strukturellen Gleichgewicht (wenn sie auch ursprünglich geplant war, um kognitive und nicht um soziale Bereiche zu erklären) als die einzige Theorie, mit der man in irgendeiner Weise die formalen Interaktionsfolgen vorhersagen konnte, die in Familien mit symptomatischen Mitgliedern beobachtet werden konnten.

Daher konzentrieren sich diese Kapitel direkt auf die Eigenschaften der Dreiecke, die man erwartungsgemäß in 'gestörten' Familien sehen kann. Diese Dreiecke verwischen Generationsgrenzen, bringen die angemessenen Grenzen zwischen Familienuntergruppen durcheinander und unterhöhlen die Familienhierarchie, wie sie von der jeweiligen Kultur vorgeschrieben wird. Gleichzeitig entdeckt man, daß sie bei Familien auftreten, die sehr straff organisiert sind und so jeden Wechsel in der Organisation problematisch machen, insbesondere Veränderungen, die mit dem Heranwachsen der Kinder verbunden sind. Nachforschungen in Familien und Organisationen legen die Vermutung nahe, ein möglicher Grund für dieses Fortbestehen der unangemessenen Dreiecke sei der, daß ein Kind (oder eine andere dritte Partei) ein Problem darstellt, das verdeckte Schwierigkeiten oder Konflikte zwischen wichtigen leitenden Paaren daran hindert, an die Oberfläche zu treten.

An diesem Punkt verlagern wir das Schwergewicht von der Familientheorie zur Theorie der Veränderung. Das Buch ist dann wesentlich stärker klinisch orientiert und Strukturvariable treten hinter Vorgangsvariable. Kapitel 9 befaßt sich mit dem Thema der lebenden Systeme, die an natürlichen Übergangspunkten im Zyklus des Familienlebens häufig plötzliche Evolutionsverschiebungen durchmachen. Das Auftreten von Symptomen zu diesem Zeitpunkt kann darauf hindeuten, daß eine besondere Übergansphase von der Familie als problematisch oder sogar gefährlich angesehen wird. Nicht alle Familien sind in der Lage, mit diesen Übergangsphasen allein fertigzuwerden. Wenn sich ein Symptom entwickelt, kann es in symbolischer Weise als ständige Erinnerung an die Notwendigkeit eines Wechsels angesehen werden, während es diesen Wechsel offensichtlich gleichzeitig verhindert.

Das zehnte Kapitel, 'Etwas im Gebüsch', erforscht ein Ziel, das die meisten Therapeuten als sich wiederholende Zyklen oder Abfolgen ins Visier zu nehmen scheinen. Diese Abfolgen werden nicht als dysfunktional dargestellt, sondern haben ihre eigene Logik und Bedeutung auf der Familiensystem-Ebene, wenn sie auch von individuellen Familienmitgliedern als schmerzlich oder anstrengend erlebt werden. In Kapitel 11 wird untersucht, wie dieser Abfolgetyp zerstört oder unterbrochen wird von Therapeuten, die mit vier verschiedenen Modellen arbeiten.

Obwohl dieses Buch nicht als historischer Überblick geplant ist, scheint mir doch die Praxis der Therapie eine Art Lebenserforschung zu sein, ein Gedanke, den ich in den folgenden Kapiteln über die Pioniere und Hauptschulen der Familientherapie darstelle. Die klinische Arbeit der erfolgreichen Wegbereiter der Therapie ist eine Hauptquelle der Information über Familien und Familientherapie. Ein erfahrener Kliniker erkennt intuitiv die Gestalt einer gewöhnlichen symptomatischen Anordnung und weiß, was zu tun ist, um sie zu verändern. Die Schulen, die ich beschreibe, sind herausgehoben, weil sie Konsensusstellungen repräsentieren: eine Verfestigung praktischer und theoretischer Ergebnisse, die den von den ersten Kundschaftern gebahnten Wegen folgen.

Dann fahre ich fort mit der Untersuchung einer wichtigen neuen Entwicklung: der systemischen Methode von Mara Selvini Palazzoli und ihren Kollegen in Mailand. Ursprünglich war die Mailänder Gruppe beeinflußt von den frühen Formulierungen der Bateson-Gruppe. Sie arbeiteten dann weiter und immer enger innerhalb eines Batesonschen Rahmens der Kreis-Kausalität. Sowohl in ihrer Theorie wie in ihrer Therapie haben sie einen Sprung gemacht in Richtung auf ein idiosynkratisches und neues Modell, das sich sehr stark von dem ihrer gegenwärtigen Palo-Alto-Kollegen unterscheidet. In Kapitel 15 wird ihre heutige Arbeit beschrieben.

Die beiden letzten Kapitel sind spekulativ und stellen mehr Fragen als sie beantworten. In Kapitel 16 wird die therapeutische Doppelbindung diskutiert und verschiedene Theorien darüber, warum sie Erfolg hat. Kapitel 17 beschreibt Ergebnisse, die jetzt in den Vordergrund treten und die im abschließenden Kapitel zu einer Betrachtung über die Folgen der neuen Evolutionsepistemologie führen, auf die wir das ganze Buch hindurch angespielt haben.

Auf einer eher persönlichen Ebene kann diese Evolutionsepistemologie auf meine eigene Reise angewendet werden. Wenn man auf die Gedanken und Studien zurückblickt, die zu diesem Buch geführt haben, und auf andere Arbeiten in diesem Bereich, sieht man, wie das, was wie blinde Flecken und Sackgassen aussah, auch Stadien einer notwendigen Entwicklung darstellt. Die eigene Logik eines Evolutionsmodells verbietet es, erfolglose Versuche beiseite zu schieben. Das einzige Verbot liegt darin, solche Versuche weiter zu wiederholen.

Mit diesem Vorbehalt möchte ich noch einmal zu den sechziger Jahren zurückkehren, als ich zum ersten Mal mit den Arbeiten und Schriften der frühen Systemdenker, Kliniker und anderer Forscher der Familientherapiebewegung konfrontiert wurde. Ich möchte versuchen, den ungeheuer starken Eindruck zu vermitteln, den diese Entdeckungen auf mein eigenes Denken und Schreiben und auf die Entwicklung des Familienbereiches gemacht haben.

Kapitel 1

ANFÄNGE DER ERFORSCHUNG VON FAMILIENGRUPPEN

Lebensnahe Beobachtung

Die Familienbewegung begann zu der Zeit, als Leute mit symptomatischen Verhaltensweisen zum ersten Mal in ihrer natürlichen Umgebung beobachtet wurden, also in der Familie und nicht in der Praxis eines Klinikers. Man könnte sagen, es gäbe so etwas wie eine 'Epidemiologie' der Ideen. Ähnlich wie im wachsenden Feld der Tierverhaltensforschung, begann man die Beobachtung unter natürlichen Bedingungen während der fünfziger Jahre auch auf menschliche Familien in der formalen und informalen Forschung einzusetzen. Gleichzeitig stießen vereinzelte Kliniker auf die Familientherapie und begegneten sich zufällig, als sie versuchten, die gewonnenen Informationen zu bestätigen.

Die Grundsätze des psychoanalytischen Establishments verboten jedoch die Verunreinigung der Therapie durch Einbeziehung von Verwandten. Infolgedessen wurde die 'Behandlung' meistens unter dem Vorwand der Forschung vorgenommen. Es entwickelte sich eine häusliche Anthropologie, in der Kliniker die Führung übernahmen, wobei der Familienzusammenhang der psychischen Störung zum ersten Mal sichtbar wurde. Wie die Chinesen sagen: „Nur Fische wissen nicht, daß es Wasser ist, worin sie schwimmen". Auch die Menschen sind unfähig, das Beziehungssystem zu erkennen, das sie erhält.

Es gibt keinen Vater und keine Mutter der Familientherapie und kein erstes Familientherapie-Gespräch. Die Bewegung 'wuchs einfach'. Den Hauptanstoß für ihr Wachstum erhielt sie aus der Arbeit von Forschern wie Nathan Ackerman in New York, Murray Bowen in Topeka und Washington DC, Lyman Wynne und Margaret Singer von den National Institutes of Mental Health in Bethesda, Carl Whitaker in Atlanta, Salvador Minuchin und E.H.Auerswald von der Wiltwyck School in New York, Ivan Boszormenyi-Nagy, James Framo und Gerald Zuk in Philadelphia, Theodore Lidz und Stephen Fleck in Yale, Gregory Bateson, Don Jackson, Jay Haley, John Weakland, Paul Watzlawick, John Bell und Virginia Satir in Palo Alto, um nur einige zu nennen. Sie und ihre Mitforscher und viele andere in allen möglichen Städten des Landes wurden das Rückgrat einer neuen und sich vergrößernden Bewegung der Praxis und Ideen.(1)

Die meisten Forscher konzentrierten sich darauf, die Eigenheiten der Familie als ein 'System' zu untersuchen. Mit System meinten sie normalerweise irgendeine Einheit, deren Teile sich nicht unabhängig voneinander verändern und die auf eine durch Irrtum ausgelöste Art ihr Gleichgewicht erhalten. Sie betonten die Rolle, die symptomatische Verhaltensweisen dabei spielen, diesem System zum Gleichgewicht bzw. zur Unausgewogenheit zu verhelfen.

Die Familienbewegung stellt jedoch mehr dar als nur eine andere Methode der Therapie. Sie ist eine andere Art, Verhaltensweisen zu betrachten und kann als eine Art Kommunikationsforschung beschrieben werden, die ihr Augenmerk auf die unmittelbaren Beziehungen zwischen Leuten in bestehenden Gruppen richtet. Dieser Standpunkt wird in dem Buch 'Pragmatics of Human Communication' (Menschliche Kommunikation) von Watzlawick, Jackson und Beavin zusammengefaßt, einem Klassiker, in dem auch zum ersten Mal der Versuch unternommen wird, die fruchtbaren Gedanken von Bateson und seiner Gruppe allgemeinverständlich darzustellen.(2)

Das Bateson-Projekt und 'Lernen zu lernen'

In den fünfziger Jahren leitete Gregory Bateson ein bedeutendes Forschungsprojekt, das versuchte, Kommunikation in Begriffen von Ebenen zu klassifizieren: Bedeutungsebenen, Ebenen der logischen Art und Lernebenen. Neben anderen interessanten Gebieten — wie Tierverhalten, Paradoxien, Hypnose und Spiel — untersuchte die Gruppe Muster der schizophrenen Transaktionen. Sie fragte sich, ob diese Muster sich unter Umständen aus der Unfähigkeit ergeben, zwischen Ebenen der logischen Art zu unterscheiden — zum Beispiel zwischen der wörtlichen und der metaphorischen. Leute, die man für verrückt hält, benutzen zum Beispiel Redewendungen in ihrer wörtlichen Bedeutung oder sprechen in Metaphern, ohne sie als solche zu erkennen. Die Bateson-Gruppe stellte die Hypothese auf, daß eine Person mit dieser Art Schwierigkeit vielleicht — mit Batesons Worten — in einem Zusammenhang „zu lernen gelernt hat", in dem diese Schwierigkeit in gewisser Weise ein Problem der Anpassung war. Wenn man diesen Lernzusammenhang verstünde, könnte man vielleicht auch die Geheimnisse der schizophrenen Sprache und Verhaltensweise verstehen.

Da die Familie den ersten Lernzusammenhang für das menschliche Wesen darstellt, folgerten sie, daß die Familie eines Schizophrenen vielleicht seine merkwürdige Verhaltensweise durch die besonderen, ihm auferzwungenen Kommunikationsanforderungen herausgebildet hat.

Gleichzeitig stellten Psychotherapeuten, die unabhängig voneinander Schizophrene innerhalb ihrer Familie beobachteten, fest, daß es normalerweise jemand anderem in der Familie schlechter ging, wenn es dem Patienten besser ging. Es schien fast so, als brauche die Familie die Gegenwart einer Person mit Krankheitsanzeichen. Die Bateson-Gruppe fand nicht nur Belege für diese Annahme, sondern war auch beeindruckt von dem Ausmaß, mit dem die Familie es förderte, ja sogar verlangte, der Patient solle irrationales Verhalten zeigen.

Jackson fiel die Starrheit auf, mit der man sich gegen einen Wechsel wehrte, selbst wenn das die Besserung eines geliebten Wesens bedeutete, und er prägte den Ausdruck von der' Familienhomöostase'. Er beschrieb die Familieninteraktion als ein „geschlossenes Informationssystem, in dem die Abweichungen des Output oder des Verhaltens wieder eingespeist werden, um die Reaktion des Systems zu korrigieren."(3) Haley führte dies weiter aus und verglich die Familie mit einer Hilfsvorrichtung, die einen 'Regler' hat:
„Nimmt man an, daß Leute in bestehenden Beziehungen als 'Regler' in der Beziehung zueinander funktionieren, und nimmt man einmal an, daß es die Funktion des Reglers ist, Veränderungen minimal zu halten, dann ergibt sich daraus der erste Grundsatz der menschlichen Beziehungen: Wenn eine Person eine Veränderung in ihrer Beziehung zum anderen andeutet, wird sich der andere in einer Weise verhalten, die diese Veränderung so gering und gemäßigt wie möglich halten soll."(4)

Die Bateson-Gruppe wurde gleichgesetzt mit der Idee von der Familie als einer Gleichgewicht erhaltenden Einheit, zum Teil deswegen, weil ein so großer Bereich ihrer Forschung sich mit Familien beschäftigte, die äußerst eingeschränkte Möglichkeiten der Verhaltensweisen hatten. Eine der Hauptfragen war, ob man überhaupt von einer Familie sagen könne, sie verhalte sich als ein 'System' — ob alle Familien mehr Strukturen in ihren Beziehungen aufwiesen, als man erwarten würde, wenn diese Beziehungen vom Zufall geleitet würden. Diese Frage schien durch Experimente bejaht zu werden, die bei den Familien eine größere Unbeweglichkeit der Beziehungsmuster zeigten (zum Beispiel in der Sprechhierarchie), in denen jemand ein Krankheitssymptom hatte, als in den Familien, in denen das nicht der Fall war.(5)

Die Bateson-Gruppe zeigte jedoch in ihrer klinischen Arbeit eindeutig, wie bewußt ihr die Bedeutung der Abweichung war, wenn man eine neue Struktur des Familiensystems erreichen wollte. Jackson fiel häufig bei seiner Arbeit mit Familien der 'Ausreißer' auf, wie er ihn nannte. Dies bezog sich auf alle verstärkenden Feedback-Vorgänge, die sehr rasch eskalierten und zu einem Zusammenbruch, einem Gefühlsausbruch oder zu einem gewalttätigen Ergebnis führten. Jackson sagte häufig, er zöge es vor, mit einer Familie zu arbeiten, in der sich diese Art Bewegung abspielte. Bei sehr unbeweglichen Familien, besonders bei solchen, in denen sich ein chronisch Schizophrener befand, versuchte er manchmal, ein solches Ausreißen als therapeutischen ersten Schritt auszulösen.(6) Dies konnte zum Beispiel erreicht werden, indem man das Symptom 'verschrieb', d.h. der Grad der Abweichung des Patienten von der übrigen Familie wurde vergrößert. Auf der anderen Seite konnte der Therapeut das Verhalten eines anderen Familienmitgliedes verstärken und es so dazu drängen, in einer Art von reductio ad absurdum in derselben Richtung fortzufahren. Eine solche Einmischung stellte dann vermutlich eine Bedrohung für die Homöostase der Familie dar und brachte die Familienmitglieder dazu, die Vorschläge des Therapeuten bereitwilliger zu verstehen in der Hoffnung, ein neues Gleichgewicht herstellen zu können oder ihr eigenes neues Gleichgewicht zu entdecken.

Die Doppelbindung

Merkwürdigerweise kam während der frühen Phase der Batesonschen Gruppenstudie über schizophrene Beziehungen niemand auf den Gedanken, Schizophrene überhaupt zusammen mit ihren Familien zu beobachten. Stattdessen wurden Gespräche mit eingewiesenen Patienten des Palo Alto Veterans Administration Hospital geführt, an dem Bateson fachärztlicher Berater war. Als ein Ergebnis dieser Gespräche und vieler Unterhaltungen zwischen Mitgliedern dieser Gruppe, begann sich die Hypothese der Doppelbindung herauszuschälen. 1956 wurde der jetzt berühmte Aufsatz 'Toward a Theory of Schizophrenia' (Zu einer Theorie der Schizophrenie) veröffentlicht, und der Begriff der Doppelbindung war so endlich geboren.(7)

'Doppelbindung' beschreibt den Kontext einer gewohnheitsmäßigen kommunikativen Stockung, den die Personen in einem Beziehungssystem füreinander herbeiführen. Unter gewissen Umständen scheinen diese Stockungen Reaktionen hervorzurufen, die in ihrer Anhäufung als Schizophrenie bekannt sind. Eine Doppelbindung ist im wesentlichen eine Beziehung auf mehreren Ebenen, bei der eine auf der einen Ebene offen geäußerte Forderung auf einer zweiten Ebene verdeckt wieder zurückgenommen oder widerrufen wird. „Beherrsche mich" ist ein verhältnismäßig ungiftiges Beispiel einer Doppelbindung. Die hier angesprochene Person kann nur 'beherrschen', indem sie gehorcht, was genau das Gegenteil der Beherrschung ist. Es ist daher unmöglich, auf eine solche Forderung zu reagieren. Wie jedes Paradox, muß es in seine zwei Ebenen getrennt werden: 1) der geäusserte Wunsch, unterwürfig zu sein, dem widersprochen wird durch 2), den impliziten oder expliziten Befehl, der Zuhörer müsse dem Sprecher gehorchen. Diese 'Befehlsbotschaft' ist von einer höheren logischen Art als die 'Berichtsbotschaft', da sie aussagt, wer die Regeln für die Unterklasse des erlaubten Verhaltens aufstellt. Die einzige Möglichkeit, wie man auf eine solche Forderung reagieren kann, ist darauf hinzuweisen, wie unmöglich sie ist, einen Spaß darüber zu machen oder sich aus dem Staub zu machen. Wenn aber keiner dieser Wege möglich ist – und wenn die Verwirrung über die Berichts- und Befehlsebene sich selbst wie eine Art Verwirrung dem Gehirn des Empfängers aufdrängt, kann es zu ernsthaften Schwierigkeiten kommen.

Die Originalartikel über die Doppelbindung geben Beispiele für diese Stokkungen oder Sackgassen und nennen die formalen Bedingungen, die als Voraussetzung für das Auftreten in toxischer oder pathogener Form angenommen werden. Dies sind die Hauptzutaten:

1. Ein primärer negativer Befehl: „Tu das nicht."
2. Ein sekundärer negativer Befehl auf einer anderen Ebene, der mit dem ersten in Konflikt steht: „Höre nicht auf das, was ich sage." (der vielleicht durch die Stimme oder durch das Verhalten gegeben wird.)
3. Ein Befehl, der den Kommentar verbietet (gewöhnlich nonverbale Winke, die Regeln verstärken, die nicht näher explizit gemacht zu werden brauchen) und ein weiterer Befehl, der es der Person verbietet, fortzugehen. (Oft ergibt es sich aus dem Kontext, wenn die Person zum Beispiel ein Kind ist.)
4. Eine Situation, die von lebenswichtiger Bedeutung zu sein scheint, so daß es unbedingt wichtig ist für die Person, richtig zwischen den Botschaften zu unterscheiden.
5. Wenn ein Kommunikationsmuster, das diese Elemente enthält, erst einmal eingefahren ist, genügt nur ein kleines Überbleibsel der urprünglichen Abfolge, um eine Panik- oder Wutreaktion hervorzurufen.

Als Illustration hierzu gibt der Autor das Beispiel einer Mutter, die sich von dem Kind belästigt fühlt. Anstatt aber zu sagen: „Geh weg, ich habe dich satt", sagt sie: „Geh ins Bett. Du bist sehr müde, und ich möchte, daß du deinen Schlaf bekommst." Wenn das Kind diese liebevolle Sorge für bare Münze nimmt und versucht, sich zu nähern, geht die Mutter vermutlich weg. Wenn es ihr liebevolles Verhalten auf die Probe stellt oder negativ reagiert, wird die Mutter wahrscheinlich böse. Wenn das Kind eine Bemerkung über den Zorn macht, wird die Mutter wahrscheinlich noch böser. So wird das Kind dafür bestraft, daß es richtig unterschieden hat. Es wird wahrscheinlich zu verwirrt sein, um über seine unglückliche Lage sprechen zu können, und es wird – da es ein Kind ist – nicht in der Lage sein, sich zurückzuziehen. Dieses wäre ein deutliches Beispiel für eine Doppelbindung.

Es ist erstaunlich, wenn man sich überlegt, daß dieser Artikel über Doppelbindung ohne Beobachtungen aus erster Hand über diese Verfahren geschrieben wurde. Dies wird verständlich, wenn man den Einfluß der traditionellen psychoanalytischen Gedankenwelt bedenkt. Die meisten frühen Familienforscher waren auf eine analytische Sehweise ausgerichtet, die nicht nur das Symptom als Zeichen einer inneren, in der Vergangenheit begründeten Störung deutete, sondern auch dem Therapeuten nicht gestattete, Verwandte des Patienten zu sehen, aus Angst, die intensive Beziehung zum Therapeuten, die als wesentlicher Bestandteil des therapeutischen Prozesses angesehen wurde, könnte infiziert werden.

Glücklicherweise machte ein Zufall Bateson und seine Kollegen auf die Bedeutung dessen, was gegenwärtig in der Familie vorging, aufmerksam. Jay Haley, der sich mit Patienten im Veterans Administration Hospital traf und seine Gespräche mit ihnen aufnahm, entdeckte, daß ein junger Mann immer, wenn seine Eltern ihn besuchten, schwere Angstzustände bekam. Um herauszufinden, warum der Patient in dieser Weise reagierte, bat Haley die Eltern, zum nächten Gespräch hinzuzukommen. Aus den folgenden Treffen zwischen dem jungen Mann, seinen Eltern und dem Therapeuten kam es zu einer aufschlußreichen Entwicklung. Es entstand ein Tonband, in dem eine offensichtlich ihren Sohn anbetende Mutter innerhalb weniger Minuten diesen recht rationalen Sohn zu einer Person machte, die verwirrtes Denken zeigte, widersprüchliche Aussagen und unwichtige Bemerkungen machte, sowie andere Kommunikationsmuster aufwies, die man mit dem Zustand der unter dem Namen Schizophrenie bekannten 'Denkstörungen' in Verbindung bringt.

Der Vorfall ereignete sich kurz nach dem Muttertag. Die Mutter des jungen Mannes zeigte dem Therapeuten eine Karte, die ihr der Sohn vom Krankenhaus aus geschrieben hatte. Der Therapeut las die Beschriftung: „Für jemanden, der wie eine Mutter zu mir gewesen ist". Die Mutter erklärte, sie sei verletzt; der Sohn verteidigte sich, indem er sagte: „Hör mal, Mutter, ich wollte dich nur ein wenig kränken." Die Mutter wartete dann mit einer verwirrenden Show widersprüchlicher Aussagen auf, erklärte sich bereit, jede Kränkung hinzunehmen, wenn sie ihm helfen würde, stellte sich auf dieselbe Ebene wie die Jungfrau Maria, die alles für ihren Sohn tun würde, und erklärte gleichzeitig, alles, was sie und sein Vater wollten, war, daß er begriff, daß sie ganz gewöhnliche Leute seien und aufhören sollte, sie in Stücke zu zerreißen, weil sie diese Behandlung nicht verdient hätten. Unter diesen massiven Angriffen machte der Sohn einen

Rückzieher. Anfangs behauptete er, sich nicht einmal an die Karte zu erinnern, dann gab er dem Krankenhausladen die Schuld, daß sie solche Karten überhaupt verkauften, dann sagte er, seit seiner Krankheit habe er sich nicht besonders viel Gedanken über den Text auf Karten gemacht und am Ende bestand er darauf, daß die Mutter seiner Meinung nach eine 'ausreichend gute Mutter' gewesen sei. Als sein Vater hilfreich hinzufügte: „eine wirklich gute Mutter", wiederholte er: „Ja, eine wirkliche Mutter – das wär's also."(8)

Wir scheinen es hier mit einem ziemlich unheimlichen Katz-und-Maus-Spiel zu tun zu haben. Solche Spiele sind vermutlich die berechtigte Ursache für Batesons Interesse an schizophrener Kommunikation: die offensichtliche Unfähigkeit des Schizophrenen, zwischen dem Buchstäblichen und dem Metaphorischen zu unterscheiden. Dies schien sich in eine tatsächliche Allergie gegen jede Art 'Berichtsbotschaft' zu übertragen, die insgeheim eine 'Befehlsbotschaft' beinhaltete und andeutete, daß der Absender die Beziehung beherrschte.

In diesem Licht könnte man einige 'Denkstörungen' neu definieren als Manöver in einem verzweifelten Kampf. Die vagen, amorphen oder disqualifizierenden Mitteilungen, die dabei von der anderen Seite in diesem Kampf angeboten werden (in der frühen Literatur ist es immer die Mutter des Schizophrenen) können ebenso als Manöver bezeichnet werden. Man kann die Logik der Flucht in verworrenes Denken einsehen, wenn das Akzeptieren der Definition einer Beziehung, wie sie durch die Aussage einer anderen Person impliziert wird, damit gleichbedeutend wäre, dieser anderen Person die Oberhand zu geben.

Eine Mutter könnte zum Beispiel zu ihrem Sohn im Krankenhaus sagen: „Wenn du mich so anstarrst, siehst du aus, als würdest du an die Decke gehen." Der Sohn entgegnet vielleicht auf diese scheinbar unschuldige Bemerkung (die natürlich Feindseligkeit seinerseits impliziert und gar nicht so unschuldig ist), indem er sagt: „Ich bin nicht groß genug, um an die Decke zu gehen." Und er macht dann nach dieser Bemerkung vielleicht einige alberne Sprünge. Die Mutter fragt: „Hast du heute deine Medizin genommen?" (was übersetzt heißt: „Du bist krank. Du bist nicht wütend auf mich. Aber ich bestimme noch die Definition unserer Beziehung.")

Eine Metapher auf eine 'verrückte' Art zu benutzen (ohne anzuzeigen, daß es sich um eine Metapher handelt), ist eine andere Art zu fliehen. Wir haben ein Beispiel hierfür in einem gefilmten Gespräch mit der Familie eines schizophrenen Mädchens. Der Vater sagt dem Mädchen, sie solle dem Arzt getrost alles sagen, was sie wolle. Das Mädchen antwortet mit einer scheinbar unbedeutenden Bemerkung: „Dies ist ein freies Land, aber die Preise sind festgelegt." Aus dem Schizophrenischen übersetzt heißt dies vielleicht: „Vater sagt, ich habe die Freiheit zu reden, aber wir wissen, daß al-

les, was ich sage, gegen mich eingesetzt wird."
Wie dem auch sei, als Forscher und Kliniker erst einmal begonnen hatten, natürliche Familieninteraktionen zu beobachten, gab es kein Zurück mehr zur Elfenbeinturmspekulation. Eine ganze Flut von Artikeln, die die Wunder der Beziehungen in Familien mit Schizophrenen beschrieben, begann hervorzuströmen. Die meisten Artikel, die von Forschern des Mental Research Institute in den sechziger Jahren geschrieben wurden, enthielten ausgezeichnete Beispiele für Strategien, die von Mitgliedern dieser Familien entworfen worden waren, um gewisse Arten von Beziehungen zu begründen bzw. ihnen zu entgehen. Diese Kommunikationsformen konnten als irrational, verworren, amorph oder unbedeutend verhüllt sein, aber sie wurden dennoch als tödlich angesehen.

Viele Artikel sind wieder in Jacksons zweibändigem Werk 'Human Communication Series. Therapy, Communication and Change'(Serien zur menschlichen Kommunikation. Therapie, Kommunikation und Veränderung) und 'Communication, Family, and Marriage'(Kommunikation, Familie und Ehe) abgedruckt worden.(9) Zu meinen Lieblingsartikeln gehören Weaklands und Jacksons 'Patient and Therapist Observations on the Circumstances of a Schizophrenic Episode'(Patient und Therapeut. Beobachtungen zu den Umständen einer schizophrenen Episode),Jacksons und Yaloms 'Conjoint Family Therapy as an Aid to Intensive Therapy'(Verbundene Familientherapie als Hilfe einer intensiven Therapie) und Weaklands und Fryes 'Letters of Mothers of Schizophrenics'(Briefe von Müttern Schizophrener).(1o) Eine geistreiche und unterhaltsame Zusammenstellung von 'Doppelbindungs-Kommunikation' befindet sich in dem Artikel 'Transactional Disqualification. Research on the Double Bind'(Transaktionale Disqualifikation. Studie über die Doppelbindung).(11) Eine erschöpfende Zusammenstellung und Kritik der Literatur zur Doppelbindung geben Sluzki und Ransom in 'Doublebind: The Foundation of the Communicational Approach to the Family'(Doppelbindung: Gründung der Kommunikationsmethode bei Familien).(12)

Der endlose Tanz der sich stets verändernden Bündnisse

Obwohl die Arbeit der Bateson-Gruppe einen zentralen Punkt für Studenten des nicht-psychodynamischen Transaktionsgedankens darstellte, haftete dieser Kommunikationsmethode ein Nachteil an. Sie neigte dazu, im Grunde dyadisch zu sein. Da Unterhaltungen zwischen zwei und mehr Personen zu komplex waren, um sie auf einer Mikroebene zu analysieren, war die Einheit, auf die man die Aufmerksamkeit richtete, gewöhnlich die Wechselbeziehung zwischen zwei Personen. Die Doppelbindungstheorie selbst war ursprünglich als dyadisch formuliert worden. Es gab den, der band, und es gab den, der gebunden wurde, obwohl man sich darüber einig war, daß die Bindung auf Gegenseitigkeit beruhte. Die Theorie isolierte stillschweigend eine Einheit mit zwei Kommunikationspartnern, wobei der Brennpunkt des Interesses die charakteristische Art der Beziehung zwischen ihnen war.

Daraus ergab sich eine Anzahl von Artikeln zur näheren Bestimmung der Doppelbindungstheorie. Weakland war der erste, der 196o mit seinem Artikel 'The Double Bind Hypothesis of Schizophrenia and Three-Party Interaction'(Die Doppelbindungshypothese der Schizophrenie und Drei-Parteien-Interaktion) aus der dyadischen Form ausbrach, wobei es sich um eine brillante Vorausschau der späteren Denkweise auf diesem Gebiet handelte.(13) 1962 stellten die Autoren des ursprünglichen Doppelbindungsgedankens eine Kritik vor, die die Konzentration auf das Verhalten des Individuums oder einzelner Abfolgen herunterspielten zugunsten einer Betonung des Kreissystems in interpersonellen Beziehungen.(14) Im folgenden Jahr brachte Watzlawick eine gewichtigere Verteidigung des ursprünglichen Aufsatzes heraus, als die Autoren es selbst getan hatten, wenn er auch zugab, daß sie die Gegenseitigkeit der Bindung deutlicher hätten machen sollen, statt sie wie eine Einbahnstraße darzustellen.(15) In ihren Artikeln der siebziger Jahre behaupten sowohl Weakland als auch Bateson, diese Gedanken hätten nichts mit der Aetiologie der Schizophrenie zu tun, sondern seien Teil eines umfangreicheren Versuches, eine Epistemologie zu begründen, in der Ausrücke wie 'Ursachenforschung' und 'Schizophrenie' keine Bedeutung hätten.(16)

Wie Weaklands Artikel von 196o deutlich macht, bestand der erste Schritt in dieser Kette neuer Überlegungen darin, schizophrene Verhaltensweisen als Triaden statt als Dyaden zu betrachten. Mitglieder der Bateson-Gruppe begannen, Interesse an Koalitionen zu zeigen, und – obwohl sie nicht genau die Ursprünge dieses Interesses zu erkennen gaben – ist es aufschlußreich, Batesons Beitrag hierzu festzustellen. Er bietet eine Analogie aus der Spieltheorie für eine Verhaltensweise an, die ihnen immer wieder in Familien mit Schizophrenen aufgefallen war: die Tatsache, daß zwei Personen weder freundschaftlich noch in Form einer Auseinandersetzung zusammenkommen konnten, ohne daß eine dritte Person daran teilhatte. Für dieses Phänomen benutzte Bateson den Ausdruck: „der endlose Tanz der sich stets verändernden Koalitionen".(17)

Bateson argumentierte, dieses Verhalten sei seiner Form nach vergleichbar mit der Instabilität eines Fünf-Personen-Spiels, das von Neuman und Morgenstern in 'Theory of Games'(Spieltheorien) beschrieben haben.(18) Von Neuman nahm an, man könne von intelligenten, gewinnorientierten Spielern erwarten, Bündnisse zu schließen, um so ihren Profit zu vergrössern. Die Situation veränderte sich jedoch bei fünf Mitspielern. Von Neu-

man beschreibt ein mögliches Fünf-Personen-Spiel (das nach Bateson auch auf drei Personen anzuwenden wäre), in dem die Bündnismöglichkeiten ihrer Natur nach unstabil wurden. Jedesmal, wenn sich eine gewinnversprechende Verteilung bildete, erzwangen es Gründe des eigenen Interesses, eine neue vorzunehmen. Wie Bateson es ausdrückte:
„So wird es also immer eine kreisförmige Liste von alternativen Lösungen geben, und das System wird nie aufhören, von einer Lösung zur anderen zu schreiten, wobei immer eine neue Lösung gesucht wird, die der vorhergegangenen vorzuziehen ist."(19)

Bateson meinte, von Neumans Fünf-Personen-Spiel böte eine grobe Analogie zu dem, was in Familien mit einem schizophrenen Mitglied vor sich ginge. Er fügte allerdings den Vorbehalt an, in solchen Familien reichten schon drei Personen aus, um zu demselben Ergebnis zu kommen. In schizophrenen Familien schienen keine zwei Mitglieder in der Lage zu sein, sich zu einer stabilen Verbindung zusammenzutun. Entweder mischte sich ein anderes Familienmitglied ein, oder die beiden Koalitionspartner fühlten sich zu unglücklich über den Ausschluß der dritten Person und lösten ihre Bindung selbst wieder auf.

Obwohl in der ursprünglichen Doppelbindung von einer Zwei-Personen-Anordnung die Rede ist, sah Bateson die Möglichkeit, durch die Spielmetapher diese Gedanken auf eine besondere Art der Familienstruktur zu übertragen. Er behauptete, die unhaltbare Lage des Schizophrenen entstünde deshalb, weil er an einem Interaktionsäquivalent zu von Neumans Spiel teilnehmen müsse. An einem Roboter würde die Tatsache abprallen, daß ihm bei jeder vernünftigen Lösung, zu der er gelange, bewiesen würde, daß er Unrecht habe. Menschliche Wesen sind aber nicht so unsensibel. Ja, ihnen ist ein Mangel an Flexibilität eigen, der das Vermächtnis ihres grossen Vorzugs darstellt, nämlich ihrer Fähigkeit zu lernen – der Fähigkeit, sich automatische Reaktionen auf gewohnte Probleme anzueignen. Ohne diese Fähigkeit wäre man ständig auf der Suche nach Lösungen für jedes Problem, als ob man zum ersten Mal mit diesem Problem konfrontiert würde. Darum sind die Menschen dem Adaptionsprozeß auf der tieferen Ebene der Gewohnheit verpflichtet. Bateson behauptet, in einem System, in dem Adaptionen auf einer tieferen Ebene nicht gestattet sind – wie in von Neumans unstabilen Spielen – sei es logisch anzunehmen, das betroffene Individuum würde äußerste Zerrissenheit und Schmerz empfinden. Es wäre in einer ständigen Abfolge von Doppelbindungen gefangen, in Situationen, in denen es immer dafür bestraft würde, Recht zu haben.

Die 'Macht'-Theorie der schizophrenen Transaktion

In einem späteren Artikel, in dem Haley die Gedankenentwicklung während des Zehn-Jahres-Kurses von Batesons Projekt diskutiert, vergleicht er Batesons Interpretation der Doppelbindung mit seiner eigenen.(2o) Bateson hatte folgendes Modell für die Verhaltensweisen eines Schizophrenen in der Familie vorgeschlagen: „Der Schizophrene teilt sich auf eine Weise mit, als ob er erwarte, jedesmal bestraft zu werden, wenn er andeutet, er habe Recht mit seiner Sichtweise des Zusammenhangs seiner eigenen Botschaft."(21) Haley behauptet, diese Denkweise impliziere die Annahme einer Motivation, ähnlich der traditionellen Vorstellung, daß die Menschen angetrieben sind von inneren Bedürfnissen und Wünschen, wie Furcht vor Strafe, Wunsch nach Liebe und Vermeidung von Schmerzen. Paul Dell hat darauf hingewiesen, daß Haley trotzdem dafür stimmt, dem System so etwas wie Motivation zuzuschreiben.(22) In dem oben zitierten Artikel behauptet Haley, ein Machtkampf könne ausgedrückt werden als ein 'Bedürfnis' des Systems, wenn die Individuen hierin um ihre Machtposition kämpfen, da die hierarchischen Ebenen nicht eindeutig festgelegt sind.(23)

In dem Buch 'Strategies of Psychotherapy' versucht Haley, von der individuellen zur systemischen Ebene überzugehen. Er untersucht die Wirkung der Doppelbindungstaktik auf das weitere interpersonelle Feld der Familie.(24) Er geht dabei von der Idee aus, die er auch mit der Bateson-Gruppe teilt, daß die Untauglichkeit der Begriffe ein immerwiederkehrendes Kommunikationsmerkmal in einer Familie mit einem Schizophrenen sei. Eine untaugliche Botschaft ist eine Aussage, die auf der einen Ebene bejaht und auf einer anderen Ebene verneint wird: „Natürlich liebe ich dich", gesprochen in einem ärgerlichen Tonfall. Dabei darf man nicht übersehen, wie schwer es für alle anderen ist, nichts zu erwidern, wenn eine Person in einer Familie ihre eigenen Aussagen und die der anderen untauglich macht. Die einzige Reaktion auf Botschaften, die sich auf verschiedenen Ebenen widersprechen, sind nach Haley weitere Botschaften, die sich auf verschiedenen Ebenen widersprechen. So bleibt uns also nur ein Teufelskreis. Ist er einmal entstanden, geht er immer weiter.

Was kann man nun von Leuten erwarten, fragt Haley, die in einer solchen Situation gefangen sind? Haley vermutet, sie würden übermäßig sensibel darauf reagieren, daß ihr Verhalten von anderen beherrscht wird. Schließlich ist die Annullierung von Bedeutungen eine Taktik, die man einsetzen kann, um das Verhalten eines anderen zu beherrschen. Aber es ist ein Schwert mit zwei Schneiden. Es kann als Gegenstrategie eingesetzt werden, um zu verhindern, daß das eigene Verhalten von anderen beherrscht

wird. Es entsteht also das Bild eines Familientypus, der beherrscht wird von Machtfragen. Ein Beispiel für einen verdeckten Machtkampf in einer Beziehung sieht folgendermaßen aus (es spricht eine Mutter zu ihrem erwachsenen Sohn):
Patient: Hast du meine Wäsche mitgebracht?
Mutter: Wie fühlst du dich?
Patient: Hast du meine Wäsche?
Mutter: Du siehst traurig aus.
Patient: Mir geht's gut.
Mutter: Bist du böse mit mir?
Patient: Ja. (25)

Wenn wir den größeren Rahmen der Familie als kybernetisches System betrachten, so erkennen wir – Haley zufolge – wie die Menschen einer Familie handeln, um den Spielraum der Verhaltensweisen der anderen zu kontrollieren, genauso, wie der Regler im Inneren eines Servomechanismus den Spielraum der Bewegungen der Einzelteile kontrolliert. Die Tragödie einer Familie, die diese Taktik einsetzt, besteht darin, daß der Machtkampf nicht nur auf der Ebene dieses besonderen Gesetzes existiert, sondern auch auf der Metaebene des 'Wer soll die Spielregeln bestimmen?'. Die Russellsche Theorie von den logischen Typen sagt, jede Botschaft bestünde erstens in einer Aussage und zweitens in einer Aussage über diese Aussage.(26) Die Theorie stellt eine Hierarchie von Abstraktionstypen oder Ebenen auf und verbietet die Verbindung einer höheren Ebene mit einer niedrigeren. Daher gibt es so etwas wie eine einfache Kommunikation nicht. Jede Botschaft wird durch eine weitere Botschaft auf einer höheren Ebene genauer bestimmt. Wenn diese beiden Ebenen der Botschaft als eine einzige behandelt werden, wie zum Beispiel bei dem Schild: „Alle Aussagen auf diesem Schild sind unwahr", so haben wir eine in sich widersprüchliche Situation oder ein Paradox.

Auf dieser Theorie der logischen Typen von Russell aufbauend behauptet Haley, im Familienmachtkampf komme es zu ähnlichen Kommunikationsschwierigkeiten, wenn Gesetze auf zwei Abstraktionsebenen zusammengedrängt werden und es keine Möglichkeit gibt, den Kampf zu beenden. Auf der Ebene 1 macht jeder eine Aussage. Auf der Ebene 2 versucht jeder, die Beziehung zu definieren, die als Kontext für jene Aussage dient. Da aber keine Entscheidung über Verhaltensweisen (Ebene 1) gemacht werden kann, ohne sich darüber zu einigen, wer darüber zu entscheiden habe, welche Verhaltensweisen erlaubt sind (Ebene 2), gibt es bei fast allem, was irgend jemand in einer solchen Familie zu sagen oder zu tun versucht, ständig Ableugnungen und Verwirrung.

In dem oben zitierten Dialog versuchte der Sohn, sich auf konkrete Fragen zu konzentrieren, und die Mutter bestand darauf, auf Fragen zu sprechen zu kommen, die mit seinem Wohlbefinden zu tun hatten. Hätte der Sohn der Mutter zugestimmt bei der Frage, worüber man reden könnte, hätte er sich nicht nur selbst eine in gewisser Weise kindliche Stellung zugewiesen, sondern ihr auch das Recht gegeben, darüber zu bestimmen, worüber man redet. Dies ist ein gutes Beispiel für die Machttheorie, die Haley als Erklärung für die immer wiederkehrenden Arten der Verleugnung anbietet, die man in Familien mit Schizophrenen finden kann.

Die undifferenzierte Familien-Ego-Masse

Zur gleichen Zeit, als die Palo-Alto-Gruppe schizophrene Kommunikation untersuchte, arbeiteten Forscher aus dem klinischen, weniger kommunikativen Bereich auf demselben Gebiet. Da in diesem Buch nicht viel über diese bedeutsame Arbeit berichtet werden soll, möchten wir die Leser auf die erschöpfende Studie von Riskin und Faunce hinweisen: 'An Evaluative Review of Family Interaction and Research' (Kritischer Überblick über Familieninteraktion und -forschung). (27) Ein oder zwei der ersten Forscher verdienen jedoch, hervorgehoben zu werden wegen der Kühnheit ihrer Ideen und wegen ihrer Bereitschaft, mit der traditionellen Sprache der psychodynamischen Theorie zu brechen.

Murray Bowen war einer der ersten Psychiater, der ganze Familien zur Beobachtung und Heilung im Krankenhaus unterbrachte. Er hatte in den fünfziger Jahren die Idee, Schizophrenie sei das Ergebnis einer ungelösten symbiotischen Bindung an die Mutter. Nachdem er etwa ein Jahr lang mit Müttern und ihren Kindern die Behandlung unter natürlichen Milieubedingungen in der Menninger Klinik durchgeführt hatte, wuchs in ihm der Gedanke, Schizophrenie sei ein Zeichen einer umfangreicheren Pathologie der ganzen Familie, und er versuchte, möglichst viele Familienmitglieder während der Behandlung im Krankenhaus zusammenzubringen. In der folgenden Zeit entwickelte er dann eine Drei-Generationen-Hypothese für die Schizophrenie. Nach dieser Theorie waren die Großeltern eines schizophrenen Kindes verhältnismäßig reif, aber eines ihrer Kinder, das sehr an die Mutter gebunden war, blieb äußerst unreif. Später wählte dieses Kind dann einen ebenfalls unreifen Ehepartner. Das Ergebnis einer solchen kombinierten Unreife in der Ehe war dann ein Kind, das so symbiotisch an die Mutter gebunden war, daß es schizophren wurde.

Aus dieser Forschung entwickelten sich viele Gedanken Bowens über die Charakteristika emotionaler Störungen, die er sowohl auf Familien als auch auf die Individuen in ihr anwandte. Die Gedanken, die für unsere Diskussion besonders wichtig sind, betreffen die über Generationen reichende Weitergabe von Gemütskrankheiten — die Bedeutsamkeit, mit der Ursprungsfamilie zusammenzuarbeiten und den Begriff der 'Differenzierung'. Diese Bereiche und andere Aspekte der Bowen-Theorie werden ausführlich in seinem Buch 'Family Therapy in Clinical Practice'(Familientherapie in klinischer Praxis) beschrieben.(28)

Zu Bowens Hauptbeiträgen zur Familientherapie gehören seine Gedanken über die Rolle, die von Dreierbeziehungen in der Familieninteraktion spielen. Dreierbeziehungsbildung ist ein Vorgang, der in jeder Familie vorkommt, in allen sozialen Gruppierungen, wenn sich unter Ausschluß Dritter oder gegen einen Dritten Zweierbeziehungen bilden. Das Dreieck ist ein wesentlicher Baustein in Haleys Theorie des pathologischen Systems und in Minuchins struktureller Methode der Familientheorie. Anders als bei Haleys und Minuchins verhältnismäßig statischen Formen, versteht Bowen die Dreiecke als fließend.

Nach Bowen bildet sich aus einem Zwei-Personen-Gefühlssystem unter Streß ein Drei-Personen-System. Es könnte zum Beispiel sein, daß zwischen zwei Personen Spannungen entstehen. Derjenige, der sich unglücklicher fühlt, befreit sich von der Spannung, indem er eine dritte Person als Dreiecks-Punkt mit aufnimmt und vielleicht eine Geschichte über den anderen erzählt. Die Spannung überträgt sich dann auf die neue Zweiheit und befreit das ursprüngliche Paar aus seiner Spannung. Der Außenseiter reagiert aber vielleicht auf die Spannung, wenn er erst einmal hineingezogen ist, indem er eine Verbindung mit einem der anderen aufnimmt, so daß also der Außenseiter von früher der Vertraute von heute wird. Wenn es zum Beispiel zu einer Auseinandersetzung zwischen einem Sohn und seiner Mutter wegen der Schule kommt, wird diese Auseinandersetzung abgelenkt, wenn der Vater hinzukommt, die Mutter angreift und den Sohn verteidigt.

Außerdem bleibt das Geschehen unter Umständen nicht auf das ursprüngliche Dreieck beschränkt, sondern aktiviert andere Dreiecke und zieht so immer mehr Personen mit hinein. Bowen beschreibt, wie eine solche unglückliche Familie mehr und mehr Außenseiter mit einbeziehen kann:
„Zu Streßzeiten kann dieser Vorgang die ganze Kernfamilie mit betreffen, eine ganze Reihe von weiter entfernten Familienmitgliedern und auch Nicht-Verwandte und Vertreter von Sozialämtern, Krankenhäusern, Schulen und Gerichten. Während einer Ruheperiode kann der Vorfall auf einen verhältnismäßig kleinen Teil der Familie beschränkt bleiben, wie zum Beispiel bei der symbiotischen Beziehung, in der zwischen Mutter und Kind emotionale Prozesse ablaufen, während der Vater von dieser intensiven Zweisamkeit ausgeschlossen ist."(29)

Man mag sich fragen, wie der von Bowen beschriebene Vorgang gesetzmässigen Bewegungen unterworfen sein könnte. Wenn keine Beziehung von einem Augenblick zum anderen statisch bleibt, ist das dann nicht das Rezept für Chaos? Dieses Problem hat Familienforscher jahrelang beschäftigt, da die offensichtliche Verwirrung der Verhaltensweisen in Familien mit hochgradiger Pathologie trotzdem im Großen und Ganzen zu einer höchst eingeschränkten Anzahl von Möglichkeiten zu führen scheint. Bowen versucht eine Erklärung, indem er sagt, daß diese Verhaltensweisen — so chaotisch sie auch in Dreierbeziehungen in einer Familie erscheinen mögen — trotzdem recht eingeschränkten und fast vorherbestimmten Bahnen folgen. Wenn eine Familie lange Zeit zusammengewesen ist, verläuft seiner Meinung nach der Prozeß der Dreiecksbildung nach einer so festgelegten Kettenreaktion, daß ein geübter Beobachter häufig ihre Stadien vorhersagen und sie sogar — wenn er sich in die Abfolge einbezieht — beherrschen kann.

Ein Problem, das Bowen anspricht, ist die Unterscheidung zwischen Vorgängen mit solchen Konstellationen in Familien mit gestörten Mitgliedern oder in Familien, die vermutlich 'normal' sind. Bowen verbindet Pathologie mit Starrheit und weist darauf hin, daß alle diese Familien zwar Dreieckskonstellationen schaffen, diese Muster aber starrer werden, wenn die Familie sich einer Veränderung gegenübersieht oder Streß unterworfen ist, während sie in Ruheperioden flexibler sind.

Außerdem entfernte sich Bowen immer weiter von der linearen Definition der Pathologie als einem Zustand, der über die Kernfamilie von einer Generation zur nächsten weitergegeben wird. Stattdessen faszinierten ihn mehr und mehr die Entwicklungsvorgänge der weiteren Verwandtschaftsgruppierung. Wenn er mit einem Familienmitglied arbeitet, hilft er ihm, die Spuren seines besonderen Schicksals auf Bezugskonstellationen zurückzuführen, die vielleicht schon lange existiert haben, ehe er geboren wurde. Ein Schlüssel zu Bowens Denkweise ist die Vorstellung, daß die Erringung einer flexibleren Stellung in einem Familiendreieck — selbst wenn es ein abgelegenes ist — eine positive Auswirkung auf andere, auch näher gelegene, haben könnte und vielleicht sogar Verbote aus der Vergangenheit zunichte machen könnte, die gegenwärtige Beziehungen einschränken. Bowen hält diese Dreiecksgewebe für eng miteinander verbunden, wobei eins auf das andere reagiert. Wie in einem Spinnengewebe verursacht die Berührung an irgendeiner Stelle eine Vibration im ganzen Netz. So kann auch in einer Familie eine Veränderung in einer Ecke unvorhersagbare Reaktionen in einer anderen auslösen und dazu beitragen, Personen zu befreien, die lange in unbeweglichen und einschränkenden Positionen gefangen waren, auch die Person, von der die Veränderung ausging. Diese deutliche Betonung der Ursprungsfamilie hatte einen unschätzbaren Einfluß auf die Entwicklung der Familientherapie.

Bowen gibt uns ein besonderes Kennzeichen der Familien an die Hand als Hinweis auf die Pathologie: den Begriff der 'Differenzierung'. Ihm fiel auf, daß Familien mit einem psychotischen Mitglied eine starke, fast untrennbare gegenseitige Abhängigkeit aufwiesen, die er als „undifferenzierte Familien-Ego-Masse" bezeichnete. Dies ist ein so schwerfälliger Satz, der so viele psychodynamische Bedeutungen heraufbeschwört, daß man ihn leicht zurückweisen könnte. Das wäre aber ein Fehler. In seinem Bemühen, diesen Begriff zu verfeinern, unternahm Bowen einen neuen Versuch: „eine präexistente emotionale Verkettung". Später werden wir etwas Ähnliches in dem Gedanken der 'Pseudogegenseitigkeit' finden, den Wynne benutzt, um die klettenhafte Eigenschaft der Familie des Schizophrenen zu beschreiben, und bei Minuchins Begriff der 'verstrickten' Familie.

Alle diese Beobachter beschreiben eine eng verschmolzene Dreiecksstruktur, und das Problem liegt hier in der Bezeichnung. Ein Substantiv wie 'Masse' ruft die Vorstellung eines Klumpens hervor, der ganz und gar aus einer einzigen Substanz besteht. Das Adjektiv 'undifferenziert' erweckt die Vorstellung, diese Masse habe keine Stücke oder kleinere Bestandteile. Aber 'Verklettung' oder 'Verklebung' kommt der Vorstellung etwas näher, daß es sich hier um eine Anzahl von miteinander verbundenen, gegenseitig aufeinander einwirkenden Beziehungen handelt. Wenn man von 'undifferenziert' spricht, dann in dem Sinne, daß keines der Teile oder Stücke unabhängig von den anderen oder vom Ganzen bewegungsfähig ist.

Wenigstens war für Bowen dieser Mangel an Differenzierung oder diese 'Verschmelzung' ein Zeichen für Probleme in einer Familie. Analog dazu stellte er die Behauptung auf, in einer Familie, in der die individuellen Mitglieder in hohem Maße ihre Differenziertheit aufrechterhalten, ginge es der Familie als Ganzem und auch ihren Mitgliedern gut. Man darf diese Unterschiedlichkeit jedoch nicht verwechseln mit 'emotionaler Abgeschnittenheit', bei der es sich um eine Abwehrreaktion handelt gegen eine zu intensive Verschmelzung, die so weit gehen kann, daß ein Familienmitglied sich körperlich von der Familie entfernt und keine Kontakte aufrechterhält, sich aber psychisch nie richtig befreit. In diesem Sinne wäre emotionale Abgeschnittenheit in Wirklichkeit ein verborgener Mangel an Differenzierung.

Bowen hat ein ausgezeichnetes Empfinden für triadische Vorgänge in Familien und hat auf einen wichtigen Aspekt ihrer Funktionsweise hingewiesen. Dabei geht es u.a. um die Vertauschungen von Beziehungen, wie sie sich von einem Augenblick zum anderen verändern und um die größere Ordnung, die durch die Reihenfolge dargestellt wird, in der sie stattfinden. Man trifft zum Beispiel auf ein unveränderbares Muster in bezug auf das 'schlechte' Verhalten eines Kindes.
Das erste Stadium: Die Mutter redet gut zu, das Kind weigert sich zu gehorchen, die Mutter droht, es dem Vater zu sagen (Vater/Mutter gegen das Kind).
Das zweite Stadium: Wenn der Vater nach Hause kommt, berichtet ihm die Mutter, wie ungezogen das Kind gewesen ist, und der Vater schickt es

ohne Abendbrot in sein Zimmer. Nachdem der Vater sich vom Tisch zurückgezogen hat, schleicht sich die Mutter nach oben und bringt dem Kind etwas zu essen (Mutter/Kind gegen den Vater).
Das dritte Stadium: Wenn das Kind später wieder herunterkommt, versucht der Vater, sein Verhalten wieder gutzumachen und bietet dem Kind an, mit ihm zu spielen, ein Spiel, das die Mutter ausdrücklich verboten hat, weil es das Kind vor dem Schlafen zu sehr aufregt (Vater/Kind gegen die Mutter).
Das vierte Stadium: Die Mutter schimpft deswegen mit dem Vater. Das Kind, das in der Tat aufgedreht ist, bekommt einen Wutanfall und wird ins Bett geschickt. Und dann haben wir wieder die ursprüngliche Dreiecksbildung (Mutter/Vater gegen das Kind).

Obwohl Bowen selbst diese triadischen Abfolgen nicht in diesen Details beschreibt, trägt er mit seiner Meinung doch zu einer 'Verlaufssystematik' der Familieninteraktion bei. Laut Bowens Schriften schimmern die Dreiecke in Familien wie ein Lichtspiel durch ihre im voraus festgelegten Veränderungen. Dieser Sichtweise ist eine innere euklidische Logik eigen, und spätere Forscher und Therapeuten auf dem Gebiet der Familie haben Bowens Voreingenommenheit hinsichtlich des Dreiecks gerechtfertigt, es erweitert und vertieft.

Pseudogegenseitigkeit und der Gummizaun

Lyman Wynne ist ein weiterer Psychiatrie-Forscher, bei dem am Anfang das Interesse an den Denkstörungen in der Schizophrenie stand sowie der Einfluß der Familienkommunikation auf diese Störungen. Wie die Bateson-Gruppe sah er die Familie als System und bemerkte nicht nur die Redundanz, die für Familien mit Schizophrenen charakteristisch zu sein schien, sondern bestätigte auch Batesons Beobachtungen über die wechselnden Koalitionen und auch Haleys Beobachtungen über die unstabilen Dyaden: „In einer Familie mit einem Schizophrenen scheint die Struktur der Bündnisbildungen und -auflösungen sich in verwirrend schneller Folge zu verschieben, aber mit einem sehr konstanten Merkmal: Die Bedeutung irgendeines besonderen Bündnisses tritt nicht deutlich zutage."(3o) Stattdessen, bemerkt Wynne, erscheinen diese Zerwürfnisse und Bündnisse dem Beobachter als ungeformt, bruchstückhaft und voneinander getrennt in einer „psychologischen Apartheid". Daraus ergibt sich, daß die Bündnisse keine echte Nähe, sondern 'Pseudogegenseitigkeit'(wie Wynne sie nannte) zu haben scheinen, und die Zerwürfnisse erscheinen nicht wie wirkliche Feindseligkeiten und Distanzierungen, sondern wie 'Pseudofeindschaften'. Unter dem Eindruck, daß hier unsichtbare Gesetze die Erscheinungsweise dieser Vorfälle beherrschen, stellte Wynne fest: „Wenn ein Bündnis sich in einer Familientherapiegruppe entwickelt hat, suche nach dem hervortretenden Zerwürfnis auf einer anderen Ebene oder in einem anderen Teil der Gruppe. Wenn dieses Zerwürfnis zum Vorschein kommt, rechne damit, daß sich ein damit in Beziehung stehendes Bündnis zeigt."(31)

Wynne glaubte, diese Wechsel von Zerwürfnissen zu Bündnissen und wieder zurück hätten etwas mit den homöostatischen Instandhaltungsvorgängen in der Familie zu tun, obwohl er nicht erklärt, auf welche Weise. Er glaubte auch, daß es diese Vorgänge in jeder Familie gibt,daß sie aber in einer Familie mit einem schizophrenen Mitglied besonders lebhaft und deutlich auftreten.

Als Verdeutlichung beschreibt Wynne eine Abfolge, die mit stereotyper Regelmäßigkeit in einer Familie mit zwei Töchtern vorkam, von denen die eine mit katatonischer Schizophrenie ins Krankenhaus eingewiesen worden war. Betty, die Patientin, war 18 Jahre alt, Susan war drei Jahre jünger. Wynne und seinem Co-Therapeuten fielen zwei Züge in der Familienstruktur auf, die eng miteinander verwandt zu sein schienen: zum einen ein Bündnis zwischen Betty und ihrem Vater, und zum anderen das Zerwürfnis zwischen den Eltern. Die sich wiederholende Sequenz, die beide Beobachtungen verdeutlichte, war folgende:
Während der Therapiesitzung fangen beide Eltern an zu streiten, normalerweise wegen eines von Bettys Symptomen, zum Beispiel dem zwanghaften Saubermachen im Haus. Der Vater stellt sich auf Bettys Seite und Susan bezeichnenderweise auf die Seite der Mutter. Während die Auseinandersetzung immer hitziger wird, fängt der Vater an, seine Aufmerksamkeit Betty gegenüber zu verstärken. Zu diesem Zeitpunkt rückt er vielleicht näher an sie heran, berührt sie sogar. Wenn er das tut, zuckt sie häufig abrupt vor ihm zurück mit einer abwehrenden Bewegung. Statt seinerseits auf Betty zu reagieren, wendet sich der Vater an die Mutter und beschuldigt sie, sie sei „bösartig" und „kleinlich". Merkwürdigerweise weigert sich die Mutter, sich der Anschuldigung zu stellen und unterbricht diese Auseinandersetzung mit einer knappen Bemerkung wie:„Na ja, das macht nichts". Der Vater verfällt in Schweigen, und die Sequenz ist dann gewöhnlich vorüber.

Wynne geht nicht im Detail auf Bettys Symptome während dieser Abfolgen ein, stellt aber allgemein fest, daß Bettys psychotisches Verhalten auf ihre intensive Zurückweisung des Vaters folgte und weist auf das zyklische Auftreten dieser Interaktionen hin. Jede Zurückweisung einer der Eltern durch die Tochter brachte diese in einen Streit, besonders jedoch eine Zurückweisung von Betty. Ganz gleich aber, wie laut die Auseinandersetzung wurde, schien sie eher formal als echt zu sein. Die Eltern wurden niemals gewalttätig oder drohten etwa mit Scheidung. Und — was noch wichtiger ist — diese Muster schienen von jedem aufrechterhalten zu werden. Obwohl zum Beispiel die Mutter gegen die Vater/Betty-Intimität war, erinnerte sie die beiden unweigerlich daran, daß Vater und Tochter einander zugeneigt sein sollten, wenn dies einmal nicht eintrat.

Man kann diesen Zyklus als eine Wiederholung mehrerer Interaktionszustände ansehen. Bei dem einen wird die Polarisierung in der Familie betont, wobei Susan und die Mutter im Bündnis gegen Betty und den Vater stehen. Bei einer anderen Form handelt es sich um eine Koalition Vater/Betty gegen die Mutter, wobei der Vater Betty beschützt und die Mutter sie angreift. Wynnes Beispiel gibt uns damit ein grafisches Bild, wie die Verhaltensweisen der Töchter als eine Art Kontrapunkt fungieren und die periodischen Eskalationen der Feindseligkeiten zwischen Mann und Frau beruhigt haben könnten. Bewiesen wird dieser Gedanke durch die plötzliche Verschiebung in der Dreierbeziehung, als Betty ihren Vater heftig zurückweist, psychotisches Verhalten zeigt und offensichtlich einen zeitweiligen Waffenstillstand zwischen den Eltern auslöst.

Ein hervorstechendes Merkmal war die offensichtliche Übereinkunft aller Betroffenen, einen 'Abbrechpunkt' zu akzeptieren. Verhaltensforscher benutzen diesen Ausdruck, um die Einstellung von ritualisierten Kampfhandlungen zwischen zwei männlichen Tieren zu beschreiben, die sich im Kampf oder in irgendeiner Art Aggressionsverhalten befinden. Das Gezänk der Eltern in dieser von Wynne beschriebenen Form schien dieselbe Eigenschaft eines Rituals zu haben, wie auch ihre gemeinsame Entscheidung, damit aufzuhören.

Wynne weist auf die enge Beziehung der Mutter zu anderen Personen ausserhalb der Kernfamilie hin, insbesondere zu ihrer eigenen Mutter und zu ihrem Arbeitgeber, die häufig Betty als Brennpunkt der Auseinandersetzung zwischen dem Ehepaar ersetzte. Wollte man also das zyklische Repertoire dieser Familie beschreiben, müßte man die Mutter/Großmutter-Verbindung neben die Vater/Betty-Bindung stellen. Dabei würde man erwarten, daß es bei diesem Zyklus zu einem periodischen Zusammenziehen zwischen der Frau und ihrer Mutter (Arbeitgeber, anderen Verwandten etc.) kommt. Diese Enge würde wahrscheinlich einhergehen mit Perioden der Entfernung zwischen Mann und Frau. Die Vermutung ist zwingend, daß diese Entfernung die Vater/Betty-Koalitition zustande bringen würde oder daß vielleicht eine der Töchter das Nörgeln der Eltern durch eine zurückweisende Bemerkung auslösen würde. Beide Schritte würden die Mutter wieder auf die Bildfläche bringen und eine Version des hier beschriebenen Zyklus würde folgen.

Wynnes anschauliche Artikel über Familien mit Schizophrenen zeigen, wie ihn zwei Merkmale besonders nachhaltig beeindruckt haben. Zum einen die merkwürdig unreale Eigenschaft sowohl der positiven als auch der negativen Empfindungen, für die er – wie wir gesagt haben – die Ausdrücke 'Pseudogegenseitigkeit' und 'Pseudofeindseligkeit' benutzt hat; zum anderen die Frage der Grenze um die Familie. Wynne wies als erster auf ihre merkwürdige Eigenschaft hin: eine anscheinend nachgiebige, in Wirklichkeit jedoch undurchdringliche Barriere gegen Außenseiter (insbesondere gegen Therapeuten). Wynne nannte sie den 'Gummizaun'.(33)

Zur Erklärung, wie diese Merkmale in Familien wirksam sind, führt Wynne den intensiven Wunsch der Familienmitglieder nach gegenseitiger Beziehung an, der die Fähigkeit ausschließt, Unterschiede und andere Meinungen zu tolerieren. Die Illusion der 'Pseudogegenseitigkeit' verstärkt die Parteilinie, in der alle miteinander verbunden sind. Der 'Gummizaun' bildet die Grenze um diese Illusion, die die Familie vor den Gefahren neuer Informationen oder möglicher Veränderung beschützt. Die Kinder in solchen Familien sind so in der unglücklichen Lage gefangen, niemals die Möglichkeit zu eigener Differenzierung oder Loslösung zu haben, da jeder Versuch die Vorahnung einer Katastrophe in sich birgt.

Im Weiteren stellt Wynne Vermutungen darüber an, wie diese Verhaltensweisen, die diese Familienmerkmale hervorbringen und am Leben erhalten, in einem Kind die Art von Denkstörungen hervorrufen könnten, die sich in der Schizophrenie und anderen affektiven Störungen zeigt.(36) Wenn es außer der Bestätigung durch andere Familienmitglieder keine Grundlage gibt für das, was 'real' ist, und wenn die einzige bestätigte 'Realität' äußerste Loyalität und Nähe wären, dann wären die einzig logisch zwingenden Möglichkeiten der Kommunikation in einer solchen Familie die Verleugnung von Gedanken und Gefühlen, die Unfähigkeit, objektive Realität 'da draußen' zu beurteilen, die Verwischung von Meinungsverschiedenheiten und geheimnisvolle und bruchstückhafte Äußerungen. Sollte ein Mitglied den Versuch zur Individualisierung unternehmen, würde die Familie all ihre Furcht und Abneigung vor Mangel an Gegenseitigkeit auf dieses Mitglied konzentrieren und es zum Sündenbock machen. Dadurch wäre der höchste Wert der Nähe in der Familie verstärkt und die als negativ angesehene Person genauso wirksam eingefangen, als hätte sie niemals versucht, ihre Behausung zu verlassen.

In keiner Abhandlung über die Forschung der schizophrenen Kommunikation dürfen die Beiträge der britischen Psychiater R.D.Laing und A.Esterson fehlen, deren Vorstellung von der Mystifizierung (eng verwandt mit der Doppelbindung) durch eine Serie von Untersuchungen an schizophrenen jungen Frauen verdeutlicht wurde, die genauestens im Rahmen ihrer Familien beobachtet wurden. Ihr Buch, das auf diesen Studien basiert, 'Sanity, Madness, and the Family'('Wahnsinn und Familie')(34), macht mit seiner überzeugenden Darstellung offenkundig, wie die anscheinend verdrehten Vorstellungen dieser Frauen durch versteckte Kommunikation mit anderen Familienmitgliedern genährt und unterstützt wurden. Die

Schizophrene paßt sich an; dies war eine logische Reaktion auf eine unlogische Situation.

Um dieses Verhalten zu beschreiben, haben jedoch die meisten Forscher, die wir diskutiert haben, eine kybernetische Analogie eingesetzt, da Familien mit Schizophrenen (oder vielleicht alle Familien) etwas wie ein homöostatisches Element zu besitzen scheinen, das sich einer Veränderung widersetzt. Symptomatisches Verhalten wurde als ein wesentlicher Teil dieses Widerstandes angesehen.

Bateson war der Autor, dem die Analogie zur Kybernetik am hervorragendsten gelang. Batesons Gedanken über die Strukturbildung im sozialen Bereich und das kybernetische Paradigma, das er zur Unterstützung dieser Gedanken entwickelte, sollten einen einzigartigen Einfluß auf seine Schüler und Nachfolger in der Familienforschung haben.

Kapitel 2

DIE DYNAMIK SOZIALER FELDER

Bateson und der große Plan

Zu Batesons Hauptanliegen gehörte das, was er „das verbindende Muster" nannte. Er glaubte, daß es auf einer gewissen Strukturebene eine Übereinstimmung der Gesetze gäbe, die verschiedene Arten von Ereignissen bestimmten. In bezug auf seinen Vater, einem bekannten britischen Genetiker, sagte er:
„In seinem frühen — und wie er wohl auch wußte — besten Werk beschäftigte er sich mit Problemen der Tiersymmetrie, Segmentierung, Serienwiederholungen von Teilen, Mustern usw... In mir entstand das vage, geheimnisvolle Gefühl, wir müßten in allen Bereichen der Naturphänomene nach derselben Art von Vorgängen suchen — wir könnten vielleicht damit rechnen, die Wirkung derselben Gesetze in der Struktur eines Kristalls zu finden wie in der Struktur der Gesellschaft, oder entdecken, daß die Segmentierung eines Regenwurms vergleichbar sei dem Prozeß, durch den Basaltsäuren gebildet werden."(1)

Eines der Studiengebiete von Bateson sen. war die Art der Differenzierung der Teile eines Organismus. Bei einigen geschieht es serienweise auf einer hierarchischen Stufenleiter, z.B. bei den Beinen eines Hummers. Das ist metamerische Differenzierung. Bei anderen liegt eine symmetrische Differenzierung vor, wobei jeder Teil genau wie der andere ist, wie die radialen Tentakel einer Qualle.

Nun fragt man sich, was Hummer und Quallen mit der Struktur der menschlichen Gesellschaft zu tun haben. Auf der Suche nach einem grossen Plan glaubte Bateson jun., sie hätten eine Menge damit zu tun. Er benötigte ein 'visuelles Diagramm', wie er es nannte, und die Analogie zu der Differenzierung bei biologischen Strukturen gab ihm ein Modell an die Hand, das einer Erklärung des Problems am dichtesten kam, das ihn am meisten fesselte, als er seine Karriere begann: das Strukturgesetz sozialer Segmentierung.

Während er die Jatmul-Kultur in Neuguinea studierte in den frühen dreißiger Jahren, begann das Problem ihn zu verfolgen. Ausgestattet mit angemessenem Grundwissen (er war Schüler von Franz Boas gewesen), zog er wie ein braver Kulturanthropologe aus, benutzte das richtige Rüstzeug (Notizbücher und Informanten), schlug den üblichen Weg ein (tauchte selbst ein in das Leben der Kultur) und schuf angemessene Thesen, durch die er seine Entdeckungen interpretieren konnte (Begriffe wie 'Eidos' und 'Ethos').

In einem Punkt unternahm er allerdings Unerhörtes: Er blieb nicht in den Grenzen des Universums, so wie es von den Anthropologen jener Tage bestimmt wurde. Sein Auge fiel auf eine Zeremonie, die sich weder durch die orthodoxe Interpretation, noch durch seine erfinderischen Kategorien deuten ließ: Es handelte sich hierbei um die 'Naven'-Zeremonie. Die Vorgänge, die sie ausdrückte, schienen sich mit der sozialen Unstabilität zu befassen, d.h. damit, wie Konflikte und Entzweiungen innerhalb der Gruppe gehandhabt wurden. Die Hauptergebnisse in dem daraus entstandenen Buch 'Naven' trugen zu einem großen Teil zu seinen späteren Ansichten über soziale Prozesse bei.(2)

Die Jatmul von Neuguinea waren Kopfjäger, die in Dörfern von zweihundert bis eintausend Einwohnern lebten. Die Einordnung in die verschiedenen Phratrien, Moieties und Clans wurde über die väterliche Linie bestimmt, wohingegen die Linien, die jede Familie mit der Verwandtschaft der Mutter verbanden, in weniger formaler Weise betont wurden. Was Bateson in dieser Gesellschaft am meisten auffiel, war das Fehlen jeglicher Hierarchie. Es gab keine Regierung, keinen Häuptling, keine wesentliche Statusstruktur in irgendeinem dieser Dörfer. Wenn jemand einem anderen Unrecht getan hatte, gab es keine höhere Autorität, der dieser Streit hätte vorgetragen werden können. Es ergaben sich unter Umständen Clanfehden, und Racheakte wurden durch Hexerei oder durch direktere Mittel wie Tötung einer Person ausgeführt. Gleichzeitig wurde großer Wert auf Rivalität und Zurschaustellung gelegt. Clans oder neueingeweihte Moities standen in ständigem Wettkampf miteinander. Wenn die Rivalitäten zu groß wurden und die Streitereien nicht geschlichtet werden konnten, schien sich einer der befehdeten Clans abzutrennen und ein neues Dorf zu gründen.

Hier kommt das visuelle Diagramm, das sich durch die biologischen Differenzierungsvorgänge anbot, ins Spiel. In einem späteren Artikel, in dem er die Jatmul-Gesellschaft diskutiert, erklärt Bateson:
„Unter dem Eindruck des Phänomens der metamerischen Differenzierung wies ich darauf hin, daß in unserer Gesellschaft mit ihrem hierarchischen System (vergleichbar mit dem Regenwurm oder dem Hummer) bei der Loslösung einer Gruppe von der elterlichen Gesellschaft die Trennlinie, also die Teilung zwischen der alten und der neuen Gruppe, gewöhnlich die

Differenzierung der Sitten anzeigt. Die Pilgerväter sind fortgewandert, um anders zu sein. Wenn sich aber bei den Jatmuls zwei Gruppen in einem Dorf stritten und die eine Hälfte fortging, um eine neue Gemeinschaft zu gründen, blieben die Sitten der beiden Gruppen identisch."(3)

Dieser Gedanke, daß hierarchische Gesellschaften dazu neigten, Ketzergruppen zu schaffen, wenn sie sich teilten, während symmetrische Gruppen ihr genaues Abbild schufen, wurde von Bateson nie weiter erforscht. Gründlicher untersuchte er dagegen (und das ist wesentlicher an seiner Untersuchung) die Mechanismen, die der Trennung bei den Jatmul entgegenwirkten, wobei 'Naven' die wichtigste von ihnen zu sein schien.

'Naven' war eine Zeremonie oder eine Ansammlung von Gestikulierungen, abgeleitet aus dieser Zeremonie, die Zuneigung zwischen einem Kind, einem 'Laua', und den Brüdern seiner Mutter, seinen 'Waus' bestätigte. Naven konnten zu wichtigen Zeitpunkten im Leben eines Kindes vollzogen werden. Sie fanden statt, wenn es von einem Status zum anderen wechselte oder wenn ihm gewisse kulturell anerkannte Dinge zum ersten Mal gelangen (der erste Fischfang mit dem Speer oder die erste Tötung eines Menschen). Naven-Gestikulierungen wurden auch durch ungehöriges Zurschaustellen von Stolz oder Angeben von dem Laua den Waus gegenüber verursacht. In solchen Fällen hatte das Naven-Verhalten des Wau die Eigenschaft der Bestrafung, um das Laua daran zu erinnern, daß es aus der Reihe tanzte.

Ein wirklich großartiges Naven zog Verwandte von beiden Seiten der Familie heran. Die Onkel mütterlicherseits verkleideten sich als törichte alte Frauen und behandelten die Kinder zum Spaß wie Ehemänner. Auf der väterlichen Seite zogen sich die weiblichen Verwandten die Zeremoniekleidung der Männer an und stolzierten umher, wobei sie männliche, kriegerische Zurschaustellung karikierten. Den Jatmulfrauen gefiel das umso mehr, da sie normalerweise den Männern untergeordnet waren.

Anfangs nahm Bateson an, die Naven-Zeremonie spiele die Rolle einer Art sozialen Klebstoffes und verstärke die Bindungen an die Herkunftfamilie der Mutter in dieser sehr auf die Familie des Vaters ausgerichteten Kultur. In seinen Vorstellungen herrschte bald aber ein visuelles Muster von sich überkreuzenden Spaltungsebenen. Die Haupttrennungslinie bestand zwischen Brüdern und Schwägern und dem Clan, den sie vertraten. So war also jede Sitte, die die Verbindung zwischen ihnen stärkte oder einen Ausgleich zu einem möglichen Bruch bildete, wichtig.

Zu dem Bemühen, die Struktur der Jatmul-Gesellschaft statisch, in der Form eines Planes zu sehen, kam das weitere Bemühen, sie dynamisch im Zustand der Bewegung zu sehen. Zu diesem Zeitpunkt prägte Bateson den Ausdruck 'Schismogenese'. Dieses Wort beschrieb die Art Eskalation, die man überall in der natürlichen Welt findet und für die der Teufelskreis ein Beispiel ist. Sie wird von anderen Forschern 'gegenseitiger Reaktionsprozeß' genannt, 'wechselseitige kausale Vorgänge der Abweichungsverstärkung', 'positive Feedback-Ketten' und ähnlich.

Schismogenese

Bateson wandte diesen neuen Ausdruck hauptsächlich auf Beziehungen zwischen Personen an, im Gegensatz zu wechselseitigen kausalen Vorgängen im allgemeinen. Er definierte ihn als „Differenzierungsprozeß der Normen individuellen Verhaltens, der sich aus der sich verstärkenden Interaktion zwischen Individuen ergibt."(4) Diese Vorgänge sind durch die Tatsache gekennzeichnet, daß sie sich exponentiell durch Reaktionen aufeinander entwickeln. Bateson beobachtete bei der Jatmulgesellschaft das Vorhandensein von sich selbst verstärkenden Zyklen, bei denen die Handlungsweise von A Reaktionen bei B auslöste, die dann wieder eine verstärkte Reaktion von A zur Folge hatten usw. Bei diesen Zyklen konnten zwei Arten unterschieden werden. Die eine nannte Bateson die 'symmetrische'. Damit war gemeint, daß die sich steigernden Verhaltensweisen von A und B im wesentlichen einander ähnlich waren, wie zum Beispiel bei Rivalitäten oder beim Wettkampf. Die andere Art nannte er die 'komplementäre', da die sich gegenseitig erzeugenden Handlungen verschieden waren, wie zum Beispiel bei den Zyklen Dominanz/Unterwerfung oder Hilfe/Abhängigkeit.

Bateson führte verschiedene Beispiele schismogener Zyklen an. Einer davon ist die Sequenz der sich selbst verstärkenden Beziehung, die zu verschiedenen Geisteskrankheiten führt. Bateson erwähnt besonders die Paranoia, bei der der Patient, da er mißtrauisch ist, bei anderen Reaktionen auslöst, die dann seine Befürchtungen rechtfertigen und ihn noch mißtrauischer machen. Ein anderes Beispiel ist eine Art ehelichen Mißverständnisses, das sich ergibt, wenn ein Partner äußerst selbstbewußt und der andere sehr nachgiebig ist. Diese Charakteristika werden immer stärker betont, wobei der eine Partner umso nachgiebiger ist, je selbstbewußter der andere wird.

Bateson weist darauf hin, daß diese Vorgänge nicht nur im interpersonellen Bereich vorkommen können. Er erwähnt zum Beispiel Kulturkontakte zwischen zwei Gesellschaften, die zu besonderen symmetrischen oder komplementären Vorgängen führen können. Die symmetrische Spirale zeigt sich im Wettrüsten, die komplementäre in den Spannungen zwischen sozialen Klassen.

Bateson weist auch darauf hin, daß es zwei Aspekte dieser sich selbst verstärkenden Vorgänge gibt. Einmal gibt es einen exponentiellen Vorgang, der sich selbst anhält oder angehalten wird, und dann gibt es einen exponentiellen Vorgang, der nicht angehalten wird, aber nicht das System zerstört. Von besonderem Interesse ist die Eskalation, die über die Grenzen der bisherigen Ordnung hinausgeht, offensichtlich auf ihr unausweichliches Verderben zueilt und dann mit einer außerordentlichen Synthese wieder auftaucht, die niemand vorhergesehen hat.

In diesem Kapitel wollen wir uns den beiden Arten der exponentiellen Vorgänge zuwenden, die Bateson beschrieben hat, und den Prinzipien, die nicht nur die sich selbst stabilisierenden Eskalationen beherrschen, sondern auch die, die außer Kontrolle zu geraten drohen. Außerdem wollen wir Ansichten anderer Forscher untersuchen, die sich Gedanken gemacht haben über diese merkwürdigen, sich selbst verstärkenden Zyklen und die einige brauchbare Theorien dazu entworfen haben.

Wechselseitige Reaktions-Prozesse

Kenneth Boulding untersucht in seinem Werk 'Conflict and Defense'(Konflikt und Verteidigung) die Eigenschaften der sich selbst verstärkenden Zyklen, wobei er den Ausdruck 'wechselseitige Reaktions-Prozesse' benutzt.(5) Einen großen Teil seiner 1962 veröffentlichten Abhandlung widmet er einer Analyse von Formeln, die der britische Politologe und Mathematiker L.F.Richardson 1939 in einer Studie über Wettrüsten und internationale Feindseligkeiten mit dem ungewöhnlichen Titel 'The Statistics of Deadly Quarrels'(Statistiken der tödlichen Auseinandersetzungen) vorstellte. Richardson hatte mathematische Gleichungen aufgestellt, um eskalierende Feindseligkeiten zwischen Nationen, Beherrschungs- und Unterwerfungsmuster u.ä. ausdrücken zu können. Boulding übertrug diese Formeln auf Grafiken, die er die 'Richardsonschen Prozeßmodelle' nannte.

Boulding spricht ganz eindeutig von derselben Sache wie Bateson: Prozesse, bei denen die Bewegung einer Seite den Bereich der zweiten verändert und eine kompensatorische Bewegung der zweiten Seite erzwingt usw. In der Wirtschaft, sagt Boulding, wird dieser Vorgang durch den Preiskrieg illustriert. Der Politologe kennt ihn als Wettrüsten; Erforscher von Beziehungen finden ihn bei den konkurrierenden Zusammenstößen zwischen Mann und Frau; Personen aus der Arbeiterbewegung erkennen ihn im Kampf zwischen den Gewerkschaften und dem Management; und man findet ihn sogar im Tierreich in der Beziehung zwischen Raubtier und Beute.

Boulding vermischt hier interpersonelle und nicht-interpersonelle Vorgänge und benutzt nicht Batesons Unterscheidung zwischen symmetrischen und komplementären Unterschieden, er zeigt uns aber für beide beispielhafte Fälle. Eine seiner Grafiken stellt eine symmetrische Eskalation dar, bei der die zwei Seiten ihre Feindseligkeiten verstärkten, bis sie den, wie Boulding es nennt, 'toten Punkt' erreichen, an dem die Aktivität zu einem Ende kommt. Nach Boulding, der diese Idee von Richardson übernommen hat, liegt hier der Schnittpunkt, an dem die Aggression durch stärker werdende Faktoren, wie Kriegsüberdruß oder Müdigkeit, aufgehoben wird. In einer anderen Grafik, die diese Situation darstellt, geht die Eskalation unendlich höher, Boulding sagt aber, dies könne im wirklichen Leben nicht geschehen, da es eine Grenze gäbe, an der man nicht vorbeikäme, ohne daß das System zusammenbrechen oder die Aktivität in eine neue Form übergehen würde: das Wettrüsten in den Krieg, eheliche Streitigkeiten in eine Scheidung usw.

Bei dem anders gelagerten Fall des Dominanz/Unterwerfungs-Zyklus stellt Boulding eine Situation in Anlehnung an Richardson grafisch dar, die analog der Raubtier/Beute-Beziehung in dünn besiedeltem Gebiet verläuft. In der Arktis, wo Wölfe von Kaninchen leben, bedeutet zum Beispiel ein Anwachsen der Kaninchenzahl mehr Wölfe. Ein Anwachsen der Zahl der Wölfe bedeutet hingegen die Dezimierung der Kaninchen. Dadurch wird wieder die Anzahl der Wölfe reduziert, bis sich die Zahl der Kaninchen wieder vergrößert hat.

Dieselbe Situation trifft häufig auch auf menschliche Beziehungen zu, wobei offensichtlich eine Person dominiert wird und die andere diejenige ist, die dominiert. Der dominante Partner wird solange seine Macht über den Unterwürfigen steigern, bis die Unterwürfigkeits-Reaktion so extrem wird, daß sie zu keiner Dominanz-Reaktion mehr anregt. Der unterwürfige Partner wird dann immer selbstbewußter, bis die Dominanz-Reaktion wieder ausgelöst wird und der Zyklus erneut beginnt.

Die Ausdrücke 'dominant' und 'unterwürfig' sind unglücklich gewählt, da durch sie die Vorstellung eines Machtkampfes geweckt wird und nicht so sehr einer systemischen Abfolge, bei der keiner der beiden die Möglichkeit hat, sich zu widersetzen. Das Gute am Konzept der komplementären Eskalation liegt darin, daß die Tendenz vermieden wird, solche Kämpfe in Begriffen individueller Motivation zu sehen. Wie Boulding hervorhebt, haben solche Anordnungen häufig ein Muster der Zirkularität und bewegen sich um einen 'toten Punkt' herum. Sie können durch eine Spirale angemessen grafisch dargestellt werden. Obwohl sich Boulding nicht mit der Frage der sich ergänzenden wechselseitigen Reaktionsprozesse, die außer Kontrolle geraten, beschäftigt, kann man sich Beispiele hierfür vorstellen: Eltern, die ihre Kinder so hart bestrafen, daß es zu Verletzungen oder Schlimmerem kommt; 'Herrenrassen', die 'minderwertige' vernichten.

In einem 1949 geschriebenen Artikel über die Bali-Kultur stellt auch Bateson Überlegungen an über die Folgen des Vergleichs von Richardson, von dem er meinte, er sei in gewisser Weise der mathematische Ausdruck seines Konzepts der Schismogenese.(6) Auch ihm stellte sich – wie Boulding – die geheimnisvolle Frage: Wie kommen solche Vorgänge zum Stillstand, obwohl es in ihrer Natur liegt, sich immer weiter zu steigern? Hiermit kommen wir wieder auf die Untersuchungen der gegenläufigen Bewegung: Eine Sequenz mit einem Auf und Ab, das sich selbst stabilisiert, gegenüber einer Sequenz mit einer Steigerung, die andauert, bis der Punkt der Zusammenbruchs erreicht ist oder ein anderes Ereignis eintritt, das die ansteigende Kurve stoppt. Mit anderen Worten: Abweichungsausgleichende Abfolgen gegenüber abweichungsverstärkenden Abfolgen.

Beim Durchdenken der Richardsonschen Vergleiche war Bateson unzufrieden mit der Annahme Richardsons, Faktoren wie Müdigkeit seien verantwortlich dafür, wenn eine symmetrische Eskalation ihren Gleichgewichtspunkt erreichte oder sich umkehrte. Stattdessen setzte er eine andere mögliche Erklärung voraus: Das zweifache Bedürfnis nach Spannungserregung gefolgt von der Spannungslösung, die charakteristisch ist für viele Organismen und sich in Tätigkeiten wie Kämpfen oder Lieben ausdrückt.

Bateson untersuchte andere Arten der Sperren in der Schismogenese, Sperren, die nicht physiologischer Natur waren, sondern sich auf äußere soziale Hemmungen begründeten. Er wies auf die Naven-Zeremonie hin, bei der ein Faktor, der eine endlose Kettenreaktion verhinderte, in der Art der Beziehung zwischen den beiden Parteien zu suchen war. Wenn es zwischen zwei komplementären Gruppen, von denen die eine stärker als die andere ist, genügend gegenseitige Abhängigkeit gibt, wird die Differenzierung nie über einen gewissen Punkt hinausgehen, an dem die schismogenen Neigungen durch die gegenseitigen Abhängigkeitsbedürfnisse ausgeglichen werden. Auf ähnliche Weise kann auch eine symmetrische Eskalation durch gegenseitige Übereinkommen in Schach gehalten werden, die sich auf die Interessen beider Parteien stützen, wie zum Beispiel ein Tauschhandel oder – nach meinen eigenen Beispielen von 198o – Geiselnahme oder nukleare Sprengköpfe.

Bateson stellt auch eine Variante zur Diskussion, bei der ein komplementärer Prozeß einem anderen entgegenwirken könnte. Als Beispiel nimmt er die Ehe, in der sich die Spannungen aus einer Beziehung ergeben, die auf Durchsetzung/Unterwerfung begründet ist. Diese Spannungen werden durch die Verlagerung auf eine Beziehung gelöst, die sich auf fürsorgliche Abhängigkeit gründet.(7) Es ist zwar immer noch eine komplementäre Beziehung, aber die Werte, die sie darstellt, haben sich aus dem negativen zum positiven hin bewegt. Symptome wie Depression oder eine psychosomatische Krankheit des Partners können eine Reaktion dieser Art sein oder weisen auf den Abbruchspunkt für eine Durchsetzung/Unterwer-

fungs-Folge hin, die zu weit gegangen ist.
Es gibt größere, gesellschaftliche Eindämmungen der Schismogenese. Bateson erwähnt die Teilnahme an nationalen Feierlichkeiten, die Klassenspannungen verringern könnte. Ebenso kann ein Krieg ein in sich gespaltenes Land vereinigen. Er war auch der Meinung, die Sitte der Menschenjagd bei den Jatmul, die ihre Gesellschaft anderen Gruppen feindlich gegenüberstellte, könnte die inneren Belastungen, die sich aus Rivalität und Wettkampf ergaben, erleichtert haben. Der Anthropologe Fredrik Barth gibt ein anderes Beispiel für einen sozialen Eindämmungsmechanismus in seiner Studie über die Art, wie die sich heftig bekämpfenden Pathan-Clans von Afghanistan daran gehindert werden, sich gegenseitig völlig auszurotten(8) Er beschreibt die Abschreckungswirkung, die ein unbedeutender Häuptling hatte, dessen Unterstützung das Gleichgewicht zwischen den beiden mächtigeren Häuptlingen zerstören konnte. Wenn ein Häuptling zum Sieg gegen einen Rivalen die Unterstützung eines weniger mächtigen Mannes benötigt, aber zu viel Druck auf diesen Rivalen ausübt, kann dieser dem unbedeutenderen Mann genügend Konzessionen anbieten (einschließlich seiner eigenen Stellung), um ihn zum Überlaufen zu bewegen. Mit diesem Wissen wird der erste Häuptling niemals damit drohen, eine so harte Rache an seinem besiegten Feind zu üben, wie er es vielleicht tun würde, wenn es die dritte Partei nicht gäbe.

Diese Beispiele erklären jedoch nicht, welche Gesetze oder Leitsätze die rätselhaften Aktion/Reaktions-Vorgänge beherrschen, oder welche Hindernisse sich ergeben, die sie anhalten. Batesons Beitrag hierzu war der immer größer werdende Verdacht, es könnte vielleicht eine eingebaute, sich selbst stabilisierende Ordnung in sozialen Gruppen geben, die schismogenetische Bewegungen unter Kontrolle hielten. In seiner Studie über die Jatmul grübelte er über den Gedanken, symmetrische und komplementäre Arten der Schismogenese funktionierten vielleicht auf eine sich gegenseitig ausgleichende Weise. Er nahm zum Beispiel an, daß eine kleine Dosis symmetrischen Verhaltens in einer komplementären Beziehung dazu dienen könne, die Tendenz zur progressiven Differenzierung in Schach zu halten. Als Beispiel führte er die Beziehung eines englischen Edelmannes zu seinen Dorfbewohnern an, die komplementär und nicht immer angenehm ist. Wenn der Edelmann einmal im Jahr mit den Dorfbewohnern Kricket spielt, ist diese kleine Handlung evtl. ausreichend, um den Druck zu erleichtern.

Später diskutierte er Richardsons Rivalitätsformel, die besagt, die Intensität von As Handlungen sei proportional zu dem Grad, in dem B A voraus ist (B/A). Bateson stellte dabei fest, daß die dementsprechende Formel für eine komplementäre progressive Veränderung das Gegenteil besagte, da As Handlungen proportional zu dem Grad seien, in dem B hinter A zurücksteht (A/B). Er sagt also:
„Bemerkenswerterweise ist diese Formulierung selbst das Negativ der Formulierung für Rivalität, wobei der Stimulusausdruck das Gegenteil ist.

Man hat festgestellt, daß symmetrische Handlungsfolgen eine deutliche Tendenz haben, den Druck auf äußerst komplementäre Personen oder Gruppen zu verringern. Es ist verführerisch, diese Wirkung einer Hypothese zuzuschreiben, derzufolge die zwei Arten der Schismogenese in gewissem Grade für psychologisch nicht vereinbar erklärt werden, wie es bei der oben genannten Formulierung der Fall ist."(9)

Von größter Bedeutung für Batesons Bemühungen, seine Gedanken über Kausalzusammenhänge mit Wechselwirkung zu klären, war aber seine Entdeckung der Kybernetik oder der Wissenschaft von den sich selbst korrigierenden Systemen, wie den Servomechanismen. In seinem Vorwort zu 'Naven' beschreibt er den Einfluß der Josiah-Macy-Konferenzen auf sein Denken, die während der fünfziger Jahre abgehalten wurden. Bei einer dieser Konferenzen, 1955 in Princeton, war er gebeten worden, einen Vortrag zu halten. Während dieser Tagungen war er zum ersten Mal ernsthaft von den Gedanken Claude Shannons, Norbert Wieners und anderer Theoretiker der Kybernetik gefesselt. Er begann, sein Konzept der Schismogenese als durch Irrtum aktivierte Feedback-Zyklen, wie sie sich in den selbst regulierenden Systemen finden, neu zu durchdenken.

Am nützlichsten fand Bateson die Analogie zwischen der Dampfmaschine und dem Regler. Die ganze Anordnung ist abhängig von einem Regelkreis, wobei es umso weniger von der einen Sache gibt, je mehr es von der anderen gibt. Im Gegensatz dazu steht das, was die System-Ingenieure eine positive Feedback-Kette nennen oder einen 'Ausreißer', wenn eine Situation gegeben ist, bei der es umso mehr von allen anderen Elementen gibt, je mehr es von dem einen gibt. Wenn zum Beispiel bei der Dampfmaschine der Fliehkraftregler so konstruiert wäre, daß die Dampfzufuhr umso grösser würde, je mehr die Gewichte auseinandergingen, würde dies dazu führen, daß die Maschine schneller und schneller wird, bis die vorhandene Dampfmenge sich erschöpft hat oder das Schwungrad bricht. Eine dritte Möglichkeit wäre eine Art Einschränkung von außen – die Vertreter des nächst höheren Systems (die Ingenieure) könnten zum Beispiel hinzukommen und den Zusammenbruch verhindern, indem sie die Maschine stoppen.

Bateson erkannte die Möglichkeiten dieses Modells, um die Verhaltensweisen, die er während des Studiums der Jatmul-Kultur fand, zu erklären. Vor allem war er jetzt in der Lage, die verwirrende Naven-Zeremonie so zu analysieren, als sei sie ein Regelkreis von Verhaltensweisen, der gewisse Variable des sozialen Systems in seinen Grenzen hielt.

Die Naven-Zeremonie als kybernetischer Mechanismus

Bateson erkannte die Kräfte innerhalb der Jatmul-Gesellschaft, die einen Teufelskreis hervorriefen, der entweder zur Trennung oder zum Kampf führte, und er fragte sich, welche Hemmungsmechanismen es zur Verhinderung solcher Ereignisse gab. Mit diesen sich selbst korrigierenden Regelkreisen als Modell glaubte Bateson, eine Antwort sei jetzt möglich. Könnte es nicht in dieser Gesellschaft ein System geben, bei dem angemessene komplementäre Verhaltensweisen eine korrigierende Annahme an symmetrischen Verhaltensweisen hervorrufen würden? Könnte das System sich vielleicht nicht immer wieder von neuem selbst korrigieren? Bateson überprüfte seine Beobachtungen über die Jatmul-Kultur unter diesem Gesichtswinkel.

Zunächst mußte der wichtigste strukturelle Faktor berücksichtigt werden: Die schwächsten Glieder in der Jatmul-Gesellschaft waren unter den Verwandten mütterlicherseits zu finden. Diese Verbindungen wurden abgebrochen, wenn sich eine Gruppe von ihrer Gemeinschaft trennte, da die Frauen mitzogen, um in der Sippe des Mannes zu leben.

Bateson stellte sich natürlich die Frage, warum denn der Hauptzweck der Naven-Zeremonie – wenn man sie als Integrationsritual auf diesem Gebiet verstehen will – in der Verstärkung der Onkel/Neffe-Verbindung lag und nicht in der schwägerlichen Verbindung. Nach seiner Vermutung hatte das seinen Grund in der Wichtigkeit der Betonung komplementärer Verbindungen als Korrektiv zu symmetrischen Eskalationen, welche die Stabilität der Gruppe gefährdeten. Sippenrivalität ließ die Möglichkeit des Kämpfens oder der Trennung zu einer dauernden Bedrohung werden, und die Naven-Zeremonie schien dann stattzufinden, wenn das Zünglein an der Waage bei den miteinander rivalisierenden Sippen zur einen oder zur anderen Seite auszuschlagen drohte. So kam Bateson zu der Beobachtung, daß die Naven-Zeremonie, die eine Karikatur einer komplementären sexuellen Beziehung darstellt, durch anmaßendes (symmetrisches) Verhalten ausgelöst wird. Wenn ein Laua sich in der Gegenwart eines Wau angeberisch verhält, so reagiert dieser darauf mit einem Naven-Verhalten. Aber das eigentliche Naven-Ereignis findet erst im vollen Umfang im Kontext eines Schrittes zur senkrechten Mobilität seitens des Laua statt, wenn er zum Beispiel ein erfolgreicher Krieger oder Jäger wird. Das würde eine noch größere symmetrische Eskalation darstellen, und zwar nicht nur hinsichtlich des Wau, sondern auch in Beziehung auf die gesamte Sippe dieses Wau.

Bateson gab sich jedoch nicht mit dieser vagen Hypothese eines schismogenen Vorgangs zufrieden, der sich intensiviert, bis ein korrektiver entgegengesetzter Vorgang ausgelöst wird. Er wollte eine genauere Möglichkeit finden, um das Funktionieren dieser Ordnung zu erklären. Dies brachte ihn zur Kybernetik und dazu, ein Konzept einzusetzen, das zum Verständnis der Arbeitsweise kybernetischer Systeme unabdingbar notwendig zu sein schien.

Veränderungen erster und zweiter Ordnung

Bisher hatten Bateson und andere Forscher zwei Möglichkeiten gesehen, wie Devianzprozesse abliefen: eine sich selbst stabilisierende Abfolge, wie sie durch die Naven-Zeremonie dargestellt wird, und alternativ dazu eine Eskalation, die zur Zerstörung des Systems führt. Aber es gibt eine dritte Möglichkeit, bei der so eine Kettenreaktion oder Eskalation einen Sprung auslöst, der das ganze System umformen könnte.

Nach dem Systemtheoretiker W.Ross Ashby wird diese dritte Möglichkeit durch ein Zwei-Ebenen-Modell der Veränderung erklärt. Ashby stellt fest, daß lebende Systeme nicht nur in der Lage sind, ihre Verhaltensweisen auf kleine Veränderungen in ihrem Umkreis abzustimmen (wie der Körper zum Beispiel eine optimale Temperaturspielbreite einhält, indem er schwitzt, wenn es heiß ist, und zittert, wenn es kalt ist), sondern sie sind oft auch in der Lage, den 'Rahmen' für Verhaltensweisen zu verändern, wenn die Umgebung eine ungewöhnlich ernsthafte Veränderung aufweist (wie zum Beispiel Tierarten die Möglichkeit entwickelt haben, einen dikkeren Pelz zu bekommen, wenn der Winter kälter wird, oder ein Muster ausgearbeitet haben, bei dem sie bis zum Frühjahr in ein wärmeres Gebiet ziehen).(11)

Diese Art des 'bimodalen' Feedback ist nach Ashby nützlich, da sie der Einheit oder dem Organismus die Möglichkeit gibt, sowohl alltägliche Abweichungen als auch drastische Veränderungen zu überleben. Er nannte die korrektiven Reaktionen auf geringfügige Abweichungen 'Veränderungen erster Ordnung' und die Reaktionen auf drastische Unterschiede in der Umgebung 'Veränderungen zweiter Ordnung'. Oft wird der heimische Hausthermostat als Analogie benutzt, um diese Unterscheidung zu verdeutlichen. Die automatischen Veränderungen, die er macht, um das Zimmer innerhalb einer bestimmten Temperaturspielbreite zu halten, sind Veränderungen erster Ordnung. Um jedoch eine Veränderung zweiter Ordnung zu erreichen – wenn die Außentemperaturen zum Beispiel sehr stark fallen – muß der Hausbesitzer die Einstellung des Thermostaten verändern.

Bateson suchte nach Faktoren, die mögliche Auswüchse der Schismogenese einschränken würden, ihm war aber auch bewußt, daß schismogenetische Vorgänge nützlich sein könnten, um eine unangemessene, veraltete oder ungesunde Stabilität aufzubrechen. In seinem Epilog zu 'Naven' würdigt er Ashbys formale Analyse in bezug auf Veränderungen von festgefügten Systemen.

Wir wollen uns Bateson anschließen und diese Gedanken auf einzelne Vorgänge der Jatmul-Gesellschaft anwenden. Eine äußerst wichtige Variable war zum Beispiel die ausgeprägte Rivalität. Da es keine hierarchische Struktur gibt, durch die Konflikte gelöst werden, muß das Machtgleichgewicht zwischen den Sippen einigermaßen ausgeglichen bleiben. Wenn irgendeine Sippe auch nur einen geringen Vorteil gewann, mußte dieser ausgeglichen werden, bevor eine Eskalation begann, die vielleicht außer Kontrolle geriet. Man kann die große Naven-Zeremonie als Veränderung erster Ordnung ansehen, bei der symmetrische Eskalationen durch komplementäre ersetzt werden. Da letzteres mit dem ersteren nicht vereinbar ist, würde hierdurch die Entwicklung endloser symmetrischer Kettenreaktionen wirksam behindert und der status quo erhalten bleiben. (Bateson kommt unfehlbar auf den Ausgangspunkt zurück und gestand auch die Möglichkeit zu, zuviel komplementäres Verhalten könne symmetrisches Verhalten auslösen.)

Aber was wäre nun, wenn eine positive Feedback-Kette ausgelöst würde, die durch die gewöhnlichen Verhaltensmuster nicht in Schach gehalten werden könnte? Vermutlich besteht die Möglichkeit, eine Veränderung zweiter Ordnung durch Aufteilung vorzunehmen, die dann stattfindet, wenn die komplementären Themen nicht in der Lage sind, die Eskalation gegenseitiger Feindseligkeiten einzuschränken. Wann immer die Spannungen über einen gewissen Punkt ansteigen, wird bei den Jatmul eine Gruppe fortgehen, um ein eigenes Dorf zu gründen. Bateson fiel die Neigung der Jatmul auf, sich durch eine Vielfalt von Seitenlinien auszubreiten, die jeweils der Elterngemeinschaft glichen, aber nicht mit ihr verbunden waren. Auf diese Weise überlebt die Jatmul-Gesellschaft.

Unglücklicherweise ist dieser Mechanismus zur Verhinderung der Abweichung vom Gleichgewichtszustand des sich selbst stabilisierenden Regelkreises durch eine Veränderung erster Ordnung zweischneidig wie eine Rasierklinge. Die Naven-Zeremonie bestätigt die Gruppe in ihren alten eingefahrenen Wegen und schwächt so auf lange Sicht gesehen die Gruppe, da sie ihre Flexibilität verliert und das Risiko des Irrtums besteht. An diesem Punkt wird uns von den Biologen ein tröstlicher Ausblick gewährt, wenn sie von einem 'Sammelbecken der Verschiedenartigkeit' sprechen und von der Rolle der Abweichung bei der Erzwingung neuer Lösungen. Ich zitiere einen anderen Systemtheoretiker, Roger Nett:
„Da man die kreative Stärke einer Gesellschaft in der Fähigkeit der Indi-

viduen suchen muß, bestehende Definitionen und Meinungen auszuwerten, auszuweiten, zu korrigieren und letztlich zu modifizieren (ein Vorgang, der also selbst eine Abweichung darstellt), besteht das Problem, eine Gesellschaft zu ordnen, darin, das lebensnotwendige Element – die Abweichung – im sozialorganisatorischen Zusammenhang zu benutzen."(12)

Im nächsten Kapitel wollen wir weiter erforschen, was Autoren, die systemorientiert arbeiten, über die Kräfte zu sagen haben, die Unterschiedlichkeit fördern und die Gleichheit in lebenden Systemen im allgemeinen – nicht nur im menschlichen – hervorrufen. Die Betonung wird dabei darauf liegen, was der Soziologe Magoroh Maruyama die 'zweite Kybernetik' nennt. Da sich die meisten Theoretiker der Familienbeziehungen auf die 'erste Kybernetik' konzentriert haben – kompensatorische Vorgänge zur Verhinderung von Abweichungen und negative Feedback-Ketten – stellte Maruyama die Vermutung auf, man müsse dieser 'zweiten Kybernetik' mehr Aufmerksamkeit widmen, die er für einen wesentlichen Bestandteil der Veränderung aller lebenden Formen ansieht.

Kapitel 3

DIE ZWEITE KYBERNETIK

Morphostase und Morphogenese

Magoroh Maruyama glaubt, das Überleben jeglichen lebenden Systems — das heißt jeglicher sich selbst erhaltenden Einheit — hinge von zwei wichtigen Vorgängen ab. Der eine ist die 'Morphostase', d.h. das System muß angesichts der Unbeständigkeit der Umwelt eine Konstanz erhalten. Dies geschieht vermittels eines durch Irrtum ausgelösten Prozesses, den wir als negatives Feedback kennen. Der andere Vorgang ist die 'Morphogenese', d.h. zu gewissen Zeiten muß ein System seine Grundstruktur verändern. Zu diesem Vorgang gehören positives Feedback oder positive Sequenzen zur Verstärkung von Abweichungen, wie im Fall einer erfolgreichen Mutation, die es einer Gattung ermöglicht, sich veränderten Umweltbedingungen anzupassen.(1)

Das Phänomen des positiven Feedback ist gewöhnlich unter dem Gesichtspunkt seiner zerstörerischen Wirkung auf ein vorgegebenes System untersucht worden. Norbert Wiener erörtert es in Begriffen wie zum Beispiel Mechanismus zur Regelung von Rückkopplungselementen bei Luftabwehrkanonen und stellt fest, daß dieses Rückkopplungselement anfängt zu übersteuern, wenn es über einen bestimmten optimalen Punkt hinausgeschoben wird, wobei es größere und größere Bögen ausführt, bis die Schwingung zum Zusammenbruch der Maschine führt.(2) Garrett Hardin, ein Biologe, analysiert denselben Vorgang, angewandt auf soziale Systeme.(3) Er beschreibt eine Anzahl von homöostatischen Modellen, natürliche und künstliche, und zweifelt, ob ein wahrhaft homöostatisches System je beim Menschen frei funktionieren könne, da die Tendenz besteht, Privilegien aufzubauen. Soziale Macht ist nach seiner Meinung ein inhärenter Prozeß des positiven Feedback. Und darin liegt die Gefahr. Nach Hardin besitzen alle Systeme ein 'homöostatisches Plateau' — Grenzen, innerhalb derer sich das System selbst korrigiert —, aber außerhalb dieses homöostatischen Plateaus liegt bei beiden Extremen ein positives Feedback und Zerstörung.

Sowohl Hardin als auch Wiener sind wie viele Denker, die sich auf die Kommunikationstheorie stützen, voreingenommen: Sie setzen jede Bewegung in Richtung Zufall oder Chaos mit etwas Unerwünschtem gleich. Maruyama glaubt aber – zusammen mit Systemtheoretikern wie Walter Buckley und Albert Speer –, solche Bewegung könne einen positiven Wert haben. Neben den Beispielen für zerstörerische positive Feedback-Zyklen führt er andere auf, bei denen die Überlebensmöglichkeiten eines vorgegebenen Systems größer werden. Er gibt so der Evolutionstheorie von der Abweichung einen kybernetischen Rahmen, der Veränderungen jeglicher Art umfaßt.

Man kann diese beiden Vorgänge auch mit Hilfe der beiden Begriffe 'Verschiedenartigkeit' und 'Einschränkung' betrachten, wie Buckley das nach Ashby getan hat. Einschränkung ist synonym mit Muster, Struktur, Regelmäßigkeit. Es entfernt sich von dem Zufallszustand und bewegt sich auf die 'Negentropie' zu, wie es der Systemtheoretiker Erwin Schroedinger nennt.(4) Kein lebendes System könnte ohne Muster oder Struktur überleben. Andererseits würde zuviel Struktur, zuviel 'Negentropie' es töten. Aus diesem Grunde müssen auch immer, so wie Buckley es sich erklärt, „einige Grundlagen für Mechanismen zur Erzeugung von Vielfalt vorhanden sein, die als potentielle Reserve einer adaptiven Wandlungsfähigkeit dienen, um das Problem der Einordnung neuer oder detaillierterer Varianten bzw. Einschränkungen in einer sich verändernden Umgebung zu lösen."(5)

Ein gutes Beispiel für zuviel Negentropie findet sich in einem neueren Artikel des Familienforschers David Reiss über 'Familienparadigma', bei denen es sich im Grunde um Strategien zur Bewältigung neuer Situationen bzw. zur sinnvollen Interpretation alter Situationen handelt.(6) Reiss berichtet von einer Familie, die vor kurzer Zeit von Europa in die Vereinigten Staaten ausgewandert war, sich in einer mit Gegenständen aus der Vergangenheit ausstaffierten Wohnung abkapselte und sich über die Schwierigkeiten des Lebens in einer schmutzigen, überbevölkerten Stadt beklagte. Da sie sich auf eine Strategie verließen, der die Möglichkeit fehlte, sich durch einen Kurswechsel auf neue Umstände einzustellen, gelang es ihnen nicht, sich durch Eröffnung neuer Wege neues Glück zu verschaffen. Eine ganz anders veranlagte Familie, die in neuen und schwierigen Situationen eine Chance und keine Bedrohung sah, begegnete dem Dilemma des Reisens in fremden Ländern, indem sie darauf bestand, immer die eine Tochter bei sich zu haben, die der fremden Sprache mächtig war.

Diese soweit beschriebenen beiden Feedbackarten – von denen die eine Veränderungen begrüßt und die andere sie hemmt – scheinen entgegengesetzte Funktionen zu haben. Das negative Feedback ist konservativ und begünstigt die Erhaltung des status quo. Das positive Feedback ist radikal und begünstigt Erneuerung. Aber das ist noch nicht die ganze Wahrheit. Buckley, der vom 'Teufelskreis' und der 'Teufelsspirale bzw. -eskalation' spricht, sagt, es sei überhaupt nicht gewiß, „ob daraus Erhaltung, Wandel oder Zerstörung eines bestimmten Systems oder einiger seiner Strukturen resultieren würden.“(7) Man kann sich folgende Beispiele denken: Die Entstehung von Monopolen könnte zu einer so völligen Ungleichheit führen, daß sich daraus eine gesellschaftliche Revolution ergibt; oder es könnte eine Bewegung zur Kartellgesetzgebung in Gang setzen. Der Tod eines religiösen oder politischen Ketzers könnte das System, dem er sich widersetzte, festigen; oder sein Märtyrertum könnte zu einer Revision der gesellschaftlichen Ordnung führen. Tod oder Selbstmord eines Familienmitgliedes könnten dieser Familie alle Möglichkeiten zu Veränderungen nehmen; oder es könnte ein überraschendes Potential zur Entfaltung freisetzen.

Maruyama zeichnet ein noch komplizierteres Bild dieser Lage. Er weist auf die Möglichkeit hin, sowohl positive als auch negative sich wechselseitig verursachende Regelkreise oder Schlaufen können einander in bestimmten Situationen aufheben. Mit 'Schlaufen' meint er eine Serie von sich gegenseitig verursachenden Vorgängen, bei denen der Einfluß auf irgendein Element durch andere zu sich selbst zurückkehrt. Als Beispiel nennt er ein Vektordiagramm, das Kräfte und Gegenkräfte zeigt, die auf das Wachstum einer Stadt einwirken. Faktoren wie die Zahl der Menschen, die Auswanderungsquote, Modernisierung, sanitäre Anlagen, Müllmengen pro Gebietseinheit, Bakterien pro Gebietseinheit und die Zahl der Krankheiten bilden eine Unmenge von miteinander verbundenen positiven und negativen Regelkreisen, die die Bevölkerungszahl steigen oder sinken lassen.

Leider macht Maruyama keine Vorschläge, wie man das Ergebnis aus dem Zusammenspiel dieser Regelkreise voraussagen könnte. Er stellt lediglich folgende Behauptung auf: „Das Verständnis für eine Gesellschaft oder für einen Organismus kann nicht erreicht werden, ohne beide Arten von Kreisen und die Beziehung zwischen ihnen genau zu untersuchen.“(8)

Zeiteinteilung und Stadien

Man kann diese Feedbackkreise aber auch anders betrachten. Nicht nur die relative Stärke dieser Kreise ist wichtig und die Art, wie sie miteinander verbunden sind, sondern auch die zeitliche Abfolge. Bei der Beurteilung eines sich selbst korrigierenden Systems ist die Ausgewogenheit bzw. Unausgewogenheit des Systems zu einer bestimmten Zeit ein besonders wichtiger Faktor. Dies wurde Jackson und anderen Familientherapeuten natürlich deutlich, als sie erfolglos versuchten, Veränderungen in Familien einzuführen, die sich nicht in einer Krise befanden. Sie haben daher manchmal auch mit Absicht versucht, das Familiensystem dazu zu brin-

seine Grenzen zu überschreiten oder eine Kettenreaktion hervorzurufen. Der Familientherapeut Salvador Minuchin beschreibt zum Beispiel, welcher Wert darin liegt, in einer Familie mit einer asthmatischenTochter eine Krise einzuleiten. Er bat daher den Vater, der sich normalerweise den Erwartungen seiner Frau beugte, an einem Abend unerwartet spät nach Hause zu kommen. Der Vater wählte für dieses Experiment einen Freitagabend vor einem geplanten Wochenendausflug. Als er spät nach Hause kam, ging seine sonst eher sanfte Frau mit einer Schere auf ihn los. Danach konzentrierte sich die weitere Behandlung auf Eltern, Brüder und Schwestern, und der Zustand der asthmatischen Tochter konnte sich verbessern.(9)

Ein anderer Gesichtspunkt dieser Feedbackvorgänge, der mit der zeitlichen Abfolge verbunden ist, besteht darin, daß sie häufig im Wechsel oder in Stadien auftreten. Bateson weist auf die 'umgekehrten progessiven Veränderungen' hin, wenn zum Beispiel die wechselseitigen Feindseligkeiten eines Paares eine bestimmte eingebaute Grenze erreicht haben und abgelöst werden von wechselseitiger Zuneigung (die auch begrenzt ist). Solche Schwankungen gibt es gewöhnlich, wenn eine allgemeine Stabilität vorhanden ist.

Maruyama beschreibt eine andere Situation, bei der ein abweichungsverstärkender Prozeß über eine gewisse Zeit hinweg zu einem Prozeß werden kann, der der Abweichung entgegenwirkt. Es kommt zu einer Tendenz in Richtung immer größer werdender Differenzierung, die an einem bestimmten Punkt ihre gewissermaßen zufällige Natur verliert und sich stabilisiert. Als Beispiel möchte ich an die vielen Paare erinnern, die anfangs mit der beruhigenden Vorstellung zusammenleben, sie könnten sich zu jedem beliebigen Zeitpunkt wieder trennen. Früher oder später stellen sie fest, daß sie durch Zeit und Gewohnheit in eine ebenso bindende Beziehung geraten sind, wie sie jede Ehe darstellt.

Natürlich kann der Vorgang auch in die andere Richtung gehen, wobei ein bisher stabiles System sich auf eine Zeit der Unausgeglichenheit zubewegt. Abweichungsverstärkende Ketten, die charakteristisch sind für diese Abfolge, scheinen sich in Übereinstimmung mit Maruyamas und Hardings unterschiedlichen Gedanken über das Wesen des positiven Feedback in zwei Gruppen unterteilen zu lassen. Es gibt den allmählichen Prozeß, durch den eine Abweichung Einfluß gewinnt, und es gibt die Eskalation, die sich entwickelt, wenn die Mechanismen eines Systems zur Aktivierung von Irrtümern zusammenbrechen. Es ist natürlich möglich, daß die beiden Arten des positiven Feedback nicht verwandt sind. Es kann zum Beispiel von selbst zum Trend in Richtung einer Abweichung kommen ohne Verbindung zu irgendeiner systemischen Einheit — sie können aber auch Stadien eines umfassenderen Prozesses sein. Ein Beispiel wäre das Verhalten einer Tierart, die in einer Umgebung mit unbegrenzt viel Nahrung und nur wenigen konkurrierenden Arten lebt, die der Vermehrung eine natürliche Grenze setzen könnten. In regelmäßigen Abständen beginnen solche Tierarten, sich in der Weise des ersten Typus des positiven Feedback übermäßig auszubreiten. Zu einem bestimmten Zeitpunkt nehmen sie plötzlich ein selbstzerstörerisches Verhalten an – wie der berühmte Zug der Lemminge zur See –, als ob eine Grenze des 'Plateaus' erreicht wäre, das ihre Zahl reguliert und ein Durchgehen (im wörtlichen Sinne) hervorgerufen hat, um diese Auswüchse zu zerstören.

Aber hier stoßen wir auf eine schwierige Frage. Kann man wirklich von dieser Abfolge behaupten, sie bewege sich in Richtung eines abweichungsverstärkenden Ergebnisses? Vom Standpunkt der Lemminggruppe als Ganzes – wenn auch nicht von der Untergruppe, die zerstört wird – hatte die ganze Serie der Ereignisse die Funktion, den status quo wiederherzustellen. Es ist aber auch möglich, daß ein abweichungsverstärkender Prozeß einen Sprung in Richtung auf einen neuen und komplexeren Status hervorbringt. Und an diesem Punkt müssen wir das Konzept der Ebenen einführen.

Die Ebene

Bisher haben wir uns die Wirkung der Feedbackkreise auf ein besonderes System angesehen. Nun müssen wir aber bedenken, daß in lebenden Systemen Feedbackvorgänge immer im Sinne von verschiedenen Systemebenen zur gleichen Zeit betrachtet werden müssen. Die Erkenntnis von der Hierarchie der lebenden Systeme ist keine neue Entdeckung, obwohl sie nicht immer mit der kybernetischen Theorie in Verbindung gesetzt wird. Um Verwirrung vorzubeugen, möchte ich klarstellen, daß wir nicht über Ebenen im deskriptiven oder erkenntnistheoretischen Sinne sprechen (wie bei Ebenen logischer Art), sondern in einem strukturellen Sinne, wie bei Ebenen lebender Systeme. Der Sozialwissenschaftler Herbert Simon trug den Gedanken vor, die Komplexität der natürlichen Phänomene könne besser verstanden werden, wenn wir uns klarmachen, daß wir es immer mit 'Ebenen' oder dem 'Verschachtelungsprinzip' zu tun haben, bei dem jede Einheit in der nächstgrößeren enthalten ist, wie zum Beispiel: Individuen, Primärgruppen, Organisationen, soziale Systeme. Oder in der Biologie: Gen, Zelle, Organ, Organismus. Jede Aktivität auf einer dieser Ebenen wird natürlich gleichzeitig auf zumindest einer anderen wirksam sein.(11)

Bateson, der sich immer der Ebenen bewußt ist, vertritt einen ähnlichen Standpunkt, wenn er feststellt, die Erforschung der Interaktion beinhalte immer zumindest zwei Arten von Information: „Eine Aussage über die daran teilhabenden Größen und eine Aussage über die umfassendere Größe, die durch die Tatsache der Interaktion entsteht."(12) Er fügt hinzu, die Diskrepanz zwischen den Zielen zweier Systeme auf verschiedenen Ebenen könne eine wichtige Ursache für eine zerstörerische Interaktion sein. „Eine Tendenz zur Selbstmaximierung zum Beispiel kann zu der Zerstörung eines größeren Systems führen, das wichtig und notwendig war für die Existenz des Ich. In besonderen Fällen dient die Selbstzerstörung einer kleineren Einheit dem Überleben des größeren Systems."(13)

Das Bemühen der Sozialtheoretiker, zwischen dem offenen Ziel und der nicht beabsichtigten Folge bei menschlichen Ereignissen zu unterscheiden, kommt in Begriffen wie offen/verdeckt und manifest/latent zum Ausdruck und könnte in vielen Fällen mit derselben Sache zu tun haben, daß nämlich jede Handlung, die in einem sozialen Feld stattfindet, mindestens zwei angrenzende Systeme berührt. Der Soziologe Robert Merton stellt fast genau diese Vermutung in seinem Aufsatz über manifeste und latente Funktionen an. Er führt Durkheim als einen der vielen Denker an, die – ohne sich dessen bewußt zu sein – ein Konzept der latenten Funktion benutzt haben: „Emile Durkheims ähnliche Analyse der sozialen Funktion der Strafe konzentriert sich ebenfalls auf ihre latenten Funktionen (die Folge für die Gemeinschaft) und beschränkt sich nicht so sehr auf die manifesten Funktionen (Folgen für den Verbrecher)."(14)

Familienforscher führen immer wieder Beispiele von Verhaltensweisen an, die mehr als ein System zur selben Zeit betreffen. Es wurde sogar angenommen, das an Geisteskrankheit leidende Individuum könne nicht verstanden werden, ohne die Untersuchung der Konsequenzen seines Unglücks für die Familiengruppe, wodurch die Familientherapie ja überhaupt erst begann. In Anlehnung an diesen Gedankengang untersuchte Haley die doppelte Auswirkung aller möglichen Symptome: die Wirkung auf das Individuum, die darin bestand, es weniger verantwortungsvoll und noch hilfloser zu machen; die Auswirkung auf seine Familienbeziehungen, die darin bestand, ihm den Hebel für eine gewaltige Macht in die Hand zu geben.(15) Die Bateson-Gruppe benutzte die Ausdrücke 'offen' und 'verdeckt', um zwischen offen anerkannten Verhaltensweisen und solchen, deren Folgen ungewollt waren oder abgestritten wurden, zu unterscheiden.

Wenn wir an diesem Konzept der strukturellen Ebenen festhalten, können wir sehen, daß jedes Feedback gleichzeitig abweichungsverstärkende und abweichungsvermindernde Wirkung haben kann, je nachdem, welches System man betrachtet. An diesem Punkt drängt sich die Vorstellung des tragischen Dramas auf. Die Hybris der Griechen, verstanden als anmaßender Stolz und verbunden mit dem Untergang des tragischen Helden, ähnelt sehr unserer alten Freundin, der positiven Feedbackkette der sozialen Macht. Wird sie erst einmal in Bewegung gesetzt, wirkt diese Kette abweichungsverstärkend vom Standpunkt des Helden aus gesehen, dessen abweichendes Verhalten in bezug auf seine Gruppe bis zu dem Punkt anwächst, an dem er schließlich ausgestoßen, zu Fall gebracht oder auf andere Weise zerstört wird. Sie ist abweichungsvermindernd vom Standpunkt seiner Gesellschaft aus, weil nämlich aus der Asche des Untergangs des Helden angeblich ein neuer sozialer Friede erwächst. Eine andere Erklärung wäre die, daß die Gesellschaft die Zeit nach dem Unglück dazu benutzt, die Einstellung für ihr neues Gleichgewicht neu zu eichen. So kann also eine Tragödie im wesentlichen beschrieben werden als eine 'morphogenetische' Veränderung (eine Veränderung innerhalb des homöostatischen Gefüges) und nicht als eine 'morphostatische' Veränderung (eine Veränderung, die durch das homöostatische Gefüge bestimmt wird).

Wie wir diese Vorgänge auch immer definieren mögen, so ist doch völlig klar, daß wir ohne diesen vielschichtigen Ansatzpunkt keine Chance haben, sie zu verstehen. Diese Gedanken geben uns die Möglichkeit, anders über die Vorfälle nachzudenken, die den Außenseiter und seine Gruppe miteinander verbinden. So wird also die Abstempelung zum Außenseiter durch die Gesellschaft zu einem Gebiet, in dem zwei Gedankenströme – der eine aus der allgemeinen Systemtheorie und der andere aus der Soziologie – anfangen sich zu überschneiden.

Das Klischee vom Außenseiter

Die meisten Studien über Außenseitertum lesen sich wie Beiträge zur Soziologie der Berufe, wobei nur der Begriff 'Beruf' erweitert wurde und Kriminalität, Geisteskrankheit und ähnliches mitumfaßt. Einige wenige achtbare Untersuchungen befassen sich jedoch mit den sich wiederholenden kausalen Vorgängen, die den Unterschied zwischen einer Person und ihrer Gruppe vergrößern, so daß sie mit Ablehnung betrachtet wird.

Leslie T.Wilkins wendet in 'A Behavioral Theory of Drug Taking'(Eine behavioristische Theorie zur Drogensucht) ausdrücklich Maruyamas Begriffe der gegenseitigen Kausalität auf den Vorgang der Klischeebildung an.(16) Er erklärt, wie eine süchtige 'Gruppe von Außenseitern' durch die sich gegenseitig verstärkende Wirkung der sozialen Definition auf die Vorstellung von sich selbst geschaffen wird, und wie dann durch den nächsten Schritt, bei dem die Süchtigen in Rehabilitations- oder Haftanstalten zusammengeführt werden, ihre Unterschiedlichkeit von der Gemeinschaft (und ihre Ähnlichkeit untereinander) noch stärker wird. Innerhalb dieses Rahmens schreibt Wilkins eine kluge Kritik der Kontrollsysteme, die darauf ausgerichtet sind, den einzelnen Außenseiter zu verändern und nicht die Vorgänge, die ihn geschaffen haben.

Auch bei den Familientheoretikern gibt es eine Anzahl von Werken über Außenseitertum, die sich auf das symptomatische Familienmitglied konzentrieren – wobei sie aber häufig den Begriff 'Sündenbock' statt 'Klischee' benutzen. Durch diese Wortwahl kommen wir zu einem interessanten Problem. Es ist leicht einzusehen, warum die Schaffung eines Sündenbockes ein Vorgang ist, der auf Gegenseitigkeit beruht, obwohl dadurch ausgedrückt wird, daß der Sündenbock das Opfer ist und alle anderen ihn ausnutzen. Trotzdem sind die Sympathien bei diesem Begriff auf der Seite des Unterlegenen, und es ist schwer, ihn objektiv zu benutzen. Vielleicht wird er deswegen in den meisten Forschungsarbeiten über Außenseitertum vermieden.

Trotzdem ist das Buch von Ezra Vogel und Norman Bell 'The Emotionally Disturbed Child as Family Scapegoat'(Das emotional gestörte Kind als Sündenbock der Familie) ein ausgezeichneter Beitrag zur Literatur der Familienaußenseiter.(17) Den Autoren zufolge sind emotional gestörte Kinder in Spannungen zwischen ihren Eltern einbezogen. Die Eltern projizieren ihren Konflikt auf das Kind und erhalten somit eine verhältnismäßig harmonische Beziehung, aber auf Kosten des Kindes. Ein wichtiger Beitrag des Artikels besteht in der Beschreibung, wie das Kind ausgewählt und dann in seine Rolle eingeführt wird. Irgendeine zufällige Eigenschaft des Kindes – es braucht nicht einmal ein unangenehmer Zug zu sein, solange er nur der Differenzierung dient – wird ausgewählt und dann weiter entwickelt, wodurch der Unterschied zwischen ihm und allen anderen in der Familie vergrößert wird. Die Autoren sehen dies nicht als einen Vorgang, der auf Wechselbeziehungen im Sinne von Maruyama beruht, aber es paßt sehr gut auf diese Definition.

Die meisten Schriften über die Schaffung von Klischees und Sündenböcken setzen einen der beiden folgenden Akzente: Der erste liegt darauf, wie das Verhalten auf verschiedenen Ebenen der Systeme funktioniert. Forschungsarbeiten zur Familie als System und die meisten Beiträge zur Soziologie des Außenseiters sind von diesem Standpunkt aus geschrieben. Der andere Akzent, der sich auf traditionelle, nach dem Individuum ausgerichtete Ideen gründet, neigt zu Begriffen wie 'Projektion', 'Erwartungen' oder 'Rollen'. In diese Kategorie fallen viele klinische Arbeiten über Verhaltensweisen wie Kriminalität und Geisteskrankheit.

Vom Standpunkt der Familientherapie aus wird bei der am Individuum orientierten Methode das Thema schlecht dargestellt. Wenn man zum Beispiel von der 'Rolle des Sündenbocks' spricht, wird dadurch der Außenseiter als eine Person mit festen Eigenschaften dargestellt und nicht als eine Person, die an einem Prozeß teilnimmt. ‚Jemanden zum Sündenbock machen' geschieht genau genommen nur zu einem Zeitpunkt in dieser sich ständig verändernden Szenerie – zu dem Zeitpunkt nämlich, an dem die Person im übertragenen Sinne aus dem Dorf ausgestoßen wird. Schließlich stammt der Ausdruck von einem alten hebräischen Ritual, bei dem eine Ziege in die Wüste gejagt wurde, der die Sünden des Volkes symbolisch aufs Haupt gelegt worden waren. Der Außenseiter kann wie ein Held auftreten und wie ein Bösewicht abgehen oder umgekehrt. Es gibt ein Positiv/Negativ-Kontinuum, nach dem er gemessen werden kann, je nachdem, welchen Zeitpunkt des Abweichungsprozesses wir betrachten, nach welchen Mustern der Prozeß verläuft und in welchem Maße das soziale System unter Druck steht.

Ebenso kann der Charakter des Außenseiters sich in eine andere Richtung verändern, je nachdem, in welches Klischee ihn seine Gruppe preßt. Welche Symptome bei den Mitgliedern einer Gruppe auftauchen, ist an sich schon eine Art von Klischeebildung. Der Außenseiter kann also in verschiedenen Gestalten erscheinen, als Maskottchen, Clown, Trauerkloß, launisches Genie, schwarzes Schaf, Besserwisser, Heiliger, Idiot, Narr, Betrüger, Simulant, Angeber, Bösewicht usw. Literatur und Folklore sind voll von diesen Gestalten.

Es macht daher bei jeder Untersuchung des Außenseitertums einen Unterschied, ob man die Person in einem Querschnitt darstellt, in Phasen oder als Typ, oder ob man den Verlauf in Begriffen einer sich verändernden, in der Längsrichtung gesehenen Laufbahn darstellt. Eines der Probleme der frühen Familienforschung ist in dem Versuch zu sehen, eine Typologie der Familien nach ihren Symptomen aufzustellen: die 'schizophrene' Familie, die 'kriminelle' Familie. In neuerer Zeit ist deutlich geworden, daß man Untersuchungen über einen längeren Zeitraum hinaus braucht, die unterschiedliche Eigenschaften des Familienaußenseiters über eine bestimmte Zeit hin aufzeigen oder darlegen, wie die verschiedenen Familienmitglieder in wechselnder Abfolge benutzt wurden, je nachdem was notwendig war, und wer sich dafür anbot.

Die Bedeutung des Außenseitertums für soziale Systeme

Einer Meinung zufolge besteht die Bedeutung des Außenseitertums in der Förderung des Zusammenhaltes. Die meisten Autoren zur Soziologie des Außenseitertums stimmen mit Emile Durkheim überein, daß die Hauptfunktion des Außenseiters in der Gruppe darin bestünde, Solidarität zu fördern und Regeln und Normen zu betonen. Eine gute Zusammenfassung hierzu findet sich bei R.A.Dentler und Kai T.Erikson 'The Functions of Deviance in Groups'(Die Funktion der Abweichung in Gruppen).(18) In einem Aufsatz darüber, wie in einer Sensitivity-Gruppe Leute zum Sündenbock gemacht wurden, weist Arlene Daniels ferner darauf hin, daß dies die

Funktion hat, das Selbstvertrauen zu stärken, und bei Gruppen in den Vordergrund zu treten scheint, bei denen der Ausdruck von Gefühlen wie Angst und Feindseligkeit gefördert wird.(19)

Eine andere Meinung betont die Gefahr für die Gesellschaft. In demselben Artikel äußert Daniels die Ansicht, das Finden eines Sündenbocks hätte vielleicht nur die Aufgabe, ein nicht mehr funktionierendes System zu erhalten, lange nachdem es eigentlich schon hätte zusammenbrechen sollen. Viele veraltete Gruppen oder Sekten verdanken ihre Langlebigkeit dieser Tatsache.

In einer dritten Ansicht über Außenseitertum wird ihre Vermittlerrolle in Situationen betont, bei denen sich Personen in Konflikt befinden. Familientheoretiker haben festgestellt, daß die Gegenwart eines Außenseiters für die Handhabung eines Konfliktes lebensnotwendig sein kann. Forscher, die mit Familien von Schizophrenen arbeiteten oder sie untersuchten, waren erstaunt darüber, auf welche Art und Weise die Symptome des Patienten aufbrachen, wenn die Aufmerksamkeit sich auf wichtige Streitpunkte, besonders zwischen den Eltern, richtete. Jackson glaubte, diese Art Aktivität diene der Ablenkung und nannte sie oft ein 'Rettungsmanöver'.(2o) Untersuchungen der Familientherapie, wie sie in dem Artikel von Bell und Vogel dargestellt sind, betonen fast einstimmig die Art, wie Eltern eines emotional gestörten Kindes, die sich häufig in einem ernsthaften, wenn auch uneingestandenen Konflikt befinden, sich in ihrer gemeinsamen Sorge um das Kind zusammenschließen können. So wird die Feindschaft zwischen ihnen verdeckt, und eine oberflächliche Harmonie herrscht vor.

Durch diese Beobachtungen gelangte man zu der Überzeugung, 'Schizophrenie' ginge immer – einerlei, was sie sonst noch sein möge – mit einem möglichen Riß in der Familie einher. Haley versucht eine vorsichtige neue Definition von Schizophrenie als einem 'Konflikt von Gruppen' und legt nahe, daß Schizophrenie ein Name für eine Verhaltensweise sei, die sich aus der Vermittlung vieler sich befehdender Familiendreiecke ergibt.(21) In Familien mit grundlegenden Unterschieden zwischen den Eltern – was häufig auch bedeutet zwischen ganzen Verwandtschaftsgruppen – bietet das Bedürfnis nach Familieneinheit Belohnungen für unklare Kommunikationsmuster an, die den Frieden erhalten. Gewisse Personen werden dafür ausersehen, diese Aufgabe zu übernehmen. Diese Personen können von Leuten von außen nicht verstanden werden und werden vielleicht sogar für geisteskrank gehalten, aber innerhalb des Familienzusammenhangs wird diese Fähigkeit, unverständlich zu erscheinen, wahrscheinlich deshalb gefördert, weil sie der Familie hilft, zusammenzubleiben.

Unwiderstehliche Abläufe

Wenn Autoren wie Hardin über homöostatische Mechanismen schreiben, nehmen sie an, daß ein verhängnisvoller abweichungsverstärkender Prozeß einsetze und das System zerstöre, sobald eine homöostatische Ebene überschritten wird. In Familien, die sich in Therapie begeben, findet man jedoch häufige kleine 'Abläufe' – positive Feedbackketten, die den Anschein erwecken, als würden sie sich zu Ausbrüchen entwickeln, es aber nie tun.

Diese Abläufe können zum Beispiel eskalierende Auseinandersetzungen sein, wie die, die Jackson bei seiner Arbeit mit – wie er sie in Anlehnung an Bateson nannte – 'symmetrischen Paaren' sah.(22) Oder sie finden in Ehen statt, in denen Mann und Frau ihre Rollen komplementär verteilt haben, wo der eine der 'Starke' zu sein scheint und der andere der 'Schwache'. Ein solches Paar kann man, wie Jackson sagt, „als ein wechselseitiges Kausalsystem betrachten, deren komplementäre Kommunikation die Zyklen der Interaktion zwischen ihnen verstärkt."(23)

Man findet auch Spiralen der Feindseligkeit zwischen Eltern und einem Kind. William Taylor führt einen solchen Handlungsablauf aus Haley und Hoffmans 'Techniques of Family Therapy' als Beispiel für 'wiederkehrende Stadien in Familieninteraktionen an.(24) Solche Abläufe sind fast unwiderstehlich, wie jeder weiß, der darin einmal gefangen war oder es beobachtet hat, und sie wiederholen sich wie eine Schallplatte mit einem Sprung, ohne je einen Abschluß zu erreichen.

Was sind dies für Formen, und warum kommt es dazu? Die Antwort könnte sein, daß sie eine Reaktion auf ein System sind, das ständig droht, seine verschiedenen homöostatischen Grenzen zu überschreiten. Warum gäbe es sonst so viele positive Feedbackketten, die zugrundegehen? Es ist sogar möglich, daß die vielen sich ständig wiederholenden Kommunikationen, die Forscher in Familien mit gestörten Mitgliedern festgestellt haben, besonders bei dem Dreiecksverhältnis 'gestörtes Kind/Eltern' Feedbackketten dieser Art sind.

Diese Erklärung setzt voraus, daß es in Familiensystemen tatsächlich etwas Ähnliches gibt wie homöostatische Ebenen. Meines Wissens hat zwar kein Familienforscher den Gedanken einer solchen Ebene benutzt, um Familienverhalten zu erklären, aber der Soziologe Robert Bales hat ihn gebraucht, als er vom Verhalten kleiner Gruppen sprach. Obwohl seiner Meinung nach ein erfolgreiches Treffen nicht notwendigerweise weniger negative als positive Reaktionen der Gruppenmitglieder erfordert, stellt er doch fest, daß es eine Art optimalen Gleichgewichts gibt, von dem der Erfolg abhängt. Ein Abweichen zu einer der beiden Seiten bringt Probleme. Bales findet dies gerade dann bestätigt, wenn man ein besonders hohes Maß an Meinungsverschiedenheiten hat: „Offensichtlich kommt es zu einer 'Kettenreaktion' oder einem 'Teufelskreis', wenn der Groll einen bestimmten kritischen Punkt überschreitet. Die Logik und die praktischen Erfordernisse der Aufgabe sind dann nicht mehr länger die bestimmenden Faktoren."(25) Wenn sie diesen Punkt erreicht, dann kann in der Tat – so Bales – von der Gruppe kaum irgend etwas erreicht werden.

Ebenso scheint es eine gewisse Spielbreite zu geben, innerhalb derer die Familienordnung gehalten wird. In Familien, in denen ein Mitglied für 'abnormal' gehalten wird, kann diese Spielbreite äußerst eng sein. Dr. Richard Fisch vom Mental Research Institute in Palo Alto hat den Ausdruck 'Drei-Meter-Stab' genutzt, um die enge Spielbreite der Nähe und Entfernung zu beschreiben, die anscheinend die Beziehungen einiger Paare beschränken, die zu ihm in die Therapie kommen.

Wir wollen einmal ein Beispiel dieses Drei-Meter-Stabes in Aktion sehen. Wenn man davon ausgeht, daß die Beziehung zwischen den Eltern die wichtigste Variable in einer Familie ist, dann wäre die 'Einstellung' für Nähe und Entfernung zwischen ihnen sehr wichtig. Nehmen wir an, der Ehemann überschreitet immer die Entfernungseinstellung zu seiner Frau, aufgrund einer bereits existierenden Naheinstellung zu seinen Eltern. Dann könnte man damit rechnen, in der Familie eine immer wiederkehrende, irgendwie geartete Kausalabfolge vorzufinden. Diese Folge könnte in der Form ständigen Meckerns auftreten, das Jackson feststellt, wenn jeder Ehepartner sich als 'Opfer' des anderen fühlt und gerade die Feindseligkeit provoziert, die seine oder ihre eigene rechtfertigt. Oder sie nimmt vielleicht die Form eines immer stärker werdenden Zurückziehens an, wobei sich distanzierte Verhaltensweisen auf beiden Seiten reziprok provozieren. Bevor ein solcher Ablauf zu einem ungebremsten Verlauf werden kann, zwar mit der Möglichkeit einer produktiven Veränderung, aber auch mit dem Risiko der Zerstörung des Systems, tritt häufig ein Kind oder ein anderes Familienmitglied ein, um die Eskalation zu blockieren (Jacksons 'Rettungsmanöver') und um die Feindseligkeit und Sorge der Eltern auf sich selbst abzulenken. So wird ein sicherer abweichungsverstärkender Vorgang eingesetzt für den, der die Familie in ihrem Innersten bedroht.

Man könnte sich noch eine andere Abfolge vorstellen. Wenn zwei Eltern, die sich in einem Wettkampf des Zurückziehens befinden, zu lange ohne Kontakt bleiben, könnten ein Kind und ein Elternteil evtl. eine Folge von gegenseitigen Feindseligkeiten beginnen, die dann blockiert wird, wenn der andere Elternteil dazukommt, um das Kind zu verteidigen. Diese Handlung dient dann dazu, eine Beziehung zwischen den Eltern wieder herzustellen, wenn es auch eine unfreundliche ist. Man kann sich vorstellen, wie auf diese Weise in einer Art von periodischem Hin und Her ein Ablauf den anderen kompensiert; Beobachtungen an Familien bestätigen auch manchmal tatsächlich das Eintreten genau dieses Phänomens.

'Pathologisches' Gleichgewicht

Man kann immer noch die Frage stellen: Wodurch werden solche Muster so fest erhalten? Warum brechen sie nicht zusammen? Die Antwort kann vielleicht durch unser Konzept der Ebenen gefunden werden: Die Ungleichheit der Kernfamilie dient dazu, eine Ungleichheit in dem größeren Verwandtschaftssystem zu korrigieren und ist in den gleichgewichtserhaltenden Mechanismus nicht nur dieses Systems, sondern auch in den seiner untergeordneten Teile eingebettet. Das können andere Kernfamilien sein, Zweierbeziehungen innerhalb einer Familie oder einzelne Personen oder Körperteile, die diesen Personen gehören – und ebenso wenig, wie man an einem Bestandteil eines Ökosystems herumpfuschen kann, ohne das Ganze zu beeinflussen, kann man nicht viel innerhalb einer Familie oder an einem Mitglied einer Familie verändern, ohne das ganze Umfeld zu beeinflussen. Darin eingeschlossen sind auch andere soziale Systeme, die auf die Familie einwirken. Obwohl man nicht sagen kann, ein solches 'Umfeld' habe eine Homöostase, wie Jackson das von der Familie annimmt, so kann doch die kombinierte Wirkung vieler Systeme sich durch gegenseitige Anlehnung oder gegenseitigen Zug zu einer Art Stabilität zusammenfügen, für die das Ökosystem eine sehr gute Analogie ist.

Um diesen Gedanken etwas konkreter zu gestalten, wollen wir an dem hypothetischen Fall eines Kindes, dessen irrationales Verhalten die Trennung der Eltern zu überbrücken scheint,das Zusammenspiel der Feedbackeinflüsse betrachten, und zwar sowohl die zur Verstärkung als auch die zur Verminderung der Abweichung. Zunächst einmal wirkt derselbe Vorgang, der die Abweichung des Kindes verstärkt, in bezug auf die eheliche Zweisamkeit abweichungsvermindernd. Auf einer anderen Ebene des Systems könnte man sagen, die Folge davon, ein 'krankes' Mitglied zu haben, wirkt abweichungsverstärkend für die Kernfamilie, wenn es wichtige Familienfunktionen stört. Der Familienzweig könnte zum Beispiel mit dieser Generation aussterben, wenn das kranke Mitglied ein Einzelkind ist und keine eigene Familie gründen kann.

Wenn man sich jedoch zur weiteren Verwandtschaftsgruppe begibt, tritt vielleicht ein abweichungsvermindernder Effekt in Erscheinung. Die Unfähigkeit der Eltern, eine starke Bindung herzustellen, liegt vielleicht darin, daß einer oder gar beide von ihnen immer noch dazu benutzt werden, Beziehungen in ihrer eigenen Ursprungsfamilie zu vermitteln. Wenn das der Fall ist, stabilisieren sie also Beziehungen in diesen anderen Gruppen. Diese frühere Anordnung vorausgesetzt, ist es möglich, daß alle anderen sich anpassen müssen. Wie dem auch sei, es wird deutlich, warum jeder Einmischungsversuch zur Umkehrung abweichungsverstärkender Abfolgen ohne Rücksicht auf die abweichungsvermindernden ein schlechtes Ende nehmen wird.

Zusammenfassend kann man sagen, daß eine Familie, die sich in bezug auf ihr eigenes System nicht im Gleichgewicht befindet, da sie das Gleichgewicht anderer Systeme aufrechterhält, immer wieder den zerstörerischen Wirkungen positiver Feedbackketten ausgesetzt sein wird. Im Bemühen um Ausgleich werden einige von ihnen dazu benutzt werden, anderen entgegenzuwirken. Jede Form, die eine verhängnisvolle Zerspaltung der Familie verhindert, wie zum Beispiel das Verhalten eines Kindes als Ablenkung dienen kann, kann als korrigierender Umweg für eine eskalierende Feedbackkette betrachtet werden. Andere Taktiken wären zum Beispiel, wenn einer der Ehepartner ein Krankheitssymptom entwickelt und den Riß heilt, indem er von seinem Partner abhängiger wird, oder wenn die Familie gemeinsam Front macht und einen Außenseiter zum Sündenbock erklärt oder ein verstorbenes Mitglied betrauert. Einige Familien benutzen eine unglückliche Mischung aller dieser Strategien.

Alle Familien geraten in periodischen Abständen aus dem Gleichgewicht, und zwar zwangsläufig, da die Machtbeziehungen zwischen den Generationen sich verändern. Und alle Familien lernen den Druck kennen, der Teufelskreise in den interpersonellen Beziehungen hervorruft. Wodurch sich gewisse Familien unterscheiden, bei denen Mitglieder sich in tiefster Not befinden, ist die Art und Weise, wie diese Teufelskreise sich ständig wiederholen, ohne die Familie je dazu zu zwingen, sich in einer morphogenetischen Richtung zu verändern, da ein symptomatisches Problem oder Muster, dargestellt durch eine Problemperson, vorhanden ist, das eine solche Veränderung verhindert.

Und das führt uns zu einer weiteren Frage: Wenn die Familienpathologie so stabil sein kann, was kann sie dann schließlich dazu bringen -- wie es manchmal geschieht – zusammenzubrechen? Bei der Erforschung dieser Frage gelangen wir zu der Stelle, wo die Soziologie des Außenseiters – mit dem Prozeß der Klischeebildung – und die Familientheorie – mit dem Prozeß der Schaffung eines Sündenbocks – uns auf gemeinsame Folgerungen hinzuweisen beginnen.

Wenn der korrektive Regelkreis versagt

Die Gründe für das zeitweilige Versagen der Regelkreise, die der Familienpathologie ihren Platz zuweisen, sind niemals zufriedenstellend formuliert worden. Viele Familientheoretiker nehmen den Standpunkt ein, es gehörten eigentlich zwei Dinge dazu, um zu einem wirklichen geisteskranken Patienten zu werden. Eine lange Ausbildungsperiode in der 'richtigen' Familienumgebung zum Erlernen der Mittlerrolle in vielen Dreiecksbeziehungen und eine angemessene Akkreditierung durch eine autorisierte psychiatrische Quelle. Die zwei Arten des abweichungsverstärkenden Vorganges, auf die vorher angespielt wurde, drängen sich auf: erstens der Zustand der Abweichung, der allmählich erreicht wird, und zweitens eine Krise, die einen Ausreißer einführt. Was eine Krise in einer bestimmten Familie ausmacht, kann natürlich nur in dem bestimmten Fall beantwortet werden. Man kann aber annehmen, daß jede plötzliche Veränderung in der Anordnung der Einschränkungen und Gleichgewichte in der Verwandtschaftsgruppe und ihren Untersystemen einen Aufruhr verursachen wird, den die Familie vielleicht nicht handhaben kann. Eine ganz offensichtliche Bedrohung dieser Art wäre die Entfernung einer Schlüsselperson, die dabei zu helfen scheint, die Familie zu stabilisieren. Bei Kindern, die diese Rolle spielen, bricht häufig Unruhe aus, wenn sie das Jugendalter erreichen, und das nächst höhere System – die Gemeinschaft – wird oft hinzugezogen, um das Gleichgewicht wieder herzustellen.

Ist dies dann das wohlverdiente Ende des pathologischen Gleichgewichts? Nicht immer. Die offiziellen Vertreter, die von der Gesellschaft die Macht erhalten haben, in diesen Situationen zu handeln, erlauben oft der Familie, die Person, die der Schlüssel zu ihrer Stabilität ist, weiter zu benutzen wie zuvor. Aber es gibt einen Unterschied. Wenn sich früher der Abstand zwischen den Eltern in unserer hypothetischen Familie periodisch erweiterte, verhielt sich das Kind entsprechend, um den Abstand zu verringern. Aber – und dies ist ein wichtiger Punkt – es war noch nicht im eigentlichen Sinne ein Sündenbock. Es wurde nicht gehaßt, gefürchtet oder ausgestoßen. Es ist die Gesellschaft, die sich einmischt und den 'Graben', der sich in Abständen zwischen der Familie und dem Kind öffnet, zu einem dauerhaften Abgrund macht. Die Schaffung des Sündenbocks – hier neu definiert als eine Art, den Riß in der Familie neu zu lokalisieren – wird durch Einweisung in ein Krankenhaus oder eine Anstalt nur erleichtert. Die Familie hat dann die Freiheit, weiterhin eine kranke Person zu haben, ohne sich mit ihren unbequemen Protesten auseinandersetzen zu müssen.

So tritt also die Gesellschaft auf den Plan und übernimmt die abweichungsverstärkende Rolle, wobei sie die verhältnismäßig wohlwollenden Zeremonien der Familie durch ihre eigenen 'Erniedrigungszeremonien' ersetzt, wie der Soziologe Erving Goffman sie nennt. Die so geehrte Person ist nun gebrandmarkt und außerhalb der Gesellschaft gestellt. Was aber abweichendes Verhalten auf einer Ebene eines Systems hervorruft, kann sie auf einer anderen Ebene verhindern. Die Gesellschaft wird durch die abweichungsvermindernde Wirkung begünstigt, die von einem Außenseiter auf seine Gruppe ausgeübt wird, und die darin besteht, ihre Solidarität, ihren Glauben an sich selbst und die Richtigkeit ihrer Methoden zu bestätigen. Hierin aber liegt der eigentliche Kern zu ihrer Zerstörung (und hier sind wir wieder bei einem abweichungsverstärkenden Aspekt!), und zwar nicht im Sinne der gegenwärtigen Struktur der Gruppe, sondern in ihrer zukünftigen Fähigkeit, sich anzupassen und zu verändern. Man könnte sagen, jede einzelne abweichende Anordnung sei ein weiterer Sargnagel für die Gruppe.

So entstehen mit dieser scheinbaren Lösung nur weitere Fragen. Haben diese Mechanismen, die das Gleichgewicht erhalten, auch die Fähigkeit, es zu zerstören, und wie kann man – wenn dies der Fall ist – vorhersagen, ob das Ergebnis die Zerstörung einer sozialen Gruppe sein wird oder ihr Sprung in eine neue Form? Gibt es Gesetze, die diese mächtigen Regelkreise beherrschen? Sind sie alle dieselben oder unterscheiden sie sich? Wir sind etwa in derselben Lage wie damals, als das Vorhandensein der Elektrizität entdeckt wurde, denn erst als die Gesetze, die diese Quelle der Macht beherrschten, verstanden waren, konnte sie gezügelt und benutzt werden.

Im nächsten Kapitel kommen wir auf eine prosaische Frage zurück: Wie können diese Prinzipien angewandt werden? Wir sind wieder auf der klinischen Ebene und versuchen, die Ergebnisse von Forschern aufzuspüren, die versucht haben, eine Typologie oder ein Kontinuum zu beschreiben, in das sie die Familien einordnen können, mit denen sie gearbeitet haben. Frühe Versuche einer Typologie haben die Familien in Kategorien gestellt, die durch die Symptome definiert wurden: die 'schizophrene' Familie, die 'Alkoholikerfamilie', die 'Familie mit vielseitigen Problemen'. Wie Reiss betont, bindet dies den Typ der Familie an den Typ des Problems, das ein Individuum in der Familie angeblich hat und kommt damit gefährlich nahe an die traditionellen psychiatrischen Klassifikationen.(26) Die Forscher machten einen wichtigen Schritt, als sie versuchten, Familien nach Strukturen oder Sequenzen, statt nach besonderen Störungen einzuordnen. Jacksons Interaktionstypologie für Paare und Minuchins Strukturtypologie für gestörte Familien sind zwar beide bipolar, doch beginnen sie zumindest unsere Denkweise von der individuellen, symptombezogenen Orientierung zu lösen und auf die ganzheitliche Sichtweise der Familie hinzulenken.

Kapitel 4

TYPOLOGIEN DER FAMILIENSTRUKTUR

Symptomtypologien

Aus der Faszination mit schizophrener Kommunikation und aus der Frage, wie diese durch Familienkommunikation gefördert wurde, entstand ein neuer Zweig der Familienforschung. Ihre Methode konzentrierte sich auf das Mikrostudium der Interaktionen, und zwar verbaler oder nonverbaler, in dem Versuch, den Kommunikationsstil mit dem dominanten Symptomtyp, der in einer Familie vorhanden war, zu verbinden. Mit anderen Worten, es wurde eine Typologie der Familien nach Symptomen vorgeschlagen.

Es kam anfangs auf ziemlich gewundenen Pfaden zu den frühen Arbeiten in dieser Richtung. Wir haben schon gesehen, welche Rolle der Zufall für die Forschung der Bateson-Gruppe spielte. Nun kam es wieder zu glücklichen Zufällen. In den frühen fünfziger Jahren versuchten Theodore Lidz und seine Mitarbeiter in Yale das innere Funktionieren einer Familie mit einem Schizophrenen aufzuzeichnen. Da sie psychoanaltyisch orientiert waren, kamen sie nicht darauf, die Familie als Ganzes zu sehen. Ihr ursprünglicher Plan war es, Rorschach-Protokolle von jedem Familienmitglied zu erhalten und ein Portrait der Familie aus einer Zusammenstellung dieses Materials herzustellen. Die Gruppe versuchte einmal, die Familie zusammen mit dem Patienten zu sehen. Dies erwies sich aber als unergiebig, und das Experiment wurde zu dem Zeitpunkt nicht wiederholt. Lidz war später vom Wert dieser Rorschach-Protokolle entmutigt, und das Projekt wurde zeitweise aufgegeben.

Während dieser Periode der Entmutigung traf Wynne Lidz und erfuhr von der Forschung mit den Rorschach-Protokollen und dem katastrophalen Familieninterview. Auch Wynne hatte eine indirekte Methode der Familienforschung angewandt, und zwar eine noch umständlichere und mehr auf Mutmaßungen beruhende. Um die Familie des Schizophrenen zu untersuchen, hatte er ein Schema entwickelt, bei dem der Therapeut jedes

jedes Familienmitglied interviewt und dann herauszufinden versuchte, wie diese Familie geartet ist, indem er die Art der Verflechtung und Wechselseitigkeit der Übertragungen analysierte. Dies hatte sich, ebenso wie die Protokolle von Lidz, als unbefriedigend herausgestellt.

Wynne bat Lidz, ihm eine Anzahl der Rorschachtests zu schicken, und zwar von den Eltern jüngerer erwachsener Schizophrener und 'Normaler'. Eine begabte Mitarbeiterin, Margaret Singer, analysierte die Abschriften blind und war in der Lage, genau zwischen Eltern mit gestörten Nachkommen und jenen ohne gestörte Nachkommen zu unterscheiden. Sie vollbrachte dann die noch ungewöhnlichere Leistung, Protokolle von gestörten Erwachsenen mit verschiedenen Bezeichnungen (autistisch/schizophren, neurotisch/zurückgezogen und kriminell/aufdringlich) anzufertigen und diese den richtigen Elternpaaren zuzuordnen.(1)

Dieser frühe Erfolg in der Erkennung der mit diesen Symptomen behafteten Familienmitglieder durch eingehende Analyse der Familienkommunikation wurde nie in ausreichender Weise durch andere Forscher wiederholt, und kann daher nur als ein brillanter, vielversprechender Anfang angesehen werden. Dennoch war zu jener Zeit seine Wirkung auf andere Forscher enorm. Die Gruppe in Palo Alto versuchte auch, die kommunikativen Variablen zu isolieren, die mit verschiedenen Arten von Symptomen verbunden waren. Studien, wie jene von Wynne und Singer, bestärkten die Vorstellung, daß eine Familientypologie aufgrund von Symptomen mehr als nur einfach ein Traum war und daß man bei der Entzifferung des Rosettasteines der Familienkommunikation kurz vor dem Ziel stand.

Auf diese Weise wurde im Mental Research Institute in den frühen sechziger Jahren ein faszinierendes Ratespiel gespielt. Ein Forscher spielte gewöhnlich ein auf Tonband aufgenommenes Familiengespräch einer Gruppe von Kollegen vor: zum Beispiel einen Ausschnitt aus einem strukturierten Interview zwischen einer Mutter und einem Vater. Die anwesende Gruppe versuchte dann gewöhnlich zu raten, ob diese Eltern vielleicht ein schizophrenes Kind, einen ständigen Versager, einen jugendlichen Delinquenten usw. hätten – und ihre Vermutungen trafen oft zu. Wenn es sich um das Gespräch zwischen Eltern und einem jungen Kind handelte, konnte die Gruppe vielleicht darüber spekulieren, ob man von diesem Jugendlichen eine psychotische Phase im Alter von etwa zwanzig Jahren erwarten könnte. Don Jackson und seine Forscherkollegen versuchten, eine Vorhersage wie auch eine rekonstruierende Methodologie zur Analyse kommunikativer Charakteristika von Familien mit solchen Symptomen zu vervollkommnen.
Kurz vor seinem Tode im Jahre 1968 widmete Jackson sein Hauptinteresse u.a. einer Studie von Familien, aus der Mitglieder mit geschwürartigen Darmerkrankungen hervorgingen. Wenn man erst einmal Verhaltensmuster mit spezifischen Symptomen in Verbindung gebracht hätte, so glaubte er,

dann könnten diese aus den vorliegenden Ausschnitten der Familieninteraktion 'herausgelesen' werden.

Interaktionstypologien

Obwohl Jacksons Korrelationsexperimente nicht immer erfolgreich waren, hielt sich dennoch die Vorstellung am Leben, verschiedene Arten von Symptomen könnten mit verschiedenen Arten von Familien in Zusammenhang gebracht werden. Wie aber bald deutlich wurde, war es nicht möglich, sehr spezifische Aussagen über diese Symptome zu machen. Die Forscher in Palo Alto begannen, mit einer anderen Art von Typologie zu experimentieren, und zwar mit einer, die auf Eigenschaften bzw. Abfolgen beruhte. Jackson hatte bereits eine Klassifizierung von Beziehungen vorgeschlagen, die den Grad ehelichen Glücks (bzw. ehelichen Elends) mit Langlebigkeit kreuzte: stabil/befriedigend, unstabil/befriedigend, unstabil/unbefriedigend und stabil/befriedigend. Diese Typologie erfolgte nach dem dyadischen Prinzip und ließ sich nicht wirklich auf die gesamte Familiensituation anwenden, aber sie diente als Bezugssystem für eine Typologie von Paaren.(2)

Jackson wandte eine andere Typologie für Ehepaare an, die sich auf Batesons Kategorien für schismogene Beziehungen gründete. In seinem Buch 'Mirages of Marriage'(Bilder der Ehe) definierte Jackson drei grundlegende Arten der Interaktion: symmetrisch, komplementär und eine ausgewogene Mischung der beiden, die er 'reziprok' nannte. Jede barg ihr eigenes Potential für pathologisches Verhalten, aber Jackson gab der reziproken Art den Vorzug, da sie mehr Flexibilität ermöglichte und den im Prinzip egalitären Idealen der amerikanischen Gesellschaft entsprach.(3)

In 'Pragmatics of Human Communication' erkannten Jackson und seine Mitautoren, daß symmetrische und komplementäre Partnerschaftsabfolgen durchaus in normalen und gesunden Interaktionen anzutreffen sind, aber auch erstarren und dann zu Kummer führen können.(4) Wenn man symmetrische Eskalationen bis ins Extrem treibt, führen sie zur ständigen Ablehnung des jeweiligen Ichs durch den anderen. Wenn diese Eskalationen pathologischen Charakter annehmen, finden sie nur ein Ende, wenn einer der beiden Partner oder auch beide physisch oder emotional erschöpft sind, und oft ist die Pause lang genug, um den beiden Partnern zu ermöglichen, wieder Atem zu schöpfen. Die Autoren analysierten die stereotypen Streitereien von George und Martha in Edward Albees 'Wer hat Angst vor Virginia Woolf?' als ein besonders niederschmetterndes Beispiel für dieses Muster.

Der andere Typ, nämlich die streng komplementäre Abfolge, wird am dramatischsten durch das sadomasochistische Paar veranschaulicht, obwohl es auch typisch für viele andere Arten ehelichen Elends ist. Diese Form wird aufgrund der ständigen Beunruhigung der beiden jeweiligen Individuen für die stärker pathogene Form gehalten. Jeder Partner muß die eigene Definition seiner selbst in eine Form zwängen, die die des anderen ergänzt. Diese Vereinbarung funktioniert dann, wenn einer der Partner krank oder zeitweilig vom anderen abhängig ist, aber wenn man sich streng an sie hält, läßt sie keinen Spielraum für Wachstum oder Wandel.

Eines der eindrucksvollsten Beispiele für die Anwendung der Mikroanalyse zur Isolierung grundlegender schismogener Muster und zur Verknüpfung dieser Muster mit den Symptomen, findet sich in einer Serie von strukturierten Interviews, in denen die Frage gestellt wird:„Wie habt ihr euch kennengelernt und geheiratet?" Diese Interviews wurden mit klinischen und nicht-klinischen Gruppen am Mental Research Institute abgehalten. In 'Pragmatics of Human Communication' werden drei Ausschnitte von diesen Interviews angeführt, um jeweils ein Ehepaar vorzuführen, dessen Beziehung streng symmetrischer Art sind, eines, dessen Beziehungen streng komplementärer Art sind und eins, dessen Beziehungen in keine dieser beiden Kategorien fallen und stattdessen flexibel sind. Naive Personen wählen meistens den dritten Ausschnitt als den am meisten 'pathologischen', da er Konflikten stärker Ausdruck zu verleihen scheint, was nach allgemeinem Empfinden ein Anzeiger für Probleme in der Ehe sein soll. Das Gegenteil davon ist wahr. Denn das dritte Ehepaar kommt sehr gut miteinander aus. Das 'symmetrische' Paar kam aufgrund seiner ständigen Streitereien zur Therapie, die eine schlechte Wirkung auf die Kinder hatten, und auch aufgrund sexueller Schwierigkeiten. Das 'komplementäre' Paar stammte zwar nicht aus einer klinischen Gruppe, wurde aber als gefühlsmäßig sehr distanziert empfunden, und die Ehefrau litt unter starken Depressionen.(5)

Diese Studien versuchen, Interaktionsmuster in einem weiteren sozialen Umfeld zu dekodieren. Leider zeigen sie uns nicht, wie diese Abfolgen zu Ende gehen oder zu einem krönenden Abschluß gelangen statt zur Eskalation zu führen. In 'Pragmatics of Human Communication' führt Watzlawick zwar Richardsons Erklärung der Erschöpfungszustände an und bezieht sich auch auf Batesons Idee, nach der eine Art der Abfolge die andere aufhebt, aber diese Erklärungen führen nicht weit genug.(6) Im wirklichen Leben werden diese strengen Eskalationen beider Arten normalerweise mit den Einmischungen Dritter verbunden, die sie abblocken, oder auch mit dem Abbruchverhalten (beleidigt das Zimmer verlassen, sich ein Getränk holen usw.) und mit 'Auslösesignalen' für die Wiederholung dieser Vorgänge. In keiner dieser Abhandlungen werden die Interaktionen so dargestellt, als bewegten sich die Partner ständig im Kreis. Die Schlange hat ihren Schwanz nicht im Maul. Und deshalb scheinen die Beschreibungen nicht vollständig zu sein.

Strukturelle Typologien

Ende der fünfziger Jahre war das Fundament für den nächsten Abschnitt gelegt: die Einordnung organisatorischer Eigenschaften von Familien, die problematische Mitglieder hatten. Die ersten Familienuntersuchungen waren an Familien mit psychisch Kranken vorgenommen worden, aber in den sechziger Jahren begann man, arme und benachteiligte Familien zu untersuchen und Personen, die man zu Problemmenschen gemacht hatte und deren Problem nicht so sehr in der Frage bestand: „Was ist wirklich?", sondern in der Frage: „Was ist richtig?", gemessen an den moralischen Vorstellungen einer größeren Gesellschaft.

Auch ihre Organisationsform schien gewisse Unterschiede aufzuweisen. Der Ablauf der Untersuchungen fand nun genau umgekehrt statt. Anstatt sich von der Vorstellung ablenken zu lassen, daß es eine 'Alkoholikerfamilie' oder eine 'schizophrene Familie' geben könnte – daß sich Familien also vielleicht nach Symptomen unterscheiden – wurde jetzt der architektonische Aufbau der Familie betrachtet, und man stellte Kategorien der Organisationsformen auf. Merkwürdigerweise ergab sich erst dadurch die Möglichkeit, spezifische Arten der Familienstrukturen könnten tatsächlich mit gewissen Kategorien von Problemen verbunden sein.

Der erste Versuch einer Organisationstypologie stammte aus einem von Salvador Minuchin, Braulio Montalvo und anderen konzipierten Forschungsprojekt zur Untersuchung von Familien mit kriminellen Jungen, worüber in dem Buch 'Families of the Slums'(7) berichtet wurde. Die Familien dieser Jungen schienen in zwei Kategorien zu fallen. Die eine wurde als 'verwobene' und die andere als 'entkoppelte' Familie bezeichnet. Da beide Typen unter den armen Familien angetroffen wurden, schien es nicht mehr angemessen, unterprivilegierte Familien schlichtweg in der Rubrik 'Kultur der Armen' zusammenzutun. Und auch schien die Bezeichnung 'kriminell' nicht immer auf dieselbe Art der Familienorganisation hinzuweisen. 'Families of the Slums' griff den Mythos an, Armut bedeute notwendigerweise dasselbe wie Desorganisation. Und es wurde das Prinzip der Äquifinalität aufrechterhalten, demzufolge dasselbe Ergebnis nicht notwendigerweise auch dieselben Ursprünge impliziert, zumindest nicht in bezug auf den Kontext symptomatischen Verhaltens.

In den sogenannten entkoppelten Familien glaubte man einen relativen Mangel an festeren Beziehungen zu entdecken und die Familienbindungen der einzelnen Mitglieder schienen schwach oder überhaupt nicht vorhanden. Im Gegensatz dazu ähnelte die verwobene Familie einem durch Fehlverhalten aktivierten System mit großer Resonanz zwischen den einzelnen Teilen. Der entkoppelte Stil gab den Forschern den Eindruck „eines atomistischen Feldes. Für die Familienmitglieder gibt es längere Perioden, in denen sie sich ohne Beziehung zueinander auf isolierten Kreisbahnen bewegen. Sie verhalten sich als Teil eines so schwach strukturierten Systems, daß die Vorstellung des Klinikers, ein Wandel in einem Teil des Systems würde einen kompensatorischen Wandel in einem anderen Teil nach sich ziehen, dadurch infrage gestellt wurde."(8)

Der verwobene Familientypus wurde als 'eng zusammengefügt' bezeichnet. „Die Art dieser Verbundenheit ruft bei dem Versuch eines Familienmitgliedes, einen Wandel herbeizuführen, rasch einen komplementären Widerstand seitens der anderen Familienmitglieder hervor."(9)

Minuchins Definition der 'Verwobenheit' erinnert an Haleys 'erstes Gesetz' menschlicher Beziehungen, das wir im zweiten Kapitel diskutiert haben. Haley sah in der homöostatischen Kontrolle des Verhaltens den normalen Zustand in jeder Gruppe mit einer Vergangenheit und einer Zukunft, aber er traf sie in einem extremen Grad in den Familien an, die psychopathologisches Verhalten förderten. Es ist durchaus angemessen, hier von dem Phänomen der Über-Homöostase zu sprechen, und der Ausdruck 'Verwobenheit' scheint dies zu beinhalten.

Ein Anzeichen für diesen Zustand besteht nach Minuchin im Mangel an Differenzierung zwischen den individuellen Familienmitgliedern. Wie wir im ersten Kapitel festgestellt haben, ähnelt dieser Begriff Bowens 'undifferenzierter Familie', aber das Bild der 'Verwobenheit' trifft die Sache noch besser als 'undifferenziert', da es eine zu enge Verbindung der eigenen Teile miteinander impliziert und nicht einfach eine klebrige Masse. Eine nützliche Analogie für dieses schwer zu beschreibende Phänomen ist die Situation der Jungen in dem Phantasieland des 'Peter Pan', die sich alle im Bett zu gleichen Zeit umdrehen mußten, wenn sich einer von ihnen umdrehen wollte.

Eine weitere Wirkung der Verwobenheit, auf die Minuchin besonders in 'Families and Family Therapy' hinweist, besteht in der Vernichtung der Grenzen, die das Funktionieren von Untersystemen innerhalb der Familie ermöglichen.(1o) Die Grenzen zwischen der Kernfamilie und den Ursprungsfamilien werden, um es kurz zu sagen, nicht gut gewahrt. Die Trennungslinien zwischen Eltern und ihren Kindern werden häufig in unangemessener Weise überschritten. Und es wird nie deutlich zwischen Partnerschafts- und Elternrolle unterschieden, weswegen weder das Subsystem der Partnerschaft noch das Subsystem der Elternschaft reibungslos funktionieren kann. Und schließlich werden die Kinder nicht unterschiedlich auf der Grundlage von Alter bzw. Reifestadium behandelt, weswegen das geschwisterliche Subsystem nicht zum Sozialisierungsprozeß beiträgt.

Durch eine mikroskopische Betrachtung der Interaktionen, die die verwobenen Familien kennzeichnen, kommt Minuchin zu Feststellungen, die vieles von dem erhärten, was andere Familientherapeuten und -forscher beschrieben haben. So bestätigt er zum Beispiel die auffallende Unfähigkeit in vielen gestörten Familien, dyadische Transaktionen aufrechtzuerhalten. In einer Familie mit einem Kind, das psychosomatische Störungen hatte, stellte er fest, wie die Familie fortwährend Konfliktsituationen durch die Einbeziehung Dritter ablenkte. Immer wenn zwei Personen nicht miteinander übereinstimmten und den Versuch unternahmen, irgendein Problem zu lösen, intervenierte ein Dritter. In dieser Familie „traten dyadische Transaktionen selten auf. Es kommt nur zu triadischen oder Gruppeninteraktionen. Sie sind gekennzeichnet durch eine strenge Abfolge, die bei allen Familienmitgliedern das Gefühl der Vagheit und Verwirrung fördert. Wenn zum Beispiel ein Elternteil ein Kind kritisiert, wird der andere Elternteil oder eines von den Geschwistern sich einmischen, um das Kind zu beschützen. Und dann wird sich noch ein weiteres Familienmitglied dazugesellen, um sich auf die Seite des Kritikers oder des Kritisierten zu stellen. Der ursprüngliche Streitpunkt wird verwischt und erscheint nur später noch einmal wieder in ähnlicher Abfolge, um dann wieder auf ähnliche Weise ungelöst zu bleiben."(11)

Man könnte sagen, daß eine Koalitition, die nicht stabil bleiben kann, auf eine besondere Art von Struktur hinweist – eine Struktur, deren Systeme und Subsysteme völlig miteinander verstrickt sind: Immer wenn ein Konflikt zwischen Regeln oder Interessen auftritt, kommt es zu einem Tauziehen darüber, welche Gruppe von Richtlinien die Oberhand behalten wird. Da die äußeren Abgrenzungen homöostatischer Gebiete der verschiedenen Subsysteme ständig überschritten werden, stellen sich viele Gegenbewegungen oder schismogene Reaktionen von der Art ein, wie sie Bateson in 'Naven' beschrieben hat. Um einen hypothetischen Fall zu nehmen: Eine Ehefrau unterhält sich seit über einer Stunde am Telefon mit ihrer Schwester. Ihr Mann, der die angeheiratete Familie haßt, läßt sich auf einen Kampf mit seinem ältesten Sohn ein. Die Mutter interveniert und versucht, den Jungen zu schützen, aber der Vater gibt ihm eine Ohrfeige, worauf der Junge in sein Zimmer geht und die Tür zuknallt. Dieser Streit überträgt sich auf das Ehepaar, wobei der Mann die Familie seiner Frau mit Beleidigungen überhäuft und die Frau ihn anschreit. In diesem Augenblick bekommt der jüngere der beiden Söhne, der zu Asthma neigt, einen Anfall. Die Frau geht, um sich um den Sohn zu kümmern, der manchmal in ein Notzimmer gebracht werden muß. Diesmal geht der Anfall so vorüber. Nachdem das Kind zu Bett gebracht worden ist, entschuldigt sich der Vater bei der Mutter, die nicht mehr mit ihm sprechen will. Dennoch telefoniert sie mit ihrer Schwester in den nächsten Tagen tagsüber.

Wir stellen hier sechs eskalierende Sequenzen fest, von denen jede die vorhergehende abbricht. Sie wechseln ab zwischen einer vermutlich symmetrischen (Mann/Frau) und verschiedenen komplementären (Eltern/Kinder). Die verwandtschaftliche Gruppe, das Ehepaar, das elterliche Subsystem und die geschwisterliche Rettungsmannschaft nehmen alle an dieser Einheit teil. Dieser Vorgang oder ganz ähnliche finden mindestens einmal in der Woche statt.

Das System mit zu vielen Querverbindungen

Auch Ashby konzentriert sich auf Vorgänge des Gleichgewichts in komplexen Systemen. In 'Design for a Brain' schreibt er:
„Natürlich wird bei jedem beliebigen Zustand des Ganzen ein einzelnes Teil, das sich nicht im Gleichgewicht befindet (auch wenn es die übrigen sind) sich verändern, wird neue Bedingungen für die anderen Bestandteile schaffen und so anfangen, sie wieder in Bewegung zu bringen und auf diese Weise einen Gleichgewichtszustand für das Ganze verhindern. Da für das Gleichgewicht des Gesamten ein Gleichgewicht aller seiner einzelnen Teile erforderlich ist, können wir metaphorisch sagen, jedes einzelne Teil habe das Vetorecht über die Gleichgewichtszustände des Gesamten."(12)

So könnte man Batesons Satz von dem „unendlichen Tanz der sich verändernden Koalitionen" auf jedes System anwenden, das aus vielen Teilen und Unterteilen zusammengesetzt ist, die alle miteinander durch Interdependenz verbunden sind. Für Systeme dieser Art ist es schwierig, Veränderungen in ihrer Umgebung zu erreichen. Wie aber läßt sich dann das Universum erklären, das voll von komplexen Einheiten ist, deren Anpassungsfähigkeit durch die Tatsache ihres Überlebens bewiesen worden ist? Ashby wendet sich diesem Rätsel zu und äußert die Vermutung, es gäbe ein optimales Maß, in dem Teile eines Systems voneinander abhängig sein sollten, wenn dieses System sich überhaupt oder sogar gut anpassen soll. Seine Gedanken passen ganz ideal zu Minuchins Konzept der 'verstrickten' Familie, mit ihrer äußerst hohen Resonanz der einzelnen Teile aufeinander.

In 'Design for a Brain' untersucht Ashby die Möglichkeit, ein kybernetisches Modell für adaptive Systeme zu benutzen, insbesondere für ein System wie das Gehirn. Das Buch ist gleichzeitig eine brillante Abhandlung über homöostatische Prinzipien und eine Anwendung dieser Prinzipien auf die Mechanismen der natürlichen Auslese und adaptiven Vorgänge im allgemeinen.

Von Anfang an besteht Ashby darauf, Organismus und Umwelt als einen einheitlichen Bereich zu betrachten, zwei einander beeinflussende Aspekte eines Ganzen. Er regt uns zu der Überlegung an, daß die Trennlinie zwischen Organismus und Umgebung im wesentlichen eine geistige Konstruktion ist. Er benutzt die Analogie zu einem Mechaniker mit einem künstlichen Arm, der versucht, eine Maschine zu reparieren und fragt, ob dieser Arm als Teil des Organismus zu sehen ist, der sich mit der Maschine abmüht, oder als Teil der Maschine, mit der der Mensch kämpft.

Um diese Gesamtheit zu beschreiben, wählt Ashby den Ausdruck 'zustandsdeterminiertes System', der Organismus, Umgebung und die unveränderliche Verhaltensweise umfaßt, die sich ergibt, wenn das Zusammenspiel zwischen den beiden festgelegt ist und die Variablen konstant sind. Nach Ashby gibt es bei dem zustandsdeterminierten System keine Zufälligkeit. Wenn es sich in einem bestimmten Zustand befindet mit bestimmten Bedingungen, wird es bestimmte Dinge tun und immer wieder tun, wann immer der Zustand und die Bedingungen sich wiederholen.

Ashby diskutiert auch die Eigenschaften des stabilen Systems — eines ausharrenden Systems — und beschreibt den bekannten Mechanismus des negativen Feedback, das die wesentlichen Variablen des Systems innerhalb wichtiger Grenzen hält, indem es Abweichungen korrigiert. Er weitet dieses Thema aus und stellt Mutmaßungen über die Eigenschaften eines — wie er es nennt — 'ultrastabilen' Systems an, das nicht nur kleinen, ständigen Störungen gegenüber unerschütterlich bleibt, sondern das sich auch neu organisieren kann und sich auf größere Veränderungen in äußeren Zusammenhängen anpassen kann. Wir haben schon im zweiten Kapitel Überlegungen zu diesen Ideen und ihrem starken Einfluß auf Bateson angestellt.

Ashby setzt voraus, daß ein System, das die Fähigkeit hat, mit beiden Arten der Veränderung fertig zu werden, eine überlegene adaptive Macht haben muß. Er stellt weiterhin fest, daß der Mechanismus, der eine solche Veränderung der Werte reguliert, vermutlich eine Stufenfunktionsform annehmen würde, d.h. er würde immer auf eine tiefgreifende Veränderung des Wertes eines seiner Variablen reagieren, wenn ein Element ein kritisches Stadium erreicht. Diese Art Feedback zweiter Ordnung, das er 'Stufenmechanismus' nennt, würde sich vom Feedback erster Ordnung, das sich in dem einfach stabilen System zeigt, dadurch unterscheiden, daß es nur gelegentlich in Aktion tritt, wenn wichtige Variable des Systems ihre Grenze überschreiten. An dem Punkt würde er die Suche nach einem neuen Wert auslösen, der dann das System wieder zu einem stabilen Zustand zurückführen würde.

Um diese Idee zu erproben, konstruierte Ashby eine einfache kybernetische Maschine aus vier Einheiten, den 'Homöostat', der die Anwesenheit beider Feedback-Ebenen zeigt. Er konnte nicht nur geringfügige Störungen ausgleichen, sondern besaß auch die Fähigkeit, neue Lösungen zu finden, wenn einer seiner Parameter in größerem Maße verschoben wurde. Der Homöostat hatte jedoch einen großen Fehler: Er hatte zu viele Querverbindungen. Die Schwierigkeiten des Homöostaten rufen mir die Worte des Dichters Francis Thompson aus dem 17.Jahrhundert ins Gedächtnis, der über die Verbundenheit aller Dinge miteinander im Universum nachgrübelt:„Du kannst keine Blume pflücken, ohne einen Stern zu stören.“ Ashby erläutert mit Bedauern eine Konsequenz im Hinblick auf den Homöostaten. Er weist darauf hin, daß eine homöostatische Ordnung wie das Gehirn mit Millionen statt mit nur vier Einheiten, unendlich lange brauchen würde, um nach dem Prinzip von Versuch und Irrtum zu einer Lösung zu gelangen.

Das schlimmste Problem mit dem Homöostaten liegt aber darin, daß das Ganze kein Gleichgewicht erreichen kann, wenn dies nicht zuvor allen Unterteilen gelingt. Teilerfolge konnten also nicht aufrechterhalten werden. Ashby gibt folgende Analogie:
„Wir haben das Beispiel par excellence, wenn ein Einbrecher homöostatisch versucht, sein tägliches Brot mit Stehlen zu gewinnen, und wenn er dabei auf eine besondere Umgebung trifft, die wir als Kombinationsschloß bezeichnen. Dies ist natürlich ausgesucht, um es ihm so schwer wie möglich zu machen. Und seine besondere Schwierigkeit liegt genau in der Tatsache, daß Teilerfolge – zum Beispiel sechs von sieben Buchstaben richtig herauszufinden – nichts wert sind. Es gibt also kein Fortschreiten in Richtung auf die Lösung. So versagen sowohl Mensch als auch Homöostat, wenn sie auf eine Umgebung treffen, die es ihnen nicht gestattet, teilweise Adaption auszunutzen.“(13)

Was können wir dann mit der Tatsache anfangen, daß die Welt voll von homöostatähnlichen Organismen ist, die aber durchaus die Fähigkeit bewiesen haben, sich zu adaptieren? Nach Ashby besteht diese Möglichkeit in Fällen, wo die Teile des Systems nicht völlig oder nicht zu allen Zeiten miteinander verbunden sind, und er führt weiter aus:
„Der Gedanke, der so häufig implizit in physiologischen Schriften auftaucht, es würde alles in Ordnung sein, wenn es nur genügend Querverbindungen gäbe, ist in diesem Zusammenhang völlig verkehrt.“(14)

Genau darum geht es meiner Meinung nach wohl auch bei dem Konzept der Verstrickung. Die Querverbindungen zwischen den Teilen und Unterteilen eines Familiensystems können so reichhaltig sein, daß kein einzelnes Element dieses Systems erfolgreich sein kann in dem Bemühen, eine neue Lösung zu finden oder eine Art zufälliger Suche einzuführen, die wichtig ist für die Versuch- und Irrtum-Adaption.

Man sollte sich in diesem Lichte einmal die Lage eines Therapeuten vorstellen, der versucht, in einer so verstrickten Familie etwas zu verändern. Er befindet sich in derselben Lage wie die Forscher der frühen Anfänge des Cathoden-Strahl-Oszilloskopen. Ashby beschreibt diese Situation in einer weiteren ausgezeichneten Darstellung seiner These, daß zu viele Ver-

bindungen nicht vorteilhaft seien:
„Die Einstellung der ersten experimentellen Methode war eine sehr komplexe Angelegenheit. Der Versuch, die Helligkeit des Lichtfleckens zu vergrößern, ließ ihn unter Umständen ganz vom Schirm verschwinden. Der Versuch, ihn zurückzuholen, veränderte dann die Zahl seiner Schwingungen, und er begann, vertikal zu schwingen. Durch den Versuch der Korrektur gerieten dann die Schwingungen aus der Horizontalen usw. Die Variablen dieses Systems (Helligkeit des Lichtpunktes, Schwingungszahl usw.) waren auf reichhaltige und komplexe Weise dynamisch miteinander verbunden. Die Versuche, es mit Hilfe der verfügbaren Parameter unter Kontrolle zu bringen, erwiesen sich genau deswegen als schwierig, weil die Variablen vielfach miteinander verbunden waren."(15)

Was Ashby ein 'System mit zu vielen Querverbindungen' nennt (a too richly cross-joined system), kann — wie er sagt — behandelt oder verändert werden, wenn genügend viel Kommunikation unterbunden wird und die Teile dadurch zeitweise voneinander unabhängig werden. Sie brauchen nicht tatsächlich getrennt zu werden; es genügt, wenn eins der Verbindungselemente stillsteht und keine Veränderung anzeigt. Die Teile, die durch dieses unveränderliche Element miteinander verbunden sind, werden dann durch eine 'Mauer von Konstanten' getrennt. Konstante können, wie Ashby behauptet, „ein System in Stücke zerschneiden".(17) Er gelangt so zu der Auffassung, es gäbe Zeiten, zu denen ein Anwachsen an Kommunikation eindeutig nachteilig wäre.

Das heißt nicht, Fehlen von Kommunikation sei etwas Gutes. Es gibt vielmehr einen glücklichen Mittelweg. Wenn es nicht eine ausreichende Kommunikation zwischen Teilen eines Organismus oder zwischen dem Organismus und seiner Umwelt gäbe, könnte er nicht überleben. Der Zunge muß zum Beispiel mitgeteilt werden, aus dem Weg zu gehen, wenn die Zähne auf ein Stück Fleisch beißen. Je weniger Bindeglieder zwischen den reagierenden Teilen bestehen, desto weniger Verhaltensweisen gibt es, aber eine gute Kommunikationsebene setzt ein großes Repertoire an Verhaltensweisen voraus. Diese Vorzüge müssen neben anderen aufgewogen werden gegen den Nachteil, daß neue Anpassungen bei zunehmender Zahl der Querverbindungen immer schwieriger werden.

Für Familientherapeuten ist besonders dieser letzte Punkt interessant. Ganze Schulen der Familientherapie sind auf dem Gedanken gegründet worden, eine Familie sei besser dran, je mehr Kommunikation in ihr vorhanden ist. In Wirklichkeit aber besteht ein großer Teil der Bemühungen der Familientherapie darin, Kommunikation zu blockieren, auch wenn scheinbar der Grundsatz 'mehr Kommunikation' befolgt wird. Ashbys Aussage, ein System mit zu vielen Verbindungen sei nicht in der Lage, sich leicht zu verändern, steht in Übereinstimmung mit der wachsenden Meinung etlicher Therapeuten, die Lage vieler Familien verbessere sich nur deswegen, weil der Therapeut die üblichen Wege blockiert hat und sie zwingt, nach neuen zu suchen. Diese Gedanken sind auch wichtig im Hinblick auf die Bestätigung von Minuchins Beobachtung verstrickter Familiensysteme.

Nach seiner Beobachtung ist eine Familie dann nicht sehr leistungsfähig, wenn ihre Teile und Unterteile zu eng miteinander verknüpft sind. Eine funktionale Familie ist die, in der es Statustrennungen zwischen den Generationen gibt, altersgemäße Differenzierung zwischen den Kindern, Trennlinien zwischen den Untersystemen, zu denen dieselben Personen gehören, und eine klare Grenze um die Kernfamilie herum. Dies scheint mit Ashbys allgemeiner Schlußfolgerung zusammenzufallen, ein System müsse sich gegen zu viele Querverbindungen schützen oder in der Lage sein, eine zeitweilige Unabhängigkeit seiner Teile zu schaffen. Die meisten Familientherapeuten stimmen überein, daß es ein Rezept für Symptome und Elend ist, wenn eine Familie zu viele eng verbundene Koalitionsmuster aufweist.

Auch Bowen beschreibt einen therapeutischen Eröffnungsschritt, der stark Ashbys Rezept ähnelt, mit dem man 'Konstanten' schafft oder ein System 'in Stücke zerschneidet'. Manchmal wählt Bowen ein Familienmitglied aus und besteht darauf, er oder sie müsse Stellung zu irgendeinem Familienproblem nehmen und diese Stellung behaupten trotz der Opposition der Restfamilie – die sich normalerweise einstellt. Diese Taktik soll, wie Bowen es nennt, die „Differenzierung des Ich" erreichen. Er beschreibt sie aber auch im triadischen Zusammenhang und sagt, wenn eine Person in einem emotionalen Dreipersonensystem unabhängig bleiben kann, wird die Spannung innerhalb dieses Dreiecks sich selbst auflösen. Ganz gleich, ob es sich bei dieser dritten Person um den Therapeuten oder ein Familienmitglied handelt, kann man annehmen, daß Bowen noch immer darüber spricht, was er die „Entdreieckung des Dreiecks" nennt, wobei er eines der Elemente in einer Kette verbundener Dreiecke zwingt, sich still zu verhalten und nicht zu reagieren.(18)

Die Familie mit zu wenig Querverbindungen

Diese Kategorie könnte – wie die Teilchen, von denen Physiker glauben, sie existierten, weil es sie theoretisch geben müßte – ein Produkt des Geistes sein. Ein zu eng verknüpftes Familiensystem spricht für die Existenz seines Gegenteils, und zwar eines zu locker geknüpften. Man kann jedoch argumentieren, daß eine solche Kategorie (wenn es sie gibt) genauso wenig zufälliges Verhalten repräsentiert, wie das in den sogenannten verstrickten Familien anzutreffende. Die Ausdrücke, die man benutzt, um solche Familien zu beschreiben, lassen eine Art Formlosigkeit, eine Art Chaos vermuten. Unglücklicherweise wird durch das Wort 'entkoppelt' – obwohl es gut gemeint ist – eine Art Mangel an Fürsorge suggeriert. Minuchins Beispiel für den Unterschied zwischen einer verstrickten und einer entkoppelten Familie besagt, daß in der ersteren die Eltern sich aufregen, wenn das Kind den Nachtisch nicht ißt, und daß sie es in der zweiten vielleicht nicht einmal mitbekommen, ob es überhaupt während des ganzen Tages etwas ißt. Dennoch können in Familien mit wenig Routine oder wenig Zeremonien die Individuen einander viel liebevolle Fürsorge zeigen.

Weitere Verwirrung entsteht, weil man auf Minuchins Skala eine Familie nicht ohne Bezug auf den weiteren Kontext klassifizieren kann. Eine Familie, die so locker strukturiert ist, wie es die 'entkoppelte' Familie angeblich ist, wird sehr rasch fest verbunden mit sozialen Institutionen, die eine noch stärkere einschließende Art von verstrickter Struktur bilden, wobei das Personal als Ersatzeltern fungiert. Die Gefahr der Querverbindungen unter den Generationen, die Forscher wie Haley in Zusammenhang mit Pathologie in der Familie sehen, würde auf diese neue Form ebenso zutreffen wie auf eine Familiengruppe.

Man kann also behaupten, es gäbe so etwas wie eine völlig entkoppelte Familie überhaupt nicht. Man stellt normalerweise fest, daß Familien, deren Mitglieder nicht in Gefängnisse oder Krankenhäuser abgezogen werden, oder die irgendwelche offiziellen Aufpasser zugewiesen bekommen, eine recht beträchtliche Struktur haben, obwohl nicht immer in der konventionellen Form. Es gereicht Minuchin und seinen Forschern zum Lob, die alternativen Familienformen der sehr Armen identifiziert zu haben: Familien, bei denen eine Großmutter oder Mutter als Eltern für die Kinder beider Frauen dienen, und ähnliche Anordnungen, bei denen eine Mutter durch ein Kind der Eltern unterstützt wird. Diese Familien geraten in dieselben Sorgen wie jeder andere Familientyp. Das heißt, es gibt in Familien, bei denen Mutter und Großmutter ihre Stellung gegenseitig untergraben, genauso häufig symptomatische Mitglieder wie in Familien, wo Vater und Mutter ihre Stellung gegenseitig untergraben.

Vielleicht wäre es sinnvoller, sich ein Kontinuum von Möglichkeiten vorzustellen und nicht zwei Kategorien an zwei Enden eines Stabes. An den äußersten Enden eines solchen Kontinuums würde man keine Familie finden, da sie weder unter den Bedingungen des einen noch des anderen Endes leben könnte.

Außerdem sind Ausdrücke wie 'zentripetal' und 'zentrifugal', wie sie zuerst von Helm Stierlin benutzt wurden, um die Organisationsprinzipien von Familien mit Heranwachsenden zu beschreiben, vielleicht nützlicher als die Ausdrücke 'verstrickt' und 'entkoppelt'.(19) Konkrete Analogien könnten ebenfalls hilfreich sein. Die Scooter auf einem Jahrmarkt gegenüber der Achterbahn – jeder Fahrer kollidiert mit den anderen innerhalb des Feldes im Gegensatz zu den Leuten, die durch die Wucht der Fahrt eng aneinandergedrückt werden. Ich stelle sie mir auch manchmal vor als 'Gummiband'- oder 'Klebe'-Familien im Gegensatz zu den Familien des Typs 'kollidierender Moleküle' – „Verschmelzungsfamilien gegenüber Fragmentfamilien" – allerdings immer unter dem Vorbehalt, daß diese Typen nicht ein Entweder-Oder repräsentieren, sondern nur die Extreme andeuten, nach denen diese Familien gemessen werden sollen.

Außerdem neige ich insbesondere zu der Vorstellung von dieser kontinuierlichen, willkürlich erscheinenden Verbundenheit als einer Art der Organisation, einerlei ob sie durch Geräusche, Berührung, Zank oder sich überschneidende Gespräche konstituiert ist.
In dem Buch 'Lives of a Cell'(Leben einer Zelle) kommt Lewis Thomas in einem Abschnitt über das Termitenverhalten zu folgendem Vorschlag: „Termiten, die in Gruppen leben, berühren einander ohne Unterlaß mit ihren Fühlern, und das scheint der zentrale Leitmechanismus zu sein. Worauf es hier ankommt, ist das Berührtwerden und nicht so sehr der Vorgang der Berührung. Selbst wenn man sie ihrer Fühler beraubt, kann jede Termite zu einer Gruppentermite werden, wenn sie nur genügend oft von den anderen berührt wird."(2o)

Wenn man im Gegensatz dazu die Termiten voneinander isoliert hält, hört diese Tätigkeit auf, und sie werden ruhig und tatenlos. Wenn man sie paarweise zusammenläßt, nehmen sie tatsächlich von der gegenseitigen Berührung Abstand, als ob dieser armselige Schatten des wahren Phänomens nur eine zu schmerzliche Erinnerung sei. Es soll damit nicht angedeutet werden, Menschen seien wie Termiten, sondern es soll hier nur veranschaulicht werden, wie im Tierreich verschiedene Muster der Organisationsformen eine Anzahl gleichermaßen gültiger Formen annehmen kann.

Um diesen Gedankengang fortzuführen, möchte ich Stile der Familieninteraktion auswählen, die fragmentiert und zerstückelt scheinen und an ihnen illustrieren, daß sie nicht willkürlich sind, sondern reich an Konfigurationen.

Redundanzen in 'entkoppelten' Familien

Gehen wir zunächst einmal davon aus, es gäbe tatsächlich eine kontinuierliche Skala von zu enger Verbundenheit bis zu einer zu lockeren Beziehung, auf der diese Familien einen Platz haben, dann möchte ich den Standpunkt vertreten, daß die scheinbar zu locker miteinander verbundenen Familien durchaus nicht ohne ihre eigene Starrheit sind. Forschungen über Familien mit Schizophrenen haben Beweismaterial zutage gefördert, das der Vorstellung von diesen Familien als strukturlos widerspricht. Analog dazu könnte man auch in Frage stellen, ob sogenannte unorganisierte Familien ohne Struktur sind. Es mögen in ihnen Elemente vorhanden sein, die ebenso einschränkend und stereotyp sind wie jene in den verwobenen Familien, und die aus verschiedenen Gründen Veränderungen gegenüber genauso resistent sind.

Zunächst einmal war das Modell für die 'entkoppelte' Familie eine in Armut lebende Familie mit vielerlei Problemen, die die Aufmerksamkeit sozialer Einrichtungen und Kliniken auf sich lenkte, weil sie angeblich 'zusammengebrochen' war. Worin bestehen nun eigentlich die Züge einer solchen Familie, wie sie in 'Families of the Slums' beschrieben wird, das noch immer eines der wenigen Bücher ist, die eine Systemanalyse armer Familien vornehmen?

Den meisten Familien mit einer Vielzahl von Problemen, so lautete ein Ergebnis, stand eine Mutter ohne Partner und ohne finanzielle Hilfsmittel voran. Wenn eine Verwandtschaftsgruppe aushelfen kann oder ein verantwortungsvoller Freund oder eine starke Großmutter oder ein die Elternfunktion in angemessener Weise ausübendes Kind, dann mag das Familienleben mehr schlecht als recht funktionieren, aber es funktioniert, weil die Mutter nicht total allein ist. Wenn aber diese Unterstützung durch andere Personen fehlt, dann nehmen die Probleme überhand. In dem Buch 'Families of the Slums' sagen die Autoren dazu:
„Ein hervorstechendes Merkmal der entkoppelten Familien ist die Isolation der Mutter, die nicht in der Lage zu sein scheint, mit der Außenwelt Kontakt aufzunehmen oder sich außerfamiliäre Unterstützungsmöglichkeiten nutzbar zu machen. In den extremsten Fällen eines solchen Familienprofils muß man über den Dauerzustand der Unfähigkeit zur Mutterrolle hinaus einen Blick auf die Familiengeschichte werfen, der gewöhnlich ein fester Verankerungspunkt fehlt, wie zum Beispiel stabile Arbeitsmuster und eine stabile Beziehung zu einem Mann, zu Freunden oder anderen sozialen Gruppen. Die Mutter ist allein."(21)

Ein anderes Merkmal scheint eine Kluft zwischen der Welt der Erwachsenen und der der Geschwister zu sein. Die Eltern und andere Erwachsene sagen sich anscheinend von der Verantwortung für das Verhalten der Kinder los, soweit sie dieses nicht persönlich stört oder aber ihnen die unwillkommene Aufmerksamkeit der Gemeinde einbringt. Die Geschwister entwickeln sich zu einer verschworenen Untergruppe, wobei sie sich manchmal stützen und schützen, manchmal allerdings auch nicht, zu einer Gruppe, die als leicht verwildertes Rudel oder als Stamm fungiert, und die sehr gut darin ist, Erwachsene zu überlisten, wenn diese den Versuch unternehmen, sie zu beherrschen.

Wenn der Familienvorstand eine isolierte und überforderte Mutter ist, dann nehmen diese Versuche oft den globalen Charakter des 'Alles oder Nichts' an. Eine Mutter scheint in Apathie versunken zu sein und ignoriert die unglaublichste Geräuschkulisse und Konfusion bei den Kindern. Zu einem anderen Zeitpunkt jedoch duldet sie diese Situation nicht länger und schlägt um sich, wobei sie oft den Hauptschuldigen außer acht läßt, der sich vielleicht am entfernteren Ende des Zimmers befindet, um einen Unschuldigen zu schlagen, der dichter bei ihr ist.

Minuchin und Montalvo kommentieren auch die geschickten Verwirrungstaktiken, die eine Gruppe von Kindern in solchen Familien anwenden kann, um die Autorität des Erwachsenen herauszufordern und zu vernichten. Nicht nur Eltern, sondern auch Therapeuten haben ihre liebe Not, sich von solchen Kindern nicht überlisten zu lassen.
In 'Families of the Slums' gibt es dazu ein sehr anschauliches Beispiel in einem Interview. Irgend jemand hatte Geld von der Mutter genommen. Ein Kind beschuldigte ein anderes, das nach eindringlichen Fragen behauptete, es hätte das Geld von einem Freund. Noch mehr verwirrende Informationen wurden von einem anderen Kind beigesteuert. Dann wiederum sagte das erste Kind (das ursprünglich die Beschuldigung erhoben hatte), das beschuldigte Kind hätte geglaubt, das Geld wäre sein Fahrgeld und es fügte hinzu, es sei immer der Ansicht gewesen, dieses Geld könne genommen werden, weil der Vater es gewöhnlich unter dem Teppich versteckte, es aber im Gegensatz zu den anderen Kindern nie ausschimpfte, wenn es sich das Geld nähme. Zu diesem Zeitpunkt sind Mutter und Therapeut am Ende. Das 'Spiel' scheint sehr dem sprichwörtlichen Kinderspiel 'Taler, Taler, du mußt wandern' zu ähneln. Es läuft wohl immer auf eine Unterbrechung und kein eigentliches Ende hinaus, oder aber es wird nach viel Verwirrung ein bestimmtes Kind, in der Regel der Familiensündenbock, als der schuldige Teil herausgestellt.

Nach welchen Prinzipien könnte man diese verschiedenen Beobachtungen auf einen Nenner bringen und zu einer Hypothese führen, die eine Erklärung für die verschwörerische Unart der Kinder abgibt? Minuchin und Montalvo geben uns einen Hinweis in ihrem Kommentar über die Besorgnis, die sich in einer Kindergruppe äußert, wenn die Mutter das Zimmer verlassen hat und das sich daran anschließende laute und störende Verhalten mit viel Gerede über Themen schrecklicher und gewalttätiger Art. Die Autoren halten dies für eine Reaktion auf die Unsicherheit, die ausgelöst wird durch den Abgang jener einzigen Person, die das Organisationsprinzip für die Kinder darstellt. Sie beschreiben diese Interaktion in Sequenzform: Die Mutter geht, die Kinder werden ängstlich und geraten außer Rand und Band, die Mutter muß daraufhin zurückkommen, um die Ordnung wiederherzustellen, und die Kinder beruhigen sich wieder. Hier ist ein Kreis von Kausalitäten am Werk.

Diese Art der Darstellung ist linear, da sie nur beschreibt, wie dieser Zyklus für die Kinder funktioniert. Eine wahrhaft systemische Auffassung würde darauf hinweisen, wie alle Teile zusammengefügt sind und sich zusammen bewegen. Ein erhellendes Beispiel stammt aus einem Familieninterview von Harry Aponte. Dieses Interview, das auf Videokassette aufgenommen wurde, enthält Hinweise darauf, wie die Rendundanzen in Familien mit vielschichtigen Problemen wie dieser dazu beitragen können, ein gewisses ökologisches Gleichgewicht innerhalb der Familie zu erzeugen.

Es handelt sich um das Interview mit einer schwarzen Familie in armen Verhältnissen, auf die das Etikett einer 'Familie mit vielen Problemen' genau zutrifft. Für jedes Familienmitglied – die Mutter und sechs erwachsene bzw. fast erwachsene Kinder und zwei Enkelkinder – gibt es ein Risiko, von Zusammenbruch, Krankheit, Nerven, Gewalt, Unfall bis hin zur Kombination all dieser Faktoren. Außerdem sind die Familienmitglieder laut, destruktiv und schwer unter Kontrolle zu bringen.

An einer Stelle fragt Aponte die Mutter: „Wie werden Sie mit all dem fertig?" Die Mutter, die bis dahin apathisch und scheinbar teilnahmslos zugehört hat, wie der Therapeut versuchte, sich mit den Kindern zu unterhalten, sagt: „Ich ziehe meinen Gorillaanzug an." Die Kinder beschreiben unter Gelächter, wie furchterregend ihre Mutter ist, wenn sie ihren Gorillaanzug anzieht.

Kurz nach dieser Unterhaltung tritt ein Ereignis ein, das auf eine zirkuläre kausale Abfolge hinweist, eine von jenen Redundanzen, die mit dem Familiengleichgewicht zu tun haben mag. Die Mutter ist noch immer apathisch und sieht müde aus, und der Therapeut beginnt, sie über ihre Nerven zu befragen. Anfangs verhalten sich die Kinder dabei mehr oder weniger ruhig und hören zu. Als sie zuzugeben beginnt, sie hätte schlechte Nerven und nehme auch Tabletten, werden sie unruhig. Ein Junge knufft das Baby, ein anderer versucht, das Baby davon abzuhalten zu treten. Das Baby beginnt zu schreien. Der Therapeut fragt die zwanzigjährige Tochter (die Mutter des Babies), ob sie es zur Ruhe bringen könne. Sie verneint. Zu diesem Zeitpunkt erhebt sich die Mutter wie ein schlafender, von einer Mücke belästigter Riese aus ihrer Lethargie und gibt dem Baby ihrer Tochter mit einer zusammengerollten Zeitung einen Klaps. Sie setzt das Baby mit einem Ruck aufrecht hin, so daß es keinen weiteren Ärger mehr macht. Während dieser Ereignisse springen die anderen Kinder auf und ab und schreien vor Freude; die Mutter ruft sie zur Ordnung, sie beruhigen sich und die Mutter setzt sich wieder hin, jetzt allerdings wachsamer und eindeutig Herr der Lage.

Unter einem bestimmten Gesichtswinkel betrachtet ist dies ein Beispiel für unorganisiertes Verhalten. Die Mutter legt die Verantwortung ab; die Kinder sind unartig; und als die Mutter schließlich den Versuch unternimmt, sie zur Räson zu bringen, reagiert sie viel zu heftig und erreicht ihr Ziel nur teilweise. Aber unter einem anderen Gesichtswinkel können wir darin eine Abfolge sehen, die durchaus zu einer Verbesserung führt. Nehmen wir an, wir hätten es – wie in diesem Fall – mit einer Familie mit einer isolierten und überforderten Mutter zu tun, die in periodische Depressionen als Form einer Erholung vom Stress gerät. Nehmen wir weiter an, die Kinder würden dann entsprechend besorgt reagieren. Ein mächtiges Gegenmittel gegen Depression und gegen die Besorgnis wäre dann ein störendes Verhalten seitens der Kinder. Der Zyklus geht folgendermaßen: Wenn die Depression der Mutter einen bestimmten Punkt überschreitet, löst sie ein verschwörerisches und rebellisches Verhalten der Kinder aus. Wenn diese Mutwilligkeit einen bestimmten Grad erreicht, wird die Mutter bemüht sein, ihre Macht wieder herzustellen. Wenn die Kinder sehen, wie die Mutter aktiver wird, fühlen sie sich erleichtert, und sowie sie das Zepter wieder an sich reißt, beruhigen sie sich. Es wird so lange Friede herrschen, bis die Mutter wieder einmal zu sehr in eine Depression abgleitet oder sich völlig apathisch verhält, und dann wird die gesamte Abfolge erneut starten.(22)

Dies ist ein weit verbreiteter primitiver Zyklus, der häufig in solchen Familien aufzutreten scheint. Seine Nützlichkeit hat außerdem sehr enge Grenzen, da alle Familienmitglieder einen Preis für das Erlernen des geforderten Verhaltens bezahlen. So bringt sie dieses Verhalten zum Beispiel automatisch in Konflikt mit der Außenwelt. Außerhalb des Hauses -- so zum Beispiel im Klassenzimmer – stößt man häufig auf folgende Inszenierung: Die Lehrerin schreibt Wörter an die Tafel, die die Kinder abschreiben sollen. Dann setzt sie sich ruhig an ihren Tisch, um Arbeiten zu zensieren. Für ein Kind aus einem Zuhause, in dem Ruhe des erziehungsberechtigten Elternteils ein Gefahrensignal ist, ist dies sehr besorgniserregend. Das Kind beginnt vielleicht, einem anderen Kind Fratzen zu schneiden, mit Gegenständen zu werfen oder Beleidigungen zu flüstern. Manche Kinder sind in solchen Situationen Experten im Anstiften ihrer Kameraden, andere werden dabei ertappt und zum Rektor geschickt.

Dies ist natürlich nur eine mögliche Interpretation des rebellischen Verhaltens von Kindern in Familien mit vielen Problemen. Es stellt eine Abfolge dar, die zur Stabilität im Hause beiträgt, selbst wenn dies auf Kosten von Individuen geschieht, die sich in dieser Maschinerie verheddern. In den späteren Kapiteln werden wir andere zirkuläre Kausalzyklen sehen, die zwar unterschiedlich, aber ähnlich schwierig zu erkennen sind, und die auf kooperativer Grundlage zu funktionieren scheinen, um das Gleichgewicht in 'verstrickten' Familien zu erhalten (oder selbst das Gleichgewicht zu bilden).

Das von uns bisher diskutierte bipolare Modell hat jedoch insofern einige schwerwiegende Nachteile, als es eine zu einfache Dichotomie zwischen willkürlich und starr impliziert. Apontes Verwendung des Begriffs 'unterorganisiert' als Ersatz für 'entkoppelt' stellt einen Versuch zur Lösung dieses Problems dar. Aber auch 'unterorganisiert' impliziert ein Kontinuum mit der Entweder-Oder-Komponente, als ob wir hier einfach über Familien sprächen, die zuviel oder zuwenig Struktur bzw. Organisation hätten.

Ich kann mich ferner auch nicht mit dem Begriff des Kontinuums selbst zufrieden geben. Er deckt nicht genügend Variable ab und ist auch nicht komplex bzw. interessant genug. Im nächsten Kapitel werden wir uns anderen und komplexeren Modellen zuwenden, die sowohl schematische als auch vorgangshafte Formen haben werden. Insbesondere werden wir uns der wachsenden Tendenz zuwenden, sich Familienwelten auf der Ebene des totalen Systems vorzustellen, wobei wir uns auf den neuen und wichtigen Begriff des Familienparadigmas berufen werden.

Kapitel 5

DER BEGRIFF DES FAMILIENPARADIGMAS

Die Metaphysik der Muster

Dieser sehr treffende Ausdruck wurde von dem Psychologen Paul Dell benutzt, der kürzlich die Aufmerksamkeit auf einen grundlegenden Unterschied zwischen dem Transaktionsmodell und dem ätiologischen Modell in der Familienforschung Schizophrener gelenkt hat.Untersuchungen, in denen versucht wurde, eine Ätiologie zu begründen, die sich von der traditionellen auf das Individuum ausgerichteten unterscheidet, haben einen Zusammenhang zwischen der Familienstruktur und psychotischem Verhalten vorausgesetzt. Wenn man aber behauptet, eine bestimmte Bedingung sei für eine gegebene Art von Familienorganisation nicht wesentlich, oder wenn man meint, es gäbe eine direkte Verbindung, unterliegt man dem Fehler des linearen Denkens.

Nach Dell geht es bei der transaktionellen Sichtweise nicht um die Ätiologie, sondern sie läuft auf eine Neudefinition dessen hinaus, was Schizophrenie ist. Forscher des Transaktionsmodells sind der Meinung, daß sogenannte schizophrene Verhaltensweisen fester Bestandteil eines Musters von Familienbeziehungen sind, in die sie eingebettet sind, wobei weder die Familie noch der erkrankte einzelne als 'Ort' der Krankheit herausgehoben werden kann. Wie Dell sagt:
„Die Verhaltensweisen von Familienmitgliedern, die zusammengenommen die verschiedenen Aspekte des Musters ausmachen, sind nicht linear kausal miteinander verbunden, sondern haben sich gemeinsam entwickelt. Bateson (196o) und Wynne und Singer (1965a) sprechen nicht von Verursachung, sondern davon, wie die Familie als Ganzes zusammenpaßt. Der Standpunkt des Transaktionsmodells wird also durch die ätiologische Konstruktion der Familientheorie der Schizophrenie (zum Beispiel Fromm-Reichmann, Lidz), wie sie bis heute in den meisten Forschungsarbeiten dargestellt wird, weder richtig verstanden, noch angemessen geprüft."(1)

Dell stellt David Reiss in die Transaktionsgruppe. In seiner Arbeit macht

Reiss die Notwendigkeit deutlich, ein die Familie umfassendes oder systemisches Muster, ein 'Familienparadigma' als eine sich herausbildende Eigenschaft der Familienerfahrungen anzusehen. Man kann dies nicht auf die Wahrnehmungen oder Reaktionen irgendeines einzelnen Familienmitgliedes beschränken. Nach Reiss wird dieses Prinzip durch Untersuchungen verletzt, die Familienstrukturen allzu direkt mit Störungen der Individuen verbinden, wie es deutlich gemacht wird durch Ausdrücke wie 'schizophrene Familien' und 'Familien mit zahlreichen Problemen'.

Neben anderen Einflüssen baute Reiss auf den Experimenten von Wynne und Singer auf und versuchte, seine eigene 'Metaphysik der Muster' zu erforschen. In den frühen Stadien seiner Arbeit versuchte er in der Tat, Familieninteraktionsstile mit Störungen in Beziehung zu setzen, bei denen man damit rechnen könnte, daß sie in Personen solcher Familien auftauchen. Später scheint er seine Beschäftigung mit den Mustern auszuweiten, um eine wesentlich umfangreichere Anwendung von Schlüsselvariablen mit einzuschließen, die nicht nur Familien mit symptomatischen Mitgliedern erklären, sondern die ganze Spielbreite der Familien. Außerdem regt er an, daß solche Störungen mit der (wie auch immer begründeten) Unfähigkeit des Familienparadigmas zu tun haben könnten, Informationen zu verarbeiten, wenn das äußere (oder innere) Umfeld sich zu schnell verändert. An diesem Punkt bricht das Paradigma dann zusammen, wobei möglicherweise die Familie ausgelöscht wird oder – bei einem positiveren Verlauf – das Paradigma sich verändert, wodurch der Familie eine neue Lebensspanne verliehen wird.

Wir wollen mit der stärker klinisch ausgerichteten Arbeit von Reiss beginnen. In einer Forschungsarbeit, in der Familien-Interaktionsstile mit den individuellen Denkprozessen verbunden werden, beschreibt er ein Problemlösungsexperiment, bei dem drei Gruppen herausgezogen wurden: acht Familien mit Kindern, die als 'schizophren' eingestuft worden waren; acht Familien, deren Mitglieder 'Charakterstörungen' hatten (von Reiss genauer bezeichnet als 'schwere Einzelgänger-Kriminalität'/severe solitary delinquencies); und acht Familien mit Kindern ohne Störungen.(2) Eltern, das symptomatische Kind und Geschwister wurden einbezogen.

Die Problemstellung verlangte von einer Person, eine Gruppe von fünfzehn Karten zu ordnen, von denen jede eine in bestimmter Weise angeordnete Folge von Buchstaben oder bedeutungslosen Silben enthielt (PVK, PMVK, PMSMSVK). Das Experiment selbst lief in drei Teilen ab : zunächst eine Einzelaufgabe, bei der jede Person in einer Nische für sich saß und gebeten wurde, den Stoß Karten für sich selbst zu sortieren. Dann eine Familienaufgabe, bei der jedes Familienmitglied dieselben Kartenserien bekam und ordnen mußte. Und abschließend eine Aufgabe für den einzelnen, die Karten zu sortieren. Bei der Aufgabe für die ganze Familie fing jeder einzelne mit zwei Karten an und drückte, wenn sie sortiert waren, einen Knopf mit der Aufschrift 'fertig' und bekam dann eine andere Karte, bis alle fünfzehn sortiert waren. Die Familienmitglieder konnten miteinander über Kopfhörer reden und wurden ermutigt, ihre Ideen und Informationen auszutauschen. Es war der Familie oder ihren einzelnen Mitgliedern völlig freigestellt, je nach den Regeln der Familienkommunikation, die Ideen auszutauschen oder allein zu arbeiten, eine gemeinsame Strategie zu entwickeln oder verschiedene zu benutzen, auf weitere Karten zu warten, die vielleicht auf ein umfassenderes Muster hinweisen würden, oder sich mit einer Abfolgewahl zu begnügen, die sich auf die ersten wenigen begründete. Das Experiment war so angeordnet, daß es leichter war, zu einer richtigen Hypothese für das Sortieren der Karten zu gelangen, wenn sie alle oder fast alle vorlagen. Man konnte aber die Regeln der Ordnung erraten, und Bemühungen nach dem Prinzip von Versuch und Irrtum waren möglich, da die weiteren Karten bestätigen konnten, ob eine Anordnung tatsächlich richtig war.

Dieses Experiment ließ das Vorhandensein von Familien-Miniuniversen vermuten, die sich sehr voneinander unterschieden und eng mit den klinischen Gruppierungen korrelierten. Reiss nannte diese Kategorie 'konsensussensitiv', 'interpersonell distanzsensitiv' und 'milieusensitiv', Ausdrücke, die mit den 'schizophrenen', den 'kriminellen' und den 'normalen' Familien korrelierten. Die Variablen, die diese Familien unterschieden, wurden durch den Test herausgesucht und entsprachen früheren Familienforschungsergebnissen, besonders denen von Wynne. Das Experiment ist also nicht nur für sich genommen interessant, sondern stellt das Bemühen zur Bildung einer Theorie dar, die mehrere Jahrzehnte zurückgeht.

Die drei Hauptcharakteristika zur Aufteilung der Familiengruppen waren diese: erstens die Fähigkeit der Familienmitglieder, Hinweise und Vorschläge voneinander aufzugreifen; zweitens ihre Fähigkeit, Hinweise aus dem Labor zu benutzen; und drittens ihre Fähigkeit, zu einem Abschluß zu kommen. Das Rätsel war so eingerichtet, daß es am besten gelöst werden konnte, wenn genügend Informationen vorhanden waren und diese Informationen geteilt wurden. Es war wichtig für alle Familienmitglieder, ihre einzelnen Bemühungen zu koordinieren, um sinnvolle Hypothesen für das Sortieren der Karten zu schaffen und neue Vorschläge und Korrekturen anzubieten. Es war auch wichtig, Informationen aus der Umgebung zu beachten und zwar in Gestalt der Karten, die ständig hinzukamen. Das Experiment prüfte ganz deutlich zwei Arten von Verbindungen: die Verbindungen zwischen den Familienmitgliedern und die Verbindungen zwischen Familienmitgliedern und der äußeren Umwelt.

Die drei Familientypen reagierten sehr unterschiedlich auf die Tests, und die Familien mit klinischen Problemen schnitten am schlechtesten ab. Reiss stellte fest, daß Familien mit schizophrenen Mitgliedern sehr gut aufeinander abgestimmt waren, aber von allem anderen abgekapselt waren.

Ihre interne Sensitivität half ihnen nicht beim Test, sondern behinderte sie. Mit Reiss' Worten:„In dieser Art Familie finden wir die gemeinsame Vorstellung, die Analyse und Lösung des Problems wäre einfach ein Mittel, um die ganze Zeit enge und ununterbrochene Übereinstimmung zu erhalten."(3)

Als Erklärung für das Bedürfnis der konsensussensitiven Familie, immer dicht beisammen zu sein und übereinzustimmen, gibt Reiss an, daß sie ihre Umwelt als bedrohlich und gefährlich empfinden. Die Testsituation war eine Bedrohung, die man abwehren mußte. Die Mitglieder in diesen Familien erreichten ihre Lösung daher sehr schnell, bevor viele Informationen zur Verfügung standen und klammerten sich an diese Lösung, selbst wenn später auftauchende Tatsachen oder eine bessere Lösung, zu der ein anderes Familienmitglied gelangte, dieser widersprachen. Daher mißlang es ihnen oft, eine angemessene Lösung für das Problem zu finden, nicht weil die Familienkommunikation unzureichend war, sondern weil das Problem zu früh abgeschlossen wurde. Sie waren lieber im Unrecht, als daß sie kämpften.

Diese Anzeichen wiesen uns auf die Familiencharakteristika hin, die Wynne die 'Pseudogegenseitigkeit' und den 'Gummizaun' nennt. Sie bestätigen auch die 'Verstrickung', die Minuchin beschreibt und die Tendenz zum emotionalen Zusammenschluß und zur Undifferenziertheit, die Bowen fand. Da sie Kliniker waren, beschränkten diese Forscher ihre beschriebenen Modelle auf Familien mit Problemen. Reiss geht in Richtung der dringend benötigten 'Normalisierung' durch die Erweiterung seiner Kategorien und den Einbezug von Familien, die nicht unbedingt problematische Mitglieder haben. Er führt zum Beispiel Studien süditalienischer Clans an, die mit ihrem Familienkodex der Solidarität und ihrer Sichtweise der äußeren Welt als etwas Bedrohlichem und Unvorhersagbarem, eine normative kulturelle Variante der konsensussensitiven Familie darstellen.

Genau im Gegensatz zu den Familien mit Schizophrenen standen die Familien mit Angehörigen, die Fälle 'schwerer Einzelgänger-Kriminalität' aufwiesen. Diese Familien beachteten zwar sehr die Hinweise aus der äusseren Umgebung, nicht aber die Hinweise, die sie voneinander erhielten. Während der Tests verhielten sie sich so, als wäre es ein Fehler, Meinungen oder Hypothesen der Familienmitglieder zu akzeptieren. Es bestand offensichtlich ein übermächtiges Bedürfnis zu beweisen, daß man unabhängig sein und die Umgebung selbständig meistern könne. Reiss nimmt einen etwas allgemeineren Standpunkt ein und sagt, diese Individuen scheinen die Sichtweise zu teilen, „daß die Umgebung in so viele Teile zersplittert sei, wie es Familienmitglieder gäbe. Jedes Mitglied habe Zugang zu seinem eigenen Teilstück und kümmere sich deswegen nur um die Hinweise aus der Umgebung von seinem eigenen Anteil."(4)

Diese Familien, die 'interpersonell distanzsensitiven' Familien, scheinen das Labor und die von außen an sie herangetragenen Probleme als eine Möglichkeit zu empfinden, ihre individuellen Fähigkeiten vorzuführen. Da die Grenze zwischen der Welt und Angehörigen der interpersonell distanzsensitiven Familie nicht durch das Prinzip der schützenden Umzäunung beherrscht wird, ist die Fähigkeit, Probleme zu lösen, bei ihnen meistens besser ausgebildet als bei der konsensussensitiven Familie. Sie können die 'Realität da draußen' besser würdigen, wenn man sie mit den Verzerrungen vergleicht, die für die Familie notwendig sind, deren Hauptgedanke darin besteht, eng zusammenzubleiben. Ihre Einzelgängerhaltung schränkt sie jedoch in anderer Richtung ein. Sie lassen sich nicht gern darauf ein, Hypothesen gemeinsam zu teilen und schneiden vielleicht nur deswegen schlecht ab, weil ein Individuum auf dem Versuch besteht, das Problem für sich allein zu lösen und damit die Testzeit verlängert und außerdem ganz auf seine eigenen Möglichkeiten beschränkt ist.

Es gibt nicht viele normative Beispiele für diese interpersonell distanzsensitive Familie. Reiss zitiert Minuchins 'entkoppelte' Familie als Beispiel aus einer Gruppe mit kriminellen Kindern. Er wählt jedoch Charakteristika aus, die nicht unbedingt pathogen sind, wie zum Beispiel das Gefühl der Isolation und Distanz, das die Leute manchmal in diesen Familien zu empfinden scheinen. Er führt auch das Beispiel einer interpersonell distanzsensitiven Familie aus der Mittelklasse an (die Littletons), die in dem Werk 'Family Worlds' von den Soziologen Robert Hess und Herbert Handel beschrieben wird, die einen ungebundenen, individualistischen Stil der Interaktion aufwies und ein hohes Maß an Konflikt und Mißklang tolerierte.(5)

Die dritte Kategorie, die der milieusensitiven Familie, stellt eine verhältnismäßig problemfreie Gruppe dar. Angehörige dieser Familien halten die beiden von Reiss hervorgehobenen Werte in einem optimalen Gleichgewicht. Sie zeigen die Fähigkeit, Hinweise von anderen Familienmitgliedern und gleichzeitig Hinweise aus der Umgebung zu akzeptieren und zu verarbeiten. Sie können Hypothesen individuell und gemeinschaftlich aufstellen, können den Abschluß hinauszögern, bis genügend Alternativen zur Bestätigung ihrer Lösung erforscht worden sind, und sie können neue Informationen verarbeiten und austauschen. Im Gegensatz zur konsensussensitiven Familie sind sie nicht durch das Bedürfnis nach Zusammenhalt um jeden Preis eingeschränkt, noch sind sie behindert durch die Philosophie, alles allein tun zu müssen. Diese Gruppe ist von einer Membran umgeben, die fest genug ist, um sie zu unterstützen, aber nicht undurchdringlich ist und neue Erkenntnisse etwa blockiert. Die Flexibilität in ihrem Grad der inneren Verbundenheit und der Verbundenheit mit der Außenwelt scheint das Unterscheidungsmerkmal der Familie zu sein, die zumindest bei den Problemlösungsaufgaben in Reiss' Studie am besten abschneidet.

Familien dieser Kategorie sind per definitionem normal, da sie nicht die

Aufmerksamkeit der Gesellschaft auf sich gelenkt haben, und es scheint merkwürdig, sich nach kulturellen Modellen für sie umzusehen. Aber Reiss führt Studien über osteuropäische Schtetl-Kulturen an, deren Lebensanschauung einen tiefen Sinn für Familienbindungen umfaßt, aber auch Erforschung und Beherrschung der Umgebung zuläßt.

Reiss hat den ernsthaften Versuch zu einer 'Metaphysik der Muster' in dieser Beschreibung der Familiensysteme unternommen, obwohl diese Zusammenfassung seiner Typologie statisch ist und nur drei Dimensionen hervorgehoben hat: die innere Verbundenheit, die äußere Verbundenheit und die Fähigkeit, zum Abschluß zu gelangen. Wenn wir seine späteren Gedanken über Familiensysteme diskutieren, werden wir sehen, daß er aus diesem Modell ausbricht und sich einem Modell zuwendet,das Variablen enthält, die die Art, wie eine Familie ihr Paradigma verändert, bestimmen. Inzwischen wollen wir uns der Arbeit einer anderen Forscherin zuwenden, Eleanor Wertheim, die auf ihre eigene Weise die Veränderungsvariable hinzugefügt hat.

Ein Netzmodell für die Familientypologie

WertheimsVariablen hängen mit einer Verlaufstaxonomie zusammen — der Art, wie ein System sich im Laufe einer bestimmten Zeit verändert oder das gleiche bleibt. In ihrem Artikel 'Familie Unit Therapy and the Science and Typology of Familiy Systems'(Therapie der Familie als Einheit und die Wissenschaft und Typologie der Familiensysteme) behauptet Wertheim, man müsse sowohl die Veränderungsmechanismen in einer Familie bedenken als auch ihre strukturellen Elemente.(6) Wenn eine Familie eine durch Regeln gebundene, sich Veränderungen widersetzende Einheit ist, erscheint es wichtig, zwei Aspekte zu überprüfen. Einmal die morphostatischen (gleichbleibend statischen oder homöostatischen) Tendenzen, zum anderen ihre morphogenetischen (regelverändernden) Fähigkeiten. Im ersten Bereich unterscheidet Wertheim zwischen 'Konsensmorphostase' (Mc — von dem englischen 'consensual morphostasis'/Anm.d.Übers.), die das Gleichgewicht zwischen individuellen Zielen und Familienzielen darstellt, und der Zwangsmorphostase (Mf — von dem englischen 'forced morphostasis/Anm.d.Übers.), die sich in Familien findet, deren Mitglieder durch strenge, aber verdeckte Gesetze gebunden sind, die das Interesse der Familie vertreten. Man könnte dies vergleichen mit einer partizipatorischen Demokratie im Gegensatz zu einer eher totalitären Regierungsform, obwohl sich die totalitäre Gesellschaft insofern unterscheidet, als ihre Gesetze alles andere als verborgen sind.

Induzierte Morphogenese (IM)	Konsens-morphogenese (Mc)	Zwangs-morphogenese (Mf)	Typ des Systems	Integration des Systems	Voraussichtliche Reaktion auf Familientherapie: Ansprechbarkeit	Dauer	Ergebnis
stark	stark	gering	offen	1. integriert	—	—	—
		stark		2. verhältnismäßig integriert	ansprechbar	kurz-fristig	positiv
	gering	gering	teilweise offen	3. unintegriert	ansprechbar	langfristig	unter-schiedlich
		stark	(extra-systemisch)	4. pseudointegriert	ansprechbar	kurz-/langfristig	positiv
gering	stark	gering	teilweise offen (intra-systemisch)	5. integriert	—	—	—
		stark		6. verhältnismäßig integriert	resistent	kurz-/langfristig	positiv
	gering	gering	ge-schlossen	7. desintegriert	unmotiviert	Versagen	negativ
		stark		8. pseudointegriert	resistent	langfristig	unterschiedlich

Tab. 5.1
Klassifikation von Familiensystemen und ihre voraussichtliche Reaktion auf Familientherapie

Aus: Wertheim, E., »Family Unit Therapy and the Science and Typology of Family Systems«, *Family Process* 12 (1973), 343-376

Der zweite Bereich, die Regeln für die Veränderung der Regeln, beinhaltet das, was wir die Veränderung zweiter Ordnung genannt haben. Wenn die Konsensmorphostase in einer Familie sehr hoch ist, glaubt Wertheim, müsse dies automatisch bedeuten, die Regeln könnten sehr flexibel verändert werden, um veränderten Umständen gerecht zu werden, und morphogene Veränderungen seien in ihre Regulierungsfähigkeiten mit eingebaut. Auch hier gibt es – wie in der Demokratie – einen Mechanismus für eine neue Wahl und eine neue Partei mit einem potentiell besseren Programm. Man kann von der Voraussetzung ausgehen, daß eine Familie diese Fähigkeit hat, wenn sie flexibel erscheint oder leicht morphogene Veränderungen vornimmt, wie ein Pferd, das von sich aus gern springt.

Wenn es einer Familie nicht gelingt, die Möglichkeiten zur Veränderung ihrer Lebensregeln zu entdecken, wenn solche Änderungen erforderlich sind, dann suchen wir gewöhnlich nach der Fähigkeit, solche Veränderungen von außen her zu akzeptieren, normalerweise durch Vertreter des Systems auf der nächst höheren Stufe, womit wir die weitere Gemeinschaft meinen. Wertheim gibt dieser Eigenschaft den Namen 'induzierte Morphostase'(IM). In diese Kategorie gehören Familien, die von der Unterstützung der Gemeinschaft Gebrauch machen können, wie zum Beispiel Freunde, der Pfarrer, der Arzt, Therapeuten oder ältere Verwandte, die ihnen helfen, mit diesem morphogenen Wandel fertig zu werden.

Wertheim fügt ihren Veränderungsvariablen eine Gruppe von Strukturvariablen hinzu, die den Grenzen, sowohl den internen als auch den externen, Rechnung tragen sollen. Auf diese Weise bezieht sie Systeme mit ein, die sowohl intern als auch extern offen sind, Systeme, die sowohl intern als auch extern geschlossen sind; teilweise geschlossene Systeme, die nur intern offen sind; und teilweise offene Systeme, die nur extern offen sind. Durch Kombinierung dieser Änderungsdimension mit den Strukturdimensionen entwickeln sich die acht Familientypen, aus denen sie dann acht klinische Profile ableitet, wie das in Tabelle 5.1 veranschaulicht wird.

Das daraus resultierende Schema besteht aus zwei Strukturen, die mit optimaler Flexibilität funktionieren, wenig Probleme erzeugen und als 'integriert' bezeichnet werden, ferner aus zwei Strukturen, die mit schwach neurotischen Problemen verknüpft sind und 'verhältnismäßig integriert' genannt werden; zwei Strukturen, die in Anlehnung an Wynnes Begriff der Scheingegenseitigkeit als 'pseudointegriert' bezeichnet werden und die mit akuten oder chronischen Psychosen verbunden sind; und schließlich zwei Strukturen, von denen die eine 'unintegriert' ist (Familien, die soziale Störungen hervorrufen) und die andere 'disintegriert' ist (Familien, die man nur schwerlich als solche bezeichnen kann).

Wertheim vergleicht ihr Schema mit dem von Reiss und hält die beiden für miteinander vereinbar, wenn auch mit Modifizierungen. So setzt sie die milieusensitive Familie mit ihrer 'offen integrierten' Familie gleich; die konsensussensitive Familie identifiziert sie mit ihrer 'geschlossen pseudointegrierten' Familie und die interpersonell-distanzsensitive Familie mit ihrer 'extern offen unintegrierten' Familie.

Eine Möglichkeit zur Synthese dieser Kategorien ist in Tabelle 5.2 dargestellt, in der die drei Kategorien zur Familienstruktur von Reiss verwendet werden, die aber auf der Grundlage von Grad und Art der Verbundenheit geordnet ist. Milieusensitive Familien sind sowohl extern als auch intern gut verknüpft. Bei den Familien, die interpersonell distanzsensitiv sind, ist die Verbundenheit nach außen gut, aber nach innen nur schwach. Die konsensussensitiven Familien zeichnen sich durch gute innere Verbindung, aber durch eine schlechte äußere aus.

Innerhalb jedes Typs kommen gewöhnlich zwei Versionen vor, die nach Wertheims Kombination der kybernetischen Elemente differenziert werden können: homöostatische (morphostatische)Variablen gegenüber regelverändernden (morphogenetischen) Variablen. Die konsensussensitiven Familien würden in der Rubrik 'erzwungene Homöostase' als hoch eingestuft werden, da sie streng regelgebunden sind, und sie werden selbstverständlich als tief in der Rubrik 'Konsensushomöostase' eingestuft. Es würde allerdings ein Unterschied zwischen der konsensussensitiven Familie bestehen, die als hoch in der Rubrik 'induzierte Regelveränderung' eingestuft würde und der 'Gummizaun'-Familie, die sich Versuchen zur Veränderung von außen widersetzt. Diese letztere würde die resistenteste Familie sein mit der größten Wahrscheinlichkeit zur Erzeugung von psychotischen Manifestationen und mit der geringsten Wirklichkeitsnähe.

So fallen zum Beispiel Familien aus religiösen Sekten, die Werte oder Meinungen hoch einschätzen, die von ihrer eigenen Gesellschaft nicht geschätzt werden, manchmal ebenfalls in diese Kategorie. Gruppen können an Glaubenssystemen festhalten, die man bei einem Individuum als psychotisch bezeichnen würde: der Weltuntergang an einem bestimmten Tag oder die Verständigung mit Wesen von anderen Planeten. Leute in solchen Gruppen hält man nicht notwendigerweise für verrückt, da sie ihre Meinungen mit anderen teilen. Man kann verstehen, daß die Übereinstimmung in Glaubensgrundsätzen von zentraler Bedeutung für die Fähigkeit einer solchen Gruppe ist, Mitglieder an sich zu binden und weiterhin zu bestehen. Man könnte sogar sagen, je unbeweisbarer oder unplausibler ein Glaubenssystem ist, verglichen mit den Meinungen der übrigen Gesellschaft, desto wirksamer würde der Konsensus zum Schutz und zur Abschirmung der Gruppe sein. Diese Art der gemeinsamen Illusion enthält eine Nützlichkeit und Gültigkeit, die es uns erleichtert, die Gründe hinter dem konsensussensitiven Verhalten in einer Familie mit psychotischen Mitgliedern zu verstehen.

		Zwangs-homöostase	Konsens-homöostase	Induzierte Morphogenese
Milieusensitive Familie	A	stark	stark	gering
(extern und intern gut verknüpft)	B	gering	stark	gering
interpersonell distanzsensitive Familie	A	stark	gering	gering
(intern schwach verknüpft)	B	gering	gering	gering
konsenssensitive Familie	A	stark	gering	stark
(extern schwach, intern gut verknüpft)	B	gering	gering	stark

↑ Strukturvariable ↓

← Prozeßvariable →

Tab. 5.2
Typologie der Familienstruktur

Die interpersonell distanzsensitive Familie wäre bei beiden Arten der Homöostase in der Tabelle unter 'gering' aufzuführen, da die Bindungen in ihr nur schwach sind und sie kein großes Maß an Zusammenhalt besitzt. Familien in dieser Kategorie aber — also mit der Fähigkeit, Regeln auf Anregung zu verändern — würden per definitionem für Hilfe von außen zugänglicher sein als Familien ohne diese Fähigkeit. Wie Wertheim hervorhebt, ist der 'zerfallene' Familientyp vielleicht eine nicht lebensfähige Form und kann vielleicht nicht gerettet werden. Es ist schwer, eine Familie mit interpersoneller Distanz in reiner Form vorzuweisen; vielleicht gibt es sie gar nicht oder nur in merkwürdigen Mischungen. Eine solche Mischung, eine Familie also mit vielen Eigenschaften 'kollidierender Moleküle' und gleichzeitig etwas 'Klebemasse', ist die arme Familie von Schwarzen, die oben im vierten Kapitel beschrieben wurde. Auf den Videobändern dieser Familie gibt es eine Sequenz, die das interpersonell distanzsensitive Prinzp zu illustrieren scheint: „Jeder Mensch ist eine Insel" (um John Donne falsch zu zitieren).

Die drei Töchter im Alter von 2o, 19 und 17 Jahren beschrieben ihre Gefühle der Angst und Unsicherheit am Abend, nachdem ihre Mutter zur Arbeit gegangen war. Statt sich mit der Bewachung der Wohnung abzuwechseln, so daß die anderen schlafen konnten, während nur eine wachblieb, blieben sie alle drei zusammen auf. Es schien nicht eine geteilte Situation zu sein, sondern drei persönliche und private Situationen, die nichts miteinander zu tun hatten. Die Mutter, von der die Kinder sagten, sie habe vor nichts Angst, schien alle Macht zu besitzen; und wenn sie fort war, fühlten sich die Töchter äußerst verletzlich. Die älteren Söhne stellten eine andere Art dieser ungebundenen Einzelgängerhaltung zur Schau. Als der Therapeut fragte, ob die Brüder sich nicht um sie kümmern könnten, beklagten sich die Mädchen darüber, daß die Jungen (einschließlich des 24 Jahre alten Bruders, der zeitweise zu Hause, zeitweise außerhalb war) sich überhaupt nicht um sie zu sorgen schienen. Wenn die Mädchen nachts versuchten, sie zu wecken, weigerten sie sich, ihre Ängste ernst zu nehmen und schliefen wieder ein.

Die sehr durchlässige Grenze um diese Familie wurde grafisch dargestellt durch die Tatsache, daß Leute leicht eindringen und ihre Sicherheit bedrohen konnten. Sie lebten in Nachbarschaft mit schlecht verschlossenen Häusern, wenig Polizei auf den Straßen und unter ständiger Bedrohung; aber die Situation hatte ihre Entsprechung in der Zerbrechlichkeit der Familiengrenzen und in den strukturellen Mängeln, die sie zerbrechlich hielten. Die Kinder hatten nicht gelernt, eine schützende Gruppe zu bilden, Strategien auszuarbeiten und sich hierarchisch zu organisieren.

Wir kommen nun zu der letzten Kategorie. Die milieusensitive Familie besitzt vermutlich einen hohen Grad an Konsensushomöostase und einen geringen Grad an erzwungener Homöostase. Wie die Familien in anderen Kategorien würde sie nur in dem Maß Unterschiede aufweisen, in dem äußere Ursachen als Vestärker für innere Gesetzesveränderungen akzeptiert wären. Wertheim äußert die Vermutung, Familien, die äußere Ursachen akzeptieren, seien funktionaler als andere in dieser Kategorie, womit sie ein Wertsystem zugunsten der Therapie impliziert. Die Variante der milieusensitiven Familie, die eine induzierte Veränderung der Regeln zurückweist, könnte freilich auch in einer besseren Lage als die andere Art sein. Spontane Veränderungen sind unter Umständen den angeregten Veränderungen vorzuziehen, so wie spontane Wehen nach Möglichkeit den eingeleiteten Wehen vorzuziehen sind.

Wertheim benutzt ihr Schema, um Problemtypen vorherzusagen, die sich vermutlich in jeder ihrer Kategorien finden werden, und sie hat für alle vier psychiatrische Profile aufgestellt. In der vereinfachten Form der Kategorien, die in Tabelle 5.2 dargestellt sind, wird nur zwischen den drei möglichen Strukturen unterschieden, die von Reiss beschrieben wurden, wobei jede nach Wertheims Veränderungsvariablen in zwei Untergruppen geteilt wurde. Es ist wahrscheinlich noch zu früh, um von diesen Gruppierungen klinische Profile zu erwarten. Es reicht schon aus, eine Tabelle zu haben, mit deren Hilfe man nun anfangen kann, solche Profile in grösserem Detail zu untersuchen.

Prozeßmodelle der Familienorganisation

Das Problem mit Modellen in tabellarischer Form ist, daß sie in sich abgeschlossene und im wesentlichen statische Modelle dafür sind, wie eine Familie funktioniert. Es gibt keinen Hinweis darauf, wie eine Familie von einem Abschnitt des Netzes zum anderen gelangt, oder ob dies überhaupt möglich ist. Wenn ja, gibt es dann eine Verlaufsordnung, nach der eine Familie sich verändert? Gibt es Organisationsebenen, die Familien bei dieser Veränderung durchlaufen müssen? Oder können sie sich frei auf dem 'Spielbrett' bewegen?

Diese Fragen werden zumindest von Beavers 'Querschnitt-Prozeßmodell' angesprochen.(7) In Beavers Modell gibt es drei Organisationsebenen, angefangen von der Familie am unteren Ende der Skala, die extrem chaotisch und verwirrt ist, mit schwachen Abgrenzungen und ohne Hierarchie, über eine zweite Ebene, die äußerst autoritär ist, bis hin zu einer oberen Ebene, die flexibel und anpassungsfähig ist, weder zu locker noch zu streng.

Beavers zeichnet sein Modell in der Form eines auf die Seite gelegten A.

Das Ende von jedem A-Strich stellt jeweils die 'zentripetale' Familie einerseits und die 'zentrifugale' andererseits dar (s.Figur 5.1). Die zentrifugale Gruppe bringt angeblich soziopathisches Verhalten zum Vorschein, während die zentripetale Gruppe psychotische Störungen hervorruft. Beide schlecht funktionierenden Gruppen sind durch verwirrte Kommunikation, unklare Grenzen und Vermeidung von Machtfragen gekennzeichnet. Im Mittelabschnitt des A, wo die beiden Arten einander näherkommen, haben wir Verhaltensstörungen bei der zentrifugalen Seite und neurotisches Verhalten auf der anderen. Das Modell sieht aber ein 'Kontinuum der Zuständigkeit' vor, und der Mittelteil beginnt, auch Anzeichen von Hierarchie aufzuweisen, obwohl die Struktur diktatorisch ist. Das obere Ende des A ist vermutlich dem noch besseren Funktionieren der Familienmitglieder eingeräumt.

Dieses Modell setzt den Übergang von weniger zu besser funktionierenden Strukturen voraus. Beavers behauptet, es sei nur ein Schritt von chaotischen zu autoritären Formen, und ein Umschlagen von einem Zustand zum anderen trete häufig auf und könnte auch therapeutisch nützlich sein. Haley kommt hier Beavers Ansicht sehr nah, wenn er sich in seinem neuesten Buch 'Leaving Home'('Ablösungsprobleme Jugendlicher') für eine therapeutische Maßnahme ausspricht, die darauf basiert, die Eltern von 'verrückten jungen Leuten' (crazy young people) dazu zu bringen, sich praktisch wie Tyrannen aufzuführen.(8)

Ein weiteres Prozeßmodell, mehr in Richtung normaler Familien, ist Kantors und Lehrs Typologie der offenen, geschlossenen und zufälligen Strukturen.(9) Das Modell unterscheidet sich von Beavers Modell, da es schlecht funktionierende Familien nicht als andere Gruppen oder Ebenen ansieht, sondern als fehlerhafte Variationen der normalen Typen. Kantor und Lehr meinen, Familien könnten kategorisiert werden nach der Auswahl der verschiedenen homöostatischen Ideale oder den Methoden zur Erlangung von Gleichgewicht und Veränderung. Die Familienstruktur leitet sich von dem Typ der homöostatischen Anordnung ab, die sie übernommen hat, und ist kein unveränderliches Stück Architektur. Die fehlerhaften Formen lassen sich ebenfalls von diesem Ideal ableiten und unterscheiden sich entsprechend.

Kants und Lehrs drei Familientypen ähneln den bekannten politischen Kategorien des autoritären, anarchistischen und demokratischen Regimes. Die geschlossene Familie ist weit durchstrukturiert, hierarchisch und von Gesetzen beherrscht. Das Individuum ist der Gruppe untergeordnet. In ihrer fehlerhaften Form wird sie zu einer starren, hohlen Schale, und im Fall einer Kettenreaktion kann die Schale zerbrechen, wenn die Individuen rebellieren oder gewalttätig werden, wobei sie ihre Gefühle manchmal gegeneinander richten und manchmal nach innen wenden. Die anarchistische oder Zufallsfamilie bewertet die persönliche Individualität sehr hoch. Ihr

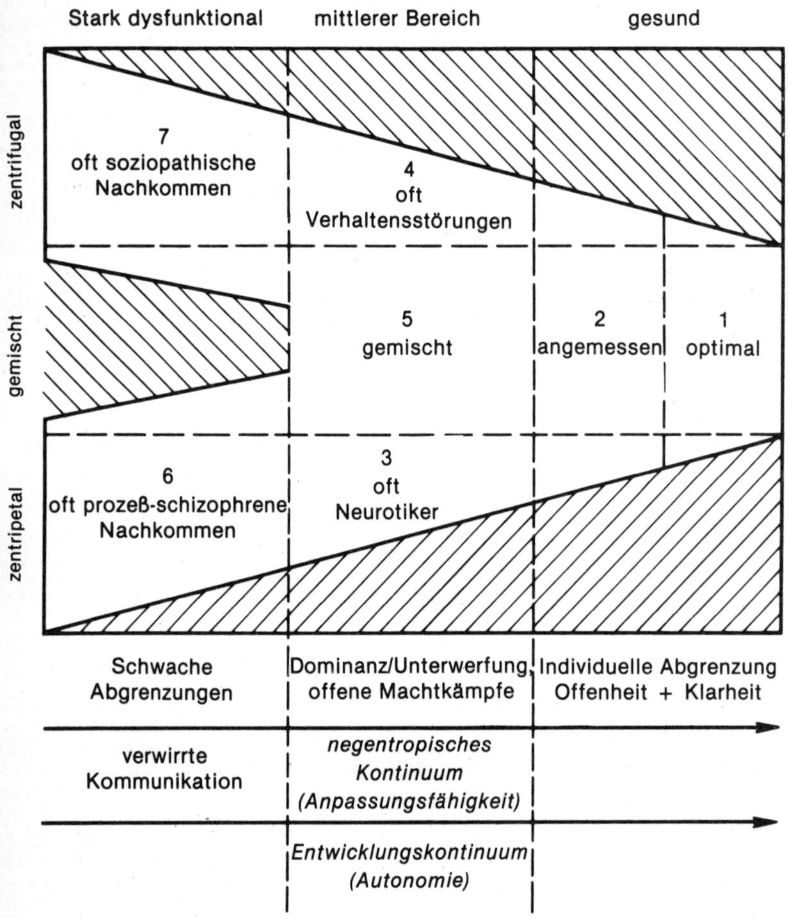

Fig. 5.1
Beavers Querschnitt-Prozeßmodell

Aus: R. Beavers, *Psychotherapy and Growth.* New York: Brunner /Mazel, 1977, S. 96. (Diese Tabelle wurde von Beavers abgewandelt. Sie wird in anderen, bislang nicht veröffentlichten Artikeln erscheinen.)

Motto ist:„Mach deinen eigenen Kram", und es gibt wenige Regeln und wenige Grenzen, die beachtet werden. In der fehlerhaften Version wird diese Familie völlig chaotisch. Turbulente Ereignisse, Launen und Widersprüche herrschen vor. Das Bemühen individueller Mitglieder, eine Art Kontrolle wiederherzustellen, kann jedoch zu einer Verschiebung in Richtung eines autoritären, geschlossenen Systems führen, oder aber es kommt zur Zersplitterung und Auflösung, oder Autoritäten von außen kommen dazu und übernehmen die Kontrolle. Das demokratische oder offene System, das den goldenen Mittelweg zwischen den beiden anderen zu bilden scheint, hält Ordnung mit Flexibilität im Gleichgewicht und die Rechte des Individuums mit den Rechten der Gruppe. In ihrer fehlerhaften Version neigt diese Familie zu Auflösung und Scheidung. Ihr häufigster Streß entsteht aus der Bindung, die sich daraus ergibt, daß Merkmale sowohl des geschlossenen als des zufälligen Systems kombiniert werden. Wenn diese nicht miteinander vereinbar sind, kann es zu Spannung und Ausweglosigkeit führen. Kantor und Lehr behaupten nicht, es gäbe diese Typen in reiner Form; sie gehen aber von der Tendenz bei diesen Familien aus, sich um diese drei verschiedenen Kategorien zu gruppieren.

Es entwickelt sich in immer stärkerem Maße eine Vorgangstypologie, die nicht auf festgelegten Kategorien beruht, da sie Bewegung und Veränderung betont, und die den Familien keine negativen Charakteristika zuweist, wie es die funktionalen/dysfunktionalen Typologien tun und die Typologien, die sich nach Symptomen individueller Familienmitglieder ausrichten.

In dieser Beziehung sind besonders Reiss' letztere Überlegungen zu Familienparadigmen interessant, wie sie in 'The Working Family: A Researcher's View of Health in the Household'(Die Arbeiterfamilie: Ansicht eines Forschers über Gesundheit im Haushalt) zum Ausdruck kommen.(1o) Zu Beginn untersucht Reiss weiter Familienwelten im wirklich systemischen Sinn. Er benutzt in seiner Forschung weiterhin Variable wie die folgenden: die den Familienangehörigen gemeinsame Fähigkeit, komplexe Strukturen zu erfassen, wenn sie sich fremden Gegebenheiten gegenübersehen; die Fähigkeit, Reaktionen zu koordinieren bei dem Versuch, Sinn in das angebotene Material zu bringen; und die Fähigkeit, den Abschluß genügend lange hinauszuzögern, bis genügend Informationen vorhanden und weitergeleitet worden sind, um die bestmögliche Reaktion zu garantieren. Seine Experimente untersuchen natürlich die Familienreaktionen auf eine ungewöhnliche Umgebung und man könnte daher argumentieren, dadurch würde das Familienparadigma nicht auf seinem eigenen Grund und Boden herausgefordert, wo es vielleicht anders aussehen würde. Reiss nimmt aber offensichtlich an, daß die Stärke eines solchen Paradigmas gerade darin liegt, Familienmitgliedern zu helfen, mit neuen und fremdartigen Situationen fertigzuwerden.

Zweitens löst er sich von dem Gedanken, Familien nach einer funktional/dysfunktionalen Skala zu kategorisieren. Er zieht es vor, Dysfunktion in bezug auf jedes familieneigene Paradigma zu verstehen, statt sie nach vorgegebenen Ideen von Gesundheit und Krankheit zu beurteilen.

Der dritte und vielleicht wichtigste Punkt besteht in Reiss' genauer Überprüfung dessen, was geschieht, wenn ein Paradigma zusammenbricht. Seiner Meinung nach ist dies an sich nicht unbedingt etwas Schlechtes, obwohl er die zerstörerischen Wirkungen durchaus sieht. Ein zentraler Aspekt ist für ihn, wie Familienstörungen und Zusammenbrüche die Möglichkeit für ein eigenes selbstheilendes Potential schaffen können, und er sagt:
„Ich möchte versuchsweise vorschlagen (wobei ich sowohl die Theologie als auch den blinden Optimismus in diesem Vorschlag sehe), daß eine Familienkrise eine positive Funktion im Leben jeder Familie einnimmt. Obwohl sie ein Risiko darstellt, eröffnet sie letztlich der Familie ein neues Erlebnis, verändert ihr Gefühl für sich selbst und die Außenwelt und gestaltet dadurch das Paradigma um, durch das sie vielleicht Jahre oder Generationen lang geleitet wurde."(11)

Dies läuft auf eine evolutionäre Sichtweise paradigmatischer Veränderungen hinaus. Meine eigene evolutionäre Haltung führt zu einem in gewisser Weise phantastisch anmutenden Modell, das ich Spiralscheiben der Familienorganisation nenne. Ich verdanke diese Idee einer Diskussion mit Paul Dell in Atlanta 1978. Er erklärte mir als erster die Denkweise, die zu einem evolutionären statt homöostatischen Modell führt. Dadurch beeinflußte er die Evolution meines eigenen Denkens beträchtlich.

Spiralscheiben der Familienorganisation

Sehr lange Zeit ging von der Familientypologie in Ashbys Sinne, die von 'zu eng miteinander verbunden' bis 'zu wenig miteinander verbunden' reichte, eine Faszination aus. Man konnte vermuten, daß eine Familie nicht in den Extremen dieser Spielbreite existieren konnte. Wenn sie eine zu starke Verbindung aufwies, könnte sie keine Veränderung zulassen. Wäre sie zu sehr zersplittert, liefe sie Gefahr, sich aufzulösen. Die meisten Familien befinden sich irgendwo in der Mitte dieser Spielbreite und es gibt nur wenige reine Beispiele für eine der beiden Kategorien. Alle Familien müssen irgendeine, und sei es noch so einfache Struktur haben, und alle Familien müssen in der Lage sein, mit Veränderungen zu experimentieren.

Das beste Maß dafür, ob eine Familie – unabhängig von ihrer Grundkategorie – gut funktioniert, liegt darin, ob sie zu einem der beiden Pole gehen kann, je nachdem, welcher Weg sinnvoll ist. Die 'verstrickte' Struktur, die während des Festmahls zum Erntedankfest vorgeschrieben ist, kann am nächsten Tag völlig unangemessen sein, wenn der halbwüchsige Sohn fragt, ob er bei einem Freund zu Abend essen darf. Lebensstadien wie Berufsstadien eines Individuums sind wichtige Punkte, die in Betracht gezogen werden müssen. Der Familientherapeut Carl Whitaker spricht von dem 'rotierenden Sündenbock' und beschreibt, wie jedes Kind einer Familie, wenn es zum Jugendlichen wird, seinerseits die Aufgabe übernimmt, das Familienproblem zu sein. Solange die Leute sich abwechseln und nicht eine Person mit dieser Rolle verhaftet bleibt, braucht dies – wie er meint – nicht notwendigerweise schlecht zu sein. Es zeigt vielleicht nur an, daß eine Familie nur dann ihre Kinder ziehen lassen kann, wenn diese für eine Weile unmöglich werden. Ein Beispiel, das sich auf die berufliche Karriere bezieht, wäre die Ehefrau, deren Mann sein Juraexamen macht oder als Medizinalassistent arbeitet, und die Migräne bekommt, um mit ihrer Einsamkeit und ihren Depressionen fertig zu werden, statt ihre Frustration offen auf eine Weise auszudrücken, die ihre junge Ehe gefährden könnte.

Das Hauptproblem bei einem Kontinuum oder einem Modell in tabellarischer Form besteht aber darin, daß sie keinen Hinweis darauf geben kann, warum eine Familie oder eine Person einer plötzlichen Veränderung unterliegt. Häufig werden in einer Familie oder in einer Gruppe an dem äußersten zersplitterten Ende dieses angenommenen Kontinuums Individuen hervorgebracht, die plötzlich zur äußersten 'verstrickten' Form umschlagen, was charakterisiert wird durch geteilte Phantasien, paranoide Reaktionen und Größenwahn. Man braucht nur an den merkwürdigen Sprung zu denken, den die deutsche Nation (oder eine Untergruppe in ihr) nach dem wirtschaftlichen und sozialen Zusammenbruch der Weimarer Republik in die größte 'folie a societe' der Welt tat, nämlich in das Dritte Reich. Oder man denke an die Kinder von heute, die aus offensichtlich sehr freizügigem Zuhause stammen und die wiedergeboren werden als 'Kultkinder'. Ein etwas anders gelagertes Beispiel wäre die Neigung von Jungen aus sehr zersplitterten armen Familien, extrem autoritäre und strukturierte Strassenbanden zu bilden.

Durch diese Fälle wird ganz deutlich gezeigt, wie sehr den meisten Typologien die Beschreibung oder Bewegung fehlt. Beavers' Prozeßmodell impliziert zumindest einen Übergang zu mehr oder weniger entfalteten Strukturen und räumt der Möglichkeit der Veränderung einen Platz ein. Dell hatte schon eine Weile für ein evolutionäres Modell beim Beschreiben der Familiensysteme argumentiert und Reiss' neueste Schrift unterstützte dieses Konzept mit allem Nachdruck.

Diese verschiedenen Gedanken legten die Vorstellung von einer Reihe von Scheiben in einer spiralförmigen Kaskade nahe. Familien wurden als Gruppen mit kontrastierenden oder gemischten Eigenschaften betrachtet, und jede Gruppe sammelte sich auf einer verschiedenen Ebene der Entwicklung (s.Figur 5.2). Man könnte behaupten, die verstrickte, entkoppelte (oder zentripetale/zentrifugale) Gruppe befände sich – angeordnet nach ihrer Anpassungsfähigkeit – am unteren Ende einer Anzahl von Ebenen. Familien, die das Extrem einer der Kategorien darstellen, würden herausfallen und ausgelöscht werden, bzw. die Individuen würden meist versagen oder sterben. Andererseits könnte eine Person aus einer zentrifugalen Familie auch plötzlich – wie wir festgestellt haben – auf die autoritäre Seite der nächst höheren Ebene abspringen. Wenn man in die andere Richtung geht, würde eine Familie mit Bohemienmilieu Individuen hervorbringen, deren eigene Familien auf der genau darunter liegenden Ebene als verschmolzene oder verstrickte Einheiten auftauchten. Außerdem bestünde auf jeder Ebene die Möglichkeit, sich von einem zum anderen Stil fortzubewegen; einige Familien schwanken zwischen zentripetal und zentrifugal, je nach Umständen und Bedürfnissen, und andere stellen eine Mischung dar, bei der eine Gruppierung innerhalb der Familie sehr starr ist und die andere sehr locker. Es gibt unendlich viele Variationen.

Der Leser wird das faszinierende Konzept sehen, das in diesem Modell eingebettet ist: den Begriff der diskontinuierlichen Veränderung. Die Entwicklung kann natürlich auch in einer Bewegung von der einen zur anderen Seite auf derselben Ebene bestehen. Um aber von einer Scheibe zur anderen überzugehen, wird eine so völlige Neuorganisation notwendig, daß sie eine Diskontinuität darstellt.

Ein weiterer wichtiger Begriff wird durch die Spirale angedeutet. Die Bewegung ist niemals wirklich kreisförmig, da selbst die äußerst statischen Zyklen oder Tänze in Familien nie auf ihre ursprüngliche Linie zurückkommen. Das Wort 'Spirale' suggeriert eine Bewegung mit offenem Ende. Selbst wenn eine Familie in einer sehr engen Spielbreite am zentripetalen Rand gefangen ist, gibt es möglicherweise noch eine Bewegung entweder in Richtung auf einen gemischten Zustand auf derselben Scheibe oder in Richtung auf einen Sprung zu einer völlig neuen und anderen Organisationsform auf einer anderen Scheibe in einer Art Doppelwindung.

Unglücklicherweise birgt diese Figur einen Nachteil in sich. Sie erweckt den Anschein, als gäbe es eine Anzahl von Stufenleitern zum Himmel und stellt somit eine Parallele zu den vielen anderen Versuchen dar, mit denen gezeigt werden sollte, die Natur folge einem unausweichbaren Pfad zu immer höheren Formen. Die gleichen Ideen finden wir in der Psychotherapie bei Theorien, in denen die Reisen der Seele zu Endzielen wie Autonomie oder Selbstverwirklichung besonders hervorgehoben werden. Es wäre schlecht, eine Familientypologie zu schaffen, die sich auf demselben Modell des unendlichen Fortschreitens begründet.

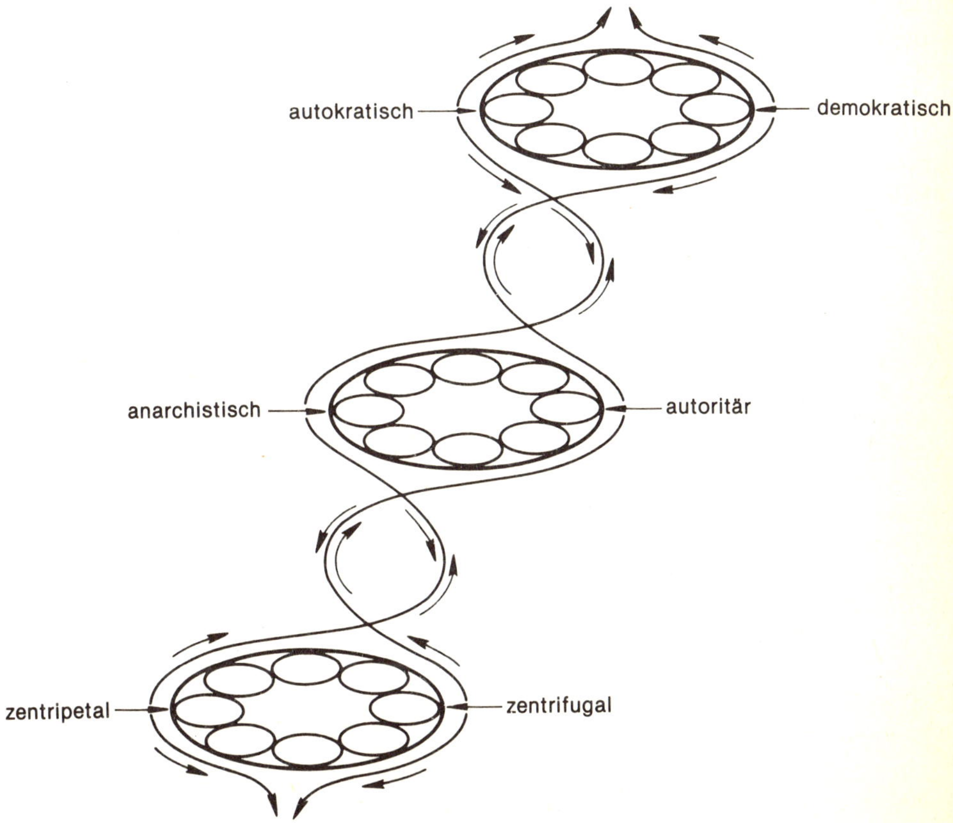

Fig. 5.2
Spiralscheiben der Familienorganisation

Ich würde meine Scheiben lieber in einem kosmischen Ring miteinander verbunden sehen. Familien oder Personen, die sich auf der 'höchsten' Scheibe befinden, könnten auf Positionen auf den 'untersten' Scheiben überspringen — sogar zeitlich befristet — aufgrund der Annahme, daß allzu große Perfektion verdummt und daß man manchmal zu dem ursprünglichen Chaos zurückkehren muß, das nach Meinung der Griechen vor Beginn der Welt existierte. Die pessimistischen Ideen des schweizerischen Physikers Roland Fivaz enthalten einen Hoffnungsschimmer: Er stimmt mit den neueren Ideen überein, die glauben, lebende Systeme hätten die Neigung, sich zu immer komplizierteren Ebenen der Komplexität neu zu organisieren, sogar zu immer stärkerer Negentropie, wofür sie den Preis des Energieverbrauchs und der Abfallproduktion zahlen.(12)

Fivaz hält aber für uns den glücklichen Gedanken bereit, daß bei höherem Grad der Komplexität die Menge der entstehenden Entropie zunimmt (Lärm, Unordnung, Verunreinigung). Von einem bestimmten Punkt an könnte die Evolution eines lebenden Systems (oder eines Ökosystems) begrenzt sein, da es von seinem eigenen Abfall verschluckt wird. Dann hat der ganze Prozeß die Möglichkeit, neu anzufangen.

Schließlich ist noch der Vorbehalt anzuführen, daß man keine Reichhaltigkeit der natürlichen Kombinationsmöglichkeiten verletzt, wenn man eine solche Typologie aufstellt. Diese Pläne sind künstliche Erzeugnisse wie Platos ideale Formen, die in der Phantasie nützlicher sind als in der Wirklichkeit. Es ist unmöglich zu beweisen, daß eine Familie in diese oder jene Kategorie fällt, selbst wenn wir uns einig sind, ob es diese Kategorien gibt; wahrscheinlich schwankt jede Familie von einer Kategorie zur anderen oder findet ihre eigene einzigartige Kombination.

Nachdem wir nun diese Einschränkung zugestanden haben, wollen wir uns in die andere Richtung begeben und behaupten, daß diese Pläne zumindest auf merkwürdig schwankenden Forschungen aufbauen und sie integrieren und hauptsächlich von Nichtwissenschaftlern in den letzten 25 Jahren durchgeführt wurden. Man seufzt wehmütig bei der Grobheit der Konstruktionen und hofft, die Hypothesen, auf denen sie aufbauen, mögen eines Tages strengeren Tests unterworfen werden.

Wir müssen uns vor allem davor hüten, Kategorien zu bilden, um optimale Organisationen zu beschreiben. Die milieusensitive Familie ist ein Begriff, der — da er Normalität voraussetzt — impliziert, daß eine einmal so bezeichnete Familie die Qualität, die wir Normalität nennen, 'besitzt'. Dies ist ein schwerer Irrtum, und wir müssen Bateson für seine ständigen Ermahnungen danken, uns vor solchen Fehlern zu hüten. Die Eigenschaften einer Familie sind unterschiedlich, je nachdem, zu welchem Zeitpunkt (zum Beispiel im Lebenszyklus der Familie) oder wo (in welcher besonderen 'Arena' oder Situation) man sie betrachtet. Ob es sichtbare Probleme gibt oder nicht-sichtbare spiegelt unter Umständen nur wider, wo die Familie sich augenblicklich auf der Konbinationsachse unserer Tabelle oder auf den springenden Spiralen unseres Tanzes befindet.

Nachdem wir nun das Bedürfnis nach einem Schema, in das man Familien einordnen kann, befriedigt haben, können wir beginnen, die Gedanken von Forschern zu untersuchen, die an dem Familientyp interessiert waren, den wir 'konsensussensitiv', 'zentripetal' oder 'verwickelt' genannt haben. Die große Zahl von Forschungsarbeiten über diese Kategorie spiegelt nicht nur das Interesse wider, sondern auch die Verfügbarkeit solcher Familien für Untersuchungen, da sie eine klinisch erfaßbare Gruppe darstellen.
Im nächsten Kapitel werden wir uns vor allem mit der genauen Analyse der Strukturen und Sequenzen dieser Familien beschäftigen und versuchen, formale Aspekte der Familienorganisation mit Symptomen und Notlagen zu verbinden.

Kapitel 6

DIE PATHOLOGISCHE TRIADE

Von der Kommunikation zur Struktur

Im Jahre 196o schlug John Weakland, einer der Forscher in der ursprünglichen Bateson-Gruppe, eine formale Version der Doppelbindungs-Hypothese mit einer Drei-Parteien-Interaktion vor. Das eröffnete völlig neue Perspektiven und gab den Anstoß zu einem wachsenden Interesse an der Familienstruktur im Gegensatz zur Kommunikation als Matrix für Symptomatologie. Weakland stellt in seinem Artikel 'The Double Bind Hypothesis of Schizophrenia and Three-Party-Interaction' die Beobachtung an, daß nach der ursprünglichen Doppelbindungstheorie der Empfänger dieser Doppelbindung auf verschiedenen Ebenen der Kommunikation unverständlich widersprüchliche Botschaften empfinge, die er nicht kommentieren und denen er sich auch nicht entziehen dürfe.(1) Weakland wies ferner darauf hin, diese Person könne vielleicht von mindestens zwei Personen solche sich auf unverständliche Art widersprechende Botschaften erhalten, die er nicht kommentieren dürfe und deren Bedeutungsfeld er sich nicht entziehen könne. Ein solcher Fall läge bei einem jungen Schizophrenen und seinen Eltern vor. Weakland sagt dazu:
„Selbstverständlich können Eltern einem Kind in einer bestimmten Angelegenheit sich widersprechende Botschaften geben. Selbstverständlich ist es wichtig für das Kind, das in einem umfassenden bzw. kollektiven Sinn stärker von beiden Eltern abhängig ist als von nur einem Teil, sich mit den daraus ergebenden, in Konflikt stehenden Verhaltenseinflüssen auseinanderzusetzen, indem es sich mit der Widersprüchlichkeit dieser Botschaften auseinandersetzt. Doch ist es selbstverständlich genauso gut möglich, daß ein Elternteil oder beide vielleicht Botschaften aussenden, die die Möglichkeit zur Aufdeckung des Widerspruches verdunkeln, versagen oder gar verhindern..."(2)

Als er dieser Spur nachging, konnte Weakland die Verbindung der Doppelbindungstheorie mit anderen Forschungsgebieten über schizophrene Kommunikation herstellen, hauptsächlich mit der von Wynne und Singer, die sich auf die Verleumdung, Doppeldeutigkeit, Disqualifizierung und Widersprüchlichkeit der Botschaften konzentrierte, die von allen Mitgliedern in der Familie eines Schizophrenen ausgesandt wurden.(3) Er zitiert auch Lidz' Beschreibung der 'schiefen Ebene in der Ehe'(marital skew), bei der zwei Teile den Mythos der völligen Harmonie und Übereinstimmung in der Ehe verbreiten, trotz der verschleierten Anzeichen des Gegenteils.(4) Ferner trägt Weakland die These vor, die Drei-Parteien-Version der Doppelbindung ließe sich verallgemeinernd auch auf nichtfamiliäre Gruppen der Gesellschaft erstrecken. Zu Beweisführung erwähnt Weakland eine wichtige Studie, die wir später noch im Detail untersuchen wollen, nämlich 'The Mental Hospital'(Die Nervenklinik), die im Jahre 1954 von dem Psychiater Alfred Stanton und dem Soziologen Morris Schwartz veröffentlicht wurde.(5) Wie die Autoren feststellten, war Erregung bei einem Patienten auf einer Station mit sich widersprechenden Haltungen und Anweisungen über sein Verhalten verbunden, die ihm von zwei Sachverständigen zuteil wurden, die aber gleichzeitig ihre Meinungsverschiedenheit verleugneten und die ihre Gesamthaltung als wohlwollend hinstellten. Weakland zitiert, wie die Autoren die Stellung des Patienten beschreiben:„Die beiden unmittelbar wichtigsten Personen in seinem Leben zerrten ihn sozusagen in entgegengesetzte Richtungen." Dies träfe natürlich ebenso sehr auf ein Kind zu, dessen Eltern verdeckte Meinungsdifferenzen über ihn haben.

Auch Haley zog sich aus der intensiven Ausrichtung auf die Dyade zurück, die der Eckpfeiler der Doppelbindungs-Hypothese war. Er begann, sich mehr den Triaden zuzuwenden oder — wie er sie in Anlehnung an die derzeitige Forschung über Entscheidungsprozesse in kleinen Gruppen zu nennen anfing — 'den Koalitionen'. In Familien mit einem symptomatischen Mitglied, so beobachtete Haley, tauchte am häufigsten die Triade auf, die eine Koalition zwischen zwei — meist aus verschiedenen Generationen stammenden — Personen darstellte, und auf Kosten einer dritten ging. Einfache Bündnisse ohne eine dritte Partei traten selten auf oder hatten keinen Bestand. Haley bemerkte, daß man auf eine Mutter treffen könnte, die sich auf eine solche Weise lobend über ihr Kind äußert, daß sie den Vater in ein schlechtes Licht stellt, oder die Eltern könnten sich miteinander streiten, sich dann gegen das Kind wenden und ihm die Schuld für ihre eigenen Schwierigkeiten in die Schuhe schieben. Schlimmer noch, wenn man eine solche Koalition beim Namen nennt oder offen darlegt, wird sie verleugnet oder ausgeschlossen.(6)

In einem späteren Aufsatz, der die Entfaltung der Forschungsideen zur Zeit von Batesons Kommunikationsprojekt beschreibt, sagt Haley, am Anfang sei die Schizophrenie als eine Reaktion auf einen Lernkontext beschrieben worden, bei dem es zur Gewohnheit wurde, die Kommunikationsebenen zu vermischen.(7) Die Art der Botschaft oder des sich wiederholenden Wortwechsels, in dem sich diese Verwirrung manifestierte, wurde Doppelbindung genannt. Wird jemand einem solchen Kontext ausgeliefert, so resultiert daraus die Neigung, die eigenen Botschaften mit Anzeichen dafür zu modifizieren, daß er eigentlich etwas anderes meinte oder täte; und dann fügt er gewöhnlich eine weitere Einschränkung hinzu, die der ersten widerspricht. Wie Haley feststellt, kann man deshalb schizophrenes Verhalten als Störung der Kommunikationsebenen ansehen.

Nachdem Haley begonnen hatte, das Koalitionsverhalten in Familien mit einem Schizophrenen zu erforschen, bezog er eine andere Position und begann anzudeuten, solche Probleme ergäben sich nicht nur durch eine Vertauschung der Kommunikationsebenen, sondern durch eine Vertauschung der Ebenen von Beziehungssystemen. In einem wichtigen Aufsatz aus dem Jahre 1967 'Toward a Theory of Pathological Systems'(Zur Theorie der pathologischen Systeme) vertritt Haley die Meinung, ein Familienmitglied könne sich, wenn es streitende Parteien innerhalb der Familie oder der Verwandtschaft gäbe, in der unangenehmen Lage finden, für die Ergreifung der Partei der einen oder anderen Seite bestraft zu werden (welche Partei er auch wählt, die andere wird eine Strafe über ihn verhängen), und daß er aber auch ebensogut dafür bestraft werden könnte, wenn er überhaupt nicht Partei ergriffe.(8) Infolgedessen könne es für eine solche Person notwendig sein, alle seine Äußerungen in Abrede zu stellen.

Nach dieser Auffassung, die auch Weakland vertritt, ist das irrationale Verhalten eines Individuums die Folge der Sozialstruktur, in der es lebt, und nicht einfach die Folge verworrener und sich widersprechender Botschaften. Diese Wendung brachte die Familientherapie an einen neuen Ausgangspunkt. Die Familientheorie konnte nicht mehr als irgendeine Art von linguistischer Metapsychologie abgetan werden, sondern konnte jetzt mit Recht neben andere zeitgenössische Verhaltensforschung gestellt werden. In diesem und in den folgenden Kapiteln werden wir einiges aus diesen anderen Forschungsgebieten mit einbeziehen, so weit es relevant erscheint. Wir werden uns insbesondere der Forschung über Dreiecke in sozialen Gruppen zuwenden: der Arbeit von Theodore Caplow über Koalitionen und der 'Druck-und-Gegendruck-Hypothese'(cross-pressure-hypothesis) von James Davis. Kenneth Bouldings 'Vermeidung-Vermeidung-Konflikt' und ähnlichem. Außerdem werden wir Forschungen über Triaden im Verwandtschaftssystem und Varianten von Konflikttriaden in anderen Kulturen nachgehen. Doch zunächst wollen wir Haleys Beschreibung pathogener Dreiecke untersuchen und auch die Rolle, die sie bei der Aufrechterhaltung des Familiengleichgewichts spielen.

Das pervertierte Dreieck

In 'Toward a Theory of Pathological Systems' erläutert Haley eine triadische Struktur, die seiner Meinung nach immer Kummer in einem sozialen System verursachen wird.(9) Er nennt dies das 'pervertierte Dreieck' (perverse triangle) oder 'Generationen-Koalition'(cross-generation-coalition), und er beobachtet, daß dies einhergeht mit nicht wünschenswerten Begleiterscheinungen wie Gewalt, symptomatischem Verhalten oder der Auflösung eines Systems. Die charakteristischen Eigenschaften dieses Dreiecks sind folgende:
1. Es müssen zwei Personen auf derselben Ebene in einer Statushierarchie und eine Person auf einer anderen Ebene daran beteiligt sein. Auf die Familie angewandt würde das heißen: zwei Mitglieder aus derselben Generation und eins aus einer anderen.
2. Es muß eine Koalition von zwei Parteien vorhanden sein, die auf einer anderen Ebene angesiedelt sind als die ausgelassene Partei. Wir müssen hier zwischen einer 'Allianz' unterscheiden, die auf gemeinsamen Interessen beruhen kann und nicht unbedingt eine dritte Partei impliziert, und einer Koalition, zu der sich zwei Personen gegen eine dritte oder zu ihrem Ausschluß zusammentun.
3. Die Koalition gegen die dritte Person muß geheim bleiben. Mit anderen Worten, jedes Verhalten, das die Existenz einer solchen Koalition anzeigt, wird auf der metakommunikativen Ebene geleugnet. Zusammenfassend sagt Haley, die Trennung der Generationen würde in dem pervertierten Dreieck auf eine verdeckte Weise gestört.

Haley überträgt dies vom Familien- auf das Gesellschaftssystem und gelangt zu der Feststellung, es könne auch in anderen Organisationen zu Störungen kommen, wenn sich ein Vorgesetzter heimlich mit einem Untergebenen gegen einen Gleichgestellten verbündet. Der Leiter einer Firma kann sich nicht bei seinen Untergebenen einschmeicheln und gleichzeitig erwarten, ein tüchtiger Manager zu sein. In gleicher Weise unterminiert eine Elternteil-Kind-Koalition nicht nur die Autorität des anderen Elternteils, sondern macht auch die Autorität des bevorzugten Elternteils von der Unterstützung des Kindes abhängig. Die Unfähigkeit von Eltern eines emotional gestörten Kindes, sich zusammenzutun zur Aufrechterhaltung der Disziplin, kann als Spiegelbild ihrer Unfähigkeit angesehen werden, die Generationsebene zu wahren.

Theodore Caplow diskutiert in seinem Buch über Koalitionsforschung 'Two Against One'(Zwei gegen einen) einen ähnlichen Typ der Triade, der in hierarchischen Organisationsformen auftritt.(1o) Die 'ungehörige Koalition'(unproper coalition), wie er sie nennt, ist als jede Drei-Personen-Koalition definiert, die die Macht einer höhergestellten Person vergrößert und gleichzeitig die legitime Autorität einer anderen untergräbt. Ein Beispiel dafür ist die Triade, in der A genauso stark ist wie B und C zusammen, und in der B und C gleich stark sind. Die Organisationsform mit einer solchen Triade wird aufgrund der eingebauten Instabilität nur schwerlich funktionieren. Nach Lage der Dinge kann A nicht eine Koalition mit entweder B oder C eingehen, die nicht von dem jeweils anderen unterminiert werden könnte, B und C zusammen sind nicht in der Lage, A zu beherrschen.

Caplow beschreibt eine weitere Organisationsform der Triade, die enger verwandt ist mit Haleys pervertiertem Dreieck. In dieser ist A stärker als B und B ist stärker als C, aber B und C zusammengenommen sind stärker als A. A hat nur eine Möglichkeit, eine ihn übertreffende Koalition zwischen B und C zu verhindern, indem er nämlich eine Koalititon mit B eingeht. Eine solche Koalition wäre angemessen und würde die Statusordnung aufrechterhalten. Aber da B immer mit einer Koalition mit C drohen könnte, und da C ihn dazu immer in Versuchung führen könnte, würde A sich seiner Autorität nie sicher sein können. Auch B würde innerhalb dieser Dyade stärker sein als C, nicht aber in der Triade, wo er – ebenso wie A – C ausgeliefert wäre. Weder A noch B noch C könnten ihre Macht mit genügend Vertrauen ausüben, und eine solche Triade würde nur mit Schwierigkeiten, wenn überhaupt, funktionieren.

Man könnte natürlich argumentieren, formal gesehen sei dies nicht dasselbe wie Haleys pervertiertes Dreieck, weil Haley von zwei höhergestellten Personen auf derselben Ebene und einem Untergebenen auf der unteren Ebene spricht. Aber es kommt häufig vor, daß sich zwei Autoritätspersonen verbinden, um die Interessen einer Organisation zu vertreten, obwohl die eine von ihnen rangmäßig höher steht, das letzte Wort hat und kulturell gesehen mehr Gewicht hat. In Caplows zweiter Triade könnten also A und B durch Eltern repräsentiert werden, wenn die Autorität des einen Elternteils geringfügig größer ist als die des anderen, oder durch einen Direktor und einen Vorarbeiter in einer Fabrik, wo sich diese beiden Ebenen zwar unterscheiden, aber beide dennoch die Autoritätsstruktur repräsentieren.

Seltsamerweise stößt Caplow in seinen Kapiteln über Familientriaden nicht von selbst auf die Idee des pervertierten Dreiecks. Er scheint sie in seiner Beschreibung von ungehörigen Koalitionen fast schon im Griff zu haben, aber als er dann Koalitionen im Familienleben mit in seine Erwägungen einbezieht, verbindet er diese Form nie mit Familienstörungen oder individuellem Kummer. Er diskutiert das normative Fortschreiten der Koalitionsfreiheiten in einer typischen Kernfamilie, scheint sich aber nicht darüber klar zu sein, daß Koalitionen über die Grenzen der Generationen hinaus manchmal zu Schwierigkeiten Anlaß geben können. Er gibt dazu das Beispiel einer vierköpfigen Familie, in der der Vater (A) die wichtigste Stellung hat; an zweiter Stelle steht die etwas weniger dominierende Mutter (B); es folgt der Sohn (C), der ältere der beiden Geschwister; und die Tochter (D), die das jüngste und schwächste Familienmitglied ist. In Analogie zu einem Spiel, bei dem jede Person darauf aus ist, zu 'gewinnen', nimmt er an, die Mutter sei derjenige Spieler, der die kritische Entscheidung zu treffen hat. Wenn sie sich auf die Seite des Vaters schlägt, wird die elterliche Dyade die beiden Kinder dominieren. Dies gibt er als Beispiel für ein konservatives Koalitionsmuster, denn die angemessene Autoritätsstruktur wird darin aufrechterhalten. Wenn sie ein Bündnis mit dem Sohn eingeht und so ein 'revolutionäres' Koalitionsmuster herstellt, wird dies die angemessene Autoritätsstruktur stören. In jedem Fall hat die Mutter die besten Trümpfe in der Hand.

Diese Argumentationsweise wirkt überzeugend, sie enthält aber einige Annahmen, die man untersuchen sollte. Die Voraussetzung, daß Familienmitglieder, wie die Spieler in den experimentellen Koalitionsspielen, die Caplow an anderer Stelle diskutiert, unterschiedliches 'Gewicht' haben und Bündnisse schließen, um ihre Position in Beziehung zueinander zu verbessern, ist fragwürdig. Die experimentellen Spiele werden mit Fremden gemacht, nicht mit Personen aus bestehenden Gruppen. Caplow stellt es so dar, als verhielten sich Familien wie Teilnehmer an experimentellen Spielen. So vermutet er, in der 'revolutionären' Familie habe der Vater „keinen Grund, eine AD-Koalition zu bilden. Sie würde ihm nicht die Möglichkeit geben, die BC-Koalition von Mutter und Sohn zu dominieren, die er bereits allein dominieren kann."

Diese Aussage setzt weiter voraus, daß jedes Individuum von dem Wunsch nach Macht oder Beherrschung angetrieben wird. Man könnte behaupten, dies sei ein Element innerhalb einer Familie, aber es ist wohl kaum der vollständige Sachverhalt. Der Gedanke, das Eigeninteresse des Individuums könnte vielleicht zeitweise dem Überleben der Gruppe untergeordnet werden und die Koalitionswahlen könnten entsprechend beeinflußt werden, wird nicht untersucht. In der Tat wäre eine Vater-Tochter-Koalition in Caplows Familie sehr wahrscheinlich – selbst wenn sie das Gewicht der Mutter-Sohn-Koalition nicht übertreffen könnte – wobei vermutlich das Ergebnis ein besser ausgewogenes elterliches Bündnis wäre. Die Familie mit 'einem Jungen für dich und einem Mädchen für mich' ist nicht nur das Gedankenspiel eines Liederschreibers, sondern kommt sehr oft vor und ist ein Anzeichen für Schwierigkeiten, wenn es zum Extrem kommt. Ebenso handelt ein Sohn, der in eine enge Bindung mit seiner vernachlässigten Mutter gezogen wird, vielleicht nicht aus dem Wunsch heraus, gegen den Vater zu 'gewinnen', sondern vielleicht aus dem nicht unbedingt bewußten Verlangen, die Mutter zu trösten, den Vater vor Anforderungen zu schützen, die er nicht erfüllen kann, und um als Stoßdämpfer im Ehekrieg zu dienen. All dies mag genauso wichtig sein für sein Verhalten wie irgendeine angenommene persönliche Macht, die er von seiner Beziehung zur Autoritätsgestalt herleiten könnte.

Caplow selbst scheint sich nicht wohlzufühlen mit dieser Konzentration auf das 'Bedürfnis zu gewinnen' als Hauptfaktor für die individuellen Entscheidungsvorgänge. In seiner Behandlung der Familie macht er oft einen Sprung auf eine systemumfassende Ebene. Wie er schon am Anfang seines Buches bemerkt, ist eine der Regeln der triadischen Beziehung, daß eine Person nicht sowohl Koalitionspartner als auch Gegner in demselben Netzwerk ist. Als er anfängt, dieses Gesetz auf die Familiengruppen anzuwenden, erscheint eine völlig neue Struktur. Wenn die Tochter für die Mutter gegen den Vater Partei ergreift, wird sie sich vermutlich nicht mit der Großmutter zusammentun, die auf der Seite des Vaters steht, da dies sie dem Druck aufgeteilter Loyalität unterwerfen würde. Bleibt man bei dieser Argumentationsweise, so sind Allianzen nicht notwendig auf Motiven begründet, die aus dem Individuum entstehen, sondern aus dem, was Caplow den 'Drang nach Vereinbarkeit' innerhalb eines sozialen Netzwerks nennt.

Haley ist Caplow voraus und versucht bewußt, eine systemische statt einer individuell orientierten Erklärung für Koalitionsverhalten zu formulieren. Er weigert sich, das traditionelle Modell mit dessen Voraussetzungen über innere Motivation für das Fällen von Entscheidungen zu akzeptieren. Er ist vielmehr der Ansicht, eine Konfliktsituation entstünde innerhalb verschiedener Koalitionsordnungen, was das normale Funktionieren eines sozialen Systems und seiner Personen störe. Dabei benutzt Haley eine ganz andere Metapher als die aus dem Bereich der Spiele: die Analogie zu Russells logischem Paradox mit seinem offensichtlichen Konflikt zwischen den verschiedenen Bedeutungsebenen. Sowohl Haley als auch Bateson, deren Gedanken zu einem Zeitpunkt miteinander verflochten waren, benutzen diese Analogie. Haley aber weitet sie aus, um zu erklären, wie Zugehörigkeit zu Koalitionen innerhalb einer Organisation unter bestimmten Umständen großen Druck auf gewisse Individuen ausüben kann.

Haley beschreibt die Situation folgendermaßen: Normalerweise besteht unter gleichgestellten Personen in einer Organisation eine Koalition, eine Tatsache, die durch die Gegenwart administrativer Ebenen ausgedrückt wird, oder bei einer Familie durch die Generationsreihen. Wenn ein Arbeitgeber sich mit einem Angestellten verbündet, um eine Koalition gegen einen anderen zu bilden, sieht letzterer sich widersprüchlichen Definitionen seiner Stellung gegenüber. Innerhalb des größeren Rahmens der Organisation ist sein Mit-Angestellter mit ihm verbunden. Gleichzeitig aber ergreift dieser Angestellte mit einem Vorgesetzten Partei gegen ihn. Wie Haley sagt:„Wenn man dann gezwungen wird zu reagieren, wenn es zu einem Konflikt zwischen diesen beiden verschiedenen Koalitionsordnungen kommt, verursacht dies Unbehagen."(11) Es besteht eine eindeutige Ähnlichkeit zwischen dieser Ausdrucksweise und der Art, in der Caplow auf der Wichtigkeit der Verträglichkeit zwischen Koalitionspartnern in einer Gruppe besteht, allerdings mit dem Unterschied, daß Haley die Zugehörigkeit zu einer konfliktreichen Koalition mit individueller Not verbindet. Er beginnt, dem Loyalitätskonflikt auf verschiedenen Ebenen der sozialen Organisationen mehr und mehr Gewicht zu geben als einem Faktor in der Ursachenforschung und Erhaltung gestörten Verhaltens.

Um das Problem noch einmal neu zu formulieren: Nehmen wir an, A bietet ein Verhalten an, das zu den Bedürfnissen von System 1 paßt (wobei es sich um die Person oder um ein Untersystem wie die elterliche Dyade handeln könnte). Und nehmen wir weiter an, gleichzeitig wäre ein Konfliktverhalten erforderlich, das den Bedürfnissen von System 2 entspricht (wobei es sich um die erweiterte Verwandtschaftsgruppe handeln könnte). Wenn ein System eine Untergruppe des anderen ist, und wenn die beiden Bereiche nicht klar unterschieden oder getrennt werden, kommt es zu Verwirrung. Es ist dieselbe Art Verwirrung, die Bateson als Kernstück des Russellschen Paradox sah: die Schwierigkeit, den Unterschied zwischen Klasse und Unterklasse zu erkennen. Es wird immer ein Zwei-Ebenen-Problem geben, das niemals deutlich ausgesprochen wird in bezug auf die Frage, welche Regeln von welchem System befolgt werden sollten.

Zum Beispiel soll ein Kind, von dem zu Hause nicht verlangt wird, daß es sich in irgendeiner besonderen Art bei Tisch zu betragen habe, während eines langen Sonntagessens im Haus der Großeltern mütterlicherseits still sitzen und 'gutes Benehmen' zeigen. Es erhält verwirrte Signale durch das übermäßig ärgerliche Tadeln seiner Mutter (von deren Zorn ein großer Teil sich eigentlich gegen die eigenen Eltern richtet) und durch widersprüchliche Vorschläge vom Vater (der die soziale Etikette haßt), wie zum Beispiel, man möge ihm gestatten, den Tisch zu verlassen. Die Situation steigert sich so weit, bis das Kind einen derart schlimmen Wutanfall bekommt, daß die Eltern beschließen, nach Hause aufzubrechen. In diesem Fall sind die Anforderungen widersprüchlichen Verhaltens von unterschiedlichen Personen und Untergruppen in der Familie deutlich, so wie auch die verschiedenen Ebenen, von denen diese Anforderungen kommen. (Die Mutter sagt zum Beispiel, das Kind solle stillsitzen, aber durch ihre Überreaktion macht sie eigentlich deutlich, daß sie nicht wirklich mit ihrer Forderung übereinstimmt.)

Haleys Sprung von der Faszination mit der Kommunikation zur Faszination mit der Struktur war entscheidend. Er gestattete ihm, die Möglichkeit zu erwägen, Schizophrenie könnte – wie er es ausdrückte – das Ergebnis eines Konflikts von Gruppen sein.(12) Eine Person, die schizophrenes Verhalten zeigt, könnte also bemüht sein, es rivalisierenden Gruppen recht zu machen, zu denen sie gleichzeitig gehört. So kam Haley darauf, die formalen Bündnisse in der Familie der Schizophrenen zu untersuchen.

Am Nexus sich bekämpfender Dreiecke

Haley zählte die Anzahl der Dreiecke in einer durchschnittlich großen, erweiterten Familie mit zwei Eltern, zwei Kindern und den jeweils beiden Großeltern. Er stellte fest, daß jede einzelne Person in dieser Gruppe gleichzeitig in mindestens 21 Dreiecken verwickelt ist. Wenn alle harmonisch miteinander zusammenleben, gibt es kein Problem. Wenn aber ein Kind an der Verbindungsstelle von zwei Dreiecken oder Gruppen steht, die sich im Konflikt befinden, gerät es in eine schwierige Lage. Wenn seine Mutter und seine Großmutter mütterlicherseits sich mit seinem Vater in Konflikt befinden und mit dessen Mutter, muß sich das Kind vorsichtig verhalten. Wenn es nämlich einer Gruppe gefällt, wird es der anderen mißfallen. Wenn alle 21 Dreiecke, denen das Kind angehört, getrennten Bereichen zugehören, muß es – um zu überleben – widersprüchliches Verhalten an den Tag legen. Ein solches Verhalten wird oft als 'verrückt' oder 'merkwürdig' angesehen.

Das Dilemma einer Person, die zwischen zwei Positionen gefangen ist, wird in James Davis' 'Druck-Gegendruck-Hypothese' widergespiegelt.(13) Davis sagt, wir sollten uns eine Person vorstellen (P), die positiv mit zwei anderen (O1 und O2) verbündet ist, aber einer vierten Person (X) gegenüber unentschieden ist. Nehmen wir an, X sei ein Kandidat für ein Amt und wird von O1 unterstützt, aber nicht von O2. Dies bringt P in eine Zwickmühle. Stimmt P für X, wird er O1 gefallen, aber O2 mißfallen. Wenn er nicht für X stimmt, trifft das Umgekehrte zu. Man kann diese Situation in triadischer Form als Diagramm darstellen (siehe Figur 6.1). Nimmt man also an, daß O1 und O2 politische Blöcke darstellen (sowie natürlich auch Individuen), dann kann man sagen, P stünde unter Druck und Gegendruck durch die gleichzeitige Mitgliedschaft in Loyalitätsgruppen. Es ist deutlich, wieviel von Davis' Denkweise aus der strukturellen Gleichgewichtstheorie stammt, die in ihrem Konzept der Koalitionstheorie sehr nahe steht und im nächsten Kapitel diskutiert werden soll.

Boulding gibt in seinem Buch 'Conflict and Defense'(Konflikt und Verteidigung) eine ähnliche Analyse dessen, was er einen 'Vermeidungs-Vermeidungs-Konflikt' nennt.(14) Er benutzt die Analogie von einem Esel zwischen zwei Stinktieren und beschreibt die Situation als ein 'Regen/Traufe-Gleichgewicht', bei dem der Esel immer zu einem negativen Ziel gedrängt wird, wenn er sich von dem anderen entfernt. Der Esel befindet sich in einem – wie Boulding es nennt – stabilen psychologischen Konflikt oder in einer 'Zwickmühle'. Wenn der Esel (der für das menschliche Wesen steht) nicht über eines der Stinktiere hinwegspringen oder sonstwie entkommen

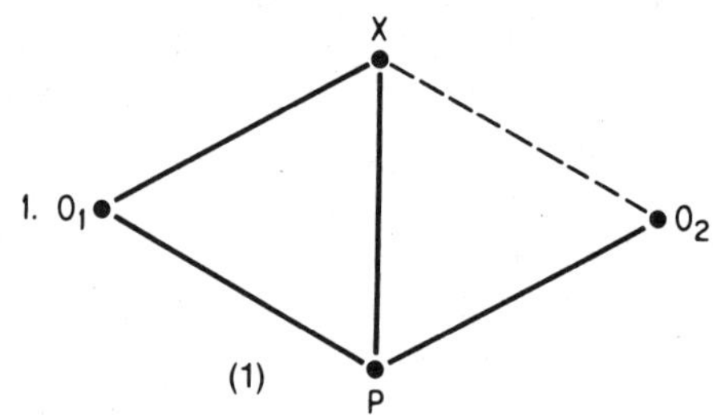

(1) P stimmt für X, Dreieck P-O_1-X ist kongruent, P-O_2-X aber nicht

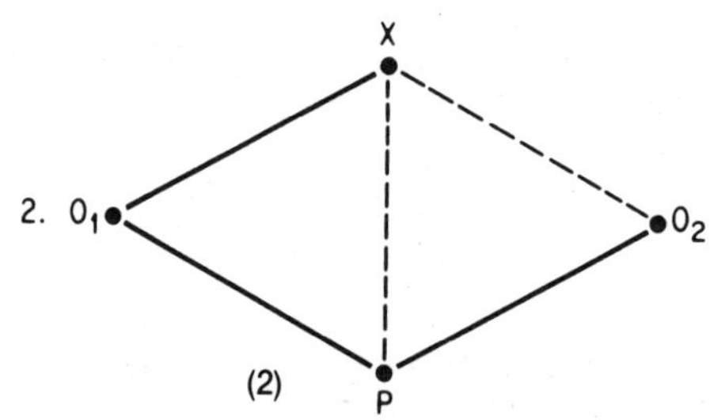

(2) P stimmt gegen X, Dreieck P-O_2-X ist kongruent, P-O_1-X aber nicht

Fig. 6.1
Davis 'Druck-Gegendruck'-Hypothese

kann, wird sein Verhalten Bouldings Meinung nach wirr und ziellos, und er riskiert einen Nervenzusammenbruch. Eine Alternative wäre, sich in den Bereich von Tagträumen, Phantasie oder Kunst zurückzuziehen, oder aber in pathologischer Form in die Schizophrenie oder Paranoia.

Diese Beiträge verschiedener Quellen zeigen, wie bemerkenswert ähnlich die von verschiedenen Forschern erkundeten Ideenrichtungen sind. Der Kern dieser Ideen besteht in der Möglichkeit, symptomatisches oder bizarres Verhalten mit einer Situation in Verbindung bringen zu können, in der eine Person gezwungen ist, zwischen zwei möglichen Wegen zu entscheiden, von denen beide eine Strafe mit sich bringen. Man muß jedoch einräumen, daß nicht alle Autoren von denselben Voraussetzungen ausgehen. Es gibt eine sehr grundlegende Auseinandersetzung darüber, ob der Konflikt um Wahlmöglichkeiten auf derselben Ebene stattfindet – was normalerweise als 'Ambivalenz' bezeichnet wird – oder ob die Wahlmöglichkeiten auf verschiedenen Ebenen liegen. Hierin liegt eine Unterscheidung von erheblicher philosophischer Tragweite.

'Ambivalenz' gegenüber 'Konflikt der Ebenen'

Caplow definiert Ambivalenz als „einen emotionalen Druck, der durch die Interaktion mit einer Person entsteht, die sowohl Gegner als auch Koalitionspartner ist".(15) Dies ist im wesentlichen eine Neuformulierung von Davis' Druck-Gegendruck-Theorie in einer Drei-Personen- statt Vier-Personen-Form. Es ist auch verbreitet, die Doppelbindung mit der Ambivalenz gleichzusetzen. Aber sowohl Bateson als auch Haley erklären, die widersprüchliche Situation, die durch die Doppelbindung beschrieben wird, sei etwas völlig anderes. Haley sagt, Ambivalenz als psychologischer Ausdruck beziehe sich auf den Geisteszustand eines Individuums, wenn es sich vor die Wahl zwischen gleichen oder fast gleichen Werten gestellt sieht, bei der es gemischte Gefühle hat.(16) Im Gegensatz dazu, so behauptet er, hinge die Doppelbindung mit einem konfliktgeladenen Kontext zusammen, innerhalb dessen es schwierig ist, zu arbeiten. Haley greift die Ideen der Bateson-Gruppe auf und gibt ein Paradox als Beispiel: Jemand, der gebeten wird, etwas spontan zu tun. Wenn er es tut, passiert es nicht spontan, und wenn er wirklich spontan ist: Wie kann er der Aufforderung Folge leisten?

Bateson, der Schöpfer dieser Ideen, stellt die Sache etwas anders dar. Er beschreibt zwei Arten interner Widersprüchlichkeit, die sich häufig in der menschlichen Kommunikation findet.(17) Eine, die er Ambivalenz nennt, tritt dann auf, wenn zwei Gestalten derselben Ebene – A und B – jeweils negativ und positiv gesehen werden. Sie überschneiden sich jedoch auf eine Weise, bei der die sich überschneidende Sektion positiv gesehen wird, wenn sie als A zugehörig betrachtet wird, und negativ, wenn sie als B zugehörig betrachtet wird. Der Betrachter kann denselben Abschnitt nicht negativ und positiv zugleich sehen, aber nichts hindert ihn, in aller Ruhe die Gestalt zu erleben, die er zufällig gerade zu seiner eigenen gemacht hat.

Batesons zweite Art der internen Widersprüchlichkeit betrifft zwei verschiedene Ebenen, von denen die eine die andere umschließt. Bateson führt als Beispiel das Paradox von der formalen Logik an (zum Beispiel das Schild, das besagt:'Diese Aussage ist unwahr') und fügt hinzu, diese Formen seien „Systeme des Widerspruchs, bei denen die zeitweilige Vorliebe für den einen Pol die Vorliebe für den anderen hervorruft und umgekehrt."(18) Als etwas konkretere Analogie führt Bateson die elektrische Klingel an. Er beschreibt die Art und Weise, wie der Elektromagnet in der Klingel auf einen Anker einwirkt und so eine Schwingung zwischen zwei Positionen verursacht, die er zum Zwecke der Veranschaulichung mit 'Ja' und 'Nein' bezeichnet. Der Anker geht von einer Seite zur anderen, da die Wirkung der Ja-Seite den Anker zum Nein schickt und umgekehrt. Wie Bateson jedoch betont, gehören das Ja und das Nein zu zwei verschiedenen Abstraktionsebenen: 'Ja' bezieht sich auf die Position des Ankers, und 'Nein' bezieht sich auf die Richtung der Veränderung. Diese hin- und herschwankende Bewegung kann vielleicht gleichmütig von einer Klingel erduldet werden, aber Bateson weist darauf hin, wie schwer dies für menschliche Wesen zu ertragen ist, die sich in einer analogen Lage befinden.

Eine abschließende Aussage, die Bateson über Paradoxa macht, steht im Zusammenhang mit der Zeit. Wenn eine Person über das Paradox nachdenkt, wird sie zunächst das Ja akzeptieren, weiteres Nachdenken wird sie aber zum Nein drängen usw. Vom psychologischen Standpunkt aus ist der Zeitaspekt also ebenso wichtig. Wir haben es nicht mit dem Problem der statischen Unentschlossenheit zu tun, sagt Bateson, sondern mit dem Problem alternierender Zeitabschnitte. Dieses Zeitelement verlangt weiteres Nachdenken. Im Augenblick soll die Betrachtung ausreichen, daß die Länge der Zeit, für die eine Person an einem von zwei nicht miteinander zu vereinbarenden Polen ruhen darf, etwas damit zu tun haben könnte, welchen Grad von Streß sie empfindet. Man kann sich eine Situation vorstellen, in der dieser Zeitabschnitt kürzer und kürzer wird in einer sich immer schneller vollziehenden Abfolge, bis nicht miteinander zu vereinbarende Anforderungen fast simultan an das Individuum gestellt werden. An dieser Stelle würde man dann mit dem plötzlichen Eintreten einer Art von Verschiebung, Unterbrechung oder Zusammenbruch rechnen.

In einer verdeckten, generationsübergreifenden Koalition könnte es eine Wirkung geben, die der Klingel ähnlich ist. Die Folgen, wenn ein Kind sich auf die Seite eines der beiden Eltern stellt, können für das System auf einer anderen Ebene als der, auf der die Person aufgefordert wird, Partei zu ergreifen, schädlich sein. Was bei der Analogie mit dem Esel zwischen den beiden Stinktieren fehlt – oder in jedem anderen Modell zum Dilemma 'derselben Ebene' – ist die Berücksichtigung eines riesigen Netzes von Systemen und Subsystemen in Familienbündnissen, die häufig durcheinander geraten, ganz gleich, welche Partei ergriffen wird. Es kann selbst dann Unordnung entstehen, wenn gar nicht Partei ergriffen wird.

Das Kind in einer pathologischen Triade, das eine Koalition mit einem der Eltern eingeht, reagiert vielleicht auf die allzu große Übermacht des anderen Elternteils. Gleichzeitig untergräbt es aber nicht nur die Autorität der herrschenden Dyade, sondern bringt vielleicht auch das Machtverhältnis zwischen den beiden weiteren Verwandtschaftsgruppen aus dem Gleichgewicht. Wenn es andererseits versucht, beiden Eltern nahe zu bleiben, obwohl deren Beziehung zueinander negativ ist, findet es sich in einen Loyalitätskonflikt verstrickt. Fügt man nun noch den Zeitfaktor hinzu, der vermuten läßt, es könne einen Punkt geben, an dem kluges, abwechselnd beide Seiten berücksichtigendes Parteiergreifen eine verhängnisvolle Schwungkraft bewirkt, dann hat man eine Situation, bei der es zu extremen Reaktionen kommen könnte.

Es schließt sich nun die Frage an, welches Verhalten erwartet werden kann, wenn eine Person sich in der oben beschriebenen Lage befindet. Die Antwort bringt uns zurück zum Kommunikationsmodell, aber innerhalb des Zusammenhangs der Organisationsebenen.

Schizophrene Kommunikation als Möglichkeit, Beziehungen nicht festzulegen

Haley beschreibt schizophrenes Verhalten als Versuch, das Festlegen der Beziehungen zu anderen zu vermeiden.(19) Gewöhnlich bestimmen, Haley zufolge, Personen ihre Äußerungen zueinander noch näher durch Metabotschaften, die das folgende anzeigen:

1. Ich
2. sage etwas
3. zu dir
4. in dieser Situation.

Haley analysiert eine aufgeschriebene Unterhaltung zwischen zwei Schizophrenen im Krankenhaus und macht die vielen Möglichkeiten deutlich, mit denen zwei entschlossene Personen irgendeine oder alle diese Arten von Metabotschaften verleugnen können. Jeder Kommentar der beiden ist von der Art: Dies ist kein Krankenhaus. Es ist ein Luftstützpunkt. Ich bin kein Patient. Ich bin ein Mann aus dem Weltall. Außerdem wird durch das non sequitur von Rede und Gegenrede der Wert dieser Aussagen abgestritten. Sie leugnen, daß sie sprechen. Sie leugnen, daß irgend etwas gesagt wurde. Sie leugnen, daß es zur anderen Person gesagt wurde. Und sie leugnen, daß der Austausch an diesem Ort und zu diesem Zeitpunkt stattfindet.

Haley gibt uns ein Beispiel für eine ähnliche Reaktion in einer Familie, und er zitiert den Fall eines schizophrenen Mädchens, das gerade aus dem Krankenhaus entlassen worden ist.(2o) Bei ihrer Rückkehr hatten die Eltern einen Streit, und die Mutter nahm die Tochter mit sich zu ihrer eigenen Mutter. Die Tochter rief den Vater an, sobald sie dort angekommen waren, um ihm mitzuteilen, wo sie waren. Als die Mutter sich beklagte, daß sie Partei für den Vater ergriff, erklärte die Tochter, sie hätte ihn anrufen müssen, da sie ihm vor dem Fortgehen einen 'merkwürdigen' Blick zugeworfen hätte (eines ihrer Symptome). Der Vater, der nun wußte, wo sich Frau und Tochter aufhielten, kam und überredete die Mutter, mit ihm zurückzukehren. Bevor sie nach Hause ging, bat die Mutter ihre Tochter, etwas für sie zu erledigen. Das Mädchen weigerte sich, und an ihrer Stelle ging die Großmutter. Als die Eltern im Nebenzimmer über ihre Weigerung sprachen, begann sie zu schreien und wurde erneut ins Krankenhaus eingewiesen.

Als Haley sich das weitere Familienbild ansah, fiel ihm eine Anzahl generationsübergreifender Koalitionen auf. Die beiden Großmütter des Mädchens wetteiferten miteinander um ihre Gunst. Die Mutter des Vaters tat sich mit ihm gegen seine Frau zusammen, und das Mädchen tat sich mit der Großmutter mütterlicherseits gegen ihre eigene Mutter zusammen. Beide Eltern bemühten sich um die Gunst des Mädchens, und beide warfen ihr vor, für den anderen Partei zu ergreifen. Haley weist darauf hin, daß unter diesen Umständen jede Reaktion vonseiten des Mädchens eine mögliche Bestrafung mit sich brachte. Wenn man diesen merkwürdigen Zusammenhang berücksichtigt, könnte man die Mitteilungen des Mädchens als äußerst anpassungsfähig betrachten. Haley drückt es so aus:
„Was sollte denn überhaupt an dem Nexus sich bekriegender Familienfunktionen eine 'angemessene und normale' Reaktion auf diese Situation sein? Es müßte doch eine sein, bei der sich das Mädchen auf eine bestimmte Weise verhält, um die eine Partei zufrieden zu stellen, und dann beide Weisen für nichtig erklärt, indem es deutlich macht, es sei sowieso nicht verantwortlich. Solche widersprüchliche Kommunikation würde man als schizophrenes Verhalten diagnostizieren."(21)

Haley ist nicht der einzige, der die Art beobachtet, wie Bündnisse in diesem Familientyp verleugnet werden — und zwar nicht nur vom Patienten, sondern von allen Mitgliedern. Ähnliche Beispiele sind in Forschungsarbeiten über 'Denkstörungen' bei Schizophrenen und ihren Familien zitiert worden, obwohl man diesen Ausdruck für eine falsche Bezeichnung halten könnte. Haleys 'The Art of Being Schizophrenic'(Die Kunst schizophren zu sein) ist ein Tribut für die Geschicklichkeit, mit der Schizophrene das Bedürfnis nach Verheimlichung in ihren Familien karikieren.(22) Während die Familie eifrig damit beschäftigt ist, irgendwelche offensichtlichen Tatsachen zu leugnen, bietet das schizophrene Mitglied verrückt klingende Aussagen an, die gefährlich dicht bei der Wahrheit liegen. Wenn aber ein anderer zu dicht an die Wahrheit kommt, macht oder sagt der Schizophrene etwas Verrücktes.

Nehmen wir das Beispiel von Wynne aus dem ersten Kapitel (den Fall des katatonischen Mädchens). Die Tochter wehrte die unangemessenen Annäherungsversuche des Vaters ab, indem sie sagte:„Petting zwischen Teenagern gerät manchmal außer Kontrolle". Der Vater antwortete auf eine ähnlich ausweichende Art:„Vaterliebe ist Vaterliebe, eheliche Liebe ist eheliche Liebe, und die Liebe einer Tochter ist die Liebe einer Tochter."(23)

Auch Wynne stellt traurige Betrachtungen über die Taktik der Familie an, die immer zur Anwendung kommt, wenn der Therapeut versucht, die von ihnen so eifrig geleugneten Risse und Bündnisse zu kommentieren. Die Tochter beantwortete einen solchen Kommentar etwa mit:„Wenn du versuchst, es richtig zu machen, brauchst du dich nicht zu sorgen." Und sie fügte hinzu:„Ich glaube, jemand hat vielleicht etwas mit meinem Körper gemacht." Der Vater mischte sich dann sofort ein und fragte, ob sie den Jungen meint, den sie im Sommer davor in der Kirche getroffen hatte, und die Mutter mischte sich ein, um den Namen des Jungen zu erfahren. Der Austausch zwischen Therapeut und Tochter wurde sehr wirksam durch diese Interventionen der Eltern unterbrochen. Der Therapeut mag sich sehr wohl fragen, ob dies ein Muster einer Denkstörung war oder ein Sabotagesystem.

Ganz eindeutig müssen also Leugnungen, Unklarheiten, verdeckte Botschaften alle innerhalb des Kontextes gesehen werden, in dem sie eine merkwürdige Logik besitzen. Einen solchen Kontext haben wir zum Beispiel in einer Familie, in der keine Beziehungen zu irgendeinem Familienmitglied festgelegt oder anerkannt werden dürfen, ohne Brüche, Streß oder andere Strafen nach sich zu ziehen. Dies geschieht am häufigsten, wenn die Organisation der Familie offene Bündnisse über die Generationsreihen hinweg nicht zulassen kann, da diese Bündnisse wichtige Beziehungen auf derselben Ebene bedrohen würden, wie in unserer Gesellschaft zum Beispiel die Ehe. Wenn wir annehmen dürfen, jene Frage hinlänglich beantwortet zu haben, warum diese Verbindungen – die in Wirklichkeit Koalitionen gegen andere sind – in den Untergrund gehen, dann wollen wir nun fortfahren mit einer Betrachtung der verdeckten Koalitionen quer durch die Generationen in der erweiterten Familie. Dies bringt uns wieder zurück zu unserer anfänglichen Betonung der Familienstruktur.

Gesetzmäßigkeiten in größeren Strukturen

Bei der Diskussion verdeckter Koalitionen über die Generationen hinweg bemerkt Haley, daß sie niemals allein, sondern immer in Paaren auftreten.(24) In gestörten Familien entspricht die Koalition eines Elternteils mit einem Kind oft einer Koalition des anderen Elternteils mit einem der Großeltern. Man könnte dies eine 'ausgleichende Koalition' nennen. Haley behauptet sogar, eine Eltern-Kind-Koalition käme so häufig mit einer Eltern-Großeltern-Koalition vor, daß folgende Hypothese aufgestellt werden könne: „Das Durchbrechen der Generationsebene mit einem Kind geht einher mit einem solchen Durchbruch auf der nächsten Generationsebene." Wenn dies zutrifft, sagt Haley, können wir vermuten, daß es Gesetzmäßigkeiten in der Familienstruktur gibt, bei denen die Muster in einem Teil der Verwandtschaftsgruppe formal dieselben sind wie die in einem anderen Teil.

Diese Formulierung birgt eine völlig andere Vermutung über den 'Grund' so vieler Verhaltensweisen in sich, von denen man in der Vergangenheit annahm, sie seien durch das Unglück oder den Zorn eines Individuums motiviert. Nach Haleys Beobachtung konzentriert man sich wieder einmal auf das Individuum, wenn man die Frage des Grundes im Lichte der Unzufriedenheit dieser Person untersucht. Wenn man sich auf den weiteren Zusammenhang verlegt, tauchen mehr Zirkelerklärungen des 'Grundes' auf. Eine Ehefrau verbündet sich mit ihrem Kind gegen den Mann, nicht weil sie mit dem Mann unglücklich ist, sondern weil eine gute Beziehung zu ihrem Mann eine störende Auswirkung auf ihre Beziehung zu den eigenen Eltern hätte. In diesem Sinne, schreibt Haley, ist 'Grund' gleichbedeutend mit einer Aussage über die Gesetzmäßigkeiten in größeren Strukturen.

In diesen Abschnitten fängt Haley an, seine Überlegungen auszuweiten. Streß leite sich von einem Konflikt zwischen der Zugehörigkeit zu Koalitionen in sozialen Gruppen her. Caplows Grundvoraussetzung bei der Beschreibung von Koalitionen ist die, daß ein Koalitionspartner nicht ein Gegner in derselben Beziehungsgruppe sein kann. Hieraus folgt, daß Beziehungsgruppen eine Tendenz zur Verträglichkeit zur Schau stellen. Wenn das stimmt, würde man dann damit rechnen, eine Prämie auf Strategien ausgesetzt zu finden, die eine Person gegen Strafen für Reaktionen auf unverträgliche Forderungen schützen. Dies könnte der Grund sein, warum formal errichtete Trennungen zwischen Ebenen innerhalb eines sozialen

Systems so weit verbreitet sind. In Familien wie in geschäftlichen Organisationen gibt es viele Sitten und Sanktionen, die Statusunterschiede oder Generationsgrenzen verstärken. Caplow nennt als Beispiel das ritualisierte Vermeidungsverhalten zwischen Personen mit anfälligen Verwandtschaftsbeziehungen in den verschiedenen Gesellschaften und die übertriebene Distanz zwischen Offizieren und Mannschaften in der Armee. Manche Gesellschaften schreiben Männern und ihren Schwägerinnen, ihren Großmüttern und Cousinen häufig einen scherzhaften Umgang miteinander vor. Dies scheint eine freundliche Art der Vermeidungshaltung zu sein. Nach Caplow scheint das Spaßmachen eine gefährliche Koalition zu verhindern in Umständen, in denen man mit der Entwicklung einer solchen rechnen könnte.

Eine ernsthaftere ritualisierte Spaltung ist die fast universelle 'Schwiegermutter-Vermeidung', die zwischen einem Mann und der Mutter seiner Frau üblich ist. Vom Koalitionsstandpunkt aus gesehen, behauptet Caplow, bewirkt dies die Verhinderung einer nicht funktionierenden Triade, d.h. einer Koalition, in der eine oder mehrere Mitglieder gezwungen werden, nicht miteinander zu vereinbarende Positonen einzunehmen. In der Ehemann-Ehefrau-Schwiegermutter-Triade kommt die Ehefrau vermutlich in eine Situation, wo sie einer Partei nahe sein muß auf Kosten ihrer Verbindung zu der anderen. Es gibt auch noch andere Betrachtungen. Caplow weist auf folgendes hin:
„Zusätzlich zu der Andeutung von nicht zulässigen sexuellen Rivalitäten wird eine Koalition zwischen einem Mann und seiner Schwiegermutter ganz undenkbar, sobald wir sie, wie man es bei verbundenen Triaden tun muß, als eine Koalition gegen den Schwiegervater identifizieren, gegen den Bruder der Frau, die Mutter des Ehemannes und verschiedene andere Personen im Netzwerk der Verwandtschaft."(25)

Das Inzesttabu ist vielleicht die häufigste aller Sanktionen gegen gefährliche Koalitionen. Sowohl Haley als auch Caplow beschreiben Freud als einen frühen Forscher von Familienbündnissen, die diese Sanktionen verletzen. Natürlich drückte Freud dieses Problem in einer Weise aus, die vereinbar war mit der zu seiner Zeit üblichen Ausrichtung auf das Individuum in bezug auf nervöse Störungen. Caplow verteidigt Freuds Konzept des Ödipuskomplexes als Beispiel für eine kulturell bestimmte Koalition, die sich vor allem in modernen westlichen Familien findet. Haley interpretiert ihn neu als das häufigste Beispiel für eine geheime Koalition über die Generationsgrenzen hinweg. Er sagt außerdem:
„Man kann behaupten, dieses Muster würde symbolisch dargestellt als eine Reflexion des Inzesttabus. Man kann aber genauso gut behaupten, das Inzesttabu sei ein Produkt der Erkenntnis, daß Koalitionen über Generationen hinweg mit Kummer für alle Beteiligten im Familiennetzwerk enden."(26)

Von diesem Standpunkt aus betrachtet, hat das Inzesttabu mehr damit zu tun, Familienstrukturen funktionieren zu lassen, als damit, unsittlichen Sex zu verhindern.

Das pervertierte Dreieck in anderen Kulturen

Wir haben hier die Idee untersucht, warum es zu Problemen führt, wenn eine Person in der Elterngeneration ein heimliches Bündnis mit jemandem aus der Kindergeneration gegen den anderen Elternteil schließt. Dies impliziert, daß keine Autoritätsstruktur zwei aneinander grenzende Generationen umfassen kann. Dies ist ganz offensichtlich nicht wahr. Viele Frauen in Haushalten, die von einer Frau geleitet werden, haben in unserer Gesellschaft eine funktionierende Beziehung zu ihrer eigenen Mutter und sind von ihrer Hilfe abhängig bei der Erziehung ihrer Kinder. Oder aber sie ziehen die Hilfe eines älteren Kindes heran, ohne dadurch pathologisches Verhalten zu verursachen.

Ein Blick auf andere Kulturen beleuchtet den Sachverhalt noch besser. Caplow erwähnt den wichtigen Beitrag des Soziologen Francis Hsu, der eine Typologie für Verwandtschaftsbeziehungen und Kultur aufzeichnet, die von dem abhängt, was er die Eigenschaft der 'betonten Beziehung'(emphasized relationship) dieser Kultur nennt.(27) Diese Beziehung würde dem entsprechen, was ich die herrschende Dyade (governing dyad) nennen würde, obwohl man sie formal vielleicht nicht immer dafür hält. Hsu teilt die Kulturen in vier Typen auf, je nachdem, wie diese 'dominante Achse' aussieht: In Typ A, den man in vielen asiatischen Gesellschaften findet, ist die dominante Achse die Vater/Sohn-Dyade. In Typ B, der charakteristisch ist für viele westliche Gesellschaften, ist es die Mann/Frau-Dyade. Typ C betont die Mutter/Sohn-Dyade, wie zum Beispiel bei den traditionellen Hindufamilien. Typ D besteht in einer Bruder/Bruder-Dyade, die sich in vielen afrikanischen Gesellschaften findet.

Jede dieser herrschenden Dyaden, die in einer bestimmten Familie existiert, wird vermutlich so lange funktionieren, wie sie nicht zu Koalitionsbildungen zwischen einem ihrer Mitglieder und anderen Familienmitgliedern verleitet wird. Der Ausdruck 'Koalition über Generationsgrenzen hinweg' ist vielleicht in dem Sinne kulturgebunden, als Druck auch durch Koalitionen innerhalb derselben Generation in Gesellschaften entstehen kann, in denen der dominante Familientyp anders als bei uns organisiert ist.

Mit anderen Worten, die Streßlinien, die von pervertierten Dreiecken ausgehen, unterscheiden sich je nach Kultur. In einer Untersuchung der Beziehungen in Hindufamilien weist Aileen Ross die Streßlinie in dieser Gruppe in der Beziehung zwischen der Frau des Sohnes und seiner Mutter nach. Diese Beziehung ist stark aufgeladen mit potentiellem Konflikt. In dieser Gesellschaft (oder so, wie sie jedenfalls war) ist die Ehefrau in einer besonders schwierigen Lage. Sie verläßt ihre eigene Familie, um mit der Familie ihres Ehemannes nach der Hochzeit zu leben und steht dann unter der absoluten Herrschaft ihrer Schwiegermutter. Ausgleichende Gerechtigkeit gibt es nur nach langen Jahren, da die Schwiegertochter erst dann für ihren Kummer entschädigt werden kann,wenn sie lange genug lebt, um ihrerseits despotisch über die Frau ihres eigenen Sohnes zu bestimmen.

Kennzeichnend ist in diesem Beispiel die Tatsache, daß in der traditionellen Hindufamilie die Nähe zwischen Mann und Frau als eine mögliche Quelle der Not für das Familiensystem nicht gefördert wird. Aileen Ross beschreibt die Probleme, denen sich eine junge Frau in ihrer neuen Familie gegenübersieht:
„Wenn sie attraktiv genug war, um die Unterstützung ihres Mannes zu erhalten, wurde ihre Stellung sogar noch schwieriger. Wenn er ihre Partei ergriff, wurde das feine Gleichgewicht der Familienbeziehungen durcheinander gebracht und Spannungen geschaffen, die auf sie zurückfallen konnten. Ihre Beaufsichtigung oblag nicht ihrem Mann, da sich dies zu einer warmen, intimen Beziehung hätte entwickeln können, was wiederum Streß in dem verbundenen Familiensystem verursacht hätte."(28)

Dies ist ein weiterer Beweis dafür, daß der geheime Bruch von Generationen- oder Statusgrenzen, den Freud als ein intrapsychisches künstliches Erzeugnis analysiert hat und der von Haley behavioristisch umdefiniert wurde, in Wirklichkeit ein Thema mit vielen Variationen ist. Die westliche Gesellschaft versucht, das verheiratete Paar eng miteinander zu verschmelzen, um die gefährliche Möglichkeit zu vermeiden, ein Kind könne eine subversive Koalition mit einem der Eltern eingehen. Die Tradition der Hindugesellschaft versucht, Distanz zwischen Mann und Frau zu schaffen, um eine Subversion der über alles wichtigen Mutter/Sohn-Beziehung zu verhindern.

Andere Varianten findet man bei afrikanischen Gesellschaften, die nach der Hsu-Typologie normalerweise auf einer Bruder/Bruder-Achse beruhen. Robert LeVine zeigt in einer Studie über typische afrikanische Familienspannungen, wie häufig in vielen Gesellschaften die Streßlinie sich zwischen Vater und Sohn entwickelt, die einem kulturell vorgeschriebenem Vermeidungsmuster unterliegen. LeVine führt an, daß die häufigste Art des Mordes in vielen afrikanischen Gruppen zwischen Männern verschiedener Generationen auftritt.(29) Teilweise mag das von der Sitte herrühren, die den erstgeborenen Sohn zwingt, bis zum Tode des Vaters zu warten, ehe er an dem vom Vater angesammelten Reichtum teilhaben kann. Da es nicht viele andere Möglichkeiten gibt, Besitz anzusammeln, kann dies einen zentralen Punkt für beträchtliche Konflikte ergeben. Bateson beschreibt, bei den Jatmul sei es den Söhnen und Vätern durch die Kultur verboten gewesen, vertraut miteinander zu werden, und er vermutet ebenfalls, dies könne von den gegensätzlichen Interessen der älteren und jüngeren Männer herstammen. Diese Gegensätzlichkeit wird durch die enge Bindung der Söhne an die Sippe ihres Onkels mütterlicherseits verstärkt. Wir haben bereits die Beziehung untersucht, die zwischen der drohenden Spaltung brüderlicher Sippen in der Jatmul-Gesellschaft besteht und den sozialen Erfindungen, die sich offensichtlich entwickelt hatten, um dies zu verhindern.

Wir könnten aber darüber hinaus noch weitere Feststellungen machen: Das Problem der sozialen Spaltung wirkt auf alle beherrschenden Strukturen ein, und Formen, die in einer bestimmten Kultur die Spaltung verhindern sollen, können ihr eigenes Potential an Kummer mit sich bringen, je nach der Art der herrschenden Struktur und danach, welche Formen gebraucht werden. Einige Methoden, die Spaltungen verhindern sollen, sind wohltätig – wie zum Beispiel die integrierende Sitte der Naven-Zeremonie. Bei weniger wohltätigen Methoden kommt es zu einer Beteiligung einer dritten Partei, wenn zum Beispiel die Symptome eines Kindes offensichtlich dazu führen, Eltern an der Trennung zu hindern, oder wenn einer der Ehepartner ein Symptom entwickelt und so auf andere Weise diese Möglichkeit verhindert. Wenn solche ausgleichenden Verhaltensweisen nicht ausreichen, spaltet sich die 'dominante Achse' evtl. an der Bruchlinie. In unserer Gesellschaft heißt das häufig Scheidung; in afrikanischen Gesellschaften kann es das Absplittern einer brüderlichen Gruppe bedeuten.

Es ist wichtig, die kulturellen Spielarten des 'pervertierten Dreiecks' nicht zu vergessen. Wenn wir uns nicht verdeutlichen, daß diese Triade sich nach der Art unterscheidet, wie Familien in einer Gesellschaft organisiert sind, werden wir anfangen zu glauben, nur in unserer Gesellschaft gäbe es Familienstrukturen, die mit Symptomen verbunden sind. Wir müssen uns auch davor hüten, Symptome linear-kausal zu sehen, die den 'Sinn' haben, zum Beispiel eine Ehe zu retten. Alles, was wir sagen können, ist, daß sie empfindliche Reaktionen sind, die gewöhnlich zusammen mit Beziehungsschwierigkeiten in hierarchischen Gruppen auftreten und die mit vielen anderen miteinander verknüpften Faktoren zusammen das Familiengleichgewicht begünstigen.

Um nun auf triadisches Verhalten in sozialen Strukturen zurückzukommen, wollen wir uns mit einer wichtigen Mini-Industrie im Feld der Sozialpsychologie beschäftigen: mit der Theorie des strukturellen Gleichgewichts. Vieles in Caplows Denkweise in seinem Buch 'Two Against One' ist stark beeinflußt von Gleichgewichtstheorien, obwohl er sie nur in einer Fußnote erwähnt. Auch Haley scheint sich mit dem Gedanken von Regeln auseinanderzusetzen, die die Vereinbarkeit von Beziehungen über soziale Netzwerke hinaus beherrschen. Davis steht völlig in der Tradition der Gleichgewichtstheorie. Im nächsten Kapitel werden wir bemüht sein, brauchbare Teile dieses verwickelten und faszinierenden Gedankengebäudes auszuwählen, ohne uns allzu sehr von seiner eleganten Logik verführen zu lassen.

Kapitel 7

KONGRUENZREGELN DER TRIADEN

Gleichgewichtstheorie und Familientheorie

Die Hauptschwierigkeit bei der Anwendung der strukturellen Gleichgewichtstheorie auf das Verstehen von Familien liegt darin, daß diese Theorie ursprünglich im Rahmen der Individualpsychologie entworfen wurde. Die Gesetze der Beziehungen, die in der Gleichgewichtstheorie beschrieben werden, benutzt man, um eine weit verbreitete Prämisse zu stützen: Ein Zustand der 'kognitiven Dissonanz' oder der Unvereinbarkeit der Wahrnehmung ruft Unbehagen hervor, das der Mensch auszugleichen versucht. Die Betonung lag bei Einstellung, Gefühlen und Erkenntnissen der Zentralperson. Als Folge davon wurden Erklärungen, die mit ihrer sozialen Umgebung – ihrer Familie oder anderen Gruppen – zu tun hatten, unsichtbar. Die Theorie enthält jedoch Kernideen, die Hinweise auf einige der Regeln geben, von denen die Beziehungen in Familien und Verwandtschaftsgruppen geleitet werden. Sie ist besonders gut anwendbar auf triadische Verhaltensmuster in Familien mit psychotischen Mitgliedern. Die von der Gleichgewichtstheorie vorausgesagten Muster erweitern die Möglichkeiten klinischer Einmischung.

Die Lehre der Gleichgewichtstheorie, die von Dorwin Cartwright und Frank Harary aus Forschungen von Fritz Heider abgeleitet wurde, beruht auf der Prämisse, daß miteinander verbundene Verwandtschaftsgruppen innere Widersprüchlichkeiten verabscheuen.(1) Heiders Interesse lag bei den kognitiven Feldern, und er stellte die Hypothese auf, solche Felder hätten eine Neigung zur Übereinstimmung der Einstellungen und Gefühle. Er beabsichtigte, Kongruenzregeln aufzustellen, die die Art und Weise beeinflußten, wie ein Individuum Personen und andere Einheiten, seien sie nun materiell oder abstrakt, einschätzte. Cartwright und Harary betonen den Unterschied zwischen diesem Schwerpunkt und dem von Forschern wie T.M.Newcomb, von denen die Theorie erweitert wurde, um soziale und kognitive Felder zu erklären. Wenn zum Beispiel die Person P die Personen O und X gern mag, O und X aber Feinde sind, wird wahrscheinlich

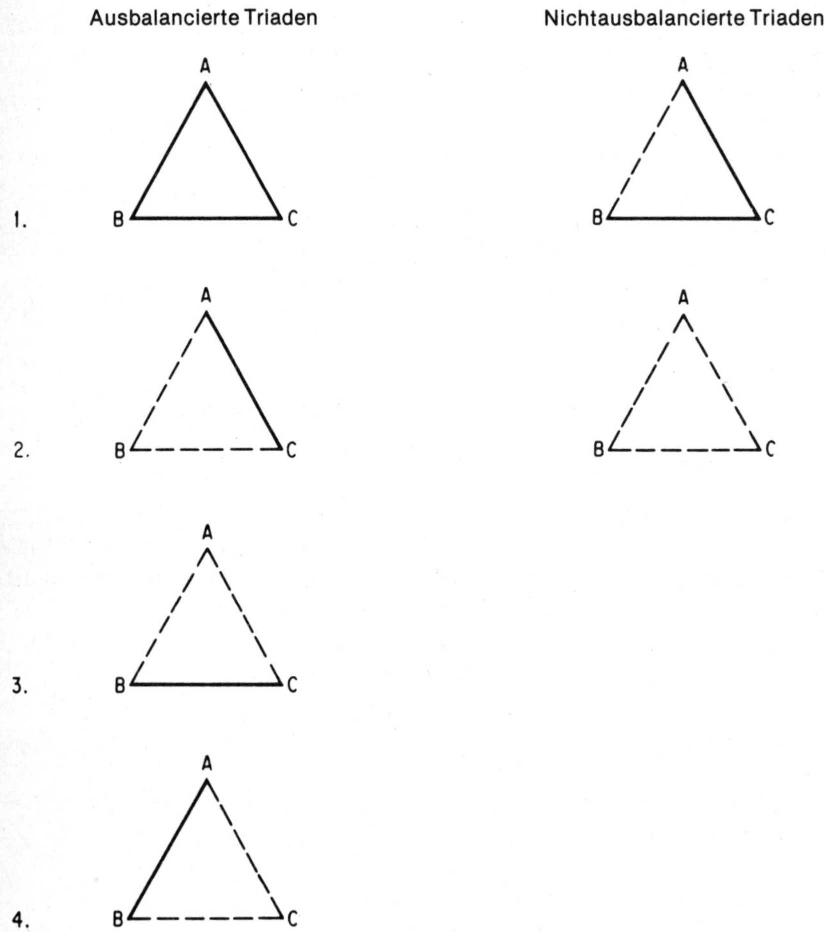

('A' ist 'ich', 'B' und 'C' sind die erste und zweite Partei in dem Plan)

Fig. 7.1
Ausbalancierte und nicht ausbalancierte Triaden

eine der drei Parteien sich dem Druck ausgesetzt fühlen, die Einstellung zu ändern, bis die Situation die Oberhand gewinnt, in der es keine rivalisierenden Loyalitäten mehr gibt. Dies bedeutet aber nicht unbedingt, O und X müßten Freunde werden. 'Gleichgewicht ist nicht gleichbedeutend mit Harmonie. Die Gesetze für die interpersonelle Interpretation der Gleichgewichtstheorie werden oft dargestellt wie in Abbildung 7.1.

1. Der Freund meines Freundes ist mein Freund.
2. Der Feind meines Freundes ist mein Feind.
3. Der Freund meines Feindes ist mein Feind.
4. Der Feind meines Feindes ist mein Freund.

Dies ist im wesentlichen eine Theorie der Koalitionen. Nach diesen Gesetzen sind Triaden im Gleichgewicht oder – wie man vielleicht auf anschaulichere Weise sagen könnte – kongruent in den folgenden zwei Fällen: Erstens wenn alle Beziehungen zwischen den drei möglichen Paaren positiv sind (ein Wort, das von den Gleichgewichtstheoretikern mit Begriffen wie Sympathie, Ähnlichkeit und Affinität gedeutet wird); zweitens in der klassischen Situation 'Zwei gegen einen', wo zwei der Parteien befreundet sind, der dritten gegenüber jedoch eine negative Einstellung haben ('negativ' wird in Begriffen wie Feindseligkeit, Opposition, Distanz erklärt). Nur in zwei Fällen sind Triaden nicht im Gleichgewicht: Erstens wenn es zwei positive und eine negative Beziehung gibt und zweitens wenn alle drei Beziehungen negativ sind. Einige Einschränkungen über diese Begriffe 'positiv' und 'negativ' werden später untersucht. Im Augenblick zeigen die Definitionen der Gleichgewichtstheorie ausreichend an, was gemeint ist. Wenn wir diese Formel auf die P/O/X-Triade anwenden, die oben beschrieben ist, wird deutlich, welche drei Wege eingeschlagen werden können, um diese Triade kongruent zu machen. O kann sich mit X befreunden, oder die Beziehung zwischen P und O (oder zwischen P und X) kann unfreundlich werden (s.Abbildung 7.2).

Wir wollen diese Behauptung noch verdeutlichen. Wenn Betty und John und Bill gut miteinander auskommen, ist alles in Ordnung. Aber wenn sich John und Betty zerstreiten, steht Bill unter dem Druck, Partei zu ergreifen, besonders wenn sie alle zu einer bestehenden Gruppe gehören. Wenn Bill nicht den Vermittler spielen und die Harmonie wieder herstellen kann, oder wenn Bill den Streß einer geteilten Loyalität zu hart und unerträglich findet, wird er sich vermutlich der einen oder anderen Seite zuwenden. Dies ist eine ausgewogene Form, das klassische 'Zwei gegen einen'. Natürlich gefällt Bill seine Lage unter Umständen nicht. In einem solchen Fall wäre es schön, wenn er das Feld räumen und sagen könnte: „Die Pest über eure beiden Häuser!"

Aber nicht jedem in dieser Lage stehen diese Möglichkeiten offen. Wenn Bill ein Kind ist und Betty und John seine Eltern, und wenn sie ihn in ihren Streit hineinziehen, sind alle Entscheidungsmöglichkeiten düster. Er kann sich mit Betty zusammentun und John verlieren oder umgekehrt.

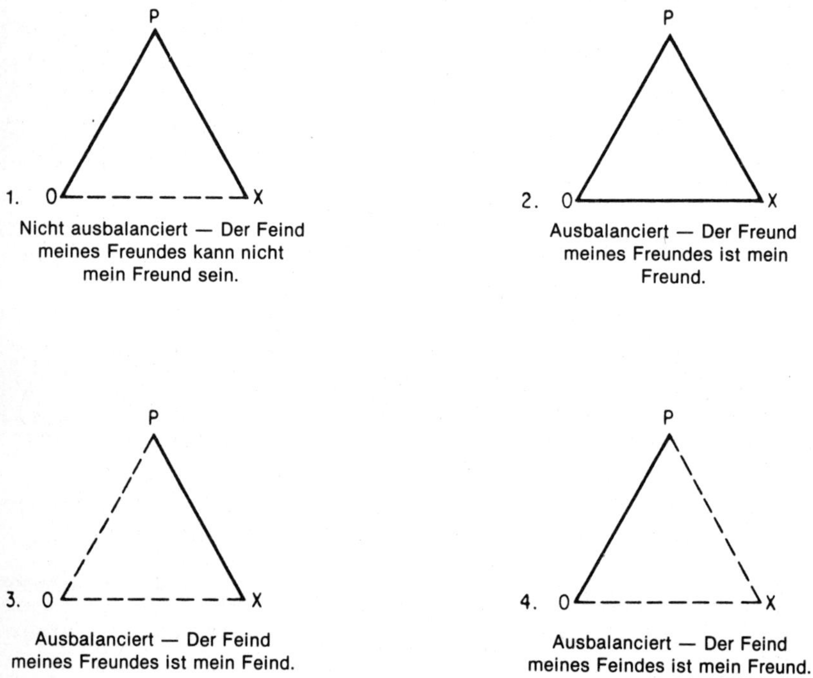

Fig. 7.2
Ausbalancierte Lösungen für die unstabile P-O-X

Oder er kann zwischen beiden hin- und herschwanken, immer darauf bedacht, keinen von beiden vor den Kopf zu stoßen, weil er dem anderen zu nahe zu sein scheint. Ich habe diese Möglichkeit (die des Dreiecks mit zwei positiven Seiten) wegen des Potentials an Streß das 'unzulässige Dreieck' (inadmissible triangle) genannt. Eine andere Möglichkeit für Bill besteht darin, eine Annäherung des sich bekämpfenden Paares zu schaffen, indem er sie besorgt machen könnte, krank wird oder sich merkwürdig verhält. Er könnte sie auch durch schwieriges oder bösartiges Verhalten vereinen. Keiner dieser Wege ist jedoch sehr angenehm, wenn sie auch technisch gesehen alle 'ausgeglichen' sind.

Die Gleichgewichtstheorie läßt sich nicht nur auf einzelne Dreiecke anwenden. Cartwright und Harary greifen Heiders Formulierung auf und weiten sie in einem wichtigen Punkt aus. Sie versuchen, Gesetzmäßigkeiten zu beschreiben, die nicht nur eine Einheit von drei betreffen, sondern auch größere Strukturen. So nehmen sie Heiders ursprüngliche Aussage, es gäbe einen ausgeglichenen Zustand in einer Gruppe von drei Einheiten, wenn die Beziehung zwischen allen dreien positiv ist oder wenn zwei negativ sind und eine positiv ist, und erweitern sie auf Einheiten mit n-Elementen.

Cartwrights und Hararys ursprüngliche Lehrsätze und Beweise können für unsere Zwecke sehr einfach in Begriffen von Dreiecken neu formuliert werden. Wir beginnen mit einem ausbalancierten Dreieck, bei dem eine Seite positiv und zwei Seiten negativ sind und entschließen uns dann, eine Anzahl von Punkten hinzuzufügen, die wir in einem Netzwerk miteinander verbinden, wobei wir immer noch den Kongruenzregeln folgen. Das Ergebnis wird zeigen, daß zwei – und nur zwei – Koalitionen auftauchen. Zwei Gruppen von Punkten, die mit positiven Linien verbunden sind, werden durch negative Linien getrennt, und das trifft immer zu, ganz gleich, wieviele Punkte hinzugefügt werden (s.Abbildung 7.3). Der Leser, der dies bezweifelt, hat vielleicht Lust, mit Dreiecken herumzuspielen, neue Punkte hinzuzufügen und die Bögen zwischen ihnen mit 'positiv' oder 'negativ' zu bezeichnen nach den oben angeführten Regeln.

Im Endergebnis werden wir zwei gegensätzliche Gruppen haben, ganz gleich, wie groß die Struktur wird. Die offensichtliche Ausnahme besteht dann, wenn eine der beiden Untergruppen aus nur einem Punkt besteht und alle anderen Punkte sich in der anderen Untergruppe befinden (s. Abbildung 7.4).

Für Sozialpsychologen und Kliniker ist daran interessant, daß diese beiden Formen von Natur aus in Familien und anderen kleinen Gruppen auftreten. Häufig findet man Kräfte, die ein soziales Feld polarisieren, so daß sich jeder auf der einen oder anderen Seite befindet. In einer anderen Form, die der ersten anscheinend entgegenwirkt, verbünden sich alle gegen

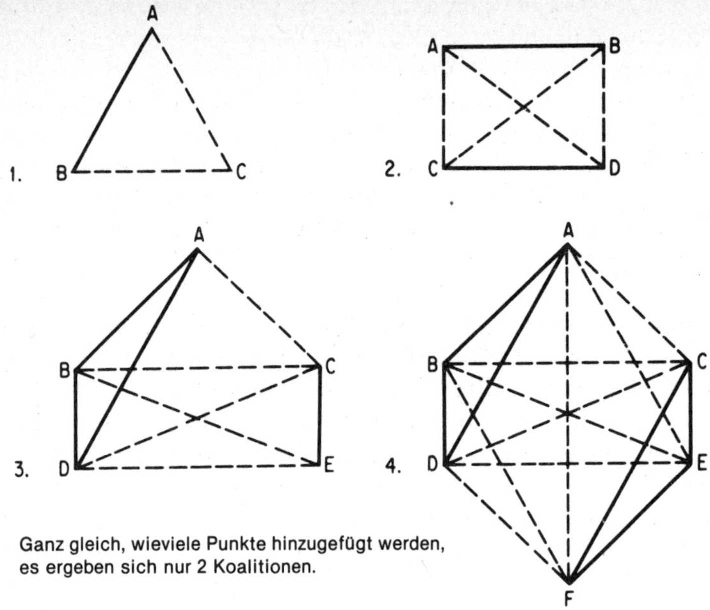

Fig. 7.3
Zwei Koalitionen

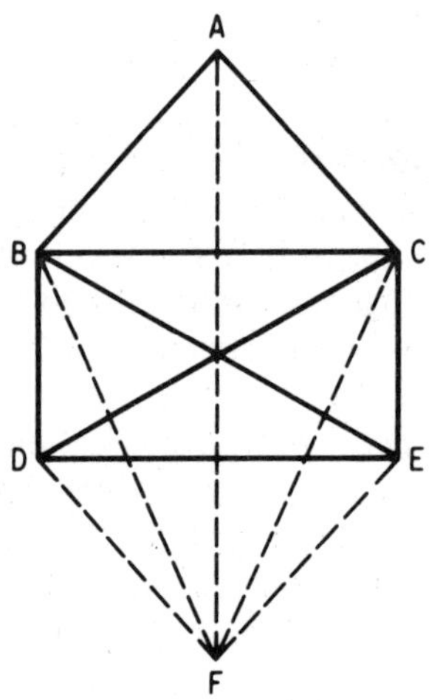

Fig. 7.4
Gruppierung mit dem Einzelaußenseiter

ein Mitglied. Dadurch werden die bisherigen gegensätzlichen Bestandteile in einem einzigen Block zusammengefaßt. In einem Artikel kommentiert William Taylor diese Muster und bezieht die Gleichgewichtstheorie auf Interaktionssequenzen in Familien, in denen ein Mitglied symptomatisch ist. Er meint, die Gleichgewichtstheorie könne einen Schlüssel für das Verständnis des Vorgangs bieten, bei dem eine Gruppe das, was er die 'Gruppierung mit dem Einzelaußenseiter' nennt, als Möglichkeit zur Vermeidung einer Spaltung oder eines Bürgerkrieges anwendet.(2)

Ein Vorbehalt, den die Kritiker der Gleichgewichtstheorie anführen, ist der, daß alle Elemente der Struktur miteinander verbunden sein müssen, da sonst kein Druck ausgeübt wird, um die Beziehungen miteinander vereinbar zu machen. Dieser Punkt stimmt überein mit Caplows Behauptung, es gäbe in einer Gruppe mit Triaden kein Verbot für eine Person, gleichzeitig Gegner und Partner zu sein, wenn die betreffenden Leute sich in verschiedenen Aktionssystemen treffen. Die Gleichgewichtstheorie scheint hauptsächlich auf extrem eng verbundene Verwandtschaftssysteme anwendbar zu sein, nicht aber auf lockere Systeme wie die Ansammlung von Fremden u.ä. James Davis hat sich dieser Frage zugewandt und bietet uns eine Formulierung, nach der die 'balancierten' Formen ein besonderer Fall innerhalb einer allgemeinen Regel für das seien, was er 'Gruppierung' (clustering) nennt.(4)

Cluster-Theorie

Wie die Vertreter der Gleichgewichtstheorie festgestellt haben, ist bei ausgewogenen Strukturen die Tendenz zur Teilung quer durch die Mitte eine Erklärung für das merkwürdige Phänomen der Polarisierung. Simmel schrieb über diesen Teilbereich sozialen Verhaltens vor vielen Jahren: „In unruhigen Zeiten wird das gesamte öffentliche Leben im allgemeinen unter das Motto gestellt:'Wer nicht auf meiner Seite steht, ist gegen mich'. Als Folge davon kommt es zu einer Trennung aller Beteiligten in zwei Parteien."(5) Aber vor der Begründung der Gleichgewichtstheorie gab es kein System von Gesetzen, das diese Aktivitäten erklärte.

Das Problem bei der Anwendung dieser Gesetze ergibt sich, wenn man die Frage stellt, wie eine Gesellschaft es überhaupt fertig bringt, zusammenzuhalten, wo doch die Tendenz zur Polarisierung immer dann besteht, wenn eine negative Beziehung in irgendeinem Teilbereich auftritt. Cosers Arbeit über die Bedeutung des vielfachen Gruppenzusammenschlusses stellt eine Teillösung dieses Problems dar.(6) Worauf es Coser ankommt ist, daß eine extrem geschlossene Gruppe das Risiko der Polarisation in sich trägt, weil sie nicht das Bestehen von differenzierten Untergruppen duldet. Wenn – wie er sagt – ein Konflikt quer durch die Gesellschaft ausgetragen wird, so stellt dies ihre grundlegende auf Gegenseitigkeit beruhende Vereinbarung in Frage und gefährdet daher ihre Existenz. Wenn aber andererseits Angliederungen an viele Gruppen zugelassen sind und so eine Vielzahl von miteinander rivalisierenden Loyalitäten geschaffen wird, dann wird dadurch eine Gleichgewichtskomponente hergestellt, die eine tiefe Spaltung auf der einen Achse verhindert. Nach Cosers Beobachtungen besteht in einer geschlossenen Gesellschaft, wo sich die Loyalitäten auf ein oder zwei Ideen, Ziele oder Personen konzentrieren, eine größere Gefahr der Polarisation (oder, so könnte man hinzufügen, die Alternative, einen Sündenbock zu finden) als dies in einer offenen Gesellschaft der Fall ist, wo viele Loyalitäten zugelassen sind.

Davis führt dieses Gedankengang in seinem Artikel über Cluster-Theorien weiter fort, indem er die Polarisation als nur einen möglichen Weg der Gruppentrennung darstellt. Man findet in einer Gesellschaft häufig viele Cliquen oder Inseln eng zusammengehörender Personen, zwischen denen eine schwache Feindschaft oder Distanz besteht. Davis modifiziert die grundlegenden Thesen der Gleichgewichtstheorie, um diesen Möglichkeiten Rechnung tragen zu können. Insbesondere ändert er die Regeln für die Kongruenz, um die negative Triade mit einschließen zu können. Auch er läßt die bereits zitierten ersten drei Bedingungen der Gleichgewichtstheoretiker gelten: Der Freund des Freundes gilt als Freund; der Feind des Freundes gilt als Feind; der Freund des Feindes gilt als Feind. Die vierte These aber, die besagt, der Feind des Feindes gelte als Freund, schließt er aus. Der Feind eines Feindes kann auch als Feind gelten. Als Ergebnis dieser letzten Regel kann es zu einer sogenannten Clusterstruktur kommen – die viele isolierte Gruppen enthält – statt zu einer ausbalancierten Struktur.(7)

Um ein Beispiel aus dem Verwandtschaftssystem herauszugreifen, könnten wir zwei Typen der Familienstruktur im Diagramm darstellen, von denen die eine zum Clustertyp gehört und die andere zum ausbalancierten (s.Abbildung 7.5).

In den ausbalancierten Gruppen treten die 'negativen' Verbindungen normalerweise zwischen Eltern und Kindern auf. Die Verbindungslinien zwischen Großeltern und Enkeln sind dagegen meist positive, womit eine besondere Wärme des Verhältnisses zum Ausdruck gebracht werden soll. Das ist die übliche Situation für Drei-Generationen-Familien in unserem Kulturbereich. Apple hat interkulturelle Studien durchgeführt, aus denen hervorzugehen scheint, daß dort, wo die Eltern die Hauptverantwortung für die Disziplinierung ihrer Kinder tragen, eine Haltung respektvoller Distanz zwischen diesen beiden Generationen besteht, wohingegen die Beziehung zwischen Großeltern und Enkeln auf der Grundlage freundlicher Gleich-

Ausbalancierte Familie

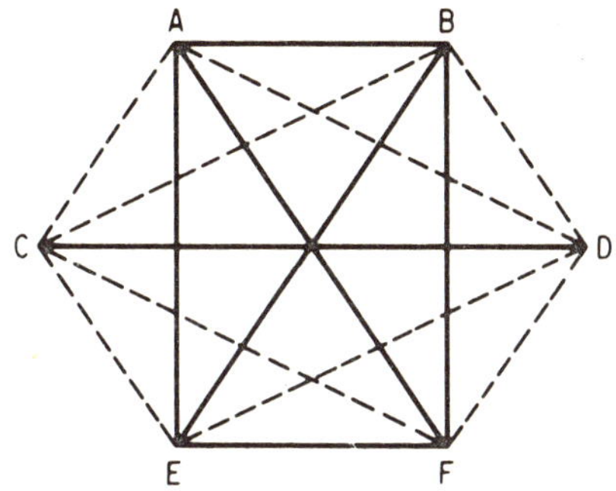

Negative Triaden sind nicht erlaubt

Cluster-Familie

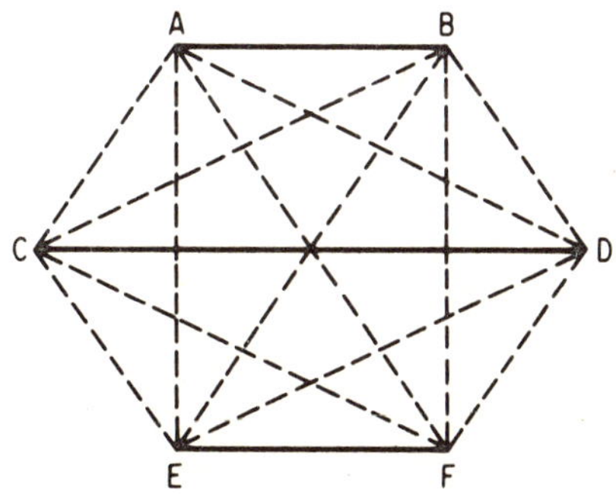

Drei Generationen sind voneinander unabhängig;
negative Triaden sind erlaubt

Fig. 7.5
Grafiken für ausbalancierte und Cluster-Familien

rangigkeit besteht.(8) Wenn die Großeltern, wie das in einigen wenigen Fällen geschieht, autoritär sind, wird die 'negative' Statuslinie zwischen ihnen und den Kindern bestehen, wohingegen die Eltern/Kind-Beziehung mehr kameradschaftlicher Art sein wird. In der Terminologie der Verwandtschaftsbezeichnungen hat sich dieser Unterschied oft als 'kühl' und 'herzlich' verewigt. Wie auch in der Gleichgewichtstheorie gelten solche Beziehungen quer durch das System als durchaus miteinander vereinbar: Die herzlichen Verwandten meiner herzlichen Verwandten werden auch mir gegenüber herzlich sein usw.

Demgegenüber würde eine Verwandtschaftsgruppe von drei Generationen nach dem Clusterprinzip durch eine Struktur abgebildet, in der die Personen derselben Generation positiv miteinander verbunden sind und die Verbindungen von Personen verschiedener Generationen würden als 'negativ' bezeichnet. Der Unterschied würde darin bestehen, die Verbindungen, die eine Generation überspringen, ebenfalls als negativ zu bezeichnen. Auf diese Weise erhält man ein System von drei Generationen, von denen keine zwei eng miteinander verbunden sind. Es handelt sich hier in beiden Fällen um durchaus übliche Organisationsformen einer Familie, man würde sie also nicht für die Ursache von pathologischem Verhalten ansehen. Aber die zuletzt genannte Form wird wahrscheinlich nicht in Familiengruppen auftreten, wenn man von der Tendenz ausgeht, daß intime Beziehungen milde Formen der Verträglichkeit fördern werden. In weniger eng verwobenen hierarchischen Gruppen, wie zum Beispiel der Bürokratie, würden die Clusterregeln mit größerer Wahrscheinlichkeit ihre Anwendung finden, wenn auch mit größeren Sanktionen gegen zu enge Beziehungen unter Gleichgestellten und der Betonung vertikaler Loyalitäten Vorgesetzten gegenüber. Davis erwähnt auch Elizabeth Botts Studie über englische Arbeiterklassenfamilien innerhalb einer Londonder Nachbarschaft (wo jeweils zwei Familien, die mit einer dritten bekannt waren, sich auch untereinander kannten) als weiteres Beispiel für das Clusterprinzip.(9) Das sich daraus ergebende Muster der Verbundenheit stimmte insofern genau mit Davis Theorie überein, als es viele kleine soziale Inseln ohne besondere Verbindung untereinander gab.

Der Clusterbegriff verstärkt den Verdacht gegen die Gleichgewichtstheorie, die die Voraussage macht, alle Beziehungen in einem bestimmten System müßten miteinander verträglich sein, und die vielleicht nur in einigen Fällen anwendbar ist. Wenn wir Familien betrachten, in denen die Regeln der Gleichgewichtstheorie streng zur Anwendung kommen, so ist das für uns ein Signal, sie mehr in Augenschein zu nehmen, denn gerade in Familien mit schweren Pathologien scheinen diese Regeln am stärksten in Kraft zu sein.

Gleichgewichtstheorie und Familienpathologie

Caplow und Haley stimmen darin überein, daß für Beziehungen die Tendenz besteht, quer durch das gesamte Familiensystem miteinander vereinbar zu sein. Wenn dem so ist, worin besteht dann der Unterschied zwischen einer Beziehungsstruktur, die zu seelischem Schmerz führt und einer, die das nicht tut? Man könnte dies zu erklären versuchen, indem man mit Haley behauptet, in Problemfamilien schienen alle oder die meisten Beziehungen auf Koalitionsbeziehungen hinauszulaufen. Mutter und Kind haben auf Kosten des Vaters eine engere Beziehung. Eltern finden sich nur in Opposition gegen ein Kind zusammen. Die Kernfamilie kann nur Solidarität erreichen, wenn sie eine Großmutter zum Sündenbock macht. Umgekehrt wird sich eine dritte Partei in den Konflikt zwischen zwei anderen Parteien einmischen, um sich auf die eine oder andere Seite der Streitenden zu schlagen oder um die Aufmerksamkeit auf sich selbst abzulenken. Sowohl Enge als auch Distanz sind wichtige Aspekte der Familienbeziehungen, aber die Vorgänge in einer Problemfamilie scheinen fast immer triadisch zu sein, denn Enge und im Grunde auch Distanz sind zwischen nur zwei Personen nie ganz zufriedenstellend.

Ein weiterer Faktor ist durch die Intensität gegeben. In Familien, aus denen mit Krankheitssymptomen behaftete Mitglieder hervorgehen, wird es einige Triaden geben, in denen die Beziehungen so empfunden werden, als wäre die Familie ein stark aufgeladenes elektromagnetisches Feld – und die Bezeichnungen positiv und negativ sind in diesem Zusammenhang metaphorisch gesehen durchaus angemessen. Die Werte der Beziehung können sich abrupt verlagern, aber welcher Wert auch zutage tritt, er wird immer den Charakter einer unsichtbaren Kraft haben. Im Gegensatz dazu sind die Beziehungen in einer normal funktionierenden Familie viel milder und weniger verbindlich. Demzufolge scheinen diese Personen die Freiheit zu haben, Bündnisse in angemessener Form einzugehen, wie die jeweiligen Handlungen oder Zeitphasen es notwendig erscheinen lassen. Aus diesem Grunde wenden vielleicht Kliniker so häufig den Ausdruck 'flexibel' an, um damit eine gut funktionierende Familie zu bezeichnen und benutzen den Ausdruck 'starr' zur Bezeichnung einer gestörten Familie.

Es sollte jedoch darauf hingewiesen werden, daß Inflexibilität nicht immer mit bestimmten Bündnissen in Beziehung steht, sondern vielleicht auch mit der Reihenfolge, in der sie auftreten. Es gibt vielleicht ein dominantes Koalitionsmuster für eine oder mehrere Familientriaden, aber diese Triaden würden verschiedene Formen annehmen, so daß sie zu verschiedenen Stadien der Gesamtabfolge unterschiedlich aussehen würden. Aufgrund dieser wechselnden Eigenschaft mag eine Familie mit extrem pathologischem Verhalten chaotisch und verwirrt erscheinen, und die Starrheit wird nur in der Redundanz dieser Abfolgen im Laufe der Zeit erkennbar werden.

Einen vierten Faktor stellt der Grad der Verbundenheit der Familienbeziehungen innerhalb eines Feldes dar. Manchmal wird sich der Zwang zur Verträglichkeit in alle Winkel des Systems ausbreiten und sich nicht auf nur ein oder zwei benachbarte Triaden beschränken. Als Bowen dieses Phänomen erkannte, stellte er es sehr häufig zu Krisenzeiten fest, wobei immer mehr Personen durch eine Art Ansteckung in diesen Triangulationsprozeß verwickelt wurden. Kalman Flomenhaft und David Kaplan beschreiben Familien, in denen ein Mitglied in eine psychiatrische Anstalt eingeliefert wurde, und beobachteten dabei die Tendenz von Verwandten, aus dem Nichts heraus zu erscheinen, um sich auf möglichst einflußreiche Weise am Ausgang dieses Falles zu beteiligen.(1o)

Der Zwang zur Verträglichkeit kann nur verstanden werden, wenn man ihn in Beziehung zur Wichtigkeit der Hierarchie oder der Ebenen in der Familienstruktur sieht. Wenn in einer Familie die Tendenz zu einer starren Verbindung verschiedener Ebenen besteht, dann impliziert das den Zwang zu 'negativen' Verbindungen auf derselben Ebene. Dies wird jedoch einen Konflikt unter den Familienuntersystemen heraufbeschwören. Wenn die Mutter sich durch den Vater vernachlässigt fühlt und sich um eine enge Beziehung mit dem Sohn bemüht, so mag dies für sie selber nützlich sein, es führt aber zu einer unangemessenen Koalition, wodurch die Dyade der Exekutive geschwächt wird. Auch dem Kind nützt diese Koalition unter Umständen wenig, besonders wenn es sich anschickt, von zu Hause fortzugehen. Familien haben den besonderen Auftrag, Generationsebenen nicht zu verwischen, denn jede neue Generation hat die Aufgabe, sich letztlich von ihrem Vorgänger loszukoppeln.

Starke Verbindungen über Generationsgrenzen hinweg sind jedoch nicht die einzige Quelle für Schwierigkeiten. Viele Familienprobleme entstehen aus der umgekehrten Situation, in der es zu einer extremen Bindung der Gleichaltrigen kommt und zu einem riesigen Riss, um nicht zu sagen zu einer Schlucht zwischen den Generationen. Dies kann in Familienstrukturen auftreten, in denen die Eltern von ihren Kindern in extremer Weise losgelöst sind und die Geschwister eine überenge Untergruppe oder Bande bilden, wie zum Beispiel in Minuchins 'entkoppelten' Familien.

Es ist nicht die Art der Struktur an sich, die gut oder schlecht ist. Gut ist ein vernünftiger Grad an Unabhängigkeit der Teile (in Ashbys Sinne). Eine gut funktionierende Familie scheint trennende Mechanismen in sich eingebaut zu haben, die der Tendenz entgegenwirken, Beziehungen nach starren Koalitionsgesetzen ablaufen zu lassen. Die Generationsgrenze legt, wie andere Statusspaltungen, einen Abstand zwischen Teile, die sich zu nahe kommen könnten. Ebenso verhält es sich auch mit der Abgrenzung um eine Untergruppe, wie zum Beispiel die Eheleute. Wenn Teile sich zeitweise abspalten können, so daß die Mutter dem Baby während des Fütterns nahe sein kann, ohne daß der Vater eifersüchtig wird, oder wenn der Ehemann seine Mutter besuchen kann, ohne daß sich die Frau bedroht fühlt, bedeutet dies, daß es zu einer gewissen Trennung der Beziehungsbereiche gekommen ist. Dann haben wir Caplows optimale Situation, bei der die Spieler Gegner und Partner gleichzeitig sein können, ohne unloyal zu sein, da sie sich auf verschiedenen Betätigungssystemen treffen.

Wir wollen es noch einmal zusammenfassen: Eine Familie, die Mitglieder mit psychotischen oder neurotischen Symptomen hervorbringt, gibt uns wahrscheinlich auch die folgenden Anhaltspunkte:

Erstens einen hohen Grad von Familienverbundenheit; zweitens verdeckte Koalitionen, die die Generationsgrenzen überschreiten; drittens Nähe und Distanz zwischen Familienmitgliedern, die bestimmt sind nach den Kongruenzgesetzen der Koalitionen; viertens eine dritte Partei mischt sich in einen Konflikt oder die Nähe zwischen den Paaren ein oder lenkt sie ab; fünftens Beziehungen mit einem hohen Intensitätsfaktor.

Wie jedoch deutlich wird, können viele Grundsätze der Gleichgewichtstheorie besser durch die Koalitionstheorie abgehandelt werden. Das führt uns zu der Frage: Warum ist es nicht zu einer ausdrücklichen Verbindung der beiden Forschungsgebiete gekommen, insbesondere in Caplows 'Two Against One'? Bei genauem Lesen werden wir darauf hingewiesen, daß Caplow zeitweise einer Argumentation folgt, die auf der Gleichgewichtstheorie basiert, aber vieles in seinen Untersuchungen über Koalitionen, die er beschreibt, stammt aus der Spieltheorie. Wir finden daher in seinem Buch einen stillschweigenden Krieg der Metaphern. Die 'Ursächlichkeit' (causation), auf der der Wunsch einer Person basiert, ein Spiel zu gewinnen, stammt nicht aus dem gleichen Universum wie die 'Ursächlichkeit', auf der das Bestreben nach Vereinbarkeit beruht, die charakteristisch für die 'ausgewogene' Familienstruktur ist.

Die Forscher auf diesem Feld kämpfen noch immer mit vielen anderen Fragen, die durch die Gleichgewichtstheorie entstanden sind. Howard Taylors gründliche Untersuchung 'Balance in Small Groups'(Gleichgewicht in kleinen Gruppen) untersucht diese Fragen und versucht, einige Antworten zu geben.(11) Für unsere Diskussion müssen wir vor allem die Prämisse im Auge behalten, daß Beziehungen mit enger Verknüpfung Vereinbarkeit erstreben. Klinische Untersuchungen lassen vermuten, daß eine solche Gruppe in Schwierigkeiten gerät, wenn dieser Zustand ins Extrem geführt wird, und dann niemand in der sozialen Gruppe seine Bündnisse verändern kann, ohne jeden anderen in Mitleidenschaft zu ziehen. Besonders in Familiensystemen kommt es zu Problemen, wenn es intensive, unveränderliche Beziehungen über Generationsgrenzen hinweg gibt.

Vorteilhafter Tausch der ausgewogenen Formen

Eine Untersuchung, die durch klinische Studien gestützt zu sein scheint, zeigt, wie ein polarisierender Vorgang in einer Gruppe oft zu einem Vorgang wird, bei dem ein Sündenbock geschaffen wird mit offensichtlichen Vorteilen für die größere Einheit. Die Familienliteratur ist voll von den Vorstellungen eines Kindes als Sündenbock oder Familienheiler, der die Familie vor der drohenden elterlichen Scheidung oder Schlimmerem 'rettet'. Aber diese Formulierungen weisen – wenn auch unbewußt – auf eine Motivation innerhalb des Individuums. Von einem systemischen Standpunkt aus würde man in dieser Situation zwei formale Muster erkennen.

Es ist gut, hier noch einmal auf Batesons Ideen zurückzugreifen und sie neu zu überdenken. Als er symmetrische im Gegensatz zu komplementären Mustern diskutierte, stellte er die Vermutung auf, jedes Muster diene vielleicht dazu, die exponentiellen Tendenzen des anderen in Schach zu halten. Und er behauptete sogar, daß die beiden Arten der Schismogenese psychologisch unvereinbar sein könnten. Wenn man dieses Konzept in einen evolutionären Rahmen stellt, könnte man vermuten, die Gruppen, die überleben, wären in der Lage, ein schismogenes Muster für ein anderes zu ersetzen, und man brauchte es nicht als Konsequenz zu akzeptieren, daß eine der beiden schismatischen Muster außer Kontrolle gerät.

Das Ergebnis, das einem manchmal wie das Opfer eines Individuums für die Gruppe oder für einige andere Personen vorkommt, wird nicht immer klar ausgesprochen. Und doch ist es dieser vorteilhafte Tausch, dem Familientherapeuten sich häufig gegenüberfinden. Es gibt Unmengen an klinischen Beispielen dieses Vorgangs, bei dem ein elterlicher Konflikt durch das symptomatische Verhalten eines Kindes oder manchmal eines Ehepartners abgewendet zu werden scheint. Wenn das Symptom die wohlwollende Bezeichnung 'krank' trägt, wird dadurch eine besorgte, vereinigte Gruppe geschaffen anstelle der zerstrittenen. Wenn es die Bezeichnung 'schlecht' trägt, verbindet es ebenfalls die Familie, aber bringt sie in Gegensatz zu dem problematischen Mitglied. Es gibt immer einen gewissen Bestandteil an 'schlecht' bei der Bezeichnung 'krank' und umgekehrt. Aber normalerweise erweist sich eine Definition als die dominierende. Auf die Gefahr hin, dem Symptom in einer Famiile eine funktionale Aufgabe zuzuweisen, scheint es doch eine Verbindung zwischen Symptomen und Familiengleichgewicht zu geben. In manchen Fällen scheint es ein Hin- und Herschwanken zwischen Familienkonflikt und symptomatischen Erscheinungen zu geben. Ein Prozeß übernimmt die Führung, wenn der andere außer Kontrolle zu geraten scheint. Diese Art Abwechslungsmechanismus scheint jeweils die schlimmsten Konsequenzen beider Zustände zu verhindern. Wieder können wir die Anwendbarkeit von Batesons Kreisläufen mit Selbstkorrektur sehen. Haleys Fall von dem schizophrenen Mädchen, den wir im sechsten Kapitel behandelten, ist ein deutliches Beispiel für einen elterlichen Konflikt, der gelöst wurde, als die Tochter ins Krankenhaus zurückkam. Die Familie hatte sich polarisiert, um sich dann doch wieder zu vereinen, wobei das Mädchen wieder einmal in der Stellung des Außenseiters landete. Man kann Zyklen der Hospitalisation als Wechsel ansehen zwischen drohender Spaltung und abweichendem Verhalten eines einzelnen, das zeitweise den Bruch heilt, wieder zurück zur Zerspaltung und dies ad infinitum. Dieses Hin- und Herschwanken von symmetrischen zu komplementären Bewegungen scheint von einer Grundlage fester Koalitionssequenzen abzuhängen. Ein Ziel der Therapie würde es sein, die Starrheit der Koalitionssequenzen anzugreifen und sich nicht nur mit besonderen Verhaltensweisen, wie dem Schaffen eines Sündenbocks, zu befassen. Der Wert des Erkennens einer formalen Struktur, die ein Symptom umgibt, liegt darin, daß diese Struktur kreisförmig und nicht linear gesehen werden muß und daher auf mehr als eine mögliche Art gestört werden kann, um symptomatische Erleichterung hervorzurufen.

Auf jeden Fall ist deutlich, daß starre Koalitionssequenzen, so wie wir sie hier beschrieben haben, sowohl einen positiven als auch einen negativen Wert für die Familie und andere Einheiten darstellen. Andernfalls würden sie nicht mit den Gefahren, die sie mit sich bringen, toleriert werden. Als Antwort schlägt Haley vor, daß in den meisten Fällen die untergeordnete Partei in einer Koalition über Generationsgrenzen hinweg in eine Spaltung oder einen Konflikt involviert ist, der zwei übergeordnete Parteien trennt. Diese Spaltung tritt nicht immer zwischen den beiden übergeordneten Mitgliedern eines Dreiecks auf, sondern kann zwischen zwei größeren Gruppen vorkommen, mit denen jede dieser Personen identifiziert wird. Der triadische Mechanismus, durch den Konflikte in sozialen Feldern ausgeglichen werden, wird der Kernpunkt des nächsten Kapitels sein.

Kapitel 8

TRIADEN UND DIE HANDHABUNG VON KONFLIKTEN

Die natürliche Triade

Bisher haben wir uns Triaden angesehen, die sich auf Notlagen in einem sozialen System beziehen, mit der Folge, daß diese Formen selbst die Quelle für bösartige Spannungen werden. Nach dem hier vertretenen Standpunkt sind sie weder gut noch schlecht. Sie sind natürliche Regelmechanismen, die vielleicht – aber nicht unbedingt, das hängt vom Standpunkt ab – einen zu hohen Preis fordern. Sie nehmen eine günstige Form an, wenn eine Gruppe gut funktioniert und eine, wie wir meinen, pathologische Form, wenn dies nicht der Fall ist.

Wir wollen mit der 'natürlichen Triade' von Morris Freilich beginnen, die Caplow in 'Two Against One' als gutes Beispiel für ein günstiges Dreieck erwähnt. M.Freilich, einem Anthropologen mit Interesse an Triaden, fiel ein merkwürdiges Drei-Personen-Arrangement auf, das immer wieder in Verwandtschaftsgruppen vieler Länder auftaucht. Interessant ist an diesem Dreieck, daß es viele der gleichen grundlegenden Charakteristika hat wie Haleys 'pervertiertes' Dreieck und Caplows 'unangemessene Koalition'. Es gibt eine enge Bindung zwischen dem Höhergestellten und dem Untergeordneten, zwischen dem anderen Höhergestellten und dem Untergeordneten besteht Feindschaft oder Distanz, und es besteht eine deutlich unterschiedliche Haltung zwischen den beiden Höhergestellten.

M.Freilich beschreibt die Besetzung seiner Charaktere in diesem Dreieck formal wie folgt:
1. eine Hohe-Status-Autorität (HSA),
2. ein Hoher-Status-Freund (HSF),
3. ein Niedriger-Status-Untergeordneter (NSU).(1)

M.Freilich setzt eine positive oder freundliche Beziehung zwischen HSF und NSU voraus und eine negative oder distanzierte zwischen NSU und HSA. Ganz gleich, wie die Verwandtschaftsstruktur einer Gesellschaft aussieht, die Person, die Autorität über ein Kind ausübt, sei es nun der Vater, der Onkel oder der Großvater, ist HSA, während ein anderer Verwandter ohne diese Verantwortlichkeit die Rolle des HSF spielen würde – vielleicht der Bruder oder die Schwester der Mutter oder eine Großmutter oder dergleichen. M.Freilich stellt fest, daß ähnliche Beziehungsgruppen in Gesellschaften wie unsere durch Triaden innerhalb von Berufsgruppen oder Institutionen repräsentiert werden. Im Gefängnis könnte es sich um 'Wärter-Geistlicher-Häftling' handeln, in einem Krankenhaus um 'Psychiater-Sozialarbeiter-Patient', in der Armee um 'Offizier-Geistlicher-Soldat', in der Universität um 'autoritärer Professor-freundlicher Professor-Student'.

M.Freilich diskutiert die vielseitigen Anwendungsmöglichkeiten dieser triadischen Form. Einmal ist sie eine Art Puffer , der den Druck zwischen den beiden Ebenen mildert und der die hierarchische Natur einer Gesellschaft aufrechterhält, in der jemand führt und ein anderer folgt. Der HSF gleicht, wie Freilich sagt, die Macht innerhalb der Gruppe aus und vermittelt zwischen den strengen Anforderungen der Gruppe und den Bedürfnissen des Individuums. In unserer Gesellschaft können die Großeltern, die normalerweise nicht die Erzieher der Kinder sind, als HSF fungieren. Wenn aber der Großvater aus kulturellen oder anderen Gründen die Hauptautorität ist, können Vater oder Mutter Freund bzw. Kumpel sein.

Außerdem verringert der HSF die Spannung. Wenn HSA in der Gruppe Spannungen schafft, kann HSF sie mildern. M.Freilich nimmt den Begriff des 'expressiven' und des 'instrumentalen' Anführers auf, der von Talcott Parsons und Robert Bales stammt. Diese Autoren schrieben, daß es in jeder Gruppe eine Person gibt, die der 'Aufgabenspezialist' ist und eine, die der 'sozial-emotionale' Spezialist ist. Sowohl Caplow als auch Freilich setzten diese Rollen mit den beiden notwendigen, aber in Konflikt stehenden Polaritäten gleich. Da sind einmal die Pläne des Individuums und seine Eigeninteressen, und da sind die Pläne der Organisation und ihr Überleben. Caplow behauptet, es könne zeitweilig gesund sein, wenn eine 'revolutionäre' Koalition von Untergeordneten das geheiligte Programm der Organisation umstieße. Zu anderen Zeiten kann die autoritäre Struktur der Organisation Vorrang erhalten, besonders wenn die Gruppe von außen in Gefahr ist.

Diese Polaritäten, so könnte man sagen, repräsentieren Ashbys adaptiven Mechanismus für das Überleben jedes Organismus. Die administrative Seite dieses Kontinuums fällt in Ashbys Kategorie des 'Zwanges', der Regeln und Gesetze, die notwendig sind für die Erhaltung des Systems. Die individuelle Seite fällt in die Kategorie der 'Spielbreite', das Sammelbecken idiosynkratischer Elemente, aus dem neue Lösungen geschöpft werden können, wenn das System sich bisher unbekannten Umständen gegenübersieht. Diese Pole sind Wirkung und Gegenwirkung der Spannung zwischen Stabilität und Veränderung.

Parsons, der seine eigene Version dieser Polaritäten auf die amerikanische Familie anwendet, schreibt der Mutter die expressive Rolle und dem Vater die instrumentale zu. Empirische Untersuchungen haben dies nicht immer bestätigen können, und neuerdings macht natürlich der Wandel im elterlichen Erziehungsstil und im geschlechtsspezifischen Verhalten die Festlegung des Mannes bzw. der Frau an eine bestimmte Position zu einem zweifelhaften Unterfangen.

M.Freilich weist auf Untersuchungen von Bott zu Familiensystemen hin, die zumindest zur Lösung eines Teils dieser Probleme beitragen können. In Familien,die Bestandteil eines eng verwobenen Systems sind (meist in der Arbeiterklasse oder in ethnischen Gruppen) besteht eine recht starre Arbeitstrennung, wobei die instrumentale und die expressive Rolle eindeutig dem Vater bzw. der Mutter zugeschrieben werden. In Kernfamilien mit einem spärlich oder locker geknüpften Netz besteht eine weniger strenge Arbeitsteilung, und die Elternrollen sind bis zu einem gewissen Grade austauschbar. Aber welches Ordnungssystem nun auch immer vorliegt, so fungiert doch die Möglichkeit eines Wechsels zwischen relativ 'autoritären'und 'permissiven' Positionen als ein System von Hemmnissen und Gegengewichten, was vielleicht zum Überleben jeder Gruppe unerläßlich ist.

M.Freilich versucht bei der Erklärung, wie seine 'natürlichen Triaden' funktionieren, die Prinzipien der Gleichgewichtstheorie mit einzubeziehen — aber daraus ergeben sich einige neue Probleme. Wenn Heider und andere Vertreter der Gleichgewichtstheorie Recht haben, so liegen in dem HSA/HSF/NSU-Dreieck in ihm selbst begründete Schwierigkeiten vor. Sobald wir eine positive Beziehung zwischen HSF und NSU ansetzen, bedeutet dies, daß die Beziehung zwischen den beiden Autoritätspersonen negativ sein muß. Oder aber die Triade muß sich selbst verändern, indem entweder alle Seiten positiv werden oder indem HSA NSU gegenüber freundlicher gesinnt wird und HSF distanzierter wird.

Um dem Druck zu einer Veränderung in diese Richtungen auszuweichen, nimmt Freilich die Existenz von 'Formalitätssystemen' an. Diese sind vergleichbar mit Caplows Statusspaltung zwischen den verschiedenen Ebenen einer Hierarchie oder Haleys Generationsgrenzen und dienen dem Schutz der Rolle. Um ein eigenes Beispiel anzuführen: Ein Student, der Ärger mit dem Direktor seiner Schule hat, befreundet sich vielleicht mit dem Studienberater. Die Gleichgewichtstheorie sagt voraus, je freundlicher der Student und der Berater miteinander werden, desto wahrscheinlicher wird es, daß der Berater sich auf die Seite des Studenten schlägt und die Beziehung zwischen dem Berater und dem Direktor angespannt und so die autoritäre Struktur der Schule untergraben wird. Gewöhnlich wird durch den Solidaritätsdruck, unter dem das Schulpersonal steht, diese Tendenz in Schranken gehalten, und Direktor und Berater geraten nicht in Streit wegen eines solchen Falles, wobei unter Umständen die Probleme des Studenten größer würden. Dies ist ein Beispiel dafür, wie ein 'Formalitätssystem' oder eine Statusgrenze funktionieren.

Wie dieses Beispiel vermuten läßt, betrifft Freilichs Formulierung hauptsächlich die normale Situation. Es ist für Führungskräfte sozialer Systeme angemessen, zwei kontrastierende Lager darzustellen, die beide je nach Umständen notwendig sein können. Die HSA (in diesem Fall der Direktor) ist in den Zeiten wichtig, in denen das Überleben der Gruppe auf dem Spiel steht. Der HSF (in diesem Fall der Berater) ist dann wichtig, wenn Ausnahmen zugunsten eines Individuums gemacht werden müssen oder wenn äußere Gegebenheiten oder innerer Druck das Bedürfnis nach Wechsel deutlich machen. Wenn die 'Formalitätssysteme' gut funktionieren, bilden sie ein Gegengewicht zum Druck in Richtung Kompatibilität, den die Gleichgewichtstheorie voraussagt, selbst wenn die Führungskräfte nicht miteinander übereinstimmen.

Aber die 'Formalitätssysteme' besitzen nicht immer genügend Gewicht, wenn die Konflikte zwischen Leitern oder Untergruppen zu groß werden, oder wenn der Druck entsteht, Koalitionen über bestimmte Ebenen oder Generationen hinweg zu bilden oder zu intensivieren. Wir werden hier eine rationelle Wendung beobachten können, wodurch die von Freilich beschriebene natürliche Triade zu Haleys 'pervertiertem Dreieck' wird, und wodurch eine dritte Partei mit einbezogen wird, um die Bedrohung durch Trennung oder Kampf abzulenken. Genau an dieser Stelle müssen wir nun auf die außergewöhnlichen Einsichten von Alfred Stanton und Morris Schwartz zurückgreifen, die im sechsten Kapitel erwähnt wurden, und die in ihrer Beschreibung dessen, was sie den 'besonderen Fall' nennen zum Ausdruck kommen: eine Konfiguration, deren Aufgabe zu sein scheint, einen Konflikt einzukapseln und das soziale Gewebe davor zu schützen, auseinandergerissen zu werden.

Das Problem des 'besonderen Falles'

In 'The Mental Hospital' gehen Stanton und Schwartz dem mildernden Einfluß von triadischen Formen auf Konflikte nach.(2) Das 1954 veröffentlichte Buch war als Studie der sozialen Strukturen größerer Institutionen gedacht. Die Autoren fühlten sich im Großen und Ganzen dem System einer Organisationstheorie verpflichtet, in deren Mittelpunkt Elemente stehen wie zum Beispiel Befehlsketten, formelle gegenüber informellen Strukturen, Diagramme für Entscheidungsprozesse, Kommunikationskanäle, Vereinbarungen zur Bewältigung von Konflikten, moralische Fragen und alle anderen Probleme, die den Forscher der Verwaltung interessieren.

Für Familienforscher entpuppte sich diese Studie jedoch als eine unerwartete Bekräftigung einiger ihrer eigenen Hypothesen. Die mit Familien beschäftigten Kliniker hatten schon lange den Verdacht, daß ein versteckter Konflikt der Eltern etwas mit dem symptomatischen Verhalten eines Kindes zu tun haben könnte. Die Ergebnisse von Stanton und Schwartz, die das Auftreten von pathologischem Verhalten in einer Klinikstation mit nicht offen diskutierten Mißstimmungen innerhalb des Personals in Verbindung brachten, schienen eine vielversprechende Bestätigung dieser Vermutungen zu liefern.

So merkwürdig es klingt, wurden diese Ideen nur von wenigen Organisationstheoretikern aufgegriffen – die Arbeit von Stanton und Schwartz fällt also sehr aus dem Rahmen. Keine Untersuchung in der Literatur zur Theorie kleiner Gruppen oder zur Organisation hat so detailliert das Zusammenspiel der drei Gruppenformen untersucht, die Haley das pervertierte Dreieck, Caplow die unangemessene Koalition und Stanton und Schwartz das Problem des besonderen Falles nennen.

Worin liegt nun das Besondere an ihrem 'besonderen Fall'? Der Ausdruck an sich scheint farblos. Es ist fast so, als wären sich die Autoren nicht darüber klar gewesen, daß sie zufällig auf etwas gestoßen waren, das ein schmuckeres Etikett verdient hätte. Ihr Buch wäre im Grunde lediglich eine weitere Studie zur Organisationstheorie gewesen, wenn sie sich nicht selbst hätten vom Thema abbringen lassen, als in ihrem Blickfeld ein unidentifizierbares Objekt auftauchte.

Dieses Objekt erschien zuerst während einer Untersuchung der absinkenden Moral des Personals. Die Anhäufung von Patientenanfällen auf der Station und von Krisen im administrativen Bereich der Klinik schien sich immer um das 'Problem des besonderen Falles' zu konzentrieren. Das veranlaßte die Autoren, diese Vorgänge einzukreisen und eine Dokumentation über die sie begleitenden Umstände zu beginnen. Das Problem trat immer dann mit Sicherheit auf, wie sie feststellten, wenn einem Patienten besondere Behandlung zuteil wurde, wenn er also zum Beispiel zum Günstling oder Liebling irgendeiner Autoritätsperson wurde. Dies war nicht dasselbe wie 'einzigartige Behandlung'. Manchmal bestand ein objektiver Grund zur unterschiedlichen Behandlung einer Person, wenn sie zum Beispiel aus medizinischen Gründen eine besondere Diät brauchte. Zu einem wirklich besonderen Fall gehören folgende Charakteristika:

1. Behandlung als 'Sonderperson',
2. jemand, der für diese Behandlung verantwortlich ist,
3. jemand, der dagegen protestiert,
4. eine Zuschauergruppe, deren Normen dadurch verletzt werden.

Oft wurde der Ärger über die besondere Behandlung am lautesten zum Ausdruck gebracht, wenn ein knapper Gegenstand besonders oft ausgegeben wurde, so daß andere weniger bekamen, oder wenn die Anordnungen mit besonderer Arbeit für die Angestellten verbunden waren. Außerdem gab es Ärger, wenn die Behandlung im Zusammenhang mit dem Verlangen des Patienten nach besonderer Aufmerksamkeit gesehen wurde, oder wenn auf eine Krankenhausordnung dabei verzichtet wurde, die alle anderen zu befolgen hatten.

Das Problem des besonderen Falles war auch insofern merkwürdig, als es nur unter gewissen Umständen aufzutreten schien. Wenn zum Beispiel die Angelegenheiten auf einer Station ungewöhnlich unorganisiert waren und nicht allzu gut klappten, begann vielleicht ein Angestellter einen Patienten vorzuziehen. Andere fingen dann an, den Angestellten zu kritisieren, und die Wogen gingen hoch gegen den Patienten. An der Spaltungslinie entlang, die in den meisten Organisationen vorhanden ist, zeigte sich dann eine Teilung. In diesem Krankenhaus — wie in anderen Institionen — neigten Autoritätspersonen dazu, sich um zwei Pole herum zu gruppieren: Einige repräsentierten das offizielle Programm mit all seinen Regeln und Gesetzen, andere hatten eine etwas nachlässigere Haltung und meinten, jeder Fall müsse individuell beurteilt werden. Stanton und Schwartz fiel auf, daß es im Zentrum jeder Unruhe um den besonderen Fall herum zwei Leute aus dem Personal gab, die die beiden Pole repräsentierten.

Wie ihnen ferner auffiel, waren diese beiden Personen nicht in der Lage, direkt miteinander über das Problem zu verhandeln, das sie trennte — und normalerweise gab es mindestens einen Punkt, der sich nicht direkt auf die Sorge um die Patienten bezog — sondern sie zogen es vor, den Kampf sozusagen über eine dritte Partei zu führen. Derjenige, dessen Stil dem nachgiebigen Pol am dichtesten kam, verbündete sich so mit dem Patienten gegen die fühllose Bürokratie und erwirkte alle möglichen Vorteile für ihn. Die anderen, die ganz allgemein an die Erzwingung der Einhaltung von Regeln ohne Ansehen der Person glaubten, bestanden darauf, den Patienten wie jeden anderen zu behandeln.

Die 'beschützende' Partei könnte zum Beispiel ein Therapeut sein und die 'strafende' Partei eine Krankenschwester, da diese beiden Gegner häufig die beiden gegnerischen Gruppen innerhalb der Institution repräsentieren. Nach einer Weile ergriff das Personal, das den Hauptbeteiligten am nächsten stand, Partei und die Polarisation von 'autoritär' versus 'nachgiebig' wurde deutlich. Der Patient reagierte häufig durch außerordentliche Erregung. Obwohl er vielleicht als ein erfolgreicher Manipulator gesehen werden könnte, der die beiden Seiten zu seinem eigenen Vorteil gegeneinander ausspielte, war seine Lage eigentlich nicht beneidenswert. Er war dazu gezwungen, auf widersprüchliche Deutungen seiner Lage durch zwei Vorgesetzte zu reagieren, die beide Macht über sein Schicksal hatten. Dies lief oft darauf hinaus, daß der Patient zerstörerisch reagierte und die ganze Station in Aufruhr versetzte.

Die Autoren stellen weiter fest, daß die Störung sich nicht nur nach unten innerhalb der Gruppe der Patienten weiter verbreitete, sondern auch nach oben und in jede Verwaltungsebene eindrang. Während die Kontroverse zwischen den beiden Angehörigen des Personals sich vergrößerte, versuchten beide, mehr und mehr Personalangehörige anzusprechen (oder, wie Bowen sagen würde, sie 'einzudreiecken'). Wenn es den Hauptfiguren gelang, einflußreich auf die Krankenhausstrukturen einzuwirken, konnte es zu einer Spaltung des gesamten Personals in zwei kriegerische Lager kommen, wobei der Patient der cause celebre war. Ergänzende Auseinandersetzungen bildeten Cluster um den Hauptpunkt, wobei sie sich hauptsächlich durch die Tatsache unterschieden, daß ihre Lösung die eigentliche Situation verhältnismäßig unverändert lassen würde.

Es konnte auf verschiedene Weise zur Lösung des Hauptproblems kommen. Einer der beiden Streiter konnte über den Kopf seines Gegners hinweg zu einem Vorgesetzten gehen und protestieren, wobei er normalerweise damit drohte, seine Kündigung einzureichen. Manchmal fing eine der beiden Parteien an, mehr und mehr Schmach auf sich zu ziehen, bis sie sich schließlich in einer 'Minderheit als einzelner' befand. Wenn in diesem Fall die Kündigung akzeptiert wurde, war dies gleichbedeutend mit einer Vertreibung, ein Beispiel dafür, was Taylor die Einrichtung des einzelnen Außenseiters nennt. Dies entlastete den Patienten dann wesentlich, der bis dahin dem Streß am stärksten ausgesetzt war.

Eine wirkungsvollere Art, die Krise aufzulösen, war es jedoch, wie die Autoren schreiben, wenn das gegnerische Paar seine Meinungsverschiedenheiten direkt in unmittelbarer Gegenüberstellung beilegte. Das Aufregende an dieser Situation des besonderen Falles war, daß die eigentliche Meinungsverschiedenheit, worin sie auch bestehen mochte, den Hauptbeteiligten oft nicht bewußt war. Die Autoren kamen zu dem Schluß, daß dieser Punkt der versteckten Meinungsverschiedenheit für den besonderen Fall von zentraler Bedeutung war, wenn er nicht sogar die Ursache war. Sie gingen so weit zu behaupten:
„Alle Patienten, die während der Untersuchung einige Tage lang oder sogar noch länger im Mittelpunkt des Interesses einer bestimmten Station standen, waren Gegenstand eines solchen nicht offen zutage tretenden Streites. Die verblüffendste Entdeckung bestand darin, daß pathologisch erregte Patienten sehr regelmäßig die Ursache von heimlichen, affektiv sehr wichtigen Streitereien innerhalb des Personals waren. Und mit ebenso großer Regelmäßigkeit fand ihre Erregung oft ein abruptes Ende, wenn das Personal dazu gebracht werden konnte, ihre Meinungsverschiedenheiten ernsthaft miteinander zu diskutieren." (3)

Die Autoren legen einen detaillierten, jeden Tag umfassenden Bericht einer solchen Schwierigkeit zwischen dem Personalchef und dem Therapeuten des Patienten vor, die oben aufgestellte Behauptung zu belegen.

Der Zustand des Patienten schwankte je nach Intensität des nicht offen ausgedrückten Streites zwischen diesen beiden Angestellten, bis sie sich schließlich darüber aussprachen, woraufhin die Erregbarkeit des Patienten spontan nachließ. Stanton und Schwartz diskutieren auch ein damit verwandtes Phänomen: die kollektive Störung, bei der in einem Fall eine Veränderung durch die Verwaltung im Namen der Wirtschaftlichkeit vorgenommen wurde, die aber von vielen Angestellten als dem Wohlergehen der Patienten abträglich angesehen wurde. Das Personal nahm für bzw. gegen diese Veränderung Stellung. Und nachdem sie endlich in Kraft trat, kam es zu einer Krise der allgemeinen Stimmung, und zwar nicht nur innerhalb des Personals, sondern auch unter den Patienten. Und genau zu dieser Zeit verbreitete sich die Erregung eines Patienten ansteckend auf die ganze Station, bis schließlich alle in Aufruhr waren. Ein Therapeut, der ein offener Kritiker dieser Verwaltungsmaßnahmen war, hatte die Behandlung dieses Patienten mit einem Angestellten der Verwaltung diskutiert. Worauf die Autoren hinauswollen ist, daß der Hintergrund für die Erregung des Patienten nicht allein in dem Konflikt zwischen Therapeut und Verwaltungsangestellten begründet war, sondern in der Krise, die eine kollektive Polarisation der gesamten Anstalt darstellte. Es spielte dabei keine Rolle, daß die umstrittenen Maßnahmen der Klinik von außen her aufgezwungen worden waren.

Die spiegelbildliche Meinungsverschiedenheit

Im zweiten Kapitel hatten wir uns besonders einem sehr wichtigen Aspekt sozialer Gruppen zugewandt: dem Erscheinen sich selbst verstärkender und wiederholender Sequenzen. In den zitierten Arbeiten neigten Haley, Caplow und Freilich dazu, ihre Dreiecke statisch zu beschreiben, als drehte es sich hier um Architektur oder euklidische Geometrie. Bei näherer Betrachtung sind diese Dreiecke jedoch nicht statisch, sondern verkörpern den Typus der Vorgänge gegenseitiger Kausalität, wie wir sie schon vorher erwähnt haben. Stanton und Schwartz waren die ersten Forscher, die diese starren triadischen Formen, die so charakteristisch für den sozialen Kontext mit Krankheitssymptomen sind, mit diesen sonderbaren Redundanzen in Beziehung setzen.Sie ließen sich von der Dynamik ihres besonderen Falles faszinieren und prägten einen neuen Ausdruck, um die Polarisation zu beschreiben, die ausnahmslos damit verbunden war: die 'spiegelbildliche Meinungsverschiedenheit'. Wenn während der Abwicklung eines besonderen Falles die beiden Autoritätspersonen hinsichtlich der autoritären gegenüber der permissiven Einstellung gegensätzliche Meinungen vertraten, zog dies einen Vorgang nach sich, der die Kluft noch erweiterte und der die Verschiedenheiten um ein Vielfaches vergrößerte. Je mehr der Beschützer einen Patienten beschützte, desto größere Strafe wurde ihm in der Regel vom Bestrafenden zuteil. Aber von zentraler Wichtigkeit schien dabei die Regel zu sein, daß die beiden Parteien polarisiert bleiben mußten. Wenn eine Partei ihren Standpunkt änderte, schien die andere – offensichtlich unbewußt – eine gleichzeitige Kehrtwendung zu machen, so daß die Struktur der Gegensätzlichkeiten, in der der Patient wie in einer Zwangsjacke steckte, die gleiche blieb. Durch diesen Vorgang konnte sich ein ursprünglich kleiner Konflikt zwischen zwei Autoritätspersonen zu einer enormen Angelegenheit entwickeln. Das konnte selbst unter wohlwollenden Umständen passieren mit oft lächerlichen Resultaten.

Ein Patient, so könnte man es ausdrücken, der in einem solchen Teufelskreis eingefangen ist, wird unversehens zum Träger eines solchen Konflikts und läßt die Meinungsverschiedenheiten der beiden Angestellten in übersteigerter Weise in eine völlig spiegelbildliche Meinungsverschiedenheit übergehen. Aber wenn man bei der zirkulären Vorstellung bleiben will, so darf man dabei nicht die Rolle des Patienten vergessen, die dieser in der Aufrechterhaltung und in der Intensivierung der Meinungsverschiedenheit spielt. Auf geheimnisvolle Weise wird die Intensität des Konflikts durch die Mittelposition des Patienten abgelenkt, fast so, als wäre er ein Blitzableiter, mit der unbewußten und stillschweigenden Einwilligung des scheinbaren 'Opfers'.

Diese Verbesserung des Konflikts hat jedoch auch ihren Preis. Mit genialem Spürsinn vermuten Stanton und Schwartz, daß diese Art der Polarisation vom Patienten verinnerlicht wird und dann wieder in jener Form pathologischen Verhaltens zutage tritt, die als 'Dissoziation' bekannt ist. Damit soll lediglich zum Ausdruck gebracht werden, daß eine Person beginnt, die sie umgebenden Ereignisse und Menschen als Schwarz-Weiß-Malerei zu betrachten. Ein Mensch wird als durch und durch schlecht, ein anderer als durch und durch gut angesehen. Auch sich selbst betrachtet der Patient abwechselnd als schlecht bzw. gut.

Nach Ansicht der Autoren könnte jedoch der Patient unter Umständen die Tatsachen gar nicht so unrealistisch sehen, wie man vermutet. Wie sie beobachtet haben, ziehen zwei wichtige Personen im Leben des Patienten ihn tatsächlich in entgegengesetzte Richtungen. Wenn es sich bei diesen beiden Menschen um Autoritätspersonen mit schicksalhafter Macht über ihn handelt, und die eine ihn für jemanden hält, der strenge Kontrolle und Bestrafung braucht, und die andere für jemanden, der Gefälligkeiten und Freundlichkeit verdient, dann entsteht dadurch ein sozialer Kontext, in dem die 'dissoziierten' Phantasien des Patienten durchaus gerechtfertigt sein können. Das trifft nicht nur hinsichtlich der Einschätzung der begünstigenden Person als gut und der mißbilligenden Person als schlecht zu, sondern kann sich auch auf die im Widerstreit stehenden Vorstellungen über die Behandlung bzw. über das eigene Ich erstrecken. Die Autoren be-

bemerken dazu abschließend:
„Wenn unsere Hypothese richtig ist, daß die Dissoziation des Patienten eine Reflexion und Spielart seiner Beteiligung an einem sozialen Feld ist, das selbst ernsthaft gespalten ist, so erklärt sie das plötzliche Aufhören der Regung im Anschluß an die Überwindung dieser Spaltung im sozialen Feld."(4)

Stanton und Schwartz teilen also mit Haley die Vorstellung, daß gewisse mit Schizophrenie verbundene Verhaltensmuster eine angemessene Reaktion sind auf die tatsächliche Spaltung zwischen real existierenden anderen Personen, mit denen der Patient aufs Engste verbunden oder von denen er sogar völlig abhängig ist. Das ist etwas gänzlich anderes als die Annahme, es gäbe eine Spaltung in seiner Persönlichkeit, oder es fände ein dissoziativer Vorgang in seinem Gehirn statt. Insbesondere wird der Gedanke vorgetragen, die Person in einem Knotenpunkt einer pathologischen Triade wende in gewisser Weise Spaltungen in einem größeren sozialen Feld ab – zum Beispiel bei Verwandtschaftsgruppen im Fall der Familie oder bei Berufsgruppen im Fall einer Anstalt. Interessanterweise ist die Trennungslinie, auf der die Spaltung stattfindet, einfach die Intensivierung der Polaritäten, die jeder dualen Vollziehungsstruktur inhärent ist und die für jede Gruppe die zweckmäßigste zu sein scheint. Das dynamische Modell von Stanton und Schwartz beschäftigt sich mit der Eskalation dieser Intensitäten im Zusammenhang mit dieser sozialen Spaltung und erklärt ferner die Ernsthaftigkeit des Symptoms in einer solchen Person, die als Mittelsperson bei einer Spaltung fungiert, die sie psychisch, wenn nicht sogar im wörtlichen Sinne auseinanderreißt. Das Modell läßt weiter die Möglichkeit zu, diese Person sei in der Tat das unwissende Opfer, damit sie, und nicht die politische Institition, diese Spaltung erleidet.

Stanton und Schwartz machten pathologische Eskalationen im Kontext der klinischen Station zum Gegenstand der Untersuchungen. Die logische Konsequenz daraus bestand in der Untersuchung solcher Eskalationen innerhalb der Familie, in der ein Mitglied psychiatrische Symptome aufweist, um herauszufinden, ob die Familie in derselben Weise als Matrix für symptomatisches Verhalten fungiert. Von allen klinischen Forschern hat Salvador Minuchin die interessanteste Arbeit auf diesem Gebiet geleistet.

Triaden der Umweg-Konflikte

Als neuer Beitrag zur Literatur, die Triaden mit der Konfliktbewältigung in Verbindung bringt, kann Minuchins 'Psychosomatic Families' gelten, eine bahnbrechende Studie über Kinder mit psychosomatischen Störungen: Asthma, Diabetes und Anorexia nervosa.(5) Minuchin und seine Mitarbeiter gingen von der Hypothese aus, Kinder könnten dazu benutzt werden, Konflikte der Eltern zu verwischen oder abzulenken. Bei der Analyse von Beziehungskonfigurationen, die mit den Symptomen eines Kindes in Übereinstimmung gebracht werden können, formulierte Minuchin eine Typologie dessen, was er 'starre Triaden' nannte.

Diese 'starren Triaden' sind: 'Triangulation','Eltern/Kind-Koalition', 'Umwegs-Attacken' und 'Umwegs-Verteidigungen' (vgl. Abbildung 8.1). Mit 'Triangulation' ist eine Situation beschrieben, in der die beiden Eltern in offenem oder verdecktem Konflikt den Versuch unternehmen, Sympathie und Unterstützung des Kindes gegen den anderen zu gewinnen. Diese Form entspräche dem, was ich in der Gleichgewichtstheorie das 'unzulässige Dreieck' genannt habe, dem Dreieck mit zwei positiven Seiten zur Darstellung eines intensiven Loyalitätskonflikts. 'Eltern/Kind' bezeichnet eine offenere Austragung des elterlichen Konflikts, obwohl auch hier die Familie unter Umständen mit dem Problem des Kindes zur Behandlung erscheint. Ein Elternteil ergreift Partei mit dem Kind gegen den anderen Elternteil und manchmal ist nur schwer festzustellen, ob dabei das Kind oder der außen vorstehende Partner in größeren Schwierigkeiten ist. Die intensive Nähe des Kindes zu dem vorgezogenen Elternteil kann jedoch in Symptomen zum Ausdruck kommen, besonders wenn der natürliche Vorgang des Heranwachsens den Umgang zwischen Eltern und Kindern zu belasten beginnt.

Es gibt zwei Arten der 'Umweg-Triaden'. In einer Triade der 'Umwegs-Attacke' sieht es für den behandelnden Arzt oft so aus, als machten die Eltern das Kind zum Sündenbock. Das vom Kind zur Schau getragene Verhalten ist zersetzend oder 'böse', und die Eltern halten zusammen, um es unter Kontrolle zu bekommen, obwohl ein Elternteil oft dazu neigt, anderer Meinung über die Art der Erziehung zu sein, und möglicherweise behandeln beide das Kind inkonsequent. Die meisten Verhaltensstörungen bei Kindern fallen in diese Kategorie. In einer Triade der 'Umwegs-Verteidigung' gelingt es den Eltern, ihre Differenzen zu maskieren, indem sie ihre Aufmerksamkeit vorwiegend einem als 'krank' definierten Kind widmen, das sie in viel zu übertriebener Weise bemuttern. Das bindet sie enger aneinander und ist ein häufig zu beobachtender Zug bei Familien,in denen Spannungen durch psychosomatische Störungen zum Ausdruck kommen. Alle diese Triaden bzw. ihre Permutationen kann man in Familien mit psychosomatischen Kindern antreffen, aber sie sind durchaus auch in den Familien verbreitet, in denen Kinder andere Probleme haben.

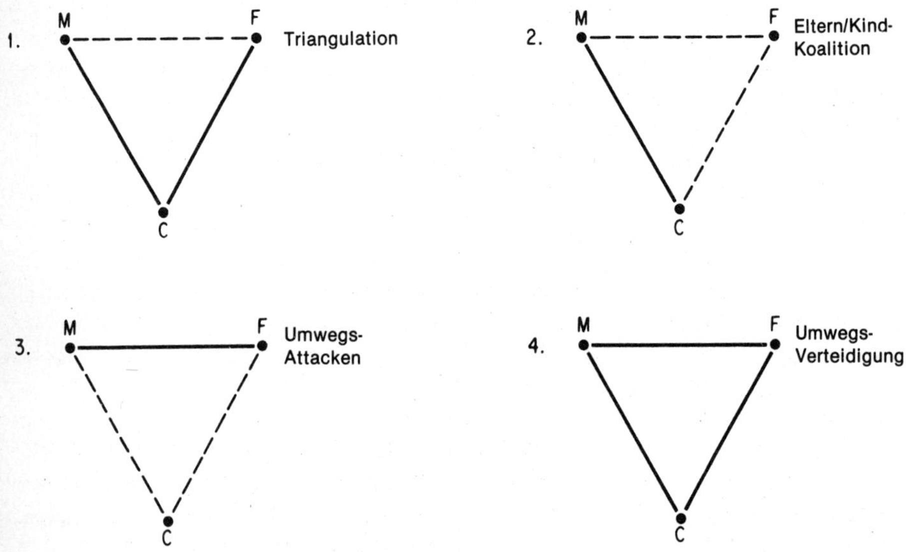

Fig. 8.1
Minuchin: "Starre" Triaden

Die Übertragung von Streß

Innerhalb dieses triadischen Rahmens kam Minuchins Team auf eine Forschungsidee, die die Eltern/Kind-Interaktion mit der Hervorbringung von Symptomen im Kind in Verbindung setzt. Der besondere Test war ursprünglich für eine Gruppe von Diabetiker-Kindern geschaffen. Es war aufgefallen, daß das Vorhandensein von freien Fettsäuren (FFS) im Blut ein Anzeiger für emotionale Erregung sein könnte, und eine Konzentration dieser Substanzen war schon lange in Verbindung gebracht worden mit dem Anfang der diabetischen Acidose. Eine Messung des Anteils dieser Substanz im Plasma könnte auf einen Test weisen, der uns zu den physiologischen Veränderungen führt, die bekanntlich mit diabetischen Anfällen in Verbindung stehen.

Es gab insgesamt 45 untersuchte Familien: 1o Familien mit Kindern mit schwerem Asthma, 9 mit Familien mit übermäßig labiler Diabetes und 11 Familien mit Kindern mit schwerer Anorexie. Die Kontrollgruppe bestand aus 7 Familien mit diabetischen Kindern, deren Krankheit gut unter Kontrolle war, und aus 8 Familien mit verhaltensgestörten Diabetikern, deren Lage nicht lebensbedrohlich war. Der Sinn dieses Experiments bestand darin, Beweise für Minuchins Hypothese zu finden, das Symptom des Kindes sei im wesentlichen mit dem Vorhandensein oder dem Fehlen von Streß zwischen den Eltern verbunden. Das weitere Forschungsziel der Untersuchung bestand im Beweis, daß eine Therapie, die sich auf die Veränderung der das Kind einengenden Beziehungsstruktur konzentrierte, gleichzeitig das Symptom mildern würde.

Das Problem, das uns hier jedoch besonders interessiert, war das zweitrangige, das durch das strukturierte Interview dramatisiert wurde. Das Interview war so angelegt, daß in regelmäßigen Abständen Blutproben der Eltern und des symptomatischen Kindes untersucht werden konnten. Nachdem die durchschnittlichen FFS-Werte jedes Familienmitglieds ermittelt worden waren, wurde das Kind hinter einen Einwegspiegel gestellt und sah zu, wie ein Interviewer eine Auseinandersetzung zwischen den Eltern anstiftete. Nach einer halben Stunde wurde das Kind gebeten, in den Raum zu kommen und Eltern und Kind wurden aufgefordert, zusammen an der Lösung des Streites zu arbeiten.

Die Forscher fanden heraus, daß die symptomatischen Kinder in der Untersuchungsgruppe einen viel höheren Anstieg in der FFS des Plasmas zeigten als Kinder aus der Kontrollgruppe. Außerdem brauchten die FFS-Werte nach dem Anstieg länger, um zum Durchschnitt abzufallen, wenn das

Interview vorüber war, als bei irgendeinem anderen Familienmitglied, während die FFS-Werte des 'höheren Elternteils' steil abfielen, kurz nachdem das symptomatische Kind den Raum betreten hatte. Die Untersuchung der Familieninteraktionsdaten (alle Sitzungen wurden auf Videoband aufgenommen) bestätigen die Hypothese, daß auf irgendeine Weise die Eltern ihre emotionale Erregung an das Kind 'weitergaben', so wie man ein schweres Gewicht weitergeben würde. In den untersuchten Familien wurde das Kind in fast jede Unterhaltung mit einbezogen, während in den Kontrollfamilien eine viel stärkere Interaktion zwischen den Eltern stattfand.

Obwohl keine direkte Verbindung zwischen dem Spiegel der freien Fettsäuren im Blut und den Symptomen bekannt ist, die mit Asthma und Anorexie verbunden sind, verhielten sich Kinder mit diesen Störungen ganz ähnlich wie die Diabetiker in den Interviews. Zum Beispiel stieg bei allen Kindern mit Anorexie der durchschnittliche FFS-Spiegel zu einer steilen hohen Kurve an, wenn sich die Eltern stritten. Die Werte bei den 'normalen' Diabetikern blieben unterhalb der durchschnittlichen Ebene, während die der 'Verhaltens-Diabetiker' sie leicht überstiegen. Wenn dieses Experiment auch in seinem Umfang begrenzt war, ist es meines Wissens doch das erste, das bisher eine direkte Verbindung hergestellt hat zwischen einer Interaktionssequenz mit einem symptomatischen Kind und chemischen Veränderungen, die mit seiner Krankheit in Verbindung stehen.

Therapeutische Interventionen, die auf Minuchins Hypothese beruhten, die Symptome des Kindes könnten mit dem elterlichen Konflikt in Verbindung gebracht werden, erwiesen sich als außergewöhnlich erfolgreich. Das Ziel der Therapie war strukturell: Das Kind sollte aus seiner Stellung zwischen den Eltern gelöst und den Eltern sollte geholfen werden, sich mit ihren Problemen unmittelbarer auseinanderzusetzen. Nachuntersuchungen der Gruppe der 5o Familien mit Anorexie-Kindern, die über acht Jahre hinweg durchgeführt wurden, zeigten, daß 86 % dieser Kinder gesund geworden waren. Außerdem schnitten sie auch gut auf anderen Tabellen normaler Funktionen ab. Die meisten erreichten innerhalb eines Behandlungsjahres ein normales Gewicht, manche in den ersten Wochen nach Beginn der Therapie. Bis heute hat es keine Todesfälle gegeben, was im Gegensatz zur normalen Todesrate von 12 % bei Anorexie steht. Außerdem steht die Rückkehr zum sozialen und persönlichen Funktionieren im Gegensatz zu der durchschnittlichen bei 4o % bis 6o % liegenden Erfolgsquote individueller Therapiebehandlungsprogramme, bei denen die Kranken vielleicht ein normales Gewicht erreichen, aber weiterhin Krankheitssymptome aufweisen und nur schlecht arbeiten.

An diesem Punkt ist es sinnvoll, die Idee wieder aufzugreifen, die Stanton und Schwartz aufbrachten: Die Symptome eines Kindes können mit einer spiegelbildlichen Auseinandersetzung zwischen den Eltern (offen oder verdeckt) in Verbindung stehen, was unendlich bedrückend sein kann, wenn das Kind mit einbezogen ist. In den vier Fällen zur Veranschaulichung der Therapie von Anorexie in Minuchins Buch wiederholt sich diese Form immer wieder in den anfänglichen Interviews. Es ist fast so, als gäbe es ein verstecktes Programm in einigen Familien, ganz gleich, aus welcher sozialen Gruppe sie kommen. Wie könnten sonst alle diese Familien, die so verschiedene Hintergründe haben, so ähnliche Reaktionen auf die Bedrohung der Familienstabilität zeigen? Immer wieder tritt bei der anfänglichen Sitzung während eines Mittagessens (was ein üblicher Bestandteil von Minuchins Behandlungsprogramm von Anorexie ist) ein autoritärer Elternteil auf, der versucht, das Kind zum Essen zu zwingen, und ein anderer, der es zurückzieht, nachgibt, das Kind zu beruhigen und den anderen Elternteil zu erweichen versucht. Das Kind ist in der klassischen 'Wahl'-Situation gefangen. Wenn es ißt, entscheidet es sich für einen Elternteil, ißt es nicht, entscheidet es sich für den anderen. Außerdem steigern sich die Verhaltensweisen, und es wird stärker und stärker in beide Richtungen gezerrt.

Trotzdem müssen wir uns unbedingt deutlich machen, daß wir es hier nicht mit einem einfachen Dreieck oder Zyklus zu tun haben, sondern mit einem komplexen Mächtefeld, mit überraschend ähnlichen Charakteristika von Familie zu Familie. Es ist fast, als gäbe es einen Satz von Anweisungen für Familien — vielleicht für alle sozialen Gruppen —, der mit den Verhaltensweisen angesichts von Veränderungen zu tun hat.

Wie wir sahen, ist die auffälligste einzelne Verhaltensweise von Familien mit 'gestörten' Mitgliedern ihre offensichtliche Gesetzlosigkeit, die sich dann auffällig durch den Mangel an Grenzen oder angemessenen Statusgebieten mitteilt. Die Familie wird 'regiert', wenn ich das einmal so ausdrükken darf, durch eine eindrucksvolle Politik geheimer Koalitionen über alle Generationsgrenzen hinweg. Was so fasziniert an diesen Familien, in denen diese untergründigen Strukturen vorherrschen, ist das Vorhandensein von Vorgängen, die Batesons korrigierenden Kreisläufen gleichzusetzen sind: symmetrische Steigerungen mit der Tendez zur Polarisierung der Familie, die durch ergänzende Sequenzen gestopppt werden, die ein Gegengewicht bilden; drohender Bürgerkrieg oder wechselseitige Gewalttätigkeit, die durch symptomatisches Verhalten oder aber das Auftreten einer Art Solidarität verhindert werden, die nur ein gemeinsamer Feind oder eine äussere Katastrophe schaffen kann. Von allen diesen Formen wird, wie wir festgestellt haben, Gewalttätigkeit oder Trennung am häufigsten durch die 'Einrichtung des Einzelaußenseiters' (single deviant arrangement) in Grenzen gehalten, wobei die Gruppe auf Kosten eines symptomatischen Mitgliedes Einigkeit erreicht. Gleichzeitig gelingt es der Familie nicht, sich zu einer Organisation zu entwickeln, die ihrem Zustand angemessener ist. In den nächsten Kapiteln wollen wir uns damit beschäftigen, wie man sich in diese schismogenen Vorgänge und die schicksalsträchtigen Spiralen, die sie charakterisieren, einschalten kann.

Kapitel 9

EINFACHE BINDUNG UND DISKONTINUIERLICHE VERÄNDERUNG

Evolutionäres Feedback

An diesem Punkt unserer Diskussion wollen wir uns von einer strukturellen Taxonomie zu einer Prozeßtaxonomie bewegen in Übereinstimmung mit Batesons Modell zur Aufzeichnung von Phänomenen in Ebenen wachsender Komplexität: die 'Zickzack-Leiter der Dialektik zwischen Form und Prozeß'.(1) Es war nützlich, die frühen impressionistischen Beschreibungen des Interaktionsflusses in Familien festzuhalten, die gestörte Personen hervorbrachten, und dann zu versuchen, die Strukturen systematisch zu erfassen, die uns durch die Information aus diesem Fluß zur Verfügung standen. Besonders in Familien mit psychotischen Mitgliedern geben uns Verallgemeinerungen über abweichende und normative Strukturen die Möglichkeit, diesem Interaktionsfluß eine äußere Ordnung aufzuerlegen. Aus dem dröhnenden und brausenden Durcheinander der Familieninteraktion kann man einige klare Redundanzen herausgreifen und sagen: „Hier ist sie wieder und da und dort."

Die Betonung einer Struktur spiegelt jedoch nicht die Macht lebender Systeme wider, sich auf plötzliche und außerordentliche Weise neu zu organisieren. In einem neuen Aufsatz von Paul Dell und Harold Goolishian wird der Begriff des 'evolutionären Feedback' untersucht, ein Ausdruck, der von dem Physiker Prigogine entwickelt wurde, um ein „grundlegendes Ordnungsprinzip des Ungleichgewichts zu beschreiben, das die Bildung und Entfaltung von Systemen auf allen Ebenen beherrscht."(2) Eine ähnliche Beschreibung findet sich bei Batesons 'Mind and Nature' in seinem Vergleich zwischen Epigenese und Evolution:
„Im Gegensatz zur Epigenese und Tautologie, die die Welt der Kopien ausmachen, gibt es den ganzen Bereich von Kreativität, Kunst, Lernen und Evolution, in dem die Veränderungsvorgänge vom Zufall genährt werden. Das Wesentliche der Epigenese ist vorhersagbare Wiederholung. Wesentlich beim Lernen und der Evolution ist Erforschung und Veränderung."(3)

Prigogines Konzept der 'Ordnung durch Fluktuation', wie Dell es beschreibt, betont nicht Stabilität und Homöostase, sondern den Gedanken der unterbrochenen Veränderung:
„... zu jedem beliebigen Zeitpunkt funktioniert das System auf eine besondere Art mit Schwankungen um diesen Punkt herum. Dieser besonderen Art des Funktionierens ist eine Spielbreite von Stabilität zu eigen, innerhalb derer die Fluktuationen abgeschwächt werden, so daß dieses System mehr oder weniger unverändert bleibt. Sollte eine solche Fluktuation jedoch verstärkt werden, könnte es die vorhandene Spielbreite der Stabilität überschreiten und das gesamte System zu einer neuen dynamischen Ordnung des Funktionierens führen. Ein auto-katalytischer Schritt oder eine Schwingung zum positiven Feedback ist notwendig, um eine solche Instabilität zu erreichen.“(4)

Dell argumentiert, daß die kybernetische Analogie, die auf einem mechanischen Modell des geschlossenen Feedbacksystems beruht, begrenzt und ungenau ist. Es gibt die davon zu unterscheidende Kybernetik der lebenden Systeme, die unvollständig durch die negative Feedback-Ansicht erklärt wurde. Dieser Punkt wird dramatisiert durch die für solche Systeme charakteristischen plötzlichen, schrittweisen Sprünge zu einer neuen Integration, die nicht nur unvorhersagbar, sondern auch irreversibel sind. Die begriffliche Betonung liegt nicht auf Vorgängen, die zum Gleichgewicht neigen, sondern eher auf selbstgestalterischen Vorgängen, die sich in Richtung auf neue evolutionäre Zustände hin bewegen.

Dieses Argument gewinnt entscheidend an Bedeutung, weil Familien, die mit einem oder mehreren Mitgliedern in einer Notlage zur Behandlung kommen, Schwierigkeiten haben, sich zu entwickeln – sie sind oder scheinen unentwickelt und auf einer veralteten Stufe steckengeblieben zu sein. Vielleicht ist es dieses Steckenbleiben, das den Therapeuten, die mit Problemfamilien arbeiteten, die frühe Version des homöostatischen Modells so überzeugend erscheinen ließ. Die Betonung in diesen Familien liegt in einer viel zu starken Weise auf der Erhaltung des Gleichgewichts. Für diese Familien, die mehr und mehr wie ein homöostatisch kontrolliertes Maschinenteil wirken, sollte das Ziel der Therapie darin bestehen, die allen lebenden Systemen innewohnende Fähigkeit zu wecken, dieses Steckenbleiben zu überschreiten und zu einem neuen Stadium zu gelangen.

Es ist sicherlich schon an sich ein evolutionärer Schritt in der Familientheorie und in der Theorie der Veränderung, wenn man unsere kybernetische Analogie innerhalb eines evolutionären Rahmens umformt. Zum einen paßt es viel besser zu dem Vorgang, den wir zu beschreiben versuchen, als das statische Modell der durch Irrtum angeregten Feedbackmechanismen. Zum anderen bietet es eine wesentlich befriedigendere logische Grundlage für den Erfolg einiger sogenannter paradoxer Therapiemethoden, die schnelle Veränderungen in Familien oder Individuen hervorrufen. Diese

Veränderungen können mit unglaublicher Plötzlichkeit stattfinden und scheinen tatsächlich von selbst einzutreten. Um dieses Thema weiter zu verfolgen, wollen wir uns mit den Gedanken eines anderen Physikers beschäftigen, der über diskontinuierliche Veränderung geschrieben hat, nämlich mit denen von John Platt.

Hierarchisches Wachstum

Eine Eigenschaft, die Familien mit anderen komplexen Systemen gemeinsam haben, ist die, daß sie sich nicht in einer glatten, ununterbrochenen Linie verändern, sondern in diskontinuierlichen Sprüngen. In einem einfallsreichen Aufsatz spricht Platt von der Physik des Vorgangs, bei dem die Betonung nicht auf der statischen Struktur liegt, sondern auf dem, was er eine 'fließende Hierarchie' nennt: Formen, die einen festen Zustand erhalten, während Materie, Energie und Information ständig durch sie hindurchfließen.(5) Bei einiger Überlegung wird der Leser davon überzeugt sein, daß auch Familien wie Wasserfälle oder Kaskaden sind. Das vielschichtige Muster der Generationen bleibt als allgemeine Struktur erhalten, selbst wenn Individuen hindurchgehen, wenn sie geboren werden, alt werden und sterben.

Platt behauptet, viele natürliche Systeme seien von dieser Art, und die Veränderung in solchen Systemen geschehe plötzlich und unerwartet. Er führt den Vorgang des Verliebens an, schöpferische Handlungen, Verwandlungen, sprunghafte revolutionäre Veränderungen, Reformationen und Revolutionen. Seiner Meinung nach braucht ein System, das sich im Konflikt befindet oder nicht funktioniert, nicht unbedingt auf Unglück hinzuweisen, sondern könnte lediglich ein Anzeichen für größeren Druck in Richtung auf eine neue und komplexere Integration sein.

Platt trifft eine sinnvolle Unterscheidung zwischen drei Arten von Veränderungen, von denen jede davon abhängig ist, auf welche Weise die Einheit, um die es geht, organisiert ist. Wenn die Einheit von außen geplant ist (wie zum Beispiel die Uhr), dann muß jede Veränderung von einem Handelnden von außen auferlegt werden, also in diesem Fall dem Uhrmacher, der die Uhr auseinandernehmen und neu zusammensetzen muß. Wenn sie von innen her geplant ist (zum Beispiel eine Pflanze, die einen genetischen Plan hat), dann können nur Mutationen des genetischen Musters Veränderungen bewirken.

Ein drittes Veränderungsmodell findet sich bei lebenden Systemen, die im Gegensatz zu Pflanzen die Fähigkeit haben, sich zu neuen und unvorhersagbaren Organisationsebenen weiterzuentwickeln. In solchen Systemen ist die Veränderung nicht von vornherein festgelegt, sondern nimmt die Form einer Transformation an, eines plötzlichen Auftretens stärker funktional organisierter Muster, die es vorher nicht gab. Platt nennt diese Veränderungsart 'zeitliches Zustandekommen'. Man könnte sich ein Kaleidoskop vorstellen, das dasselbe geometrische Muster beibehält, während die Röhre gedreht wird, bis sich auf einmal alle kleinen Teilchen in Reaktion auf die Schwerkraft bewegen und sich das ganze Muster in ein neues verwandelt. Die interessanteste Eigenschaft des Kaleidoskos ist die, daß man niemals zu einem früheren Muster zurückkehren kann, und dies steht in Übereinstimmung mit der Art, wie Systeme funktionieren, die einen, wie Ashby es nennt, 'bimodalen Feedbackmechanismus' haben.(6) Solche Systeme bleiben so lange stabil, wie die Umgebung sich nicht verändert oder so lange sich nicht die inneren Bestandteile verändern. Tritt aber eines dieser Ereignisse ein, bricht das System zusammen oder reagiert, indem es eine neue 'Einstellung' übernimmt, die den Anforderungen des neuen Umfeldes gerecht wird. Die Einstellungsveränderung ruft eine Unterbrechung hervor, da die Verhaltensspielbreite, die 'Grammatik' für zugelassene Tätigkeiten, sich verändert hat. So tritt ein Satz von völlig neuen Mustern, Entscheidungen und Möglichkeiten hervor. Die neue Organisation ist normalerweise komplexer als die vorhergegangene, aber auch sie ist Gesetzen unterworfen und wird sich nicht wieder verändern, bis ein neuer Druck von außen einen weiteren Sprung erzwingt. Um nicht zu sehr den Eindruck einer zugrundeliegenden Absicht zu erwecken, muß man betonen, daß die Quelle der Neuheit oft von einem zufälligen Element stammt. Wie Bateson sagt: „Die sich abspielenden Veränderungsvoränge leben vom Zufall."(7)

Die natürliche Geschichte eines Sprunges oder einer Transformation sieht so aus:
Zuerst fangen die Muster, die ein System in einem festen Zustand in bezug auf seine Umgebung gehalten hatten, an, schlecht zu funktionieren. Neue Bedingungen entstehen, für die diese Muster nicht geplant waren. Ad-hoc-Lösungen werden ausprobiert und funktionieren manchmal, müssen aber normalerweise wieder aufgegeben werden. Der Ärger über kleine aber ständige Schwierigkeiten wächst. Die Ansammlung von Unstimmigkeiten zwingt schließlich das ganze System über eine Grenzlinie in einen Zustand der Krise, wenn die stabilisierende Tendenz immer stärker korrigierende Schwünge mit sich bringt, die außer Kontrolle geraten. Der Endpunkt dessen, was die kybernetischen Ingenieure einen Ausreißer nennen, ist der Zusammenbruch des Systems, oder aber die Schaffung einer neuen Methode zur Überwindung derselben Homöostase, oder der spontane Sprung des Systems in eine Integration, die besser mit dem veränderten Umfeld fertig wird.

Familien sind bemerkenswerte Beispiele für Einheiten, die sich sprunghaft verändern. Die Individuen, die eine Familie ausmachen, wachsen (zumindest teilweise) nach einem inneren biologischen Plan. Aber die größeren Gruppierungen innerhalb der Familie, die Subsysteme und Generationen müssen größere Veränderungen in Beziehung zueinander ertragen. Die Aufgabe der Familie ist es, neue Gruppen von Menschen hervorzubringen und zu unabhängigen neuen Familienformen zu erziehen, die den Vorgang wiederholen, wenn die alte Gruppe ihre Macht verliert, niedergeht und stirbt. Das Familienleben ist eine Wachablösung vieler Generationen. Und obwohl dieser Vorgang zeitweise ruhig verläuft, wie Übergänge politischer Parteien in einer Demokratie, so ist er doch viel häufiger beladen mit Gefahr und Zerrissenheit. Die meisten Familien springen nicht mit Leichtigkeit zu neuen Integrationsformen und die 'Transformationen', auf die sich Platt bezieht, sind auf keinen Fall selbstsicher. Dies führt uns zu den Forschungsarbeiten von Soziologen und Klinikern, die den Zyklus des Familienlebens untersucht haben.

Zu erwartende Krisen der Lebensstadien

Der Zyklus des Familienlebens wurde auf Umwegen entdeckt. Von größter Bedeutung war die Arbeit von Erik Erikson während der vierziger und fünfziger Jahre. Seine Beschreibung der individuellen Lebensstadien und das Zusammenspiel zwischen diesen Stadien und den formenden Einflüssen der sozialen Institutionen stellte den engen Blickpunkt der intrapsychischen Entwicklungstheorien in Frage.(8) Nach dem zweiten Weltkrieg zogen Kliniker, die Reaktionen von Individuen auf Streß untersuchten, den Gedanken in Zweifel, einige Leute hätten bessere Verhaltensmuster oder bessere 'Ich-Stärken' als andere. Erich Lindemann, einer der Pioniere auf diesem Gebiet, bemerkte, der Unterschied zwischen einer normalen und einer anormalen Trauerreaktion habe mit der allgemeinen Struktur des Familiennetzwerkes der Hinterbliebenen zu tun und nicht mit seinen Mechanismen, Dinge zu meistern, wie in früheren Studien zum Streß zu zeigen versucht worden war. In seiner klassischen Untersuchung der Überlebenden und Verwandten des 'Cocoanut Grove fire' stellte Lindemann Folgendes fest:
„Recht häufig stellte die Person, die gestorben war, eine Schlüsselfigur in einem sozialen System dar. Ihr Tod hatte die Auflösung dieses sozialen Systems zur Folge und eine grundlegende Veränderung der Lebens- und Gesellschaftsbedingungen für die Beraubten."(9)

Die Intensität der Trauerreaktion brauchte nicht mit einer vorhergegangenen neurotischen Geschichte verbunden zu sein, hing aber mit der Art des Verlustes der betroffenen Person zusammen.

Forscher nach Erikson und Lindemann begannen zu verstehen, daß – im Rahmen des Familienzyklus betrachtet – das Jünglingsalter eines Mannes mit einem veränderten Lebenswandel seiner Mutter zusammenfallen kann und möglicherweise auch mit dem Ableben seiner Großmutter. Rhona Rapaport hat folgende Ereignisse als Streß-Erlebnisse herausgestellt: „Die kritischen Übergangspunkte in der normalen zu erwartenden Entwicklung des Zyklus des Familienlebens: Heirat, Geburt des ersten Kindes, Schuleintritt der Kinder, Tod des Ehepartners oder das Fortgehen der Kinder von Zuhause."(1o)

Reuben Hill von der Universtität Minnesota stellte fest, daß Familien auf unterschiedliche Weise auf diese Stadien reagieren. Er stellte Vermutungen über die Faktoren an, die eine Familie im voraus dazu bestimmen, den normalen Streß eines Lebensstadiums als Krise zu behandeln.(11) Wenn zum Beispiel ein Kind in den Kindergarten kommt, kann dies in einigen Familien eine Krise hervorrufen, wie auch die Pensionierung des Haushaltsvorstandes dies in anderen Familien bewirkt. Eine wachsende Zahl von Forschern, zu denen auch Michael Solomon gehört, haben diese Beobachtungen erweitert und gezeigt, wie psychiatrische und medizinische Symptome sich zu diesen Zeiten ganz unwiderstehlich häufen.(12)

Aufbauend auf diesen Beobachtungen steuert Thomas Eliot den Gedanken bei, daß einer Krise in einer Familie häufig eine neue Überprüfung der Mitgliedschaft folgt. Er bietet uns zwei ungewöhnliche Begriffe an: die Krise der Zerstückelung (dismemberment), wenn die Familie jemanden verliert, und die Krise des Zuwachses (accession), wenn jemand neu zur Familie kommt.(13) Lindemanns Arbeit fällt in die Kategorie der Zerstückelung, wie der eben zitierte Abschnitt deutlich macht, oder – um ein weniger schreckliches Wort zu benutzen – in die Kategorie der Trennung (separation). Eine Krise des Zuwachses finden wir in Untersuchungen wie der von E.E.LeMasters über 'Elternschaft als Krise'(Parenthood as Crisis).(14)

Offenbar kann also nicht nur ein Verlust, sondern auch der Gewinn neuer Mitglieder Unruhe auslösen. 1967 wiesen T.H.Holmes und R.H.Rahe, die eine Meßskala für soziale Neuanpassung zusammenstellten, in einer inzwischen klassischen Untersuchung darauf hin, daß es keine Korrelation zwischen der negativen Sichtweise eines Ereignisses und dem Maß des damit verbundenen Stresses gab.(15) Aus einer Liste von 43 Streßsituationen im Leben, die von 394 Probanden nach Intensität und notwendiger Zeitdauer zur Bewältigung geordnet worden waren, hatten 1o von den ersten 14 Situationen mit dem Zuwachs oder dem Verlust eines Familienmitgliedes zu tun. Interessanterweise waren Ereignisse mit vermutlich positiven Bedeutungen, wie 'eheliche Versöhnung', auf der Skala als mit mehr Streß verbunden eingeordnet als einige mit negativen Begriffsinhalten, wie 'Schwierigkeiten mit Sex'.(16)

Wenn es stimmt, daß eine Krise häufig zu einem Zeitpunkt auftritt, in dem eine Familie sich einer üblichen Revision der Mitgliedschaft gegenübersieht, dann ist es logisch, daß diese Krisen am schwersten in den Familien auftreten, die mit der Neuorganisation Schwierigkeiten haben, also mit den Aufgaben bzw. Aufnehmen von Mitgliedern. Es ist nur ein Schritt bis zu der Vermutung von Familienforschern wie Haley, die meinen, symptomatisches Verhalten trete gewöhnlich dann an die Oberfläche, wenn ein Punkt im Zyklus des Familienlebens erreicht ist, an dem der Prozeß der Loslösung einer Generation von der anderen verhindert oder aufgehalten wird.(17) Zum Beispiel werden Mitglieder einer Familie, in der ein Kind eines der möglichen Faktoren ist, der in dem elterlichen Konflikt vermittelt, sich der Entfernung des Kindes widersetzen oder sie sogar verhindern. Ein Symptom scheint ein Kompromiß zu sein zwischen Bleiben und Gehen. Das Kind wird mehr oder weniger außer Gefecht gesetzt und verläßt das Zuhause niemals wirklich, oder es geht und findet es schwer, den Übergang zur Ehe zu bewerkstelligen und fällt zurück; oder aber ein Kind der neuen Ehe muß seinerseits als Vermittler dienen. Oft erkennt man dann den Wahrheitsgehalt der biblischen Aussage: „Die Väter haben saure Trauben gegessen, und der Kinder Zähne sind stumpf geworden.“ Manchmal scheint ein zartes, psychotisches Kind das gesamte verwandtschaftliche Netzwerk auf seinen Schultern zu tragen, wie die Schlüsselfigur in einem Familien-Hochseilakt, die unglaubliche Stärke und einen unfehlbaren Gleichgewichtssinn zur Schau stellt.

Wie können uns nun berechtigt fragen, welche Anordnung es gibt, die manchmal Mitglieder einer Familie hindert, den Sprung in eine neue Integration zu machen. Einen Hinweis auf die Antwort gibt uns der Begriff einer anderen Art Verschiebung, die auftritt, wenn eine Einheit dabei ist, ihre Parameter zu übertreten oder wenn sie bricht. Hierfür müssen wir uns an Ashby und seine Gedanken des Stufenmechanismus wenden.

Das Konzept der Stufenmechanismen

In 'Design for a Brain' beschreibt Ashby vier Arten von Bewegung, durch die natürliche Formen oder Substanzen von einem Zustand in den anderen übergehen.(18) Eine 'Vollfunktion' bewegt sich in fortschreitender Weise wie ein Barometer ohne ein begrenztes Konstanzintervall zwischen den Stadien. Eine 'Stufenfunktion' hält Konstanzintervalle durch diskontinuierliche Sprünge getrennt, also in der Art einer Treppe. Eine 'Teilfunktion' ist wie eine Stufenfunktion, nur daß die Linie von einer Stufe zur anderen progressiv verläuft und nicht plötzlich. Eine 'Nullfunktion' zeigt einfach das Fehlen von Bewegung oder Veränderung an.

Ashby bemerkt, daß es viele Stufenfunktionen in der natürlichen Welt gibt. In seinen Beispielen schließt er die Zerreißtendenz eines Gummibandes ein, wenn das Verhältnis von Zugkraft zu Länge einen gewissen Punkt erreicht, oder das Beispiel einer Sicherung, die herausspringt, wenn der Stromkreis über eine gewisse Zahl von Ampere belastet wird. Ashby sieht sich auch komplexere Einheiten an, wie Maschinen zum Beispiel, bei denen er feststellt, wie einige ihrer Variablen eine plötzliche Veränderung ihrer Eigenschaften zur Schau stellen, wann immer ein gewisser Wert erreicht ist, den er den 'kritischen Zustand' nennt. Es ist in der Tat üblich für Systeme, wie er sagt, Stufenfunktionsveränderungen aufzuweisen, wann immer ihre Variablen zu weit über ihren üblichen Wert hinausgetrieben werden. Seiner Meinung nach ist es nützlich, wenn ein System mindestens ein solches Element besitzt. Wenn es zum Beispiel im elektrischen Leitungssystem eines Hauses keinen Stromkreisunterbrecher gäbe, würde das ganze System zusammenbrechen und müßte ersetzt werden. Wenn es aber einen Stromkreisunterbrecher gibt, brennt nur die Sicherung durch, und wenn diese ersetzt ist (vorausgesetzt die Überlastung ist korrigiert worden), kann das System immer noch funktionieren. Ashby nennt diese Anordnung den Stufenmechanismus.

Eine Schwierigkeit für Ashbys Ideen liegt darin, daß er sich nicht wirklich für lebende Systeme auf der Ebene der Gruppe oder darüber interessierte, sondern versuchte, ein kybernetisches Modell zu entwerfen, das der Evolution und Struktur des Gehirns Rechnung tragen würde. Daher stammen die meisten seiner Beispiele aus der Biologie, Chemie und Physik, und man muß seine Ideen aus ihrem Kontext lösen, um sie auf soziale Systeme anwenden zu können. Ohne einen ähnlichen Begriff wie den des Stufenmechanismus könnten jedoch die plötzlichen Verhaltensänderungen, die man häufig in Familien mit symptomatischen Mitgliedern findet, nicht erklärt werden.

In Familien ist eine wichtige Variable die Beziehung zwischen den Mitgliedern der exekutiven Dyade, die normalerweise die Eltern sind. In dieser Beziehung gibt es vermutlich besondere Vereinbarungen in bezug auf die Regelung solcher Dimensionen wie Nähe/Distanz und Machtgleichgewicht, durch die in dieser Dyade zugelassene Verhaltensweisen eingegrenzt werden. Stellen wir einmal die Hypothese auf, in einem dieser Gebiete würde die Grenze ständig überschritten. Bei einem ausgeglichenen oder symmetrischen Paar könnte ein leichter Vorteil, der einer Person zufällt, eine Eskalation hervorrufen, die, wenn sie nicht gestoppt wird, in Gewalttätigkeit oder Scheidung enden könnte. Bei einem komplementären Paar oder einem mit der Konstellation 'einer oben / einer unten' könnte zuviel Ungleichheit Depressionen im 'unteren' Ehepartner hervorrufen, und das könnte damit einhergehende Sorge im 'höheren' auslösen. Wie immer diese Ebene auch aussieht (und normalerweise ist sie kein reines Beispiel eines dieser Modelle), wird es doch einen 'kritischen Zustand' geben, der einen

Wert darstellt, über den das Paar als System nicht hinausgehen und trotzdem unversehrt bleiben kann.

An diesem Punkt können verschiedene Dinge geschehen. Ein Paar hat vielleicht Techniken, um mit dieser Bedrohung fertig zu werden, zum Beispiel eine Abkühlungszeit für ein zorniges, symmetrisches Paar oder einen guten Streit für ein distanziert-komplementäres Paar. Eine andere Technik wäre, wenn einer der Ehepartner ein schweres oder chronisches Symptom entwickeln würde, was auch eine Trennung verhinderte, wenn auch unter gewissen Opfern. Oft geschieht es jedoch, daß ein Dritter, meistens ein Kind, in den Konflikt mit hineingezogen wird. Wenn dies einmal geschieht, wächst das Unbehagen des Kindes , während die elterlichen Spannungen geringer werden. Ein kleiner Hinweis, der den elterlichen Konflikt anzeigt, kann Unruhe im Kind wecken, das dann mit ärgerniserregendem Verhalten reagiert. An diesem Punkt wird es dann vielleicht von einem der Eltern angegriffen, während der andere zur Verteidigung herbeieilt. Wird das Kind in dieser enger werdenden Spirale gefangen, reagiert es mit einem körperlichen oder emotionalem Symptom. Das bringt die Eltern dazu, ihren verdeckten Kampf zu beenden und sich zu vereinen. Eine ganz reale Aufgabe verbindet sie, da das Wohlergehen des Kindes auf dem Spiel steht. Ihr Zusammenkommen gestattet es dem Kind, seine Ängste zu mindern, besonders wenn dies von unterstützendem Verhalten begleitet ist.

Bei diesem Beispiel könnten wir sagen, daß Warnsignale auf den Plan treten, wann immer eine Feedbackkette ein kritisches Stadium in einer Beziehungsgruppe erreicht hat. Diese Signale verhindern Ereignisse, die wichtige Beziehungen für die Gruppe in Gefahr bringen könnten. Das Symptom des Kindes ist zum Beispiel ein Warnsignal, das die Eltern davon ablenkt, eine Auseinandersetzung zu haben.

Was aber, wenn das Unbehagen des Kindes einen Grad erreicht, der nicht akzeptabel ist und sich eine positive Feedbackkette entwickelt, der man nicht mit den üblichen Familienreaktionen entgegentreten kann? Hier kommen wir zur nächsten Ebene, wo die Reibungsfläche nicht zwischen dem Kind und seinen Eltern besteht, sondern zwischen der Familie und der weiteren Gesellschaft. Ashby schreibt:
„Eine häufige, wenn auch verachtete Eigenschaft jeder Maschine ist die, daß sie 'zerbrechen' kann... Im allgemeinen 'bricht' eine Maschine, wenn der repräsentative Punkt ein kritisches Stadium erreicht hat und die entsprechende Stufenfunktion ihren Wert geändert hat... Wie bekannt ist, brechen fast alle Maschinen oder physikalischen Systeme, wenn ihre Variablen weit genug von ihrem üblichen Wert abgetrieben werden."(19)

Möglicherweise ähnelt das, was man im allgemeinen einen Nervenzusammenbruch nennt, in seiner Funktion dem hier von Ashby besprochenen Phänomen. In einer Familie fungiert der 'Zusammenbruch' eines Mitglieds als Stufenmechanismus, der das Versagen der stabilisierenden Methoden einer Familie anzeigt, und häufig Einmischung eines größeren Systems, der Gemeinschaft, bewirkt. Hier treten dann Helfer in verschiedenen Verkleidungen auf, und der Versuch wird unternommen, das zerbrochene Element, also die Person, zu reparieren.

Um aber zu dem Bild des elektrischen Stromkreises zurückzukehren, so lange er weiterhin überbelastet wird, nützt es nichts, die Sicherung zu erneuern. Manchmal ist das Problem temporär. Die Überbelastung war auf den plötzlichen Anschluß eines weiteren Gerätes zurückzuführen (wenn zum Beispiel die Schwiegermutter zu Besuch kommt), und wenn dies einmal fortgenommen ist, wird das System zur Alltäglichkeit zurückkehren. Häufig ist die Veränderung aber permanent. Jemand ist gestorben, oder es gibt eine nicht rückgängig zu machende Veränderung der Familienverhältnisse oder ein Familienmitglied hat ein neues Reifestadium erreicht. Dann muß die Familie eine Veränderung ihrer Gesamtorganisation vornehmen, um den neuen Anforderungen zu genügen. Sonst könnte das symptomatische Verhalten der Person andauern oder andere problematische Verhaltensweisen könnten es ersetzen. In einer Familie mit einem gestörten Mitglied könnte man es mit der Angst vonseiten der Familienmitglieder zu tun haben, ein Sprung auf die nächste Ebene könnte einem wichtigen Familienmitglied oder Untersystem schaden oder das Überleben der Familie selbst bedrohen.

Hieraus folgt, daß symptomatische Verhaltensweisen negativ gesehen als mißglückte Transformationen zu betrachten sind oder, positiv gesehen, als Verhandlungen über die Möglichkeit einer Veränderung. In seinem 'Prison Notebook'(Notizen aus dem Gefängnis) schreibt der Philosoph Antonio Gramsci:„Die Krise besteht genau in der Tatsache, daß das Alte stirbt und das Neue nicht geboren werden kann. Während dieses Interregnums treten eine große Zahl morbider Symptome auf."(2o) Eine symptomatische Redundanz ist eine Einrichtung, die normalerweise auftaucht, um dieses Interregnum zwischen dem Neuen und dem Alten zu leiten. Sie stellt einen Kompromiß dar zwischen dem Druck für und wider den Wechsel. Das Symptom ist nur der sichtbarste Teil von miteinander verbundenen Verhaltensströmungen und wirkt als Hauptreizmittel, das sowohl die Auswahlmöglichkeiten der Veränderung überprüft, damit nicht eine zu rasche Bewegung jemanden in der Familie in Gefahr bringt, als auch die Notwendigkeit einer Veränderung ständig am Leben erhält. Daraus ergibt sich ein Tumult von Verhaltensweisen, die sich eher in einer Spirale als in einem Kreis um die Möglichkeit eines Sprunges herumbewegen. Manchmal kommt es zu dem Sprung nur wegen einer zufälligen Veränderung, die durch die Spirale bewirkt wird, die sich im Verlauf der Zeit immer weiter fortbewegt. Selbst eine eng zusammengedrängte Spirale, die ständig um einen zentralen Punkt kreist, ist immer in Bewegung und nie ohne potentielle Veränderung. In seinem Aufsatz über Familienparadigma beschreibt Reiss ein schönes Beispiel für diese Veränderung durch Zufall. Ein Jugendlicher in einer Familie wurde ernsthaft krank, während sich die Familie auf einer Campingreise befand. Der Vater, der bisher für nett, aber jungenhaft unzuverlässig gehalten wurde, übernahm die Führung in dieser Notsituation und schuf für sich selbst eine neue und anhaltend autoritäre Rolle.(21)

Die nächste Frage lautet, wie man einer Familie helfen kann, den Sprung nach oben zu tun, statt in einer chronischen Spirale weiter fortzufahren und eine Umformung zu einem neuen Stadium zu erreichen, das Symptome oder Unglück aus dem Weg räumt.

Paradoxe Befehle und der 'Schwitzkasten'

Platt betont, wie wir gesehen haben, die positive — sogar außergewöhnliche — Fähigkeit lebender Systeme, Umwandlungen zu erreichen, die weit über das bis dahin Vorausgesagte oder Erreichte hinausgingen und somit nicht nur 'die letzte Rettung' waren, sondern auch den Weg zu einer neuen Umwandlung wiesen. Ashby untersuchte eine andere Art von Verschiebung, die vielleicht ähnlich außergewöhnlich ist: die Fähigkeit eines Elements in einem System zu 'brechen', wenn zu großer Druck in Richtung auf Veränderung ausgeübt wird. In einer Familie oder einer anderen Gruppe ist vielleicht die Verschiebung zu einer symptomatischen Konfiguration die Rettung, aber sie zeigt nicht immer die Richtung auf eine neue. Sie kann nicht als eine Evolution betrachtet werden, sondern als ein mißglückter Sprung, da sie nicht nur die Familie daran hindert, eine neue Integration vorzunehmen, sondern auch auf Kosten eines Familienmitglieds zu geschehen scheint, das oft etwas rührselig als 'Sündenbock' gesehen wurde. Andererseits könnte man darin den einzig anhaltenden Druck zu einer Veränderung sehen, der in dieser Familie auftritt.

Die Frage für die Therapie stellt sich dann folgendermaßen: Wie unterbricht man eine Anordnung, die in gewisser Weise die Familienstabilität fördert (Morphostase), und wie hilft man stattdessen der Familie, eine Umformung zu erreichen, die eine komplexere Integration darstellt (Morphogenese)? Hier ist eine Diskussion der — wie Richard Rabkin sie genannt hat — 'Saltologie' (von dem Lateinischen saltus-springen) angezeigt, die man vielleicht etwas prosaischer die 'Sprungtheorie' nennen kann. Ebenso wichtig in dieser Verbindung sind einige äußerst gute Gedanken von Rabkin, der die Umformungen oder Sprünge mit dem Auftreten dieser kommunikatorischen Merkwürdigkeit, dem 'paradoxen Befehl' (paradoxical injunction) in Verbindung gebracht hat.

In einem Aufsatz mit dem Titel 'A Critique of the Clinical Use of the Double Bind'(Kritische Abhandlung über den klinischen Einsatz der Doppelbindung) stellt Rabkin eine erfrischende Untersuchung des ursprünglichen Konzepts der Doppelbindung vor.(22) Dieser Aufsatz ordnet die meisten Beispiele neu ein, die klinische Forscher benutzt haben, um Doppelbindungen als maskierte Feindseligkeit zu veranschaulichen, so wie als Sarkasmus, strategische Täuschung und gewöhnliche Dilemmata nach dem Muster: „Sei verdammt, wenn du es tust und verdammt, wenn du es nicht tust." Es spricht dafür, mindestens eine dieser Zwickmühlen, den paradoxen Befehl, mit der Doppelbindung gleichzusetzen. Ein paradoxer Befehl ist eine Aussage, die sich eigentlich selbst widerspricht, wenn man sie nicht in zwei Ebenen auflöst, die 'Bericht'-Ebene und die Ebene:'Wie dieser Bericht gemeint ist', wobei die zweite Ebene die erste umfaßt. Ein Beispiel von dem Artikel von Sluzki et al. über Transaktionsdisqualifizierung ist der folgende Wortwechsel:
Sohn (zur Mutter): Du behandelst mich wie ein Kind.
Mutter: Aber du bist doch mein Kind. (23)

Auf der Bericht-Ebene ist die Antwort der Mutter völlig richtig, aber im Zusammenhang dieses Dialogs stellt die Mutter ein neues abwegiges Bezugssystem her: Der Sohn hat Unrecht; der Sohn kritisiert sie in unfairer Weise; außerdem sollte der Sohn diese Verdrehungen seiner ursprünglichen Botschaft akzeptieren, denn er ist ihr Kind. Dies wäre ein gutes Beispiel für das, was die Forscher in Palo Alto für eine Doppelbindung gehalten hätten, ob Sluzki nun übereinstimmt oder nicht. Und die Doppelbindung war, wie wir wissen, mit Äußerungen irrationalen Verhaltens, wie zum Beispiel der Schizophrenie in Verbindung gesetzt worden.

Trotzdem wird hier etwas schrecklich simplifiziert. Rabkin weist auf den paradoxen Befehl als eine Form der Kommunikation hin, der alle Eltern und alle Kinder (alle Vorgesetzten und alle Untergebenen ebenfalls) zu irgendeinem Zeitpunkt in ihrem Leben begegnen, ohne den Verstand zu verlieren. Natürlich regen sie sich vielleicht auf – im Idealfall sollten sie das aber nicht, behauptet Rabkin, da der paradoxe Befehl das Beste ist, was unsere arme Sprache bietet, um die Notwendigkeit eines Systemwechsels anzudeuten.

Rabkin führt ein Beispiel an, das Kliniker benutzt haben, um einen paradoxen Befehl mit einer Doppelbindung gleichzusetzen. Die Eltern sagen zu dem Kind zu einem Zeitpunkt, an dem das Kind in die graue Zone des Heranwachsenden überwechselt: „Ich bestehe darauf, daß du zur Schule gehst, da dir die Schönheiten des Lernens gefallen."(Die Bateson-Gruppe benutzte ein ähnliches Beispiel, einen 'New-Yorker'–Cartoon, in dem ein Arbeitsgeber seinem unglücklich dreinschauenden Angestellten sagt: „Aber Jones, ich möchte nicht, daß Sie mit mir übereinstimmen, nur weil ich es sage, sondern, weil Sie es genauso sehen wie ich.") Dann zitiert Rabkin

Arthur Koestler über den schöpferischen Vorgang. Bevor ein schöpferischer Sprung geschehen kann, sagt Koestler, müssen alle früheren Wege blockiert sein. Nur durch die sich ansammelnde Intensität des Stresses kann der Druck entstehen, der zu dem Sprung führt.(24)

In diesem Licht gesehen, scheint der paradoxe Befehl die wahrscheinlichste Kommunikationsform sein, um genügend Druck für eine Veränderung zu schaffen. Der paradoxe Befehl der Eltern an das heranwachsende Kind drückt in Wirklichkeit folgendes aus: „Ich möchte, daß du unabhängig bist, aber ich möchte, daß du es möchtest, unabhängig davon, daß ich es möchte." In Ermangelung eines besseren Ausdrucks könnte man sagen, hier wird eine 'einfache Bindung' aufgestellt. Der Empfänger wird angewiesen, gleichzeitig in einer symmetrischen und einer komplementären Beziehung mit dem Gesprächspartner zu verbleiben. Da dies unmöglich ist, muß ein Sprung zu dem gemacht werden, was Rabkin ein 'Ergebnis' genannt hat, sein Ausdruck für Platts 'Transformation' oder 'neue Integration'.

Die unmöglichen Situationen, die der Zenmeister für seine Schüler aufstellt, werden in diesem Licht verständlich. Der Meister sagt zum Schüler: „Hier ist ein Stock. Wenn du sagst, er sei real, werde ich dich damit schlagen. Wenn du sagst, er sei nicht real, werde ich dich damit schlagen. Wenn du nichts sagst, werde ich dich damit schlagen." Eine mögliche Reaktion des Schülers wäre es, den Stock einfach wegzunehmen. Das wirklich Wesentliche für den Schüler ist, dem Meister 'gleichgestellt' zu werden, aber das kann nicht auf Befehl des Meisters oder durch die Meister-Schüler-Beziehung überhaupt geschehen. Der Schüler muß irgendwie 'aus sich allein heraus' die Vorstellung bekommen, diesen Weg einschlagen zu müssen. In Übereinstimmung mit dieser Denkweise sollte man den Ausdruck 'paradoxer Befehl' oder 'einfache Bindung' für die verwirrende Anweisung bewahren, die häufig als Vorläufer eines Sprunges zu einem neuen Stadium auftaucht und den Ausdruck 'Doppelbindung' für Kommunikationssequenzen, die diesen Sprung blockieren oder undenkbare Konsequenzen implizieren, falls es dazu kommen sollte.

Die Einführung dieses Begriffes der einfachen Bindung löst viele Fragen, die jahrelang Forscher und Kliniker verblüfft haben. Zum einen gibt es nicht länger die quälende Frage: Wenn paradoxe Kommunikation in Kunst, Phantasie, Spiel und in den meisten kreativen Aktivitäten wirksam ist, wie unterscheiden wir zwischen Formen der paradoxen Kommunikation, die verbunden sind mit schizophrener Kommunikation, und Formen, die mit den Errungenschaften des Künstlers oder des Propheten in Verbindung stehen? Zum anderen haben wir die Möglichkeit, den Gedanken der therapeutischen Doppelbindung oder das Gegenparadox zu erklären, die der homöopathischen Medizin gleichgesetzt wurden: Das Heilmittel ähnelt der Krankheit. Eine therapeutische Doppelbindung könnte neu formuliert werden als eine Wiedereinsetzung der Bedingungen einer einfachen Bindung, wenn auch diesmal in einem anderen Zusammenhang: der Beziehung zwischen dem Therapeuten und dem Klienten oder der Familie. Die Bindung wird neu eingesetzt, man geht durch die Periode der Verwirrung, die Familie oder der Patient machen den erforderlichen Sprung, und die neue Integration wird dann belohnt statt entwertet oder abgewiesen, oder ist ihre eigene Belohnung.

Ein Beispiel dieses Vorgangs wird von Bateson in einem Aufsatz über 'Lernen zu lernen' beschrieben.(25) Bateson hatte sich für Tümmler interessiert, die darauf trainiert waren, der Öffentlichkeit Verhaltenskonditionierung vorzuführen, indem sie besonderes Verhalten an den Tag legten, eine Flöte hörten und dann einen Fisch erhielten. Die Tümmler besaßen ein beträchtliches Repertoire dieser Verhaltensmuster. Da diese Tiere nicht jedesmal das gleiche Verhalten reproduzierten, wurde Bateson klar, daß diese Tiere „gelernt haben mußten zu lernen", wie man ein auffälliges Verhalten vorführt. Er bat darum, bei dem Vorgang zusehen zu dürfen, durch den ein Tümmler dieses gelehrt wurde, und er schaffte sogar eine experimentelle Situation, in der er diese Beobachtungen durchführte.

Zunächst belohnte der Dresseur den Tümmler für ein auffälliges Verhalten. Das Tier lernte rasch, daß ein Herausheben des Kopfes mit einem Fisch belohnt wurde, und mehrere Wiederholungen bestärkten diesen Eindruck. Wenn der Tümmler jedoch das nächste Mal hereinkam und dieses Verhalten erneut zeigte, gab es keinen Fisch. Der Dresseur wartete, bis das Tier eine andere auffällige Verhaltensweise zeigte – vielleicht ein ärgerliches Flossenschlagen – um dann dieses zu belohnen. Das Verhalten wurde innerhalb der Übungszeit dreimal verstärkt, aber nicht in der nächsten Übungszeit. Es gab nur dann Belohnungen, wenn der Tümmler wieder ein neues ungewöhnliches Verhalten zeigte. Dieser Vorgang war offensichtlich sowohl für den Mann als auch für das Tier so beunruhigend, daß der Dresseur immer wieder die Regeln der Verstärkung für das Tier zu einem Zeitpunkt brach, wo es nicht angebracht war. Der Tümmler seinerseits verhielt sich umso aufgeregter, je häufiger Versuche sich als nutzlos erwiesen, durch vorher bestätigtes Verhalten Belohnungen zu gewinnen und zeigte Verhaltensweisen, die man bei einem Menschen psychotisch nennen würde.

Vor der 15. Übungsstunde jedoch geschah etwas Bemerkenswertes. Der Tümmler schoß im Aquarium hin und her und schien äußerst aufgeregt. Als er mit seiner Vorführung an der Reihe war, führte er eine kunstvolle Show von acht Verhaltensweisen vor, von denen drei noch niemals in dieser Art gesehen worden waren. Bateson betont, daß die Unterbrechung gewohnter Muster von Reiz und Reaktion äußerst beunruhigend sein kann, wenn diese Unterbrechung das Lebewesen ständig innerhalb einer wichtigen Beziehung ins Unrecht setzt. Er fügt aber hinzu, dieses Erlebnis könne einen kreativen Sprung hervorrufen, wenn die Unterbrechung und der Schmerz das Tier nicht zum Zusammenbruch treiben, eine Tatsache, die auch von Wynne in seinem Aufsatz 'On the Anguish and Creative Passions of Not Escaping the Double Bind'(Über Qual und kreative Leidenschaft, wenn der Doppelbindung nicht entkommen werden kann)festgestellt wird.(26)

Durch dieses Beispiel wird die Meinung verstärkt, eine Voraussetzung für kreative Sprünge in komplexen Systemen sei eine Zeit des Durcheinanders, begleitet von widersprüchlichen Botschaften, Ungereimtheiten und vor allem paradoxen Befehlen: Ich befehle dir, unabhängig zu sein. Ich möchte, daß du mich spontan liebst. Ich befehle dir, dominant zu sein. – Diese Botschaften mit ihren bedrohlichen Implikationen, die Beziehung zwischen den Partnern könnte in Gefahr sein, wenn es nicht zu einer Veränderung kommt, kann man den 'Schwitzkasten' nennen. Der Schwitzkasten scheint in milder oder starker Form häufig notwendig zu sein, bevor morphogenetische oder grundsätzliche Strukturveränderungen in einer Person, einer Familie oder in größeren Systemen stattfinden können.

Es ist wichtig festzustellen, daß es eine unmittelbare Bestätigung und Belohnung geben muß, wenn eine Bewegung in die entsprechende Richtung vorgenommen worden ist. Das Wesentliche der Doppelbindung besteht darin, einen Sprung abzuleugnen, wenn er einmal getan worden ist, oder anzuzeigen, daß eine Veränderung nicht gewünscht sei, oder das ganze Ereignis für untauglich zu erklären. So kann also eine Doppelbindung als eine einfache Bindung beschrieben werden, die beständig auferlegt und wieder zurückgenommen wird. Druck zur Veränderung gefolgt von Befehlen, nichts zu verändern, eine Art:'Ja, tu es – Nein, tu es nicht', die Unterbrechung und Schmerz hervorruft, von der Bateson behauptet, sie sei unerträglich für Menschen und andere Wesen. Rabkin, der diese Idee weiter ausführt, meint, ein solcher paradoxer Befehl, der zu einer Systemänderung führt und dem ein paradoxer Befehl folgt, diese Systemänderung rückgängig zu machen, könne sehr wohl auf eine starke Verwirrung im Empfänger solcher Botschaften hinauslaufen.

Nehmen wir das Beispiel der Mutter, die sich in einer Auseinandersetzung mit einem heranwachsenden Sohn befindet. Sie wünscht, er würde erwachseneres Verhalten ('symmetrisches') an den Tag legen. Wenn sie ihm dies aber auferlegt, definiert sie ihn als Kind (eine 'komplementäre' Beziehung). Es gibt keinen Weg aus dieser Schwierigkeit, die alle verzweifelten Eltern und grollenden Jugendlichen kennen. Die einzige Möglichkeit ist eine Verschiebung, bei der beide feststellen, daß ihre Beziehung angenehmer und mehr wie zwischen Gleichgestellten als die zwischen Eltern und Kind geworden ist, zumindest auf dem Gebiet, um das der Kampf geführt wurde. Diese Verschiebung kann plötzlich geschehen oder es kann ein langer sich vor und zurückbewegender Kampf notwendig sein. Eine notwendige Voraussetzung ist aber die 'spontane' Verschiebung des Gesetzes, das ihre Beziehung beherrscht, denn wenn die Mutter es erzwänge oder das Kind es ergriffe, würde dadurch nur ihre bisherige Situation bestätigt werden.

Wenn der Elternteil, der ursprünglich die paradoxen Botschaften ausgegeben hat, positiv auf eine Integration der Beziehung auf einer ausgewogeneren Ebene reagiert, ist dies eine erfolgreiche Lösung der schwierigen Lage. Es hat keine Doppelbindung gegeben, zumindest keine schädliche. Wenn aber in dem Augenblick, in dem Mutter und Kind das erwünschte Stadium erreichen, einer von beiden oder ein anderer in der Familie andeutet, dies sei schlecht oder gefährlich, dann hat man die Voraussetzung für eine Doppelbindung. Und dann tauchen Symptome auf, eingebettet in Zyklen, in denen sich der Druck nach Veränderung aufstaut, gefolgt von Befehlen gegen Veränderung, in endlosen Sequenzen wie eine gesprungene Schallplatte: Das berühmte 'Spiel ohne Ende'.

Die Art und Weise, wie eine einfache Bindung entweder gelöst werden oder zu einem Symptom werden kann, soll durch folgenden hypothetischen Fall verdeutlicht werden:
Der dreizehnjährige Peter fängt an, morgens spät aufzustehen und zu spät zur Schule zu kommen. Seine Mutter wird es müde, ihn zum Aufstehen zu drängen und sagt schließlich: „Warum muß ich dich immer aus dem Bett werfen, damit du zur Schule gehst? Benimm dich wie ein Erwachsener. Du solltest es dir wünschen, zur Schule zu gehen, wegen deiner eigenen Zukunft. Dein Vater stand früher um 6 Uhr auf, um die Zeitung auszutragen, bevor er überhaupt zur Schule ging – bei Temperaturen unter Null!" usw.
Dies ist eine Bindung (die einfache Spielart), denn wenn sich Peter 'wie ein Erwachsener' benimmt, zeigt er eine symmetrische Beziehung, gleichzeitig aber – wenn er zur Schule geht – geschieht dies in Reaktion auf die Forderung seiner Mutter, und seine Beziehung zu ihr kann dann als komplementär bezeichnet werden. Tatsächlich wird er noch unwilliger zur Schule gehen. Seine Mutter schwankt, ob sie ihre Hände einfach in Unschuld waschen soll oder ob sie in ihn eindringen sollte, ein Vorgang, der die Spannung zwischen ihnen nur verstärkt. Die Lehrer rufen an, um zu sagen, Peter hätte angefangen zu schwänzen und üben so noch mehr Druck aus. Der Vater, der gewöhnlich länger schlafen kann als Peter, und der das frühe Aufstehen haßt, wird ständig durch die morgendliche Unruhe geweckt. Obwohl er es vorzieht, sich aus den Streitereien mit dem Sohn herauszuhalten, fängt er an zu protestieren: „Laß den Jungen in Ruhe", sagt er zu seiner Frau, „du machst es nur noch schlimmer". Er vergleicht sie mit seinem Vater, der ihm seine eigene Jugend verdorben hatte, weil er darauf bestand, er müsse früh aufstehen, um Zeitungen auszutragen. Er sagt, er könne den Jungen verstehen.
Diese Aussage bringt eine latente Spaltung zum Vorschein, die sich in den meisten elterlichen Dyaden befindet, die Spaltung zwischen permissiver

und autoritärer Einstellung. Die Mutter verstärkt ihre Position und sagt: „Es wird allmählich Zeit, daß du aufhörst, ihn wie ein Baby zu behandeln." Der Vater entgegnet: „Es wird Zeit, daß du aufhörst, an ihm 'rumzunörgeln." Dies führt zu wechselseitigem Anschreien und Entladung des aufgestauten Zorns. Peter zieht die Decke über den Kopf und ist erneut erfolgreich darin, nicht zur Schule gehen zu müssen.

Dies ist die übliche Art von Durcheinander, der sich eine Familie gegenübersieht, wenn aus den Kindern Jugendliche werden. Sie kann gewöhnlich gelöst werden, wenn die Eltern ihre unterschiedlichen Meinungen überwinden können und eine einheitliche Front bilden. Vielleicht dient die jugendliche Rebellion nicht nur dazu, die beginnende Unabhängigkeit des Kindes festzulegen, sondern bietet den Eltern – die natürlicherweise eines Tages wieder ohne Kinder sein werden – eine Chance, die Art und Stärke der Bindung zwischen ihnen zu erproben. Es scheint keine Rolle zu spielen, in welche Richtung die Eltern gehen. Die Situation wird gelöst, wenn die Eltern sagen können: „Es ist dein Leben, du kannst es verderben und die Konsequenzen tragen." oder: „Geh zur Schule, und hör auf mit dem Unsinn." Irgendwie erhält der Sohn aus diesem Mikrotest darüber, ob die Eltern (oder andere betroffene Familienmitglieder) die auf sie zukommende Trennung von ihm überleben werden, ausreichend Bestätigung und beginnt wirklich, sich zu lösen, und das Schulproblem löst sich auch. Der Junge stellt vielleicht fest, daß eine attraktive Klassenkameradin an der Bushaltestelle wartet. Plötzlich heißt es nicht mehr: „Warum stehst du nicht auf und gehst zur Schule", sondern: „Warum bist du nie mehr zu Hause?"

Hier ist eine andere Möglichkeit, die ein Symptom hervorrufen kann. Der Junge steht auf und geht zur Schule. Er findet eine Freundin und findet auch sein Interesse am Lernen wieder (eine unwahrscheinliche Geschichte, aber dies ist ein hypothetischer Fall). Sein Vater fühlt sich jedoch niedergeschlagener als zuvor. Seine Arbeit geht nicht gut voran, und sein Geschwür macht ihm Kummer. Dies scheint das letzte Kind im Hause zu sein und noch dazu dasjenige, dem sich der Vater besonders verbunden fühlte, zumal er eine recht dominierende Frau hat und sich lieber von ihr distanziert, anstatt offen etwas auszukämpfen. Der Vater empfindet ein gewisses erhebendes Gefühl, als sich der Sohn bezüglich des Schulbesuchs der Mutter auf eine Art und Weise widersetzt, die ihm selbst nie möglich war, als er selbst heranwuchs. Der Junge ist sehr wichtig für ihn. Auch die Mutter ist merkwürdig befangen in dem Kampf, den sie mit ihrem Sohn ausficht. Er scheint in der Lage zu sein, sich ihr auf eine Weise zu widersetzen, wie es ihr Ehemann nie konnte, und – obwohl sie böse ist – gewinnt sie eine Art Befriedigung aus seiner Selbstsicherheit. Mit ihrem Mann kann sie nur schattenboxen, bei ihrem Sohn ist wirklich jemand da.

Gleichzeitig sind sich vielleicht beide unbewußt darüber klar, daß mit dem

Heranwachsen des Sohnes viele schwierige Probleme zwischen ihnen auftauchen werden. Das Geschwür des Vaters scheint anzuzeigen, daß er vermutlich seine Gefühle über diese Probleme nach innen wenden wird, statt einen offenen Konflikt mit seiner Frau zu wagen. Eine Ahnung unheilvoller Möglichkeiten erfüllt die Luft. Der Vater ißt wenig am Abend und klagt über Schmerzen. Wenn er das tut, scheint die Mutter eher zornig als mitleidig und sagt: „Ich habe es satt, daß du immer über das Geschwür jammerst und doch nie damit zum Arzt gehst. Ich muß dich immer drängen, einen Termin abzumachen. Warum kann du nicht selbst die Verantwortung für deine Probleme übernehmen, statt die ganze Familie damit unglücklich zu machen?" Der Vater wird schwermütig und still, und der Sohn bemerkt, wie sich sein eigener Magen zusammenkrampft. Er sagt: „Ich will kein Abendbrot", und er steht auf um fortzugehen. Die Mutter sagt: „Du bleibst hier, bis wir alle fertig sind". Der Vater: „Laß ihn um Gotteswillen gehen, mußt du das Leben von allen Leuten tyrannisieren, wie du meins tyrannisierst?" Der Abend endet, indem der Junge deprimiert in seinem Zimmer sitzt, der Vater schweigend fernsieht und die Mutter wütend die Teller abwäscht.

Am nächsten Tag klagt der Junge, ihm sei übel und er könne nicht zur Schule gehen. Er übergibt sich sogar. Die Eltern streiten, ob er zur Schule gehen sollte oder nicht. Schließlich bleibt er zu Hause. Dies ist der Anfang einer Schulphobie. Nachdem sie alles ausprobiert haben, fangen die Eltern zwei Monate später auf Anraten der Schule an, sich nach einem Psychotherapeuten umzusehen. Was der Therapeut entscheidet, gehört nicht in diese Geschichte, aber bei einer Deutung im Zusammenhang der Situation würde man feststellen, daß das angemessene Verhalten des Sohnes, als er zur Schule ging, nicht belohnt wurde. Stattdessen bahnte sich eine Katastrophe an (elterlicher Streit, die Krankheit des Vaters). Die Polarisierung der Ansichten (permissives versus strafendes Verhalten) wurde stärker, wobei das Symptom des Jungen jetzt im Mittelpunkt stand und die elterlichen Verhaltensweisen bestärkte, seinerseits aber auch wieder durch gerade dieses Verhalten in einem fortwährenden Kreislauf selbst bestärkt wurde. Die Bindung konnte offensichtlich nicht durch einen kreativen Sprung gelöst werden, als der Junge sich zum Beispiel verliebte (eine ungewollte Handlung, die man als angemessene Reaktion auf eine einfache Bindung betrachten konnte: Es war nicht mehr 'er', der entschied, wieder zur Schule zu gehen, sondern 'das Verlieben' war es, das die Entscheidung fällte.) Die Drohung der Katastrophe wurde sogar noch größer, als er erwähnte, daß er ein wunderbares Mädchen kennengelernt habe. Der Sprung, den er machen sollte, wird nicht durch irgendeinen Bösewicht ungültig gemacht, sondern durch den Zusammenhang, der auf versteckte Weise seine zukünftige Trennung als Betrug, als etwas Schädliches, darstellt.

Dies ist also ein Beispiel dafür, wie ein recht gewöhnliches Problem des Älterwerdens zu einem Symptom werden kann. Nun wollen wir uns genauer die größeren Muster ansehen, die die meisten symptomatischen Verhaltensweisen zu begleiten scheinen: Verhaltensmuster, die ein Problem verstärken und es gleichzeitig angreifen, verdeutlichen uns den Systemcharakter der Doppelbindungs-Sequenzen, von denen mag sagt, sie 'trieben einen Menschen in den Wahnsinn'.

Kapitel 10

ETWAS IM GEBÜSCH

Was zu verändern ist

Bis jetzt hat die Bewegung der Familientherapie bessere Erfolge auf dem Gebiet des 'Wie man etwas verändert' als des 'Was man verändert' erzielt. Beschreibungen des Wesens, auf das Familientherapeuten es abgesehen haben, sind bekannterweise wenig zufriedenstellend. Kliniker wissen, daß da etwas im Gebüsch ist, aber niemand hat befriedigende Arbeit darin geleistet, es zu finden und zu erklären, was es ist. Es hat sich den Bemühungen entzogen, in Begriffe der kommunikativen Muster gefaßt zu werden (zum Beispiel die Doppelbindung) und hat sich auch den umfassenderen Versuchen entzogen, es mit einem Typ der Familienstruktur zu verbinden (Minuchins 'verstrickte' Familie, Bowens 'undifferenzierte Familien-Egomasse'). Eigenschaften oder Züge, die darauf hinweisen, daß eine Familie mit großer Wahrscheinlichkeit Dysfunktion hervorrufen wird, wie Wynnes 'Pseudogegenseitigkeit' und Bowens 'Fusion', sind zwar anregend, aber nur ungenügend mit irgendeiner bestimmten symptomatischen Struktur verbunden.

Während die Suche weitergeht, scheinen die triadischen Konzepte der Koalitionstheorie auf eine nützlichere Einheit hinzuweisen, eine die größer als der Austausch ist, aber kleiner als die Familie. Gebilde wie Haleys Koalition über Generationsgrenzen hinweg oder Minuchins Beschreibung der 'starren Triaden' schienen die richtige Richtung zu nehmen, waren aber statisch. Andererseits war die Aufmerksamkeit von Watzlawick, Weakland und Fisch in Palo Alto beim Aufspüren von Verhaltensweisen in diesem Problembereich zwar prozeßorientiert, aber nicht genügend an den weiteren Zusammenhang gebunden.

Die Palo-Alto-Gruppe übernahm die kybernetische Analogie und schien den richtigen Weg einzuschlagen. Ein Symptom oder Problem sah so aus, „als ob" es Verhaltensweisen in einer unmittelbaren Beziehung beherrschte oder überprüfte, so daß sie nicht über bestimmte Grenzen hinausgingen.

Umgekehrt sah es aus, „als ob" das Problem von dem Zusammenhang unterstützt und beherrscht wurde, in dem es auftrat. Aber der Zusammenhang ist in Wirklichkeit ein ökologisches Feld, das aus mehr als einer Systemebene besteht; und das Problem wirkt durch seine widersprüchliche Anwesenheit, indem es zu Veränderungen drängt, die es scheinbar verhindert, und durch seine Unbestimmtheit in bezug auf die Ebene, auf der die Veränderung stattfinden könnte, falls es überhaupt dazu kommt. Bateson findet dafür eine gute Formulierung:
„'Stabilität' kann entweder durch Starrheit oder durch ständige Wiederholung irgendeines Zyklus geringfügiger Veränderungen erreicht werden, der zu einem status quo ante nach jeder Störung zurückkehren wird. Die Natur weicht zeitweilig dem aus, was wie eine irreversible Veränderung aussieht, indem sie vorübergehende Veränderung akzeptiert. Der Bambus neigt sich vor dem Wind, heißt es in einer japanischen Metapher. Und dem Tod selbst wird durch eine schnelle Veränderung vom individuellen Subjekt zur Klasse aus dem Weg gegangen. Die Natur, wenn wir dieses System einmal personifizieren wollen, gesteht Gevatter Tod (ebenfalls personifiziert) seine individuellen Opfer zu, während sie bei jener abstrakteren Einheit, der Klasse aller Lebewesen, für Ersatz sorgt, zu deren Vernichtung der Tod schneller arbeiten müßte als das reproduktive System der Kreaturen. Und sollte schließlich der Tod den Sieg über die Gattung einmal davontragen, dann sagt die Natur:'Das war genau das, was ich für mein Ökosystem brauchte.' "(1)

Mit diesem Argument ist es uns möglich, uns aus einer linearen Falle herauszuwinden. Auf jeder Strukturebene haben Stabilität und Wandel verschiedene Implikationen. Wenn wir die Betonung der einen Implikation der anderen vorziehen, dann 'zerstückeln wir damit die Ökologie', um wieder Batesons Terminologie anzuwenden. Dennoch muß man manchmal, um etwas klarer zu erkennen, einen kleinen Kreis um das Phänomen ziehen, genauso wie man manchmal einen Bereich auf dem Unterleib zur Sterilisierung hervorhebt, um es für die Operation vorzubereiten, wobei wir zeitweise vergessen, daß jenes Organ, an dem wir uns zu schaffen machen oder das wir entfernen, mit dem lebendigen Wesen in einer Familie, in einer Welt, verbunden ist. Dieses Kapitel soll denn auch eine Übung zur 'Zerstückelung der Ökologie' darstellen. Wir werden uns einem Problem im triadischen Kontext zuwenden, wenn wir damit auch nicht der Mannigfaltigkeit konzentrischer Ringe und Ebenen gerecht werden, in die jedes Verhalten eingebettet ist.

Das Geheimnis der wesentlichen Variablen

Ein Symptom kann nicht an einen einzigen herauszuhebenden Wert oder Faktor in der Familie gebunden werden. Einem solchen konkreten Beweis, daß es überhaupt irgendwelche solche Variablen gibt, kommt das Experiment von Minuchin am nächsten, in dem er die Streßverminderung bei den Eltern mit deren erfolgreichem Versuch verbindet, das mit Symptomen behaftete Kind mit in ihren Streit einzubeziehen. Eine Variable wäre hier der 'Konflikt unter den Eltern', und es wird dabei von der Annahme ausgegangen, er dürfe nicht – aus welchen geheimnisvollen Gründen auch immer – an der Oberfläche auftauchen. Minuchins Familien stellten allerdings eine psychosomatische Auswahl dar, und es besteht eine starke Verbindung zwischen körperlichen Begleiterscheinungen des Streß und der Konfliktvermeidung. Diese Variable wäre nur auf Familien anwendbar, in denen ein offener Konflikt als Gift angesehen wird.

Es gibt andere Familien mit fortwährenden Streitereien zwischen den Eltern oder anderen Familienmitgliedern und einem Kind mit extremem Krankheitsbild. In vielen solchen Fällen konzentriert sich der Streit nur auf das symptomatische Verhalten. Andererseits scheint ein drohender Kampf zwischen den Eltern durch das symptomatische Verhalten abgewendet oder abgelenkt werden zu können. Ob der Konflikt nun offen oder versteckt ausgetragen wird, so scheint das Symptom doch Teil eines rekursiven Zyklus bzw. vieler solcher Kreise zu sein, die anscheinend um die Möglichkeit einer Veränderung herumschweben.

Die Anspannungen in einer Familie, die das Symptom des Kindes auszulösen scheinen, bestehen nicht immer zwischen einem Elternpaar bzw. sind nicht immer darauf beschränkt. Sie können zwischen Mutter und Großmutter oder Mutter und Kind bzw. auch zwischen einer Frau und ihrer Schwiegermutter bestehen. Bei den beiden streitenden Parteien kann es sich um zwei miteinander konkurrierende Sippen handeln, wie in Romeo und Julia, oder sie können ganz außerhalb der Familie stehen, wie in dem Fall, wenn zwei Therapeuten sich über den in einem bestimmten Fall einzuschlagenden Weg nicht einig sind. All diesen Fällen scheint ein Merkmal gemeinsam zu sein: Das Symptom tritt bei einer weniger wichtigen Partei auf, wenn die Beziehung zwischen mindestens zwei anderen Parteien – die oft die Befehlsgewalt haben oder in irgendeiner Weise für die Gruppe von äußerster Wichtigkeit sind – bedroht ist. Der Art der Bedrohung kann man begegnen, wenn man weiß, worin die möglichen Konsequenzen der Beseitigung des Symptoms bestehen könnten, aber dies ist nicht vorhersagbar. Man kann hier nur raten. Im Fall der Capulets und der

Montagues könnte man behaupten, wenn das Liebespaar nicht gestorben wäre, hätte es einen zerstörerischen Krieg zwischen beiden Clans gegeben. Stattdessen vereinigten sie sich friedlich. Wenn der Ehemann, dessen Geschwür die Frau und seine Mutter zusammenzuführen scheint, sich wieder erholt, könnte die Ehe gefährdet sein, da der Konflikt zwischen Frau und Mutter (und möglicherweise jedem anderen Paar) zum Vorschein kommen könnte. Es spielt keine Rolle, ob die Gefahr real zu sein scheint oder nicht.

Im Fall alleinstehender Eltern scheint Abdankung oder Depression des Elternteils eine Variable zu sein, die anscheinend in Grenzen gehalten werden muß. Manchmal wird ein großer Teil der Erziehung eines Kindes einem anderen Kind der Eltern überlassen. In solchen Fällen weist ein 'schlechtes' Kind, als eins, das schwere Störungen hervorruft, Ärger in der Schule macht, Feuer legt usw., immer dann solche Verhaltensweisen auf, wenn die Mutter ihre Verantwortung zurückweist oder zu depressiv wird. Das störende Verhalten scheint nicht nur die Mutter zurück auf den Plan zu rufen, sondern vereinigt Mutter und Stiefkind gegen den Schuldigen. Der Zyklus ist klar, da diese Koalition, das 'schlechte' Kind dazu bringt, erneut Ärger zu machen, sobald die Mutter wieder einmal beginnt, sich zurückzuziehen und das Stiefkind wieder einmal in einer verletzlichen Lage zurückläßt.

Die sich einmischende Großmutter, eine häufige Erscheinung in Familien mit nur einem Elternteil, in denen die junge Mutter sehr abhängig ist von ihrer eigenen Mutter, bietet eine Variante. Hier ist eine Spielart die Erhaltung der Beziehung zwischen den beiden Frauen. Oft wird ein Kind, das von der Großmutter 'verzogen' wird, ein stabilisierender Faktor. Sein schwieriges Verhalten trägt zur Abhängigkeit der jungen Mutter von ihrer eigenen Mutter bei, während die Bevorzugung des Kindes durch die Großmutter einen Keil zwischen Mutter und Kind treibt. Nähe und Distanz werden durch diese besondere Anordnung reguliert. Wenn sich die Mutter zu unabhängig verhält, trotzt ihr das Kind und zwingt sie dazu, sich auf die Großmutter zu verlassen, um das Kind gehorsam zu halten. Das wiederum bringt die Mutter dazu, sich noch mehr danach zu sehnen 'fortzugehen', und der Zyklus geht weiter.

Die homöostatische Wippe

Wir wollen uns der Einfachheit halber auf nur eine Art Beispiel beschränken, nämlich auf den Fall des Kindes, dessen Symptome oder Probleme eine Vater/Mutter-Beziehung zu steuern scheinen. In vielen solcher Fälle stellen die Eltern eine scheinbar sehr unausgeglichene Ehe dar. Ein Partner scheint der 'Starke' zu sein, während der andere abhängig ist. Familienforscher wie Robert Ravich haben bemerkt, daß die 'komplementären' Paare oder die mit dem Muster 'einer oben einer unten' eine der größten Gruppen innerhalb ihrer klinischen Population ausmachen.(2) Diese Struktur scheint folgende Merkmale zu haben: Erstens starkes Aneinanderklammern; das Paar kann zutiefst unglücklich sein, nimmt aber lieber äußerstes Elend auf sich statt sich zu trennen. Zweitens in vielen Fällen eine ebenso starke Vermeidung von Konflikten oder Verhaltensweisen, die die Beziehung in Frage stellen könnte; und drittens eine ungewöhnlich hohe Zahl von gestörten Kindern. Die Ehe kann sehr glücklich scheinen, wobei beide Partner offensichtlich zufrieden sind, und trotzdem können sie ein psychotisches Kind haben. Dabei verschwindet ihre offensichtliche Zufriedenheit manchmal, wenn das Kind aufhört, ein Problem zu sein. In solchen Fällen könnte man fast sagen, je ernsthafter die Probleme des Kindes sind, desto ernsthafter wird das sein, was 'eingehandelt' wird in bezug auf somatische oder psychologische Krankheiten in einem Ehepartner oder anderen Verwandten oder in bezug auf das Hervorbrechen ehelicher Schwierigkeiten.

Wenn wir uns dieses angeblich so glückliche Paar mit dem gestörten Kind ansehen, können wir uns wohl fragen: „Wie kann das sein? Wie kann es einen Konflikt geben, der nicht zum Vorschein kommt und den die Teilhabenden nicht als solchen empfinden?" Die Antwort wird uns in einer faszinierenden Untersuchung von Cynthia Wild und ihren Mitarbeitern gegeben, die sich auf Kommunikationsstörungen in Familien mit einem symptomatischen Mitglied konzentriert.(3) Das Forschungsprojekt verglich die Kommunikationsstile von Familien mit hospitalisierten schizophrenen männlichen Mitgliedern mit den Familien einer Kontrollgruppe mit hospitalisierten männlichen Mitgliedern mit Charakterstörungen. Hierbei stellten die Autoren u.a. fest, daß das Verhalten einer ungewöhnlich großen Zahl von Vätern mit schizophrenen Söhnen als 'übermäßig beherrschend' beschrieben werden konnte, während die Verbindung zur Mutter als 'amorph' klassifiziert wurde. Durch diese Kombination konnte ein Ehepartner, nämlich der Vater, als dominant erscheinen, aber bei genauerer Untersuchung der Unterhaltungen zeigte es sich, daß die Mütter, durch das Einsetzen von abschweifenden Bemerkungen, flatterhaftem Denken, Themenwechsel usw. in der Lage waren, jeden Entscheidungsversuch der Väter nichtig zu machen. Die Autoren verweisen auf die kausale Wechselwirkung dieser Verhaltensweisen: „Die Unbestimmtheit der Mutter vergrößert die Wahrscheinlichkeit, daß der Vater die Dinge in die Hand nimmt und die Situationen bestimmt, und der willkürliche und oft irrationale Stil der Beherrschung seitens des Vaters vergrößert die Unbestimmtheit der Mutter." Man kann sehen, wie diese verbundenen Verhaltensweisen jeden Anschein von Meinungsverschiedenheiten zwischen den Eltern gering halten, obwohl sie dennoch einen intensiven Kampf fördern. Nach

Wilds Vermutungen ist diese Anordnung auch für die verwirrten Denkweisen ihrer Söhne verantwortlich.

Wie wir festgestellt haben, scheint diese Art der unausgeglichenen ehelichen Ordnung eine unverhältnismäßig große Zahl von gestörten Kindern zu produzieren. Wir können uns ein solches Kind, das in der Situation gefangen ist, wie sie Wild beschrieben hat, nicht so sehr als Opfer einer gestörten Umgebung vorstellen, sondern als ein Teil eines Balanceaktes einer Familie. Wenn wir uns an unsere kybernetische Analogie halten und die Beziehung zwischen den Eltern als etwas ansehen, was durch gesteckte Grenzen bestimmt wird, so wie eine Wippe nur zu einer bestimmten Höhe oder Tiefe kommen kann, verstehen wir, warum ein Kind den Kampf beeinflussen kann. Tut es sich mit dem einen Elternteil gegen den anderen zusammen, oder bereitet dem einen Sorgen durch versteckte Unterstützung des anderen, so beeinflußt dieses Verhalten das Mächtegleichgewicht zwischen den beiden.

Nehmen wir an, die Mutter übernimmt im ehelichen Untersystem die Rolle der Unterlegenen. Füge dann das Kind als geheimen Verbündeten des unterlegenen Elternteils hinzu und ebenso ein Verhalten, das mit Sicherheit den überlegenen Elternteil provoziert; er kann stürmen und schnauben vor Wut, so viel er will, er kann nichts mit dem Kind anfangen, und seine Autorität ist zu einem Nichts reduziert. Die Wippe bewegt sich nach oben. Nach und nach wird sie zu hoch werden, worauf der autoritäre Elternteil vermutlich anfangen wird, den Partner wieder hinabzustoßen, bis das Kind erneut eingreift, ehe die Wippe zu weit nach unten sinkt. Der Zyklus ist nicht mehr dyadisch, wie in Wilds Untersuchung, sondern betrifft ein Dreieck. Gleichzeitig müssen wir uns gegen die lineare Vermutung verwahren, das Verhalten des Kindes stabilisiere die Ehe. Wir haben es mit einer kreisförmigen Kette zu tun, bei der kein Element einem anderen Befehle gibt oder ihm dient.

Wenn der Kampf eines Paares offen zutage tritt, scheint das symptomatische Verhalten des Kindes den Kampf zu blockieren. Ein solches Paar braucht vielleicht nur mit Nörgeln anzufangen, und das Kind wird mit seiner üblichen Nummer, einem Asthma-Anfall, sehr abstoßendem Verhalten oder etwas anderem reagieren. Wenn das Problem somatischer Art ist, werden sich die Eltern eher in besorgtem Bemühen zusammentun. Wenn es sich um störendes Verhalten handelt, vereinigen sich die Eltern in dem gemeinsamen Schelten des Kindes. Aber man braucht nur an der Oberfläche zu kratzen, und schon kommt der spiegelbildliche Zwist über dieses Problem — oder zumindest über die Behandlung dieses Problems — zum Vorschein. Unter dem Anschein der Einigkeit kann man den einen Elternteil als weniger bestürzt und mehr beschützend, den anderen hingegen als mehr bestürzt und härter bestrafend erkennen. Es ist jedoch wichtig festzuhalten, daß die Auseinandersetzung der Eltern nicht ihre eigenen Probleme in

Frage stellt, da sie sich nur uneinig sind über das Problem des Kindes. Diese 'homöostatische Wippe' kann als sich gegenseitig erhaltende Unausgeglichenheit betrachtet werden, die die Eltern zusammenhält. Symmetrischen Paaren scheint es relativ leicht zu fallen, sich auf Auseinandersetzungen einzulassen – es sind auch eher diese Gründe, die sie normalerweise in die Behandlung bringen als somatische Symptome oder Probleme mit dem Kind – und sie haben auch weniger Schwierigkeiten, sich für eine Scheidung zu entschließen. Komplementäre oder 'einer oben einer unten'-Paare sind viel stärker aneinander gekettet, wobei der angeblich mächtigere Partner in Wirklichkeit ebenso zerbrechlich und abhängig ist wie der andere. Von der nur linearen Dimension aus betrachtet, hält das Verhalten des Kindes die Wippe in sicheren Grenzen. Wenn die Lage zu unausgeglichen würde, könnte der unterlegene Elternteil depressiv werden oder ein Symptom entwickeln. Wenn sie hingegen zu ausgeglichen würde, wäre das Paar symmetrischer, und es bestünde die Gefahr der Trennung, oder es könnte (wenn es sich um gewalttätige Paare handelt) Gewalttätigkeit hervorbrechen, wodurch ein Partner gefährdet wäre. Wenn das Symptom des Kindes verschwindet, ist es merkwürdigerweise der überlegene Elternteil, der das Risiko eines Symptoms trägt, als wäre es seine Aufgabe, in Abwesenheit des Kindes die Wippe am Umkippen zu hindern und dadurch den anderen Ehepartner zu gefährden.

Ein Vorbehalt muß hier allerdings gemacht werden. Familien, in denen es in periodischen Abständen zu schweren Auseinandersetzungen zwischen den Eltern kommt, repräsentieren nicht notwendigerweise eine 'symmetrische' Partnerschaftsbeziehung. Insbesondere deutet das Vorhandensein eines schwer symptomatischen Kindes sogar auf das Gegenteil hin. Bei genauem Hinsehen sieht man in dieser 'Pseudofeindseligkeit' jener Familien einen Teil der Abfolgen, die ein Symptom abkapseln. Wahrscheinlich ist hierbei eine versteckte Wippe am Werk, und das Kind 'kennt' sein Stichwort, das ihm anzeigt, es sei nun Zeit für seinen Auftritt und den Abbruch des Streites zwischen den Eltern oder anderen Familienmitgliedern.

In seinem klassischen Artikel 'Marital Schism and Marital Skew' (Schisma und schiefe Ebene in der Ehe) beschreibt Lidz die Partnerschaftsbeziehungen in acht Familien mit schizophrenen Kindern in Anstalten.(4) In einigen von ihnen tauchte der Konflikt in den Untergrund, wobei sich ein Elternteil dem anderen beugte. In anderen trugen die Eltern den Kampf offen aus. Aber selbst in den 'Schisma'-Fällen wurde ein Partner als der beherrschende und der andere als der versöhnliche beschrieben. Wenn unser Modell zutrifft, so besteht ein Ergebnis in dem Symptom des Kindes darin, daß sich eine Trennung nie als eine realistische Möglichkeit ergab.

Ein vereinfachtes Beispiel für einen solchen Zyklus könnte ungefähr so aussehen: Der sechsjährige Tommy neigt zu Wutanfällen und ist nur schwer unter Kontrolle zu bekommen. Aus eingehenden Nachfragen in den Zusammenhang dieser Wutanfälle geht hervor, daß sie gewöhnlich zur Abendbrotszeit schlimmer werden. Der Vater, der ein altmodischer paterfamilias ist und eine lange Arbeitszeit hat, kommt ziemlich spät nach Hause. Die Mutter, eine häusliche Frau ohne Durchsetzungsvermögen, legt großen Wert auf das Familienessen und läßt Tommy daher immer warten, bis die ganze Familie versammelt ist. Sie bereitet auch das Abendessen mit großer Sorgfalt vor. Wie wir erfahren, hat sie am vergangenen Freitag ein Lieblingsgericht ihres Mannes vorbereitet. Als die Essenszeit herangekommen ist, ruft sie ihre Familie zu Tisch. Wie üblich ist der Vater so in seine Zeitung vertieft, daß er mehr als einmal gerufen werden muß. (Wie wir später erfahren, ist dies eine häufige Reaktion des Vaters auf viele Bitten seiner Frau.) Tommy setzt sich mit der Mutter zu Tisch, und sie beginnt, die Teller zu füllen. Sie ist verärgert, weil der Vater noch immer nicht gekommen ist und reagiert daher gereizt, als Tommy quengelt: „Ich mag das Zeug nicht". „Es tut mir leid, Tommy", sagt sie, „etwas anderes gibt es nicht zum Abendbrot". Tommy weigert sich zu essen. Der Vater legt die Zeitung zur Seite, setzt sich an den Tisch und sagt: „Tommy, iß dein Abendbrot". Tommy sieht seinen Vater an und schiebt den Teller vom Tisch. Der Vater sagt: „Gut, keinen Nachtisch!"

Jetzt wirft sich Tommy auf den Boden, beginnt zu treten und zu schreien. Der Vater packt ihn am Arm und schleppt ihn nach oben. Er bringt ihn in sein Zimmer, schlägt die Tür zu und begibt sich wieder nach unten, um seinen Platz am Tisch einzunehmen. Anstatt ihm aufzufüllen, steht seine Frau mit schmerzlichem Gesichtsausdruck da. „Was zum Teufel ist denn nun los?" fragt der Vater. Sie antwortet mit der Frage: „Warum bist du immer so streng mit dem Jungen?" Der Vater verläßt aufgebracht das Haus und verbringt den Abend in der Kneipe an der Ecke. Die Mutter geht mit einem Teller Speiseeis nach oben, um Tommy zu beruhigen. Als der Vater spät in der Nacht nach Hause kommt, ist sie schon im Bett und schläft, und zwei Tage lang behandelt sie ihn ziemlich abweisend. Der Vater tut, als bemerke er nichts, fängt aber an, sich große Mühe zu geben, ist nett zu seiner Frau und zu seinem Sohn, und auf diese Weise wird der Friede wieder hergestellt bis zum nächsten Wutanfall.

Wenn man sich diese Episode als immer wiederkehrendes dramatisches Ereignis denkt, dann stellt man sich vermutlich die Frage: „Welche Bedeutung hat Tommys Verhalten für die verschiedenen Familienmitglieder?" Man kann einige Mutmaßungen anstellen. Die Mutter scheint das Gefühl zu haben, nur sehr wenige Rechte auf ihren Mann zu haben, und man kann annehmen, daß sie in der Ehe nur die zweite Geige spielt. Wenn die Spannung jedoch steigt, kann man davon ausgehen, daß mit größerer Wahrscheinlichkeit Anzeichen für das Auslösen eines Wutanfalls auftreten werden. Indem sich die Mutter auf die Seite des Kindes schlägt, gibt sie ihrem Mann das Gefühl, nicht nur machtlos zu sein, sondern auch kritisiert und ausgeschlossen. Man könnte sagen, es käme auf der Wippe zu einer neuen Gleichgewichtsverteilung durch das Heranziehen des Kindes und seines Problems. In dem elterlichen Untersystem 'gewinnt' die Mutter zumindest teilweise. Gleichzeitig wird Tommy in seiner Unart bestärkt, und zwar sowohl durch die besondere Tröstung der Mutter als auch durch die offensichtliche und allgemeine Abnahme der Spannung. Wenn man über diese sehr künstliche Darstellung des Eltern/Kind-Dreiecks hinausgeht und andere Familienmitglieder mit einbezieht oder wichtige Personen, wie zum Beispiel die Mutter des Vaters oder eine ältere Schwester, dann erhält man einen viel komplizierteren Satz von ineinander verschlungenen Feedback-Ketten, aber das allgemeine Prinzip bleibt gleich. Eine ungewöhnlich enge Beziehung zwischen dem Vater und seiner Mutter oder der Anfang eines Streites zwischen der Mutter und einer Tochter, die immer ihr bester Beistand war, können Aspekte eines Familiendilemmas sein, bei dem das Symptom des Jungen lediglich das sichtbarste Zeichen ist.

Zyklen des Ehepaares

Da ein Teil dieser gesamten symptomatischen Abfolge oft eine regulative Vereinbarung zwischen den Partnern ist, sollte man der Erforschung dieses Gebietes einige Aufmerksamkeit widmen. Man könnte und sollte wahrscheinlich auch dafür eintreten, Paare nicht als getrenntes Universum zu behandeln. Es ist durchaus möglich, daß überhaupt kein rein dyadischer Zyklus unabhängig von einer dritten Partei existiert. Diese Absätze stellen daher nur insofern einen getrennten Abschnitt dar, als man Ehepaare oft als unabhängige Einheiten untersucht (und therapeutisch behandelt) hat, statt als Teilnehmer eines komplexeren Balanceaktes. Und wir dürfen hier auch nicht vergessen, daß einige der interessantesten Untersuchungen der Bateson-Gruppe zu komplementären und symmetrischen Sequenzen auf Beobachtungen über das gegenseitige Verhalten der Partner zueinander beruhen.

Besonders Jackson beschrieb in genialer Weise das gegenseitige Verhalten der Ehepartner in bezug auf funktionierende, nicht funktionierende oder schwierige Ehen. Da das Profil der Ehepartner den Plan zu therapeutischen Interventionen bestimmen kann, sollen wir uns hier die Zeit nehmen, etwas ausführlicher über seine Ehepaar-Typologie zu berichten.
In 'Mirages of Marriage'(Bilder einer Ehe) ordnet Jackson Ehepaartypen auf einer Skala von 'sehr gut' bis 'sehr schlecht' an. Die Ehe des Typs 'stabil/befriedigend' steht mit ihren beiden Untergruppen 'himmlische Zwillinge' und 'kooperative Genies' an der Spitze. Die Ehe des Typs 'stabil/unbefriedigend' unterteilt sich in 'Freizeitkrieger' und 'Pfandleiher'. Die unstabil/unbefriedigende' wird durch die beiden erbärmlichen Paare 'kaputte

Kämpfer' und 'psychosomatische Streitvermeider' gekennzeichnet. Am Ende der Skala befinden sich zwei Liebesehen, die in der Hölle geschlossen wurden, das 'Paar des Grauens' und 'paranoide Beutemacher'.(5)

Interessant an dieser recht forschen Kategoriensammlung ist, daß sie nicht von einem starren Satz von Attributen ausgeht, sondern diesen Ehepaaren das zuordnet, was wir als 'Weltanschauung' oder 'Paradigma' angesehen haben. Jackson brachte klar zum Ausdruck, kein einziges Ehepaar könne je die reine Verkörperung einer dieser Formen sein. Er besaß in der Tat die unheimliche Fähigkeit, selbst in einer unglücklichen Ehe positive Elemente herauszuspüren. Er gibt zum Beispiel an, daß die 'Freizeitkrieger' normalerweise keine professionelle Hilfe in Anspruch nehmen; sie streiten sich vielleicht, aber die verschiedenen Familienaspekte der Ehe geben ihnen dennoch genug, um sie bei der Stange zu halten, und sie neigen weniger dazu, sexuelle Probleme zu haben. Die 'Pfandleiher' stellen den verdeckten Typus der Vernunftehen dar, mit dem sich die Leute zufrieden geben, weil es – verglichen mit dem Alleinsein – das kleinere Übel darstellt. Die 'kaputten Krieger' sind viel pathogener und würden wahrscheinlich unter Lidz' Kategorie des 'ehelichen Schismas' fallen, die Lidz mit der Psychose in einem Kind in Verbindung brachte. Auch nach Jacksons Meinung können diese Ehepaare ein Kind haben, das unter einer schweren Pathologie leidet. Die 'psychosomatischen Streitvermeider' sind eine Untergrundvariante der 'Krieger'. Sie sind nicht in der Lage, ihrem Ärger offen Ausdruck zu verleihen, und oft hat einer der Partner (oder beide) ein psychosomatisches, an Streß gebundenes Leiden. Sexuelle Schwierigkeiten und Trinkerprobleme sind eine andere Art, in der diese Ehepartner ihrer Unzufriedenheit Ausdruck geben. Die 'Streitvermeider' präsentieren sich oft in einer 'krank/gesund'-Formation. Oder sie nehmen die gewohnte Stellung des Überlegenen bzw. Unterlegenen ein mit einem scheinbaren Opfer und einem scheinbaren Schikaneur. Diese Ehepaare können – so muß ich hinzufügen – ein schwer verhaltensgestörtes Kind haben, wenn nicht einer der Partner die symptomatische Rolle übernimmt.

Aber die gestörtesten Ehepaare sind in Jacksons Augen diejenigen, die sich selbst gar nicht als gestört vorkommen. Die geheimnisvollste Kategorie ist 'das Paar des Grauens', die vollkommene Turteltauben sind, in zwanzig Jahren nicht ein einziges böses Wort gewechselt haben und sich nur wegen eines symptomatischen, oft sogar psychotischen Kindes in die Therapie begeben. Die letzte Gruppe, die der 'paranoiden Beutemacher' bewahrt ihre enge Beziehung in ihrer Gegnerschaft zu einer angeblich feindseligen Welt, und auch hier kann ihre Beziehung – obwohl sie selbst sie als glücklich empfinden – eine äußerst schädliche Wirkung auf die Kinder haben.

Jackson knüpft eine weitere wichtige Beobachtung an diese Kategorien: Ehepaare können sich im Laufe ihres Lebens auf dieser Skala nach oben und nach unten bewegen. Das stabil/unbefriedigte Ehepaar kann zum Beispiel in die unstabil/unbefriedigte Kategorie absinken, wenn einer von ihnen einen neuen Partner findet und feststellt, daß ihm das Leben mehr zu bieten hat als er bzw. sie bisher angenommen hatte. Und in der Theorie besteht immer die Möglichkeit – wenn auch einige Kategorien weniger Hoffnung und Erleichterung in Aussicht stellen als andere – daß einem Ehepartner zu einem weniger mit Streß verbundenen Platz auf der Skala der Unzufriedenheit verholfen werden könnte. Man muß dabei natürlich einen Vorbehalt machen. Die scheinbar zufriedenen Ehepaare der letzten beiden Kategorien können, wenn sie sich mit einem gestörten Kind in der Therapie einfinden, zu einem weniger zufriedenen Paar werden, wenn die Therapie erfolgreich ist. Für ein nicht symptomatisches Kind kann dabei herausspringen, daß einer der Ehepartner emotional gestört oder physisch krank wird oder daß die Ehe zerbricht. Aber selbst dies ist vielleicht eine menschlich gesehen bessere Lösung als der vorherige Zustand.

Ein neuerer Versuch zur Verbindung der Therapie mit einer Typologie von Ehepaaren stammt aus Robert Ravichs interpersonellem Verhaltensspiel-Test oder dem Eisenbahn-Spiel (Interpersonal Behavior Game or Train Game) (6). Bei diesem Spiel haben die beiden Partner je eine Spielzeugeisenbahn, die beide in entgegengesetzte Richtungen fahren, wobei ein Abschnitt der Schienen von jeweils nur einem Zug passiert werden kann. Es gibt eine Ausweichmöglichkeit, zu der man aber länger braucht. Keine der beiden Personen kann Einsicht in die Bretthälfte des anderen nehmen; und jeder der beiden Partner kann dem anderen den Zugang zur direkten Route versperren. Zusammenstöße sind daher eine häufige Folge. Der Sinn des Spiels besteht darin, die Zeit, die von beiden Partnern benötigt wird, um ihre Züge ans Ziel zu bringen, möglichst gering zu halten. Dies ist offensichtlich ein Spiel, in dem Zusammenarbeit und Verständigung wichtiger sind als Wettkampf.

Ravich sondert drei Hauptmuster heraus. Das 'Wettkampf'-Muster ähnelt dem Preiskrieg, bei dem jeder der Partner versucht, dem anderen so viel Schaden wie möglich zuzufügen, um das meiste für sich zu gewinnen. In diesem Fall ist natürlich die gemeinsam erreichte Punktzahl des Paares sehr niedrig. Das zweite ist das 'Dominanz/Unterwerfungs-Muster', bei dem ein Ehepartner den anderen immer die direkte Route nehmen läßt und selbst entweder die andere wählt oder wartet, bis die direkte Route frei ist. Das dritte Muster ist das 'kooperative', bei dem das Paar sich höflich bei der direkten Route abwechselt. Die Paare der beiden letzten Muster erreichen oft eine hohe Punktzahl.

Nach dem Test befragte Ravich diese Paare und fand heraus, daß ihr Verhalten mit den Zügen ihr normales Problemlöseverhalten in anderen Lebensbereichen spiegelt. Keines dieser Muster scheint jedoch eine Voraussage für oder gegen eheliches Glück zu sein. Das Wettkampfmuster, das am zerstörerischsten zu sein scheint, ist es vielleicht gar nicht, weil diese Partner zumindest in Kontakt miteinander stehen und ein gewisses Gleichgewicht in ihrer Stärke besteht. Das ungleiche Paar hat es vielleicht leichter, Entscheidungen zu treffen, aber der unterwürfige Ehepartner zahlt häufig einen hohen Preis in Form von Depressionen oder anderen Symptomen. Das ausgewogen/kooperative Paar sollte eigentlich den idealen Zustand repräsentieren, aber sogar da kann es einen Haken geben. Ravich stellt fest, daß solche Paare dieses Muster häufig benutzen, um einander aus dem Weg zu gehen, und daß einer der Partner oft ein Verhältnis neben der Ehe hat. In einer Untersuchung einer kleinen Gruppe von Paaren, die sich in der Benutzung der direkten Route/Umgehungsroute abwechselten, und dadurch einen minimalen Kontakt hatten, stellte er fest, daß jede der Beziehungen in Scheidung endete. Ravichs therapeutischer Standpunkt ist der, daß — welches Muster ein Paar auch immer benutzt — der Therapeut ihnen helfen sollte, ihrem Repertoire andere Muster hinzuzufügen. Abwechslung und Flexibilität sollte das Ziel sein und nicht eine ganz bestimmte Form der Entscheidungsweise. Ravichs Forschung führte nicht zu einem Modell, das auf zyklischen Linien aufbaute, obwohl er häufig Sequenzen-Regelmäßigkeiten entdeckte. Es gab zum Beispiel eine Art des Dominanz/Unterwerfungs-Musters, das er das 'Umkipp-Phänomen' nannte. Ein Ehepartner nahm gewöhnlich die direkte Route und der andere folgte pflichtgemäß hinterher, aber nach einer gewissen Zahl von Versuchen wurden die Rollen getauscht, und der unterwürfige Partner nahm die direkte Route. Dieses Umkippen geschah, wie vorhersagbar war, in zyklischen Mustern wie der Wechsel der Gezeiten. Ravich glaubt, dies sei ein Anti-Streß-Mechanismus, der das unausgeglichene Gleichgewicht der 'einer oben einer unten'-Ehen mildert und für Dauerhaftigkeit dieser Verbindungen sorgen könnte, obwohl sie die klinisch gesehen unglücklichste Gruppe darstellen. Interessanterweise stellt er fest, daß Ehepaare mit Drogen- oder Alkoholmißbrauch gewöhnlich in die dominant/unterwürfig-Kategorie fallen und sie vermutlich ebenfalls dieses Umkippmuster als Erleichterung benutzen.

Dies führt uns zu einer anderen Beobachtung. In den meisten Arbeiten über Paare und Eheprobleme wurden die Probleme des einen oder beider betont, nicht aber die Verhaltensfolge, in die diese Probleme eingebettet waren. Da bei Alkoholikerpaaren diese Abfolge so offensichtlich ist, wurde vielleicht in Arbeiten über dieses Problem zum ersten Mal außerhalb des Familienbereichs die Betonung auf den Interaktionszusammenhang gelegt. Es hat eine deutliche Verschiebung in den Vorstellungen darüber gegeben, wie man bei der Behandlung des Alkoholismus — statt mit dem Individuum zu arbeiten — mit dem trockenen Ehepartner arbeiten kann, mit dem ganzen Umfeld der hilfreichen Leute, einschließlich der Möchte-gern-Retter, die den Alkoholiker nur zu noch stärkerem heroischem Trinken anspornen.

In einer neueren Untersuchung von Steinglass und anderen über Alkoholikerpaare wird darauf hingewiesen, wie ihr Zyklus eine nasse und eine trokkene Periode hat, ähnlich wie das tropische Klima nasse und trockene Jahreszeiten hat.(7) Beide sind wesentlich für die Ökologie des Paares. Gewisse Verhaltensweisen können nur während der nassen Jahreszeit auftreten (wie Sex oder Streit) und sind während der trockenen Jahreszeit verboten. Es ist auch auffällig,wie die Veränderung die Überprüfung der relativen Machtpositionen mit einschließt, ähnlich wie die Kind/Eltern-Wippe, die wir oben beschrieben haben. Die offensichtlich höhere Position des verantwortlichen trockenen Ehepartners wird sehr wirkungsvoll während der nassen Jahreszeit in Frage gestellt, wenn sie auch am nächsten Morgen durch die Rache wiederhergestellt wird. Und wie jedes andere Symptom hält das Trinken beide Partner zusammen, da der Trinker automatisch als schwach und pflegebedürftig definiert wird.

Es gibt auch immer mehr Beweise dafür, daß Übergriffe auf den Partner ebenfalls ein zyklisches Phänomen sind. Nach Berman, Pittman und Ratliffe gibt es hier ebenfalls einen 'übertüchtigen' Ehepartner (den mißbrauchten) und einen 'untüchtigen' (von dem der Mißbrauch ausgeht).(8) Der beleidigende Partner ist häufig ein Mann, der sich sozial, kulturell und finanziell seiner Frau unterlegen fühlt oder unterlegen ist. Aber auch die Frau fühlt sich sehr unsicher und braucht offensichtlich einen Mann, der äußerst abhängig von ihr ist. Das auslösende Verhalten scheint dann aufzutreten, wenn der unterlegene Ehepartner sich zu niedrig fühlt (wenn die Frau eine Gehaltserhöhung bekommen hat, wenn sie zuviel mit ihren Freunden ausgewesen ist oder einfach beginnt, sich unabhängiger zu verhalten). Es folgt eine Zeit der körperlichen Übergriffe, die die Beziehung wieder ausgleicht und in gewisser Weise von der Leidenden akzeptiert wird. Das Schlagen kann gefolgt sein von Reue, Vergebung, erneuter Zärtlichkeit im besten Fall; im schlechtesten Fall empfindet der überlegene Partner ein Gefühl der Machtlosigkeit und Einschüchterung, das trotzdem als Sicherheitsband für die Beziehung dient. Beweis für diese merkwürdige Voraussetzung ist die außerordentliche Zuneigung, die diese Partner füreinander haben. Wenn die Frau ihn verläßt, wird der Mann die ganze Welt nach ihr absuchen, und ihr wird es oft gelingen, selbst wenn sie sicheren Unterschlupf gefunden hat, ihm irgendeinen Hinweis zu hinterlassen, der es ihm erlaubt, sie zu finden. Wenn die Frau tatsächlich davonkommt, wird ein solcher Mann – und dafür gibt es Belege – einfach eine andere Frau finden, die die leere Ecke ausfüllt.

Vielleicht haben wir es hier mit einer sehr schiefen Beziehung zu tun; eine komplementäre Schismogenese, die sich immer nach einer der beiden Seiten neigt, entweder in Richtung auf die Vernichtung des Ausgenutzten durch den Ausnutzer, oder auf das Verlassen des Ausnutzers durch den Ausgenutzten, in einem endlosen Hin- und Herschwingen. Im Gegensatz zum Zyklus des Alkoholikerpaares ist dieser noch nicht 'entdeckt' worden, und so geht der übliche Behandlungsplan von der Voraussetzung aus, die Frau sei ein Opfer, und man wird die Bemühungen unterstützen, aus dieser unbefriedigenden Beziehung herauszukommen. Diese Annahme ignoriert die tiefe Bedeutung, die diese Anordnung für beide Partner haben könnte, und die möglicherweise zerstörerischen Folgen einer Veränderung. Eine natürliche Geschichte dieses Zyklus, die zu klügeren Strategien für das Ausbrechen aus diesem Kreis führt, muß noch erstellt werden.

Eine andere faszinierende Klasse von Paarzyklen fällt in den Wirkungsbereich von Ärzten, die somatische Probleme behandeln: Geschwüre, Kopfschmerzen, Arthritis, Herzprobleme und eine Unmenge anderer – beileibe nicht geringfügiger – Krankheiten. Es gibt viele Ehen, die durch eine somatische Krankheit zusammengehalten werden. Noch merkwürdiger sind die Fälle, in denen sich beide in einem Leidenswettkampf befinden und darin wetteifern, wer der Kränkere ist. Hier geht es darum, der unterlegene Partner zu sein, aber der Wettkampf selbst ist symmetrisch. Einige finster entschlossene Paare werden bis zum Tode miteinander wetteifern, wenn es sein muß.

Als letztes, wenn auch nicht unwesentlichstes, seien noch die Paare erwähnt, deren Bindung auf psychiatrischen Symptomen zu beruhen scheint – Depressionen, periodische psychotische Phasen, Besessenheit, Phobien, Angstattacken – der Preis, den viele Leute zu zahlen bereit sind für die Sicherheit, niemals allein zu sein. Nur ungenügende Aufmerksamkeit ist der zyklischen Natur dieser Probleme im Leben eines Paares und den durch diese durchdringenden Verhaltensweisen des angeblich 'gesunden' Partners zuteil geworden; wodurch nützt ihm diese Anordnung, und was ist der Preis dafür? Eine der wenigen ernsthaften Untersuchungen von Paaren, bei denen die Frau in regelmäßigen Abständen ins Krankenhaus mußte wegen psychotischer Phasen, ist die von H.Sampson, S.L.Messinger und R.D. Towne.(9) Ihre Dokumentation der zyklischen Eigenschaften dieser Phasen und der Rolle, die sie im Bild der Familienbeziehungen spielen, verdient Aufmerksamkeit. Von höchstem Interesse ist ihr klassischer Bericht über eine Gruppe von Ehefrauen, deren regelmäßige Krankenhausaufenthalte der Mutter des Ehemannes den Weg ins Haus öffneten. Die Ehemann/Mutter-Bindung schien durch die Hospitalisation und die Besserung der Frau gesteuert zu werden, wie die Ehemann/Ehefrau-Bindung durch die Verfügbarkeit der älteren Frau gesteuert wurde: ein schönes Beispiel für einen Zweigenerationenzyklus in einer erwachsenen Beziehung. In jedem Fall gehören zu den Paarproblemen oft Familienmitglieder oder andere Dritte, die eine wichtige Rolle spielen für die Erhaltung des Problems, und dies trifft in einer Weise zu, die noch nicht ausreichend deutlich geworden ist.

Es gibt andere Bücher und Artikel über Paartherapie, die man unbedingt beachten sollte: Charles Sluzkis höchst originelles Werk 'Couples Therapy. Prescription for a System Experience'(Paartherapie. Das Rezept für eine Systemerfahrung), das durch den Gebrauch klinischer Vignetten ein strategisches begriffliches Bezugssystem aufstellt; Peggy Papps einfallsreiches 'The Use of Fantasy in a Couple Group'(Der Gebrauch der Phantasie in einer Paargruppe); Norman und Betty Pauls 'A Marital Puzzle'('Puzzle einer Ehe'), das sich auf ungelöstes Trauern konzentriert und Clifford Sagers 'Marriage Contracts and Couple Therapy'(Eheverträge und Paartherapie), ein auf diesem Gebiet hoch anerkanntes Werk.(1o)

Macht als Familienproblem

Die Diskussion dessen, was zum Unglück in einem Familiensystem führt, bringt uns direkt zu einer Kritik der grundlegenden Annahme, die einige Forscher über Familieninteraktion gemacht haben. Viele Arbeiten, die wir bisher in diesem Buch diskutierten, scheinen das Machtproblem für die Grundlage der Schwierigkeiten in Familien zu halten, sei es nun als offene Streitfrage oder versteckt durch Disqualifizierungen. Aber Macht ist nie ein absoluter Begriff. Es muß immer 'Macht über etwas' sein. In einer absoluten Monarchie ist die Antwort einfach: „Die Macht, meine Untertanen zum Gehorsam zu bringen". In einem Krieg zwischen Ländern ist es die „Macht, meinen Gegner zu unterwerfen, wenn nicht zu vernichten". In einem Spiel ist es die „Macht zu gewinnen".

Aber in einer Familie, selbst mit einem autoritären Patriarchen der alten Schule, sind die Probleme nicht so einfach, da die Ziele der Familie, selbst wenn man kulturelle Unterschiede berücksichtigt, nicht wie diejenige von Parteien sind, die kein Interesse an ihrem gegenseitigen Wohlergehen haben. Man muß gleichfalls davon ausgehen, daß die Familie eine besondere 'Ware' hat, von der jeder etwas haben möchte, oder ein 'Produkt', das durch keine andere Einrichtung ersetzt werden kann. Was sind nun aber diese Waren bzw. Produkte? Was kann eine Familie tun, was der Staat oder eine andere Gruppe nicht leisten kann? Eine Familie kann existieren ohne eine ökonomische Einheit zu sein; eine Familie kann existieren, ohne eine erzieherische Einheit für Kinder zu sein; diese und viele andere Funktionen können von Parteien oder anderen Organisationen übernommen werden.

Es gibt nur eine unsichtbare, aber wichtige Aufgabe, die nur wenige andere Institutionen ebenso gut übernehmen könnten. Das hat mit dem ordnungsgemäßen Zugang zur Intimität zu tun. Man kann es auch in Beziehung setzen zur unsichtbaren Systole und Diastole der Annäherung und der Distanzierung, die allen sozialen Lebewesen gemeinsam sind. Diese unbewußte, aber ordnungsgemäße Einrichtung kann eine Funktion der Kernfamilie sein, kann aber auch ausgeweitet werden auf die unmittelbare Gemeinschaft, in der die Familie lebt, oder kann Verbindungen mit weiteren Verwandten einschließen.

Es ist möglich, daß diese 'soziale Umhüllung'(social envelope), um Kai T. Erikson zu zitieren, für das individuelle Überleben so wichtig ist wie das Fruchtwasser für das ungeborene Kind.(11) In einer meisterhaften und scharfsinnigen Untersuchung der Nachwirkungen eines Gemeindeunglücks, der Buffalo-Creek-Flut, die eine ganze Bergwerksgemeinde in West Virginia zerstörte, hebt Eriskon hervor, daß die Uberlebenden nicht in der Lage waren, die Wucht dieses Erlebnisses zu überwinden, nicht nur, weil Häuser und Menschen zerstört worden waren, sondern weil das Gemeinschaftsgefüge, das in der Geschichte, der Nähe und der Zeit wurzelte, über jede Heilung hinaus zerstört war. Meines Wissens ist hier zum ersten Mal von einem Sozialwissenschaftler eine derart überzeugende Aussage gemacht worden — unterstützt von unausweichlichen Belegen dafür, daß Individuen ein Netzwerk von Menschen brauchen, Verpflichtungen, Sitten, Häuser, Möbel, Bezugsobjekte, Raumbezüge, Zeitbezüge, die alle zusammen die 'soziale Umhüllung' des einzelnen ausmachen. Ohne diese Umgebung, an die es gewöhnt ist, kann das Individuum zwar weiterleben, nicht aber sein Lebenswille. Jeder einzelne überlebende Mann und jede einzelne überlebende Frau dieser Flut empfanden das Leben noch lange nach diesem Vorfall weiterhin als unzusammenhängend, bedeutungslos und hoffnungslos. Sie schienen eine Massenneurose entwickelt zu haben. Erikson weist jedoch darauf hin, daß dies nur scheinbar eine Neurose ist, wenn man jede einzelne Beschwerde untersucht. Nimmt man sie als Ganzes, weisen die Funde auf eine Realität, nicht auf eine Neurose. Die Überlebenden der Flut wurden wieder angesiedelt, aber in Wohnwagensiedlungen, ohne die alten Nachbarn und ohne die alte Nachbarschaft. Beziehungen, die geblieben waren und auf die man hätte aufbauen können, wurden außer acht gelassen. Auch zweifelt Erikson daran, daß überhaupt genügend Beziehungen übriggeblieben waren, um es dieser bestimmten Gruppe von Menschen, die in einer bestimmten gemeinschaftlichen Ordnung gelebt hatten, zu gestatten, in einer funktionalen Weise zu überleben.

Geht man von diesem speziellen Fall zum allgemeinen über, scheint es wahrscheinlich zu sein, daß eine 'soziale Umhüllung' wie die Familie sich von allen anderen sozialen Organisationen in mindestens einer Hinsicht unterscheidet: der Regelmäßigkeit des Rhythmus', der die Individuen zusammenzieht und auseinanderstößt. Eliot D.Chapple hat sehr überzeugend über das Gefüge dieser Interaktionsebbe und -flut geschrieben. In seinem Buch 'Culture and Biological Man' (Kultur und der biologische Mensch) beschreibt Chapple Interaktionsrhythmen in bestehenden Beziehungen als analog und verbunden mit dem 24-Stunden-Rhythmus in physiologischen Prozessen.(12) Wenn diese zwei tatsächlich verbunden sind, kann eine Verwirrung im biologischen Rhythmus zusammenfallen mit einer Verwirrung im sozialen Rhythmus und umgekehrt. Beide Rhythmusarten verlangen einen hohen Grad an innerer Eichung, und es gehören optimale Frequenzen und Stärken dazu.

Chapple stellte die Hypothese auf, es könne in der sozialen Interaktion sogar so etwas wie eine 'Interaktionsquote' für jedes Individuum geben. Wenn eine Person nicht zu ihrem bislang noch nicht festgestellten Grad dieses Bedarfes kommt, kann das zu unzähligen schädlichen Auswirkungen auf die physiologischen Rhythmen des Körpers führen – wobei der Blutzuckergehalt, die Schlafmuster usw. betroffen werden, die dann wieder untereinander aus dem Gleichgewicht geraten.

Auf jeden Fall ist die Hypothese berechtigt, daß jede Art befriedigender Interaktion zwischen Familienmitgliedern ein Gleichgewicht von Geben und Nehmen beinhalte, von Berührtwerden und Alleingelassenwerden. Chapple geht so weit zu sagen:
„Jedes Individuum braucht für eine gewisse Zeit mit einer gewissen Anzahl von Personen Interaktion, wie es auch Zeiten braucht, in denen es allein ist und mit niemandem zu tun hat... Selbst wenn jede Person quantitativ die Interaktion erhält, die ihr täglicher Rhythmus erfordert, so sucht sie dennoch Interaktion mit ihren Ergänzungen. Nicht jede x-beliebige Interaktion reicht aus. Man muß seine endogenen Rhythmen der Aktion und Ruhe in einem Zeitmaß benutzen, das innerhalb unserer natürlichen Grenzen liegt, damit wir auf diese Weise einen hohen Grad an Synchronisation mit der anderen Person erleben."(13)

Es wäre schwer zu beweisen, daß es eine Interaktionsquote auf einer individuellen Basis gibt. Man kann aber leicht eine höchst stereotype Folge und Häufigkeit der Kontakte in jeder Dyade oder jedem Familiencluster erkennen. Wenn sich erst einmal das Uhrwerk der Interaktionshäufigkeiten innerhalb einer Familie entwickelt hat, gibt es notwendigerweise eine Prämie dafür, diese besondere Regelmäßigkeit einzuhalten. Das Bedürfnis der Leute, sich für wichtige Aufgaben zusammenzutun und wichtige tägliche Geschäfte zu erledigen, schafft an sich schon ein Bedürfnis nach geregeltem Kontakt. Die bloße Tatsache, daß 'primitive' Völker keine Uhren benutzen, um ihre Zusammenkünfte abzustimmen, bedeutet nicht, daß sie nicht andere Mechanismen gebrauchen. Diese Mechanismen funktionieren mehr unterhalb der Bewußtseinsebene und sind in die periodische Routine des täglichen Lebens eingebaut.

Und so wie physiologische Vorgänge ihren Rhythmus auf geophysikalischen Reizen aufzubauen scheinen – wie Tages- oder Mondzyklen oder die Veränderung der Jahreszeiten – so scheinen auch soziale Interaktionen periodischen Abläufen zu folgen, die außerhalb ihrer selbst liegen. Die Intimität zwischen Partnern hat häufig Höhen und Tiefen in Anlehnung an den Menstruationszyklus der Frau; Frauen in denselben Familien neigen dazu, ihre Periode zeitlich aufeinander abzustimmen; und der scheinbare

Aberglaube von Mitarbeitern in Heimen für Geisteskranke, Patienten seien während des Vollmonds leichter erregbar, könnte eine ähnliche Erklärung in der Ebbe und Flut sozialer Spannungen haben, die sich an dem Stand des Mondes orientieren. Die in vieler Hinsicht nützliche Art der Messung macht es unnötig, das 'Bedürfnis' des Rhythmus in einer Person zu fordern oder eine 'individuelle Quote' für Interaktion.

So scheint die Fähigkeit, die 'Zufahrtswege' zu anderen Personen zu beherrschen von viel größerer Bedeutung zu sein als bisher angenommen, denn dadurch kann man sowohl genügend Interaktion erhalten als sie auch abblocken, wenn es nötig ist. Wenn die gleichmäßige Verteilung der Vorräte keine Frage wäre, gäbe es keine Fragen über die Versorgungsrouten. Wenn aber die Vorräte knapp sind, kann die Sorge über die Beschaffungsmöglichkeiten sehr groß werden.

Wir wollen uns folgenden Szenenablauf vorstellen: Eine Mutter, die sich besonders stark mit ihrem kleinen Sohn beschäftigt, vielleicht weil ihr der Vater wenig Aufmerksamkeit schenkt, zeigt vielleicht Verhaltensweisen wie die folgenden: Sie nimmt ihn auf, wenn er schlafen möchte; spricht mit ihm, wenn er allein sein möchte; wedelt mit Dingen vor seiner Nase herum, stupst ihn an, zieht ihn unnötig an und aus usw. Je nach Temperament des Kindes wird es vielleicht Verhaltensweisen entwickeln, um sie zu stoppen. Es vermeidet den Augenkontakt, macht sich steif, wenn es hochgenommen wird, widersetzt sich dem Angezogenwerden. Später verfeinert es vielleicht die Verhaltensweisen zu Methoden, sich selbst einzukapseln (und andere auszuschließen), es wird eine verstockte, nach innen gerichtete Person, vielleicht ein arbeitssüchtiger oder ein 'zerstreuter' Professor oder schlägt eine Karriere ein, bei der er nur wenig Kontakt mit anderen Leuten hat. Er wirkt vielleicht jedoch wie ein 'starker, ruhiger Typ' auf eine unvorsichtige Frau, die — im Gegensatz zu ihm — von den Erwachsenen in ihrer frühen Kindheit ignoriert worden war, und die es gelernt hat, sich an jede geringste Form von Zuwendung zu klammern, als wäre sie ein wertvoller Preis. Wie gut sich dieses Paar anfangs ergänzen würde — und wie unausweichlich der Kampf nach 'Zugangskontrolle' ihr späteres Leben überschatten wird. Die meisten der sogenannten Machtkämpfe, die Forscher in gestörten Familien festgestellt haben, scheinen mir von dieser Art zu sein, und sich um dieses Problem zu drehen. Und es scheint auch klar zu sein, daß es wegen der gegenseitigen Abhängigkeit der 'Waren', um die gekämpft wird, keine Möglichkeit gibt, einen einseitigen Sieg zu erringen.

Ein Experiment für Jungvermählte, das von Harold Rausch und einer Gruppe von Kollegen entworfen wurde, unterstützt diese These. Die Forschungsarbeit sollte die Verhaltensweisen von Eheleuten untersuchen, wie sie mit interpersonellen Konflikten fertig wurden. Zu diesem Zweck wurden naturgetreu Szenen aufgebaut, in denen die Paare im Experiment gebeten wurden, Rollen zu übernehmen. Zwei Szenen dramatisierten einen

Konflikt der Planung oder der Interessen, wobei es um sehr spezielle Dinge ging (ob man zum Essen ausgehen sollte oder zu Hause bleiben sollte). In der dritten und vierten Szene ging es jedoch genau um das Gebiet der Zugangsrouten, über die wir gesprochen haben. Szene 3 hieß:„Ehemann auf Distanz". Der Untersuchungsleiter sagte dem Ehemann, er solle sich vorstellen, er wolle an diesem Abend allein sein, und er solle alles dran setzen, um dieses Ziel zu erreichen. Seiner Frau wurde dagegen die Aufgabe gestellt, sie solle versuchen, ihren Ehemann auf jede mögliche Art in Ansrpuch zu nehmen. In der vierten Szene („Ehefrau auf Distanz") sollte der umgekehrte Fall angenommen werden. Zusätzlich zum Ergebnis dieser Szenen wurden die hierbei von den Partnern benutzten Taktiken aufgezeichnet: Vermeidung, Zwang, Versöhnung, Zurücktreten usw.

Eine kleine Gruppe dieser jungen Paare wurde als 'dissonant' bezeichnet, da sie von einem hohen Maß an Konflikt und ehelicher Unzufriedenheit berichteten. In den problemorientierten Szenen waren die Ehefrauen recht dominierend und setzten Druckmittel zu einem wesentlich höheren Grade ein als die Frauen in den anderen Gruppen. Die Ehemänner verhielten sich dagegen sehr schwach und gaben schnell nach. Aber während der distanzwahrenden Szenen verwandelten sich die Ehemänner von Lämmern zu Tigern. Sie hielten sich nicht nur eng an die Anweisungen, auf jeden Fall distanziert zu bleiben – wobei sie Zwang und andere aggressive Verhaltensweisen einsetzten, die sie vorher nicht benutzt hatten –, sondern sie verwendeten diese Taktiken auch dann noch, als es die Rolle der Ehefrau war, distanziert zu sein. Die Frauen gebrauchten im Gegensatz dazu wesentlich weniger Zwang in Reaktion auf das neue Selbstbewußtsein der Männer als die Frauen in den anderen Gruppen. Und als sie an der Reihe waren, distanziert zu bleiben, führte die Stärke der Angriffe der Männer auf ihre Burg zu eskalierenden Kämpfen und gegenseitigen Beschuldigungen.

Dieses kleine Experiment macht den Unterschied deutlich, der darin liegt, seinen eigenen Willen durchzusetzen (die Macht beim Fällen einer Entscheidung) und darin, die Zugangsrouten zu beherrschen (die Macht, Intimität zu suchen oder zu blockieren). Es zeigt auch, wie jemand, der dominant erscheint, seine eigene Burg vielleicht unbeschädigt erhalten kann, aber hart darum kämpfen muß, die andere Person zu besiegen. Ravichs Zug-Spiel zeigt dies sehr deutlich. Wenn ein Partner den anderen auch zuerst die direkte Route nehmen läßt, so konnte er doch immer eine Pforte herablassen, so daß der Zug nicht ans Ziel gelangen konnte. In Rauschs Experiment konnte man sehen, daß die Ehefrauen in den 'dissonanten' Gruppen nur scheinbar dominant waren. Wenn es um das wichtigste Problem ging, den Zugang zur Intimität, waren sie machtlos bis auf die Möglichkeit des Spiels:„Wie du mir, so ich dir".

Dies ist nur ein kleines Beispiel dafür, wie der Kampf um das Problem der Intimität eine junge Familie schon von Anfang an beeinflussen kann. Möglicherweise geht es bei allen größeren Kämpfen in Familien mit psychiatrischen Störungen um dieses Problem, das im Herzen der Ökologie des Familienlebens liegt.

Wir könnten dieses Kapitel als eine Art Wasserscheide oder kontinentale Trennlinie betrachten. Es ist nun an der Zeit, diese abstrakte Erforschung von Problemen der Veränderung und Zielen der Veränderung zu beenden und fortzuschreiten zur Betrachtung von Interventionsmodellen. Von jetzt an werden wir uns auf Probleme der Therapie konzentrieren, darauf also, wie man das 'Ding im Gebüsch' fängt.

Kapitel 11

AUSBRUCH AUS DEM SYMPTOMATISCHEN ZYKLUS

Veränderungen erster und zweiter Ordnung

Wie zuerst von Bateson vermutet, haben wir es bei der Beschreibung symptomatischer Abläufe mit Anordnungen zu tun, welche die schismogenen Tendenzen der Beziehungsprozesse beeinflussen, Wenn dies zutrifft, so muß jede Vorstellung über die Änderung dieser Vorgänge das Wesen der rekursiven, kybernetischen Systeme mit einbeziehen.

Wir haben bereits Ashby bei der Beschreibung der Veränderungsvorgänge zitiert, die bei jenen Einheiten eine Rolle spielen, die wir 'bimodale Feedbackmechanismen' genannt haben. Wie er festgestellt hat, implizieren diese Mechanismen zwei Typen korrektiver Handlungen. Veränderungen erster Ordnung sind geringfügigere Schwankungen zwischen verschiedenen Zuständen innerhalb der Grenzen des bereits vorgegebenen Verhaltens. Veränderungen zweiter Ordnung beziehen sich auf die Umformulierung jener Regeln für diese Grenzen, wofür gewöhnlich eine Transformation nötig ist; es handelt sich hier um die diskontinuierliche Veränderung, die wir in Kapitel 1o beschrieben haben.

Ein Beispiel für Schwankungen erster Ordnung innerhalb einer Familie wäre eine Mutter, die weiß, daß sie jedes Gericht zu Mittag auftischen kann, solange es sich dabei nicht um Fisch handelt; oder ein Kind, das – wie es weiß – zu beliebiger Zeit von der Schule nach Hause kommen kann, nur nicht später als 6 Uhr.

Der Wandel zweiter Ordnung ist auf jede Situation anwendbar, in der die gewöhnliche Spielbreite des Verhaltens aufgrund von Entwicklungen im äußeren Feld oder innerhalb des Systems selbst nicht mehr gültig sind. In ihrem Buch 'Change'(Veränderung) geben Watzlawick, Weakland und Fisch eine angemessene Metapher für diese beiden Arten der Veränderung, indem sie an den Unterschied zwischen dem Druck auf das Gaspedal und dem Schalten der Gänge beim Autofahren erinnern.(1) In einer Familie kann ein Wandel zweiter Ordnung durch jede größere Verlagerung innerhalb der Regeln ausgelöst werden, die das Verhältnis in der Familie zwischen ein oder mehreren Mitgliedern bestimmen. Das kann mit unliebsamen Nachwirkungen verbunden sein, so zum Beispiel, wenn sich eine fünfzigjährige Frau zum ersten Mal in ihrem Leben ihrer neunzigjährigen Schwiegermutter widersetzt, indem sie auf ihrem Recht besteht, einige Freunde einzuladen. Die ältere Frau wurde vier Tage später mit einer schweren Krankheit ins Krankenhaus eingeliefert. Oder wie zum Beispiel im Fall der Beziehung eines Ehepaares, wo der Mann seiner Frau zuliebe regelmäßig sofort nach seiner Arbeit nach Hause kommt, dann aber plötzlich anfängt, später und zu unvorhersagbaren Zeiten nach Hause zu kommen; oder wenn ein Kind seine Ausgangszeiten nicht mehr einhält und die ganze Nacht über wegbleibt. In diesen Fällen tritt ein Wandel von einer komplementären zu einer mehr symmetrischen Beziehung ein, und zwar bei der Person, deren Verhalten sich geändert hat. Was hier aber eigentlich auf dem Spiel steht, ist die mögliche Umorganisation der Familienstruktur.

Wandlungen zweiter Ordnung können ebenfalls ein Teil der natürlichen Evolution der Familie im Laufe der Zeit sein. Um noch einmal das Beispiel von der Mutter und dem Essen aufzugreifen, so stellt sich vielleicht heraus, daß in der letzten Zeit keines der von ihr zubereiteten Gerichte dem dreizehnjährigen Sohn mehr gefallen, der nach der Schule lieber einen kleinen Imbiß zu sich nimmt und nicht mehr hungrig auf das Abendbrot ist. Wahrscheinlich liegt das eigentliche Problem hier nicht wirklich im Essen. Das Problem liegt vermutlich darin, daß die Regeln, die bisher ihre Beziehung geleitet haben, in Frage gestellt werden. Der Junge wird unabhängiger und trotziger. Aber die Mutter erwartet von ihm noch immer, daß er ihre Auswahl des Essens akzeptiert. Ein solcher Familienstreit bricht hervor, wenn die Kinder ins Erwachsenenalter kommen. Die Mutter reagiert auf den Trotz mit gemischten Gefühlen, teils mit Ablehnung seines Verhaltens und teils mit der Angst, er würde nicht genügend Nahrhaftes mehr zu sich nehmen. Sie unternimmt erhöhte Anstrengungen, um ihn zum Essen zu bewegen, und seine Weigerung, sich zu fügen, steigert sich nur.

Dies ist ein gutes Beispiel für ein Problem, das sich nach Watzlawick, Weakland und Fisch zu einem 'Spiel ohne Ende' entwickelt. In ihrer Sprache heißt das, „die Lösung ist das Problem geworden“, weil eine Veränderung erster Ordnung angestrebt wird, wohingegen ein Wandel zweiter Ordnung notwendig wäre. Die Struktur der Mutter/Sohn-Beziehung ist nach der Natur der Dinge komplementär bzw. ungleich. Jetzt hingegen liegt es ebenfalls in der Natur der Dinge, sich auf eine eher symmetrische zuzubewegen. Einige Familien werden nach einer Zeit der Verwirrung, Streitereien und Kompromißversuche den Sprung von selbst wagen. Die Mutter wird den Entschluß fassen, ihr Kind essen zu lassen, was es will. Oder der Junge wird einfach weitermachen, und sie wird nicht länger dagegen ankämpfen. Oder aber sie werden vielleicht einen anderen Kompromiß finden, der ihm mehr Autonomie einräumt.

In anderen Fällen läßt sich die Beziehung vielleicht schwerer umstrukturieren, vielleicht weil sich der Vater nie offen gegen die Mutter wendet und in gewisser Weise darauf angewiesen ist, daß der Sohn sie zur Ordnung ruft. Oder die Mutter fühlt vielleicht, sie könnte ihr kleines Kind verlieren, das Kind, an das sie sich wendet, wenn der Vater nicht da ist oder Überstunden macht oder sich sonst irgendwie von ihr distanziert. Die Eskalation der Lösungen ersten Grades bringt ein Problem mit sich, das die Familienmitglieder stärker und stärker leiden läßt, bis sie schließlich den Sohn zu einem Therapeuten bringen, weil sie nicht mehr mit ihm fertig werden. Die Aufgabe des Therapeuten besteht darin, herauszufinden, ob es sich hier um ein Problem handelt, das einen Wandel zweiter Ordnung oder eine völlige Reorganisation nötig macht. Wie die Autoren von 'Change' mitteilen, wird er gut daran tun, die vorhergehenden Lösungsversuche der Familie herauszufinden, um sicherzugehen, daß nicht irgendein ganz offensichtlicher, auf der Hand liegender Ratschlag das Ganze wieder ins rechte Lot bringt. Vielleicht hat sich die Mutter plötzlich auf eine Feinschmeckertour eingelassen und der Sohn haßt gewürztes Essen. Wenn dies geklärt wird und sich der Friede wieder einstellt, kann man annehmen, daß kein größerer Strukturwandel angezeigt ist.

Aber wenn es sich bei dieser Angelegenheit wirklich um die Spielbreite des erlaubten Verhaltens zwischen Mutter und Sohn handelt, ist das Essen nur ein Symbol einer größeren Schlacht. Dann muß eine Veränderung zweiter Ordnung ausgehandelt werden. Der Therapeut kann vielleicht einen direkten Versuch zur Herbeiführung dieser Veränderung starten und die Mutter fragen, ob sie einwilligen würde, wenn der Junge sein eigenes Menü wählt, zumindest an zwei Tagen in der Woche. Auch hier ist wieder keine weitere Therapie angezeigt, wenn diese Lösung angenommen wird. Die Familie ist einem Anstoß von außen zur Lösung des Problems zugänglich. Dies ist allerdings nicht immer der Fall. Die Mutter widersetzt sich vielleicht jedem Vorschlag dieser Art, weil es bedeutet, den Jungen 'gewinnen' zu lassen und weil sie verägert ist über diese respektlose Haltung. Solche Reaktion läßt gewöhnlich vermuten, daß es der Therapeut hier mit einem sich selbst verstärkenden Zyklus zu tun hat: einem Verhalten (der Reaktion der Mutter), das ein Problem schürt (den Trotz des Sohnes).

Der Therapeut muß dies nun näher untersuchen, um Beweismaterial für das Vorhandensein dieses Typs des rekursiven Zyklus zu finden. Er stellt dabei fest, daß sich der Vater weniger über das Essensproblem erregt als die Mutter. Wie sich herausstellt, besteht zwischen dem Vater und seiner Frau schon länger ein Streit über dessen schlechte Tischmanieren. Er ist nicht bereit, in diesem Punkt seine Meinung fest zu vertreten und will auch nicht die Partei seiner Frau gegen den Sohn ergreifen, es sei denn, die

Schlacht zwischen den beiden nimmt extreme Ausmaße an. Dann muß er zu ihrer Verteidigung einschreiten. Man könnte den Zyklus so eingrenzen: Je mehr sich der Vater der Mutter unterlegen fühlt, desto trotziger benimmt sich der Sohn; je trotziger sich der Sohn benimmt, desto stärker versucht die Mutter, ihn unter Kontrolle zu bekommen; je mehr sie dies versucht, desto mehr fühlt sie sich ihm unterlegen; je unterlegener sie sich fühlt, desto häufiger wird der Vater ihr zur Hilfe kommen; je häufiger der Vater ihr zu Hilfe kommt, desto weniger trotzig ist der Sohn; je weniger trotzig der Sohn ist, desto mehr nimmt die Mutter wieder ihre dominante Rolle dem Vater gegenüber ein — und dann beginnt die ganze Abfolge erneut.

Ein einfacher Schachzug würde nun in der Vereinbarung bestehen, der Vater solle seine Frau einmal in der Woche in ein vornehmes Restaurant einladen, um sie für all das zu belohnen, womit sie sich an den übrigen Abenden abfinden muß. Und der undankbare Sohn müßte allein sehen, wie er sich dann versorgt. Wird dieser Vorschlag angenommen, so wird der Sohn aus seiner Stelle in dieser Abfolge — wenigstens für ein oder zwei Abende — herausgenommen, und die Ehepartner müßten direkt miteinander in Beziehung treten. Dadurch könnte das Problem zwischen ihnen an die Oberfläche kommen — oder es könnte der kleine 'Schubs' sein, der die Familie dazu bringt, den Sprung zu wagen. Wenn sie sich zur nächsten Therapiestunde einstellen, ist der Sohn vielleicht kein Problem mehr, und die Ehepartner beginnen vielleicht, die Möglichkeiten ihrer eigenen Beziehung wieder neu zu entdecken.

Manchmal ist natürlich weder ein direkter Ratschlag noch ein struktureller Schachzug ausreichend, um gegen die Starrheit des Zyklus anzukommen. An dieser Stelle tritt nun die Strategie ein, die das Symptom oder diese Situation vorschreibt. Sie besteht gewöhnlich in Vorschlägen, die dem gesunden Menschenverstand ein Schlag ins Gesicht sind. Statt zu versuchen, das Problem auszumerzen, wie die Familie dies wünscht, beginnt der Therapeut damit, sie auf Aspekte hinzuweisen, die sie hinsichtlich des Eintretens dieser Probleme weniger besorgt machen. Wenn die Probleme nun über Nacht verschwänden, worin würden dann die Folgen bestehen? Könnte der Vater mit den Energien der Mutter fertigwerden, die frei würden, wenn sie vom Kampf mit dem Sohn erlöst wäre? Wer würde etwas Schwung in ein sonst recht langweiliges Haus bringen?

In unserem Beispiel könnte vielleicht der Therapeut die Voreingenommenheit der Mutter mit den Essensgewohnheiten ihres Sohnes neu als die durchaus normale mütterliche Sorge darstellen, die sich gewöhnlich dann verstärkt, wenn der Sohn erwachsen zu werden beginnt. Der Trotz des Sohnes wird als unbewußter Wunsch definiert, sich ihrer Anteilnahme zu versichern, weil er in Wirklichkeit diese neue Unabhängigkeit als sehr bedrohlich erlebt. Der Therapeut könnte ihm vielleicht ein Ritual verschreiben, das die Enge symbolisiert, die sie beide im Begriff sind aufzugeben. Die Mutter soll während der nächsten Woche zweimal jene Art von Essen zubereiten, die sie ihm vorsetzte, als er noch klein war, und dann soll sie bei ihm sitzen, während er ißt und ihm vielleicht sogar sein Essen in kleine Häppchen zerschneiden. Sie könnte vielleicht seinen silbernen Babybecher heraussuchen, um dieser Zeremonie den Hauch von Echtheit zu geben. Der Vater müßte dasselbe Essen zu sich nehmen, und sie würde das Recht haben, dem Vater die Tischmanieren vorzuschreiben. Er möchte ja schließlich in seiner Rolle ein gutes Vorbild für das heranwachsende Kind sein. Selbst wenn diese Aufgabe nur aus Spaß vorgeschlagen wird, trifft sie gewöhnlich beide Seiten des Problems – die ganz reale Schwierigkeit, die alle drei haben, ihre alten Positionen zu verabschieden, selbst wenn sie – oberflächlich gesehen – von ihr loskommen wollen.

Im Idealfall werden alle drei nicht nur vor der etwas absurden Anweisung des Therapeuten zurückschrecken, sondern auch vor der Vorschrift, die Mutter solle sowohl den Vater als auch den Sohn kontrollieren, was weit über die Grenzen hinausgeht, die die Familie einschließlich der Mutter toleriert. Hierdurch müßte der Zyklus wirkungsvoll unterbrochen werden. Das Nachspiel ist natürlich unvorhersagbar. Man hofft, daß zumindest ein stabilisierendes Glied in diesem 'Spiel ohne Ende' brechen wird und die Familie in den 'Schwitzkasten' bringt. Damit machen sie vielleicht den erwünschten Sprung in eine neue Integration. Andererseits könnte ein neues Hindernis auftauchen, zum Beispiel die Schwierigkeiten der Eltern, sich einem Leben gegenüberzusehen, das sie allein zusammen verbringen. Dieses neue Problem muß unter Umständen in einem neuen therapeutischen Stadium behandelt werden. Es könnte sich andererseits von selbst lösen, wenn der Junge erst einmal aus dem Haus ist.

Natürlich gehören zur Familientherapie viel mehr Schritte als das Durchbrechen einer Verhaltenskette in einem sich selbst erhaltenden Kreislauf, aber Therapeuten, die sich darauf spezialisieren, besondere Beschwerden zu lösen, scheinen nach diesem Zyklus Ausschau zu halten. Wenn die problematische Verhaltensweise zersetzend ist, kann man sie meistens sehr deutlich erkennen, und man findet leicht den Zyklus, in dem sie eingebettet ist. Dies macht die Frage, wie und wo man sich einmischen sollte, viel leichter, als wenn das problematische Verhalten chronisch alles durchdringt, wie viele psychosomatische Krankheiten oder Kommunikationsstörungen, die mit einer Psychose zusammenhängen. Bei diesen muß der Kliniker sich vielleicht sehr bemühen, den Zyklus zu finden, der am ehesten zutage gefördert wird, wenn man sich auf die Bewältigung der Situation konzentriert, statt auf die Situation selbst. Dadurch wird gewöhnlich das bewirkt, was Stanton und Schwartz das Auftauchen der 'spiegelbildlichen Meinungsverschiedenheiten' zwischen den Eltern nennen, und das Problem kann dann neu bestimmt und darin gesehen werden, ihnen zu helfen zusammenzukommen, so daß sie das Kind dazu bringen können, sich trotz seiner 'Krankheit' verantwortungsbewußt zu verhalten.

Das Brechen eines Zyklus im Raum

Wie wir gesehen haben, benutzt Bateson einen kybernetischen Rahmen, um die wiederkehrenden, zyklischen Muster zu beschreiben, die er für charakteristisch für viele Beziehungssequenzen hielt, besonders die, mit denen man es bei der Psychotherapie zu tun hat. Seine einfachste und treffendste Analogie, die im zweiten Kapitel beschrieben wurde, war die Dampfmaschine mit einem Regler und zwei Armen mit Gewichten. Es ist jedoch wichtig, diese Analogie zu einem Servomechanismus nicht wörtlich zu nehmen; man kann kausale Wechselwirkungen im menschlichen Bereich nicht mit mechanischen gleichsetzen. Dell weist in seinem oben erwähnten Artikel über das evolutionäre Feedback darauf hin, daß in den meisten lebenden Systemen Verhaltensweisen in rekursiven oder sich selbst verstärkenden Sequenzen vorkommen, aber niemals auf genau denselben Punkt zurückkommen. Sie sind nicht vergleichbar mit sich selbst stabilisierenden Mechanismen, wie der Hausthermostat oder biologische Mechanismen, wie zum Beispiel der Fähigkeit des Körpers zur Regelung der eigenen Temperatur. Die Spirale ist vielleicht ein nützlicheres Bild als der Zyklus, da sie Zugeständnisse macht an ständige Fluktuationen und Wechsel, ganz gleich, wie festgelegt eine solche Sequenz sein mag.(2)

Wenn wir also von einem 'symptomatischen Zyklus' reden, müssen wir uns hüten zu glauben, dies sei mehr als eine ungenaue Analogie für das Geschehen in Familien und anderen Gruppen. Wenn wir uns auch der Einfachheit halber nur einen Zyklus herausgesucht haben, der zu einem Symptom gehört, haben wir es in diesen Fällen doch immer mit vielen sich gegenseitig beeinflussenden Zyklen und Schlaufen zu tun. Wir müssen auch die Möglichkeit der Veränderung berücksichtigen, denn solange die Sequenz sich in der Zeit vorwärtsbewegt, erscheint sie vielleicht eingeschränkt und unveränderlich. Es gibt aber immer die Möglichkeit, daß eine kleine Schwankung zu einer größeren Verstärkung führt, die einen Sprung zu einem neuen Platz auslöst.

Unter Berücksichtigung dieser Gedanken wollen wir den Fall eines asthmatischen Kindes betrachten, dessen Asthma ganz offensichtlich auf emotionalen Streß in der Familie zurückzuführen war. Nehmen wir an, daß – neben anderen Dingen – das Symptom des Kindes Teil eines Nähe/Distanz-Tanzes zwischen den Eltern ist, dann kann folgende Kette mit Eigenstabilisierung beschrieben werden: Je größer die Distanziertheit der Eltern, desto mehr keucht das Kind; je mehr das Kind keucht, desto stärker verbinden sich die Eltern; je stärker sich die Eltern verbinden, desto weniger keucht das Kind; je weniger das Kind keucht, desto mehr distanzieren sich die Eltern; ad infinitum, oder bis irgendein Faktor auftaucht, der diesen Zyklus unterbricht.

In 'Change' haben Watzlawick, Weakland und Fisch sehr wortgewandt diese Art von Feedback-Schlaufe beschrieben. Sie bestimmen eine ganze Klasse von psychotherapeutischen Problemen, die sich aus falschen Lösungen ableiten lassen. Dies ist eine vereinfachende Weise, sich selbst verstärkende Sequenzen, die wir oben gezeigt haben, zu beschreiben. Wenn das Bemühen des gesunden Menschenverstandes nicht in der Lage ist, sie auszulöschen, liegt es bei fast allen Problemen vermutlich daran, daß die Lösung selbst Teil dessen ist, was das Problem am Leben erhält. In 'Change' wird das Beispiel von einer Frau angeführt, die sich beklagt, ihr Mann sei nicht offen genug und erzähle ihr nie etwas; der Ehemann reagiert auf sie, indem er sich noch weiter verschließt, was bei ihr zu noch größeren Verdächtigungen führt und zu mehr Fragen, wodurch er seinerseits wieder zurückhaltender wird – bis das Ergebnis schließlich der Fall pathologischer Eifersucht vonseiten der Frau ist.

Die Autoren nehmen davon Abstand, das Element 'weniger' einzufügen, das diesen Zyklus hindern würde, sich endlos zu wiederholen. Vielleicht erreichen die Situationen in regelmäßigen Abständen einen solchen Höhepunkt, daß der Mann oder die Frau 'in die Luft gehen', was beide erschreckt, aber doch wenigstens eine gewisse Bereitschaft zu einer wirkungsvolleren Kommunikation schafft. Das 'weniger' könnte darin bestehen, den Ehemann zur zeitweisen Aufgabe seines schweigsamen Verhaltens zu bringen. Man würde vermuten, das Mißtrauen der Frau würde dann auf eine akzeptablere Ebene sinken.

Vielleicht finden wir das deutlichste und dramatischste Beispiel für eine symptomatische Sequenz und für das erfolgreiche Bemühen des Therapeuten, sie aus dem Gleis zu werfen, in der schriftlichen Wiedergabe einer Familiensitzung, die sich bei Minuchins 'Psychosomatic Families' findet.(3) Wie gewöhnlich sorgt Minuchin bei seinem ersten Interview von Familien mit anorektischen Patienten dafür, daß Essen serviert wird, und beobachtet die Interaktion der Familie Kaplan im Zusammenhang mit dem Essen. In diesem Fall stellt er fest, daß sich die Familie nicht leicht von ihren starren Mustern abbringen läßt. Daraus schließt er, die magersüchtige Tochter ließe sich ebenfalls nicht leicht von ihrem Symptom abbringen. Wir wollen diese Sitzung sorgfältig durchgehen, da sie nicht nur einen 'Familientanz' deutlich macht, sondern auch zeigt, wie der Therapeut seinen Einfluß nutzen kann, um eine Kettenreaktion oder einen positiven Feedbackkreis zu provozieren, wodurch die Familie aus ihrer Stabilität gerissen und gezwungen wird, sich zu verändern.

Dies ist die erste Begegnung zwischen Minuchin und der Familie. Ein siebzehnjähriger Bruder begleitet die Eltern. Zwei ältere Geschwister, ein Sohn und eine Tochter, sind außer Haus und wohnen weit weg. Das jüngste Mädchen ist fünfzehn Jahre alt und auf rund 7o Pfund abgemagert. Im Krankenhaus, in dem sie sich zur Zeit des Interviews befindet, verliert sie trotz eines Programms zur Verhaltensänderung, das normalerweise bei Kindern zur Gewichtszunahme führt, täglich bis zu 6o Gramm an Gewicht. Die Familie scheint äußerst motiviert und bereit, es dem Therapeuten recht zu machen, und das Mädchen ist augenscheinlich ganz fügsam und gibt kaum einen Ton von sich, obwohl sie andererseits das Essen auf dem Teller kaum anrührt. Als die anderen mit Essen fertig sind, beschließt der Therapeut, die Eltern darum zu bitten, ihre Tochter zum Essen zu veranlassen. Er verläßt dann den Raum und beobachtet sie hinter der Abschirmung.

Der sich anschließende Dialog kann so zusammengefaßt werden: Die Mutter, die ebenfalls sanft und unentschlossen wirkt, fragt das Mädchen, ob es nicht den Rest von der Scheibe Brot der Mutter essen möchte. Da dem Mädchen die Wahl gelassen wird, antwortet es natürlich mit einem Nein. Der ziemlich herrische Vater mischt sich nun mit der Forderung ein, das Mädchen solle essen. Das Mädchen widersetzt sich und behauptet, der Diätiker hätte gesagt, sie könne essen, was sie wolle.

So als ob sie sich nun mit der Tochter gegen die zu starke Position des Vaters verbünden wollte, sagt die Mutter dem Mädchen, es müsse doch verstehen, warum es zu essen hätte. Die Mutter versucht fortwährend, die Tochter zur 'Vernunft' zu überreden und lädt dabei dem Mädchen die Verantwortung der Wahl auf, anstatt es so zu machen wie der Vater, der sagt:„Iß, weil ich das will". Man glaubt, in diesem Verhalten schwache Anzeichen dafür zu finden, die Koalition der Mutter mit ihrer Tochter sei zu wichtig, um aufs Spiel gesetzt zu werden, wenn sie das Mädchen zu irgend etwas gegen seinen eigenen Willen zwingt. Es scheint dem Mädchen auch Kraft in der Standhaftigkeit zu verleihen, wenn sie sich dem Vater widersetzt. Vielleicht fühlt er sich jetzt bedroht. Jedenfalls unterbricht er seine Frau abrupt und sagt zum Mädchen:„Iß gefälligst!" Das scheint die Mutter zu ärgern, die sich jetzt zum ersten Mal direkt an ihn wendet und ihn mit den Worten bremst:„Laß sie zu Ende essen".

Jetzt kommt es in dieser Szene zur Eskalation. Die Mutter wiederholt ihr Argument, das Mädchen müsse doch einsehen, wie wichtig es für sie sei zu essen, und die Tochter protestiert weiter und behauptet, sie möge das Essen nicht. Der Vater schaltet sich wieder ein und ist entschlossen, sich mit Gewalt durchzusetzen. Das Mädchen sagt, sie würde nicht essen, selbst wenn man es ihr in den Mund stopfte. Ihre Stimme hat jetzt einen schrillen Ton. Die Mutter fragt mit sanfter, beschwichtigender Stimme, warum sie sich dann nicht etwas anderes bestellt habe. Das Mädchen beruhigt sich. Nun wechseln sich die Eltern ab. Der Vater sagt beharrlich: „Iß!" Die Mutter stellt Fragen wie: „Wie kommt es nur, daß du abnimmst?" Die Position des Vaters definiert diese Beziehung als ungleich und komplementär; die der Mutter definiert sie als gleich und symmetrisch. Der Vater übt Zwang aus und wirkt bedrohlich. Die Mutter ist sanft und tröstend. Gleichzeitig aber eskaliert die Stellungnahme der Eltern auf symmetrische Weise zueinander, und das Mädchen beginnt als Antwort auf diese enger werdende Spirale immer hysterischer zu schreien.

Zu diesem Zeitpunkt spricht die Mutter mit noch eindringlicherem Ton und sagt zum Mädchen: „Eine zweite Chance bekommst du nicht", und sie klingt nun selbst hysterisch. Jetzt beginnt der Vater plötzlich, sanft und einsichtig zu reagieren, als wolle er die Verlagerung der Mutter auf einen beharrlicheren Standpunkt kompensieren. Er sagt, er könne gar nicht verstehen, warum das Mädchen sich nicht ein wenig bemühe zuzunehmen. Das Mädchen beruhigt sich, jedoch ist diese Beruhigung nur von kurzer Dauer, da der Vater rasch wieder in seinen herrischen Ton fällt und die Tochter erneut weint. Wieder mischt sich die Mutter ein, weist ihren Mann ruhig mit den Worten „Wart' einen Augenblick" zurück und bemerkt dann zur Tochter: „Du brauchst ja nicht viel zu essen". Da der Therapeut die Redundanz in diesem Verhaltensmuster erkennt, betritt er wieder den Raum, um ihm ein Ende zu setzen.

Dies ist ein klassisches Beispiel pathogener Wechselwirkung. Bei näherem Hinsehen läßt sie sich als ein rekursiver Zyklus oder ein sich selbst erhaltender Feedbackkreis erkennen. Je mehr der Vater droht, desto mehr schreit das Mädchen. Je mehr das Mädchen schreit, desto mehr wird sie von der Mutter beschützt. Je mehr die Mutter die Tochter beschützt, desto weniger schreit die Tochter. Je weniger die Tochter schreit, desto mehr droht der Vater; ad infinitum, oder bis etwas eintritt, das dieser Abfolge ein Ende setzt — in diesem speziellen Fall kann das durchaus der Tod des Mädchens sein.

Wenn wir dieser Konstellation größere Aufmerksamkeit schenken, erkennen wir viele Züge, die wir mit dem triadischen Konzept in Zusammenhang bringen können. Nach einer Art Ausräucherung durch den Therapeuten, der fest auf seinem Standpunkt beharrt, die Eltern zwängen das Mädchen zum Essen, erkennen wir das gewohnte Dreieck: die Autorität des Höhergestellten, den höhergestellten Freund und den Untergebenen des niederen Ranges. Der Vater ergreift den Standpunkt disziplinarischer Maßnahmen, die Mutter verhält sich nachsichtig, und das Mädchen, das zwischen diesen beiden Anweisungsarten gefangen ist, schwankt von einem zum anderen.

Diese Anweisungen kommen einer Spaltung des Feldes gleich. Unser alter Bekannter, die spiegelbildliche Meinungsverschiedenheit, tritt hier deutlich zutage, wenn die Eltern zu kämpfen beginnen und das Kind dabei als Schlachtfeld benutzen. Wir können hier auch das Phänomen des zeitweiligen Umschwungs erkennen. Wenn ein Elternteil für einen Augenblick zur anderen Seite schwenkt, nimmt der andere die freigewordene Stellung ein. Wenn in diesem Fall zum Beispiel die Mutter ihre Forderung an das Mädchen intensiviert, beruhigt der Vater sie durch die Annahme einer sanften und zärtlichen Stimmlage, wodurch er die 'einsichtige' Methode der Mutter übernimmt – jedenfalls für einen Augenblick.

Man kann die Eleganz dieses Dreiecks und des Tanzzyklus nur dann erkennen, wenn man das dadurch hervorgerufene ernste Problem in den Hintergrund stellt. Wie Minuchin es erklärt, gibt jede Person das Stichwort für das Verhalten der anderen. Die Tochter weiß genau, wann ihr Auftritt an der Reihe ist und wie mitleidheischend ihre Stimme klingen muß, um die Mutter auf den Plan zu rufen. Die Mutter weiß, wann sie sich zurückzuziehen und das Schlachtfeld dem Vater zu überlassen hat. Und der Vater erkennt das Signal für seine feierliche Ansprache. Natürlich geschieht dies alles auf einer verborgenen Ebene und im Unterbewußtsein. Wir erkennen ferner in diesem Ablauf insofern das Ergebnis einer verkümmerten Transformation, als es die Familie davon abhält, den Sprung zum Abschiedsstadium des heranwachsenden Kindes im Familienzyklus zu wagen, wobei in diesem Fall das Mädchen das jüngste Kind ist.

Die paradoxen Gebote, die nach Rabkin gewöhnlich mit der 'Zeit des Absprungs' einhergehen, werden augenfällig in den Äußerungen der beiden Eltern. Die Mutter sagt im Grunde: „Iß, weil du essen willst und nicht, weil ich es dir befehle." Wenn jedoch das Mädchen auf diese paradoxe Anweisung mit dem Bekenntnis zu einer klaren symmetrischen Position reagiert: „Ich esse , was ich will", mischt sich der Vater ein und weist ihr eine komplementäre Position zu, indem er sagt: „Du ißt, was ich dir sage", während er sie gleichzeitig paradoxerweise wegen ihres Benehmens 'eines zweijährigen Kindes' zurechtweist.

Es ist nicht nur so, daß beide Eltern paradoxe Gebote erlassen, sondern die beiden Arten der Gebote sind auch miteinander unvereinbar: Wenn das Mädchen Herr der eigenen Eßgewohnheiten wird, verhält es sich dem Vater gegenüber unloyal. Wenn die Tochter sich aber an die Anweisungen des Vaters hält, wird sie der Mutter untreu. In einer normalen Situation würden sich die Eltern zu irgendeinem Zeitpunkt zusammentun und eine klare und widerspruchsfreie Aussage darüber machen, ob dem Mädchen das Recht der eigenen Entscheidung zugestanden werden soll (eine symmetrische Definition der Beziehung) oder aber ob sie sich den Anweisungen zu fügen und zu essen hat (eine komplementäre Definition). In beiden Fällen würde das Mädchen wahrscheinlich essen, und das Verhalten würde dadurch wahrscheinlich belohnt. Aber die diabolische Schönheit dieses Zyklus besteht darin, daß immer dann, wenn der eine Position zu dem

Symptom bezieht, dies anulliert wird durch den anderen, der die Gegenposition einnimmt. Wenn durch irgendeinen Umstand das Mädchen wieder zunähme, würden Vater oder Mutter einen Weg zu finden suchen, sie wieder daran zu erinnern, nicht zu essen, oder sie würde eine Möglichkeit finden, die Eltern daran zu erinnern, sie daran zu erinnern.

Gleichzeitig wird die Aufregung des Mädchens durch dieses Stoßen und Ziehen, dieses 'Iß – Iß nicht' und das 'Ja – Nein' vergrößert. Sie wird ganz sichtbar in sehr engen Banden gehalten, mit oberen und unteren Grenzen, die sie ständig unter Streß halten. Wenn der Vater die Tochter gerade bis zum Zusammenbrechen drängt, stoppt die Mutter dieses Verhalten, indem sie den Vater blockiert und das Mädchen beruhigt. Sobald sie ruhig ist, beginnt der Vater erneut mit dem Kampf. Das Mädchen kann sich nie ausruhen. Sie ist in einer immer stärker werdenden, sich aufwärts drehenden Spirale gefangen.

Vom Standpunkt der Eltern aus gesehen, sind ihre Reaktionen natürlich logisch. Jeder meint, die Methode des anderen habe keinen Erfolg, und er bemüht sich, die zerstörerischen Auswüchse des anderen einzuschränken. Der Vater denkt: „Wenn ich darauf bestünde, würde meine Tochter essen, aber meine Frau überläßt das immer ihr, und deshalb wird sie verhungern." Die Mutter denkt: „Meine Tochter würde essen, wenn man sie sich selbst überließe, aber mein Mann macht sie böse und rebellisch, und deshalb wird sie verhungern." Der Kampf zwischen ihnen findet nicht auf einer bewußten Ebene statt. Er ist ein weiteres Beispiel für das 'Spiel ohne Ende', mit dem das Symptom am Leben erhalten wird. Die Beziehungsmuster – besonders die geheime Koalition der Mutter mit der Tochter gegen den Vater – sind in dieser Familie zu stark, als daß die Eltern irgendeine andere Position einnehmen könnten. Und es gibt noch ein weiteres wichtiges Beziehungsmuster: Wir hören während eines Interviews, daß die Mutter des Vaters, der er sehr nahesteht, an Krebs stirbt. Wie kann unter solchen Umständen dann die Tochter die Mutter ihm vorziehen? Es ist vielleicht kein Zufall, daß die Krankheit der Großmutter und die Anorexie der Tochter zur selben Zeit auftraten.

So kommt es zu einem endlosen Zyklus, den wir nun sehen, und der durch den Therapeuten noch verschärft wird, weil er darauf dringt, die Eltern sollten die Tochter zum Essen bringen. In manchen Anorexie-Fällen von Minuchin gelingt es den Eltern, sich so weit zusammenzutun, daß es ausreicht, um dem Symptom die Kraft zu nehmen. In dieser Familie bestehen jedoch zu große Konflikte zwischen den Eltern.

Der Therapeut beschließt nun, sich auf eine neue Strategie einzulassen, die den Zyklus aus dem Gleichgewicht bringt und die Familie unter beträchtlichen Druck setzen wird. Zu diesem Zweck entfernt er zeitweise eine Partei aus dem Dreieck. Um diese besondere Technik zu beschreiben, benutzt

Minuchin die Sprache der Kybernetik statt seiner gewöhnlichen Raumstruktur-Begriffe:
„Die einzige Möglichkeit, die Tochter von den Eltern zu trennen, besteht darin, die Folgen zu durchbrechen, die die Homöostase unterstützen. Eine Möglichkeit für den Therapeuten ist die, sich selbst in dieses System einzuschalten, und zwar auf eine solche Art und Weise, daß der Zyklus sich nicht selbst wiederholen kann."(4)
So gibt Minuchin den Eltern Anweisungen, weiterhin ihre Tochter zum Essen anzuhalten (was parallel zum symptombezogenen Verhalten verläuft) und führt eine wesentliche Veränderung ein. Erst muß die Mutter, dann der Vater diese Arbeit allein übernehmen. Indem er die Einschränkungen abbaut, die jeder Elternteil benutzt, um die Auswüchse des anderen auszugleichen, bewirkt der Therapeut, daß die Verhaltensweisen in der Sequenz ihre übliche Grenze überschreiten.

Wir erkennen nun die kritischen Grenzen der Beziehungen in diesem Dreieck. Als der Mutter gestattet wird, zum äußersten Punkt ihrer Position zu gehen, wird sie immer schwächer, während ihre Tochter sie immer stärker bekämpft. Zu einem Zeitpunkt ruft die Mutter voller Verzweiflung: „Du wirst mich noch in eine Anstalt für Geisteskranke bringen!" Am äußersten Rand dieser Begrenzung liegen Zusammenbruch und Tod. Als es dem Vater erlaubt ist, zum äußersten Punkt seiner Position zu gehen, läßt er alle Einschränkungen beiseite und versucht, Gewalt anzuwenden, ergreift seine Tochter bei den Haaren und versucht, ihr einen Hotdog herunterzuzwingen. Am äußersten Ende dieser Begrenzung kann man die Möglichkeit der Gewalttätigkeit erkennen.

In diesem Augenblick kommt Minuchin dazu und hält den Vater ruhig zurück, nimmt also selbst die Funktion der Begrenzung auf sich, die nicht in Kraft hatte treten können. Er holt die beiden verzweifelten Eltern zusammen und formuliert ihr Problem neu, daß sie nämlich eine Tochter haben, die sich im Kampf mit ihnen befindet und die „stärker ist als ihr". Er wendet sich dann an das Mädchen und bittet sie, den Hotdog fallenzulassen, den sie noch immer in ihrer Hand hält, da „es kein sehr guter Sieg ist". Sie tut das. Er fragt sie mit ruhiger Stimme, warum sie ein solches Bedürfnis habe, die Eltern zu besiegen. Liegt es daran, daß sie Autonomie will und die Eltern sie ihr nicht gewähren wollen? Sie sitzt sehr ruhig da, fast wie in Trance, während Minuchin für sie spricht. Zum ersten Mal scheint die Familie Minuchin zu gestatten, die Führung zu übernehmen.

Während dieser Sitzung kommt es zu einer Verschiebung. Die Eltern haben angefangen, die Tochter für ihr Unglück für schuldig zu halten, für das sie unmöglich verantwortlich sein konnte, statt sie wie eine zerbrechliche Puppe zu behandeln. Und die Tochter, die vorher so artig und gehorsam war, hat sich nicht nur öffentlich den Eltern widersetzt, sondern sie auch erfolgreich vor einer Gruppe von Akademikern erniedrigt.

Minuchins Erklärung ist die, daß er durch seine Intervention versucht hat, die Eltern aus einem „wohlwollenden Umwegsdreieck" herauszuholen, in dem die Tochter als 'krank' angesehen wird und zu einem „aggressiven Umwegsdreieck", in dem sie als 'schlecht' gesehen wird, hineinzubringen. Mit Sicherheit wird zum Ende dieser Sitzung die Sichtweise der Eltern von ihrer Tochter, wie auch ihr Verhalten, das diese Sichtweise rechtfertigt, drastisch verändert. Der Vater sagt:„Wir haben sie immer verzogen, aber vielleicht waren wir zu gut zu ihr." Inzwischen geht das Mädchen mit der Krankenschwester auf die Station zurück. Die Sitzung endet damit, daß Minuchin allein mit den Eltern über ihre eigenen Probleme spricht – über das Geschäft des Vaters, die Krankheit der Großmutter – und über die Notwendigkeit für beide, während dieser schwierigen Zeit zusammenzuhalten.

Aus irgendeinem Grunde beginnt die Tochter sofort zu essen und hat bei der nächsten Sitzung schon fast genügend an Gewicht gewonnen, um das Krankenhaus zu verlassen. Als sie jedoch nach Hause geht, wird sie zu einem 'Verhaltensproblem', sie weigert sich, die Mahlzeiten mit der Familie einzunehmen, wodurch es zu einer Fehde zwischen Mutter und Tochter kommt. Es gibt eine weitere, offensichtlich weniger dramatische Verschiebung, als der Vater einige Wochen später kommt und fragt:„Ist es immer wahr, Herr Doktor, daß der Rest der Familie krank wird, wenn es dem Patienten besser geht?" Wie sich herausstellt, haben er und seine Frau die ersten Probleme, die sie während der zwanzig Jahre ihrer Ehe erleben. Es werden einige Ehesitzungen und Familiensitzungen durchgeführt.

Schließlich wird das Mädchen im Laufe der Zeit ein einigermaßen normaler Teenager, wenn auch mit einigen Rückfällen, die nicht mit Anorexie, sondern mit anderen Symptomen, einschließlich einem Selbstmordversuch, in Verbindung stehen. Es wird nicht behauptet, das Mädchen sei für immer 'geheilt', obwohl diese anderen Krisen mit verhältnismäßig wenig Schwierigkeiten behandelt werden können. Wichtig ist, daß die Therapie ein tödliches Zwangsmuster durchbrochen hat, das die Tochter in ein Problem verwickelte und auch andere Familienmitglieder zu einem wichtigen Punkt im Lebenszyklus in Beschlag nahm. Das Beispiel zeigt die plötzliche Verschiebung, die auftreten kann, wenn ein Therapeut eine solche Sequenz durchbricht und das System in eine Unausgewogenheit wirft.

Das Brechen des Zyklus durch die interpretierende Methode

Eine andere sich wiederholende zyklische Sequenz zwischen Vater, Mutter und Kind wird in dem Interview 'No Man's Land' in Haleys und Hoffmans

'Techniques of Family Therapy' dargelegt.(5) Der Therapeut ist Charles Fulweiler. Das Dreieck besteht aus einem wenig wirksam dominierenden Vater, einem leicht rebellierenden, heranwachsenden Sohn von dreizehn Jahren und der Mutter, die auf der Seite des Sohnes steht. Der Vater gerät immer wieder in einen Streit mit dem Sohn wegen des Rauchens, das beide Eltern mißbilligen. Die Mutter mischt sich jedoch in diese immer schlimmer werdenden Auseinandersetzungen ein und protestiert, und dann macht der Vater einen Rückzug. Schließlich wartet der Vater nicht einmal mehr auf die Einmischung der Mutter. Er macht auf jeden Fall einen Rückzug. Diese Sequenz erfolgt mit Abwechslungen mehrere Male während des Interviews. Damit man sich eine Vorstellung von der Atmosphäre machen kann, zeichne ich hier eine gekürzte Version auf. Die Mutter hat gerade gesagt, sie sei nicht dafür, dem Sohn das Taschengeld zu streichen:

Vater (zu Mike): Würde es dir gefallen, ich glaub' es eigentlich schon, es würde dir wohl gefallen, wenn ich dir sagte, mir sei es recht, wenn du rauchst; würdest du dich dann besser fühlen?

Mike: Ja, ich glaube schon.

Vater: Aber um deinetwillen, Mike, ich wünschte, ich könnte es, aber ganz ehrlich und aufrichtig, ich kann es nicht. Ich glaube immer noch nicht, daß es richtig ist, wirklich nicht.

Mike: Also, wenn ihr mir mein Taschengeld streicht, dann, ihr seid beide, ich bin nicht, ich kann keine Zigaretten kaufen, und ich bin nicht, ich kann nichts tun. Ich kann nicht ins Kino gehen, ich kann nicht...

Vater: Also, Mike, wann immer du in den letzten zwei oder drei Wochen bei mir warst und mich für irgend etwas um Geld gebeten hast, habe ich es dir gegeben.

Mike: Für das, was ich tun mußte.

Vater: Du hast recht. Du hast recht. (6)

Wie bei der Minuchin-Familie ist dieser Zyklus ein Beispiel für eine Sequenz, mit der die Aufmerksamkeit von bedrohlicheren Problemen der Familie abgelenkt zu werden scheint. In diesem Fall ist mindestens eins der Probleme die Ehe der Eltern. Wenn sich die Eltern direkt miteinander auseinandersetzen würden, könnte ihre eigene Beziehung gefährdet sein. Wie man sieht, hängt sehr viel davon ab, eine Lösung zu finden, die es den Eltern erlaubt, ihre Meinungsverschiedenheiten auszudrücken, diese aber auf das Thema des Verhaltens von ihren Sohn zu beschränken.

Wie immer bedeutet dies, daß ein Elternteil eine positive oder neutrale Haltung einnimmt und der andere eine negativere Einstellung zu diesem Verhalten ausdrückt. Die Meinungsverschiedenheiten verbergen sich vielleicht hinter der Sorge der Eltern um das symptomatische Kind, wie im Fall des magersüchtigen Mädchens, oder sie erscheint als eine vereinigte Feindschaft gegen das Kind. Bemüht man sich aber nachhaltig darum, jeden Elternteil dazu zu bringen, sein Verhalten dem Symptom gegenüber zu beschreiben, wird das normalerweise die Meinungsverschiedenheit an die Oberfläche bringen. Zu den meisten Familientherapien mit einem Kind gehört der Versuch, diese unterschiedlichen Meinungen aufzudecken und sie wieder als Hauptproblem der Eltern aufzuzeigen. In dieser Familie ist die Verschiedenheit kein solches Geheimnis wie bei Minuchins Familie. Es ist aber nicht deutlich, um welche ehelichen Probleme es geht. Bei oberflächlicher Betrachtung kommt man zu dem Eindruck, die eheliche Dyade sei eine abgeschwächte Form des Musters 'einer oben einer unten', wobei der Ehemann versucht, eine autoritäre Haltung seiner nicht allzu nachgiebigen Frau gegenüber einzunehmen. Wir stellen fest, daß er eine beträchtliche emotionale Distanz zu ihr aufrechterhält, eine Situation, die sie dadurch verstärkt, daß sie sich ihrerseits in einer anderen Beziehung engagiert, zum Beispiel zu einer Freundin, auf die der Ehemann eifersüchtig ist, und natürlich zum Sohn. Die schwächere Position der Frau im ehelichen Subsystem wird durch ihre starke Position im elterlichen Subsystem ausgeglichen, wo sie im Sohn einen Verbündeten hat. Der Sohn kann durch seine Einmischung sowohl die Machtunterschiede in der Ehe beeinflussen als auch die Skala von Nähe und Distanz, damit sich keine dieser Variablen allzu weit von ihrer üblichen Grenze entfernt.

Was das Familiengleichgewicht offensichtlich durcheinandergebracht hat, ist der Eintritt eines wichtigen Übergangspunktes: die Pubertät des Sohnes. Er kommt in ein Alter, in dem er ganz real seinen Vater herausfordern kann. Andererseits ist es eine natürliche Entwicklung in seinem Alter , sich von seiner Mutter und von weiblichen Verhaltensweisen zu lösen. Natürlich war es der Einbruch in einen Tabakladen und der Diebstahl von Zigaretten und Kleingeld, der die Familie in die Therapie brachte. Die Handlung bezieht sich auch auf das Hauptproblem zwischen Vater und Sohn: auf das Rauchen. Das Problem, mit dem es der Sohn bei diesen sich ständig wiederholenden Auseinandersetzungen über das Rauchen zu tun hat, ist die spiegelbildliche Meinungsverschiedenheit zwischen den Eltern. Wenn er nicht raucht (nicht rebelliert), unterstützt er den Vater gegen die Mutter. Wenn er raucht (rebelliert) unterstützt er die Mutter gegen den Vater. Der Therapeut wußte, wie wichtig es war, diese Sequenz zu unterbrechen. Die von Fulweiler eingesetzten Methoden bestanden hauptsächlich darin, die Manöver zu blockieren und ergänzende Deutungen hinzuzufügen. Ein besonderes Kennzeichen seines Stils war es, den Raum ohne Vorwarnung zu betreten und zu verlassen. Fulweiler nutzt sein Eintreten dazu, Sequenzen zu verhindern, die wir als strategische Punkte beschrieben haben und sie Schritt für Schritt in eine andere Richtung zu lenken. Sein erstes Eintreten benutzte er dazu, der Mutter den Hinweis zu geben, deutlicher in der Verteidigung ihres Sohnes zu werden; das zweite Eintreten, um die Meinungsverschiedenheit zwischen Vater und Mutter hervorzuheben; das dritte, um die Autorität des Vaters gegenüber der Mutter/Sohn-Verbindung zu unterstützen, und die nächsten zwei oder drei Male, um den Vater daran zu hindern, die Rolle des kläglichen Opfers zu spielen, wobei er gleichzeitig die Rolle der Mutter deutlich machte, wie sie den Einfluß des Vaters untergrub. Das Interview endete mit Fulweilers Hinweis, niemand hätte Schuld, da alle diese Ereignisse ihre Wurzeln in der Vergangenheit hätten. Nach etwa neun Sitzungen mit den dreien und etwa 2o Sitzungen mit den Eltern allein, verkündete der Vater eine wesentliche Veränderung zum Guten, nannte als Ursache aber ein Erlebnis, das sie beim Besuch einer Veranstaltung mit Billy Graham hatten. Fulweiler sagte, er sei froh, daß die Familie dies einer Quelle von außen verdankte, da sie sich dann die Veränderung selbst zuzuschreiben hatten und nicht dem Therapeuten.

Haley stellt Standardrollen für diese Art Dreieck fest: der 'übermäßig involvierte Elternteil', der wegen des Problems des Kindes sehr besorgt zu sein scheint und es aktiv bekämpft, und der 'periphere Elternteil', der neutraler und distanzierter erscheint.(7) Oft befindet sich natürlich der übermäßig involvierte Elternteil in einem verdeckten Kampf mit dem peripheren Elternteil, aber der periphere Elternteil ist oft in bezug auf Eheprobleme ebenfalls peripher und wird einen offenen Kampf nicht riskieren. Das Kind scheint als sein Geheimagent zu agieren, indem es erfolgreich dem anderen Elternteil trotzt. Ein Hinweis dafür, daß das Kind sich für den peripheren Elternteil eingesetzt hat, haben wir dann, wenn die Eheprobleme in den Vordergrund treten und der übermäßig involvierte Elternteil den Ehepartner mit denselben Ausdrücken kritisiert, den er benutzt hat, um die Fehler des Kindes zu beschreiben.

Nehmen wir einmal an, wir hätten es mit einem solchen Dreieck im obigen Beispiel zu tun, so erkennt man, wie der Sohn sein störendes Verhalten wie einen klebrigen Köder dem übermäßig involviertem Elternteil, dem Vater, anbietet. Der sich daraus ergebende Streit steigert sich bis zu dem Punkt, an dem der periphere Elternteil, die Mutter, sich gezwungen sieht, einzugreifen. Der übermäßig involvierte Elternteil ist zeitweise der Außenseiter im Dreieck, und in diesem Fall scheint ein großer Teil des unangemessenen Ärgers und Hilflosigkeitsgefühls des Vaters von dieser Tatsache herzurühren. In bezug auf Nähe und Distanz behält die Frau die Oberhand, da sie sich sozusagen einer anderen Sache zuwenden kann, wenn sie sich stärker dem Sohn anschließt, um so ihre relative Schwäche in der ehelichen Beziehung wettzumachen. Auf ähnliche Weise stellt der Ehemann in regelmäßigen Abständen seine eigene Hilflosigkeit zur Schau und benutzt dadurch die magische Macht der Ergänzung, um seine Frau wieder an sich zu binden. Natürlich muß ein Therapeut, wenn er diese Sequenz unterbricht, dem Ehepaar helfen, sowohl mit dem Nähe/Distanz-Problem als auch mit dem Problem des 'einer oben einer unten' fertigzuwerden, damit eine dritte Partei nicht mehr als Kontrolleur hineingezogen wird.

Eine sparsame Technik

Wenn ein Kliniker erfolgreich die Sequenz identifiziert, zu der ein Symptom als ein wichtiger Bestandteil gehört, kann vermutlich sehr genau auf eine geringfügige Veränderung mit vermutlich weitreichender Wirkung hingewiesen werden. Watzlawick, Weakland und Fisch führen eine in dieser Beziehung äußerst sparsame Schule der Familientherapie vor. 1976 hat Dr.Richard Fisch, der ein Ehepaar im Center for Family Learning in New Rochelle, New York, interviewte, diese ökonomische Technik sehr deutlich dargestellt. Das Problem dieser Familie war in eine recht ähnliche Sequenz eingebettet, wie die, über die wir gesprochen haben, aber die Interventionsstrategie des Therapeuten war völlig anders.

In diesem Fall bestand die Familie aus Vater und Mutter, beide in den dreißiger Jahren, einem neunjährigen Mädchen und einem sechsjährigen Jungen. Die Kinder waren nicht anwesend. Dr.Fisch fragte, worin das Problem bestand, und die Eltern berichteten, sie hätten Schwierigkeiten, das eigenwillige, egoistische, störrische und ungehorsame Mädchen im Zaum zu halten. Sie sei so unangenehm, daß sie nur eine Freundin hätte, und sogar diese behandelte sie schlecht. Die Mutter geriet Tag für Tag in Auseinandersetzungen mit diesem Kind um das Trinken des Orangensaftes zum Frühstück und ähnliche Dinge. Die Mutter trug vielleicht den Sieg davon, aber es waren pyrrhische Siege, da ihre Nerven dann zerstört waren. Wenn der Vater am Abend nach Hause kam, gelangte der Kampf zu einem solchen Höhepunkt, daß er aus seinem Arbeitszimmer kam und das Mädchen durch Einschüchterung zum Gehorsam zwang. Die Eltern beschrieben ihre eigene Beziehung als eng und liebevoll und meinten, der Fehler könne nicht in ihrer Erziehung liegen, da der jüngere Sohn ebenso nett war wie seine Schwester schwierig. Fisch machte einen vorsichtigen Vorschlag. Er bemerkte, ein Grund, weshalb die Eltern nicht in der Lage waren, das Verhalten des Mädchens zu bekämpfen, könne vielleicht darin liegen, daß sie allzu vorhersagbar waren. Wenn sie die Tochter vielleicht durcheinander brachten, indem sie etwas Merkwürdiges und Unerwartetes täten, könnten sie vielleicht mehr Erfolg haben. Er bat den Vater, der Tochter beim nächsten Mal einfach einen Pfennig zu schenken statt sie zu schelten. Wenn sie dann nach dem Grund für dieses Geschenk fragte, sollte er antworten: „Weil mir danach zumute war" und wieder in sein Zimmer gehen.

Diese Einmischung erscheint vielleicht schlau, aber unzusammenhängend, wenn wir nicht die Art der zu unterbrechenden Sequenz untersuchen. Das Muster, das Haley beschreibt, ist offensichtlich: Ein Elternteil, der übermäßig involviert ist mit dem Symptom des Kindes, und ein anderer Elternteil, der weniger involviert ist, sich aber häufig insgeheim mit dem Kind verbündet. In Fulweilers Beispiel könnte der weniger involvierte Elternteil die Koalition anerkennen. Vielleicht aber hat der Vater das Bedürfnis, den äußeren Schein einer geschlossenen Front aufrechtzuerhalten und hat deshalb seine Frau nie — trotz der Hinweise auf verdeckte Meinungsverschiedenheiten — zugunsten seiner Tochter herausgefordert. Er konnte nur so weit gehen, daß er sagte, er sähe sie nicht ganz so negativ wie seine Frau, da er und die Tochter beide Musikliebhaber waren und es ihm Spaß machte, mit ihr in die Oper zu gehen. So veränderte also der Auftrag, der dem Vater gegeben wurde, die Sequenz auf eine wichtige Art: Er unterminierte den Mythos des Kind-Ungeheuers, das die Eheleute eng miteinander verbunden zu halten schien.

Gleichzeitig nahm der Therapeut einige der Folgen, die die Veränderung dieser Sequenz mit sich bringen würde, mit dem Ehepaar zusammen vorweg. Es könnte vielleicht einige Nebenwirkungen geben, sagte er, wenn die Tochter trotz der Hoffnungslosigkeit des Falles sich bessern würde. Zunächst könnte das 'gute' Kind weniger perfekt erscheinen, wenn das 'schlechte' Kind nicht mehr einen so starken Kontrast bildete. Der Vater stimmte zu, daß der Sohn in der Tat etwas unreif sei für sein Alter und wies damit auf eine andere Sache hin, über die er mit seiner Frau nicht einig war. Zweitens, sagte der Therapeut, könnte die Mutter die Intensität ihrer Gefühle für die Tochter vermissen, die ein Produkt ihrer mütterlichen Sorge war und ein Beweis dafür, daß sie sie wirklich liebte. Die Mutter akzeptierte sowohl die positive Neubenennung ihrer Feindseligkeit als auch die Idee, sie könne die Veränderung vielleicht schwierig finden. Drittens warnte der Therapeut die Mutter, daß sie vielleicht irgendwann einmal den Mann daran hindern müsse, seine Beherrschung der Tochter gegenüber zu verlieren und vielleicht zu streng zu sein, obwohl er in Wirklichkeit recht milde und rational war. Genaugenommen verändern diese Konsequenzen fast jede der geschilderten Beziehungen in der Familie oder kehren ihren Wert um.

Das Interessanteste aber geschah in der Sitzung, nachdem der Therapeut mit der Mutter übereingekommen war, sie könne höchstens hoffen, weniger heftig auf ihre unmögliche Tochter zu reagieren. Der Vater meinte dann, er würde nicht so schnell die Hoffnung aufgeben. Er zumindest hege größere Hoffnung für seine kleine Tochter. Die spiegelbildliche Meinungsverschiedenheit, die bis dahin nicht sichtbar war, trat in den Vordergrund.

Die Ergebnisse dieses Interviews sind nicht bekannt, sie sind aber für eine Untersuchung der Sequenzen, die wir erforschen, und für die zur Auflösung eingesetzten Methoden auch nicht wichtig. Wie wir später sehen werden, spezialisiert sich die Palo-Alto-Gruppe auf kleine Veränderungen und bleibt sogar in ihren Aufgaben bei 'kleinen Veränderungen'. Der Gegensatz zwischen der eingeschränkten Art der Intervention und den vielen Interaktionspunkten, die sie berührte, lassen dies als ein gutes Beispiel für therapeutische Wirtschaftlichkeit erscheinen.

Wenn der Zyklus größere Systeme umschließt

Nach Haleys Umdefinierung ist das Problem der Arbeit mit hospitalisierten heranwachsenden Schizophrenen das, wie man ihnen dabei hilft, ihr Zuhause zu verlassen. Der Vorgang, durch den diese jungen Heranwachsenden von Zuhause ins Krankenhaus und wieder zurückkommen, ist wieder nur eine andere Art des homöostatischen Zyklus, der die elterliche Beziehung überwacht. Doch ist der Ausbruch aus einer Sequenz, die nicht nur die Familie, sondern auch andere soziale Systeme beinhaltet, eine ungewöhnlich komplexe Operation und erfordert eine Reihe von Manövern, die vielleicht viel Zeit brauchen.

Haley hat ein Dokument von diesem Vorgang auf einem Lehrband festgehalten, das auf einem Fall beruht, in dem er der Supervisor und Sam Scott der Therapeut war, als sie beide an der Kinderklinik in Philadelphia arbeiteten. Das Band heißt 'Leaving Home', und es geht um einen 24jährigen tauben Mann, der seit acht Jahren zwischen Zuhause und Krankenhaus hin- und hertransportiert wurde. Die Sequenz war vorhersagbar: Wenn er nach Hause kam, bedrohte und schmähte er seine Umgebung. Dann wurde er in eine eigene Wohnung gebracht. Danach fing er an, Drogen zu nehmen, auszugehen und Ärger in der Umgebung zu machen. Die Polizei fand ihn, die Eltern brachten ihn ins Krankenhaus, und der Zyklus begann erneut.

Nach Haley bestand nun die therapeutische Aufgabe darin, diesen Zyklus zu unterbrechen. Wenn ein Teil blockiert wird, mußte sich das Ganze verändern. Der Therapeut, der an diesem Fall arbeitete, benutzte die Zeichensprache und konnte daher sowohl mit dem jungen Mann als auch mit seinen Eltern kommunizieren, die die Zeichensprache nicht benutzten. Seine erste Einmischung bestand darin, die Art der Institution zu verändern, in die der Sohn das nächste Mal kommen würde, wenn er von der Polizei aufgegriffen würde. Er brachte die Eltern dazu, ein Schreiben zu unterzeichnen – in Gegenwart des Sohnes – das besagte, die Polizei sollte ihn beim nächsten Mal ins Gefängnis bringen. Dies veränderte die Konsequenzen nicht nur für den Sohn, sondern auch für die Eltern. Sie konnten noch immer Kontrolle über ihn ausüben, solange er im Krankenhaus war – ihn zum Beispiel häufig besuchen. Im Gefängnis würde dies nicht länger möglich sein. Außerdem wurde seinen Behandlungen eine neue Bedeutung gegeben: Die Verhaltensweise, die nicht unter Kontrolle gehalten werden konnte, wurde zu einer Verhaltensweise, für die er verantwortlich war. Eine weitere Veränderung bestand darin, den Zyklus an dem Punkt zu unterbrechen, an dem die Spannung zwischen den Eltern sich vergrößerte. Wenn sich der Sohn eine Weile lang gut benahm, fing eine gewisse Gereiztheit zwischen den Eltern an, und er begann Auseinandersetzungen mit seiner Mutter. Zwischen Mutter und Sohn bestand eine Art klebrigen Zusammenhalts. Sie schützte ihn vor dem Vater, der ihn schlug, wenn er sich schlecht benahm. Andererseits stieß sie ihn von sich und bestand darauf, er müsse aus dem Haus und nicht so viele Forderungen an sie stellen. Bis zu einem gewissen Grade konnte die Mutter einen Ausbruch ihres Sohnes einfach durch die Art auslösen, wie sie ihn behandelte. Während einer Zeit, als der taube Sohn zu Hause wohnte, verlängerte der Therapeut die Zeit seines guten Betragens über die normale Grenze hinaus, indem er mit ihm um Geld wettete, er würde während der nächsten zwei Wochen Ärger mit der Polizei bekommen. Der Sohn hielt sich von allem Ärger fern und gewann die Wette. Als Ergebnis dieser Zeit der Ruhe machte der Vater eine Reise, die er schon lange geplant hatte. Während seiner Abwesenheit verärgerte die Mutter den Sohn, indem sie ihn zu veranlassen suchte, mehr Zeit außerhalb des Hauses zu verbringen. Er wurde gewalttätig, bedrohte sie mit einem Messer und seine Schwester mit einem Baseballschläger. Bei der nächsten Familientherapiesitzung erschien der Therapeut mit einem Messer und einem Schläger und legte beides auf den Boden. Obwohl sich der Patient so verhielt, als sei er nicht verantwortlich für das, was er seiner Mutter und seiner Schwester angetan hatte, befragte ihn der Therapeut so eindringlich, daß er den Schläger ergriff und den Therapeuten bedrohte. Der Vater nahm dem Sohn den Schläger weg. Der Therapeut bestand dann darauf – und ließ auch die Eltern darauf bestehen – daß dem Sohn nicht erlaubt war, gewalttätige Drohungen und Waffen zu benutzen, um andere einzuschüchtern. Er durfte streiten und kritisieren, aber nicht Messer oder Schläger benutzen. Dieser Zug blockierte die Rolle des Patienten in dieser Sequenz, da es sein Verhalten als tolerierbar bezeichnete und die anderen Teilnehmer in der Sequenz dazu brachte, sich in gemeinsamem Widerstand zusammenzutun.

Die nächste Verschiebung bestand darin, den Sohn dazu zu bringen, in eine eigene Wohnung zu ziehen und dort allein zu leben. In der Vergangenheit war er nur dann fortgezogen, wenn er und seine Eltern aufeinander böse waren, aber ganz gleich, wo er wohnte, die Eltern behandelten ihn wie einen Behinderten, von dem nicht zu erwarten war, er könne auf sich selbst aufpassen. Der Therapeut schuf einige Voraussetzungen dafür, indem er darauf bestand, der Sohn müsse selbst für seine Wäsche sorgen, während er noch zu Hause wohnte, und er müsse auch seinen Teil zum Haushaltsgeld von seiner Sozialhilfe beisteuern. Auch wurde von ihm die Rückzahlung seiner Schulden erwartet. So rückte man aktiv der sich selbst erfüllenden Prophezeiung zuleibe, die ihn als unfähig dargestellt hatte. Nach der Szene mit dem Schläger zog der junge Mann noch einmal aus. Er bekam wieder Ärger mit der Polizei und wurde kurz ins Krankenhaus eingewiesen. Aber diesmal hielten sich die Eltern heraus, und er erledigte seine Angelegenheiten allein. Nach Aussage des Therapeuten war dies das letzte Mal, daß er Ärger bekam und — was noch wichtiger ist — das letzte Mal, daß er ins Krankenhaus eingewiesen wurde.

In diesem Kapitel haben wir uns mit Methoden beschäftigt, durch die Therapeuten ganz verschiedener Überzeugungen ein starres Muster bzw. einen starren Zyklus blockieren oder verändern, die ein Problem begleiten und die Veränderungsmöglichkeiten zu überwachen scheint. Die nächste Frage, mit der wir uns beschäftigen müssen, ist eine recht schwierige. Die Tatsache, daß die meisten erfahrenen Therapeuten dieselbe Art Konstellation zu erkennen scheinen und mit ihr fertig werden, bedeutet nicht, sie gründeten ihre therapeutische Ideologie oder Technik auf dieselbe Voraussetzung oder stimmten auch nur mit dieser Analyse ihrer Arbeit überein. Daher widmen wir die nächsten Kapitel einer detaillierten Analyse der Arbeit von Pionieren in der Familientherapie und den sich entwickelnden Therapieschulen, die anfangen, das Familienfeld zu dominieren. Wir werden versuchen, die verwirrend unterschiedlichen Methoden verschiedener Therapeuten und Schulen ausführlicher zu beschreiben und ihre Theorien mit ihren Techniken in Bezug zu setzen.

Außerdem — und dies ist eine ernsthaftere Sorge — ist unser Modell klein, eingeschränkt und mechanistisch geworden. Es ist zu einfach, nur von einem Dreieck von Eltern und einem Kind zu sprechen oder von den wiederkehrenden Zyklen, die sich in den Verhaltenssequenzen zwischen diesen Menschen herausbilden. Wir müssen wieder zurückkehren zu der dröhnenden und brausenden Verwirrung, um diese Lage zu erschüttern und wieder Reichhaltigkeit, Tiefe und Weite hinzufügen. Die Untersuchung der Arbeit von Klinikern, die als Pioniere auf dem Familienfeld gearbeitet haben und von jenen, die auf diesen frühen Arbeiten aufbauten, wird uns zu einer größeren Spielbreite führen und zu der Möglichkeit, neue und komplexere Modelle bei unserer Untersuchung von Systemen und Systemveränderungen zu erblicken.

Kapitel 12

FAMILIENTHERAPIE UND IHRE GROSSEN PIONIERE

Die Familienbewegung wird mündig

Die Familienbewegung ähnelt in der Therapie der protestantischen Bewegung in der Religion. Sie hält sich eng an ein gut durchorganisiertes Gebäude von Gedanken und praktischen Anwendungsmöglichkeiten, das einen überall anerkannten Begründer hatte: Sigmund Freud. Trotz vieler Häresien und Schismen ist die Psychoanalyse die Basis für eine Einrichtung geistiger Gesundheit. Einige Pioniere auf dem Gebiet der Familientherapie starteten einen revisionistischen, fast revolutionären Angriff gegen die Ideen des Freudianer-Establishments, und diese Revolution hat eine Unmenge von rivalisierenden Erlösern, Gurus und Sekten hervorgebracht, die alle die Führerschaft beanspruchten, von denen aber keiner zur Rechtmässigkeit seines Anspruchs gelangte.

Wie können wir dann die Unterschiede und Ähnlichkeiten zwischen den Hauptmethoden der Familientherapie kommentieren, die sich in den Vereinigten Staaten entwickelt haben? Da Madanes und Haley das große Territorium der transpersonalen Therapie abgedeckt haben(1), werden die nächsten Kapitel sich auf die fünf Hauptmethoden innerhalb des Feldes der Familientherapie konzentrieren: die historische, ökologische, strukturelle, strategische und systemische (wobei Methoden der Familientherapie ausgelassen werden, die sich auf Namen von vorher existierenden Modellen beriefen,wie Verhaltenstherapie, Gestalttherapie und andere Schulen, die unabhängig von der Familientherapiebewegung entstanden, aber technisch als interpersonell betrachtet werden können).

Bevor wir uns jedoch mit den etablierten Schulen befassen, müssen wir uns auf einige Pioniere konzentrieren, deren Beiträge von großem Wert sind und die dennoch in keine dieser Schulen gehören. Sie können bedenkenlos die großen Schöpfer genannt werden. Virginia Satir, der verstorbene Nathan Ackerman, der verstorbene Don Jackson, der verstorbene Milton Erickson und Carl Whitaker gehören zu jenen, die nicht in Kategorien eingeordnet werden können. In diesem Kapitel wollen wir versuchen, die Therapiemethoden und die therapeutischen Ideen dieser unnachahmlichen Personen zu beschreiben.

Satir und die Engelsfamilie

Satirs Platz in der Familienbewegung ist außergewöhnlich und einzigartig, obwohl sie die Begrenzungen der Familientherapie überschritten hat, um sich dem weiteren Bereich der Human Education Movement anzuschliessen. 1963 leitete Satir ein Demonstrationsprojekt zur Familientherapie am Mental Research Institute in Palo Alto. Ich war gebeten worden, bei der Herausgabe ihres ersten Buches 'Conjoint Family Therapy'(Verbundene Familientherapie) zu helfen und war erstaunt und begeistert über ihre Ausstrahlungskraft auf Familien.(2) Noch eindrücklicher schien die Genauigkeit zu sein, mit der sie Merkmale dieser flüchtigen Kreatur, die sie das 'dysfunktionale Familiensystem' nannte, zu erkennen schien. Wenn sie sagt:„Ich beurteile die Therapie immer durch die Pronomen", bezog sie sich auf die Tendenz solcher Familien, immer von 'wir' statt von 'ich' zu sprechen, eine häufige Begleiterscheinung der konsensussensitiven oder verstrickten Familie. Hierdurch wird ihr Interesse daran erklärt, 'Diskrepanzen' der Kommunikation aufzudecken. Es erklärt den großen Wert, den sie darauf legte, Leuten zu helfen, ihre 'Unterschiedlichkeit' voneinander zu akzeptieren, ihre Formeln für das Blocken von sich wiederholenden Sequenzen, die damit endeten, daß eine Person eine Standardrolle übernahm, wie zum Beispiel Opfer, Märtyrer, Sündenbock, Retter. Sie hatte beißende Redewendungen für solche Fälle bereit:„Hast du jemals als Todesursache auf einem Totenschein gelesen, du hättest 'Nein' zu jemandem gesagt?" Oder sie fragte bei einer Familie, die sich ganz entschlossen weigerte anzuerkennen, irgend jemand könnte mit einem anderen nicht einverstanden sein:„Also ich gehe von dem Prinzip aus, daß die Menschen keine Engel sind." Schließlich besaß sie die unheimliche Fähigkeit, das Schild von einem 'gekennzeichneten Patienten' zu reißen.

Es gibt eine damit in Beziehung stehende Taktik — eigentlich mehr eine Einstellung — für die Satir zu Recht berühmt geworden ist: ihre Fähigkeit, das negativste Problem oder die schlimmste Lage herauszugreifen und sie in etwas Positives zu verwandeln. Ein Beispiel ist ein erstes Interview mit der Familie eines heranwachsenden Jungen, dem Sohn eines ortsansässigen Pfarrers, der zwei seiner Klassenkameradinnen geschwängert hatte. In der Sitzung mit dieser Familie wurde ihre Scham darüber lebhaft zum Ausdruck gebracht. Die Eltern und Geschwister saßen auf der einen Seite des Zimmers, und der Sohn mit gesenktem Kopf gegenüber. Er war ein gutaussehender junger Mann und trug die weißesten und engsten Jeans, die man sich vorstellen kann. Wenn auch sein Betragen Reue auszudrücken schien, seine Kleidung und sein Körper taten es nicht. Während ich das Interview beobachtete, gewann ich den Eindruck, es gäbe keine Möglichkeit für den jungen Mann, aus dieser so schwierigen Lage herauszukommen und keine Möglichkeit für die Therapeutin, ihn herauszureißen. Ich unterschätzte Satir, die — nachdem sie sich der Familie vorgestellt hatte — zu dem Jungen sagte: „Dein Vater hat mir am Telefon viel über deine Lage erzählt. Bevor wir anfangen, möchte ich dir sagen, daß wir eins mit Sicherheit wissen: Du hast einen guten Samen." Der Kopf des Jungen flog hoch, sein Rücken straffte sich, und er sah überrascht auf Satir, die sich bereits der Mutter zuwandte und mit frischer, entschiedener Stimme fragte: „Könnten Sie anfangen und uns sagen, wie Sie die Sache sehen?" Ihre Stärke schien in der Fähigkeit zu liegen, sich mit den Leuten nicht in Begriffen wie Zorn, Beschuldigung, Feindseligkeit zusammenzutun, sondern in Begriffen wie Enttäuschung, Schmerz und Hoffnung.

Wenn man sie jedoch nach den Begriffen ihrer Arbeit als Familientherapeutin klassifizieren sollte, müßte man ihr die Stellung einer Meisterin in der Kunst zuweisen, Leute aus geheimnisvollen Kommunikationsfallen zu befreien, die das besondere Kennzeichen von Familien mit psychotischen Mitgliedern sind. Die beste mir bekannte Demonstration dieses Aspektes ihrer Arbeit, abgesehen von einem Life-Interview, befindet sich in 'A Family of Angels'(Eine Familie von Engeln), eine erste Sitzung mit der Familie eines psychotischen Jungen, die bei Haley und Hoffman in 'Techniques of Family Therapy' veröffentlicht wurde.(3) Der siebzehnjährige Patient hatte gerade einen psychotischen Schub gehabt. Am Anfang des Interviews fragte Satir die Familienmitglieder, wie sie einander ihre Mißbilligung zeigten. Ihr wird geantwortet, in dieser Familie stünde niemals jemand mit einem anderen in Mißklang. Dennoch geben die Eltern zu, daß trotz dieser, wie die Mutter es nennt, 'erstaunlichen Beziehung' sie und ihr Mann gelegentlich ärgerlich aufeinander sind. Als sie gefragt wird, wie sie ihrem Mann solche Gefühle zeigt, sagt die Mutter, sie verletze ihn mit ihrem Schweigen. Der Vater erklärt, er würde nie böse, sondern ließe die Wunden durch die Zeit heilen. Beide sind sich einig, daß es sich dabei nur um einen zeitweiligen Mangel an Kommunikation handelt.

Satir unterstützt tröstend diesen Gedanken und bemerkt weiter, daß auch der Patient zu fühlen scheint, daß er nicht mit seinen Eltern kommunizieren könne. Auf Umwegen impliziert Satir, es könne auch verdeckten Zorn zwischen den Eltern und ihrem Sohn geben. Wie sich herausstellt, hatte der Zusammenbruch des Sohnes stattgefunden, als die Familie sich in einem Hotel im Ausland befand und seine Eltern ihn auf sein Zimmer geschickt hatten. Satir wendet sich an die Eltern und fragt scharf: „Also, warum haben Sie ihn eingeschlossen?" Die Eltern antworten rasch, die Tür sei nicht wirklich abgeschlossen gewesen, aber es wird deutlich, daß sie den Jungen gehindert hatten, das Zimmer zu verlassen. Der Junge erklärt, er hätte fortlaufen wollen, weil er Angst gehabt hätte, seine Eltern würden ihn in ein Krankenhaus sperren. Satir fragt die Eltern, ob sie den Jungen bestrafen wollen. Sie verneinen das heftig und sagen, ihre Handlungsweise sei nur zu seinem Schutz gedacht gewesen. Satir antwortet: „Auf diese Art wollten Sie ihn also schützen?" Und dann: „Aber Gary (der Sohn) hat das nicht so empfunden." So bestätigt Satir die Gefühle des Jungen von versteckter Wut und Strafe, die immer zwischen den Mitgliedern seiner Familie und nun auch zwischen ihm und seinen Eltern auftreten.

Bevor die Familie auf diese plötzliche Gegenüberstellung reagieren kann, geht Satir in die Vergangenheit zurück und stellt fest, daß die Eltern Cousin und Cousine ersten Grades sind, die trotz der Einsprüche der Mutter des Vaters geheiratet hatten. Dennoch hat die Mutter zwanzig Jahre in ihrer Nähe gewohnt und besucht sie ständig. Die Familie stellt sie als sehr beherrschend dar, und die Mutter kann nie 'Nein' zu ihr sagen. Satir fragt die Mutter, was geschehen würde, wenn sie das einmal täte. Wie sich herausstellt, hatte die Mutter immer Angst, die Schwiegermutter irgendwie zu reizen, da ihr Mann seiner Mutter so nahestand, obwohl die beiden Frauen seit Jahren einen untergründigen Kampf miteinander führten.

Hier kann Gary einfügen: „Und ich hatte das Problem, auf welche Seite ich mich stellen sollte. Auf die Seite meiner Mutter oder meiner Großmutter? Und ich habe gewartet und gewartet." Zu diesem Zeitpunkt sind offene Kriege und Parteiergreifung als Tatsache aufgedeckt. In der Beziehung zwischen Gary und seinen Eltern und in der Beziehung zwischen den Eltern und der Großmutter kommen endlich unausgesprochene Themen zum Vorschein. Nach Satirs Meinung wird diese Verdeutlichung der Kommunikation ein Teil dessen sein, was den Psychotiker aus seiner Situation befreien wird, verdeckte Botschaften verstehen und auf sie reagieren zu müssen und dennoch verleugnen zu müssen, daß er sie verstanden oder beantwortet hat oder daß sie überhaupt existieren.

Satirs Hauptsorge lag immer beim Individuum und vermutlich war es diese Sorge, die ihr Interesse an der Human Potential Movement erregt hat. Im letzten Jahrzehnt hat sie sich immer stärker fortentwickelt von ihrer ursprünglichen Konzentration auf Familien zur Arbeit mit sehr großen Gruppen auf eine fesselnde, fast religiöse Art. Sie wurde zur Prophetin von Liebe und Freude für das, was jetzt als 'Satir-Erlebnis' bekannt ist. Bevor sie aber voll in diese Welt trat, überließ sie der Familientherapie nicht nur ihre Schriften als Vermächtnis, sondern auch viele Therapeuten, die bei ihr lernten und die ihre Erkenntnisse über die Familie sowie ihre einzigartige Methode, mit ihnen zu arbeiten, ständig erweiterten.

Das unehrerbietige Künstlertum des Nathan Ackerman

Der verstorbene Nathan Ackerman ist die wichtigste Gestalt der Familientherapie aus dem psychiatrischen Establishment des Nordosten der Vereinigten Staaten. Obwohl er zur Beschreibung seiner Arbeit psychodynamische Formulierungen benutzte, schuf er dennoch eine Kunst der Psychotherapie, die jede bekannte Tradition durchbrach. An der Westküste wurde lange Jahre Familientherapie in einem Atemzug mit seinem Namen genannt. Er begann in den späten dreißiger Jahren mit einem Artikel über die Familie als einer biosozialen Einheit und leistete dann während der fünfziger Jahre Pionierarbeit, als er Familien unter dem klinischen Gesichtspunkt untersuchte.(4) Aber er saß nicht nur mit den Leuten aus einer Familie zusammen und unterhielt sich mit ihnen, um psychodynamische Techniken auf die Individuen einer Familienkonstellation zu übertragen. Er arbeitete mit Familien wie ein Stierkämpfer mit einem Stier. Seine Demonstrationen waren berühmt für ihre theatralische Überschwenglichkeit, geistige Beweglichkeit und eine fast schockierende Zudringlichkeit in die privaten Gebiete des persönlichen und familiären Lebens.

Der größte Teil der Arbeit, die er in der Öffentlichkeit vorzeigte, war beratender Natur, wobei andere Therapeuten den Fall leiteten. Sogar der Film 'In and Out of Psychosis', in dem ein langwieriger Behandlungsfall dargestellt wird, besteht aus Ausschnitten von nur zwei Sitzungen, die er mit der Familie hatte, einem Anfangsinterview und einem Interview, das zu einem späteren Zeitpunkt der Behandlung durchgeführt wurde. Trotzdem zeigt die Analyse jedes seiner Interviews, welchen gefährlichen Spürsinn er für 'das Ding im Gebüsch' hatte – das Ding, auf dessen Veränderung es der Familientherapeut abgesehen hat – und eine außergewöhnliche Fähigkeit, seine eigene Präsenz einzusetzen, um eine Veränderung einzuleiten.

Die beste Einzelanalyse eines Falles finden wir vielleicht in seinem und Paul Franklins Artikel 'Family Dynamics and the Reversibility of Delusional Formation' (Familiendynamik und die Umkehrbarkeit eingebildeter Formation).(5) Zu diesem Artikel gehören Teile des gefilmten Materials, das die Grundlage für 'In and Out of Psychosis' bildete. Es ist die Geschichte eines Mädchens, das glaubte, auf einem Planeten mit dem Namen 'Queendom' (Königinreich) zu leben, der bevölkert war von Kreaturen, die wie weibliche Wesen waren, sich aber durch Zellteilung vermehrten. Männer waren nicht zugelassen. Ackerman zeigte sowohl durch seine Beschreibung der Familiendynamik als auch durch seine Behandlungsstrategie, wie diese Einbildung eigentlich eine Allegorie für die schiefe Familienstruktur war. Der Vater zeigte sich als außen vorstehend und dem Intellektualisieren sehr zugeneigt. Die Mutter war schmeichelnd und selbstgerecht. Beide wurden durch die strenge Tyrannei der bei ihnen wohnenden Großmutter mütterlicherseits dominiert. Der Vater war von jedem wirklichen Kontakt zur Mutter durch die mächtige hemmende Wirkung der Gegenwart der Großmutter getrennt. Auch diese Königin-Mutter schien zu sagen: „Männer sind nicht zugelassen."

Trotzdem stellten die Eltern sich als einig und harmonisch dar, besonders in ihrer Sorge um die psychotische Tochter, von der sie glaubten, sie sei ein Opfer einer allzu lebhaften Phantasie. Erst als Ackerman anfing, die Herrschaft der Großmutter zu hinterfragen, dem Vater zu helfen, sein Recht auf eine wahre Beziehung zu seiner Frau zu verteidigen und die Abhängigkeit der Mutter von der Großmutter zu verringern, wurde die Wahnvorstellung der Tochter gebrochen. Gleichzeitig traten die Konflikte zwischen den Eltern in den Vordergrund, und die Großmutter wurde fortgeschickt, um bei anderen Verwandten zu wohnen. Diese Veränderungen waren der Preis für die Gesundung der Tochter, für die etwa ein Jahr regelmäßige Familientherapie-Sitzungen notwendig waren.

Ackerman hatte den Weitblick, viele seiner Interviews zu filmen, und er veröffentlichte einige davon in Buchform. Die Untersuchung dieser Aufzeichnungen gibt uns die Möglichkeit, seine tatsächlichen Leistungen genau zu überprüfen. Trotz der psychodynamischen Ausdrucksweise braucht man nur die Transaktionen einer einzigen Sitzung zu analysieren, um überzeugt zu sein, daß sich Ackerman um etwas bemühte, was später als die 'strukturelle Methode' der Familientherapie bekannt wurde, in der die Symptome mit den dysfunktionalen Familienstrukturen in Verbindung gebracht werden. Es ist kein Zufall, daß der Begründer dieser Schule, Salvador Minuchin, zunächst durch Ackerman in den frühen sechziger Jahren in die Familientherapie eingeführt wurde, als Minuchin eingeladen wurde, sich mit Ackerman für seine Arbeit mit heranwachsenden Jungen zusammenzutun. Vermutlich ließ die Arbeit des älteren Mannes einen dauerhaften Eindruck in Minuchin zurück, der ruhelos so lange forschte, bis er eine Sprache, eine Grammatik und einen begrifflichen Rahmen fand, die seine eigenen Veränderungen und Erweiterungen dieser radikalen therapeutischen Form erklärten.

Zur Verteidigung der These, Ackerman hätte im wesentlichen mit einer strukturellen Methode gearbeitet, wollen wir eines seiner unehrerbietigsten Interviews untersuchen, und zwar den Ausschnitt mit der Eröffnung zu 'Treating the Troubled Family'(Behandlung der Problemfamilie).(6) In dieser Sitzung stürzt sich Ackerman in das Hier und Jetzt, ignoriert den von der Familie angegebenen Grund zu dieser Therapie, um die Beziehungssequenzen zu finden, die mit dem gegenwärtigen Symptom verbunden sind. Die Taktik besteht darin, Verhaltensweisen und Sequenzen durch eine treffende Bemerkung, eine schnelle Handbewegung oder durch die Haltung oder die Interpretation nonverbaler Hinweise zu blockieren. Sie sind nicht nur diagnostisch, sondern fallen in die Kategorie dessen, was Minuchin die 'neustrukturierenden Züge' nennt, durch die die Struktur der Gemeinschaft in einen normaleren Zustand gedrängt wird. Ackerman neigt dazu, die Haltung eines wohlwollenden, wenn auch vorsichtigen Kämpfers einzunehmen und scheut sich nicht, die Klinge mit den Familienmitgliedern zu kreuzen, obwohl er sich zu anderen Zeiten in einen sehr verführerischen 'agent provocateur' verwandelt.

Es folgt der erste Teil eines zweiten Interviews mit einer Familie, die sich in Behandlung begab,da es ernsthafte Auseinandersetzungen zwischen der elfjährigen Tochter und dem sechzehnjährigen Sohn gab. Das Mädchen hatte kürzlich damit gedroht, den Bruder mit einem Küchenmesser zu erstechen. Der Sohn hatte eine lange Geschichte von Temperamentsausbrüchen hinter sich und kam nur schlecht in der Schule mit. Der Vater, über vierzig Jahre alt, war Geschäftsmann, die Mutter Lehrerin.

Der Vater setzt sich seufzend und Ackermann fragt ihn sofort nach dem Grund für dieses Seufzen. Er läßt sich nicht durch die Behauptung des Vaters abspeisen, er sei nur müde, sondern stellt die Vermutung auf, er habe vielleicht einen anderen Grund für das Seufzen. Der Versuch, den Sohn zu einem Kommentar zu bewegen, wird von der Mutter unterbrochen. Sie schaltet sich ein und verkündet, sie habe im Notizbuch alle Überschreitungen der Familie während einer Woche festgehalten. Sie zeigt das Notizbuch und erklärt, sie hielte anekdotenhafte Vorfälle mit den Kindern in ihrer Schule fest und habe beschlossen, genauso mit ihrer Familie zu verfahren. Sie ist in den Vierzigern und eine sehr selbstbewußte Frau im Gegensatz zum Vater, der eher milde und selbstgefällig erscheint. Der Therapeut reagiert mit einem ironisch amüsierten Kommentar:„Sie kommen, bewaffnet mit einem Notizbuch" und erweitert die Metapher, indem er hinzufügt:„Schießen Sie los!"

Es folgt ein Manöver, das die Autorität der Mutter unterläuft, ohne sie direkt herauszufordern. Trotz seiner Aufforderung an die Mutter fortzufahren, sucht sich Ackerman das nonverbale Verhalten anderer Familienmitglieder aus, mit dem sie auf die bedrohlichen Enthüllungen der Mutter reagieren. Er wendet sich an den Vater:„Sie spielen mit Ihren Fingern." Das lenkt die Mutter ab, die nicht der Versuchung widerstehen kann, die vielen nervösen Angewohnheiten des Vaters zu kommentieren. Der Sohn mischt sich ein und verteidigt seinen Vater und greift sie wegen ihrer eigenen Angewohnheiten an. Alle fangen auf einmal an zu reden, aber der Therapeut schafft Ruhe für den Sohn, der die wahre Geschichte über die Mutter erzählt:„Sie rülpst!" Die Mutter bestätigt ruhig diese Angewohnheit und gibt zu, daß sie hauptsächlich dem Vater ins Gesicht rülpst. Als sie nun versucht, erneut auf ihr Notizbuch zurückzukommen, fragt der Therapeut sie weiter nach dem Rülpsen. Die Mutter kichert. Es ist eine Angewohnheit, die ihrer Meinung nach nicht ernstgenommen werden sollte. Ihr Notizbuch enthält Dinge über ihre eheliche Beziehung, so deutet sie an, die ihren Mann in einem ungünstigen Licht erscheinen lassen. Der Therapeut stellt sich taub in bezug auf diese 'schädlichen Tatsachen' und konzentriert sich weiter auf das Rülpsen, von dem die Mutter nun sagt, es träte hauptsächlich auf, wenn sie sich hinlegt. Der Vater sagt, ihre Angewohnheit, ihm ins Gesicht zu rülpsen, rege ihn sehr auf.

Als es jetzt so aussieht, als könnten einige schwierige Probleme zwischen den Eltern auftauchen, beginnen die Kinder mit einer Rettungsaktion. Die Tochter neckt ihren Bruder wegen einiger Lippenstiftflecken am Hals und deutet an, er sei wohl zärtlich mit seiner Freundin gewesen. Der Sohn wird wütend. Der Therapeut bemerkt, diese Unterbrechung sei genau in dem Moment aufgetreten, als die Eltern über ihr Liebesleben sprechen wollten. Der Vater, der sich so anhört, als finge er an, diese Sitzung zu genießen, beschreibt, wie man sich fühlt, wenn man eine Frau küssen will und sie einem ins Gesicht rülpst. Man brauche eine Gasmaske. Die Tochter versucht wieder sich einzumischen, aber der Therapeut bittet sie nur, ihren Stuhl zurückzusetzen, damit Vater und Mutter miteinander reden können. Er weist darauf hin, daß die Kinder in Wirklichkeit Bescheid wissen über die Ehesituation der Eltern, obwohl der Sohn eine unqualifizierte Abneigung vor diesem Thema äußert. Er möchte gehen. Der Therapeut zieht eine Generationsgrenze, indem er bemerkt, der Sohn könne sich davor fürchten, in das Liebesleben seiner Eltern einzudringen, weil seine Eltern und der Therapeut dann vielleicht in seines eindringen. Er sagt dem Jungen, er hätte es gern, wenn er bliebe, aber er könne auch hinausgehen, wenn es zu unerträglich für ihn würde. Die Tochter sagt mit einer schüchtern neckenden Stimme, sie habe Angst, ihr Bruder würde sie zu Hause umbringen, weil sie von seiner Freundin gesprochen habe. Ackerman reagiert auf diesen dritten Rettungsversuch, indem er diese ständige Beschäftigung des Mädchens mit der Freundin des Bruders als Eifersucht deutet und legt so einen kleinen Kreis um die Geschwister. Der Sohn wird böse und geht hinaus , die Tochter folgt ihm kurze Zeit später. Die Kinder spiegeln eindeutig die Streitigkeiten der Eltern, wobei sie sich gleichzeitig auf eine ablenkende Art verhalten.

All dies ist eine geschickte Möglichkeit, die Familie umzustrukturieren, um Veränderungen einzuleiten. Ackerman hat die Mutter rasch entwaffnet, die voller Bereitschaft war, ihrem Mann aufgrund seiner sexuellen Unzulänglichkeiten eins auszuwischen, und er enthüllte ein Gebiet, auf dem der Vater der Anschuldigende sein konnte. Sehr schnell gewinnt der Vater die Oberhand. Es ist auffällig, daß die Mutter nicht böse wird, selbst wenn Ackerman nicht immer anständig oder höflich ist. Es sind die Kinder, die sich aufregen, und die versuchen, Ackerman zu bekämpfen, indem sie ihr Symptom (ihre Kämpfe) einbringen. Ackerman formuliert diese

Einmischung neu als ein Beispiel für den Streit eines Liebespaares – so wie er es später bei dem Streit zwischen den Eheleuten tut. Die Kinder werden aus dem Bett ihrer Eltern geschubst, wie es Ackerman darlegt, und auf ihre eigene Seite der Generationsgrenze gebracht. Sie reagieren darauf, indem sie fortgehen, was sie vermutlich nicht getan hätten, wenn ihre Angst um ihre Eltern nicht in irgendeiner Weise verringert worden wäre.

Jetzt, wo sie fort sind, begibt sich der Therapeut in das eheliche Bett und hört sich all die düsteren Einzelheiten aus dem enttäuschten Liebesleben der Ehefrau an. Die Frau beklagt sich, ihr Mann sei nicht romantisch und aufmerksam. Vor allen Dingen ist sie es leid, diejenige sein zu müssen, die sich um Empfängnisverhütung kümmert und ein Pessar benutzt. Während der ganzen Zeit benutzt Ackerman einen derben, spielerischen, fast vulgären Stil, durch den die Probleme entgiftet werden, indem sie bis zur Grenze der Absurdität getrieben werden. Das Rülpsen wird zu heroischen Proportionen aufgebauscht, so daß die Frau zu lachen beginnt. Der etwas nervöse Versuch des Mannes, sie zu respektieren, wird vom Therapeuten zur Seite gewischt und er wird ermutigt, ebenfalls kühn und frisch zu sein. Ackerman lockt die Frau fort von ihrer anmaßenden und herrischen Haltung, indem er auf die frühen Tage ihrer Ehe zurückkommt, als sie 'jung und unschuldig' war und ihr Mann ein attraktiver Mann von Welt. Wie Ackerman feststellt, hat ihr Mann in den letzten Jahren das Interesse am Sex verloren. Liegt es daran, daß die Frau kein gutes 'Stück' ist? Ist sie eine 'Scharteke'? Der Frau macht dieser Wortwechsel Spaß, trotz (oder gerade wegen) der derben Sprache.

Ackerman fängt dann an, mit der Frau zu flirten und fragt: „Wie können Sie mit mir so wunderbar kooperieren, so saftig... und mit Ihrem Mann nicht?" Er sagt ihr, wie angenehm er sie findet. Gleichzeitig fordert er den Mann heraus, Ansprüche an sie zu stellen, sie mit ihrem 'dicken Hintern' hochzukriegen. Ganz überraschend fängt dieses grimmige Paar an zu lachen, sich gegenseitig anzuerkennen und die Lage wird wesentlich entspannter und ausgeglichener. Die Frau erscheint sanfter und der Ehemann fester. Sie haben in der Tat in einer bemerkenswert kurzen Zeit so etwas wie Gleichheit hergestellt. Das Notizbuch ist längst vergessen. Die Kinder kommen zurück und es werden Verabredungen für die nächste Sitzung getroffen.

Diese Analyse gibt uns eine Vorstellung von Ackermans provokativem Stil, weist uns aber auch auf eine Methode der Familientherapie hin, die man im wesentlichen als politisch und organisatorisch bezeichnen kann. Obwohl Ackerman in dieser Hinsicht nicht so explizit ist wie Minuchin, ändert er doch ganz eindeutig die Struktur der Beziehungen im Raum und drängt sie in Richtung eines normativen Zustandes.

Whitaker und die Therapie des Absurden

Ein ähnlich provozierender Therapeut ist Carl Whitaker, dessen Arbeit darauf zielt zu schockieren, erstaunen, verzaubern und zu verwirren. Whitaker, der sich selbst ein 'Therapaut des Absurden' nennt, spezialisiert sich darauf, das Undenkbare an die Grenze des Unvorstellbaren zu schieben. Er schlägt plötzlich einer jungen psychotischen Frau vor, sie solle sich auf den Schoß ihres Schwiegervaters setzen und verkündet dann: „Inzest ist besser als Liebe". Wenn man ihn nach den Gründen für solche Aussagen fragte, würde er wahrscheinlich antworten: „Weil es mir Spaß macht. Wenn ich nicht irgend etwas für mich selbst aus der Therapie gewinne, weiß ich, daß sie nirgendwohin führt."

Whitaker benutzt viele Techniken, die — wie er es ausdrückt — den schiefen Turm von Pisa umstürzen. In einem Interview wendet sich Whitaker an einen ausdruckslosen jungen Mann, der vor kurzem einen ernsthaften Selbstmordversuch gemacht hat und sagt zu ihm in Gegenwart seiner Familie und seines leicht beunruhigten Therapeuten: „Wenn du es das nächste Mal versuchst, solltest du erster Klasse fahren. Nimm jemanden mit, wie zum Beispiel deinen Therapeuten." Zum ersten Mal während des Interviews wurden die Augen des Jungen wach. Er beobachtet Whitaker weiter, der ganz beiläufig eine neue Erfindung zu beschreiben beginnt, an der er gearbeitet habe, die den Selbstmord weniger eklig machen wird, ein Absauggerät für Menschen, „wie so ein Ding im Abfluß, nur größer". Am Ende der Sitzung ist er nicht nur bis zum Jungen durchgedrungen, sondern hat auch den Vater aktiviert, das andere Mitglied der Familie, das verzweifelt ist und das Leben aufgegeben hat. Whitaker sagt: „Meine Taktik ist nicht eine Art ernstgemeinter Tünche, ein induziertes Chaos, das man jetzt ein positives Feedback nennt, das heißt, wir steigern die Pathologie, bis sich die Symptome selbst zerstören."
Eine von Whitakers Techniken besteht darin, das Problem zu verbreiten: „Wir haben mit Mutters Alkoholismus angefangen. Dafür bekommt sie einen Punkt. Nun haben wir Vaters grausige Sammelkrankheit entdeckt, also kriegt er zwei Punkte. John hat seine Schulphobie und Henrys Kriminalität aufgedeckt, Mary, hast du die Absicht, dich selbst zu zerstören, indem du die Familienheldin spielst und die Krankenschwester für alle Patienten im ganzen Krankenhaus?... Jim, nehmen wir einmal an, Mary versuchte, sich selbst umzubringen, weil sie den Eindruck hätte, du würdest sie lieber tot sehen. Hast du den Verdacht, sie würde sich vielleicht dazu bekehren lassen, dich zu töten, wenn der Rest eurer Bande ihr dabei hilft?"(7)

Wenn alles andere fehlschlägt, verschreibt Whitaker eine Sackgasse auf eine solche Art, daß die Familie sehr widerwillig ist, ihn gewinnen zu lassen. In einem Fall wohnte er einem Interview als Berater bei und sagte schließlich:
„Also, das war eine scheußliche Stunde. Euer Therapeut hat hart gearbeitet, um euch zu helfen, euch zu verändern, aber es hat nichts gebracht. Er hat mich sogar um diese Beratung gebeten, um zu sehen, ob er zu blind oder zu schwach sei und euch deshalb vielleicht nicht helfen kann. Ich bin überzeugt, daß ich euch auch nicht helfen kann. Es sieht zu hoffnungslos aus. Ich glaube, es wird einfach noch die nächsten zehn Jahre so weiterlaufen. Es ist vielleicht das Beste, was ihr tun könnt, und das ist auch in Ordnung, wenn es auch etwas entmutigend ist. Ich bezweifle, daß es schlimmer werden wird, und das ist vielleicht schon ein Trost."(8)

In seinen Schriften über Therapie räumt Whitaker dem Gebiet, das unter die Überschrift 'die Aufsicht übernehmen' fällt, einen breiten Raum ein. Whitaker glaubt, die wirkungsvollsten Effekte durch das zu erreichen, was er den Rückschlag der Begegnung nennt. Er setzt sehr wirkungsvoll Gleichgültigkeit, leichten Spott, Langeweile und sogar das Drängen, nicht in die Behandlung zu kommen, ein, also eine Art 'negativer Aufforderung'. Whitaker meint, beim Aufstellen der Regeln des Spiels in der Therapie gewinnen zu müssen, und er räumt nicht einmal ein, daß die Therapie begonnen hätte, ehe nicht dieses Stadium erreicht ist.

Er ist mit Recht berühmt für seine farbigen Taktiken beim Erringen dieser Siege. Einmal meldete sich ein Ehepaar zu einer Verabredung, die beide eine Affäre hatten, aber sie wollten über die Zukunft ihrer Ehe sprechen. Sie waren wegen des doppelten Preises dagegen, Whitaker mit einem Co-Therapeuten zu sehen. Whitaker stellte das Paar vor die Wahl: Er und sein Co-Therapeut würden zustimmen, das Paar zu sehen, 1)mit einem Vertrag, in dem festgelegt war, daß während der Therapie keine sexuelle Beziehung zwischen ihnen bestehen sollte, „um die Gefühlsbeziehungen mit den beiden Therapeuten zu verstärken" oder 2)die beiden Therapeuten würden das Ehepaar zusammen sehen mit ihren jeweiligen Liebhabern und den Ehepartnern der Liebhaber in einer Gruppe von sechs Personen. Das Ehepaar lehnte beide Angebote ab, aber meldete sich sechs Monate später um zu erklären, sie seien als Paar wieder zusammengekommen.(9)

Man muß die Eleganz von Whitakers Tanz durch ein Interview sehen, um sie würdigen zu können. In einer ausgezeichneten Beratungssitzung, die Whitaker für eine Familie in einer Philadelphia Child Guidance Clinic übernahm, war das symptomatische Kind ein Junge, der einkotete. Er erschien in Begleitung seiner Mutter, seines Vaters und des kleinen Bruders, der noch ein Baby war. Whitaker gewann das Wohlwollen der Familie, indem er sich mit dem Baby auf den Boden setzte und mit ihm spielte. In einem der schönsten Beispiele, die wir von nonverbalem Umformen symptomatischen Verhaltens haben, bemerkte Whitaker, daß das Baby sich mühte und grunzte, während es seinen Darm entleerte, und er mühte und grunzte mit ihm.

Whitakers Verhalten der Familie gegenüber war eher beiläufig. Wie sich herausstellte, handelte es sich um eine Familie, in der die Männer den Zorn in sich hineinfraßen. Weder dem Vater noch dem Sohn fiel es leicht, sich der Mutter entgegenzustellen, die so eine Art Exerzier-Feldwebel war und klobig, forsch und sehr verärgert über ihr Problemkind. Einmal ließ sie eine heftige Schmährede gegen den Sohn vom Stapel, und Whitaker, der an der gegenüberliegenden Seite des Raumes saß, stand aufund setzte sich neben den Jungen. Er wandte sich an die Mutter und begann, ihr Komplimente über das „Feuer in ihren Augen" zu machen. Sie wurde ein wenig sanfter. Der Vater saß neben ihr wie ein großer plumper Buddha. Er hielt das Baby und fütterte es aus einer Flasche. Er war ebenso friedfertig wie sie heftig war. Whitaker gab der ehelichen schiefen Lage einen neuen Rahmen, indem er sagte, es sei ein Segen, daß ein solcher Feuerball wie die Frau nicht einen anderen Feuerball geheiratet hatte, da es sonst ständige Explosionen geben würde. Er erklärte, er und seine eigene Frau seien in derselben glücklichen Lage, da sie ebenfalls ein Feuerball sei und er so eine Art Kloß. Er fügte hinzu, auch zwei Klöße sollten nicht heiraten.

Operationen dieser Art waren so geschickt konstruiert, daß sie meistens nicht der Familie bewußt wurden. Am Ende des Interviews schien der Junge jedoch deutlich weniger deprimiert zu sein als am Anfang, und die Mutter hatte auf Whitaker reagiert und war milder und der Ehemann lebhafter geworden. Die Reaktion der Familie auf das Interview war sehr positiv, obgleich sie sich später nur schwach an das Interview erinnerten, außer an den „netten Arzt". Vermutlich war diese Reaktion eine natürliche Antwort nicht nur auf Whitakers Aufruf, sondern auch auf eine normalere Struktur der Familienbeziehungen.

Das Interview war insofern bemerkenswert, als Whitaker nicht zu seinen schweren Geschützen gegriffen hatte. Die Familie war leicht dazu zu bewegen, sich mit ihm in eine Richtung zu bewegen und die 'Therapie des Absurden' war nicht notwendig – es sei denn, man hält es für absurd, daß ein gebildeter Mann in reifen Jahren auf dem Fußboden sitzt und zusammen mit einem Baby, das in die Windeln macht, grunzt.

Ein intensiverer, zu jeder Sitzung Stellung nehmender Bericht der Co-Therapie mit Whitaker finden wir bei Napiers 'The Family Crucible'(Die Familie in der Feuerprobe), eine der besten Einführungen in die Erfahrungen eines Familientherapeuten.(1o) Whitaker sagte, er müsse von dem Patienten eingefangen werden, damit die Therapie funktioniere. Zu diesem Zweck spielt er den Spröden, stellt – wie eine verwöhnte und hochmütige Kurtisane – Hürden und Hindernisse für die therapeutische Beziehung auf. Impliziert in Whitakers Therapie ist eine zenähnliche Theorie der Veränderung. Er sagt:„Die Psychotherapie des Absurden kann der bewußte Versuch sein, alte Gedanken und Verhaltensmuster zu durchbrechen. Wir nannten diese Taktik früher einmal die Schaffung von 'Prozeßkoans."(11) Es ist schwer, sich einen besseren Ausdruck einfallen zu lassen.

Die ungewöhnliche Therapie von Milton Erickson

Obwohl Erickson hauptsächlich als ein experimenteller Hypnotiseur bekannt ist, ist es teilweise Haleys großem Interesse an seiner Arbeit zu verdanken, daß er mit als einer der Großväter der Familientherapie betrachtet wird. Der Leser wird Haleys Bericht von Ericksons therapeutischen Wundern in 'Uncommon Therapy'(Ungewöhnliche Therapie) sowohl faszinierend als auch rätselhaft finden.(12)

Das vielleicht hervorstechendste Merkmal seiner Kunst ist die breite Kategorie der 'Ermutigung zum Widerstand'. Diese bekannte Hypnosetechnik ist Grundlage für die Entwicklung der paradoxen Anweisung geworden, dem Markenzeichen der strategischen Schule. Historisch gesehen ist es dann sinnvoll, diesen Bereich der Arbeit Ericksons zu betonen, wenn er auch auf keinen Fall repräsentativ ist für das Ganze.

Ein anschauliches Beispiel für Ericksons Methode, jemanden zu seinem Symptom zu ermutigen und dabei gleichzeitig sehr geschickt Veränderungen einzufügen, finden wir im Fall eines jungen Mannes, der in die Armee eintreten soll.(13) Sein Problem war, daß er nur durch eine Metall- oder Holzröhre von 2o oder 25 Zentimetern Länge urinieren konnte. Erickson versetzte ihn in Trance und schlug vor, er solle eine Bambusröhre von 3o Zentimeter Länge nehmen und diese benutzen. Er sollte den Bambusstab mit seinem Daumen und Zeigefinger halten und die anderen drei Finger um den Penis legen und dabei abwechselnd die rechte und die linke Hand benutzen. Gleichzeitig solle er versuchen, den Urin durch die Röhre fliessen zu fühlen. Ihm wurde auch gesagt, er solle die Röhre in Abständen von halben Zentimetern markieren und könne vielleicht anfangen, an die Verkürzung der Röhre zu denken, er solle sich aber nicht gezwungen fühlen, das zu tun, sondern die Entscheidung einfach von selbst kommen lassen. Er solle sich stattdessen darauf konzentrieren, an welchem Tag der kommenden Woche er sich vielleicht entschließe, sie zu kürzen. Schließlich wurde ihm mitgeteilt, die Untersuchung für die Armee sei verschoben worden, aber er würde wahrscheinlich in etwa drei Wochen zu einer zweiten Untersuchung aufgerufen und vermutlich angenommen werden.

Der junge Mann besorgte die Bambusröhre und benutzte sie nach den Anweisungen. Nach einer Woche entschloß er sich, zweieinhalb Zentimeter abzusägen und dann (aus irgendeinem Grund an einem Donnerstag) fünf Zentimeter usw., bis er nur noch einen Bambusring hatte, der einen halben Zentimeter breit war. Bald danach wurde ihm bewußt, daß die drei Finger um seinen Penis diese Röhre darstellten, und er warf den Bambusring fort. Erickson schreibt:„Er (hielt die Röhre) mit seiner rechten und seiner linken Hand und experimentierte sogar, indem er den kleinen Finger abspreizte, und dann bemerkte er, daß er ohne Hemmungen urinieren konnte, ohne von besonderen Maßnahmen abhängig zu sein."(14) Die Röhre war nun der Penis selbst geworden.

Ein besseres Beispiel für eine Intervention läßt sich kaum finden, selbst nicht in Ericksons Annalen. Es wurde vom Patienten keine Änderung verlangt, sondern er wurde angehalten, weiterhin durch eine Röhre zu urinieren. Dennoch wurde natürlich ganz gewiß die Vorstellung von einem Wandel eingeführt: Die Röhre könnte länger sein, andererseits aber auch wieder kürzer, und sie könnte auch aus einem anderen Material sein. Der Wortlaut, der während des Trancezustandes gegebenen Vorschläge stellte sicher, daß der junge Mann allmählich 'von selber' die künstliche Röhre aufgeben würde. Und die Vorstellung von einem erfolgreichen Ausgang war ebenfalls in der Botschaft enthalten, die besagte, seine nächste Musterung würde wahrscheinlich erfolgreich sein. Der Patient berichtete mit einiger Bestürzung von seinen Beobachtungen an sich selbst (für den Trancezustand hatte man ihm zwar Amnesie angeordnet, doch erinnerte er sich an einige der Vorschläge), aber es begann sich in ihm die Hoffnung zu regen, er würde jetzt von der Gewohnheit loskommen, die er so lange mit sich herumgetragen hatte. Obwohl die Gewohnheit von einem erniedrigenden Erlebnis herzurühren schien, als er nämlich als kleiner Junge einmal dabei ertappt worden war, wie er durch ein Astloch im Zaun urinierte, wurde nicht der Versuch unternommen, diesen Auslösungsvorfall 'aufzuarbeiten' oder ihn mit in die Behandlung einzubeziehen. Das Bestechende an der Geschichte ist natürlich, daß Erickson den jungen Mann gar nicht davon geheilt hat, durch eine Röhre zu urinieren, er half ihm einfach dabei, die bisher benutzte künstliche Röhre durch eine natürliche zu ersetzen.

Bei der Durchsicht von Ericksons Arbeiten fällt auf, wie wenig Beachtung er nicht nur der Vergangenheit, sondern auch dem Kontext der Beziehungen des Problems schenkt. Bei der Heilung eines jungen Mannes, der Bettnässer war und ebenfalls bald zur Armee gehen sollte, wurde die Angst vor dem nassen Bett durch Einsatz von hypnotischen Suggestionen auf 'Pseudoängste' übertragen.(15) Erickson wies ihn zum Beispiel an, drei Tage in einem Hotel in einer fremden Stadt zu wohnen; und wenn er sich dann erinnerte, wie unglücklich er immer gewesen war, wenn seine Mutter ein nasses Bett vorgefunden hatte, dann sollte er sich vorstellen, welchen verblüffenden Streich er sich selbst spielen könnte, wenn nach all seinen Seelenqualen das Zimmermädchen im Hotel ein 'trockenes' Bett vorfinden würde. Welche starken Gefühle von Scham und Verlegenheit würde er empfinden, wenn das Zimmermädchen ein trockenes Bett vorfände. Zusätzlich wurde ihm noch gesagt, er würde sich beim Abmelden im Hotel in einem Konflikt darüber befinden, welche Großeltern er zuerst besuchen sollte, da er dabei war, Abschiedsbesuche vorzunehmen. Als Folge seines Bettnässens hatte er unter anderem nie Verwandtenbesuche machen können, obwohl man die Vermutung anstellen könnte, das Bettnässen hätte ihn vor jedem Loyalitätskonflikt hinsichtlich der Familienparteien bewahrt, erwähnt Erickson nie diesen möglichen Aspekt seines Symptoms. Er geht indirekt darauf ein, indem er vorschlägt, der junge Mann könnte seine Besessenheit mit dem Problem, welche Verwandten er zuerst besuchen solle, dadurch lösen, daß er den ersten Besuch kürzer hält als den zweiten, und daß er die Besuche, wenn er erst einmal dort angelangt wäre, angenehm und entspannend finden würde. Der junge Mann empfand auch all die ihm vorgeschlagenen quälenden Vorstellungen und sah sich durch das trockene Bett im Hotel tatsächlich in Verlegenheit gebracht. Er berichtete auch davon, wie 'wahnsinnig' und verwirrt ihn die Entscheidung gemacht hätte, welche Verwandten er zuerst besuchen solle und wie gut dann aber die Besuche selbst verlaufen wären.

Erickson beschreibt sein Ziel als den Versuch, die Angst vor dem Bettnässen durch andere Ängste zu ersetzen und dabei dennoch immer die zentrale Angst im Auge zu behalten: Die Scham des jungen Mannes, wenn seine Mutter ein nasses Bett vorfände. Die Bindung an die Mutter wurde überhaupt nicht weiter untersucht. Erickson weist ihr einen geringen Stellenwert in der Geschichte zu und sagt lediglich, die einzige Sorge des jungen Mannes, als er von der Musterungskommission angenommen worden war, hätte seiner Mutter gegolten und wie sie sich mit seinem Einzug in die Armee abfinden würde.

Leider hat sich das immense Interesse an Erickson hauptsächlich auf sein unnachahmliches Talent konzentriert. Man kann Haleys Buch über Erickson durchlesen, oder Ericksons eigene Artikel sorgfältig studieren und die verblüffenden Ideen und unglaublichen Ergebnisse bewundern, ohne am Ende irgendwie schlauer zu sein, wie man solche Arbeit nachahmen könnte. Ebensowenig helfen einem dabei Richard Bandlers und John Grinders neuere Mikroanalysen von Ericksons Sitzungen mit Patienten (Sprachmuster, Gebrauch der Stimmlage, Pausen, Metaphern usw.).(16) Auch hier studiert man die genialen Feinheiten, wie sie zu Nutz und Frommen des Novizen dargelegt werden und gewinnt den Eindruck, diese Dinge seien einfach nicht reproduzierbar. Die Kunst der Therapie ist immer noch die Kunst des Schamanen, des Hohepriesters und des Medizinmannes. Trotz aller Faszination an Ericksons Arbeit und trotz aller brillanten Untersuchungen darüber, bleibt sie doch etwas, was nur ein außergewöhnliches

Individuum erreichen kann, wenn es in diese Mysterien von einem außergewöhnlichen Lehrer eingeweiht wird.

Ein weiteres Nebenprodukt besteht leider darin, daß keine dieser Analysen von Ericksons Arbeiten zu einem tieferen Verständnis dessen führt, 'was geändert werden soll' , sondern nur zu einer Verfeinerung der Überredungskünste. Die Behandlungseinheit ist eng definiert als ein 'Therapeut plus Problem'. Therapieschulen, die sich dem anschlossen, was sich dann schließlich als die strategische Methode herauskristallisierte, beschäftigen sich mit Theorien der Überredung oder des Verhaltenswandels, aber bemühen sich nicht gerade übermäßig um die Gestalt oder das Muster dessen, was verändert werden soll. Wandle die Definition, die Wahrnehmung, die das Problem 'erzeugt' in ein anderes um, und das Problem wird nicht länger existieren. Wir sind also wieder bei dem verblüffenden Taschenspielertrick angelangt, bei der eleganten Zauberkunst und dem Triumph der Geheimlehre.

Jackson und die therapeutische Doppelbindung

Don Jackson war wie seine Kollegen am Mental Research Institute interessiert an einem bis dahin unbeschreibbaren Phänomen: die sich immer wieder verschiebenden, jedoch miteinander verbundenen Verhaltenssequenzen in Familien, die irgendwie mit einem Symptom in Bezug standen. Er fühlte, daß man, wenn man ein Element in diesem Muster veränderte, auch andere verändert würden und, wie er hoffte, auch das Symptom. So bewegte er sich in einer ganzheitlichen oder — wie wir es jetzt nennen können — systemischen Richtung. Es gibt nur wenige Beispiele für Jacksons Arbeit während eines ganzen Familieninterviews, aber das Kapitel 'The Eternal Triangle'(Das ewige Dreieck) in Haleys und Hoffmans 'Techniques of Family Therapy' zeigen ihn in seinem besten Licht, und Jackson selbst gibt die Beurteilung.(17) Außerdem teilte Jackson mit der Bateson-Gruppe die Faszination für die Doppelbindung und fragte sich, ob es so etwas wie den homöopathischen Gebrauch der Doppelbindung oder eine 'therapeutische Doppelbindung' gäbe.

Ein Beispiel dafür, was Jackson für eine Doppelbindung hält, wird in einer Untersuchung von Jackson und Weakland über den Fall eines heranwachsenden Jungen beschrieben, dessen Eltern fürchteten, er könne homosexuell sein.(18) Der junge Mann versuchte, seine Männlichkeit zu beweisen, indem er an einem Abend spät mit einer Gruppe von Freunden fortlief. Er wurde bei seiner Rückkehr von der Mutter voller Sorge begrüßt. Daraufhin kam er früher nach Hause. Das verursachte erneut Sorge bei der Mutter, er könne vielleicht nicht beliebt sein. Obwohl er unentschlossen war, was er tun sollte, beschloß der Junge am nächsten Abend, früh nach Hause zu kommen, nur um dann eine Nachricht seiner Mutter vorzufinden, sie sei ausgegangen und käme erst spät zurück. Die Autoren sagen: „Hier war die Möglichkeit gegeben, die Bindung, in der sie gefangen waren, zu durchbrechen, aber es liegt in der Natur dieser sich ausbreitenden zyklischen Sequenzen, daß er sich nicht loslösen konnte." Er begann also, das Abendessen für seine Mutter zuzubereiten, und als sie nach Hause kam, stimmte er stillschweigend zu, vor seinem Vater die Tatsache zu verheimlichen, daß er das Essen bereitet hatte, was einen homosexuellen Zug implizierte. Die Autoren stellen fest: „Und so war der Zyklus verewigt." Mit anderen Worten: Die Lösung der ursprünglichen 'einfachen' Bindung wurde bestraft und nicht belohnt.

In Jacksons Berichten über die Arbeit mit Familien mit Schizophrenen wird die Herstellung einer therapeutischen Doppelbindung als eine Hauptstrategie für die Veränderung betont. Der Ausdruck 'das Symptom verschreiben' wurde zuerst von der Bateson-Gruppe benutzt und Jackson war besonders einfallsreich beim Experimentieren mit dieser Form. Hierbei war er vermutlich beeinflußt von einem seiner Lehrer, der Psychoanalytikerin Frieda Fromm-Reichman. In 'Toward a Theory of Schizophrenia' wird eine Anekdote über Dr.Fromm-Reichmans Behandlung einer jungen Frau berichtet, die in Beziehung zu mächtigen Göttern stand.(19) Das Mädchen erzählte, Gott R wolle sie nicht zu ihrem Arzt sprechen lassen. Fromm-Reichman erwiderte, sie selbst glaube nicht an diesen Gott, aber da ihre Patientin es tat, müßte die Patientin seine Erlaubnis einholen, mit ihrem Arzt zu sprechen. Schließlich hätte die Patientin neun Jahre lang im Königreich dieses Gottes gelebt und das hatte ihr nicht geholfen. Jetzt müsse daher die Patientin den Gott bitten, es Fromm-Reichman versuchen zu lassen. Dies könnte man als eine therapeutische Doppelbindung erklären, denn wenn die Patientin Zweifel an ihrem Glauben zu diesem Gott bekäme, würde sie damit ihrer Ärztin Macht geben. Wenn sie sich aber an ihren Gott mit der Bitte wendete, er müsse — da er versagt hätte — dem Arzt eine Chance geben, dann würde sie wiederum Fromm- Reichman Macht geben.

In 'Pragmatics of Human Communication' diskutieren Watzlawick, Beavin und Jackson diese Art Doppelbindung in größerem Detail.(2o) Die meisten Beispiele richten sich auf Individuen oder Paare und nicht auf grössere und komplexe Familienzusammenhänge. In einem ähnlichen Beispiel wie dem eben erwähnten wird gezeigt, wie Jackson einem paranoiden Patienten beibringt, mißtrauischer zu sein. Der Patient weigerte sich, überhaupt auf Jackson zu reagieren. Jackson sagte, der Patient solle sich vorstellen, Gott zu sein, und er könnte vielleicht wirklich Gott sein, und wenn er wirklich wie ein Gott behandelt werden wollte, würde sich der Therapeut dem beugen. Jackson fiel dann auf die Knie und übergab dem

Patienten einen großen Krankenhausschlüssel und sagte zu ihm, er brauche ja keinen Schlüssel, da er Gott sei, aber wenn er wirklich Gott sei, habe er es eher verdient, den Schlüssel zu besitzen als der Therapeut. Der Patient ließ seine steinerne Haltung fallen, kam zu Jackson und sagte: „Mann, einer von uns ist wirklich verrückt."

In einem anderen Beispiel wurde einer Frau mit hartnäckigen Kopfschmerzen gesagt, ihre Kopfschmerzen ließen sich offensichtlich nicht heilen, und der Therapeut könne ihr nur helfen, unter diesen Bedingungen zu leben. Die Frau, die vermutlich beweisen wollte, daß der Therapeut unrecht habe, kam wieder und berichtete, ihre Kopfschmerzen hätten nachgelassen. In einem anderen Fall war eine junge Frau nicht in der Lage, morgens aufzustehen, um zu ihrem Collegeunterricht zu gehen und war in Gefahr, auszuflippen. Ihr wurde gesagt, sie müsse den Wecker für die Zeit zum Aufstehen stellen, dann aber bis 11 Uhr im Bett bleiben. Nach mehreren Tagen mit dieser Anordnung, die sie unerträglich langweilig fand, fing sie an, rechtzeitig aufzustehen und war dann in der Lage, offener über einige der Gründe zu sprechen, warum sie solche Angst vor dem Unterricht hatte.

Zwei Beispiele in 'Pragmatics' weiten die Eingriffe der therapeutischen Bindung auf Probleme mit Paaren aus. Bei einem Beispiel besteht das Paar aus einer mitleidigen, fürsorglichen Frau und einem Alkoholiker. Die Frau bekommt die Auflage, mit ihrem Mann zusammen zu trinken, aber immer ein Getränk weiter zu sein als er. Dadurch wird ihre übliche Rolle der Fürsorgerin umgekehrt, da sie betrunkener wird als er und er sich vermutlich um sie kümmern muß. Um dieses Ergebnis zu vermeiden, muß er vermutlich wesentlich weniger trinken oder gar nicht. Auf jeden Fall wird das Muster unterbrochen.

Im zweiten Beispiel geht es um ein Paar, das sich ständig streitet. Ihnen wird gesagt, ihr Streiten sei ein Zeichen für eine starke Bindung und dieser scheinbare Mißklang beweise nur ihre Liebe. Die Autoren bemerken dazu: „Ganz gleich, wie lächerlich das Paar diese Interpretation finden mag — oder genauer gesagt, weil sie es so lächerlich finden — werden sie sich daran machen, dem Therapeuten sein Unrecht zu beweisen. Das kann am besten dadurch geschehen, daß sie das Streiten beenden, einfach um zu zeigen, sie seien nicht verliebt. In diesem Augenblick aber, wie sie aufhören zu streiten, stellen sie fest, daß sie viel besser miteinander auskommen."(21)

Die Autoren von 'Pragmatics' beschreiben, wie die therapeutische Doppelbindung wirkt, indem sie darauf hinweisen, wie in einer pathogenen Doppelbindung der Patient „verdammt ist, wenn er es macht, und verdammt, wenn er es nicht macht". In einer therapeutischen Doppelbindung ist er in einer ähnlichen Falle, da ihm gesagt wird, er solle sich nicht in einem Kontext verändern, wo er eigentlich Hilfe für eine Veränderung erwartet hatte.

Wenn er sich dem Befehl widersetzt, verändert er sich. Verändert er sich nicht, hat er die 'Wahl' getroffen, nichts zu verändern. Da ein Symptom per definitionem etwas ist, wofür man 'nichts kann', verhält er sich also nicht länger symptomatisch. So „verändert er sich also, wenn er es tut, und verändert sich, wenn er es nicht tut".

Es stellt sich heraus, daß fast alle diese Beispiele sich auf einfache Züge mit nur einem Problem beziehen, und nur in einem Fall ist die Einheit größer als zwei. Aber in einigen von Jacksons eher klinisch orientierten Artikeln wird dem Nährboden des Problems mehr Aufmerksamkeit gewidmet, so als sei es ein Rad mit Speichen, die mehrere Punkte eines weiteren Umkreises berühren. Man findet auch ein Gespür für jene Therapie, die sich in Stadien fortbewegt, so daß die Komplexität sowohl in bezug auf die Zeit zu sehen ist als auch in bezug auf die unmittelbare Konstellation.

Die Frage:„Worin würden die negativen Folgen einer Veränderung bestehen?", die der Therapeut der Familie stellt, tritt als erstes in den MRI-Schriften in einem Artikel von Jackson und Yalom auf.(22) Diese Frage fordert die Familie heraus zu beweisen, daß sie trotz der Zweifel des Therapeuten ohne das gegenwärtige Leiden glücklich bis an ihr Lebensende leben können. Manchmal treten die vorausgesagten 'negativen' Folgen auf, sobald das Leiden geklärt ist, und dies kann nicht nur die Familie beunruhigen, sondern auch den Therapeuten um seine Ruhe bringen. Die einen Probleme verschwinden und werden sofort von anderen ersetzt. Wie Jackson kläglich von einer solchen Familie sagte:„Ich fühlte mich wie ein Tapezierer mit schlechtem Leim. Ich lief ewig im Kreis und war nie so organisiert, wie ich es gern gehabt hätte."(23)

Der oben erwähnte Artikel veranschaulicht uns nicht nur die Idee der negativen Folgen einer Veränderung, sondern vermittelt uns auch eine Vorstellung der vielseitigen Dimensionen, die Jacksons klinische Gedanken und Arbeit charakterisieren. Dave, ein 24jähriger junger Mann, war vor fünf Jahren als schizophren diagnostiziert worden. Seit damals war er ständig in Krankenhäusern gewesen und kam nur nach Hause und übernahm Arbeiten, um über kurz oder lang wieder zusammenzubrechen und erneut ins Krankenhaus eingewiesen zu werden. Die Familie bemühte sich um die Therapie hauptsächlich deshalb, weil individuelle und Gruppenmethoden nichts bewirkt hatten, und als der Familientherapeut auftrat, widersetzten sie sich auch einer Familienbehandlung. Zu diesem Zeitpunkt war Dave bereits seit eineinhalb Jahren ununterbrochen im Krankenhaus. Seine Familie bestand aus der Mutter, dem Vater und einem 'gesunden' Bruder, der ein sehr höflicher und beherrschter junger Mann von 18 Jahren war. Achtzehn Sitzungen in der Familientherapie hatten die Fassade der Familie nicht zum Bröckeln gebracht, drei sehr fürsorgliche Leute, deren einziges Problem im Leben der verrückte Dave zu sein schien. Auffälligerweise verhielten sich die Eltern wie eine einzige Person, so eng war das

Band zwischen ihnen. Versuche, ein Portrait dieser Familie zu bekommen, riefen nur ein Bild von 'Glück, Zusammenarbeit, Liebe und unerbittlichem finanziellen Erfolg' hervor. Zu einem Zeitpunkt schlug Dave mit der Faust auf den Tisch und schrie: „Mein Gott, ich komme aus einer perfekten Familie." Die Mutter fragte: „Liebling, haben wir etwas Falsches gesagt?" Dave, selbst noch in der Niederlage aufnahmefähig, antwortete: „Nein, aber ich sehe jetzt, was für ein Dummkopf ich wirklich sein muß."

Jackson beschloß, der Familiensituation entgegenzuwirken, indem er sie fragte: „Welche Probleme könnte es für die Familie geben, wenn es Dave besser ginge?" Dies ist eine therapeutische Doppelbindung oder, wie die Bateson-Gruppe es auch nannte, ein therapeutisches Paradox:
„Es ist ein Paradox, in dem die Familie in ihrer gegenwärtigen Organisationsform keine Vorteile gewinnen kann. Im Rahmen der Hilfeleistung ermutigt eine solche Frage zu Problemen... Der Berater nutzt die Einstellung der Familie zu sich selbst als hilfreichende Individuen aus und deutet an, sie wären unkooperativ, wenn sie nicht einige Schwierigkeiten beisteuerten, die er mit ihnen diskutieren könnte. Da sie von einem Experten gestellt wird, ist die Frage so gewichtig, daß sie wenigstens symbolische Antworten hervorlockt. Und doch würde jedes Zeichen von Familienschwierigkeiten, die durch Daves Besserung verursacht werden könnten, als Hindernis für seine Erholung verstärkte Bedeutung erhalten und hoffentlich die Familie zwingen, sich auf irgendeiner Ebene mal zu überlegen, daß sie sich verändern müssen, bevor die Genesung möglich ist."(24)

Wie die meisten Familien in dieser Lage, reagierte die Familie mit Unglauben auf die Frage. Der Vater gab jedoch schließlich zu, daß – wenn es seinem Sohn gut genug ginge, um nach Hause zu kommen – ihm einige Verhaltensweisen des Sohnes in der Öffentlichkeit in Verlegenheit bringen würden. Die Mutter war ganz offensichtlich erregt über die fehlende Unterstützung des Vaters und das erste Anzeichen eines Risses in der Ehe wurde deutlich. In der folgenden Unterhaltung schlug Dave hilfreich vor, er könne sich verlieben und vielleicht heiraten wollen. Für ihn wäre es ein Problem, das Mädchen seiner Wahl den Eltern vorzustellen. Die Mutter entgegnete, sie wäre sehr erfreut, aber erläuterte diese Aussage dann mit den Worten: „Natürlich würde ich immer hoffen, daß es die Richtige wäre." Im Großen und Ganzen sagten die Eltern, sie stimmten mit vielen von Daves Ärzten überein, er solle unabhängig werden, und in dem Fall wären alle ihre Probleme gelöst.

Dave kam dann mit einer weiteren hilfreichen Bemerkung. Er könnte vielleicht so unabhängig werden, daß er sie nicht einmal mehr sehen wollte, und wenn er das Zuhause verließe, „könne er sehen, wie die Verbindung zu seiner Familie immer geringer wird". Die Mutter konnte einer kleinen Erwiderung nicht widerstehen: „Die von anderen Leuten verschwindet auch nicht." Dann wartete Dave mit einem weiteren 'Problem' auf: Wenn er erfolgreicher sei als sein Vater, wie würde dieser das empfinden? Obwohl sein Vater behauptete: „Ich wäre begeistert", zeigte doch das nervöse Lachen, das spontan aus ihm hervorbrach, etwas Mißbehagen.

An dieser Stelle fragte der Berater den Bruder, wie er über die Wochenenden des Patienten in der Familie denke, nach denen Dave gewöhnlich sehr aufgeregt und beunruhigt war. Der Bruder gab zu, ziemlich nervös zu sein, da er nie wußte, in welcher Stimmung Dave sein würde oder wie er ihn behandeln sollte. Der Berater deutete an, es schiene fast, als würde Dave gebeten, die ganze Last der Familiensorgen zu tragen. Darauf brach Dave mit einer recht erstaunlichen Analyse seiner Stellung innerhalb der Familie hervor und gab seinem eigenen Symptom im Familienzusammenhang eine neue positive Deutung: „Also, die Sache ist einfach die: Ich bin der Kranke in der Familie und das gibt jedem anderen die Möglichkeit, der brave Junge zu sein und Dave wieder aufzumuntern, ob er nun niedergeschlagen ist oder nicht."(25)

Hier beschloß der Therapeut, eine neue Taktik einzusetzen, um das Familiensystem zu verschieben, und wies diesmal ein anderes Mitglied an, sich zu verändern. Er bat Charles, den 'guten' Sohn, seinem Bruder zu helfen, indem er während der Zeit von Davis Abwesenheit etwas problematischer würde. Charles fragte: „Sie meinen, ich solle gegen meine Eltern rebellieren?" Und der Therapeut sagte: „Ich meine, du solltest etwas problematischer in dem Sinne werden, daß du etwas aufrichtiger in bezug auf die Dinge bist, die dir Sorgen machen oder über die Ungewißheiten, die du empfindest, oder was immer du deinen Eltern jetzt nicht mitteilst, weil du sie nicht verärgern willst." Charles stimmte zu, da er ein guter Sohn war.

Diese scheinbar harmlose Einmischung richtete eine Verwüstung an. Das nächste Treffen eröffnete der Vater mit der Ankündigung, er wäre gern zur Abwechslung einmal das Problem. Als er gefragt wurde, wie er das anstellen würde, sagte er, er würde vielleicht irgendwann später von der Arbeit nach Hause kommen, ohne es vorher seiner Frau anzukündigen. Es stellte sich heraus, daß es ein geheimes Gesetz in der Familie gab, sich immer bei der Mutter 'abzumelden', die sich Sorgen machte und sich aufregte, wenn sie nicht genau wußte, wo jeder zu jeder Zeit war. In der folgenden Sitzung wurde die Mutter sehr deprimiert und erstaunte die Familie mit einem Bericht über ihre eigene Geschichte: Ihre Mutter, die jetzt tot war, hatte schweres Asthma gehabt und war rauschgiftsüchtig geworden. Die Tochter hatte die Angst, der Vater würde neu heiraten und eine Stiefmutter ins Haus holen, die sie nicht lieben würde. Später hatte die Mutter erfahren, daß ihr erster Mann ihr untreu gewesen war und so weiter und so weiter. Der Vater brachte zwei Dinge vor, die ihn besorgt machten: sein fehlendes Selbstvertrauen und das Gefühl, als Vater versagt zu haben. Er sagte zu Dave: „Wenn du glaubst, ich sei übermenschlich, ich hätte keine Gefühle oder Probleme oder könnte nicht verletzt werden, und ich

hätte keinen seelischen Kummer, dann habe ich einige Neuigkeiten für dich."
Diese Mitteilung machte offenbar Eindruck auf Dave, denn nach dieser Sitzung ging er los und suchte sich zum ersten Mal seit Jahren eine Arbeit. Obwohl er sie wieder verlor, da er nicht die notwendigen Fähigkeiten hatte, unterstützte ihn seine Familie und er fand eine neue Stellung, in der er sich gut zurechtfand. Langsam begann er sich von der Familie zu lösen und nahm sich mit ihrer Hilfe eine Wohnung, bekam eine bessere Arbeit und einige Jahre später war er völlig selbständig. Obwohl die Therapie nicht beendet wurde, war ein wichtiger Schritt getan. In den folgenden Sitzungen fand Dave neue und bessere Möglichkeiten, mit den vielen Arten fertig zu werden, in denen seine Familie und er sich immer wieder aneinander banden.

Nach Jacksons Tod im Jahre 1968 fuhren seine Kollegen am Mental Research Institute fort – hauptsächlich John Weakland, Paul Watzlawick und Richard Fisch –, mit diesen Ideen zu arbeiten und sie zu erweitern, sowohl in der Theorie als auch in der klinischen Praxis. In den nächsten Kapiteln wollen wir die Gründung von Schulen diskutieren, wobei wir mit den Methoden beginnen, die am meisten mit den Hauptmeinungen der psychodynamischen Theorie übereinzustimmen scheinen, wenn sie auch auf keinen Fall identisch sind. Diese Methoden habe ich die 'historischen' genannt, da sie die Vergangenheit und den Multigenerationsaspekt der Familienpathologie und der Veränderungstheorie betonen.

Kapitel 13

HISTORISCH ORIENTIERTE METHODEN DER FAMILIENTHERAPIE

Der fortdauernde Einfluß des psychodynamischen Gedankens

Obwohl die Familientherapeuten, die wir in diesem Abschnitt diskutieren wollen, nicht in irgendeinem formellen oder buchstäblichen Sinne mit der psychoanalytischen Theorie oder Praxis in Verbindung stehen, gibt es eine Gruppe von therapeutischen Methoden, die für das psychodynamische Establishment annehmbarer ist als andere. Selbst wenn die Einheit, mit der gearbeitet wird,unterschiedlich ist, können die Veränderungstheorien (das Abreagieren von unterdrücktem Material) oder die Ziele (ein individuelles Ich zu erreichen) oder die Techniken (Erforschung der Gefühle, Gewinnung von Einsichten, 'Verarbeitung' vergangener Erlebnisse) sehr ähnlich sein. Das Hauptmerkmal, das diese Methoden miteinander verbindet besteht – so könnte man es ausdrücken – in dem Versuch, das Individuum aus dem Familiennetz zu entwirren (oder alle Familienmitglieder zu entwirren), und daher steht der individuelle Patient noch immer im Brennpunkt des Interesses.

Die anderen Methoden, die wir die ökologischen, strukturellen, strategischen und systemischen genannt haben, haben nicht das schließliche Aufblühen des Individuums als Ziel, sondern streben eher danach, den Zusammenhang des dargestellten Problems zu verändern (in den meisten Fällen die Familie oder die Familie und ein weiteres System), da sie damit rechnen, daß die Individuen von allein aufblühen werden, wenn diese Veränderung erst einmal erreicht ist. Wir wollen mit dem Praktiker anfangen, der sich in vieler Hinsicht am deutlichsten auf das Individuum im Kontext der Multigenerationenfamilie konzentriert hat: Murray Bowen.

Bowen und das differenzierte Ich

Die mehr psychodynamisch orientierten Familientherapeuten glauben, man müsse zu den historischen oder ursächlichen Faktoren vordringen, um ein Symptom zu lösen oder Veränderungen zu erreichen. Familientherapeutische Abwandlungen der psychoanalytischen Vorstellungen von Einsicht, Katharsis und Abreagieren scheinen die Hauptrichtungen der Veränderung zu sein und das erstrebte Endergebnis ist eine reife Objektivität, wie bei den meisten Therapien nach Freud.

Bowens Methode ist die einflußreichste dieser mehr historischen Therapieformen.(1) Da er nach eigener Aussage nicht die Symptome oder Probleme betont, kann man ihn durchaus in die größere Bewegung der individualorientierten 'Wachstumstherapien' (growth therapies) einreihen. Seine Methode, Familienmitglieder darauf zu trainieren, zu ihren ursprünglichen Familien zurückzukehren, eröffnet einen Weg, persönliche Individualität und Autonomie zu erreichen, sei es auch über die Familie. Viele sei-Schüler fanden, daß diese Methode Symptome und Probleme erleichtert, und seine Theorie von der Multigenerationenübertragung emotionaler Krankheiten hat die begriffliche Grundlage gegeben für eine wichtige Schule der Familientherapie.

In seiner Erklärung über das Ausbrechen einer psychischen Krankheit eines Familienmitgliedes schlägt Bowen vor, der Ursprung läge in der Schwierigkeit, die frühere Familienmitglieder darin gehabt hätten, sich von der Kernfamilie zu trennen. Diese Schwierigkeit wird zwar nicht gelöst, aber gemildert, indem man eine Person aus der nächsten Generation mit einbezieht (oder, wie er es nennt, „ins Dreieck holt"). Dieser Vorgang entwickelt sich weiter von Generation zu Generation, die Unfähigkeit der Familienmitglieder, sich zu individualisieren, wird größer, bis eins oder mehrere Kinder den extremen Fall der Nichtidentifizierung aufweisen, den wir als 'Symbiose' kennen. Dies hält sie für immer in der Familie fest und die Familie für immer um sie herum. Es ist eine Art Wiederholungszwang, der auf die Generationen angewandt ist, nur daß jede Generation immer mehr von ihren Sorgen auf die nächste abschiebt.

Bowens Familientherapie zielt darauf ab, die Muster aus der Vergangenheit und ihre Macht über die Menschen der Gegenwart zu bestimmen und dann den Menschen zu helfen, sich davon zu lösen. So bemüht er sich also, Hinweise von lebenden Mitgliedern der weiteren Familie zu erforschen, besonders von der älteren Generation, um ein Muster nachzuvollziehen und möglichst zu verändern. Hierfür benutzt er ein Genogramm, ein visuelles

Diagramm des Familienstammbaums, der in die Geschichte zurückgeht und sich von einem Individuum oder Paar als zentralem Punkt aus seitlich verzweigt.

Bowens Theorie der Veränderung ähnelt Freuds Aussage: Wo 'id' war, soll jetzt 'ego' sein. Allerdings muß man dabei die dunkle primitive Bedingung der Verschmelzung (die Bowen gleichsetzt mit Beherrschtsein durch die Emotionen) durch 'id' ersetzen, und die objektive Bedingung der Differenziertheit (definiert als Fähigkeit, gelöst und dennoch mit der eigenen Familie verbunden zu sein) durch 'ego'.

Kritiker behaupten, dies mache die Therapie zu einem zu intellektuellen Vorgang. Aber die Leute, die gelernt haben, Familienmitglieder neu aufzusuchen oder sich wieder mit ihnen zu verbinden, um einige Aspekte ihrer Interaktion mit ihnen zu verändern, berichten oft von der enormen Wirkung sowohl auf ihr eigenes Leben als auch auf das Leben anderer Familienmitglieder. Wenn die Familie – wie Bowen meint – ein riesiges ineinander verwobenes Netz ist, können die Erschütterungen in einer Ecke in einer weit entfernten anderen Ecke empfunden werden, wenn nicht sogar auf dem ganzen Netz. Selbst Erinnerungen an Beziehungen mit längst verstorbenen Eltern oder Verwandten können mit nützlichen Ergebnissen zumindest im Geist des Nachforschenden beeinflußt und verändert werden.

Das Modell für diesen Vorgang wurde zuerst in einem Vortrag dargestellt, den Bowen während eines Symposions 1967 hielt. Es wurde später revidiert und in einem Buch, das auf diesem Symposion basierte, veröffentlicht.(2) In diesem Vortrag beschreibt Bowen seine eigene Kindheitsfamilie, eine große, weitverzweigte Verwandtschaftsgruppe, die viele Generationen zurückreichte und eine kleine Stadt im Süden beherrschte. Bowen erzählt, wie er absichtlich in die meisten der dominanten Dreiecke der unmittelbaren Familie mit Hilfe einer erstaunlichen Strategie eindrang. Er verschickte Briefe, die den verschiedenen Verwandten vom unangenehmen Klatsch berichteten, den andere über sie verbreiteten. Die Briefe endeten mit reizenden Grüßen wie „Dein sich einmischender Bruder" oder „Dein strategischer Sohn" und kündeten einen baldigen Besuch an. Bowen tauchte dann wie angekündigt auf, um sich mit den erwartungsgemäß entrüsteten Reaktionen seiner Verwandten auseinanderzusetzen.

Die Wirkung auf die Familie war dramatisch. Sie lockerte viele fest geschlossene Beziehungen und – als erst einmal der erste Zorn gegen Bowen verraucht war – schaffte im Großen und Ganzen eine Stimmung mit besseren Gefühlen. Die Wirkung auf das Symposion war ähnlich dramatisch. Bowen hatte einen theoretischen Vortrag vorbereitet, ihn im letzten Moment aber in den Papierkorb geworfen und stattdessen Schlag für Schlag den Bericht seiner unglaublichen Reise gegeben. Die meisten Zuhörer erfuhren zum ersten Mal davon,wie ein Praktiker versucht hatte, seine eigene Familie zu verändern und zu beeinflussen, oder wie er seiner erlauchten Kollegenschaft von einem solchen Vorgang berichtete, der buchstäblich alle Konventionen sprengte.

Dieses Experiment war der Auftakt für die Entwicklung eines völlig neuen Therapievorgangs. Die häufigste Form der Bowenschen Therapie ist die Suche nach der Differenzierung des Ich. Ein Auszubildender gilt nicht als voll entwickelt, wenn er nicht darauf 'trainiert' wurde, sich selbst von seiner eigenen Ursprungsfamilie zu lösen — ein Vorgang, der nach Bowen zwölf Jahre dauern kann. Hier besteht eine Ähnlichkeit zur Pflichtanalyse eines Psychoanalytikers, ehe er die volle Verantwortung für einen Patienten übernehmen darf. Und der Zweck ist sicher fast derselbe wie bei der Psychoanalyse, nämlich eine Person zu schaffen, die frei ist von behindernden Verstrickungen in Familienbeziehungen, vergangenen oder gegenwärtigen, und die daher gelöst ihren eigenen Lebensweg gehen kann.

Ein positiver Nebeneffekt von Bowens Ausbildungsprogramm besteht darin, daß eine Einweisung in die Familientherapie möglich ist, auch unter Bedingungen, wo es keine klinischen Familien gibt. Der Student kann seine eigene Familie benutzen, um daran zu üben, oder die Gruppe des Studenten spielt die Familie eines anderen Studenten, übernimmt die verschiedenen Rollen der Familienmitglieder und wird entweder vom Studenten selbst oder vom Lehrenden angeleitet. Ein Nachteil besteht darin, daß der Student, statt Familientherapie per se zu machen, nur lernt, ähnliche Individuen darin zu schulen, ein 'differenziertes Ich' zu erreichen. Dies ist jedoch auch ein Vorteil. Der Schulungsvorgang kann als ein Therapieformat benutzt werden, wenn es sich bei dem Klienten um eine junge alleinstehende Person handelt, die in einer Stadt weit entfernt von der Familie ihre Berufslaufbahn (zum Beispiel Sozialarbeit) verfolgt.

Viele Aufsätze sind in Zeitschriften zur Familientherapie erschienen,die Reisen zurück zu den Ursprungsfamilien beschreiben, aus denen sich ausserordentliche beabsichtigte und unbeabsichtigte Verschiebungen ergaben. Diese Geschichten erwecken den Anschein von Zeugnissen und betonen die Entstehung positiver und bedeutungsvollerer Beziehungen und ein allgemeines Eröffnen der Kommunikationsbahnen. Die Methode ist besonders reizvoll für Individuen aus Familien, in denen Verwandtschaftsschwierigkeiten durch emotionale Distanz gehandhabt werden, durch den Gebrauch von Geheimnistuereien und Pseudokommunikation, wie man es zum Beispiel bei den mächtigen ausgedehnten Clans im Süden und im mittleren Westen findet und in Familien bestimmter ethnischer Gruppen, zum Beispiel bei den Iren.

Die Bowensche Therapie mit Familien ist eine Bearbeitung von Bowens Vorliebe, mit Individuen zu arbeiten. Selbst wenn Bowen es mit einem

Paar zu tun hat, besteht er darauf, daß die Kommunikation über ihn läuft, um die Angst und die Irrationalität niedrig zu halten, die seiner Meinung nach die Rückwirkungen der pathologischen Familienbeziehungen begünstigen. Diese Technik vergrößert die Macht und die Hebelwirkung des Therapeuten. Außerdem bewirkt sie, daß gleichzeitig eine Therapie von zwei Dyaden angesetzt wird, da jede Person nur mit dem Therapeuten in Verbindung steht. Es ist trotz seiner offensichtlichen Wirkung auf ein Paarsystem ein merkwürdiges 'eins und eins'-Modell und enthüllt vielleicht Bowens Treue zu einer mehr individualorientierten Haltung. Aus diesen Gründen und wegen seiner Betonung der Objektivität und Vorherrschaft des Rationalen ist er in die Gruppe der Psychodynamik gestellt worden. Obwohl der Inhalt seiner Arbeit anders ist, sind viele formale Aspekte ähnlich, einschließlich der Implikationen des Trainings, der Länge des Vorgangs und dem schließlichen Ziel eines autonomen Ich.

Was die Behandlung von ganzen Familien mit Kindern anlangt, schließt Bowen diese eindeutig aus dem Mittelpunkt seines Repertoires aus, was seine Schüler nicht tun. Praktiker wie Philip Guerin, Elizabeth Carter und Monica Orfanides haben Bowens Theorie und Praxis in eine faszinierende Familientherapie im Multigenerationensystem umgesetzt. Sie nehmen Bowens kühles euklidisches Modell und zeichnen die Schlüsseldreiecke auf, die mit dem Problem oder der vorgebrachten Klage verbunden sind. Diese Dreiecke gehen vielleicht mehrere Generationen weit zurück, selbst wenn es sich bei dem identifizierten Patienten um ein Kind der gegenwärtigen Generation handelt. Hier ist der Einsatz eines Genogramms ein Standardwerkzeug. Mit seiner Hilfe identifiziert der Therapeut die rückwirkenden Vorgänge für die Familie, die die Schlüsseldreiecke in sich selbst wiederholenden Ketten verbinden. Die typischen Interventionen sind so geplant, daß sie die 'Dreieckbildung' blockieren sollen, Eskalationen abkühlen, hitzige Fragen objektiver darstellen, gefährliche Probleme entgiften oder die Wirkungen von verborgenen Geheimnissen aufdecken bzw. vernichten sollen. Im allgemeinen versuchen die Bowen-Therapeuten extreme Emotionalität zu verringern, die ihrer Meinung nach die nährende Flüssigkeit für symptomatisches Verhalten ist.

Diese Ziele werden häufig durch schlichte Interpretationen erreicht. In einem Fall bei der Familientherapie zum Beispiel, den Guerin und Guerin beschreiben, beklagt sich die Frau, ihr Mann mache übermäßig kritische Bemerkungen ihr gegenüber, wenn sie in der Öffentlichkeit sind.(3) Die Frau sagt, dies rege sie auf und sie steigere sich gefühlsmäßig im Gegensatz zu ihrem Mann, der ruhig und beherrscht bleibe. Der Therapeut kann nun die Emotionalität der Frau umformulieren als etwas, wozu sie sich genauso wenig entschlossen hat wie ihr Mann zur Beherrschtheit. Diese Seite der Bowenschen Therapie macht den Leuten ihre eigenen Schritte in ihrer Reaktion in diesem Tanz bewußt und ist in diesem Sinne ein Training für die Objektivität in bezug auf das Ich.

Bowens Begriff der 'Umkehrungen' ähnelt jedoch mehr einem jener Kennzeichen der als strategische Therapie bekannt gewordenen Methode. Um eine Person dazu zu bringen, ihre normale Reaktion auf eine voraussagbare Antwort des anderen in einem sich selbst verstärkenden Beziehungsvorgang umzukehren, muß man die kausale Wechselwirkung des Zyklus kennen oder brechen. In Guerins Beispiel fragte der Therapeut den Ehemann auch, ob er bereit wäre, seine Frau nicht zu retten, wenn sie sich in der Öffentlichkeit albern benimmt und aufhören könnte, sich verantwortlich zu fühlen. Der Mann reagierte darauf mit Rückzug. Diese Einmischung ist ein schönes Beispiel für eine positive Neuformulierung – das Verhalten des Ehemannes wurde nicht verdammt, sondern mit einem lobenden Adjektiv beschrieben. Dadurch wirkt die Einmischung nicht provozierend und bewirkt vermutlich eine kooperative Reaktion.

Die Umkehrungen wirken manchmal besser, wenn nur eine der Parteien in einem solchen Muster von dem Plan weiß. Wenn nur ein Ehepartner oder ein Familienmitglied in der Umkehrung geschult wird, hat dies den zusätzlichen Einfluß, daß der Therapeut und dieses Familienmitglied in einen geheimen Pakt gestellt sind und daß dadurch Gehorsam den Anweisungen gegenüber verstärkt wird. Carter und Orfanides beschreiben, wie einer Katholikin, die durch die Heirat mit einem Protestanten ihre sehr religiöse Mutter erzürnt hatte,geholfen wurde, die Beziehung zur beleidigten Mutter wieder zu verbessern. Statt sich auf den üblichen Streit über religiöse Fragen einzulassen, sollte sie ihrer Mutter schreiben und ihr mitteilen, wie sehr sie ihren starken Glauben bewundere und sie um den inneren Frieden beneide, und daß sie sich einsam und von der Familie durch die Ehe abgeschnitten fühle. Die Mutter reagierte mit unerwarteter Wärme, bekannte, wie sehr sie die Tochter vermißte und brachte ihre Zweifel über ihren eigenen Glauben zum Ausdruck. Als Ergebnis wurde das Band zwischen ihnen neu gefestigt.

Und schließlich zögern Bowen-Therapeuten nicht, paradoxe Techniken einzusetzen, wenn der Widerstand in der Familie dies notwendig macht, obwohl sie nicht darüber sprechen – Bowens Rahmenwerk hat keinen Platz für diesen Begriff. Im Familienfall der Guerins ging es bei der Klage um das unangemessene Verhalten der Tochter. Der Vater kritisierte die Tochter und kritisierte auch die Mutter, weil sie das Mädchen so schlecht erzogen habe, während die Mutter beschämt und gelähmt erschient, nicht glücklich war über das Verhalten des Kindes, sich aber irgendwie verantwortlich fühlte. Guerin bat am Anfang den Vater, verstärkt auf seine Frau einzuwirken, daß sie sich mehr um die Erziehung der Tochter kümmerte. Natürlich mißlang diese Aufgabe, da jeder davor zurückschreckte, das Muster zu verstärken. Dann gab der Therapeut eine einfache Anweisung. Der Mutter wurde aufgetragen, sich mehr außerhalb der Familie zu beschäftigen, während der Vater die Position der Mutter innerhalb der Familie einnehmen sollte. Das Mädchen fing an, sich angemessener und weniger problematisch zu verhalten. Aber dann wurde der Mann unruhig, weil er nicht mehr kontrollieren konnte, was die Frau außerhalb des Hauses tat, und die Therapie konzentrierte sich auf die Eheprobleme. Dieses doppelte Manöver ist nicht nur paradox, sondern auch ein üblicher Weg, „das System zu erschüttern": Ein festgeklemmtes Muster wird so hart angestoßen, daß die Teilnehmer auf diesen Stoß reagieren und dann recht offen für einen direkten Veränderungsvorschlag sind, in diesem Fall nur ein einfacher, struktureller.

Der Hauptunterschied zwischen Bowens Methode und den strukturellen und strategischen Methoden besteht darin, daß die Therapie nicht beendet ist, wenn das Problem verschwindet. In dem oben erwähnten Fall wurde es zwar besser mit dem Mädchen und das Paar begann auch, besser miteinander auszukommen. Aber die Arbeit für den Bowen-Therapeuten begann jetzt erst richtig. Es wurde Zeit für die beiden Eheleute, sich auf ihre dysfunktionalen Beziehungen zu ihren jeweiligen Ursprungsfamilien vorzubereiten. Dies ist das Endstadium, durch das man das so schwer faßbare differenzierte Ich erreicht. Wie Guerin schreibt: „Der Therapeut muß die individuellen Familienmitglieder mit einem Grad emotionaler Freiheit von ihren rückwirkenden Auslösemechanismen versorgen. So werden sie nicht ständig in einer reagierenden Haltung sein, gefangen im Strom der Reaktionen der Familienvorgänge und mit dem Verhalten eines vorhersagbaren Roboters."(5)

An dieser Stelle kommt die Bowen-Therapie ganz deutlich dem psychodynamischen Modell am nächsten, da das erwünschte Ergebnis ein reifes autonomes Ich für jedes erwachsene Familienmitglied ist. Therapeuten, die eine problemorientierte, kürzere Methode wählen, meinen, diese Verlängerung der Therapie könne ausbeuterisch sein und vergleichen sie mit Freuds 'unendlicher Therapie'. In diesem Fall war die Frau jedoch nie in der Lage gewesen, sexuell auf ihren Mann einzugehen und konnte das erst, nachdem sie ihre ursprüngliche Familie wieder besucht und entdeckt hatte, daß ihre Tante eigentlich eine Ersatzmutter für sie gewesen war, woraufhin sie eine neue Vertrautheit mit der Tante herstellte. Die sexuelle Verbesserung schien sich von selbst einzustellen, da sie nicht in den Mittelpunkt der Aufmerksamkeit gestellt wurde, aber Guerin führt diese Veränderung als Nebenerfolg der Verschiebungen in den Verbindungen an, die Individuen in mächtigen Beziehungssystemen gefangen halten, derer sie sich nicht bewußt sind. Es ist sicher wahr, daß ein Problem erstarrt bleibt, bis Muster verändert werden, die mit dem ursprünglichen Beginn des Problems verbunden sind. Es soll aber kein Zweifel daran bestehen, daß wir es immer noch mit einer Neigung zur Gegenwart zu tun haben. Bowens Einsatz der Geschichte weist stark darauf hin, daß nicht das Besuchen der Vergangenheit zählt, sondern das Neugestalten der Gegenwart.

Die Theorie der Verdrängung und Familientherapie

Andere Familientherapeuten, die großen Wert auf die Vergangenheit legten, wie zum Beispiel Norman Paul, scheinen ein Echo der Freudschen Theorie der Verdrängung aufgegriffen zu haben und wenden sie auf die Familieneinheit an statt auf das Individuum. Hier geht man von der Vorstellung aus, daß man durch Zurückgehen zu einem eingekapselten Ereignis in der Vergangenheit, und durch neues Erleben, Aufdecken und 'Abreagieren' dieses Ereignisses das vermutlich damit verbundene Symptom zum Verschwinden bringen kann. Das heißt im Grunde: Wenn ein Individuum zu einem unterdrückten traumatischen Vorfall zurückgeht, der einem Symptom zugrundeliegt, und sich durcharbeitet, wird alles gut sein. In Pauls Konzept des 'ungelösten Trauervorgangs' wird ein Tod oder ein Verlust in einer Familie, der zur entsprechenden Zeit nicht angemessen betrauert wurde, sozusagen wieder ausgegraben, und die ganze Familie geht symbolisch noch einmal durch das Ritual.(6) Paul ist gewöhnlich in der Lage, irgendeinen wichtigen Verlust oder Tod in jeder Familie zu finden, in der es ein Symptom gibt, mit dem er dann arbeiten kann.

Andere historisch orientierte Therapeuten legen großen Wert auf die Entdeckung von Familiengeheimnissen und verborgenen Skeletten – zum Beispiel die Adoption eines Kindes oder die Geisteskrankheit einer Großtante. Hier wird davon ausgegangen, dem gefürchteten Umstand könnte seine Schrecklichkeit genommen werden, wenn er erst einmal in die Öffentlichkeit gebracht worden sei, und das zu seiner Bemäntelung dienende Symptom würde dahinwelken.

Eine damit verwandte Gruppe von Familientherapeuten ist der Überzeugung, die Freilegung von Gefühlen – sei es nun Wut oder Kummer – sei die richtige Methode zur 'Abreagierung' von Familien- oder Individualproblemen, die in vergrabene oder verborgene Gemütsbewegungen eingebettet sind. Dies ähnelt natürlich sehr stark der psychoanalytischen Theorie von Repressionen als eine Erklärung für Symptome. Kritiker, die von der Systemvorstellung ausgehen, beklagen dies als eine zu vereinfachende Methode. Den Gefühlen einfach etwas Luft zu machen, führt nicht immer zur Auslöschung des Symptoms, das vermutlich zu dessen Verbergung oder Maskierung entstanden ist. Besonders Familientherapeuten stellten rasch fest, daß – wenn sie einem Familienmitglied dabei halfen, alles im Schoße der Familie 'bloßzulegen' – dies oft dazu führte, daß diese Person später Repressalien ausgesetzt war oder daß durch die Verlagerung von Anschuldigungen bzw. durch das Auslösen von Schuldgefühlen die Sequenzen verstärkt wurden, die das ursprüngliche Problem verewigt hatten.

Eine weitere Schule von Therapeuten, die „die Vergangenheit in der Gegenwart" betont, ist in den Arbeit von James Framo repräsentiert. Framo griff Fairbairns Theorie der Objektrelation auf und bestand darauf, daß Fairbairns 'Introjekte'(Erinnerungen an Eltern oder andere bedeutende Personen, die einen tiefen Eindruck hinterlassen haben und den Patienten noch immer stark beeinflussen) gebeten werden, persönlich zu den Therapiestunden des Patienten oder der Familie zu erscheinen. Aus diesem Grunde bestand Framo darauf, so viele Mitglieder der erweiterten Familie wie möglich mit einzubeziehen. Und manchmal bringt er es sogar zu einer großen Stammesversammlung, in der er die Möglichkeit sieht, alte, sich ständig wiederholende Beziehungsmuster aufzubrechen.(7)

Das Modellieren mit der Familie, wie es zuerst von Therapeuten wie David Kantor, Fred und Bunny Duhl, Virginia Satir und Peggy Papp ins Leben gerufen und entwickelt wurde, ist eine weitere Möglichkeit zur Beeinflussung der Familienstrukturen. Ein solches Modellieren stellt eine Art von Psychodrama dar, in der die Personen die Familie neu gestalten, um dadurch gewöhnlich größere Koalitionsformationen und homöostatische Sequenzen ans Tageslicht zu bringen, damit alte Muster wahrgenommen und in abgeänderter Form herausgespielt werden können. Dies hat sich bei der Ausbildung als nützlich erwiesen, weil die Gruppe der Studenten die Rollen der Familienmitglieder übernehmen kann, die natürlich nicht anwesend sind. Dies kann auch bei Familienmitgliedern in der Therapie als georäumliche Metapher angewendet werden für verschiedene Aspekte des Beziehungssystems: Nähe/Distanz, Aufbrechen und Neugestaltung, die Erfahrung des Überlegenseins bzw. Unterlegenseins in bezug auf einen anderen — all jene Aspekte, die gewöhnlich nicht durch verbale Berichte zutage gebracht werden, und die oft eine ganz erhebliche Auswirkung auf die Einschätzung einer Situation durch die Familienmitglieder haben, die in ihrer Einsicht bisher verborgen geblieben waren. Papps Artikel über Modellieren in der Familientherapie — oder, wie sie es lieber nennt, 'Choreographie' — erklärt die Anwendungen dieser Technik. (8)

Ivan Nagy und das Familienhauptbuch

Es besteht ein Unterschied zwischen der Übertragung von Elementen einer psychodynamischen Perspektive auf die Familienstruktur und der strategischen Anwendung von Information über vergangene Generationen mit dem Ziel, einer Intervention mehr Gewicht zu verleihen. Wie Bowen, so macht auch Ivan Boszormenyi-Nagy beides. Die meiste Zeit operiert er innerhalb eines Bezugssystems, das einen stark psychoanalytischen Beigeschmack hat, aber bisweilen zieht er auch, scheinbar unbeabsichtigt, Daten aus der Vergangenheit heran, um eine mehrere Generationen umspannende paradoxe Intervention zu konstruieren. Sein interessantester Beitrag besteht jedoch in einer reichhaltigen und poetischen Metapher der Familien als einem Multigenerationen-Kontobuch.

Nagy spricht in seinem Buch 'Invisible Loyalties'(Unsichtbare Loyalitäten) von einem 'Familienhauptbuch', das aus einem Multigenerationensystem von anfallenden Schuldverschreibungen besteht und aus Schulden, die im Laufe der Zeit wieder zurückgezahlt werden.(9) Wann auch immer eine Ungerechtigkeit vorgefallen ist, wird es zu irgendeinem Zeitpunkt in der Zukunft zu einer Vergeltungsmaßnahme kommen, wenn auch nicht notwendigerweise bei dem ursprünglichen Gläubiger. Probleme ergeben sich nach Nagys Auffassung dann, wenn die Gerechtigkeit zu langsam oder in einem nicht ausreichenden Maße eintritt und es dann zu dem kommt, was er „die Kette von verlagerten Vergeltungen" nennt. Ein Symptom könnte als Anzeichen dafür gesehen werden, daß es eine zu große Anhäufung von Ungerechtigkeiten gegeben hat. Sich nur dem Symptom zuzuwenden, ohne einen Blick auf die Vergangenheit dieser Probleme zu werfen, so wie sie hier im Familienhauptbuch verstanden werden, wäre ein schwerwiegender Irrtum.

Ein von ihm und seiner Co-Autorin, Geraldine Sparks, angeführtes Beispiel ist der Fall einer verkrampften und reizbaren Neunjährigen, die zur Therapie gebracht wurde. Sie ist wahrscheinlich bei den Eltern ihrer Mutter aufgewachsen, weil diese geisteskrank wurde und jetzt in einer Klinik lebt. Wie sich im Laufe der Familientherapie herausstellt, wurde die Großmutter im Alter von 14 Jahren zu den Eltern ihrer Mutter gegeben, nachdem der Stiefvater versucht hatte, sie zu vergewaltigen. Die Mutter ergriff die Partei des Stiefvaters und weigerte sich, ihr zu glauben, und sie wurde fortgeschickt. Später ging sie eine Ehe voller Spannungen und Unglück ein. Nagy bemerkt dazu:
„Es ist leicht vorstellbar, wie eine unbeglichene Schuld zwischen ihr, ihrer Mutter und ihrem Stiefvater ihrer eigenen Ehe 'zur Last' fallen muß. Die sich daraus ergebende hoffnungslos feindselige und beängstigende Atmosphäre im Haus muß sich in dem verzweifelten Rufen nach Aufmerksamkeit des Kindes in der Schule niedergeschlagen haben."(1o)

Auf diese Weise tritt die an der Großmutter begangene Ungerechtigkeit zwei Generationen später wieder als Symptom auf und – wie man hinzufügen könnte – in einer handlungsunfähig machenden Psychose eine Generation später.

Ein weiteres Beispiel wäre das übliche Muster, in dem eine Mutter, die die Abweisung der eigenen Mutter durch das Angebot völliger Hingabe an ihre Tochter kompensieren will. In der Sprache der Zahlungsbilanz wird die Tochter jetzt aufgefordert, den alten Kontostand der Familiengerechtigkeit wieder herzustellen, indem sie ihrer Mutter all das gibt, was deren Mutter ihr nicht geben konnte. Wenn dieses Mädchen nun mit einem ungeklärten negativen Gefühl hinsichtlich der 'liebenden' Mutter aufwächst, kann man sie erkennen lassen, wie ihre Mutter sie dazu benutzt hat, einen Ausgleich für ihren eigenen Verlust zu schaffen, und dann kann sie ihrer Mutter vielleicht vergeben. Stattdessen könnte man auch der Mutter bewußt machen, wie sie – ohne es zu wissen – die Tochter darum gebeten hat, einen Ausgleich für die Unzulänglichkeiten der Großmutter zu schaffen, und wie sie dann vielleicht ihre Erwartungen an das Kind verändern kann.

Nagy sieht diese Muster nicht als negativ an, sondern weist darauf hin, daß sie evtl. eine wichtige Funktion in der Erhaltung der Familie haben können. Er stellt die Familie als eine Gruppe von Leuten dar, die in ein sich stets ausweitendes Gewebe von Obligationen verstrickt sind, das die Familie oder einzelne Familienmitglieder vor Schaden schützt. Die Familienmitglieder knüpfen ihre eigenen primitiven Obligationsverbindungen mit Hilfe dessen, was Nagy in Anlehnung an den Begriff von Wynnes 'Pseudogegenseitigkeit' ein 'konterautonomes Super-Ego' nennt. Individuelle Interessen werden auf diese Weise dem Überleben der Gruppe geopfert. Verworrenes Gezänk zwischen den Eltern kann eine vermittelnde Tochter in der Nähe des Zuhauses halten. Und sie wiederum kann die Ehe zusammenhalten. Das Opfer eines Kindes, das symbiotisch an eine Mutter gebunden ist, die selbst unter Gefühlsentzug gelitten hat, ist eine Art Entschädigung für ein altes Unrecht. Es könnte auch eine Möglichkeit dazu sein, die geschwächte Mutter vor dem Zusammenbruch zu bewahren. Oder das Kind rauher Eltern könnte seine unausgesprochene Bitterkeit ihnen gegenüber auf seine Frau abwälzen, wodurch auf Kosten der eigenen Ehe in loyaler Weise die Beziehung zu den Eltern bewahrt wird. Nagy verdammt dieses komplexe Bilanzsystem nicht, solange es letztlich doch zu einem Zahlungsausgleich kommt und solange vor allem die Rollenobligationen nicht so eingefroren sind, daß sie eine von Zeit zu Zeit neu aufzustellende gerechtere Ordnung nicht zulassen.

So elegant diese Logik auch ist, so greift sie doch nur das heraus, was Elizabeth Carter 'vertikale Stressoren' genannt hat – die lineare Kette von Ereignissen, die ganze Generationen durchzieht. Es wird von der Voraussetzung ausgegangen, daß A B verursacht, B C verursacht, bis wir schließlich bei Z angelangt sind. Irgendein Ereignis der Vergangenheit hat eine kompensatorische Verhaltenskette ausgelöst, die schließlich in einem Symptom in der Gegenwart Ausdruck gefunden hat. Das horizontale Bild des Hier und Jetzt bleibt praktisch unberücksichtigt, und das reduziert natürlich die Mannigfaltigkeit kontextueller Hinweise, die dem Therapeuten anzeigen, was gegenwärtig auf rekursive Weise die Probleme am Leben erhält und umgekehrt.

Die therapeutische Methode, die aus dieser linearen Kausalerklärung der Pathologie hervorgeht, ähnelt daher sehr einer psychodynamischen Methode. Zunächst, so sagt Nagy, müsse die zu einem bestimmten Symptom in der Gegenwart führende Kette von Ungerechtigkeiten erforscht werden. Der Therapeut wird als wohlwollender Moralist angesehen, der eine Atmosphäre schafft, in der den Leuten die Möglichkeit gegeben wird, ihrer eigenen moralischen Schuld und ihren eigenen Ungerechtigkeiten ins Auge zu sehen und sie zu korrigieren, wenn sie erst einmal diese Einsicht gewonnen haben. Dies wird ihnen erleichtert, wenn sie erkennen, daß auch sie selbst einmal Opfer waren und daß ihre Verhaltensweise durch die ihnen früher angetanen Ungerechtigkeiten diktiert wird. So zum Beispiel, wenn sich herausstellt, daß ein tyrannischer Vater selbst als Kind grob behandelt worden ist. Diesem Vater kann dann leichter von den Personen vergeben werden, die er seinerseits grob behandelt hat. Oder zwei sich bitterlich befehdende Partner können vielleicht ihre Wut auf die Ursprungsfamilien umdirigieren, wenn man sie darauf hingewiesen hat, daß ihre Wut auf einander ihre Möglichkeit ist, sich auf loyale Weise der Kritik an ihren eigenen Eltern zu enthalten. Gleichzeitig wird den neubestimmten 'Opfern' hierdurch nicht gestattet, Rache zu suchen. Vergebung ist der Schlüssel zu dieser Therapie, die nur dann wirkt, wenn der gegenseitige Vorgang des Beschuldigens und Verletzens – „die Kette der verlagerten Ungerechtigkeiten" – angehalten wird.

Man kann nicht umhin, die Nützlichkeit dieser Methode als ein therapeutisches Grundprinzip anzuerkennen, das dem sehr nahe ist, was wir später als strategische oder systemische Methoden beschreiben werden mit ihrer Betonung auf positiven Neuformulierungen als Mittel für die Veränderung. Wenn man einen Patienten davon überzeugen kann, daß sein Haß auf seine Frau nur ein falsch gelenkter Haß auf seine Mutter ist, wird er vermutlich schließlich seiner Frau gegenüber freundlicher sein können. Sie ihrerseits erwidert dies vielleicht auf wohlwollende Weise. So kann ihr Zyklus gegenseitiger Beschuldigungen unterbrochen werden. Ebenso kann ein Band geschaffen werden, wenn die Ehepartner ihre Feindseligkeit umlenken auf die Schwiegermutter. Bei weiterer Therapie kann es vielleicht zu einem Band werden, das zu seiner Festigung nicht mehr die Schwiegermutter benötigt. Und die Implikationen dieser Verlagerungen zur Wahrung des Gesichts sind wundervoll; wenn eine Mutter auf ihre eigene unglückliche Kindheit hinweisen kann als Grund für ihre Unfähigkeit, ihrem Kind Liebe zu zeigen, kann sie zu sich selbst sagen: „Oh, das war nicht, weil ich schlecht bin, sondern weil ich eine unglückliche Geschichte hatte. Jetzt kann ich mich besser verhalten, ohne hierdurch zuzugeben, daß ich im Unrecht war." Es gibt offensichtliche Grenzen für diese in gewisser Weise einfache und moralistische Haltung, die Nagy vorzuziehen scheint. Der Therapeut könnte in Versuchung kommen, sich wie ein weiser Rabbi oder Priester zu verhalten, und es gibt viele Patienten und Familien, die wissen, wie sie das gegen ihn einsetzen können. Einige widerstrebende Familien sind Experten für Spiele der Pseudo-Buße und haben sie seit Jahren als Waffe eingesetzt. Eine andere Möglichkeit ist die, daß die Methode eine negative Selbstbewußtheit verstärken könnte und Schuldgefühle, Vorwürfe und andere unerwünschte Verhaltensweisen verewigen könnte.

Trotzdem scheint Nagy einer der wenigen Kliniker-Autoren zu sein (mit Ausnahme von Helm Stierlin, der sehr von ihm beeinflußt wurde), die symptomatisches Verhalten neu definiert haben als Beweis für Familienloyalität und Hinweis für das Opfern des individuellen Wachstums zugunsten der Interessen der Gruppe. Dies unterscheidet sich deutlich vom Gebrauch einer negativen Sprache, die Symptome als dysfunktional definiert oder als Hinweis für eine dysfunktionale Familie. Obwohl er Worte benutzt wie 'Sündenbock', 'Opfer', 'Ungerechtigkeit' – die alle zum Vokabular des Therapeuten gehören, der einfach 'schlechte oder kranke Familie' für 'schlechten oder kranken Patienten' gesetzt hat – begibt sich Nagy aus dieser linearen Haltung heraus und nähert sich einer zirkulären Epistemologie.

In seiner Beschreibung von ein oder zwei Fällen scheint Nagy fast eine umfassende therapeutische Doppelbindung zu benutzen. In einem dieser Fälle war ein Junge im Teenageralter von Drogen abhängig geworden und geriet in harmlose, aber potentiell ernsthafte Schwierigkeiten. Wie sich herausstellte, hatten sich die Eltern getrennt, dann waren die älteren Geschwister fortgegangen, und dieser Junge war das letzte Kind, das zu Hause war mit einer depressiven, dicken Mutter. Nagy sagt:
„Während oberflächlich gesehen dieser Junge ein unverantwortliches, dem Vergnügen gewidmetes Leben führte, brachte er auf der Ebene der Familienloyalität der ganzen Familie ein wertvolles Opfer – ja das selbstzerstörerische Muster seines Lebens diente als Versicherung dafür, daß er als letztes Familienmitglied nicht in der Lage war, die Mutter allein zu lassen."(11)

Nachdem der Therapeut dem Jungen und der Familie diesen Loyalitätsaspekt des Verhaltens deutlich gemacht hatte, kam es offensichtlich zu einer umfassenden Verschiebung. Der Junge hörte auf, Drogen zu nehmen und bekam eine Stellung. Die Mutter verlor zeitweise ihre Stellung und war eine Weile lang wirklich abhängig von ihrem Sohn, kam aber dann wieder in ihrem Beruf voran.

Eine Bewegung in Richtung auf eine Vorstellung vonzirkulärer Kausalität statt der historischen linearen Methode erscheint auch andeutungsweise in einer Diskussion über die Nutzlosigkeit, sich auf die Seite des angeblichen Sündenbocks zu schlagen. Nagy fällt auf, daß der Therapeut häufig bei diesem Versuch sowohl vom Sündenbock als auch vom Rest der Familie abgewiesen wird, da der Sündenbock vom Spiel genauso abhängig ist wie jeder andere. Eine bessere Möglichkeit, mit dieser Situation fertig zu werden, sagt Nagy, ist die, dem Sündenbock zu seiner Lage zu gratulieren als dem 'Gewinner', da er allen anderen Schuldgefühle einflößen und sie bemitleiden kann wegen ihrer nicht beneidenswerten Lage als Unterlegene.

Diese Einmischungen mit ihrem paradoxen Beigeschmack sind hier ohne den richtigen Zusammenhang beschrieben. Sie spiegeln nicht die Hauptstoßrichtung von Nagys Arbeiten und scheinen mehr als zufällige Folge seiner Betonung zu entstehen, Symptomatologie in Begriffen der Loyalität der Familie gegenüber zu verstehen. Nagys Theorie der Veränderung ist eine im Grunde historische, bei der Ursache und Wirkung durch die Generationen hindurch fortschreiten. Um zu einer weniger linearen Haltung zu kommen, müssen wir uns jenen Pionieren zuwenden, die einen schärferen Bruch mit dem therapeutischen Establishment durchgeführt haben: den ökologischen, strukturellen, strategischen und systemischen Schulen.

Kapitel 14

ÖKOLOGISCHE, STRUKTURELLE UND STRATEGISCHE METHODEN

Das ökologische Modell

In diesem Kapitel wollen wir damit beginnen, die Gruppe der Systemtherapeuten zu untersuchen, die Ende der sechziger Jahre in voller Blüte standen, als Geld vorhanden war für Gemeinschaftsprogramme und für die psychosozialen Probleme der Armen. 1962 übernahm Salvador Minuchin zusammen mit E.H.Auerswald und Charles King ein Forschungsprojekt, das begründet wurde, um Familien mit kriminellen Jungen an der Wiltwyck-Schule zu untersuchen und mit ihnen zu arbeiten. Minuchins Projekt, über das in 'Families of the Slums' berichtet wurde, war mehr als eine weitere Forschungsstudie.(1) Wenn man vom Bateson-Forschungsprojekt sagen kann, es sei ein Zentrum voller Anziehungskraft für Talente und Ideen an der Westküste in den fünfziger Jahren geworden, so schuf das Wiltwyck-Projekt ein ähnliches Klima an der Ostküste in den sechziger Jahren. Wenn Minuchin das Projekt auch leitete, so stellten doch die von ihm zusammengerufenen Personen eine vielseitige und brillante Gruppe von Talenten dar. Es kamen Forscher und Kliniker zusammen, wie E.H.Auerswald, Richard Rabkin und Braulio Montalvo, um nur einige zu nennen. Die meisten steuerten neuartige Gedanken bei und starteten neue Projekte, lange nachdem das Wildwyck-Projekt 1965 beendet war.

An erster Stelle sollten Rabkin und Montalvo erwähnt werden, und zwar aufgrund ihrer starken und poetischen Vision, die jeder von ihnen zum Gebiet der Gemeinschaftspsychotherapie beisteuerte. Rabkin verließ Wiltwyck und eröffnete eine Privatpraxis in New York, schrieb aber 197o eine ausgezeichnete Abhandlung darüber, was er 'Sozialpsychiatrie' nannte: 'Inner and Outer Space'(Innerer und äußerer Raum).(2) Bis heute gibt es keine bessere Metapsychologie für die Gefolgschaft des Familiensystems. Montalvo ging mit Minuchin Ende der sechziger Jahre an die Kinderberatungsklinik nach Philadelphia. Dort stellte er eine Serie von sehr geschickt konzipierten Unterrichtsbändern her, in denen die kontextuelle Bedeutung des Verhaltens in Familieninterviews analysiert wurde, und zwar oft bei den Familien von Minoritäten. Einige von diesen kann man immer noch in der Kinderberatungsklinik in Philadelphia vorfinden.

Von allen Mitarbeitern Minuchins interessierte sich wahrscheinlich Auerswald am meisten für die Anwendung der Systemmethode, um die Struktur der psychiatrischen Gemeinschaftsprogramme auf das Gebiet der Öffentlichkeit zu übertragen. Er verließ Wiltwyck und schuf in New Yorks Lower East Side ein einzigartiges 'Programm für angewandte Verhaltenswissenschaften' bei den Gouverneur Health Services. Sein Ziel war die Errichtung einer neuen Art von Gesundheitsdienst, der den gesamten Kontext all jener Probleme mit einbeziehen würde, die zum Erfahrungsbereich der armen Bevölkerung im Zuständigkeitsbereich von Gouverneur gehörten. Er erhielt hierbei auch eine gewisse Unterstützung, da der Leiter von Gouverneur ein für Neuerungen aufgeschlossener Beamter des öffentlichen Gesundheitsdienstes war, nämlich der jetzt verstorbene Howard Brown, der aus dem Gemeindekrankenhaus Gouverneur mit einem so schlechten Ruf, daß es im Volksmund als das 'Leichenschauhaus' bekannt war, eine beliebte und gut organisierte Ambulanzklinik machte.

Auerswald Methode des 'ökologischen Systems' war auf das Gesamtfeld eines Problems ausgerichtet, und erstreckte sich auf andere Fachleute, die erweiterte Familie, Persönlichkeiten der Gemeinde, Institutionen wie zum Beispiel die Sozialfürsorge und all jene sich überschneidenden Einflüsse und Mächte, mit denen es ein Therapeut von armen Familien gewöhnlich zu tun hat. Am besten ist seine Position in seinem Aufsatz 'Interdisciplinary versus Ecological Approach'(Die interdisziplinäre gegenüber der ökologischen Methode) wiedergegeben.(3) In diesem Artikel greift er die Vorstellung an, zur Schaffung eines völlig abgerundeten Gesundheitssystems genüge es, ein Team von Fachleuten zusammenzustellen, von denen jeder in einem anderen Spezialgebiet ausgebildet wäre. Nach Auerswald brauchen wir einen neuen Typ des 'Gesundheitsfachmannes', der ein System ganzheitlich bzw. mit der System-Anschauung angeht. Die Batesonsche Abneigung gegen das 'Zerhacken der Ökologie' ist durch diesen Artikel und seine zentrale These aufs Beste veranschaulicht. In zwei Begleitartikeln haben L.Hoffman und L.Long ('A Systems Dilemma') und E.Hetrick und L.Hoffman ('The Broome-Street Network') gezeigt, wie das ökologische Modell mit vielen Vektoren auf die Bewältigungen der Krisensituation durch Kombination geologischer, psychologischer, sozialer und umweltbedingter Faktoren angewendet werden kann.(4)

Durch die Schaffung eines neuen Konzeptes zur Verwirklichung seiner Ideen im Gesundheitsdienst, schlug Auerswald solche noch nie dagewesenen Aktivitäten wie die Einberufung einer Konferenz vor, in der jedes Mitglied einer Familie mit vielen Problemen sich mit den dazugehörenden Fachleuten in einem Zimmer versammeln würde, um einen Plan zur Koordinierung aller Dienstleistungen auszuarbeiten, die mit einer bestimmten Familie in Verbindung standen. In seiner Familien-Gesundheitsstation, die zur Betreuung der unmittelbaren Umgebung von Gouverneur ins Leben gerufen worden war, arbeiteten Fachleute aus dem gesamten Gesundheitsbereich und ein Vertreter des örtlichen Sozialamtes.

Auerswald war auch der erste Befürworter dessen, was ich eine 'Geländetherapie' im Gegensatz zu einer 'Zimmertherapie' nennen möchte. Er bestand darauf, daß eine psychiatrische Gemeindestation nicht nur auf einer zeitlichen Grundlage (24 Stunden am Tag) zur Verfügung stehen sollte, sondern auch auf einer räumlichen. Wenn die konzeptuelle Gesamtheit eines Problems berücksichtigt werden sollte, dann müßten die den Gesundheitsbeamten auferlegten räumlichen und zeitlichen Beschränkungen aufgehoben werden. Zu diesem Zweck errichtete Auerswald eine mobile Krisenstation, ein Team von psychiatrischen Fachleuten, die als Operationsbasis einen Lieferwagen hatten und damit von der Wohnung zur Schule bis zum Krankenhaus und Gericht zogen, je nachdem, wo die Schwierigkeiten auftauchten.

Auerswald verließ New York Anfang der sechziger Jahre, um eine kleine psychiatrische Beratungsstelle auf der Insel Maui zu leiten, aber seine Vorstellungen haben jetzt in vielen Gesundheitsdiensten in Form von Krisenstäben und schnell zur Verfügung stehenden Teams Eingang gefunden. Darüber hinaus hat man in vielen Institutionen, Schulen und Trainingsprogrammen die Notwendigkeit anerkannt, die Dimensionen psychischer Probleme in dem gesamten ökologischen Kontext darzustellen.

Ein Forschungsbericht, der die Richtung der Gemeinschaftspsychiatrie in den späten sechziger Jahren besonders beeinflußt hat, war der über das Projekt von Donald Langsley und David Kaplan zur Untersuchung der Kurztherapie von Familienkrisen an der psychiatrischen Klinik in Colorado im Jahre 1964.(5) Diese Forschung stellte wesentliches Beweismaterial bei der Unterstützung des Trends zur Krisenintervention bei der Arbeit mit armen Bevölkerungsgruppen dar. Es verglich nicht nur die Auswirkungen kurzer Familienbehandlung mit den routinemäßigen Einlieferungen in die Klinik im Fall von akuten psychiatrischen Problemen, sondern beruhte auch auf einem gut konstruierten Forschungskonzept. Die Familien- bzw. Systemtherapie hatte viele Versprechungen gemacht und eine wachsende Zahl von Anhängern gefunden, aber Ergebnisberichte mit gesicherten Daten waren noch selten. In dieser Hinsicht stellte die Arbeit des Denver-Projekts einen neuen Meilenstein dar.

Der Plan des Projekts war einfach. Die Auswahl wurde dem Zufall überlassen: Jede fünfte Person, die auf der Notstation der Colorado-Nervenklinik erschien und die nach dem Gutachten des ansässigen Psychiaters in die Klinik eingewiesen werden sollte, wurde zur Familienbehandlungs-Station geschickt. Auf dieser Station arbeiteten Frank Pittman, ein Psychiater, Kalman Flomenhaft, ein Sozialarbeiter, und Carol de Young, eine Schwester des Gesundheitsdienstes. Die Station behandelte jeden Patienten mit seiner Familie auf kurzzeitiger, ambulanter Grundlage. Die übrigen Patienten, die nach dem üblichen Reglement in die Klinik eingewiesen worden waren, stellten eine natürliche Kontrollgruppe dar. Alles in allem bestand dieser Versuch aus 36 Vorstudien von Fällen, 15o Versuchsfällen und 15o Kontrollfällen. Wie sich herausstellte, waren die Gruppen gut aufeinander abgestimmt und zur Aufnahme in die experimentelle Gruppe war nur erforderlich, daß der Patient zwischen 16 und 6o Jahren alt war und zumindest einen Verwandten im Stadtgebiet von Denver hatte.

Die Methode war im wesentlich pragmatisch. Das Ziel des Teams bestand darin, den Patienten wieder auf seine frühere Funktionsebene zu führen und die Familie, die ihn eingeliefert hatte, durch die unmittelbare Krise zu bringen. Zur ersten Sitzung wurde die ganze Familie zusammen mit anderen beteiligten Personen oder Helfern versammelt. Manchmal wurde eine Übernachtung in der Klinik empfohlen, aber im allgemeinen ging der Patient mit seiner Familie schon am ersten Tag wieder nach Hause. Man versuchte, die Gründe für die Krise zu verstehen und die Kräfte innerhalb der Familie zu mobilisieren oder den Druck zu beseitigen, der die Krise intensiviert zu haben schien. Auch wurden vielleicht Medikamente verschrieben, aber sie konnten auch der gesamten Familie und nicht nur dem Patienten verabreicht werden. Es konnte auch erheblicher direkter Druck ausgeübt werden, um dem Patienten wieder auf die Beine zu helfen. Eine Frau, die zu allem unfähig war, sah sich zu Hause von der Schwester des Gesundheitsdienstes überwacht, während sie den Fußboden in der Küche aufwischte. Innerhalb der ersten 36 Stunden wurde routinemäßig ein Hausbesuch eingeplant. In den meisten Fällen waren überraschend wenig Praxisbesuche notwendig und gewöhnlich war der Krisenstab für die Familie nur zweieinhalb Wochen durchschnittlich gründlich mit einem Fall beschäftigt. Man muß hinzufügen, daß routinemäßig äußere Hilfsmittel aus der Gemeinde eingesetzt wurden (Hausbesuche von Schwestern, berufliche Wiedereingliederung etc.), um die Arbeit des Krisenstabes auf den Gebieten, wo es am wichtigsten war, fortzuführen. Der Krisenstab zog sich so früh wie möglich zurück, immer unter der Voraussetzung, daß er für die Familie verfügbar war, wenn die Krise wieder aufflackerte. Gewöhnlich wurden nachfolgende Krisen mit wenig Einmischung behandelt (oft nur mit ein oder zwei Telefongesprächen).

Das wichtigste Ergebnis des Projektes bestand in der Erkenntnis, daß akute Fälle von Krisen mit der Kurztherapie genauso gut behandelt werden konnten — wenn nicht sogar besser. Die Patienten verschwendeten keine Zeit im Krankenhaus mit dem 'krank sein', sondern begannen ihre Aufgaben fast sofort zu übernehmen. Patienten, die ins Krankenhaus kamen, brauchten nicht nur länger, um zum Normalzustand zurückzukehren, sondern wurden auch krankenhaussüchtig. Die Rückfallquote war daher sehr viel höher als bei der experimentellen Gruppe, von denen die meisten das Krankenhaus bei späteren Krisen überhaupt nicht mehr aufsuchten. Andere Vorteile waren natürlich die offensichtlichen Ersparnisse an Zeit, Geld und Personal. Dieses Ergebnis mag zur Tatsache beigetragen haben, daß bald nach dem Erscheinen des Buches über den Erfolg der Kurzbehandlung von Familien der Stab aufgelöst wurde und das Colorado Psychiatric Hospital die Einweisung ins Krankenhaus bei allen akuten Fällen wieder aufnahm.

Ein Beispiel für die ziemlich unkonventionellen Methoden der Familienkrisen-Station ist in anekdotenhafter Weise von Frank Pittman, dem Psychiater dieses Teams, gegeben worden. Pittman erzählt, wie sich sein Team einmal auf dem Weg zum Haus einer Frau machte, die von einer Liebesaffäre ihres Mannes erfahren hatte. Sie fanden die Frau in einem anscheinend katatonischen Zustand auf dem Küchenfußboden liegend. Alle Anstrengungen, sie zum Aufstehen zu bewegen, schlugen fehl. Pittman blickte durch das Fenster der Hintertür in den Hinterhof und bemerkte einen nassen Cockerspaniel, der winselte, um hereingelassen zu werden. Er hatte ferner festgestellt, daß die Frau einen sehr hübschen Morgenmantel trug. Also öffnete er die Tür, worauf der verschmutzte Hund auf sein Frauchen zulief und begann, ihr das Gesicht zu lecken und auf ihr herumzuklettern. Die Frau stand sofort auf und fragte das Team, ob sie ihnen einen Kaffee kochen sollte. Aus diesem Grund beschreibt Pittman ihre Methode manchmal als 'die Therapie des nassen Cockerspaniels'. Eine sehr anschauliche Darstellung ihrer Arbeit an einem Fall findet sich in Haleys und Hoffmans Interview mit dem Denver-Team in 'Cleaning House'(Hausputz).(6)

Ein anderes Zentrum, in dem Pionierarbeit für die Entwicklung des Kriseninterventionsmodells geleistet wurde, war das Bronx State Hospital in New York. In den fünfziger Jahren war die Familientherapie in Bronx State als Teil des Schulungsprogramms von Israel Zwerling eingeführt worden, aber sein goldenes Zeitalter hatte es erst in den sechziger Jahren. Zu eben dieser Zeit hatte Andrew Ferber im Bronx State Hospital in Zusammenarbeit mit klinischen Forschern wie Chris Beels, Marilyn Mendelsohn, Nathan Ackerman, Thomas Fogarty, Philip Guerin und vielen anderen die Abteilung Familienbeobachtung ins Leben gerufen und sie zu einer hervorragenden, wenn auch etwas umherirrenden Fakultät gemacht. Neben dem Forschungs- und Lehrangebot in Familientherapie erweiterte diese Gruppe die Anwendung der Krisentechniken auf die turbulenten psychiatrischen Probleme von Familien in South Bronx.

Einen tiefgreifenden Einfluß übte im Bronx State Hospital in dieser Zeit der jetzt verstorbene Verhaltensforscher Albert Scheflen aus. In Zusammenarbeit mit dem Anthropologen Ray Birdwhistle hatte Scheflen in den fünfziger Jahren in Philadelphia geholfen, das Gebiet der 'Kinesik' zu erfinden: die Mikroerforschung menschlicher Kommunikationsmuster in sozialen Kontexten. Während seines Aufenthalts am Bronx State Hospital inspirierte Scheflen viele Familientherapeuten, die von ihm lernten, wie man Familiensitzungen und andere Verhaltensvorkommnisse analysierte, und er erstellte dabei einige verblüffende Dokumente über die versteckten Muster zur Gestaltung von Kommunikation. Scheflens eigenes Interesse zu jener Zeit galt dem Sammeln von Daten mit Hilfe von Videokassetten, die es ihm erlaubten, den Gebrauch von Raum und Territorium in den Häusern von Familien verschiedener ethnischer Gruppen in der Gemeinschaft zu vergleichen. Auf indirekte Weise half er einer Generation von Klinikern, die arme Minoritätenfamilien betreuten, wie Anthropologen zu denken und zu arbeiten. Er erweiterte auf diese Weise das Familienfeld durch Einbeziehung der wachsenden Sorge um Probleme der Volksgruppen.

Während dieser Zeit der Entwicklung neuer Methoden zur Arbeit mit armen Gemeinden experimentierten andere Praktiker mit natürlichen Systemen — dem Stammessystem oder den Nachbarschaftsbeziehungen — die eine einleuchtendere Anordnung zur Hilfe der Armen und Isolierten zu sein schien als künstliche Gruppen. Ross Speck und Carolyn Attneave sind Pioniere auf diesem Gebiet der Therapie, die aus dem Kreis der Kernfamilie hinaus in die größeren, sie umgebenden Gruppen geht. Speck und Attneave wurden bekannt für die Schaffung riesiger Gemeinschafts- und Verwandtschaftssysteme mit regelmäßigen, oft die Therapie lange überdauernden zeremoniellen Zusammenkünften zur Bewältigung von Problemen, wie zum Beispiel die symbiotisch an ein Kind gebundene Mutter.(7)

Minuchin arbeitete eine kurze Zeit mit dem ökologischen Modell, gab es dann aber wieder auf, um sich stärker auf die Probleme der Kinder innerhalb der Kernfamilie zu konzentrieren und um die 'strukturelle' Methode auszuarbeiten, für die er dann so bekannt geworden ist. Harry Aponte, der sich in den frühen Jahren seiner Leitung der Kinderberatungsklinik in Philadelphia Minuchin angeschlossen hatte, hielt beharrlich an seinem Hauptaufgabenbereich fest, der Arbeit mit den Familien ärmster Schichten. Er fand die Kombination eines ökologischen Systems mit dem strukturellen Modell bei diesen Familien besonders wirkungsvoll. Sein Aufsatz, in dem er die Anwendung der öko-strukturellen Methode auf ein schulisch-familiäres Problem schildert, und sein Artikel über 'Unterorganisation' in den armen Familien stellen einzigartige Beschreibungen der Anwendungsmöglichkeiten struktureller Therapie auf Gebiete dar, die außerfamiliäre Systeme mit einschließen.(8) Der Begriff der 'Kontextnachbildung'(context replication), in der sich die häusliche Dynamik des Kindes in seiner Schulsituation wiederholt, wird auf dramatische Weise in dem Artikel über Schule und Familie veranschaulicht.

Apontes besondere Stärke liegt in der begrifflichen Erfassung verschiedener Ebenen des Kontextes, und er hat ein feines Gespür für schwierige Lagen, die außerfamiliäre Systeme einbeziehen. Der 'ökologische' Therapeut muß bereit sein, sich mit dem größeren Gebiet der Fachleute auseinanderzusetzen: den Rezeptverschreibungen der Ärzte, den Einweisungen durch Familien und der Rolle anderer Systeme, wie zum Beispiel der Schule. Es ist eine irrige Annahme zu glauben, eine Therapie könne getrost eine 'Haustherapie' sein und die feldorientierten Ökosystemmodelle könnten aufgegeben werden. Das gilt für alle Arten von Problemfällen. Zumindest erweitert jedoch der Therapeut selbst das ökologische System der Familie, sobald er sich ihres Falles annimmt.

Die strukturelle Methode

Die beste Darstellung von Minuchins Methode findet sich in 'Families and Family Therapy', einem Buch, das zu einem Klassiker geworden ist.(9) Minuchin hat eine klare Methode und eine mit dieser Methode übereinstimmende Theorie. Er liefert auch den schlagenden Beweis für die Gültigkeit seiner Methode in schweren Problemfällen von Kindern, wie dies in seiner Forschung mit Familien mit psychosomatischen Kindern zum Ausdruck kommt.(1o)

Besonders nützlich ist Minuchins normatives Modell einer gut funktionierenden Familie. Eine angemessen organisierte Familie wird, so meint er, deutlich gekennzeichnete Abgrenzungen haben. Das eheliche Subsystem wird geschlossene Grenzen haben, um die Intimsphäre der Partner zu schützen. Das elterliche Subsystem wird deutliche Grenzen zwischen sich und den Kindern ziehen, doch werden diese nicht so unüberwindbar sein, daß sie den Zugang zur notwendigen guten Elternschaft eingrenzen. Das geschwisterliche Subsystem wird seine eigenen Grenzen haben und wird hierarchisch aufgebaut sein, damit Aufgaben und Privilegien der Kinder nach Geschlecht und Alter in Übereinstimmung mit den vorgegebenen Kulturwerten der Familie verteilt sind. Schließlich wird auch die Grenze um die Kernfamilie herum respektiert werden, obwohl dies von kulturellen, sozialen und wirtschaftlichen Faktoren abhängt. Das Ausmaß, in dem die Verwandtschaft und die Vertreter größerer sozialer Institutionen Einlaß finden, variiert erheblich.

Der Therapeut hat nun die Aufgabe, den Abweichungsgrad zwischen diesem Modell und der Familie, die gerade zur Tür hereinkommt, festzustellen. Vom strukturellen Standpunkt besteht die Therapie in der Neuplanung der Familienorganisation, damit eine engere Annäherung an dieses normative Modell erreicht wird. Eine gut funktionierende Familie wird zum Beispiel eine klare Trennungslinie zwischen den Generationen haben. Wenn sich nun also Mutter und Tochter wie Geschwister benehmen, so bedeutet das für den Therapeuten, daß er der Mutter für eine Woche die Verantwortung für die Pflichten der Tochter auferlegen muß. In einer gut funktionierenden Familie findet man auch einen angemessenen Grad an Individualisierung. Wenn diese die Individuen abgrenzenden Trennungslinien nicht respektiert werden, dann könnte der strukturelle Therapeut jede Person bitten, nur für sich selbst zu denken und zu sprechen. Oder da in einer gut funktionierenden Familie das eheliche Subsystem und das elterliche Subsystem klar voneinander abgegrenzt sind, könnte der Therapeut, der bemerkt, wie ein Ehepaar seine ganze Zeit mit elterlichen Pflichten verbringt, die Eltern auffordern, einmal ohne ihre Kinder zu verreisen.

Der Vorgang scheint logisch und sehr einfach zu sein. Es ist, als finge man an, indem man sagt: „Welches sind die organisatorischen Charakteristika einer Familie, in der alles gut läuft und die Mitglieder keine Probleme haben?" Wenn jemand dann ein Problem hat, stellt man fest, welche dieser Charakteristika fehlen und verändert die Familie entsprechend. Die Voraussetzung ist natürlich, daß ein Symptom das Ergebnis eines dysfunktionalen Familiensystems ist und dieses Symptom automatisch verschwinden wird, wenn die Familienorganisation 'normaler' wird. Wenn diese Theorie im Mittelpunkt stünde, brauchte man sich nicht allzu große Sorgen zu machen über die Besonderheiten des Symptoms, seine Geschichte, seine gegenwärtige Wirkung auf andere oder über andere besondere Einzelheiten. Man würde einfach genau untersuchen, wie diese Familie organisiert ist. (Läuft alles über die Mutter? Wird der Vater wie ein Kind behandelt? Verhält sich die älteste Tochter wie die Mutter?) Dann verschiebt man dies von einem weniger normativen zu einem normativeren Zustand.

In der Praxis funktioniert diese Methode. Es gibt Verleumder, die behaupten, Minuchins Vorstellungen davon, was normal sei, seien voreingenommen und berücksichtigten die Familien anderer Klassen und Kulturen nicht. Sein Modell ist jedoch im Gegenteil flexibel genug und schließt andere Möglichkeiten mit ein, wie arme oder ethnisch unterschiedliche Familienstrukturen organisiert sind, und es respektiert diese Möglichkeiten, solange sie dem Wohlergehen der Individuen solcher Familien dienen.

Noch ein weiterer Punkt sollte zu Minuchins begrifflichem Rahmen angeführt werden. Er verdankt viel der Systemtheorie, stützt sich jedoch sehr geringfügig nur auf das kybernetische Paradigma, das auf diesen Seiten stark hervorgehoben wurde und das meiner Meinung nach eines der kennzeichnenden Aspekte der Familientherapiebewegung ist. Nur gelegentlich, wie im Fall des magersüchtigen Mädchens aus dem 11.Kapitel, spricht Minuchin von 'Zyklen' oder der Schaffung einer Kettenreaktion. Zum größten Teil scheint sich seine Sprache aus der Organisationstheorie und Rollentheorie abzuleiten und macht häufig Gebrauch von Raummetaphern wie Grenze, Projektion, Territorium, Struktur und Rolle.

Therapeutisch von großer Bedeutung ist Minuchins Einbeziehung des Therapeuten als eines aktiven Eindringlings, der das Familienfeld durch seine Gegenwart verändert. Therapieschulen, die besonderen Wert darauf legen, Informationen zu erhalten oder sich in die Geschichte zu vertiefen, lassen die Tatsache außer acht, daß die Konzentration auf den Inhalt Dinge verdecken kann, die für den Therapeuten äußerst wichtig sind: Zu wem spricht er? Wer darf sprechen? Wen hebt er hervor? Wen fordert er heraus? Welche Personen bringt er zusammen? Welche drängt er auseinander? Mit wem bildet er eine Koalition? Mit wem nicht? Durch solche Züge beginnt der Therapeut, das Beziehungssystem in der Familie neu zu strukturieren und die Zusammenhänge zu verändern, die vermutlich das Symptom erhalten.

Minuchins Methode, eine Art 'Landkarte' des psychopolitischen Terrains der Familie zu erstellen, erspart einem Therapeuten viel Zeit, da die Art der Familienorganisation dem Strukturtherapeuten notwendige Hinweise zur Entscheidung gibt, in welche Richtung er gehen soll, um die Beziehungsmuster der Familie neu zu ordnen. In Kapitel 5 in 'Families and Family Therapy' zeigt Minuchin seine eigene Methode, Familiengruppen aufzuzeichnen und weist auf wichtige Faktoren hin, wie Mitgliedschaft und Koalitionen, die Art der Grenzen und wie die Subsysteme strukturiert sind.(11) Durch Aufzeichnung der formalen Aspekte einer zur Behandlung kommenden Familie und durch Umänderung der Aufzeichnungen im Verlauf der Behandlung gibt uns Minuchin eine grafische Methode, die Stadien der Therapie zu dokumentieren.

Zur Entmystifizierung von Minuchins Fachkenntnissen ist es vielleicht sinnvoll, einen Kommentar zu einem seiner elegantesten Interviews zusammenzufassen, der veröffentlicht wurde unter dem Titel 'The Open Door. An Interview with the Familiy of an Anorectic Child'.(12) Der Artikel analysiert schrittweise durch das ganze Interview hindurch die Interaktion zwischen dem Therapeuten und der Familie. Es ist das erste Mal, daß Minuchin die Familie trifft, und auch das letzte Mal, da er hier Berater ist und den Fall einem anderen Therapeuten übergeben wird. Minuchin hat einige Zeit darauf verwendet, die Familie kennenzulernen: Mutter und Vater in den Vierzigern, die dreizehnjährige, magersüchtige Tochter Laura, die zwölfjährige Schwester Jill und den achtjährigen Bruder Steven. Wie er herausfand, fing das Mädchen an zu hungern, während es in einem Sommercamp war und hatte seitdem ständig an Gewicht verloren. Laura brauchte jedoch noch nicht ins Krankenhaus.

Um sich über die Familieninteraktion ein Urteil in bezug auf das System bilden zu können, fordert Minuchin die Aussage des Vaters heraus, die Familienmitglieder würden sich nie streiten, indem er fragt, wie sich die Eltern Laura gegenüber verhalten, wenn sie nicht essen will. Die spiegelbildlichen Meinungsverschiedenheiten kommen zum Vorschein. Der Vater, als dominierender Elternteil, bedrängt das Mädchen und gibt nur zögernd auf. Die Mutter sagt, sie versuche zu drängen und höre dann auf, da sie sieht, wie es Laura aufregt. In diesem Muster unterstützt der 'untere' Elternteil versteckt das Symptom, das sich so erfolgreich der Autorität des 'oberen' Elternteils entzieht. Minuchins Forderung, die Familienmitglieder sollten die Verhaltensweisen darstellen, durch die das Symptom hervorgerufen werde, ist ein typisch struktureller Zug. Der Therapeut gibt sich nicht zufrieden mit einem Bericht darüber, was zu Hause vor sich geht. Er möchte die Sequenz mit seinen eigenen Augen sehen.

Als nächstes geht Minuchin zur zwölfjährigen Schwester Jill und fragt sie, was geschieht, wenn sie mit ihrem Vater nicht einer Meinung ist. Jill antwortet, ihr Vater wird böse, wenn er sie bittet, ihm das Haar zu kämmen und sie sich dann weigert. Aus irgendeinem Grunde ist sie in der Lage, offener und freimütiger zu sein als Laura. Minuchin glaubt, sie meine, ihr Vater hätte etwas dagegen, wenn sie ihr Haar nicht kämmt. Er geht zu ihr, bringt ihr Haar durcheinander und bittet, die Szene vorzuspielen. Der Vater erzählt Minuchin, er habe es mißverstanden. Er beschreibt ein abendliches Ritual, das darin besteht, daß er und die Kinder zusammen auf dem elterlichen Bett liegen und die Kinder das Haar des Vaters kämmen oder seine Beine massieren oder seinen Rücken reiben. Der Vater erzählt, daß er das manchmal auch für sie tut, daß aber er und Laura im vergangenen Jahr „nicht so viel füreinander getan haben". Minuchin erfährt, die Mutter sei zu dieser Zeit gewöhnlich mit dem Abendessen beschäftigt oder mit Geschirrspülen. Als sie gefragt wird, ob sie dem Vater auch den Rücken reibt, antwortet sie zögernd:„Ja". Auf die weitere Frage, ob sie jemals die Schlafzimmertür schließt und die Kinder nach draußen schickt, um mit ihrem Mann allein zu sein, sagt sie:„Niemals". Sie sagt sogar, es würde kaum jemals überhaupt die Tür zu irgendeinem Zimmer geschlossen.

Mit dieser Information schienen die Umstände des Symptoms bei Laura deutlich genug zu sein. Laura war ihrem Vater sehr nahe gewesen. In gewisser Weise war sie ein Geschenk der Mutter an den Vater gewesen, da die Frau es für notwendig gehalten hatte, von ihrem Mann distanziert zu bleiben. Da sich das Mädchen jedoch dem Jugendalter näherte, verlangten die Vorschriften der Natur und der Gesellschaft mehr Autonomie. Gleichzeitig sind Folgen dieser Bewegung in Richtung Autonomie bedrohlich. Durch ihre Magersucht bleibt Laura dem Zuhause nahe und ihrer Mutter sehr nahe. Gleichzeitig steht sie immer noch dem Vater zur Verfügung, aber nicht sexuell, da viele ihrer sexuellen Charakteristika verhindert werden oder verschwinden. Und schließlich setzt sie sich selbst in einer verzweifelten Karikatur der jugendlichen Rebellion durch, indem sie sich weigert zu essen. Dieses Symptom ist wie alle anderen ein perfektes Werk der

Natur, bei dem für jeden etwas abfällt.
Minuchins Reaktion auf die Vater/Kinder-Nähe, die der Vater beschreibt, besteht in ihrer Unterbrechung. Er weist nicht darauf hin oder fordert sie heraus, mischt sich aber durch die Art und Weise in sie ein, wie er die persönlichen Verbindungen mit und unter den Familienmitgliedern leitet. Der Vater ist eindeutig die dominante Gestalt in der Familie, und Minuchin tritt ihm niemals unmittelbar entgegen. Stattdessen formuliert er die sinnlichen Aktivitäten des Haarkämmens und Rückenreibens neu als 'pflegende Zuwendung' zwischen Vater und Kindern und sagt: „Der Vater kuschelt gern. Er mag es, wenn die anderen dicht bei ihm sind."

Als er sich erst einmal mit dem Vater verbunden hat, der sich sichtlich entspannt, kommt Minuchin zu dem über allem stehenden Problem der Grenzen und beginnt, über die von der Mutter beschriebene Politik der offenen Tür zu reden. Er fragt Laura, ob sie je die Tür zu ihrem Raum schließt. Als sie das bejaht, fragt er, ob die anderen klopfen, ehe sie hereinkommen. Klopft die Schwester? Ja. Klopft die Mutter? Ja. Klopft der Vater? Laura sagt Ja, aber ihr Ton ist unsicher. Minuchin sagt: „Du hast Zweifel?" und sie stimmt zu, daß er manchmal klopft und manchmal nicht. Minuchin fragt, ob sie es gern hätte, wenn er klopfte, ehe er eintritt. Sehr leise sagt sie: „Ja". Minuchin fragt dann, ob sie jemals ihrem Vater sagte, daß sie es gern hätte, daß er klopft. Sie verneint. Er fragt, ob es sie stören würde, den Vater zu bitten anzuklopfen. Sie sagt, sie glaube nicht.

Hier stellt Minuchin mit einer jener Verschiebungen, die seine Arbeit wie eine einfühlsame Choreographie erscheinen lassen, ihre Aussage in Frage und schlägt sich auf die Seite des Vaters: „Ich habe den Eindruck, es würde den Vater stören, denn er ist ein sehr liebevoller Vater, der immer möchte, daß die Leute auf ihn eingehen und der selber auf die Leute eingeht, ganz sicher auf seine Kinder." Minuchin hat angefangen, das zu unterstützen, was nicht normal ist, nämlich die Verhaltensweise, die vermutlich das Symptom verstärkt. Warum? Vielleicht, weil er das Mädchen bitten will, etwas zu tun, was sie nicht oft tut, dem Vater zu sagen, daß sie ihre Privatsphäre wünscht. Er weiß, daß er den Vater unterstützen muß, damit dies möglich ist. Sonst würde es die Loyalität dem Vater gegenüber dem Mädchen schwer machen, eine Stellung gegen ihn einzunehmen. Er sagt zu Laura: „Frage den Vater, ob es ihn stören würde, wenn du ihn bittest, an deine Tür zu klopfen, ehe er dein Zimmer betritt." Laura tut dies mit einer fast tonlosen Stimme. Der Vater sagt: „Vermutlich" und fügt hinzu: „weil ich gern alle Türen offen habe."

Jill, die offenere Schwester, unterbricht und sagt, er klopfe nicht an, weil er geschlossene Türen nicht ausstehen könne und sie öffnen wolle, wenn sie geschlossen sind. Minuchin fragt die anderen Kinder, ob sie auch ihre Türen manchmal geschlossen haben möchten, und sie bestätigen das. Obwohl der Vater Laura keine verbale Zustimmung gegeben hat, ihre Tür zu schließen, drängt Minuchin nicht weiter. Er hat eine sehr sanfte Konfrontation zwischen Laura und ihrem Vater über das Problem der Privatsphäre zustandegebracht und hat den anderen Kindern, die dieselbe Position stärker ausdrücken können, geholfen, sie zu unterstützen. Das ist alles, aber es ist sehr viel.

Minuchin verläßt nun die Vater/Laura-Dyade und wendet sich der Vater/Mutter-Dyade zu. Die Mutter ist genauso in Verhaltensweisen gefangen, die das Problem zu erhalten helfen, obwohl der Vater die sichtbarere Rolle spielt. Die Mutter ist auf eine Weise ihrem Mann gegenüber nachgiebig, aber da sie ihm für Intimitäten nicht zur Verfügung steht, ist sie in dieser Beziehung überhaupt nicht nachgiebig. Um Laura bei ihrer Befreiung zu helfen, muß Minuchin der Mutter wie der Tochter andere Möglichkeiten eröffnen, sich dem Vater zu widersetzen. Bisher hat die Mutter vor allem die Verweigerung der Intimität und eine verdeckte, aufrührerische Verbindung mit den Kindern, besonders mit Laura, eingesetzt. Nach viel Arbeit bringt Minuchin die Mutter schließlich dazu, sich dem Vater bei einem ihrer eigenen Probleme entgegenzustellen – sie hat etwas gegen seine Anrufe während des Mittagessens, besonders weil das Telefonkabel genau an ihrem Hals vorbeigeht. Das Ehepaar gerät in eine Streitfolge, die typisch für ein Paar nach dem Muster 'einer oben einer unten' ist. Die Mutter bringt eine schwache Klage hervor, der Mann unterbricht, beginnt dann einen Monolog und verfällt am Ende in Schweigen. Minuchin muß schließlich seine großen Geschütze auffahren und beginnt, die Familienmitglieder umzusetzen, die Stühle hin- und herzuschieben, bis er sich selbst zwischen Vater und Mutter gesetzt hat. Als er erst einmal den Zugang des Vaters zur Mutter blockiert hat, fängt er eine heitere Unterhaltung an mit der Mutter über ihre Einsamkeit. Er kommt auf das Bild zurück von dem Vater und den Kindern im Bett und meint: „Deine Kinder beschäftigen dich nicht und dein Mann beschäftigt dich nicht – welche Ecken gibt es, in denen du steckst?"

Zum ersten Mal während des Interviews gibt der Vater (der verzweifelt versucht hat, sich in diesen Flirt einzumischen) Minuchin gegenüber auf und sagt: „Sie haben da ein wichtiges Argument". Minuchin macht eine Weile weiter mit seinem tete-a-tete, steht dann auf, gibt seinen Stuhl dem Vater und sagt: „Ich möchte, daß du zu deiner Frau zurückgehst." Dies ist eines der deutlichsten Beispiele für ein strukturelles, im Sprechzimmer stattfindendes Umbalancieren eines Paares, das ich kenne. Es ist ein wichtiger Schritt, da deutlich ist, daß kein Heraufbeschwören oder gar Lösen einer Konfliktsituation geduldet wird, ehe nicht die zaghafte Frau fühlt, eine gewisse Gleichheit mit ihrem übermächtigen Mann erreicht zu haben. Und bis zu der Zeit wird Laura vermutlich magersüchtig bleiben müssen.

Während des letzten Aktes dieses Dramas wird Essen hereingetragen. Minuchin konzentriert sich allein auf Laura und ihr Essen, obwohl das Thema Essen nicht formuliert wird. Stattdessen beginnt Minuchin eine Unterhaltung mit Laura über ihr Alter. Einer seiner wichtigsten Beiträge zur Familientherapie war der, auf die Verwirrung in der normalen Geschwisterhierarchie in einer nicht gut funktionierenden Familie hinzuweisen. Er bemerkt hier Laura gegenüber, daß ihre jüngere Schwester eher wie ein Zwilling zu sein scheint oder sogar älter und daß die Eltern die beiden gleich behandeln. Er fragt Laura, ob es ihr gefällt, so behandelt zu werden, als sei sie gleichaltrig mit Jill. Er sagt: „Vielleicht erzählst du ihnen, du seist 12 Jahre alt, und vielleicht erzählst du ihnen, du seist 1o Jahre alt. Und vielleicht machen wir einfach ein Zugeständnis, wenn wir dich behandeln, als seist du 12 Jahre alt. Aber irgend etwas stimmt hier nicht."

Minuchin sitzt neben Laura, als die Brote hereingebracht werden und spricht – während sie ißt – weiter in einem lockeren Unterhaltungsstrom. Kauft sie ihre eigenen Kleider? Kann sie bestimmen, wann sie schlafen geht? Er stellt dabei fest, daß ihr all diese kleineren Freiheiten gestattet sind. Minuchin gibt ihr eine Interpretation – dieses Nichtessen ist die einzige Möglichkeit für sie, um in diesem großzügigen Haushalt zu rebellieren, in dem sie, obwohl ihr so viel Autonomie gegeben wird, doch tatsächlich so wenig besitzt. Aber er konzentriert sich deutlich auf ihr Brot, mit dem sie ständig spielt. Er stimmt seine Bisse auf ihre ab und gibt ihr gleichzeitig paradoxerweise Anweisungen, nicht zu essen: „Wenn du 14 Jahre bist, Laura, wirst du ohne Probleme essen. Aber ich halte es für gut, wenn du jetzt nicht ißt, denn ich glaube, dies ist der einzige Bereich in deiner Familie, in dem du selbst etwas zu sagen hast. Und mit 14 Jahren wirst du auf einem anderen Gebiet etwas zu sagen haben müssen. Und du weißt, zu diesem Zeitpunkt, daß dies die einzige Möglichkeit ist für dich, Nein zu sagen."

Den Eltern ist es während dieser Zeit nicht erlaubt, in Laura einzudringen. Minuchin schlägt vor, der Vater hätte es vielleicht nicht gern, daß sein großes Mädchen älter wird. Er fragt, was geschehen wird, wenn sie groß ist, und sie sagt leise: „Ich weiß nicht... heiraten?" Minuchin sagt: „Du wirst dann daran interessiert sein, einem anderen den Rücken zu reiben. Was wird dann geschehen, Vater? Vielleicht wirst du dann Connie (seine Frau) brauchen, damit sie dir den Rücken reibt." In diesem Augenblick verschüttet der Vater durch ein offensichtliches Mißgeschick sein Getränk und seine Frau hilft ihm, die Kleidung zu säubern.

Die Sitzung endet damit, daß Laura ihre Mahlzeit beendet und Minuchin der Familie 'Hausaufgaben' gibt. Er erweitert die Metapher der offenen Tür mit ihren Implikationen des Eindringens, indem er Laura sagt, sie solle ihre Zimmertür zwei Stunden am Tag schließen, und während dieser Zeit müßten die Eltern klopfen, wenn sie hereinkommen wollen. Jill solle ihre Tür offenhalten, da sie erst im nächsten Jahr Lauras Privileg verdient hätte. Der kleine Bruder, der spät aufblieb und bei Jill schlief, soll seiner

Mutter gehorchen und ins Bett gehen, wenn sie es ihm sagt. Dann wendet sich Minuchin an die Eltern und sagt ihnen, sie sollen die Tür zum Schlafzimmer jeden Abend von 9 bis 1o Uhr schließen und allein fernsehen. Die Sitzung ist zu Ende.

Dies war nur eine Unterredung zur Konsultation. Der Rest des Falles wurde von einem anderen Therapeuten betreut, der ihn zu einem guten Abschluß brachte. Das beschriebene Interview enthält den Plan für die letztliche Neuordnung der Familienbeziehungen und gibt jeder Person für eine Zeit das Gefühl, in einer normal organisierten Gruppe zu leben. Als die Familie das erste Mal auftauchte, waren die Kinder ganz offensichtlich die Busenfreunde des Vaters, aber sie waren unterschwellig mit der Mutter verbündet. Diese wippenartige Anordnung der Kinder/Erwachsenen-Allianzen hielt die Eltern in einem unbequemen Gleichgewicht. Am Ende des Interviews waren jedoch die Kinder vom elterlichen Zank abgekoppelt. Die eheliche Dyade war abgeriegelt und geglättet. Und die geschwisterliche Hierarchie war durch die Errichtung einer Reihe von Stufen revidiert worden, auf denen die älteste Tochter offensichtlich ihren Weg nach oben und aus der Familie heraus finden würde.

Sehr nachteilig wirkt sich aus, daß Minuchins Theorie der Veränderung keinen Spielraum für die sogenannten paradoxen Techniken läßt. Auf Befragung antwortete er oft, er wende diese Methoden nicht an, obwohl er sich – wie in dem oben beschriebenen Interview – oft sehr stark in ihre Nähe begibt. Jane Malcolm gibt in ihrer für den 'New Yorker' geschriebenen Kurzbiographie über Minuchin ein noch deutlicheres Beispiel. Sie zitiert Minuchins Anweisungen an die Eltern einer Familie mit einer Tochter, die wegen eines Nervenzusammenbruchs in die Klinik eingewiesen worden war:
„Ich fürchte, Ihre Tochter wird wieder verrückt werden, wenn Sie uns heute verlassen. Und ich glaube, sie wird das tun, um Ihre Ehe zu retten... Yvonne, ich schlage vor, du wirst heute völlig verrückt, damit sich deine Eltern über dich sorgen können. Dann wird alles zwischen ihnen in Ordnung sein... Du bist eine gute Tochter, und wenn du Gefahr siehst, dann werde verrückt."(13)

Andere talentierte Praktiker, die als Mitarbeiter von Minuchin gearbeitet haben – Braulio Montalvo und Harry Aponte zum Beispiel – wenden Symptomverschreibungen und paradoxe Interventionen auf viele erfinderische und subtile Arten an. Minuchins Theorie sind hier tatsächlich Grenzen gesetzt, denn obwohl sie sich wortreich über Familiensysteme und die Familienstruktur ausläßt, enthält sie keine genügend umfassende Theorie der Veränderungen, um das unter der irreführenden Bezeichnung 'Widerstand' bekannte Gebiet mit einzuschließen und natürlich auch nicht die erfolgreichen Maßnahmen zu seiner Behandlung, besonders in den Fällen, die Minuchin 'verstrickte' Familien nennen würde.

Eine weitere Schwierigkeit von Minuchins Methode besteht darin, daß sie einfach klingt und schwer zu unterrichten ist. Minuchin arbeitet so stark mit analogem Verhalten, daß seine Schüler sehr viele Familien gesehen haben müssen, ehe sie die unsichtbaren Muster zu erkennen beginnen können,die ein erfahrener struktureller Therapeut auf den ersten Blick erfaßt. Es hilft auch wenig, sich auf seine vernunftmäßigen Fähigkeiten zu verlassen, wenn man strukturell arbeitet, genauso wenig wie man das Ballettanzen durch Anlesen oder durch Beobachtung lernen kann. Es genügt festzustellen, daß ein guter struktureller Therapeut viel Erfahrung und ausgiebige direkte Anleitung durch einen Lehrmeister braucht.

Die strategische Methode

Haley benutzte als erster den Ausdruck 'strategisch', um damit jede Therapie zu erfassen, in der der Kliniker aktiv den Problemen angemessene Interventionen plant. Dieser Ausdruck ist mit den Arbeiten von Weakland, Watzlawick und Fisch identifiziert worden, wie sie in dem Artikel 'Brief Therapy. Focused Problem Resolution'(Kurztherapie. Fokussierte Problemlösung) und in dem Buch 'Change:Principles of Problem Formation and Problem Resolution'(Veränderung: Prinzipien der Problembildung und Problemlösung) zum Ausdruck kommen.(14)

Diese Therapeuten behaupten, sie seien nicht an der Familienstruktur bzw. dem Familiensystem interessiert. Im Gegensatz zu Minuchin, der auf einer abstrakten Ebene anfängt und sich dann einarbeitet, beginnen sie auf der spezifischsten Ebene und arbeiten sich dann nach außen vor. Infolgedessen haben sie ein sehr klar umrissenes Arbeitsverfahren für das erste Interview, das sehr an das Verhör eines Detektiveszur Aufklärung eines ungelösten Falles erinnert. Worin besteht das Problem? Wer hat sich wie verhalten, als es das letzte Mal passierte? Zu welchen Zeiten findet es wahrscheinlich statt? Wann ist es zuerst aufgetreten?

Dieses extreme Interesse an den Details des Symptoms ist irreführend, wenn man daraus schließt, das Symptom sei das einzige, woran der Therapeut interessiert ist. Unter Anwendung des Modells der sich selbst verstärkenden Sequenz geht diese Gruppe davon aus, das Symptom werde genau durch diejenigen Verhaltensweisen am Leben erhalten, die es zu unterdrücken trachtet – durch die 'Lösung'. Wie wir gesehen haben, wird eine sorgfältige Analyse dieser Verhaltensweisen tatsächlich zeigen, daß zu derselben Zeit, zu der das Problem von entgegengerichteten Verhaltensweisen angegriffen wird, es unterschwellig durch das Hervorrufen von Verhaltensmustern unterstützt wird. Der Therapeut sucht nach dem Zyklus oder der

Sequenz. Wenn eine Ehefrau durch andauerndes eifersüchtiges Verhör ihres Mannes seine Verschwiegenheit nur noch verstärkt, die dann wieder ad infinitum ihre Eifersucht verstärkt, so muß der strategische Therapeut herauszufinden suchen, wie er diesen Teufelskreis unterbrechen oder beenden kann. Es könnte ausreichen, die Frau einfach darauf hinzuweisen, wie sie durch ihr Verhalten genau das Gegenteil davon erreicht, was sie erreichen möchte. Der Therapeut geht jedoch davon aus, daß dieses Problem sicher nie in seiner Praxis aufgetaucht wäre, wenn es so einfach zu lösen wäre. Er sucht daher nach einer taktvolleren Art der Abänderung oder Unterbrechung dieser Sequenz.

Gerade unter diesem Aspekt muß man die strategische Betonung des Therapeuten auf Neuorientierung verstehen, jener Technik, mit deren Hilfe der Therapeut eine Situation neu formuliert, damit sie auf eine neue Art wahrgenommen wird. Der strategische Therapeut könnte die Frau vielleicht davon überzeugen, sie würde durch plötzliches Aufhören mit dem Gefrage oder wenn sie plötzlich für eine Woche gänzlich verstummen würde, in den Augen ihres Mannes geheimnisvoller erscheinen. Bei einigen Frauen könnte man mit dieser Vorstellung allein genügend Wirkung erzielen, um sie zu einer Verhaltensveränderung zu veranlassen.

Andererseits können die Verhaltensweisen natürlich so festgefahren sein, daß sich die Frau tatsächlich nicht ändern kann. Vielleicht hat man auch keinen Erfolg dabei, den Mann zu größerer Offenheit zu bewegen. Die nächste Maßnahme würde wahrscheinlich auf eine Ermunterung zur Eifersucht statt auf den Versuch der Beendigung dieser Eifersucht abzielen. Der Therapeut könnte der Frau sagen, ihr Mann erschiene zwar als starke und in sich geschlossene Persönlichkeit, sei aber in Wirklichkeit ein schüchterner und abhängiger Mensch, dem es nicht gelingt, offen um Aufmerksamkeit und Anteilnahme zu bitten. Da er nicht um eine direktere Bestätigung bitten kann, ist ihre Eifersucht für ihn ein Beweis der Liebe. Sie sollte daher ihre Eifersucht verdoppeln. Diese Anweisung mag durchaus zu einem Zurückweichen führen. Nicht nur wird die Frau eine gewisse Hemmung verspüren, ihr beaufsichtigendes Verhalten fortzusetzen, besonders jetzt, wo der Therapeut sie bittet, es zu intensivieren, sondern es wird sich vielleicht auch der Ehemann gegen die Implikation sträuben, er sei ein schüchterner und abhängiger Mensch. Beide Seiten werden sich unter Umständen in gegenseitigem Einverständnis gegen diese Aufgabe wehren und in der folgenden Woche bekanntgeben, sie hätten ihr nicht Folge geleistet, ihre Beziehung hätte sich aber dennoch verbessert.

Wenn das Ehepaar zu diesem Zeitpunkt nicht mit einem neuen Problem aufwartet, sieht der strategische Therapeut seine Arbeit als beendet an. Er hat nicht den Versuch unternommen, den Kontext des Problems näher zu untersuchen, als für dessen Lösung vonnöten war. Er hat sich nicht näher erkundigt nach der Geschichte der Ehe oder der erweiterten Familie oder nach den Kindern oder dem Hintergrund und der frühen Kindheit jedes Ehepartners. Auch hat er keine Vermutungen über die evtl. Bedeutung dieser Eifersucht im größeren Kontext der Familie angestellt. Vielleicht sah sich der Ehemann nach dem Tode seines Vaters einer einsamen, ihn in Anspruch nehmenden Mutter gegenüber, und vielleicht war es für ihn und für seine Frau unvorstellbar, diese leidende Person abzuweisen. Die Eifersucht könnte dann die einzige Möglichkeit sein, auf die die Ehefrau ihrem Mann ihren Wunsch verständlich machen kann nach mehr Zeit und Aufmerksamkeit; und gleichzeitig stellt dies eine Distanz zwischen ihnen sicher, die die Loyalität des Ehemannes seiner Mutter gegenüber wahrt. Aber dies ist keine Information oder Mutmaßung, die notwendigerweise den strategischen Therapeuten interessiert.

Ebensowenig wird er sich um andere Verhaltensstörungen innerhalb der Familie kümmern, wenn sie ihm nicht als Probleme dargestellt werden. Das Ehepaar nimmt vielleicht die sechsjährige Tochter zu sich ins Bett, wenn sie Angstträume hat, aber wenn die Eltern sich nicht darüber beklagen, geht der strategische Therapeut dieser Angewohnheit nicht weiter nach und schlägt auch keine Änderung vor. Und er fühlt sich auch nicht verpflichtet, sich mit einer Ehe zu befassen, wenn ein Kind, das zwischen den Ehepartnern zum besseren Verhältnis vermittelt hat, dadurch zum Problem wird, sich dann aber bessert. Die Partner entschließen sich vielleicht, auch ihre Eheprobleme mit hineinzubringen und diesbezüglich einen neuen Auftrag zu erteilen. Aber der strategische Therapeut drängt sich nicht auf, wenn er nicht darum gebeten wird. In der Welt der Therapie ist er ein Minimalist.

Als ausführlicheres Beispiel für die strategische Kurztherapie können wir uns vielleicht Höhepunkte aus dem Fall vor Augen führen, den die Palo-Alto-Gruppe in ihren Seminaren und Workshops vorstellt. Der Therapeut ist in diesem Fall Paul Watzlawick. Die Familie besteht aus Vater, Mutter, einer sexuell sich auslebenden 15jährigen Tochter und drei jüngeren Geschwistern, nämlich zwei Mädchen und einem Jungen. Das Mädchen ist von Zuhause fortgelaufen und scheint auf eine Laufbahn in der Jugendkriminalität hinzusteuern. Die Therapie besteht aus fünf Sitzungen, die meist mit den Eltern stattfinden. Der Therapeut bezieht die jüngeren Kinder nicht in die Therapie ein.

In der ersten Sitzung trifft sich der Therapeut mit den Eltern. Sie beschreiben ihre Tochter als mannstoll, streitsüchtig, fahrig, verärgert und unerziehbar. Sie stellen sich als durch die ewigen Kämpfe und Streitereien am Boden zerstört dar. Der Therapeut macht sich ihre Frustration zunutze und fragt sie, ob es irgendeine Möglichkeit gäbe, es der Tochter mit gleicher Münze heimzuzahlen, „auf ihren Nerven so rumzutrampeln, wie sie es auf Ihren tut". Sie sagen, sie würden nichts lieber tun als das. Es ist wichtig für den Therapeuten, diese Reaktion festzuhalten, denn sie hätten ja auch sagen können: „Ach nein, das arme Kind. Das können wir ihr unmöglich antun." Aber diese Eltern sind bereit, den Vorschlag des Therapeuten aufzugreifen. Er regt an, sie sollten sich eine Methode ausdenken, wie sie unvernünftig statt vernünftig sein könnten, und schlägt vor, sie könnten zum Beispiel 'Nein' sagen, wenn die Tochter am Abend ausgehen möchte. Wenn sie daraufhin protestiert, könnten sie etwas Absurdes sagen, wie zum Beispiel: „weil heute Freitag ist", statt ihre Haltung zu rechtfertigen. Den Eltern gefällt der Gedanke, aber der Therapeut hält sie zurück und sagt: „Versuchen Sie es jetzt noch nicht, denken Sie nur einmal darüber nach."

Dann trifft er das Mädchen allein. Wie bei den Eltern arbeitet er mit dem Eigeninteresse des Mädchens, so wie sie es sieht. Als er sie fragt, was sie gern zu ihrem eigenen Vorteil verändert hätte, sagt sie, sie sei all die Auseinandersetzungen leid. Der Therapeut bemerkt, sie habe sich selbst in eine sehr mächtige Position gebracht und ihre Eltern seien recht hilflos, wie sie sich ihr gegenüber verhalten sollten. Am besten könnte sie ihre Lage so belassen, wenn sie einfach durchhält und vielleicht sogar noch weiter geht. Wenn sie ihr etwas verweigern, solle sie nach den Gründen fragen und so lange in sie eindringen, bis sie schließlich aufgeben. Mit nachdenklichem Ton fügt er hinzu, daß dafür immer ein Preis zu zahlen sei. Sie könne sich in einem chronischen Zustand des Zorns befinden, da die Auseinandersetzungen am Anfang schlimmer werden würden. Sie könne sogar zeitweise in einem Jugendheim landen, aber daran könne man sich auch gewöhnen. Wichtig sei es, ihrem Vorteil nachzustreben, denn dann würde sie gewinnen. Er sagt dann, er würde ihre Eltern weiterhin sehen, da es seine Aufgabe sei, ihnen beizubringen, wie sie mit dieser Situation leben könnten.

Er sieht das Mädchen nie wieder. Die nächsten vier Interviews finden allein mit den Eltern statt. Er fragt sie, was ihnen eingefallen sei. Dem Vater fallen leicht frustrierende Antworten auf die Forderungen des Mädchens ein, aber die Mutter erweist sich als der wohlwollendere Elternteil. Sie sagt, sie fühle sich hilflos. Der Therapeut — weit davon entfernt, diese Haltung anzugreifen — akzeptiert dies. Er weist darauf hin, daß sie von der Haltung der Stärke zu einer der Schwäche überwechseln könnten, denn wenn man hilflos ist, könne man mit allen möglichen Dingen durchkommen. Wenn die Tochter zum Beispiel ihr Essen herunterschlingt, ehe sie zu einer Verabredung geht, könne die Mutter etwas Dummes tun, wie zum Beispiel ein Glas Milch über die Kleidung der Tochter verschütten, sich dann entschuldigen und sagen: „Oh, ich bin so aufgeregt. Ich bin in der letzten Zeit so depressiv gewesen. Ich mache alles mögliche Dumme." Wenn das Mädchen später nach Hause kommt als sie soll, könnten sie die Türen verschließen und das Licht löschen. Wenn sie sie dann eine Weile haben draußen warten lassen, könnte die Mutter hinausgehen und sagen: „Es tut mir leid, daß ich dich ausgesperrt habe in der Kälte. Ich mache in der letzten Zeit wirklich

die dümmsten Sachen!"
Auf diese Weise kann der Therapeut den Widerstand der Mutter einfangen, der sich in ihrem Widerstreben zeigt, die Tochter direkt zu bekämpfen. Der Vater braucht nicht gedrängt zu werden. Im allgemeinen scheint es die Regel zu sein, daß die Eltern ermutigt werden, die Zügel direkt in die Hand zu nehmen, wenn das Kind als 'schlecht' betrachtet wird; wenn das Kind als 'krank' angesehen wird, ist das Ziel dasselbe, doch die Taktik wird als wohlwollend bezeichnet und umbenannt als eine 'starke Medizin'. Wenn die Eltern das Kind zum Sündenbock machen, kann der Therapeut ihre Rachsucht ins Extrem treiben und nicht nur zeitweilige Einweisungen, sondern permanente Einweisung vorschlagen und vielleicht Bemerkungen einfließen lassen über die gräßlichen Bedingungen in diesen Institutionen, auf die die Eltern wenig Einfluß haben. Bei einem mürrischen Jugendlichen könnte der Therapeut bemerken, wie kooperativ er ist, da er seinen Eltern beweist, daß er ein niederträchtiges Kind ist usw.

In dem beschriebenen Fall kamen die Eltern zur zweiten Sitzung und sagten, sie führten die Vorschläge des Therapeuten erfolgreich durch. Statt sich mit der Tochter auseinanderzusetzen, beantwortete der Vater jede ihrer Bitten mit einem „Ich will mal darüber nachdenken", was sie sehr frustrierte. Die Mutter stimmte der Tochter einfach zu und fing auch keinen Streit an. Die Tochter wurde immer wütender, da sie sich nicht mit ihr stritten. Der Therapeut ermutigt sie weiter und schlägt vor, sie sollten in der folgenden Woche eine noch eindrucksvollere Hilflosigkeit zur Schau stellen und empfiehlt der Mutter der Tochter zu erzählen, daß in der vergangenen Sitzung beim Therapeuten etwas sehr Beunruhigendes herausgekommen sei, das sie ihr aber auf keinen Fall erzählen könnte. Watzlawick, der ein Meister der Umformulierung ist, sagt: „Sie sollten ihr diesen schöpferischen Zweifel und die Unsicherheit geben, die ein junger Mensch braucht, um erwachsen zu werden."

Die Mutter erwähnt dann, das Mädchen werde demnächst 16 Jahre alt und hätte um ein Paar Stiefel gebeten, die ungefähr 32 Dollar kosteten. Wie sich herausstellt, ist die Mutter wegen der alten abgetragenen BHs der Tochter verärgert, weil sich die Tochter weigert, neue zu kaufen (sie trägt eine große Nummer und die BHs kosten 8 Dollar) und weil sie die alten nicht auswäscht. Der Therapeut schlägt vor, die Eltern sollten vier neue BHs kaufen und sie ihr zum Geburtstag schenken, sie kosten dasselbe wie die Stiefel, auf die sie hofft. Wenn die Tochter das Geschenk dann auspackt und enttäuscht ist, solle sich die Mutter aufrichtig unglücklich darüber zeigen. Der Vorschlag wurde angenommen und ausgeführt, und die Eltern berichteten in der kommenden Sitzung mit Genugtuung von der erstaunten Reaktion der Tochter.

Bis zur vierten Sitzung haben sich die Eltern zusammengetan, schmieden Pläne, wie sie dieser Tochter, die sie so zornig macht, beikommen können und setzen sie völlig in Erstaunen. Das Mädchen durchläuft eine wundersame Persönlichkeitsveränderung. Die Eltern können sie kaum wiedererkennen. Sie ist ein angenehmes, kooperatives Kind geworden mit einem normalen Leben und normalen Interessen. Sie hat angefangen zu nähen (nachdem die Mutter 'dummerweise' das Rückenteil eines Kleides vorn angenäht hat, als die Tochter sie bat, das Kleid auszubessern). Sie ißt ihr Mittagessen wie jeder in der Familie. An einem Tag hat sie ihrer Mutter sogar eine Schachtel Pralinen mitgebracht.

Während der letzten Sitzung drückt der Therapeut seine Beunruhigung darüber aus (wie es in dieser Gruppe üblich ist), daß die Dinge so gut laufen. Er warnt die Eltern, weil der Erfolg mit ihrer Tochter letztlich vermutlich darin enden wird, daß sie ein sehr bezauberndes Kind werden wird, und dann könnte es für sie schwierig sein, sie erwachsen werden zu lassen. Es könnte deshalb eine gute Idee sein, die alte Situation wieder herzustellen, damit sie nicht allzu unglücklich wären, wenn die Tochter fortgeht. Er bittet sie, sich vorzustellen, auf welche Weise sie zum ersten Mal wieder in das alte Muster zurückfallen könnten. Wie vorauszusehen ist, verstärkt dies nur die Veränderung, die stattgefunden hat, und bei einer Nachsitzung nach drei Monaten stellt sich heraus, daß die Eltern angefangen haben, zusammen auszugehen (was sie früher nicht tun konnten, als sich die Tochter so schlecht benahm). Ihre Zeugnisse sind von 4 auf 2 geklettert, und sie scheint im Großen und Ganzen glücklicher zu sein.

Ein Strukturtherapeut würde sagen, die Veränderung hätte sich ergeben, da der Therapeut die Eltern dazu brachte, sich zu vereinen und die Verhaltensweise des Mädchens zu beherrschen, wo vorher die Mutter das Mädchen versteckt gegen den Vater unterstützte und die Generationsgrenze untergraben hatte. Der strategische Therapeut würde dem zustimmen, die Veränderung aber der Fähigkeit des Therapeuten zuschreiben, die Situation neu zu formulieren, damit sich die Eltern dem Mädchen gegenüber anders verhalten konnten. Es ist nicht notwendig, alle Verhaltensweisen in einem sich selbst verstärkenden Zyklus zu verändern, um das Problem zu beseitigen, und es ist nicht unbedingt notwendig, alle Familienmitglieder dabei zu haben, um die Veränderung herbeizuführen.

Für die strategische Schule ist die Einheit, die in Angriff genommen werden muß, nicht die Familie, sondern das Problem. Daher machen sich die strategischen Therapeuten – anders als die strukturellen – nicht die Mühe, alle Mitglieder eines Haushalts zusammen zu sehen. Sie ziehen es sogar vor, Individuen oder Familiensubgruppen getrennt zu sehen und so die Veränderung zu vergrößern, indem sie heimlich eine Gruppe oder Personen gegen die andere ausspielen. Man könnte sogar sagen, während der strukturelle Therapeut aktiv die Beziehungen im Raum umändert, ist der strategische Therapeut merkwürdig inaktiv im Raum. Der Schlüssel zur Veränderung ist für sie die Kunst, mit der Sichtweise des Klienten vom Zusammenhang seines Verhaltens umgestalten können. Sie benutzen die Analogie mit dem Vertreter, wenn sie ihre Methode unterrichten, und sie schicken sogar Studenten aus, um zu beobachten, wie Autovertreter Kunden überreden, ein Produkt zu kaufen. Es geht darum, die erlebte Realität des Klienten zu verändern, damit anderes Verhalten möglich wird.

Die Autoren von 'Change' führen als Beispiel den Fall eines stotternden Mannes an, der den Beruf eines Vertreters übernahm. Sein verständlicher Glaube, sein Sprachproblem würde seine Fähigkeit als guter Vertreter einschränken, wurde durch die Vorstellung infrage gestellt, daß dieser Defekt von Vorteil sei und nicht etwas Nachteiliges. Die Leute schenken jemandem, der Schwierigkeiten beim Sprechen hat, immer mehr Aufmerksamkeit als anderen, so wie sie andererseits häufig abschalten bei einem sehr schnell sprechenden 'Höker'. Darum wurde der Mann ermutigt, sein Stottern zu verstärken, um dadurch vielleicht ein noch besserer Vertreter zu werden. Dies ist ein Beispiel für den Einsatz von positivem Umstrukturieren durch Verschreibung des Symptoms. Natürlich benutzen die strategischen Therapeuten bei ihrer klinischen Arbeit eine große Spielbreite therapeutischer Doppelbindungen und viele wohlwollende Begründungen, die sie angenehmer erscheinen lassen.

Für den strategischen Therapeuten wird die Kunst der Therapie zur Kunst der Rhetorik. Und in der Tat haben die strategischen Therapeuten den schlechten Ruf, den die Sophisten im alten Griechenland hatten. Es spielt keine Rolle, sagen unsere Palo-Alto-Freunde, ob wir die einfallsreiche Begründung glauben, die wir dem Klienten geben, um ihn dazu zu bringen, seine Verhaltensweise zu ändern. Solange er sie nur verändert, ist unsere Arbeit getan. Traditionellere Therapeuten haben diese Haltung abgelehnt, da sie glauben, der Gebrauch solcher Mittel bringe den Beruf in Verruf. Anschuldigungen wie 'Manipulation' und 'soziale Machenschaften' werden allgemein erhoben und ganz fröhlich von den strategischen Therapeuten akzeptiert. Sie behaupten, nur einfache Handwerker zu sein, die die Probleme der Leute auf die passendste (und billigste) Weise lösen. Und dies ist in Wahrheit auch die Stärke ihrer Position. Sie haben einen engeren Blickwinkel als die anderen Therapeuten. Daher haben sie – wie die strengen Behavioristen – eine gute Chance, das zu erreichen, was sie sich vorgenommen haben. Merkwürdigerweise haben sie auch eine gute Chance, mehr zu erreichen. Obwohl sie das Interesse an der Familie als einem 'System' ableugnen, arbeiten sie systemisch und hoffen insgeheim, erwarten es vielleicht sogar, daß eine kleine Veränderung in einer wichtigen Familienbeziehung einen Domino-Effekt auf die anderen Beziehungen haben wird: Eine Ehe wird vielleicht 'von selbst' besser, wenn ein Kind sich verbessert, einfach weil zum ersten Mal seit Jahren die Eltern aufhören, die ganze Zeit über das Kind nachzudenken, sondern sich selbst stattdessen neu entdekken und anfangen sich wohlzufühlen.

Der Beitrag der strategischen Schule liegt in der Schaffung eines eleganten und sparsamen Modells für eine Veränderung. Die Methode dieser Gruppe zum Aufspüren von Verhaltensweisen um ein Problem herum ist ein unschätzbares klinisches Werkzeug, umso mehr, als es sich auf einem klaren Verständnis der sich selbst verewigenden Verhaltenssequenzen um ein Symptom herum begründet. Ein anderes wichtiges Werkzeug ist ihr Gebrauch paradoxer Techniken, um dieser Art Problem entgegenzuwirken. Sie nehmen eine starke therapeutische Position ein, weil sie beständig den Wunsch der Familie nach Veränderung herausfordern und darauf bestehen, nur geringfügige Mittel zur Verfügung zu haben. Dadurch wird nicht nur die Herrschaft des Therapeuten aufrechterhalten, sondern sie stützen sich auch auf die Fähigkeiten zum Widerstand, die die meisten Familien mit psychiatrischen Problemen besitzen, weil sie fast alle dazu verpflichten, sich zu verändern, indem sie sich dem Befehl dazu widersetzen.

Die strategische Methode hat ihre eigenen Tücken für Anfänger, da sie eine täuschend einfache Formel zum Herausfinden dessen anbietet, was verändert werden muß und wie man es verändern kann. Es ist eigentlich nicht genug, nach dem Problem zu fragen, herauszufinden, welche Lösung versucht wurde bisher und dann zu unterbrechen oder diese Lösung umzukehren. Dies sind Abkürzungen für die meisten Therapeuten, die die Komplexität der Vorgänge, mit denen sie es zu tun haben, durchschauen und die eine intuitive Methodenlehre entwickelt haben, um diese Vorgänge umzuleiten. Sie können durchaus behaupten, sie brauchten sich nicht um die Struktur der Familie zu kümmern – sie kennen sie auswendig. Ebenso kann der strukturelle Therapeut sich entscheiden, die Eigenheiten des Symptoms oder die Verhaltensweisen, die es unterstützen, außer acht zu lassen; er weiß sehr wohl, wie er einen symptomatischen Zyklus erkennen und wie er ihn durchbrechen kann.

Wir können abschließend folgendes sagen: Wenn die Strukturalisten ihr Wissen um die Vorgänge eingestehen sollten, dann sollten die Strategen ihr Wissen von der Form zugeben.

Haleys problemlösende Methode

Obwohl in mancher Beziehung Haley der strategischen Schule zugeordnet werden sollte, ist er doch eigentlich eine verbindende Gestalt zwischen den strategischen und den strukturellen Positionen. Am deutlichsten stellt Haley seine strategische Seite in seinen Schriften über die klinischen Arbeiten von Milton Erickson dar. In 'Uncommon Therapy' prägt Haley nicht nur den Ausdruck 'strategische Therapie', sondern versucht ein Modell für die Therapie zu schaffen, die auf der Hypnose-Technik beruht.(15) Viele dieser Techniken sind eine unaufdringliche Möglichkeit, mit Widerstand fertig zu werden. Es gibt zum Beispiel dieTechnik, 'die Illusion von Alternativen zu schaffen': Würden Sie lieber jetzt oder später in Trance gehen? Die Frage, ob man sich überhaupt in Trance begeben sollte, wogegen sich die Person eigentlich sträubt, wird umgangen und die Illusion einer Wahl geschaffen.Ein Therapeut könnte so zu einer sich widersetzenden Familie sagen:„Möchten Sie, daß wir Sie am Donnerstag oder am Freitag zu Hause besuchen?" Die Frage, ob überhaupt ein Besuch gewünscht ist, wird umgangen. Die Verfeinerung dieser Taktik nennt sich 'Schaffen einer schlimmeren Alternative' und besteht darin, zwei Möglichkeiten aufzustellen, von denen die eine so furchtbar oder schwierig ist, daß der Klient sich entweder eine andere, aber gleichermaßen wirksame Lösung selbst ausdenkt oder sich auf den weniger schlimmen Gedanken einläßt. In einem Fall, den mir ein befreundeter Mitarbeiter Haleys beschrieb, ging es um ein Kind mit einer Schulphobie. Ein Besuch zu Hause zeigte aber, daß sowohl eine psychotische Schwester als auch eine senile Großmutter zu Hause lebten. Die Familie hatte sich Bemühungen anderer Gruppen widersetzt, das Kind in die Schule zurückzubringen. Haley übernahm die Taktik, die unter dem Namen 'Teufelspakt' bekannt ist, bei der der Therapeut der Familie sagt, er habe eine sichere Lösung für das Problem, die Familie müsse allerdings zustimmen, daß sie sich darauf einlasse, noch ehe er sie darstellt. Die Familie wehrte sich gegen die Abmachung, stimmte aber schließlich doch zu. Der Therapeut erzählte ihnen dann, sie müßten jeden Fernsehapparat im Haus abschalten, solange das Kind der Schule fernblieb. Da nicht nur das Kind, sondern auch die psychotische Schwester und die Großmutter ständig fernsahen, wies die Familie diesen Gedanken zurück. Sie gingen wütend über den Therapeuten fort und drohten damit nicht wiederzukommen. Einige Wochen später meldeten sie sich jedoch und erzählten dem Therapeuten, sie hätten tatsächlich den Fernsehapparat des Kindes vom Stromkreis getrennt und es auch in der Schule angemeldet, in die sie es notfalls auch mit Gewalt schleppen würden.

In seinen Schriften über strategische Therapie hält sich Haley hauptsächlich an die Prozeßsprache. Nachdem er sich entschieden hatte, sich mit Minuchin in Philadelphia zusammenzutun und angefangen hatte, seine eigene klinische Arbeit zu entwickeln, kam er auch zu einem unterschiedlichen Begriffsuniversum. Er fing an, den Gebrauch von Hypnosetechniken und paradoxen Anweisungen herunterzuspielen (obwohl er auf keinen Fall sein Gefühl für ihre Richtigkeit völlig aufgab) und konzentrierte sich mehr auf ein Organisationsmodell für die Therapie. Er benutzte sein Wissen über Hierarchie und Koalitionen und entwickelte seine eigene Methode, abnormale Familienstrukturen zu brechen oder zu verändern und auch um sich den triadischen Konstellationen zu widmen, die sie begleiteten.

Merkwürdigerweise sind die beiden Welten in Haleys 'Uncommon Therapy' und 'Problem Solving Therapy', dem Buch, das aus den Philadelphia-Jahren entstand, sehr weit voneinander entfernt. Es hat den Anschein, als habe Haley einen merkwürdigen Sprung von der einen Seite des Batesonschen Zickzacks zur anderen gemacht, vom Prozeß zur Form. Tatsächlich kann Haleys Karriere zum großen Teil als Schwankung von einer Seite des Zickzack zur anderen angesehen werden, von frühen Mikrostudien der schizophrenen Kommunikation als Erforschung von Koalitionen in Familien bis hin zur Entwicklung eines strategischen Therapiemodells und sogar bis zum Interesse an einem mehr strukturellen Modell usw.

In 'Problem Solving Therapy' weist Haley mit Nachdruck darauf hin, daß man Verhaltenssequenzen identifizieren muß, die ein Problem umgeben, und sich nicht einfach auf das Problem allein konzentrieren darf.(16) Hier treffen natürlich die strategischen Therapeuten Watzlawick, Weakland und Fisch mit ihm zusammen. Wo diese aber darauf hinweisen, daß die meisten 'Probleme' aus sich selbst verstärkenden Zyklen bestehen, beschreibt Haley diese Zyklen in Begriffen der Familienorganisation und legt 'Problemsequenzen' dar, die eine Mutter, den Vater und das Kind betreffen können, oder eine Großmutter, Mutter und Kind, oder den Therapeuten, Eltern und Kind oder elterliches Kind, Mutter und Kind. Anders als die Palo-Alto-Gruppe sieht Haley die Therapie in Begriffen einer schrittweisen Veränderung der Art, wie eine Familie organisiert ist. Sie bewegt sich von einer Art abnormaler Organisation zu einer anderen Art weiter, ehe schließlich eine normalere Organisation erreicht wird. Zu dem Zeitpunkt ist dann vermutlich das Symptom nicht länger erforderlich.

Diese beiden Gedanken, bei der Einschätzung des Problems die Organisationssequenzen aufzuspüren und bei dem Vorgang der Veränderung durch Stadien zu gehen, sind vielleicht Haleys auffälligste Beiträge zur Theorie der Therapie. Auch sollte man seine Betonung der angemessenen hierarchischen Grenzen erwähnen, obwohl dies nicht seine spezielle Erfindung ist. Diese Betonung erweitert sich zu einem Bewußtsein dafür, daß Therapeuten und andere Sachkundige zur organisatorischen Abnormalität beitragen können, wenn sie diese Grenzen in ihrem Bemühen zu helfen überqueren.

Ein schönes Beispiel dafür, wie man mit diesen letzteren Problemen fertig werden kann,findet sich bei Peggy Penn, die mit Haley und seiner Frau, Cloe Madanes, 1978 an dem Family Therapy Institute in Washington studierte. Eine Mutter kam in die Therapie, weil ihre zurückgebliebene Tochter in der Schule sich ständig hin- und herwiegte. Dieses Verhalten machte den Lehrer zornig auf das Kind und auf die Familie, und die Mutter fühlte sich besonders dem Lehrer gegenüber hilflos. Madanes, die die Aufsicht führte, bat den Lehrer, in die Sitzung zu kommen und half der Mutter, dem Lehrer zu zeigen, wie dieses Hin- und Herwiegen des Kindes in der Schule zu 'beaufsichtigen' sei. Dies stellte die Mutter nicht nur hierarchisch über das Kind, sondern auch über den Lehrer, so wie der Therapeut über der Mutter stand und die Aufsicht über sie hatte. So wurden alle Statusebenen respektiert.

In 'Problem Solving Therapy' hat Haley die Mitschrift eines der dokumentarischen Kurzfilme mit eingeschlossen, die er mit Braulio Montalvo machte, als sie beide an der Kinderklinik in Philadelphia arbeiteten. Dieses Videoband, das 'A Modern Little Hans' genannt wurde, drückt klar den Gedanken der therapeutischen Stadien aus. Auch ist es ein außergewöhnliches Beispiel für therapeutische Kunst. Es geht um den Fall eines sechsjährigen Jungen mit einer krankhaften Angst vor Hunden, bei dem die früheren Versuche, das Problem mit individueller Psychotherapie zu behandeln, erfolglos geblieben waren. Der Berater (Haley) hatte für den Therapeuten (Mariano Barragan) eine reizende Strategie entworfen: Der Junge sollte gebeten werden, einen Welpen zu finden, der Angst vor Menschen hatte und sollte ihn 'heilen'. Die Behandlung war eine Metapher, die genau dem Problem entsprach, den Jungen aber in die gegensätzliche Position stellte. Wenn er den Anweisungen des Therapeuten folgen sollte, mußte er aufhören, vor Hunden Angst zu haben. Und tatsächlich besiegte der Junge seine Furcht, als er dem Welpen beibrachte, ihn nicht zu fürchten.

Die Strategie war auch darauf abgestimmt, eine strukturelle Verschiebung in der Organisation der Familie durchzuführen. Wie wir uns erinnern, hatte Haley bemerkt, daß bei einem Problemkind in einer Familie ein Elternteil gewöhnlich sehr aufgebracht schien und abwechselnd verärgert und nachgiebig war, während der andere Elternteil weitaus weniger besorgt schien. 'Haleys Triade' ist eine Konstellation in Familien mit Problemkindern, die einem so vertraut ist wie der 'Große Bär' am nördlichen Himmel.

Haley hält es für wichtig, diese Formation zu unterbrechen oder zu verschieben und beschreibt mehrere Möglichkeiten dazu. Einmal kann die intensivere Eltern/Kind-Dyade unterbrochen werden, indem man den übermäßig involvierten Elternteil ermutigt, seine Involviertheit in der Hoffnung zu verdoppeln, dies würde zu einem Zurückweichen führen. Zum anderen kann man sich auf die elterliche Dyade konzentrieren und die Unterschiede der Eltern in bezug auf das Verhalten des Kindes hervorlocken. Dadurch schiebt sich der Therapeut in das Dreieck mit den Eltern hinein und ersetzt das Kind, das sowieso häufig als verdeckter Kriegsschauplatz für eheliche Probleme dient. Die dritte Möglichkeit ist die, über die Beziehung des etwas distanzierteren Elternteils zum Kind vorzudringen. Dies kann entweder dadurch geschehen, daß dieser Elternteil zum Aufseher gemacht wird, wodurch das versteckte Bündnis mit dem Kind gestört wird, oder indem man dem Kind und dem Elternteil eine Aufgabe gibt, die sie zusammen erledigen müssen, wodurch das Bündnis offengelegt wird. Dieser letzte Weg kann jedoch bewirken, daß der übermäßig involvierte Elternteil sich distanziert und die Ehe aus dem Gleichgewicht gerät.

Das einfache Stufen-Stadiummodell einer Therapie für zwei Eltern (oder einer anderen Dyade der ausübenden Gewalt) und einem Kind wurde zum Eckstein für Haleys Gedanken über Therapie. Es taucht wieder auf in 'Leaving Home', einem Buch mit Haleys neueren Gedanken darüber, wie man mit — wie er sie nennt — „verrückten jungen Leuten" fertig wird, Jugendlichen, die einen ersten psychotischen Zusammenbruch durchmachen.(17) Haley empfiehlt hier, die Eltern zu ermutigen, dem Verhalten des Heranwachsenden Grenzen zu setzen. Mit dieser Methode geht man gewissermaßen „durch die elterliche Dyade hindurch". Wenn die Eltern tatsächlich Grenzen setzen, wird es dem Kind gewöhnlich besser gehen. Können sie es nicht, verwickelt der Therapeut sie in einen Kampf mit ihm selbst, um ihre Meinungsverschiedenheiten in bezug auf das Verhalten des Jugendlichen zu lösen. Wie Haley feststellt, setzen sich bei diesem Vorgang die Eltern oft metaphorisch mit ihren Eheschwierigkeiten auseinander. Auch in diesem Fall ist es so, daß es dem Kind besser geht, wenn es sich erst einmal aus dem Kampf gelöst hat.

Haley ist ein Künstler, wenn es darum geht, das Komplexe einfach erscheinen zu lassen. Seine Rezepte, Verschiebungen in Triaden in leichten geometrischen Sequenzen zu schaffen, haben vielen Klinikern geholfen, sich von den Bergen nutzloser Daten und therapeutischen Gewirrs zu befreien. In seinen kochbuchähnlichen Richtlinien für Therapie zeigt sich ein gesunder Respekt für die Prinzipien guter Organisationen und es wird der Gedanke eingeführt, daß durch Überzeugungsfähigkeit allein keine Veränderung herbeigeführt werden kann. Es wäre jedoch interessant zu wissen, ob Haley in seiner Sorge um Struktur und Organisation eine Kehrtwendung machen wird und seine ursprüngliche Faszination mit strategischen Manövern wieder aufgreift, und zwar besonders die, die unter der Rubrik paradoxer Interventionen zusammengefaßt worden sind. Man hofft allerdings, daß er einen weiteren 'merkwürdigen Sprung' machen wird.

Kapitel 15

DAS SYSTEMISCHE MODELL

Die stille Revolution in Mailand

1968, das Jahr, in dem Jackson starb, griffen die Gedanken der Bateson-Gruppe auf die andere Seite des Ozeans über und faßten Fuß auf italienischer Erde. Mara Selvini Palazzoli, eine Kinderanalytikern, hatte viele Jahre lang mit magersüchtigen Kindern gearbeitet. Da sie von ihren eigenen Ergebnissen entmutigt war, hingegen beeindruckt war von der Literatur zur Familientherapie aus Palo Alto, beschloß sie, sich aller Elemente der psychoanalytischen Gedankenwelt zu entledigen und eine reine System-Orientierung zu übernehmen.

In diesem Schlüsseljahr organisierte sie das Institut für Familienstudien in Mailand. Nach einem anfänglichen Aussonderungsprozeß schrumpfte die Gruppe auf vier Psychiater zusammen: Luigi Boscolo, Giuliana Prata, Gianfranco Cecchin und Selvini selbst. Diese Gruppe arbeitete etwa zehn Jahre lang zusammen und entwickelte eine Familien-System-Methode, die sie nicht nur mit Familien mit Anorexie-Fällen einsetzte, sondern auch für Familien mit Kindern, die schwere emotionale Störungen hatten.

Selvinis erstes Buch 'Self Starvation'(Sich selbst verhungern lassen), das 1974 in den Vereinigten Staaten veröffentlicht wurde, dokumentiert ihre therapeutische Richtung. Erst im letzten Teil wird die Verschiebung vom analytischen Modell zur zirkulären kybernetischen Epistemologie der Bateson-Gruppe und zur Arbeit mit Familien beschrieben.(1) Ein zweites Buch, 'Paradosso e Controparadosso'('Paradoxon und Gegenparadoxon'), das 1978 in den Vereinigten Staaten veröffentlicht wurde, war von der Mailänder Gruppe (wie sie sich jetzt nannten) verfaßt und ist gegenwärtig die umfassendste Beschreibung ihrer Arbeit und ihrer Methoden.(2)

Die Mailänder Gruppe ist zwar von der Palo-Alto-Gruppe beeinflußt, entwickelte sich jedoch in eine andere Richtung, wobei sie eine Form schaffte, die einzigartig ist, und sich von den anderen ausreichend unterscheidet, um als eigene Schule betrachtet zu werden. In Europa, wo die Methode viel Interesse gefunden hat, beschreibt man sie mit dem Ausdruck 'systemisch'. Von Anfang an benutzte die Gruppe eine ungewöhnliche Form. Sie arbeitet (oder arbeitete zur Zeit der Veröffentlichung von 'Paradoxon und Gegenparadoxon') als eine Vierergruppe, wobei ein Therapeut und eine Therapeutin in einem Raum mit der Familie zusammen waren und ein zweites Paar sich hinter einem Einwegschirm befand. (In neuerer Zeit wird das Interview von nur einem Therapeuten geführt und ein bis drei Therapeuten können hinter dem Schirm sein.) In gewissen Abständen können die Beobachter einen der Therapeuten aus dem Raum holen, um einen Vorschlag zu machen oder um mehr Informationen zu erbitten. Gegen Ende der Sitzung machen die Therapeuten eine Pause, um sich mit den Beobachtern zu beraten. In dieser Zeit tauschen sie alle vier ihre Meinungen aus und kommen dann zu einer Intervention oder zu einer Empfehlung. Dabei kann es sich um ein Ritual, eine Aufgabe oder um eine Vorschrift handeln. Sie kommt vom ganzen Team und wird jedem Mitglied der Familie mitgeteilt. Wenn sie in Form eines Briefes gegeben wird, erhält jedes Mitglied der Familie eine Kopie. Manchmal wenn ein wichtiges Familienmitglied nicht zu einer Sitzung gekommen ist, wird ihm oder ihr eine Kopie des Briefes geschickt, der auf seine Abwesenheit eingeht.

Von Anfang an hat diese Gruppe versucht, ihre Methode nicht auf Faktoren der Persönlichkeit oder des Charisma zu begründen. Deshalb wechseln sie von Familie zu Familie die Partner. Die Therapie beginnt mit dem ersten Telefonanruf, und sehr viel Aufmerksamkeit wird Einzelheiten geschenkt, wie zum Beispiel, wer anrief, wie der Tonfall war, welche Versuche es gab, die Behandlungsbedingungen zu beeinflussen. Bei der ersten Sitzung muß der ganze Haushalt anwesend sein. Bei späteren Sitzungen kann sich das Team dazu entschließen, verschiedene Gruppen zu sehen. Die Informationen, die beim ersten Telefonanruf eingeholt werden, sind minimal: Wer hat angerufen? Wer gehört zur unmittelbaren Familie oder zum unmittelbaren Haushalt? Wer hat die Familie überwiesen? Wie ist das Problem? Und natürlich Einzelheiten wie Adresse und das Datum des Anrufs. Information muß auch von dem überweisenden Arzt eingezogen werden.

Vor jeder Sitzung trifft sich das Team, um die vorhergegangene Sitzung zu diskutieren oder — wenn es sich um ein erstes Interview handelt — um eine Familienbestandsaufnahme durchzuführen. Die Sitzungen dauern etwa eine Stunde und während dieser Zeit erfragt das Team nicht nur Informationen, sondern stellt auch die nonverbalen Kommunikationen fest. Die Diskussion des Teams wird in einem besonderen Raum geführt. Und am Ende gesellen sich die beiden Therapeuten wieder zur Familie und geben ihnen die Empfehlungen des Teams bekannt.

Normalerweise besteht die Behandlung aus etwa zehn Sitzungen, einmal im Monat oder in größeren Abständen. Zu dieser Regelung kam man anfangs, um Familien, die in größerer Entfernung lebten, entgegenzukommen. Man entdeckte dann aber, daß dieser verhältnismäßig lange Zeitabstand zwischen den einzelnen Sitzungen für die Therapie bei Familien mit psychotischen Mitgliedern günstig war. In einem wichtigen Artikel ‚Why a Long Interval Between Sessions'(Gründe für einen langen Zeitabschnitt zwischen den Sitzungen) stellt Selvini eine Verbindung her zwischen dieser Gepflogenheit und den Eigenarten der Familien von Schizophrenen wie auch ihrer Ähnlichkeit zu Ashbys Systemen mit zu vielen Querverbindungen, die in diesem Buch bereits beschrieben wurden.(3) Jede Familie hat ihren eigenen Zeitabschnitt, den sie braucht, um einen komplexen Satz von Informationen zu erarbeiten, und je enger das System ineinander verknüpft ist, desto länger braucht es, damit dieser Vorgang zum Abschluß kommt.

Anrufe und Versuche, frühere Sitzungen zu verabreden, werden vom Team als Reaktion angesehen, mit der versucht wird, die Wirkung einer gegebenen Intervention zunichte zu machen. Sie werden insofern mit Vorsicht und Respekt behandelt, als das Team sich besondere Mühe gibt, Züge zu vermeiden, die das System stabilisieren und eine mögliche Veränderung negieren können, wenn eine Familie nach einer Sitzung in eine Krise gerät. Daher werden sie normalerweise den Forderungen nach besonderen Sitzungen nicht nachgeben und gelassen auf Berichte von höchster Notlage reagieren, da dies ihrer Meinung nach der allerbeste Hinweis auf eine Veränderung ist.

Natürlich verlangt diese Haltung stählerne Nerven und eine gute Unterstützung durch das Team. In einem Fall rief eine Frau an und sagte, ihr Mann sei so deprimiert, daß er drohe, seinen Penis abzuschneiden, und sie bat um eine vorgezogene Sitzung. Das Team hatte den Eindruck, die Frau mache den Versuch, die Herrschaft über die Behandlung an sich zu reißen und der Mann sei nicht in direkter Gefahr. Sie sagten ihr, diese große Angst auf ihrer Seite sei eine Reaktion, die das Team vorausgesehen habe, die nächste Sitzung würde aber wie geplant abgehalten.

Die Mailänder Gruppe nannte diese Behandlung eine 'lange Kurztherapie', da die Anzahl der Stunden mit der Familie gering ist, aber die Zeitdauer, die für die Familienorganisation notwendig ist, sehr lang sein kann. Jede Sitzung wird auf Videoband aufgenommen, und es werden von jeder Sitzung Notizen gemacht. Nachuntersuchungen gehörten in der Vergangenheit nicht zur Routine, sind aber für die Zukunft geplant.

Das Gegenparadoxon

Eine Frage, die in Palo Alto in den fünfziger Jahren gestellt und seitdem den Familienbereich verfolgt hat, lautet, wie man die Entdeckung jener Rolle benutzen könnte, die von der Kommunikation auf zwei Ebenen in Familien mit Schizophrenen gespielt wird. Die Bateson-Gruppe, die mit 'therapeutischen Doppelbindungen' experimentierte, führte an, man müsse dieselbe Art paradoxer Kommunikation in der Familie anwenden, die die Familie selbst benutzt. Die Mailänder Gruppe teilte diese Meinung und erweiterte den Gedanken der therapeutischen Doppelbindung, die sie ein 'Gegenparadoxon' nannte und benutzte ihn als Eckstein für eine verwikkelte, elegante und logische Methodologie der Veränderung. In 'Paradoxon und Gegenparadoxon' sagt die Mailänder Gruppe:
„Was Paradoxa anlangt, hat unsere Forschung gezeigt, wie die Familie bei schizophrenen Transaktionen ihr Spiel mit Hilfe von verzwickten Paradoxa aufrechterhält, die nur durch Gegenparadoxa im Zusammenhang der Therapie gelöst werden können."(4)

Ein großer Teil ihres Buches ist der Diskussion der Gedanken von Bateson, Haley, Watzlawick, Weakland und anderen Autoren gewidmet, die sich mit dem beschäftigt haben, was ganz richtig nicht nur als eine Veränderung im Bereich der geistigen Gesundheit beschrieben wird, sondern als eine viel weitreichendere epistemologische Verschiebung, die eine neue Betrachtungsweise des menschlichen Verhaltens und eine neue Sprache für ihre Beschreibung notwendig macht. Vielleicht hat die Mailänder Gruppe mehr als andere klinische Forscher diese epistemologische Verschiebung als Grundlage für ihre Methode eingesetzt.

Im Mittelpunkt ihres Denkens steht das Batesonsche Konzept der zirkulären Kausalität, das in vorangehenden Kapiteln diskutiert wurde. Damit einher geht ein bewußtes Mißtrauen, in die Fallen des 'linearen Denkens' zu geraten — der Illusion, die wir unserem aristotelischen Erbe verdanken, es gäbe eine historische Kausalität, in der A B bewirkt, welches dann C bewirkt usw. Diese Fallen tragen zu dem Dilemma des Klinikers bei — sie sind sogar ein Teil davon — und vergrößern gleichzeitig seine häufigsten klinischen Fehler. Ein bekanntes Beispiel wäre die Haltung, die der Familientherapeut einnimmt, der stolz auf sein Wissen ist, das Kind sei das Opfer eines 'dysfunktionalen' Familiensystems. Der Therapeut hat Mitleid mit dem Kind als dem Sündenbock für die unausgedrückten Feindseligkeiten zwischen den Eltern, versucht sofort, das Kind als schuldlos darzustellen und geht über zu der dysfunktionalen Ehe als dem 'wirklichen' Grund für die Probleme des Kindes. Dies ist nicht nur eine äußerst lineare Sichtweise, sondern sie provoziert häufig Widerstand und vermindert damit die therapeutische Wirksamkeit.

Es gehört zur systemischen Methode – wie die Mailänder Gruppe deutlich macht –, sich von diesen Vorstellungen zu lösen und sich klar zu machen, daß der Feind, den der Kliniker angreifen muß, nicht irgendein Familienmitglied ist oder die schlecht funktionierende Familie selbst, sondern, wie sie es nennen, das 'Familienspiel'. Die Art, wie sie dieses Spiel beschreiben, erinnert uns an Haleys Kontrolltheorie der Kommunikation in Familien mit Schizophrenen, bei der jede Person versucht, Einfluß auf Familiengesetze zu gewinnen, gleichzeitig aber diese Versuche leugnet. Wenn nicht alle in bezug auf die Gesetze des Familienspiels in Übereinstimmung sind, kann es keinen Gewinner und natürlich auch kein Ende geben. In einem ewigen Kreis geht das Spiel über das Spiel oder das Metaspiel immer weiter.

Da solche Spiele nicht offen sind, kann man sie nur von der Kommunikation in der Familie ableiten. Aber hier ist ein gutes Beispiel, das von Selvini in 'Self-Starvation' zitiert wird und das sich auf die Kämpfe um die Führung bezieht, die abgeleugnet werden, selbst während sie gerade stattfinden:

Mutter: Ich erlaube ihr nicht, Miniröcke zu tragen, weil ich weiß, daß ihr Vater das nicht mag.

Vater: Ich habe immer meine Frau unterstützt. Ich glaube, es wäre falsch, ihr zu widersprechen.(5)

Die Genialität des Mailänder Teams zeigte sich, als sie eine Methode entwickelten, diese 'Spiele ohne Ende' zu unterbrechen. Zunächst muß man natürlich damit rechnen, daß der Therapeut nicht von den Familienmitgliedern bei den Schachzügen um die Vorherrschaft ausgeschlossen wird. Jeder Versuch, die Familie dazu zu bringen, etwas anders zu machen, wird automatisch Gegenbewegungen und Verneinungen hervorrufen. Daher würde der erste Schritt der Therapie darin bestehen festzustellen, welches Spiel die Familie mit dem Therapeuten spielt, dem Spiel zuzustimmen und es zu ermutigen. Das Spiel sieht gewöhnlich so aus: Hier ist unsere lästige, kranke oder schlechte Person. Bieg sie wieder zurecht und erlöse uns, aber versuche nicht, uns zu verändern. Der Therapeut weiß, es würde nur zu seinem eigenen Niedergang führen, wenn er in diese Falle ginge und versuchte, dies zu tun.

Ein entgegengesetzter Zug wäre dann, das symptomatische Mitglied zu bitten, mit dem Problem weiterzumachen, statt zu versuchen es zu lösen. Aber das ist nichts Neues. Kliniker, die in der Individualtherapie arbeiten, haben die 'umgekehrte Psychologie' oder ähnliche Taktiken schon seit Jahren angewendet, und die strategische Schule, die von Watzlawick, Weakland und Fisch erforscht wurde, hat die Technik der Symptomverschreibung zu einer hohen Kunst geführt. Spezifisch für das Mailänder Team ist, darauf zu bestehen, nicht nur das problematische Verhalten oder einen Satz von Verhaltensweisen zu verschreiben, sondern die weitere Konstellation von Beziehungen, die das Problem umgeben. Um dies zu verstehen, müssen wir ihr Konzept der 'positiven Konnotation' untersuchen, das sowohl mit der Entwicklung einer systemischen Hypothese als auch ihrer Intervention eng verbunden ist.

Die positive Konnotation

Die positive Konnotation ist ein therapeutisches Mittel, das vielleicht zu den originellsten Erfindungen der Mailänder Gruppe gehört. Ursprünglich wollten sie ein Grundprinzip geben, das mit der Ermutigung zu symptomatischem Verhalten vereinbar war. Da sie, wenn sie eine Familie in die Therapie aufnahmen, damit auch zugestimmt hatten, der Familie zu helfen, das Problem loszuwerden, wäre es inkonsistent, dieses einfach zu verschreiben, ohne einen guten Grund anzugeben. Damit wenden sie sich der Notwendigkeit zu, die auch von der strategischen Gruppe in Palo Alto erkannt wurde, eine Situation 'umzuformulieren', so daß diese Art Intervention logisch erscheint.

Eine Möglichkeit wäre, zu sagen, das Symptom des Patienten würde auf irgendeine Weise von der Familie verlangt; die Familie 'brauche' eine kranke Person. Damit würde man aber gegen das Verbot der linearen Kausalität verstoßen. Es ist genauso wenig in Ordnung, den Rest der Familie zu beschuldigen und den Kranken zu loben wie umgekehrt. Die Lösung des Rätsels wäre, in positiver Weise alle Verhaltensweisen in der Familie mit einzubeziehen, die zum Symptom gehören:
„Uns wurde daher klar, daß der Zugang zum systemischen Modell nur möglich war, wenn wir sowohl das Symptom des designierten Patienten als auch die symptomatischen Verhaltensweisen der übrigen mit einer positiven Konnotation versahen; so könnten wir zum Beispiel sagen, alle beobachtbaren Verhaltensweisen der Gruppe als Ganzes seien von dem gemeinsamen Ziel inspiriert, den Zusammenhalt des Familienverbandes zu erhalten."(6)

Man kann in der Tat die positive Konnotation nicht von der Intervention, in die sie eingebettet ist, und die normalerweise eine paradoxe Verschreibung ist, trennen. Die positive Neuformulierung des Symptoms in seiner Gebundenheit an andere Verhaltensweisen in der Familie ist das Kernstück einer paradoxenVerschreibung. Um das eine zu erklären, müssen wir daher beide erklären. Das ist nicht leicht. Es ist vermutlich am einfachsten, ein

bestimmtes Beispiel zu beschreiben:
Bei dem Fall handelt es sich um eine Beratung (eigentlich um das erste Interview) mit einer Familie, die die Mailänder Gruppe während eines Demonstrations-Workshops sah. Peter, 17 Jahre alt, war für kurze Zeit mit einem akuten Nervenzusammenbruch ins Krankenhaus eingewiesen worden, der teilweise — wie man meinte — durch den Gebrauch von LSD hervorgerufen worden war. Die Diagnose im Krankenhaus lautete auf Schizophrenie, obwohl er während der Sitzung recht klar zu sein schien und die ganze Zeit weinte, was kein klassisches Zeichen für Schizophrenie ist. Die Therapeuten fanden heraus, daß beide Eltern vorher mit einem unfreundlichen und verantwortungslosen Partner verheiratet waren; die Mutter hatte sogar Selbstmordgedanken gehabt, ehe sie sich zur Scheidung entschloß. Die Kinder stammten aus den früheren Ehen. Die Mutter hatte einen 18-jährigen Sohn, Anthony; Peter, den Patienten; und eine 15-jährige Tochter, Sarah. Anthony war im Begriff, das Haus zu verlassen, um auf das College zu gehen und Peter hatte ihm offensichtlich sehr nahe gestanden. Die beiden Kinder des Vaters waren Linda, 12 Jahre alt, und Debbie, 14 Jahre alt. Den Eltern zufolge neigte nicht nur Peter, sondern auch Debbie dazu, sich übermäßige Sorgen zu machen. Linda hatte, wie Anthony und Sarah, angeblich keine Probleme. Obwohl die Eltern eine gute Ehe zu führen schienen, war die Mutter offensichtlich der weniger selbstbewußte Partner und zeigte ihre Verletzlichkeit, indem sie zusammenbrach und weinte, als sie von den scheußlichen Brutalitäten ihres früheren Ehemannes berichtete.

Ganz deutlich hatte die drohende Abreise des ältesten Sohnes etwas von Peters Unruhe ausgelöst. Die Mutter hatte sich beträchtlich auf Anthony gestützt, und Sarah, das dritte Kind der Mutter, schien jetzt mit dem Stiefvater zusammen die Elternrolle zu übernehmen. Eine Veränderung im Gleichgewicht zwischen den Eltern war eindeutig in der Zukunft zu erkennen.

Die Intervention des Teams ging eindeutig in die Richtung, mehrere Dinge zu unternehmen. 1)Peters Rolle zu normalisieren; 2)Sarah in die Kindergruppe zu drängen und eine angemessene Generationsgrenze zu ziehen; und 3)dem Einfluß der Tränen der Mutter entgegenzuwirken, die nämlich als Botschaft an die Kinder oder wenigstens an Anthony zu verstehen waren: Geh nicht fort. In ihrer Botschaft an die Familie wurde das folgende Ritual von den Therapeuten Selvini und Cecchin vorgeschlagen:„Du, Vater, und du, Mutter, hattet beide ein tragisches und unglückliches Erlebnis mit eurer ersten Ehe. Jeder von euch hat den anderen geheiratet, um seinen Kindern einen guten Vater bzw. eine gute Mutter zu geben. Und ihr, Kinder, habt sehr hart gearbeitet, um euren Eltern den Wunsch zu erfüllen, als gute Eltern angesehen zu werden, und ihr gebt euch die größte Mühe, ihnen dabei zu helfen, sich diese Überzeugung zu erhalten. Anthony, Sarah und Linda zeigen durch ihr tadelloses Verhalten, wie gut ihre Eltern sind, aber Peter und Debbie fragen sich, ob es besser ist, perfekt zu sein oder ein Problem zu sein. Wenn sie ein Problem sind, hilft dies den Eltern noch mehr zu zeigen, wie gut sie als Eltern sind. Da sie nicht wissen, was sie tun sollen, sollten sich die Kinder vielleicht in einer Woche treffen, um zu diskutieren, wie sie weiter die Arbeit verrichten können, ihren Eltern zu helfen, die dieses verständliche Bedürfnis wegen ihres tragischen Lebens haben. Peter, du bist derjenige, der das Treffen einberufen muß. Wenn ihr Kinder den Eindruck habt, ihr kämt damit nicht zurecht, müßt ihr die Klinik anrufen und um Hilfe bitten." (Diese Botschaft wurde wörtlich von der Autorin niedergeschrieben, als sie das Teaminterview mit der Familie 1979 beobachtete.)

Die Reaktionen zeigten sich sofort und waren sehr aufschlußreich. Peter sah überrascht aus, aber war erfreut darüber, gebeten worden zu sein, das Treffen der Kinder einzuberufen. Linda und Debbie sahen fröhlicher aus. Sarah schien weniger glücklich. Die Mutter wirkte beunruhigt und der Vater erstaunt. Es war aber der beherrschte Anthony, der alle überraschte, indem er seine Arme um Selvini legte und in Tränen ausbrach, als ob er sagen wollte: „Ihr habt endlich die Schwierigkeiten verstanden, in denen wir stecken."

Es ist schwer, aus solchen Interventionen Forderungen abzuleiten, besonders dann, wenn man keine Erfahrungen aus erster Hand mit ihnen hat. In diesem Beispiel haben wir keine Nachfolgeuntersuchung. Möglicherweise ist die Familie nie wiedergekommen. Vielleicht brauchte sie nicht wiederzukommen. Aber es ist deutlich, daß solche Verschreibungen eine Familie anrühren und aufrühren können. Eine Intervention dieser Art kann – manchmal nur zeitweise, aber manchmal auch für immer – ein festes Familienmuster durchbrechen. Zumindest wird sie die gemeinsame Front oder die gemeinsame Geschichte, die die Familie dem Therapeuten vorlegt, durchbrechen. Ein Familienmitglied kann ärgerlich erscheinen, ein anderes verwirrt, ein drittes besorgt und ein viertes sagt vielleicht: „Ich verstehe es sehr wohl". In dem hier beschriebenen Fall fielen die Umkehrungen davon, was die Familie im Interview dargestellt hatte, auf. Die beiden besorgtesten Kinder schienen glücklich, während der offensichtlich 'starke' älteste Sohn zu weinen begann. Besonders die angebliche Zerbrechlichkeit der Eltern – insbesondere der Mutter – wurde durch die Botschaft in frage gestellt.

Die Wirkung dieser Verschreibung würde mit Sicherheit darin bestehen, die Möglichkeiten der relativen Positionen in der Familie durchzuschütteln oder zu revidieren. Die neue Bindung Peters an die anderen Kinder tilgte seinen besonderen Status als der Kranke, und die 'sorgenvollen' Kinder wurden auf dieselbe Ebene wie die 'verantwortungsbewußten' Kinder gestellt. Durch die Aufgabe, das Treffen zusammenzurufen, wurde Peter wieder zu etwas Besonderem gemacht, diesmal aber auf positive Weise.

Vor allem wurde den Kindern eingeschärft, ihre Aufgabe, sich um die Eltern zu kümmern, fortzusetzen. Es ist richtig, wie Madanes in einem kürzlich veröffentlichten Artikel über paradoxe Verschreibungen sagt, daß die Ergebnisse oft in der Veränderung der Familienstruktur liegen.(7) Im vorhergehenden Beispiel wird das verschrieben, was Madanes in ihrem Artikel die 'unangemessene Hierarchie' nennt, die man fast immer in Familien mit symptomatischen Mitgliedern findet. Wenn es zu einem Rückzug kommt, hofft man, dies geschehe in Richtung auf angemessenere Grenzen und korrekte Statusrichtlinien.

Eine andere Taktik der Mailänder Gruppe besteht darin, die Therapeuten, die mit einer Familie arbeiten, in eine den Kindern unterlegene Stellung zu bringen. Dadurch werden alle Erwachsenen niedriger eingestuft als die Kinder. Dies ist ein weiteres Beispiel für die Verschreibung einer unangemessenen Hierarchie, aber der berufliche Kontext ist ebenfalls mit einbezogen. In diesem Fall schien es wahrscheinlich, daß ein der Familie zugewiesener Therapeut sich mit Peters Krankenhaus (das ihn an die ambulante Klinik überwiesen hatte) und der Familie zusammentun würde und Peter weiterhin als 'verrückt' ansehen könnte. Der Bericht würde vermutlich jedes Abkommen zwischen Krankenhaus, Eltern und Therapeut in der oben beschriebenen Form in Frage stellen. Der Therapeut würde auch gewarnt, keine Koalition mit den Eltern zu bilden, sondern eine angemessene hierarchische Position sowohl über die Eltern als auch über die Kinder zu fordern.

Deutlich wird jedoch die Wichtigkeit, die Innen- und Außenpolitik der Familie zu 'lesen'. Man muß die Koalitionen und das offensichtliche Mächtegleichgewicht oder die Unausgewogenheit in bezug auf das symptomatische Verhalten untersuchen. Darum liegt vielleicht der wichtigste Beitrag der Mailänder Gruppe nicht in ihrem offensichtlichen Kennzeichen, dem systemischen Paradox, sondern in ihrer detektivischen Arbeit, eine Hypothese aufzustellen, die das Symptom in der Familie und das Ineinanderpassen aller Stücke erklärt.

Die systemische Hypothese

In ihrem Artikel 'Hypothesizing—Circularity—Neutrality'(Hypothesen—Zirkularität—Neutralität) behauptet die Mailänder Gruppe, eine Hypothese müsse zirkulär sein und ein Bezugssystem haben,(8) — womit sie meinen, sie müsse alle verwirrenden Daten, die mit dem Symptom verbunden sind, ordnen und so Sinn in den Beziehungskontext der Familie bringen. Sie zitieren als Beispiel ein Interview mit einer geschiedenen Mutter und ihrem heranwachsenden Sohn. Die zwei kamen wegen ständiger Auseinandersetzungen zur Therapie. Anfangs hatte das Team die Vorstellung, das Verhalten des Sohnes könne vielleicht ein versteckter Versuch sein, den natürlichen Vater wieder auf die Bildfläche zurückzubringen. Fragen in diese Richtung ergaben jedoch nichts, und so wurden die gegenwärtigen Umstände untersucht und eine neue Hypothese entworfen. Es zeigte sich, daß die Mutter ernstzunehmende Verabredungen mit einem anderen Mann hatte – das erste Mal, seit Mutter und Sohn ihr gemeinsames Leben nach der Scheidung vor zwölf Jahren begonnen hatten. Der Sohn war ebenfalls in einem Alter, in dem er häufiger Freunde besuchte. Das Mutter/Sohn-Paar begann auseinanderzubrechen mit dem zu erwartenden Kummer.

Diesmal beruhte die Botschaft des Teams auf einer einfachen Hypothese: Die zwei durchliefen den natürlichen Vorgang des Auseinanderentwickelns und des Schließens von neuen Bindungen, ein Vorgang, der die unvermeidbaren Wachstumsschmerzen mit sich brachte, der aber trotzdem irreversibel war. Daher empfahlen sie, die beiden sollten nicht in eine Therapie kommen, sondern lediglich 'einige Treffen' planen, um diesen schmerzlichen aber unveränderbaren Prozeß der Trennung zu verlangsamen.

Es stellt sich nun die Frage, ob es eine einzige wahre Hypothese gibt. Ganz offensichtlich sind einige 'wahrer' als andere, wie dieser Fall zeigt. Das Mailänder Team behandelt dieses Problem, indem es das Oxford English Dictionary zitiert, das eine Hypothese folgendermaßen definiert: „Eine Annahme, die als Grundlage für Schlußfolgerungen genommen wird, ohne Bezug auf ihre Wahrheit als Ausgangspunkt für eine Untersuchung". Dadurch wird sofort ein faszinierender Rahmen um die Therapie geschaffen – jeder Fall wird ein Experiment für sich, ein lebensnaher, geheimnisvoller Roman. Aber es gibt keine 'Lösung' für diese Art Geheimnis. Man kann sich dieser Zwickmühle mit einem pirandellischen Begriff der 'Wahrheit' entziehen: Es gibt so viele Möglichkeiten der Wahrheit wie es Plätze gibt, auf denen man stehen und sie betrachten kann.

Ob dies eine 'Arbeitsgrundlage' ist im Sinne einer Annahme, auf der man ein Experiment begründet, kann nur in der Retrospektive beurteilt werden, und auch dann nur ungenau. Wenn eine Hypothese sich durch den Verlauf der Ereignisse zu bestätigen scheint, weist die Familie schon eine andere Konstellation auf, d.h. die ursprüngliche Hypothese muß revidiert oder sogar völlig aufgegeben werden. Man kann jedoch vermuten, daß eine genügend komplexe Hypothese der Überprüfung durch die Zeit standhalten und zumindest einen Kern für das Bild darstellen wird, das sich herauskristallisiert, wenn Familie und Team sich zusammen durch die Veränderungen hindurch bewegen.

Eine Hypothese bewirkt zwei wichtige Dinge. Erstens ist die Hypothese nützlich durch ihre 'Organisationsmacht'. Sie bietet nicht nur ein grobes

Gerüst, an das man die Unmengen von Informationen hängen kann, die von einer Familie gegeben werden, sondern sie kann dem Therapeuten auch einen Leitfaden geben, dem er im Verlauf des Interviews folgt und mit dem er so das bedeutungslose Geschwätz blockieren kann, das gewöhnlich so viel von einer Sitzung in Anspruch nimmt. Zweitens bietet sie eine Erklärung dafür an, welche Bedeutung das symptomatische Verhalten in der Familie zu diesem Zeitpunkt hat. Im Fall des Jungen mit seiner Mutter war es eindeutig kein Sarkasmus, ihnen zu sagen,sie brauchten Hilfe, um den Ablauf des Auseinanderwachsens zu verlangsamen. Die Probleme, die sie hatten, schienen tatsächlich durch ihre Bemühungen um Trennung verstärkt zu werden.

Es ist jedoch linear zu behaupten, die Hypothese definiere die 'Funktion' des Symptoms. In 'Self-Starvation' weist Selvini darauf hin, daß die Mitglieder einer Familie so viele Elemente (werden), wobei kein einzelnes Element einseitige Beherrschung über die übrigen ausüben kann. Es wäre daher epistemologisch nicht richtig zu behaupten, das Verhalten einer Person 'verursache' das einer anderen.(9) Daher ergibt sich, daß man nicht behaupten kann, ein Symptom werde durch die Reaktion der Familie darauf verursacht, genauso wenig wie die Umkehrung dieses Satzes richtig wäre; vielmehr kreisen diese Verhaltensweisen auf sich gegenseitig unterstützenden Bahnen. Man muß dies als einen Prozeß erkennen, in dem sich die Aktivitäten so rhythmisch ablösen wie Einatmen und Ausatmen oder wie Systole und Diastole des Herzens.

Was in eine Intervention oder in einen ärztlichen Ratschlag eingeht, ist nie genau dasselbe wie eine Hypothese. Die Hypothese respektiert die Zirkularität von Familienereignissen so weit wie möglich. Wenn man dies in eine Anweisung überträgt, wird unvermeidbar eine lineare Epistemologie übernommen. Diese lineare Interpretation der durch die Familie gelieferten Daten stellt normalerweise die Familienversion auf den Kopf und führt eine neue 'Zeichensetzung' in die Familie ein. Die Familie sagt vielleicht: „So-und-so trägt durch sein wenig einfühlsames Verhalten die Schuld an unserem Elend." Das Team sagt:„Wir sehen das anders. Wir sehen den Sohn nicht als wenig einfühlsam, sondern als extrem einfühlsam." Daran anschließen wird sich eine Erklärung seines quälenden bzw. destruktiven Verhaltens als notwendig für das Wohlergehen eines anderen oder als Bestätigung der Einheit der Familie oder als Lösung eines Dilemmas, das durch eine Umstrukturierung innerhalb der Familie verursacht worden ist.

Ist das linear? In gewisser Weise ja, in gewisser Weise nein. Ich ziehe es vor, den Begriff des Paradox durch den der Polarität zu ersetzen. In dem I-Ching oder 'Book of Changes' wird die Bedeutung eines jeden Hexagramms durch die Einbeziehung einer entgegengesetzten Möglichkeit modifiziert.Analog dazu erzeugt die Mailänder Gruppe mit dem Ersetzen der linearen Zeichensetzung der Familie durch eine entgegengesetzte, ebenfalls lineare Zeichensetzung, eine Polarität. Das Wesentliche der Polarität besteht in einer Interpretation, die sich von einem Pol zum anderen bewegt und in keinem der beiden selbst wahr ist, sondern nur in der Kombination beider, und die immer andere, unvorhergesehene Möglichkeiten andeutet, aber nie deutlich ausspricht. Wenn eine Familie auf die Umkehrung der Zeichensetzung reagiert, indem sie nicht nur die Zeichensetzung, sondern auch das dadurch beschriebene Verhalten ablehnt, und eine gänzlich andere Art der Organisation von Beziehungen entdeckt, so hat man das Gefühl, diese Methode der Therapie könnte tatsächlich die Dialektik der Polaritäten genannt werden.

Die Anwendung der Zeit

Ein ganz wesentlicher Aspekt der Art, wie die Mailänder Therapeuten ihre Hypothese entwickeln, besteht in ihrer der Zeit gewidmeten Aufmerksamkeit. Sie beschäftigen sich mit der Art und Weise, auf die eine Familie neue Muster zur Anpassung an sich wandelnde Umstände entwickelt. Ein Verhalten stellt immer, so sinnlos und destruktiv es auch sein mag, in gewisser Weise eine Lösung dar. An irgendeinem Punkt in der Flugbahn der Familie ist ein Dilemma entstanden, als zum Beispiel der natürliche Wachstumsprozeß oder eine zufällige Verlagerung einen Wandel in der Familienorganisation nötig machte. Ein Symptom kann so eine Art Lösung darstellen. Eine gute Hypothese wird oft ein Symptom oder auch jede Art irrationalen Verhaltens als eine geniale Lösung des Problems ansehen, dem sich eine Familie auf ihrem evolutionären Weg gegenübersieht.

Ein Beispiel dafür ist eine andere nordamerikanische Familie, die das Team einmal zur Konsultation sah. Das Problem der Familie war die hübsche, zwanzigjährige, flittchenhafte Tochter. Die Familie bestand aus diesem Mädchen, ihren Eltern und einem dreißigjährigen Halbbruder, der aus einer Liaison der Mutter stammte, ehe sie den Vater kennenlernte.

Im Interview fiel dem Team die fortwährende Parteiergreifung zwischen Mutter und Sohn auf, die beide sehr melancholisch schienen und sogar paarweise weinten. Im Gegensatz dazu verhielten sich Vater und Tochter laut und lebhaft. Sie stritten die ganze Zeit miteinander, aber auf eine liebenswürdige und gefühlsbetonte Weise. Vater und Mutter wahrten in dieser Sitzung Distanz, aber die Kinder berichteten, der Vater kritisiere oft die Mutter, die dann gewöhnlich zu weinen anfinge. Das Problem datierte aus der Zeit der Rückkehr des Sohnes aus dem Vietnam-Krieg. Zankereien und Boxkämpfe zwischen Stiefvater und Sohn führten zu dessen Verbannung in eine Wohnung darunter, wo er wie ein Einsiedler lebte. Bald danach begann die Tochter mit Männern auszugehen, wovon die Mutter anscheinend wußte, das jedoch aus Sicherheitsgründen nicht guthieß und darauf bestand, alle Einzelheiten zu erfahren. Wenn der Vater versuchte, das Mädchen auszuschimpfen oder zurückzuhalten, wurde es von der Mutter in Schutz genommen.

Das Team kam zu der Hypothese, das Verhalten des Mädchens hielte gefährliche Paare auseinander und hinderte sie gleichzeitig an einer völligen Trennung. Das Verhalten des Mädchens distanzierte auf Grund der dadurch entstehenden Zankereien das Mädchen von ihrem Vater. Es distanzierte die Mutter vom Halbbruder, weil die Mutter ganz von der Tochter in Anspruch genommen wurde. Es distanzierte die Mutter auch vom Vater, da sich die beiden darüber stritten, wie man mit ihr fertig werden könnte. Und es distanzierte schließlich die beiden Männer, da die Voreingenommenheit der Mutter mit dem Mädchen den Sohn von einer Rivalität mit dem Stiefvater abhielt, die sonst offen zutage getreten wäre. Das Verhalten der Tochter schmiedete ferner die Familie zusammen in ihrem Versuch, mit diesem Verhalten fertig zu werden.

Die Anweisungen des Teams waren auf die Evolution von zwei Koalitionen gerichtet, nämlich Mutter/Sohn und Vater/Tochter, wobei das Verhalten der Tochter als Lösung für die Ausgangsposition des Vaters gegenüber seinem Stiefsohn und seiner Frau definiert wurde. Die Anweisung lautete folgendermaßen (wörtliche Mitschrift):

Dr.B(oscolo):(zum Vater) Dies ist unsere Meinung... über das verantwortungslose Verhalten von D... Wir sind der Ansicht, daß D sich vielmehr sehr verantwortungsbewußt verhält, daß all das, was sie die ganzen Jahre über getan hat und was Sie als verantwortungsloses Verhalten ansehen, im Grunde äußerst verantwortungsbewußt ist. Und warum? Was sie die ganzen Jahre hindurch gemacht hat, seit sie 12 Jahre alt ist bis jetzt, wo sie 20 Jahre ist, hat sie alles für Sie, L., getan. Ihre Tochter hat alles für Sie getan. Und was tut sie für Sie? Im Alter von 12, 13 Jahren, wo sie sich normalerweise psychologisch von Zuhause lösen sollte, fühlte sie, daß eine solche tatsächliche psychologische und emotionale Loslösung Sie in einer unerträglichen Situation zu Hause zurückgelassen hätte, denn sie sah, daß die Mutter und S. das privilegierte Paar waren. Mutter und S standen einander sehr nahe, und D hatte das Gefühl, sie würde Sie allein zurücklassen, wenn sie aus dem Haus ginge. Deshalb traf sie zu einem bestimmten Zeitpunkt eine Entscheidung:'Ich muß etwas tun, um meinem Vater zu helfen, in diesem Haus dabei zu sein.' Und wie wir heute gesehen haben, hatte sie Erfolg. Sie sind in diesem Haus dabei, und Sie haben eine Beziehung mit Ihrer Frau, mit ihr – anderenfalls wären Sie von der Familie völlig abgeschnitten, Sie stünden außen vor. Wir meinen daher, D hat das für Sie getan.

Vater: Und das schließt ihr sexuelles Verhalten und so weiter mit ein?

Dr.B: Ja, alles.

Vater: Finden Sie? Ich weiß nicht... ich kann mir das nur schwer vorstellen.

Dr.S(elvini): Weil ihre Zuneigung Ihnen gilt – sie hält das privilegierte erste Paar, nämlich die Mutter und S, auseinander, und gibt Ihnen die Möglichkeit, sich so herzlich mit ihr zu streiten.

Vater: Nun, wenn sie die Absicht hatte, mir zu helfen, dann hat sie damit gewiß keinen Erfolg gehabt. Wenn ich sie hätte erwischen können, dann hätte ich ihr ganz schön geholfen.

Mutter: D hat oft gesagt:'Mein Vater umarmt mich nie und gibt mir auch nie einen Kuß.'

Vater (zu D): Hör dir das an, du gibst m i r nie einen Kuß!

Mutter: Das hat ihr gefehlt.

Vater: Weil sie immer so aufdringlich ist.

Dr.S: Ich verstehe das. Er ist nicht dankbar, weil er nicht verstanden hat, was sie für ihn getan hat. Ich sehe, daß sie sehr traurig ist, weil ihr Vater sie nicht verstanden hat; er hat nicht verstanden, was sie für ihn getan hat.

Dr.B: Was D für ihren Vater getan hat, hat sie doch gewiß – wie wir schon gesagt haben – getan, damit er in der Familie dabei sein kann und nicht ausgeschlossen wird. Sie ist ein Opfer. Sie gibt ihre Jugend auf, um auszugehen und eine bestimmte Art von Leben zu führen.

Dr.S: Sie benimmt sich wie ihr Bruder – vielleicht für immer. Aber wir haben hier in Mailand die Erfahrung gemacht, daß sehr, sehr viele gutaussehende junge Mädchen in dieser Situation dasselbe für ihren Vater tun. Also... (erhebt sich, um zu gehen)

Vater: Also, Sie meinen, ich bin der Bösewicht... (lacht)

Tochter: Kommt drauf an, welche Vorstellung du von dir selber hast...(erhebt sich)

Vater: Ich habe von mir überhaupt keine Vorstellung.

Dr.B:(stehend) D, du hast wirklich sehr viel für deinen Vater getan – das Opfer, das du ihm gebracht hast, damit er in der Familie dabei sein kann – und das kann dein ganzes Leben lang so weiter gehen, wie wir in vielen Fällen gesehen haben...

Dr.S(unterbricht): Sie bestehen darauf – nicht aus der Beziehung zwischen Mutter und S ausgeschlossen zu werden...

Dr.B: ... zu diesem Schluß sind wir gekommen.

(Allgemeine Verabschiedung)

Während Selvini von dieser Aufopferung schöner Mädchen in Mailand spricht, erhebt sich die Tochter mit großer Würde und rauscht hinaus, als sei sie beleidigt. Auch der Vater scheint verärgert, obwohl er lacht. Die Zielrichtung der Botschaft war vielleicht, das gegenwärtige 'privilegierte' Paar, Vater und Tochter, zu stürzen und einen Riß zwischen ihnen zu schaffen. Das war offensichtlich erfolgreich, denn die nächste Sitzung begann die Tochter mit der Ankündigung, sie habe eine ehrenamtliche Arbeit bei jungen Mädchen in einem Heim in der Umgebung übernommen. Und während sie sich mehr und mehr ihrem neuen Leben und ihrer Laufbahn widmete, erfüllte sich die Vorhersage, die durch die Botschaft angedeutet worden war. Nach zwei weiteren Sitzungen kam der Vater und beklagte sich, seine Frau und sein Stiefsohn seien die ganze Zeit zusammen, und er habe mit seinem Stiefsohn Krach gehabt. Er fühlte sich so verdrängt und beleidigt, daß er beschlossen habe, von zu Hause fortzugehen. Die Botschaft des Mailänder Teams wurde durch die gegenwärtige Therapeutin der Familie neu belebt. (Die Beratung der Familie wurde im Ackerman Institute for Family Therapy durchgeführt, das den ersten Besuch der Mailänder Gruppe in den Vereinigten Staaten 1977 organisierte, und die Therapeutin war Gillian Walker.) Dem Mädchen wurde geraten, zu ihrem früheren Verhalten zurückzukehren. Natürlich tat sie das nicht; und als sowohl sie als auch der Sohn begannen, sich weniger um die Eltern zu kümmern, begann das Paar, sich über die Mängel in der Ehe zu beklagen. Die Therapeutin handhabte die Situation, indem sie ständig paradoxe Vorschriften machte, und der Fall kam zu einem guten Ende.

Es ist interessant, daß die ursprüngliche Hypothese sich im Laufe des Falles bewahrheitete, obwohl sie verfeinert und erweitert wurde. Das Verhalten des Mädchens war gebunden an eine evolutionäre Sackgasse zu einem Zeitpunkt, in dem sie normalerweise das Haus verlassen hätte. Die Geschichte der Mutter ergab sogar noch mehr Hinweise für eine Schwierigkeit, die zu der Zeit auftauchte. Im Alter von 13 Jahren war sie von ihrem Stiefvater vergewaltigt und von zu Hause fortgeschickt worden. Die Botschaft, die der Familie eigentlich gegeben wurde, lautete nicht: Ihr seid eine dysfunktionale Familie, sondern: Ihr habt Einfallsreichtum gezeigt bei der Lösung eines Problems, das durch eure eigene Geschichte entstanden war. Die Tatsache, daß es ihnen nicht gelang, sich zum nächsten Stadium hin zu entwickeln, wird nicht kritisiert, oder nur indirekt durch die übereifrige Art, mit der das Team seine Bewunderung und sein Lob für die geniale Lösung ausdrückt. Die Hypothese wurde durch die Tatsache gerechtfertigt, daß die Familie – nachdem es der Tochter besser ging – zu dem Ort zurückzog, an dem der Sohn nach seiner Rückkehr aus Vietnam gegen den Vater um den Besitz der Mutter gekämpft hatte. Mit Hilfe der Therapie gelangte die Familie zu einer 'entwickelteren' Lösung, die die wichtigsten Trennungen zuließ. Sohn und Tochter wurden unabhängiger, während das Ehepaar gemeinsam eine denkwürdige Reise nach Europa unternahm, was sie sich früher nie gestattet hatten.

Der Zusammenhang mit der Einweisung

Die Mailänder Gruppe sieht Familien und Therapeuten in einen weiteren Kontext oder ein weiteres Umfeld eingebettet und nimmt dieses gesamte Umfeld als eine Einheit für die Behandlung. Sie achtet sehr auf das, was man den 'äußeren Ring' nennen könnte, nämlich auf den Kreis der Ärzte und Institutionen, die unter Umständen einen großen Einfluß auf die Familie in ihrer Behandlung des Patienten nehmen. Wenn die Therapie eine Krise hervorruft – was häufig geschieht, bevor in einem sehr starren Familiensystem eine Veränderung möglich ist – kann es den Anschein erwekken, als ginge es dem Patienten schlechter. Die Familie versucht dann vielleicht, die Veränderung zu verhindern und den Patienten wieder ins Krankenhaus einzuweisen oder jemanden zu finden, der ihm eine massive Dosis von Medikamenten gibt. Gillian Walkers Ausdruck für einen Arzt, der diese Rolle übernimmt, ist:'Dr.Homöostat', da diese Person handelt, um das Umfeld neu zu stabilisieren und so das Symptom unverändert zu halten.

In ihrem Artikel 'The Problem of the Referring Person'(Das Problem der Einweisungsperson) beschreibt die Mailänder Gruppe ihre Bemühungen, Einflüssen dieser Art von Personen entgegenzuwirken. Oft haben sie die Familie an die Therapie überwiesen und haben vielleicht ein emotionales Interesse am Ergebnis der Behandlung.(1o) Häufig bittet das Team eine solche Person, den Sitzungen beizuwohnen. Sie ergänzen:„Wir machten nicht mehr den Fehler, zum Abbruch der Beziehungen zwischen der Familie und der Einweisungsperson zu raten oder einen solchen Abbruch vorzuschreiben."(11) Stattdessen schreiben sie einfach die Situation vor. Der Familie wird gesagt, sie dürfe keine Bewegung in Richtung auf die gewünschte Änderung wagen, denn wenn das Symptom nicht mehr existiere, könne die Familie (oder ein spezifisches Familienmitglied) einen wichtigen Freund/Verbündeten/Tröster verlieren. Oder aber das Team schreibt die Gegenwart des Arztes vor, da sie wichtig sei, das Gleichgewicht zu erhalten und eine vorzeitige Veränderung zu verhindern.

Die Mailänder Gruppe räumt deutlicher als andere den kontextuellen Fragen Vorrang ein, besonders denen, die mit dem Bereich der Fachkollegen in Zusammenhang stehen. Wenn sich die Familie weigert, zu der angesetzten Zeit in die Therapie zu kommen, oder wenn sich ein Mitglied weigert, wird dies im Team vorrangig behandelt, ganz gleich, wie ernsthaft das Problem ist, das die Familie darlegt. Sie schieben entweder die Therapie auf, bis sich die Familie auf ihre Bedingungen einläßt, oder sie sprechen über diese Frage bei der Intervention, bei der der Familie gewöhnlich verschrieben wird, sich in derselben Weise weiter zu verhalten, um eine Veränderung zu verhindern. Wie wir gesehen haben, kann das Problem des sich einmischenden Kollegen der zentrale Punkt der gesamten Intervention sein. Diese Haltung sichert die Freiheit der Bewegung und ist teilweise verantwortlich für die außerordentliche Macht, mit der die Gruppe die ganze Zeit aufrecht erhalten wird.

Zirkuläres Befragen

Für die Durchführung einer Sitzung hat die Mailänder Gruppe kürzlich ein Konzept entwickelt, das sich auf Batesons Aussage begründet, „Information ist ein Unterschied" und das sie als die Technik der zirkulären Befragung bezeichnen. Der Artikel des Teams 'Hypothesizing—Circularity—Neutrality' enthält eine gute Beschreibung dieser Technik und ihrer logischen Grundlage.(12) Die Methode scheint in großem Umfang die Menge und Qualität der Information zu steigern, die sich aus einem Interview ergibt. Der Grundsatz besteht immer darin, Fragen zu stellen, die einen Unterschied ansprechen oder eine Beziehung definieren. Fragen nach dem Kommentar von jemandem über die Ehe seiner Eltern, oder Fragen darüber, wie jemand seine Familienmitglieder danach einstuft, wer durch den Tod eines anderen am meisten gelitten hat, oder darüber, wie jemand auf einer Skala von 1 bis 1o die Wut seiner Mutter und dann die seines Vaters einstuft, wenn seine Schwester spät nachts nach Hause kommt — all dies sind Fragen nach dem 'Unterschied'. Dasselbe gilt auch für Fragen, die sich mit dem Vorher und Nachher befassen: Wenn man zum Beispiel ein Kind fragt, um wieviel Prozent sich die Streitereien zwischen den Eltern verringert haben, seit der ältere Bruder in die Klinik eingewiesen worden ist, oder wenn man 'hypothetische' Fragen stellt, wie zum Beispiel:„Wenn du gar nicht geboren wärest, wie würde deiner Meinung nach die Ehe deiner Eltern jetzt sein?" oder:„Wenn deine Eltern sich jetzt scheiden ließen, welches Kind würde mit welchem Elternteil gehen?"

Durch Anwendung dieser Methode stellt man einiges fest. Zunächst einmal lassen solche Fragen die Leute innehalten und nachdenken, statt auf stereotype Weise zu reagieren. Leute, die nicht reden, hören auch aufmerksam zu. Und zweitens greifen diese Fragen in Eskalationen und Kämpfe ein, und zwar nicht nur zwischen den Familienmitgliedern, sondern auch zwischen dem Therapeuten und den Familienmitgliedern. Und drittens scheinen sie in stärkerem Maße dieselbe Art des 'Unterschied'—Denkens auszulösen, das seinem Wesen nach zirkulär ist, weil es die Vorstellung der sich aus verlagernden Perspektiven ergebenden Verbindungen einführt. Die Mailänder Gruppe weist darauf hin, daß die Personen in Familien mit schizophrener Transaktion selten eine Beziehung definieren oder einen Unterschied bemerken, und daß die alleinige Anwendung dieser Technik eine enorme Wirkung auf diese Familien ausüben kann.

Die Fragen können einen kumulativen Effekt haben. Man könnte eine Frau nach der Art der Beziehung ihres Mannes zu dessen Mutter fragen und dann dieselbe Frage an ihn richten in bezug auf sie und ihre Mutter. Diese Querbezüge von Informationen können sehr aufschlußreich sein und zu noch größeren Offenbarungen führen. Darüber hinaus kann der Therapeut diese Technik anwenden, um recht gewichtige Fragen ohne die übliche Zurückhaltung zu stellen, da er ja nur die Meinungen anderer hört. Die Mailänder Gruppe fragt sogar kleine Kinder, wie es ihrer Meinung nach um das sexuelle Leben der Eltern bestellt ist. Da Kinder immer eine Meinung haben, macht sie dies nicht tatsächlich zum Mitwisser von Informationen, die sie gar nicht haben sollten. Und trotz des Entsetzens der Familientherapeuten, denen eingetrichtet worden ist, jedes Familienmitglied dürfe nur für sich selbst sprechen, habe ich den Eindruck, daß diese Fragen die Personen indirekt dazu bringen, genauso stark zu differenzieren, wie man das erreichen würde, wenn man sie direkt darum bäte. So scheint zum Beispiel die übliche Antwort von Eltern und Kindern auf Fragen über Sex die Trennlinien der Generationen zu verstärken und nicht zu verwischen.

Eine andere Anwendungsmöglichkeit für diese Fragen besteht darin, mit ihnen Verhaltensweisen abzublocken, indem man einfach auf sie hinweist. Wenn eine Mutter eine krankhafte Angst vor dem Tod hat, könnte das Team den Vater fragen: „Was würden Ihrer Meinung nach die Hauptauswirkungen auf die Familie sein, wenn die Mutter stürbe?" Damit bringt man den 'schlimmsten Fall' zur Sprache und nimmt der Todesphobie einiges von ihrer alten Macht, die anderen zu beunruhigen. Im Fall eines versuchten Selbstmordes könnte man zum Beispiel fragen: „Wenn X es fertig gebracht hätte, sich zu töten, wer in der Familie würde sie zuletzt vergessen?" usw.

Allgemein gesehen scheint die Mailänder Gruppe jetzt im Besitz eines eleganten Modells von Interviews zu sein, das sich mit ihrer Batesonschen Behandlungsphilosophie deckt. Sowohl die Interviewtechniken als auch die systemischen Interventionen fügen am Ende eine Zeichensetzung ein, die den Unterschied und die Zirkularität betont. Die Fragen bestärken Anweisungen und werden gleichzeitig durch Anweisungen bestärkt, die aus ihnen in einer Weise abgeleitet worden sind, die das gesamte Interview auf einer komplexeren Ebene zu einem Beispiel von Zirkularität macht, als wenn eine der beiden Techniken allein angewandt worden wäre.

Die Bedeutung der Neutralität

Wenn man sagen könnte, es gäbe eine ganz bestimmte Sache, die der Methode der Mailänder Gruppe ihren Stempel aufgedrückt hätte, dann würde ich weder die genialen Interventionen wählen noch den eleganten Interviewstil oder die peinlich genaue Sorgfalt bei der Aufstellung einer Hypothese. Ich würde es auf ihre gesamte Einstellung zurückführen, wie sie in ihrem Begriff der 'Neutralität' zusammengefaßt ist. Auch hier verweisen wir den Leser wieder auf den Artikel 'Hypothesizing–Circularity–Neutrality'. Dieser Artikel ist wie ein Nahrungskonzentrat für die Raumfahrt: Er enthält in verdichteter Form die besten Ideen dieser Gruppe.

'Neutralität' hat trotz seiner 'Hände weg'–Implikationen mehr mit Wirksamkeit in der Therapie zu tun als mit Zurückhaltung. Das Team behält während des Interviews eine teilnahmslose, wenn auch respektvolle Haltung im Gegensatz zu der geselligen Haltung, die viele andere Schulen und Praktiker einnehmen. Die Mailänder Gruppe ist sich jedoch nur allzu sehr der Macht der Familien bewußt, die Therapeuten ohnmächtig zu machen, und daher geben sie Techniken zur Erhaltung der Effektivität vor allen anderen pragmatischen Leistungen den Vorrang. Dafür haben sie eine Anzahl von Einfällen aufgegriffen, die dem Therapeuten oder dem Team helfen, in einer Position zu bleiben, von der aus die größte Veränderung erreicht werden kann.

In ihrer einfachsten Form wird Neutralität von der Mailänder Gruppe als die Fähigkeit beschrieben, Bündnissen mit Familienmitgliedern zu entkommen, moralische Beurteilung zu vermeiden, allen linearen Fallen und Verwicklungen zu widerstehen. Wenn zum Beispiel kein einziges Mitglied nach einer Sitzung sagen könne, der Therapeut habe mit ihm oder ihr zusammengehalten, dann ist Neutralität erreicht: „Der Therapeut kann nur in dem Maße wirksam sein, wie er in der Lage ist, eine andere Ebene (Metaebene) von der der Familie zu erreichen und zu erhalten." (13)

Diesem würde ich viele andere Pläne und Methoden hinzufügen, die das Team in seiner Arbeit benutzt. Was zum Beispiel bei der Beobachtung der Mailänder Gruppe auffällt, ist ihr bewußter Gebrauch von Geheimnis und Drama. Die Familie weiß, daß hinter einer Wand Leute schweigend beobachten, nicht nur als Zuschauer, sondern als aktiv Teilnehmende. Die Therapeuten im Zimmer kommen und gehen aus geheimnisvollen Gründen – manchmal aus einem Impuls heraus, manchmal weil es an der Tür klopft.

Hinzukommt, daß die Mitglieder des Teams – auch die im Raum – nicht beeinflußt werden können, da sie von unsichtbaren anderen beherrscht werden. Dies erinnert an den altmodischen Analytiker mit seiner teilnahmslosen Position hinter der Couch. Botschaften und Briefe, die hinter der Trennwand auftauchen, verstärken den Eindruck einer Einbahnstraße. Auch die Haltung der Therapeuten den Familienreaktionen gegenüber, nämlich sich mit ihnen zu bewegen oder unbewegt zu bleiben, statt sich auf einen richtigen Kampf einzulassen, ist eine Möglichkeit, neutral zu bleiben.

Diese Haltung paßt zu den Grundsätzen der strategischen Therapie. Im Gegensatz zum Therapeuten, der eine Familie in die richtige Form stößt und drängt, dem 'Stierkämpfer'-Therapeuten, könnte man diese Praktiker 'Hühnerhaus'-Therapeuten nennen: „Niemand zu Haus außer uns Hühnern' Diese Therapeuten tun sich nicht hervor. Sie sprechen leise und tragen einen winzigen Stock. Wie Judoexperten nutzen sie das Momentum des familieneigenen Widerstandes, um die Veränderung zu bewirken.

Die Überraschung für die, die mit dieser Art Arbeit beginnen, liegt in der Macht der Methode. Ich habe sie manchmal die Therapie der Schwachen genannt, da ihre Kraft aus der Ablehnung zu stammen scheint, Kraft einzusetzen. In einem seiner berühmtesten Sonette beschreibt Shakespeare einen Geliebten, der sogar zu kühl ist, um seinen eigenen Einfluß auf das Herz des Barden zu bemerken: „He that hath power to hurt and will do none/ That will do not that which he most doth show" (Wer Macht zu quälen hat und sie nicht braucht/Wer immer anders handelt als er scheint). Dieser Mensch ist — um den verbitterten und liebeskranken Shakespeare zu paraphrasieren — ein viel härterer Bursche als unser alltäglicher Aktivist. Er hat sogar alle Trümpfe in seiner Hand.

Neutralität gibt dem systemischen Therapeuten die Macht wirksam zu sein. Es gibt aber viele Zutaten: die ruhige, nicht reagierende Haltung; das zirkuläre Befragen, wobei immer der Therapeut auf die Metaebene gestellt wird; Mittel, die den Therapeuten davor bewahren, durch den Familiensog gefährdet zu werden (den Einwegschirm, das Team, die Botschaften, die unerklärten und unerwarteten Worte und Handlungen der Therapeuten); das Befassen mit dem Umfeld und den Problemen des ganzen Zusammenhangs in der Reihenfolge ihrer Priorität; und schließlich die unerbittliche Haltung dem Widerstand gegenüber. Das Team wird lieber eine Familie verlieren als auf der Veränderung bestehen.

Am Schluß möchte ich mich selbst noch abschirmen und sagen, daß dieses Kapitel vielleicht veraltet ist, wenn dieses Buch erscheint. Die Arbeit des Mailänder Teams ist immer in der Entwicklung begriffen, verändert sich ständig. Die Gruppe bewegt sich jetzt in ganz andere Richtungen als zu dem Zeitpunkt, als 'Paradoxon und Gegenparadoxon' veröffentlicht wurde. Die beiden Männer, Boscolo und Cecchin, lehren in Mailand und reisen weit herum in Europa, Kanada und den Vereinigten Staaten und führen Workshops durch. Selvini und Prata lehren auch, hauptsächlich in Europa, wobei sie gleichzeitig auch mit ihren Forschungsarbeiten weitermachen. Die Gruppe bringt ein ganz anderes klinisches Instrumentarium heraus als früher, und da sie nun in vieler Beziehung zwei Teams sind und nicht länger nur eins, ist zu erwarten, daß sich Unterschiede zwischen ihnen entwickeln werden, wie auch zwischen ihnen und ihren immer zahlreicher werdenden Schülern.

Was auch geschieht, die Mailänder Gruppe hat uns nicht nur den pragmatischen Ausdruck einer wahrhaft zirkulären Epistemologie gegeben, sondern neue und feiner abgestimmte Werkzeuge, um schwierige Familien einzuschätzen und mit ihnen zu arbeiten. Wie die folgenden Kapitel zeigen werden, ergeben sich durch diese Methode zusätzlich viele neue und interessante klinische Probleme. Und diese Fragen wiederum führen uns zurück zu einer strengeren Untersuchung unserer theoretischen Rahmen und der Epistemologie, die sie unterstützen.

Kapitel 16

THEORIEN DER THERAPEUTISCHEN BINDUNGEN

Das Rätsel des Paradoxen

Die Arbeit und die Theorie der Mailänder Gruppe sind Grundlage für eine Reihe von experimentellen Gedanken über Verhaltensweisen und Veränderungen geworden. An dieser Stelle wäre es hilfreich, sich einige der Theorien darüber anzusehen, warum Gegenparadoxa oder therapeutische Doppelbindungen funktionieren. Wir haben gesehen, daß in 'Pragmatics of Human Communication' der Terminus 'paradoxe Intervention' als Synonym für die therapeutische Doppelbindung benutzt wird.(1) Außerdem wurde die 'Verschreibung des Symptoms' als eine Art der paradoxen Intervention angesehen und zuerst von Mitgliedern der Bateson-Gruppe in verschiedenen Aufsätzen eingesetzt, in denen sowohl die Paradoxa beschrieben wurden, die Menschen einander auferlegen, als auch die von den Therapeuten entwickelten, um sie zu bekämpfen. (Wir legen es dem Leser nahe, Richard Rabkins 'Strategic Psychotherapy', New York, 1977, zu lesen, um eine historische Entwicklung dieses Gedankens zu erhalten und einen Bericht darüber, wie verschiedene Therapeuten zu verschiedenen Zeiten auf ihre Bedeutung stießen und Ausdrücke dafür erfanden, wie zum Beispiel 'negative Praxis', 'umgekehrte Psychologie', 'paradoxe Intention' und 'Verschreibung des Symptoms').

Wie wir gesehen haben, wird dem Klienten in der therapeutischen Doppelbindung gesagt, er solle sich nicht verändern, und zwar in einem Zusammenhang, wo er eigentlich Hilfe für eine Veränderung erwartet. Wenn er sich dem Befehl widersetzt, verändert er sich. Wenn er sich nicht verändert, tut er, worum ihn der Therapeut gebeten hat. In beiden Fällen behält der Therapeut die Zügel in der Hand. Gewöhnlich gewinnt der 'Widerstand' gegen den Therapeuten die Oberhand im Klienten, und er entschließt sich, sich zu verändern.

Haley ändert die Sichtweise leicht ab und begründet sein Denken über therapeutische Bindungen auf Analogien mit der Spieltheorie und der impliziten Annahme, Menschen spielten Machtspiele miteinander, die sie auf alle Fälle 'gewinnen' müßten. Ein Patient mit einem Symptom zieht aus diesem Verhalten ungeheure Macht, seine Umgebung zu beherrschen — besonders seine Verwandten. Wenn ihm also vom Therapeuten gesagt wird, er solle mit diesem Symptom weitermachen, ist er in einer Bindung, da die einzige Möglichkeit, den Therapeuten zu beherrschen, darin liegt, sich vom Symptom zu lösen.

Dieses Argument für den Erfolg paradoxer Interventionen ist überzeugend und eindringlich. Sogar die Mailänder Gruppe scheint es in ihren frühen Schriften angenommen zu haben. Es gibt jedoch einen zentralen Einwand, und zwar im Zusammenhang mit der ständigen Tendenz, lineare Erklärungen zu gebrauchen, die besondere Eigenschaften des Individuums voraussetzen. Das Prinzip, um das es geht, setzt voraus, daß gewisse Klienten einen 'rebellischen' Charakterzug haben oder das Bedürfnis, andere zu beherrschen, das auf irgendeine unbekannte Persönlichkeitskomponente zurückzuführen ist oder auf den Familienzusammenhang, der diesen Charakterzug hervortreten läßt. Eine solche Sichtweise setzt fast einen Motivationsantrieb voraus, der bei klugem Einsatz durch den Therapeuten den Klienten in die gewünschte Richtung stoßen wird.

Es gibt noch ein anderes Universum von Erklärungen, die auf einer ökologischen oder das ganze System erfassenden Ansicht beruhen. Eine dieser Erklärungen wurde von den Psychologen Duncan Stanton und Thomas Todd und ihren Mitarbeitern in Philadelphia entwickelt, als sie Ende der siebziger Jahre mit süchtigen Familien arbeiteten. Ihre Technik, dem symptomatischen Mitglied 'edle Absicht' zuzuschreiben, ist, obwohl sie unabhängig von der Arbeit der Mailänder entstand, vergleichbar mit den positiven Konnotationen und gleichermaßen systemisch, da es das Symptom in den Dienst der Familie stellt. Stanton würdigt Nagy wegen der Idee, Symptome ließen sich Generationen hindurch an eine Familie anpassen, er unterscheidet sich aber von ihm, da er diese Formulierung strategisch einsetzt. Zur Erklärung schlägt Stanton eine neue Theorie der 'Kompression' vor, die auf der Vorstellung beruht, dysfunktionale Familien schwankten ständig zwischen intensiver Fusion mit der Kernfamilie und intensiver Fusion mit der Ursprungsfamilie hin und her. Man fühlt sich an Batesons Türglockenanalogie erinnert, da die Bevorzugung des einen Zustandes ein Umschalten auf den anderen hervorruft in einem endlosen Zyklus. Das therapeutische Paradox verstärkt nach Stanton diese Schwankung oder drängt sie dicht an einen Pol und unterbricht so den Zyklus. Die sich daraus ergebende Krise und die Reaktion des Therapeuten zwingt die Familie, neue Wege zu finden.(2)

Wenn man die Konstellation der Beziehungen als Hauptuntersuchungseinheit nimmt, für das ein Problem das sichtbarste und zentrale Anzeichen ist, könnte man eine Hypothese für eine in gewisser Weise unterschiedli-

che Ursache des Erfolgs der sogenannten paradoxen Züge aufstellen. Ein gutes Beispiel hierfür ist ein Interview, das Teil eines Kurztherapie-Projektes am Ackerman Institute for Family Therapy war. (Geleitet wurde das Team von Olga Silverstein und Peggy Papp. Ebenfalls gehörten dazu Joel Bergman, John Clarkin, Richard Evans, Betty Lundquist, Gillian Walker, Anita Morawetz und ich. Die beschriebene Intervention ist hauptsächlich Olga Silversteins Schöpfung.)
Der Patient war ein angeblich depressives dreijähriges Kind mit einer geplagten jungen Mutter und einem abgelenkten, auf seine Karriere bedachten Vater. Dem Kind ging es bald besser, aber dann schien die Frau depressiv. Sie fand den Druck durch zwei kleine Kinder und eine reine Hausfrauenexistenz sehr schwer zu ertragen. Je mehr jedoch der Therapeut Tätigkeiten vorschlug, die diese kluge und gebildete Frau aus dem Haus herausbringen würden, desto schwieriger wurde sie. Daher rief das Therapeutenteam, das hinter dem Einwegschirm war, den Therapeuten heraus und schlug vor, er solle eine völlige Kehrtwendung machen und der Frau sagen, sie hätte ihn überzeugt und er hätte dummerweise ihren Charakter falsch eingeschätzt; wie könnte er nur so unsensibel sein und nicht sehen, daß sie wahrscheinlich zu jenen Frauen gehört, die ihr größtes Glück darin finden, wenn sie andere bedienen. Besonders jetzt, wo ihr Mann alle seine Energie in seine berufliche Karriere stecken müsse, um seiner Familie zu helfen, sei es unbedingt notwendig, daß sie ihn vor allen häuslichen Ärgernissen bewahre. Wenn er am Abend nach Hause kommt, beladen von der Arbeit in seinem Büro, dürfe sie ihn auf keinen Fall irgendeine Arbeit tun lassen oder den Kindern erlauben, ihn zu stören, sondern müsse dafür sorgen, daß er in seinem Arbeitszimmer bliebe. Selbst wenn er herauskommen wollte, um ihr zu helfen (und da er ein besorgter und liebevoller Ehemann sei, werde er es wahrscheinlich tun wollen), selbst dann solle sie sich widersetzen und schlimmstenfalls sogar ein Schloß an der Tür zu seinem Arbeitszimmer anbringen. Als der Therapeut seine Meinung dem Paar übermittelte, sah die junge Frau immer unzufriedener aus, obwohl sie ruhig dasaß und nichts sagte. Der Ehemann dagegen schien nervös und versuchte, dem Therapeuten zu widersprechen, der sich höflich weigerte, auf seine Meinung zu hören und das Interview beendete.

Zur nächsten Sitzung kam die Frau gar nicht depressiv und sagte dem Therapeuten ihre Meinung, weil er sie so falsch eingeschätzt hatte. Sie erwähnte die Unternehmungen, die sie in dieser Woche aus dem Haus gelockt hätten und ihre Absicht, Kurse zu belegen. Der Mann erzählte, er habe jeden Abend das Geschirr gespült und sogar das Abendessen bereitet, als seine Frau im Konzert war. Ja, er habe entdeckt, daß er im Büro genügend erledigen könnte, so daß er keine Arbeit mehr mit nach Hause zu nehmen brauchte. Der Therapeut gestand, daß er nur schwer glauben könnte, daß er sich so getäuscht haben sollte und er bezweifelte, ob die Dinge so weiterlaufen könnten. Er wünschte dem Paar jedoch alles Gute und beendete die Therapie. Bei einer Überprüfung im Jahr darauf stellte man fest, daß die Frau einen Universitätskurs belegt hatte und daß das Paar sehr glücklich miteinander war.

Wollte man erklären, was bei dieser Transaktion vor sich ging, könnte man einfach sagen, hier handle es sich um zwei gegensätzliche Leute, die um die Macht in ihrer Beziehung kämpften. Die Taktik der Frau bestand darin, das Aschenputtel zu spielen und ihrem Mann Schuldgefühle zu vermitteln, während der Ehemann sich rächte, indem er sich selbst durch seine Arbeit distanzierte. Man könnte jedoch genauso gut individuelle Motive ignorieren und das Beziehungssystem allein betrachten. Bei dieser Sichtweise erhält die Veränderung im Paar ihr Momentum durch die Kräfte, die bereits im Dreieck bestehen.

Zunächst einmal handelt es sich um ein recht komplementäres Paar, bei dem die Frau in der unterlegenen Position ist. Als der Therapeut die Frau zu weit nach unten stoßen will, überschreitet er eine Grenze des Systems der relativen Macht. Die Frau ist vielleicht in anderen Zusammenhängen recht selbstbewußt, aber ihre systemische Stellung ihrem Mann gegenüber erfordert ein nachgiebiges Verhalten. Sie wird sich also jeglichen Bemühungen widersetzen, die sie selbstbewußter machen. Gleichzeitig muß der Ehemann eine etwas höhere Position auf der Wippe einnehmen, aber nicht zu hoch. Dies erklärt, warum er sich so aufregt, als der Therapeut ihn als jemanden schildert, den man wie einem Pascha dienen müsse. Man kann fast seine Gedanken lesen: „Das gibt eine reine Meuterei im Haus, wenn das passiert. Meine Frau wird mir das tausendfach heimzahlen." Sofort treten regulierende Verhaltensweisen auf, die die Wippe an einer zu großen Neigung hindern. Die Frau weigert sich, die Lakaienrolle zu übernehmen, die ihr auch der Mann auf keinen Fall zuweisen will. In seiner Überreaktion verändert das Paar jedoch seinen Status und wird sehr viel symmetrischer, eine Veränderung, die vermutlich sowohl die Depressionen der Frau als auch die weniger offensichtlichen Leiden des Mannes erleichtern werden.

Ein anderer Faktor, den wir betrachten müssen, ist die empörende Haltung, die der Therapeut einnimmt. Die beiden Eheleute sind nicht nur eifrig bemüht, jeden Versuch des anderen, die vorgeschlagene Rolle zu übernehmen, zu vereiteln, sondern sie sind auch beide verärgert über den Therapeuten, der ihnen einen so absurden Rat gibt. Vorher standen sie miteinander in einem verdeckten Konflikt und waren unglücklich. Jetzt kommen sie vereint und sprechen laut mit 'einer' Stimme. Es spielt keine Rolle, daß diese Stimme eigentlich sagt, was für ein unmöglicher Mensch dieser Therapeut sei. Der abgelehnte Rat des Therapeuten hat sie einander nähergebracht und das Gleichgewicht zwischen ihnen hergestellt.

Wichtig ist, daß die Kräfte, die diese Veränderungen bewirkt haben, auch das Potential waren für ein Zurückweichen, das in das relative Gleichgewicht dieser Beziehung eingebaut war. Als der Therapeut versuchte, die Wippe auszugleichen, konnte das Paar, das auf innere Gesetze horchte, nicht mithalten. Als er aber die Wippe zu weit neigen wollte, glich sie sich fast von allein aus, angetrieben von einem Zurückweichen aus fünf Beziehungsbögen: Ehemann/Ehefrau, Ehefrau/Ehemann, Ehefrau/Therapeut, Ehemann/Therapeut und schließlich Paar/Therapeut. Da auch ein Team in diese Situation einbezogen war, muß man auch noch die Beziehung Therapeutenteam/Familiensystem hinzufügen.

Diese Aktivierung der sogenannten Gleichgewichtsreaktionen in jeder Person und Untergruppe eines komplizierten Beziehungsnetzes scheint eine umfassende Methode zu sein, den Erfolg der paradoxen Anweisung zu erklären, statt ein jedem Ehepartner unterstelltes Bedürfnis, nicht beherrscht zu werden. Das Programm, in dem das Paar gefangen war, und die Regeln der überspannten Mechanismen dieses Programms schienen die Art der Beziehung zu beherrschen, die dieses Paar für sich selbst ausgearbeitet hatte. Vermutlich war die Beziehung – wie immer auch ihre Strafen aussahen – anpaßbar auf die besondere Situation des Paares.

Wenn der Therapeut erst einmal die Gesetze der Beziehung herausgefunden hat oder die Verhaltensredundanzen, die sie ausdrücken, braucht er sich nicht auf Rat, Überredung oder Versuche zur Umstrukturierung der Beziehung oder zur Umerziehung des Paares zu verlassen. Auch braucht er nicht besonders charismatisch zu sein oder die Macht eines besonderen Prestiges oder eines besonderen Status zu genießen. Diejenigen, die keine große Reputation, wichtige Stellung oder persönliche Anziehungskraft haben, können doch durch ihre Intelligenz und ihren Erfindungsreichtum erfolgreich sein, wenn sie die Kraft des Beziehungssystems und die Kraft ihrer Beziehung zu diesem System die Arbeit machen lassen.

Das Metaparadox: Familienteam

Wenn wir uns auf eine höhere kontextuelle Ebene begeben, kann das Funktionieren paradoxer Anweisungen auf noch eine weitere Art beschrieben werden. Wir können hierbei individuelle Faktoren außer acht lassen und sogar Faktoren aus einem gegebenen Satz von Beziehungen zurückstellen und die Angelegenheit vom Standpunkt des Familiensystems aus betrachten, das vom Therapeutensystem bearbeitet wird. Bei der Beschäftigung mit Symptomen innerhalb der Familie haben wir über einen rekursiven Zyklus gesprochen, durch den das System ad infinitum gehemmt und gefördert, gehemmt und gefördert wird. Es bleibt dadurch ein erwünschter und zugleich unerwünschter Gast, der weder sitzt noch steht, weder bleibt noch geht, aber schwebend in einer endlosen und quälenden Stase verharrt.

Man stelle sich diesen rekursiven Zyklus in Form einer Waage vor, auf deren einer Waagschale 'KW'(für: 'kein Wechsel') liegt, und auf deren anderer 'W' (für:'Wechel') liegt. Und man stelle sich ferner vor, W und KW würde ungefähr dasselbe Gewicht zugesprochen (vgl. Fig.16.1). Man könnte eine Regel oder Einschränkung für die Familie erfinden, die diese beiden Gewichte zu jeder Zeit im Gleichgewicht hält. Wenn KW weniger wichtig wird oder nachläßt, dann muß W dies durch eigenes Schwächerwerden kompensieren. Oder aber es muß ein neues Element KW hinzugefügt werden. Man stellt interessanterweise fest, daß die Aufgabe einer Person, die normalerweise ein Problem am Leben erhält, im Falle von Abwesenheit oder Unterlassung durch ein anderes Familienmitglied übernommen wird. Stattdessen kann der verdeckte Ausdruck einer symptomatischen Unterstützung offen zutagetreten, wie zum Beispiel dann, wenn die Mutter eines zur Magersucht neigenden Kindes, das jetzt gut ißt, sich Sorgen zu machen beginnt, ihre Tochter könnte zu schnell essen und sie ihr überallhin folgt, um die Essensgewohnheiten zu überwachen. Wir sollten auch nicht aus den Augen verlieren, daß dieser Balanceakt aus irgendeinem nicht explizit gemachten Grund von elementarem Interesse für die Familie ist. Ein starres Familiensystem sieht sich dann größter Gefahr ausgesetzt, wenn es zur Umorganisation gezwungen wird und das Symptom kann, wie wir bereits gesagt haben, eine Antwort auf dieses Dilemma sein.

Man stelle sich nun vor, was passieren würde, wenn eine solche Familie mit ihrer inneren Waage an eine noch größere Waage gehängt wird, die durch ein Therapieteam oder durch einen einzigen mächtigen Therapeuten dargestellt wird. Das Ganze kann nun durch eine neue Doppelwaage dargestellt werden, wobei die Familienwaage sich auf der einen Seite befindet und die des Therapeuten auf der anderen (vgl. Fig.16.2).

Die Tatsache, daß sich die Familie in die Therapie begeben hat, oder auch nur ihre Anwesenheit in dem Zimmer, muß ebenfalls in Form eines Gewichtes zugunsten des Wechsels berücksichtigt werden. Das kommt durch das 'W' an der Spitze des Armes der Therapieseite zum Ausdruck.

Wenn nun — wie es im obigen Modell dargestellt wird — das Gewicht des Therapeuten zusätzlich zur Anwesenheit der Familie in der Therapie auf die W-Seiten gebracht wird, kann man sehen,wie jene 'Familienregel' verletzt wird, die besagt, auf einen Wechsel drängende Kräfte müßten durch gleich große dem Wechsel entgegengesetzte Kräfte ausgeglichen werden. Man kann daher eine Verlagerung beider Seiten der Familienwaage in Richtung KW voraussagen, was gewöhnlich als 'Widerstand' gedeutet wird. Was muß der Therapeut in einem solchen Fall tun? Logischerweise würde seine Maßnahme darin bestehen, seine W-Position in eine größere KW-Posi-

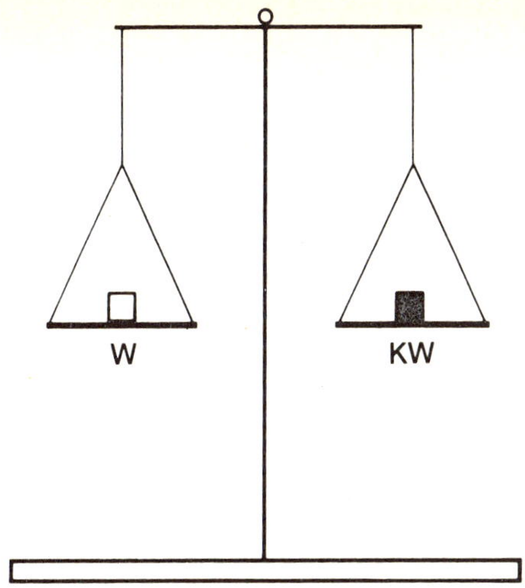

Fig. 16.1
Familien-Waage

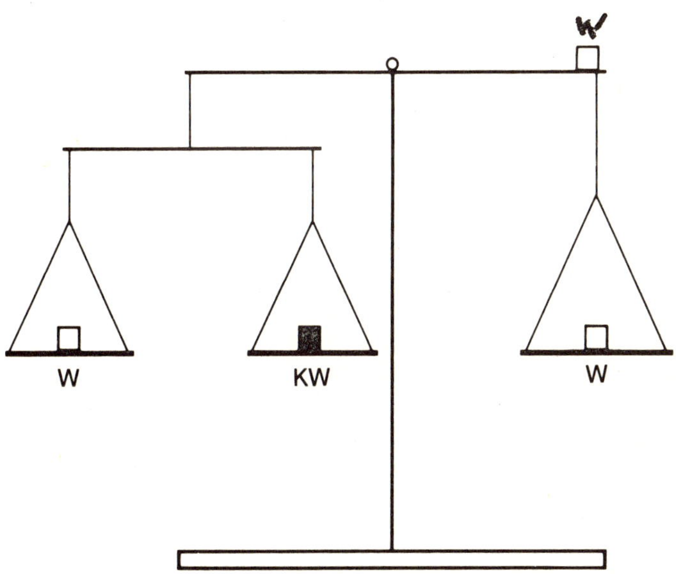

Fig. 16.2
Familie plus Therapeut oder Team: Erste Version

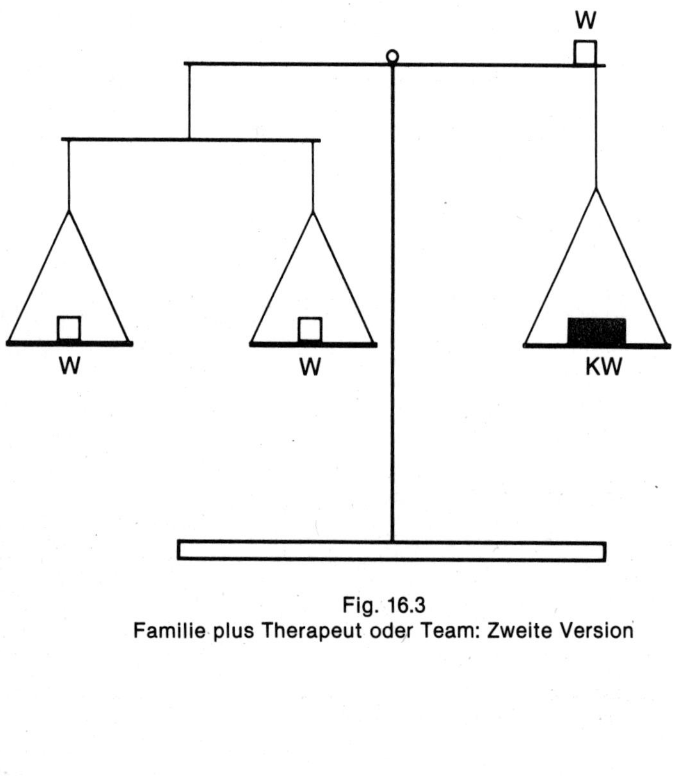

Fig. 16.3
Familie plus Therapeut oder Team: Zweite Version

tion umzuändern, zumal ja jedem KW von ihm ein W der sich in Behandlung befindenden Familie gegenübersteht. Wenn sich die Familie an ihre eigene Gleichgewichtsregel hält, könnte man einen Wechsel ihrer beiden KWs zu Ws voraussagen (vgl. Fig.16.3).

Das Gegenparadox und Ebenen der logischen Art

Ein schwerwiegendes Problem bei der Waagschalenanalogie der Wechselvorgänge in der Therapie besteht darin, keine Möglichkeit zum Einbeziehen der Widersprüche zwischen offenen und verdeckten Botschaften anzubieten. Die Bateson-Gruppe gründete ursprünglich ihre Vorstellung über Doppelbindungen und therapeutische Doppelbindungen auf die Vermischung von Klassifikationsebenen, die sie in Familien von Schizophrenen vorfanden, die sie einsetzten, wenn sie Interventionen bei solchen Familien anwandten. Im folgenden wird anhand eines Falles der Mailänder Gruppe eine Möglichkeit zur Schematisierung unseres Modells mit einer Doppelebene illustriert.

In einem 1977 anläßlich eines Workshops in New York gehaltenen Vortrags mit dem Thema 'First Session of a Systemic Family Therapy' beschreibt Selvini die Arbeit des Teams mit der Familie eines siebzehnjährigen magersüchtigen Mädchens Antonella. Ihre Familie bestand aus Vater, Mutter und einem vierzehnjährigen Bruder Fabrizio. Während des Eingangsinterviews fiel dem Therapeuten die passive Art der Mutter auf, in der sie den sehr ernsten Zustand ihrer Tochter beschrieb. Im Gegensatz dazu stand ihr unter Tränen hervorgebrachter Bericht darüber, wieviel Schmerzen Antonella ihrer Großmutter mütterlicherseits, der Großmutter Theresa, bereitet hatte. Der Vater gab sich unbeteiligt und der Bruder schien nur für seine Angelegenheiten außerhalb der Familie Interesse zu haben. Die Familie hatte keine Hypothese über den Ausbruch der Krankheit. Alles, was sie zu sagen hatten, war, daß das Mädchen in einer Fabrik gearbeitet und plötzlich mit dem Essen aufgehört hätte. Der Therapeut fragte Antonella selbst, was sich unmittelbar vor ihrer Krankheit abgespielt hätte, und sie antwortete, sie hätte einen Freund gehabt, aber nicht gewagt, der Familie von ihm zu erzählen, weil sie Angst hatte, die Familie würde ihn nicht akzeptieren. Und so war es auch: Als die Eltern von ihm erfuhren, zogen sie einen Schlußstrich unter die Freundschaft. Der Verlobte betrank sich daraufhin in einer örtlichen Kneipe und verbrachte einige Tage im Gefängnis wegen Erregung öffentlichen Ärgernisses. Antonella erklärte, sie würde nie aufhören, diesen jungen Mann zu lieben und wenn sich ihr Zustand bessern sollte, würde sie wieder mit ihm ausgehen. Die Mutter sah besorgt aus und meinte, Großmutter Theresa würde wirklich entsetzt sein, wenn ihre Enkelin mit einem 'Galgenvogel' befreundet wäre.

Einige Fragen über das frühe Eheleben von Antonellas Eltern führten einige nützliche Informationen zutage. Das elterliche Ehepaar hatte anfangs bei der Großmutter Theresa gelebt, und Antonella war immer der erklärte Liebling der alten Frau gewesen. Diese Wohngemeinschaft wurde beendet, als die Mutter des Vaters, die nicht weit entfernt wohnte, erklärte, sie würde ihren Sohn nicht mehr besuchen, so lange er im Haus 'fremder Leute' wohnte. Der Ehemann bestand deshalb darauf, in eine eigene Wohnung zu ziehen, sehr zum Leidwesen seiner Frau, die ziemlich unglücklich darüber war, daß sie ihre eigene Mutter verlassen mußte.

Als das Team bemerkte, daß die Gefühle und das Wohlergehen der Großmutter Theresa als ebenso ernst wie Antonellas Krankheit angesehen wurde, beschloß es, das Dreieck der drei Frauen zuerst in Angriff zu nehmen. Dementsprechend wurde folgende Anweisung an die Familie verlesen:
„Das Spezialistenteam ist angesichts der lebensbedrohlichen Lage Antonellas zu dem Entschluß gekommen, daß Familientherapie sehr angemessen ist, und daß in Ihrem Fall eine gute Aussicht der Besserung besteht.
Aber wir sehen uns einem sehr ernsten und beunruhigenden Risiko gegenüber. Dieses Risiko ist mit Großmutter Theresa verbunden. Wenn sich Antonellas Zustand verbessern sollte, würde sie wahrscheinlich wieder mit Franco ausgehen. Die Großmutter würde das als Schande empfinden und Todesqualen auszustehen haben. Sie würde in der Tat mehr leiden, als wenn Antonella an ihrer Krankheit stürbe. In der nächsten Sitzung... werden wir diese die Großmutter bedrohende Gefahr diskutieren."

Dies ist eine klassische Version einer therapeutischen Doppelbindung. Beachten Sie, wie sauber es die sich widersprechenden Botschaften der Familie umkehrt. Innerhalb der verdeckten Rahmenbotschaft 'Iß nicht, denn es wäre zu bedrohlich, wenn du dich erholst', sagt die Familie offen: „Iß und erhole dich". Durch die Aussage des Teams, ihrer Meinung nach sei Familientherapie angezeigt, implizieren sie verdeckt, das Mädchen solle gesund werden. Ihre offene Botschaft lautet jedoch, sie soll nicht gesund werden, weil sonst Großmutter Theresa leiden würde. Es ist die Umkehrung der sich widersprechenden Botschaften, die die Familie dem Mädchen gibt, und es bringt die Familie in eine Art Metabindung, einen Zustand der Verwirrung und Bestürzung, der hoffentlich einen Wechsel herbeiführen wird (vgl.Fig.16.4).

Bei der nächsten Sitzung, zwei Wochen später, sieht Antonella viel besser aus. Sie hat wieder angefangen zu essen und hat auch zugenommen. Aber die Mutter beklagt sich, weil das Mädchen nachts ißt und die Mutter aufstehen muß, um das Essen zu überwachen. Es ist eine weniger verdeckte Form der Botschaft: „Iß nicht". Interessanterweise war das Mädchen

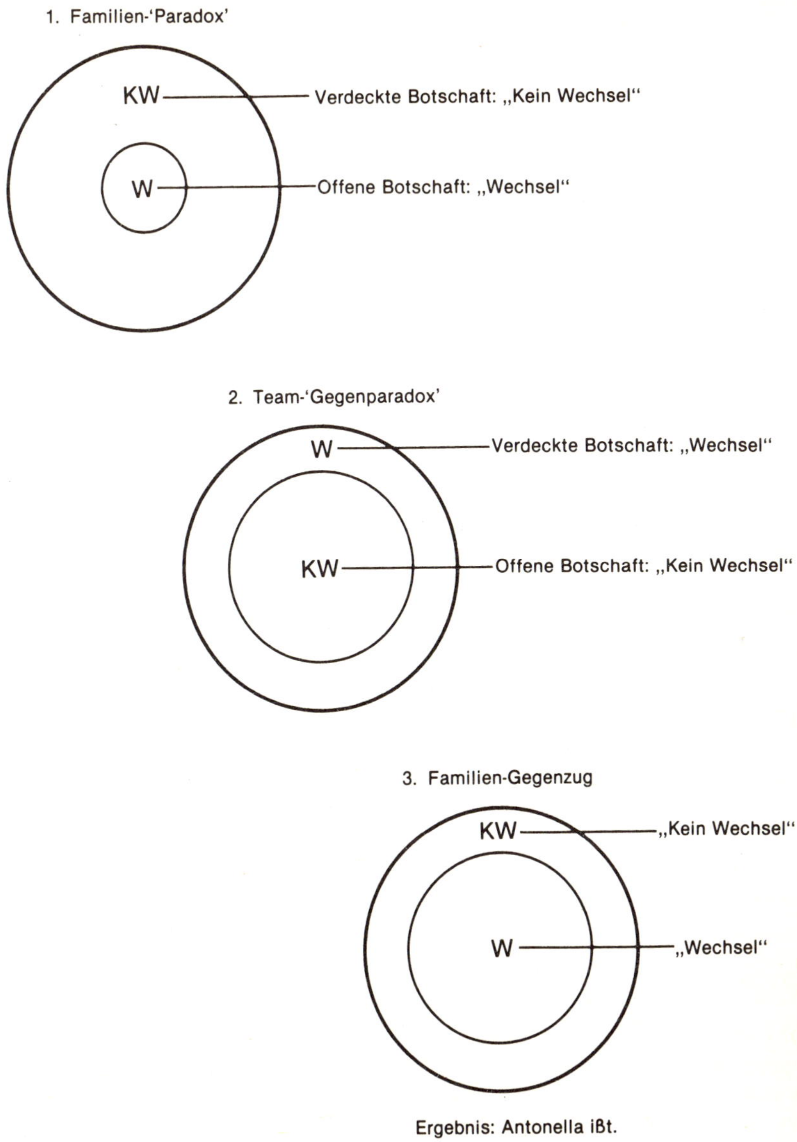

Fig.16.4
Offene und verdeckte Elemente einer paradoxen Verschreibung

gleich nach Rückkehr der Familie im Anschluß an die erste Sitzung zur Großmutter gelaufen, um ihr den Brief zu zeigen. Die alte Frau sagte: „Unsinn. Natürlich will ich, daß du ißt. Und außerdem gibt es viele Francos in dieser Welt." Wie zu erwarten war, sah die Mutter während dieser Sitzung sehr deprimiert aus, während der Vater und Fabrizio ganz wie sonst schienen.

Selvini, über den weiteren Verlauf des Falles befragt, berichtet, die Großmutter Theresa sei zur nächsten Sitzung mit eingeladen worden. Das Team wollte die Großmutter abblocken, beschränkte sich aber darauf, sie respektvoll zu behandeln und ihr für ihr Kommen zu danken. Sie traten danach nicht mehr mit ihr in Verbindung. Diesmal wurde die Botschaft per Post nur an Antonellas Haushalt geschickt und die Großmutter absichtlich ausgeschlossen. Der Brief enthielt drei unterschiedliche Botschaften, die jedes Familienmitglied abwechselnd Antonella jeden Abend vor dem Abendbrot vorlesen mußte. Die Botschaft des Vaters lautete ungefähr: Ich danke dir, Antonella, für deine Weigerung zu essen, denn das wird die Mutter im Hause und in meiner Nähe halten. Die Mutter sollte sagen: Ich danke dir, Antonella, für deine Weigerung zu essen, denn wenn Großmutter Theresa mich ausschimpft, weil ich dich vernachlässige, kann ich ihr sagen, ich kümmere mich um dich. Und der Bruder sollte sagen: Ich danke dir, Antonella, für deine Weigerung zu essen, denn auf diese Weise lenkst du alle Aufmerksamkeit auf dich und ich kann ausgehen und mit meinen Freunden zusammensein.

Erst als das Mädchen wieder zuzunehmen begann und unabhängiger und weniger ein Teil der Familie wurde, begann der Untergrundstreit zwischen den Eltern an die Oberfläche zu kommen. Der ursprüngliche Streit darum, wessen Mutter den Primat haben sollte, war nie gelöst worden, ebensowenig wie andere strittige Punkte, und der Kampf zwischen Mann und Frau trat jetzt in den Vordergrund.

Es stellt natürlich eine enorme Vereinfachung dar, wenn man die diagrammatische Darstellung eines solchen komplexen Vorganges versucht, wie zum Beispiel in diesem Fall, wo den Personen in einer Familie die Umkehrung ihrer Schritte angeordnet wurde, die zu einem Wechsel aufforderte und gleichzeitig davor abschreckte. Und dennoch zieht uns dieses Puzzle wie ein uns heranwinkender Finger in den Versuch zu immer ausführlicheren Erklärungen. Immerhin wird eines daran klar: Einerlei, welche Konfiguration die Familie dem Therapeuten präsentiert, sie muß als eine für diesen Kontext spezifische Zeichensetzung verstanden werden. Der Therapeut stellt dieser dann eine andere Zeichensetzung entgegen, die die erste auf den Kopf stellt. Keine der beiden Zeichensetzungen ist näher an der Wahrheit bzw. besser oder schlechter als die andere. Beide ergeben sich gleichermaßen aus dem Universum der linearen Kausalität. Was hier eintritt, ist das Zusammenfließen zweier entgegengerichteter Zeichensetzungen, was zwangsläufig zu einer neuen führt, die bis dahin weder vermutet noch gegenwärtig war.

Möglicherweise stammt die neue Zeichensetzung aus einem Vokabular, das den Personen nicht innerhalb des Systems, wie es zuvor bestanden hatte, verfügbar war. Das Faszinierende am Phänomen der binocularen Sichtweise oder des Zweikammergehirns liegt – wie Bateson meint – in der Möglichkeit, eine transzendental unterschiedliche Perspektive zu schaffen, so wie man mit zwei Augen von der Erfahrung des zweidimensionalen Raumes zum dreidimensionalen übergeht. Vielleicht ist die Überlagerung von Gegenteilen für das lebende System das, was Metaphern für die Dichtung sind: eine Kraft, die uns zum Absprung zieht und nicht stößt.

Einen Teil ruhen lassen

Eine wachsende Beunruhigung nötigt mich, diese Modelle, mit denen ich gespielt habe, neu zu überdenken. Sie trennten noch den Therapeuten und die Familie in zwei Einheiten, und sie trugen nicht in ausreichendem Masse den Eigenschaften des gesamten Feldes Rechnung. Als ich mich umzusehen begann, so wie man zum Beispiel belanglos auf den Boden schaut, bemerkte ich plötzlich, daß einiges von dem, was ich für Kieselsteine gehalten hatte, in Wirklichkeit Edelsteine waren – sie hatten die ganze Zeit vor meinen Füßen gelegen. Ich beziehe mich auf eine Gruppe von Ideen, die immer wieder in unterschiedlichen Formen auftauchen, Ideen, die von verschiedenen Leuten explizit gemacht worden sind, denen man aber den Status eines Begriffes zuordnen sollte. Dieser Begriff würde nicht nur erklären, warum therapeutische Bindungen funktionieren, sondern auch, andere therapeutische Maßnahmen mit einbeziehen.

Beginnen wir mit Batesons quälender Redewendung: „Der endlose Tanz sich verlagernder Koalitionen". Auf eine gewisse Weise kann ein System strukturell durch fortwährende Schwankung kleinerer Bewegungen, die allen ernsthaften Versuchen, es umzustrukturieren, entgegenwirken, unverändert bleiben. Wie wir bereits gesagt haben, erklärt diese Beobachtung den chaotischen oberflächlichen Eindruck von Familien mit sehr gestörten Familienmitgliedern und die sich widersprechenden Befunde, daß diese Familien auf einer tieferen Ebene extrem starr sind. Dieses Phänomen ähnelt durchaus der Erfahrung eines Kanuten, der eine bestimmte Anordnung kleiner Wellen an der Oberfläche des Flusses beobachtet und daher weiß, daß sich darunter ein Felsen oder ein festgeklemmter Baumstamm befindet.

In 'Mind and Nature' erläutert Bateson diese allgemeine Idee: Im Zusammenhang mit Stabilität, so argumentiert er, dürfe man nie die Einheit aus den Augen verlieren, deren Stabilität in Frage gestellt sei, denn es gäbe viele Arten von Mechanismen zur Aufrechterhaltung des Gleichgewichts. Wenn man sich lebenden Systemen zuwendet, so stellt man folgendes fest: „Die Gesamtmasse ineinander verzahnter Vorgänge, die wir Leben nennen, kann daran beteiligt sein, unser Objekt in einem Zustand des Wechsels zu halten, der einige notwendige Konstanten enthalten kann, wie zum Beispiel Körpertemperatur, Blutkreislauf, Blutzucker oder sogar das Leben selber."(3)

Man muß daher „dem Beispiel jener Einheiten folgen, über die wir reden". Für das Säugetier hängt Stabilität zum Teil von seiner Körpertemperatur ab und seine Variablen bestehen in der veränderten Reaktion auf seine Umgebung. Für den Akrobaten auf dem Hochseil bedeutet Stabilität Gleichgewicht. Um das zu beschreiben, muß man die kleineren Instabilitäten miteinbeziehen — die Verlagerungen der Balancierstange oder die Veränderung der Körperhaltung — die den Akrobaten im Gleichgewicht halten. In diesen Fällen bedeutet Instabilität (auf der einen Ebene) Stabilität (auf der anderen Ebene). Und nach Batesons Ausführungen muß man diese beiden Ebenen immer vor Augen haben.

In einer Familie mit einem Problem besteht eine wichtige Stabilität immer in der Art der Koalitionen, die in dieser Familie organisiert werden. In seinem frühen Buch 'Strategies of Psychotherapy' macht sich Haley Gedanken darüber, wie man ein Dreipersonensystem beschreiben könnte. Er zeigt anhand eines Beispiels, wie ein Beziehungssystem immer gleich gehalten wird durch ausgleichende Verlagerung in den Koalitionen, was durch die Verhaltensweisen der Familienmitglieder bewiesen wird. So verhält sich zum Beispiel der Sohn ungezogen. Der Vater ruft ihn zur Ordnung. Die Mutter ermahnt den Vater. Der Vater verteidigt seine Handlungsweise, und die Mutter sieht verärgert aus. Es könnte schwer sein, einen Wechsel in dieses System einzuführen, weil geringfügige Verlagerungen (kleine Instabilitäten) stattfinden und ihm entgegenwirken werden. Haley notiert eine mögliche Sequenz:
„Wenn man lediglich das Kind dazu überredet, nicht mehr ungezogen zu sein, ändert sich das System nicht, denn dann wird der Vater wahrscheinlich zum Kind sagen:„Warum bist du so ruhig?" und die Mutter wird darauf erwidern:„Er kann doch still sein, wenn er will, laß ihn doch in Ruhe", und der Vater wird sagen:„Ich frag ja nur". Der Wechsel in einem Individuum kann also zu einer Anpassung führen... damit das System unverändert bleibt."(4)

Ein System, das so beschaffen ist, daß es sich nur schwer verändert, kann auch auf abstraktere Weise beschrieben werden, und hier greifen wir zurück aus Ashbys Begriff des Systems mit zu vielen Querverbindungen (s.

Kapitel 5). Wie wir wissen, hat ein solches System die Tendenz, Eingangsdaten auszulöschen, da kein Wechsel von Dauer sein wird, wenn sich nicht alle Teile zugleich ändern. Dies ist eine höchst unwahrscheinliche Möglichkeit, wenn man von der Voraussetzung ausgeht, daß jeder Wechsel eines Teils einen Wechsel in einem anderen Teil auslöst, der wieder einen Wechsel in einem weiteren Teil auslöst – mit dem Ergebnis, daß der erste Wechsel nie zu einem Zustand des Gleichgewichts für das Ganze werden kann. Ashbys Meinung nach besteht die einzige Abhilfe für diese Situation in der Einführung „von Abfolgekonstanzen mit Wechselwirkung". Diese werden vorübergehend die Abwehrmaßnahmen gegen Abweichungen unterbrechen, die durch neue Eingangsdaten ausgelöst werden. Tatsächliche Trennung ist nicht nötig; es genügt, eine 'Nullfunktion' einzugeben, indem man einen Teil zur Ruhe bringt.

In meinem 1975 erschienen Artikel über diese Idee (5) widmete ich mein Interesse der Tatsache, daß die klinische Arbeit an Familien mit symptomatischen Mitgliedern darin zu bestehen schien, die gesamte Zeit 'Abfolgekonstanzen mit Wechselwirkung' einzulegen. Selvini wandte dann meinen Kommentar auf Ashby und Ashbys eigene Ideen in einem Artikel an, der 'Why a Long Interval Between Sessions' betitelt war.(6) Unter Bezug auf Ashbys Beobachtungen sagt sie, die therapeutische Aufgabe bestehe darin, sich nicht im Organisationsnetz einer Familie mit zu vielen Querverbindungen verheddern zu lassen. Von Anfang an hatte die Mailänder Gruppe das Übersystem von Familie und Therapeut als Einheit angesehen, die man bei Interventionen berücksichtigen muß. Sie sahen im Therapeuten oder im Team nicht die unabhängige Einheit, die auf eine andere einwirkte. Selvinis Warnung gilt daher der Hauptgefahr der Therapeuten, sich von der Familie in ein neues System einbeziehen zu lassen, das ebenso viele Querverbindungen hat wie ihr eigenes. Dadurch würde es dem Therapeuten unmöglich sein, in genügendem Maße außerhalb des Systems zu bleiben und eine Kontrolle auszuüben oder gar einen Wechsel einzuleiten.

Die Lösung des Mailänder Teams für dieses Dilemma, die ihnen von Ashby vorgeschlagen wurde,besteht darin, sich auf Interventionen zu konzentrieren, die die Verbindungen zwischen den Einzelteilen unterbrechen würden. Sie ziehen Maßnahmen vor, die reaktive Teile nicht reaktiv werden lassen oder die gewisse Verhaltensweisen abgrenzen, daß ein Teil des Systems zur Ruhe kommt. Diese Methode stellt die pragmatische Anwendung von Ashbys Feststellung dar, die ich, als ich sie das erste Mal las, sowohl poetisch als auch wahr fand:„Konstanzen können ein System in Stükke schneiden".(7)

Die meisten Interventionen der Mailänder Gruppe sind – wie auch viele andere therapeutische Interventionen – dafür konzipiert, übliche Sequenzen abzublocken, zu unterbrechen oder entgleisen zu lassen. Ein Ritual, das zwei Personen einen Tag in der Woche zusammenbringt, unterbricht

Gott weiß wie viele Redundanzen, und das ist eine Art der Konstanz. Jeden Abend eine andere Botschaft verlesen, ist eine andere Konstanz. Die therapeutische Intervention selbst trennt daher, wie Selvini feststellt, die Familienmitglieder von ihren üblichen Positionen im Familiensystem.

Damit Aufgaben und Rituale erfolgreich sind, muß die Familie sie jedoch ausführen. Einige Familien werden einwilligen, andere nicht. Bei Familien, die nicht einwilligen wollen oder können, ist die beste Art, eine Konstanz einzuführen, die starrste und unbeweglichste Sequenz oder Verhaltensweise aufzuspüren und diese einfach zu verschreiben. Das kann zum Beispiel die Weigerung der Familie in ihrer Gesamtheit sein, sich in therapeutische Behandlung zu begeben, oder es könnte der symmetrische Kampf zwischen zwei Gruppen verschwägerter Verwandter sein, oder vielleicht ist auch das Problem selbst mit der Position jeder Person in der Familie verbunden, wie die Radnabe durch die Speichen mit der Felge des Rades verbunden ist. Worum es sich auch bei diesem 'unbeweglichsten' Teil handeln mag, sollte doch immer diese Konfiguration verschrieben werden. Auf diese Weise schließen sich die Therapeuten der Familie an, um eine Konstanz zu bestärken, die bereits vorhanden ist.

Sicherlich befindet sich diese sogenannte Konstanz in Batesons 'Stadium des Wechsels' und ist wiederum nicht so konstant. Was bei der therapeutischen Begegnung vermutlich aktiviert wird, ist der Balancestab der Familie, zumindest in diesem Augenblick. Wenn man ihn durch Anweisungen noch starrer werden läßt, verstärkt man seine Bedeutung und wirft die Familie aus dem Gleichgewicht, genauso wie der Akrobat aus dem Gleichgewicht gerät, wenn sein Balancierstab durch eine unsichtbare Kraft stillgehalten wird. Wenn der Stab unbrauchbar geworden ist, können andere mögliche Arten zur Aufrechterhaltung der Balance (wie zum Beispiel Körperhaltung, langsamere Bewegungen) angenommen werden. Aus diesem Grunde ergeben sich unter Umständen oft andere 'Probleme' aus dem Manöver des Einfrierens (Verstärkens) der vorliegenden Beschwerde oder der Konfiguration, in die sie eingebettet ist. In jedem Fall ist dies eine mögliche Erklärung für die Kraft eines systemischen Gebotes, das auf die offensichtlichste Starrheit der Familie abzielt — nämlich diejenige, der sich der Therapeut gegenübersieht oder die durch die therapeutische Situation hervorgerufen wird.

Eine weitere therapeutische Bindung wird der Familie durch eine andere von Selvini beschriebene Methode auferlegt: die 'lange Pause zwischen den Sitzungen'. Sie und ihre Mitarbeiter planten die Sitzungen anfangs zufällig, später absichtlich in Abständen von mindestens einem Monat. Das hat nicht nur seinen Grund darin, daß ein System mit vielen Querverbindungen mehr Zeit braucht als ein System mit weniger Verbindungen, um die Eingabe oder Intervention zu verarbeiten, sondern ist darin begründet, daß die Pause eine weitere Möglichkeit zur Einfügung dessen anbietet, was

Ashby die Nullfunktion bzw. die Mauer von Konstanzen zwischen der Familie und dem therapeutischen Team nennt. Obwohl sie immer noch verbunden sind, kann die Familie das Team nicht erreichen. Dem üblichen Feedback wird nicht erlaubt, die Kraft der Intervention durch Abwälzung auf das Team oder andere Disqualifizierungen zu zerstreuen. Die Sperre zur Reaktivierung wird in die Familie hineingelegt, dann zieht sich das Therapeutensystem zurück und eine Sperre zur Reaktivierung wird zwischen die Familie und das Team gelegt, wodurch man der ersten Sperre eine größere Wirkung zu haben erlaubt. Es ist wie eine therapeutische Bindung plus Metabindung.

Die Idee, eine Konstanz könne ein System sprengen, spukte schon immer in meinem Kopf herum, und in meinem Artikel von 1975 zitierte ich Manöver der strukturellen und der Bowenschen Schule, die dieses Prinzip veranschaulichten. Jetzt würde ich Manöver aus der strategischen und systemischen Schule hinzufügen, besonders jene Techniken, die das Symptom oder das 'System' verschreiben (wie eine systemische Anweisung manchmal etwas frei bezeichnet worden ist). In Systemen mit sehr vielen Querverbindungen können diese Maßnahmen stärker sein als direkte Versuche zur Einführung eines Wechsels. Der Mailänder Standpunkt, von dem aus Elemente des gesamten Feldes einschließlich des Bezugskontextes verschrieben werden, ist lediglich eine Erweiterung dieser Methodologie. Vielleicht ist der Begriff der Neutralität eine andere Art, die Judohaltung dieser Methodologie zu beschreiben.

Ein weiterer Kieselstein, der sich gut in meine Sammlung einfügte, war ein Beitrag aus Paul Dells Artikel 'Beyond Homeostasis'. Dell beschreibt lebende Systeme als solche, die sich immer entwickeln und immer neue Eingaben anpassen. In Anlehnung an Bateson nennt er solche Systeme 'selbstheilende Tautologien'. Meine Aufmerksamkeit wurde auf einen Satz gelenkt, der sich u.a. auf Konstanzen bezog: „Eine Ausgabe oder ein Feedback, die eine Konstanz in das System einführen, stellen eine starke Kraft dar, die das vorherige Organisationssystem sprengt. Wenn eine systemische Tautologie auf diese Weise gesprengt oder verbogen wird, gelangt sie durch Selbstheilung zu einer irgendwie gearteten neuen Tautologie und zu irgendeinem neuen stabilen Stadium.“ (8)

Dell schließt sich Selvinis Position zu Gegenmaßnahmen gegen den Familiensog an und sagt, daß Eingabe und Feedback, die vom Therapeuten eingeführt werden, vom Familiensystem 'geschluckt' werden. Nach seinen Beobachtungen ist dieser Vorgang die Art der Familie, zu versuchen, sich einem Wechsel zu widersetzen. Er definiert die therapeutische Angabe im Grunde danach, ob sie tatsächlich das Problem oder die Beschwerde beeinträchtigt oder nicht. Wenn nicht, kann sie nicht länger als Eingabe definiert werden. Es ist dann einfach ein Stück Familienleben. Wie Dell ferner bemerkt — und darin würden sich ihm viele Therapeuten anschließen — ist der Therapeut, wenn dies geschieht, zu einem Teil des Familienlebens geworden. Und wenn sich die Familie über einen längeren Zeitraum in der Therapie befindet, so trifft dies immer zu. „Die einzige relevante Frage", bemerkt Dell trocken, „ist die, ob der Therapeut jetzt Teil eines noch immer dysfunktionalen Familiensystems ist oder ob es sich verändert hat und der Therapeut jetzt Teil einer nicht symptomatischen Familie ist."(9)

Das Geniale an der Methode der Mailänder Gruppe liegt darin, daß es sich so präzise Dells Standpunkt widmet: 1)durch ihren Begriff der Neutralität (nie reaktiv werden), 2)durch ihre Taktik, zeitliche Schranken zwischen die Sitzungen zu schieben (wodurch die Gefahr reduziert wird, daß sie oder ihre Eingabe durch die Familie geschluckt werden,ehe sie wirksam werden können und wodurch sie die Zeitspanne verlängern, nach der sie völlig eingeschnürt und nutzlos werden könnten); 3)durch die Anwendung von Aufgaben oder Ritualen, die invariant bleibende Elemente einführen; 4)durch ihre Aufmerksamkeit gegenüber jenen Elementen des weiteren Umfeldes, die ihre Eingabe null und nichtig machen könnten; 5)durch ihre zirkuläre Befragung, die nicht nur auf der Systemebene neue Informationen einführt, sondern sie auch weniger verletzlich hinsichtlich der Versuche der Familie macht, sie zu 'schlucken' und 6)durch ihre systemischen Anweisungen, die einen Teil ruhen lassen.
Durch Anwendung dieser Techniken haben sie eine bemerkenswerte Methodologie entwickelt, die 'das System in Stücke schneidet' und es zwingt, Alternativen zu finden. Wie alle Therapeuten versuchen sie immer, das einzuführen, was sie neue Zeichensetzungen nennen, aber – und das ist noch wichtiger – sie beschäftigen sich mit den Familienmanövern zur Abschwächung oder Disqualifizierung dieser Zeichensetzungen, und sie haben eine Reihe brillanter Mittel erfunden, um die Familie davon abzuhalten.

Dies wäre also eine weitere Begründung zur Nützlichkeit der sogenannten paradoxen Verschreibungen.Ich sage 'sogenannt', weil der Ausdruck anfängt, viele ernsthafte Denker auf diesem Gebiet unruhig werden zu lassen. Die Mailänder Gruppe fängt an, ihm den Rücken zu kehren. In seiner konventionellen Bedeutung läßt der Ausdruck 'paradox' vermuten, die als paradox bezeichneten Manöver seien unlogisch. Sie sind nur unlogisch, wie mir scheint, aus der Sicht der traditionellen Behandlungsnormen. Unter dem Aspekt der Intervention in Systemen mit zu vielen Querverbindungen erscheinen sie als extrem logisch.

Natürlich ist damit nicht das letzte Wort zu diesem Thema gesprochen, das auch weiter noch erhitzte Diskussionen hervorrufen wird. Ich wende mich im folgenden der Betrachtung einiger anderer Punkte zu, die durch die Arbeit mit der systemischen Methode in den Vordergrund gerückt werden.

Kapitel 17

PROBLEME AUF DES MESSERS SCHNEIDE

Die wechselnden Elemente des Widerstandes

Eines der ersten Signale dafür, ein psychiatrisches Symptom könne vielleicht ein Familienphänomen sein, war für die ersten Forscher die häufig bemerkte Tatsache, daß sich andere Probleme ergeben konnten, wenn das Problem des designierten Patienten besser wurde. Die Kliniker nannten diese Tendenz den 'Symptomersatz', ein Ausdruck aus der Individualpsychotherapie, so als hätten gewisse Familien etwas an sich, was ein Symptom erforderte, etwa wie der Drache eine Jungfrau zum Frühstück braucht. An dieser wirklich merkwürdigen Idee – warum sollte eine Familie ein Symptom 'benötigen'? – rätselten Therapeuten in jener Zeit, ehe klar wurde, was für ein schönes, dienstbares, gut konstruiertes Kunstwerk ein Symptom ist, das die Natur sehr wohl überlegt anbietet, um Familien zu helfen, die (vermutlich aus guten Gründen) vor einer drohenden Veränderung in Schrecken versetzt wurden.

Wir haben mehr Respekt vor Familien, seit wir die verzwickten Mechanismen besser verstehen, die sich entwickeln, um solche Bedrohungen unter Kontrolle zu halten. Lebende Systeme haben gewöhnlich eine Anzahl von Möglichkeiten, Schwankungen abzuschwächen, die zu einer Veränderung führen könnten. Der Therapeut fühlt sich vielleicht wie einer jener Prinzen, die sich immer wieder auf den Weg machen, trotz aller Widerstände bestimmte Aufgaben erfüllen, nur um die Hand der Prinzessin zu gewinnen, und denen dann lediglich gesagt wird, es gäbe noch eine Aufgabe und noch eine. Der Therapeut fühlt sich wie der unglückliche Prinz: Nun habe ich ein Problem gelöst, nur um mich zehn weiteren gegenüber zu sehen. (Sotto voce: Ist es die Prinzessin wirklich wert?)

Aber bei vielen Familien ist dies der normale Therapieverlauf. Sie haben ein ganzes Repertoire von Übereinkünften, die gewöhnlich als Probleme angesehen werden (zumindest von den Therapeuten) und die sich aus dem Untergang des Problems ergeben, deretwegen sich die Familie in Behandlung begeben hat. Ein Teil der Therapiekunst ist es, zumindest die Wahrscheinlichkeit vorauszusehen, wie diese anderen Stadien aussehenkönnten, selbst wenn es unmöglich scheint, genaue Vorhersagen zu machen. Ein neues Problem kann weniger lebensbedrohlich sein oder weniger ernsthaft als das erste oder (ein sehr großes 'oder') auch nicht. Werden aus den 'guten' Geschwistern 'böse' Geschwister, wenn die 'bösen' Geschwister sich bekehren? Oder wird die Ehe in die Brüche gehen, deren Zusammenhalt auf der Sorge zu beruhen scheint, die durch das kranke Kind verursacht wird? Oder wird die Mutter ernsthaft depressiv werden, wenn der psychotische Sohn seine Gesundheit wiedergewinnt und sich in die Unabhängigkeit begibt? Die negativen Folgen beim Verschwinden eines Symptoms können (sie brauchen es aber nicht) mindestens so ernsthaft sein wie die Ernsthaftigkeit des Symptoms. Und jeder Therapeut, der mit einer ganzen Familie arbeitet, fängt an, sich buchstäblich zu fragen: „Ist es besser oder schlimmer für diese Familie, wenn sie dieses Problem nicht hat? Werde ich auch in der Lage sein, mit den Folgen fertig zu werden, wenn ich mich einmische?"

Das Mailänder Modell ist – mit oder ohne Team bzw. Einwegspiegel – nützlich, da es sich so deutlich darum bemüht, jeglichen Gegenzug, den die Familie in irgendeiner Sitzung anbietet, zu definieren bzw. mit einzubeziehen. Die Erfahrung bei der Arbeit mit diesem Modell berechtigt fast zu der Erwartung, jegliche ausreichend stabile Intervention zur Unterbrechung einer symptomatischen Redundanz würde einen Gegenzug hervorrufen. Der Therapeut muß daher immer auf der Hut sein, der Herausforderung mit der neuen Waffe begegnen zu können, indem er sie mit einbezieht, verschreibt oder umformuliert und so die Voraussetzungen für die nächste Runde schafft. Die Fallgeschichten des Mailänder Teams zeigen, wie geschickt sie ausweichen, um an der mannigfaltigen Form festzuhalten, die sich ihnen von Sitzung zu Sitzung in solchen unterschiedlichen Gestalten darbietet.

Das bedeutet nicht, jede Familie biete eine ganze Spielbreite von blockierenden Manövern. Sehr häufig trifft man bei der auf das Kind fokussierten Spielart einfach auf eine Verschiebung vom Kindsymptom zum Eheproblem. Und manchmal macht die Familie einen Sprung zu einer neuen Integration, macht irgendwelche Zwischenschritte oder durchläuft allein ihre eigene Serie von Stadien. Wenn aber diese Verschiebungen auftreten, bei denen neue Hindernisse auftauchen, bedeutet dies nicht, die Therapie verliefe nicht gut oder der Therapeut sei kein guter Therapeut, oder die Familie sei zu 'krank', um mit ihr zu arbeiten. Es kann tatsächlich ein Zeichen dafür sein, daß die Therapie Wirkung zeigt.

Dies bringt uns zum nächsten Element dieser Arbeitsmethode. Wenn die Therapie erfolgreich ist, sieht man sich häufig einer sehr furchterregenden Eskalation gegenüber – einer plötzlichen Verschlimmerung des Problems oder dem Ausbrechen eines neuen und destruktiveren Problems. Dies kann für den Therapeuten schwierig sein, aber vielleicht können manche Familien ohne eine solche Krise niemals eine umfassende strukturelle Veränderung erreichen. Durch keine andere Bedrohung wird der Therapeut so leicht dazu gebracht, einen Zurückzieher vor seiner Entscheidung zu machen, zu versuchen, das Symptom aufzubrechen, wie durch die plötzliche Explosion von Kräften, die durch eine mächtige systemische Intervention freigelassen werden können. Therapeuten, die zum ersten Mal mit dieser Methode arbeiten, haben oft das Gefühl, alles sei verloren, wenn ein solches Durcheinander entsteht. Je chronischer und schwerwiegender das Primärsystem ist, desto verheerender wird die Krise wahrscheinlicher erscheinen. Und dennoch kann die Familie vielleicht ohne diese Krise niemals ihrem tödlichen Tanz entkommen.

Die Evolution eines Problems

Die systemische Methode befaßt sich — wie wir gesehen haben — ausführlich mit der Evolution eines Problems, was häufig bedeutet, auf vorherige Generationen oder auch anverwandte Gruppen der gegenwärtigen Generation zurückzugehen. Aber der Grund für den Blick auf die Vergangenheit ist nicht der, ein so weites Netz wie möglich auszuwerfen im Glauben, man könne den Leuten helfen, dem Vorgang zu entkommen oder ihn zu ändern, wenn man ihn ganz und gar versteht. Der Gedanke ist eher der, ökonomisch vorzugehen und nur so viel wie nötig für eine Hypothese herauszufinden. Wenn Interventionen, die auf dieser Hypothese aufbauen, nicht funktionieren oder nur unvollständig, dann sind Erforschungen eines weiteren neuen Familienzweiges oder seiner Geschichte angezeigt. Diese Information wird benutzt, um symptomatische Konstellationen der Gegenwart zu unterbrechen. Es besteht nicht die Meinung, man könne ein Problem oder Symptom lösen, wenn man sich durch Ereignisse oder Beziehungen oder Muster aus der Vergangenheit 'durcharbeitet', wie es die mehr historisch orientierten Familientherapeuten glauben.

Ich behandelte einmal eine Familie mit einem Jungen, der immer Ärger in der Schule gehabt hatte. Er war ein liebenswerter, anregender siebzehnjähriger junger Mann, aber seit seiner frühesten Kindheit hatte sich seine Mutter auf endlose Kämpfe mit ihm über seine Arbeit in der Schule eingelassen. Er war kein guter Schüler während seines letzten Jahres in einer anspruchsvollen Vorbereitungsschule und war ertappt worden, als er bei einer Arbeit zu mogeln versuchte. Die Ängste des Jungen richteten sich vorwiegend auf akademischen Erfolg, und psychologische Tests zeigten, wie unruhig er war, wenn er irgend etwas ohne genaue Instruktionen tun sollte. Die Eltern waren dabei, eine weniger anspruchsvolle und etwas entspanntere Schule zu finden, aber der Schulpsychologe hatte die Familientherapie empfohlen, da die Probleme des Jungen 'emotionaler' Art waren.

Ein Blick auf die Familie zeigte viele Stärken. Der Junge und die Eltern waren sehr wohl in der Lage, mit dem Problem fertig zu werden, eine andere Schule zu finden. Es war schwer zu verstehen, warum der Junge solche Probleme in einer Familie hatte, in der nonkonformistische Klugheit und Originalität ebenso angesehen waren wie konventionelle Fähigkeiten. Er schien wie eine Person, die keine akademischen Neigungen hat, aber zweifellos ihre eigenen Erfolgserlebnisse finden würde , wenn sie nicht unter Druck gesetzt wird. Diejenige, die meinte, Druck sei notwendig, war natürlich die Mutter. Es gab einen Hinweis darauf, daß der Junge, der die frühen Schwierigkeiten in der Schule des eigenen künstlerisch veranlagten Vaters zu wiederholen schien, die Enttäuschung der Mutter mit ihrem Mann widerspiegelte, besonders mit dessen Wahl einer künstlerischen Laufbahn mit allen ihren finanziellen Problemen. Aber die Zuneigung der Eltern füreinander schien viel zu echt zu sein, um ein so ernsthaftes Problem für die Aufrechterhaltung ihrer Beziehung erforderlich zu machen.

Als wir uns der Vergangenheit zuwandten, offenbarte die Mutter, daß ihre eigene Mutter eine streng fordernde Perfektionistin war, die ihre älteste Tochter immer gezwungen hatte, ein lebender Beweis für ihren eigenen Erfolg zu sein. Als kleines Mädchen mußte die Mutter klüger, verantwortungsbewußter, hübscher, erfolgreicher sein als die kleinen Töchter aller anderen Mütter. Sie hegte schließlich viel Groll gegen ihre Mutter, rebellierte nach außen, aber nur in einer Hinsicht: Sie wählte einen Ehemann, der Künstler war, und keinen Bankier oder Geschäftsmann, wie es ihrer Mutter lieber gewesen wäre. Sie fuhr fort, an sich und jeden anderen —besonders an ihren Sohn — hohe Ansprüche zu stellen.

Die einzig mögliche Taktik schien im Versuch zu liegen, den immer noch anhaltenden Einfluß dieser perfektionistischen Großmutter auf ihre ehrgeizige Tochter zu brechen, die so hartnäckig versuchte, den perfekten Sohn hervorzubringen. Natürlich leistete der Sohn immer größeren Widerstand, je mehr sie es versuchte (vermutlich auch, da er sich mit seinem Vater identifizierte), obwohl er seines Wissens alles tat, um ihren Erwartungen entsprechend zu leben und sich unglücklich fühlte, wenn es ihm nicht gelang.

Der Therapeut erzählte der Mutter, daß sie auf merkwürdige Weise immer noch der eigenen Mutter zeigte, wieviel Mühe sie sich gab und sich immer Mühe geben würde, in jeder Beziehung die Beste zu sein: die beste Karrierefrau, die beste Ehefrau und die beste Mutter. Dies war das größtmögliche Zeichen ihrer Hingabe, die sie ihrer Mutter geben konnte, daß sie immer noch versuchte, ihr unter allen Umständen zu gefallen. Und darum mußte sie fortfahren, ihren Sohn zu bedrängen, erfolgreich zu sein: aus Loyalität für diese Mutter, obwohl sie schon lange glaubte, sich um ihre Meinung nicht mehr zu kümmern.

Gleichzeitig wurde dem Jungen gesagt, daß er nicht nur seinem Vater gegenüber loyal war, wenn er sich als akademischer Versager hinstellte, was auch das Problem seines Vaters gewesen war, sondern daß er in gewisser Weise auch den Widerstand seiner Mutter gegen den Perfektionismus ihrer eigenen Mutter darstellte. In dieser Familie, in der es das Gesetz gab:'Versagen ist nicht gestattet', war er eine Art Pionier.

Ziel dieser Intervention war es, die Mutter zu bewegen, sich von den Einengungen zurückzuziehen, unter denen sie sich – ohne es zu wissen – mühte, und ferner die offensichtliche Schande des Sohnes neu zu definieren als seine Art Hilfe für die Familie, und zwar besonders für seinen Vater. An den Sohn allein gerichtet, wäre die Aussage nicht ausreichend gewesen, wenn sie nicht mit dem Mutter/Großmutter-Problem verbunden worden wäre, wodurch es für die Mutter schwer wurde, ihre Mühe zur 'Perfektionierung' der Familie fortzusetzen, ohne das Gefühl zu haben, sie spiele dabei in die Hände ihrer eigenen Mutter, gegen die sie tiefen Groll hegte.

Dieser Sitzung folgten eine Reihe von Veränderungen. Der Vater verkündete, er würde seinen schlecht bezahlten, aber sicheren Job aufgeben, den er einige Jahre lang ausgeübt hatte, und zu seiner unabhängigen Arbeit zurückkehren. Seine Frau unterstützte ihn, obwohl es ihr offensichtlich schwerfiel und sagte, sie sei stolz, daß er den Mut habe, aus einem Beruf auszusteigen, der seiner nicht wert sei. Der Junge wurde in einer Schule angemeldet, die das Sportliche betonte, was er gut konnte, und nicht so sehr das Akademische.

Dies ist also ein Beispiel für eine systemische Drei-Generationen-Intervention. Man kann sehen, wie Kräfte, die sich in der Vergangenheit zusammengezogen hatten, als Quelle für den Anstoß zur Veränderung in der Gegenwart benutzt werden können. Geschichte, die so eingesetzt wird, ist nicht länger tot, sondern lebt und trägt in sich die Mittel zur Zerstörung der Muster, die sie voraussagte und erhielt. Hier wird die Vergangenheit systemisch eingesetzt, ganz anders als nach der alten Meinung, man könne Emotionen, Haltungen oder Muster, die nicht länger für die Gegenwart angemessen sind, auslöschen, indem man sie versteht oder 'durcharbeitet'. Sie wären nicht noch in Gebrauch, wenn sie nicht doch auf irgendeine Weise angemessen wären.

Das Einführen eines wohlwollenden Wettkampfes

Ein Aspekt, der die strategisch-systemischen Methoden der Therapie von vielen anderen unterscheidet, ist die anscheinend weniger mitleidlose Rolle des Therapeuten. Milton Erickson hat von einem 'Wettkampf' zwischen Therapeut und Klient gesprochen, und seine Therapie besteht zu einem großen Teil in einem hervorragenden Balanceakt zwischen dem Hervorkehren der positiven Seiten der Situation eines Klienten und dem Hervorkehren — fast Hervorlocken — seines Widerstandes.

Möglicherweise ist ein Wettkampf irgendeiner Art eine natürliche Voraussetzung für jede therapeutische Veränderung. Dieser Gedanke steht im Gegensatz zu der Helfer/Heiler-Vorstellung, mit dem Therapeuten als wohlwollendem Seelenarzt, der Rat und Unterstützung anbietet oder die Rolle des Advokaten oder Führers des Klienten spielt. In den meisten Therapien gibt es aber implizit eine gegnerische Position, gewöhnlich ist sie verdeckt, manchmal offen. Aus dem durch diese Position geschaffenen Momentum stammt die Energie für die Veränderung. Ein wirkungsloser Therapeut ist wie ein Fischer, dessen Angelschnur schlaff im Wasser hängt. Von Zeit zu Zeit gibt es einen Ruck — der Fisch knabbert und kommt dann wieder los. Der Therapeut, der in das Familien- oder Patienten-Spiel eingefangen wird, ist sich dieser Tatsache schmerzlich bewußt. Das Interview zieht sich mühsam in die Länge, und der Therapeut fühlt sich verwirrt, inkompetent und erniedrigt. Im Gegensatz dazu verursacht eine systemische Verschreibung, die jede Beziehungseinheit in der Gruppe trifft, eine unbeschreibliche Wirkung. Es ist so, als ob der Fisch, der sich bei diesem Tölpel von einem Fischer ganz sicher fühlte, sich plötzlich mit einem Haken im Maul wiederfindet. Es kommt zu einem allgemeinen Gefühl des Schocks, der Überraschung, der Abweisung, während die Familie heftig an der Rute zieht. Oft folgt eine Ruhe-Periode, in der die Familienmitglieder versuchen, sich über ihre Lage klar zu werden, so wie der Fisch mit der lockeren Leine umherschwimmt, ohne sich bewußt zu sein,daß er gefangen wurde. Dann kommt es zum unbarmherzigen Ziehen, wenn die Familienmitglieder anfangen zu reagieren. Der eine fordert den Therapeuten heraus, ein anderer lacht und ist sicher, der Therapeut mache Spaß; ein Dritter nimmt die Botschaft vielleicht sehr ernst und weint sogar in manchen Fällen. Verblüffung, Zorn, Verwirrung und Gleichgültigkeit sind häufig. Das Wichtigste ist jedoch, daß der Therapeut vielleicht zum ersten Mal bei dieser Familie fühlt, er habe eine faire Chance, diesen sich ständig entziehenden Fisch zu fangen, bei dem es sich nicht um irgendein bestimmtes Familienmitglied handelt, sondern um das erbarmungslose Muster, das sie alle versklavt.

Natürlich ist der therapeutische Wettkampf nicht bei den Familien angezeigt, deren Widerstand gegen Veränderung sehr schwach ist oder deren Verhaltensweisen leicht neu eingestellt werden können. Wie wir auch vorher gesagt haben, ist es nicht angemessen für eine Familie, die so sehr zersplittert ist, daß kein Potential für ein Zurückziehen vorhanden ist. Der Wettkampf ist für die Familie gedacht, die sich am Ende des Kontinuums befindet, das 'konsensussensitiv' ist oder 'zu viele Querverbindungen' aufweist. Hier findet man die verschanzten psychotischen oder neurotischen Verhaltensweisen, die Familien kennzeichnen, die in einem 'Spiel ohne Ende' festsitzen und bei denen der Therapeut weiß, wie wichtig es ist, die Kräfte auszunutzen, die sich im Widerstand der Familie gegen die Veränderung befinden. Und wenn der Therapeut zusätzlich zum Wettkampf gegen ihn auch noch Elemente der intensiven Wettkämpfe hinzufügen kann, die sich in dem Beziehungssystem selbst abspielen, so kann sich auf ein umso größeres Momentum verlassen.

Ein sehr reales Problem ist es jedoch für den systemisch arbeitenden Therapeuten, daß er alle Arten von Feindseligkeiten und negativen Reaktionen von Familienmitgliedern auf sich ziehen kann. Selbst wenn er der Beschuldigung entkommt, wird er doch keinen Kredit erhalten. Eine Intervention, besonders eine Botschaft, die ein Problem fördert, kann von sich aus eine scheinbare wunderbare Wende zum Besseren hervorrufen, so daß ein Symptom, über das die Familie klagte, verschwindet. Sie werden jedoch nicht immer diese Veränderung mit dem Therapeuten in Verbindung bringen oder sich überhaupt daran erinnern. Ein Kind, das jeden Tag Kopfschmerzen bekommt, hat sie vielleicht plötzlich nicht mehr, wenn aber der Therapeut fragt, was die Kopfschmerzen machen, hat die Mutter vielleicht eine völlige Bewußtseinslücke in bezug auf diese Beschwerde, die die Familie in die Behandlung gebracht hat, und macht weiter, indem sie sich über irgendein anderes Problem beklagt.

Manchmal scheint es sogar so, als müsse die therapeutische Beziehung dafür geopfert werden, um wenigstens eine geringfügige Verschiebung zu erreichen, die selbst dann stattfindet, wenn die Familie verärgert ist und aus der Behandlung ausscheidet. Es ist äußerst unangenehm, mit Absicht die Dinge so zu arrangieren, daß die Familie aus der Therapie ausscheidet und mit einem Gefühl des Ärgers auf den Therapeuten fortgeht. Manchmal ist dies aber der Preis für eine Veränderung. Wenn es einen Sündenbock geben muß, dann ist dies am besten der Fachmann.

Meistens wird die Familie dem Therapeuten oder dem Team gegenüber einfach sehr kühl, wenn sich eine größere Verschiebung ergeben hat. Ich habe mich manchmal gefragt, ob die systemische Methode sich nicht auf den geheimnisvollen Verdrängungsvorgang verläßt – das Bedürfnis, Körper heranzuziehen oder sie auszustoßen – was so oft bei Familien in einer Krise festzustellen ist. Mindestens eine Person wird symptomatisch, und es scheint ein Gesetz zu geben, daß irgend jemand gehen muß: durch Einweisung in ein Krankenhaus, durch Scheidung, Fortlaufen oder Schlimmeres. Der Therapeut bietet sich selbst als Ersatz für den Ausschluß an, indem er sich für all die Dinge einzusetzen scheint, über die sich die Familie beklagt. Indem die Familie den Therapeuten fortstößt, stößt sie auch die Verhaltensweisen ab, an die sie sich auf so extravagante Weise gebunden hat. In der Pharmazie wäre dies analog damit, einer Person mit Beschwerden der Magensäure eine Aluminium-Gelantine-Mischung zu geben, die die betreffenden Substanzen umkleidet und mit ihnen zusammen ausgestossen wird. Wie läßt sich sonst die erstaunliche Gleichgültigkeit erklären, die die Familie dem Therapeuten oder dem Team gegenüber zeigt, wenn das Problem gelöst ist, ganz gleich, wie intensiv sie alle vorher damit beschäftigt waren.

Auf jeden Fall ist die systemische Methode nicht für Therapeuten geeignet, die auf jeden Fall gern gemocht werden wollen. Der Therapeut bekommt keine Weihnachtsgrüße oder Hochzeitseinladungen. Therapeuten, die auf diese Art arbeiten, müssen einen Co-Therapeuten haben oder ein Team oder irgendeine Art mitfühlender Gruppe von Fachleuten. Dies ist nicht nur notwendig, um Unterstützung zu bekommen, wenn er sich an Feindseligkeit hervorrufende Interventionen macht, oder um Vorschläge einzuholen, wie er eine stärkere Wirkung auf die Familie ausüben kann, die sich den Bemühungen um eine Veränderung entzieht, sondern vor allem, um die Belohnung zu erhalten, die wir alle während einer schwierigen und nicht anerkannten Arbeit brauchen, und zweitens, um eine unterstützende Gruppe zu haben, die dem Ausschluß des Therapeuten entgegenwirkt.

Ein eleganter Abgang

Wenn diese Therapiemethode dem Therapeuten Schwierigkeiten macht, so stellt sie auch für die Familie akute Probleme dar. Besonders die Beendigung einer Therapie ist nicht nur für den Therapeuten schwierig, sondern auch für die Familie. Die Situation, die durch den therapeutischen Wettkampf geschaffen wird, stellt ein Problem für die Beendigung der Therapie dar, da die Familie nicht mit dem Gefühl gehen sollte, der Therapeut hätte sie besiegt und lache sich ins Fäustchen. Daher spricht Milton Erickson davon, dem Patienten einen eleganten Abgang zu verschaffen: Die konventionelle Therapie gibt feierliche Rituale an, mit denen die Therapie beendet wird – man arbeitet sich durch den Verlust hindurch, als sei die Beendigung wie ein Tod oder als sei der Therapeut eine so wichtige Person, daß mit ihm oder ihr ein Familienmitglied oder ein treuer Freund verloren geht. Das läßt sich jedoch nicht auf die Methoden anwenden, die

wir hier beschrieben haben.
Man muß es den strategisch-systemischen Therapeuten zugute halten, daß sie die Therapie in einer Weise organisiert haben, daß die erwünschten Veränderungen außerhalb des Beratungsraumes in Abwesenheit des Therapeuten stattfinden. Und gewöhnlich leugnet der Therapeut, irgend etwas, was er gesagt habe oder irgend etwas in der therapeutischen Beziehung habe die Veränderung hervorgerufen. Wenn überhaupt, dann stellt der Therapeut die Veränderung in Frage oder erklärt, sie würde nicht lange andauern: Ein sicheres Zeichen für den Patienten, daß der Therapeut kein grosses Interesse daran hat. Die Anerkennung gebührt dann dem Patienten und braucht nicht dem Therapeuten gezollt zu werden.

Ein besonders schönes Beispiel, wie man einer Familie einen 'eleganten Abgang' verschaffen kann und dennoch die Bestätigung der Veränderung erhält, ist, jedem Mitglied die Frage zu stellen: „Was müßtest du persönlich tun, um die Dinge wieder so zurückzubiegen, wie sie waren, ehe du in diesen Raum kamst?" Diese Frage kann einer Familie gestellt werden, deren Mitglieder überhaupt nichts von ihrem eigenen Beitrag zur Erhaltung des Problems wissen und die keine Vorstellung davon haben, wodurch es verschwunden ist, und doch werden sie so antworten, als hätten sie jeder bis ins Detail die Rolle untersucht, die sie bei dem ganzen Ereignis spielten. Die Mutter eines 'verhaltensgestörten' Jungen wird sagen: „Ich müßte glauben, daß ich alles selbst lösen muß." Der Vater wird sagen: „Ich müßte die ganze Zeit von Zuhause fort sein und bis spät in die Nacht arbeiten." Und das jüngere 'gute' Kind wird sagen: „Ich muß so kreischen, als ob er mich umbringt, immer wenn er mir nahe kommt."

Bei dieser Therapie kann die Beendigung häufig in Form einer Pause dargestellt werden. Ein therapeutisches Modell, das emotionale Probleme nicht als Krankheiten ansieht, denkt auch nicht an Heilung. Wenn ein psychiatrisches Problem als Beweis für die Schwierigkeiten einer Familie definiert wird, den Übergang zu einer neuen Phase auszuhandeln, ist es die Aufgabe des Therapeuten, bei diesem Übergang zu helfen, sich dann fortzumachen und die Familie sich selbst zu überlassen, damit sie sich in die neue Integration einlebt. Man kann nicht annehmen, die Familie würde danach sorgenfrei sein, da es neue Übergänge oder Krisen geben wird und neue Symptome entstehen werden. Wie der altmodische Familiendoktor sieht dieser neumodische Therapeut seine Funktion darin, zur Hand zu sein, wenn er gebraucht wird, zu jeder Zeit, wenn die Familie Probleme hat, wenn sie sich einer Veränderung gegenübersieht. Das Ergebnis ist eine schrittweise Therapie: Die Sitzungen liegen dicht zusammen oder weit auseinander. Pausen sind üblich, wenn es so aussieht, als könne die Familie allein weitermachen. Es gibt Einladungen, jederzeit zurückzukommen für eine Überprüfung oder für ernsthaftere Dinge, aber mit der Hoffnung und Erwartung, daß dies nicht notwendig sein wird.

Der Gott in der Maschine

Ein Einwand gegen die Teammethode ist der, daß sie außerordentlich viel Zeit der Therapeuten für vergleichsweise wenig Fälle verschlingt. Wie kann dies ein funktionsfähiges Modell werden, wenn man vier Leute braucht, um mit einem Problem fertig zu werden, selbst bei verhältnismäßig geringer Zahl der Sitzungen? Für Ausbildungszwecke könnte man es rechtfertigen, dann ist es sogar recht ökonomisch. Auch für Forschungszwecke könnte man es rechtfertigen, die sanfter klinischer Art sind, aber dennoch neuen Boden erkunden. Wie kann man es aber als eine wichtige therapeutische Methode rechtfertigen?

Die offensichtliche Antwort ist die, daß ein Team zwingend bei ernsten, schwierigen Fällen gebraucht wird, bei denen Jahre intensiver individueller Behandlung nichts bewirkt haben, oder bei Familienbehandlung der konventionelleren Art. Wir sprechen von ernsthaften Problemen, den psychosomatischen Killer-Krankheiten, der Art von Krankheiten, die als Psychose bekannt sind, und vielen anderen hartnäckigen und widerspenstigen Symptomen, die zwar nicht immer lebensbedrohlich sind, jedoch die Aktivität der Person und der Familie, in der sie auftreten, verkrüppeln. Ganz sicher sollte es in jeder Klinik ein Team geben, das mit dem systemischen Modell an den Problemen arbeitet, die sich anderen Methoden gegenüber als resistent erweisen.

Es ist von äußerstem Interesse bei dieser Teammethode, wie sie sich auf so viele Kräftequellen beruft. Wenn der Therapeut eines dieser Teams für eine Beratung in Anspruch nimmt, findet er nach dem Abmühen mit einer schwierigen Familie seine eigene Position enorm gestärkt. Man kann es nennen wie man will, die Wirkung des deus ex machina, eine Wirkung,die getragen wird von den Erwartungen, die genährt wird vom Vorhandensein eines unsichtbaren Experten, einen billigen Zaubertrick: Die Gegenwart der Gruppe hat eine gewaltige Hebelwirkung. Ich kenne tatsächlich mindestens einen Therapeuten, der keine Gruppe hatte und keinen Einwegspiegel, und der das Telefon in seiner Praxis benutzte, um vorzutäuschen, er sei in Verbindung mit einer Gruppe von Beratern, und der seiner Familie Botschaften von diesem imaginären Team gab, die dieselbe Wirkung hatten, als wäre das Team tatsächlich vorhanden gewesen.

Diese manchmal erstaunlichen Veränderungen, die durch diese Methode eingeleitet werden, werden jedoch durch mehr als nur eine Atmosphäre des Geheimnisvollen hervorgerufen. Es ist die synergistische Wirkung verschiedener Köpfe, die sich einem gegebenen Problem zuwenden. Ich stimme völlig mit der Haltung der Mailänder Gruppe überein, daß der Gebrauch des therapeutischen Paradox und die Logik, auf der es beruht, unabhängig sind vom charismatischen Einfluß eines speziellen Therapeuten. Es wäre falsch zu sagen „unabhängig von der therapeutischen Beziehung", aber mit dieser Einschränkung ist die Methode in der Tat bei richtiger Anwendung erstaunlich wirkungsvoll. Dies trifft auch zu, wenn die Familie mit einem verhältnismäßig unerfahrenen Therapeuten arbeitet, solange erfahrene Praktiker hinter der Trennwand stehen.

Peggy Papp weist in 'The Familiy That Has All the Answers' auf ein weiteres Hilfsmittel hin, das ein Team für den Theapeuten bereitstellt. Sie beschreibt, wie das Team in der Lage ist, sich vom Therapeuten im Zimmer zu unterscheiden oder ihn zu kritisieren und so die Rolle der „andersdenkenden Stimme (zu spielen), die ein Dreieck bildet und die Familie zwingt, Stellung zu nehmen."(1) S.J.Miller beschreibt in 'The Social Base of Sales Behavior' ein ähnliches Manöver.(2) Der Autovertreter beeindruckt seinen Kunden damit, wie schwer es für ihn gewesen sei, den Boß davon zu überzeugen, den angeblich niedrigeren Preis zu akzeptieren, den er für seinen Kunden ausgearbeitet hat. Während er den Verkauf schriftlich aufzeichnet, kommt der Manager herein, und die folgende geplante Szene findet statt. Der Manager 'entdeckt', daß der Vertreter vergessen hat, eine Anzahl von recht teuren Teilen mit aufzuführen, die alle angeblich mit eingeschlossen waren und kritisiert ärgerlich seinen Angestellten. Dann geht er hinaus, nachdem er dem Kunden sein Beileid darüber ausgesprochen hat, wie schäbig er behandelt worden ist, und der Vertreter sieht hilflos und unglücklich auf den Kunden. Der Kunde – besser ist es noch, wenn es ein Paar ist mit einer freundlichen Frau – ist wütend über das unverschämte Verhalten des Managers und mitleidig mit dem Vertreter und stimmt vielleicht zu, die Differenz oder wenigstens einen Teil davon zu zahlen. Ziel dieses Manövers ist es, den Kunden und den Vertreter gegen den Manager zu verbünden. Der Kunde beschützt dann den Vertreter vor dem angeblichen Ärger des Managers – und kauft so ganz nebenbei ein Auto.

Papp benutzt eine Spielart derselben Strategie, wenn auch – wie wir hoffen – zu einem sinnvolleren Zweck, und verabredete mit ihrem Team, sie am Ende der vierten Sitzung mit der Familie herauszurufen. Sie erzählt der Familie, als sie wieder ins Zimmer kommt: „Sie meinen, ich hätte wieder unrecht, wenn ich versuche, dich, Mutter, dazu zu bringen, standfest und konsequent zu sein mit John (dem 12jährigen problematischen Sohn, der seit 6 Jahren ergebnislos in Einzeltherapie war), da dies bedeutet, der Vater müsse sanft sein, und da ihr anscheinend jetzt ein so schönes Gleichgewicht habt, und eure Rollen eindeutig sind, befürchten sie, es würde das Gleichgewicht eurer Ehe stören, wenn die Beziehung zu den Kindern verändert wird. Sie glauben, eure Ehe sei wichtiger als alles andere und wenn die Kinder einige Probleme haben, sei dies ein geringfügiger Preis, den man

zahlen müsse, um die Stabilität in eurer Ehe zu erhalten."(3)
Die Wirkung war dramatisch. In der folgenden Sitzung kam die Mutter herein und erzählte, sie habe ihre übliche Rolle völlig umgedreht und mit jedem geschimpft, besonders mit ihrem Mann. Dem Jungen ginge es schon besser, und er finge an, sich gut zu Hause zu betragen und besser in der Schule mitzukommen, jetzt wo die Ehemann/Ehefrau-Probleme offenlagen. Zur größten Überraschung der Eltern konnte der Junge ihnen auch sagen, daß er sich seit Jahren Sorgen machte, sie würden sich scheiden lassen.

In ihrer Diskussion der absichtlichen Spaltung des Teams schreibt Gillian Walker, sie sei am wirkungsvollsten, wenn der Therapeut im Zimmer für die Veränderung ist und das Team die Rolle der 'loyalen Opposition' übernimmt. Das Team kann skeptisch sein, empörende Intensivierungen der Verhaltensweisen der Familie vorschlagen, die diese bereits angenommen hat, und offen erklären, die Familie könne keinesfalls erfolgreich sein und diese Veränderungen durchmachen, auf die 'ihr' Therapeut hinarbeite. Um auf die Geschichte von Batesons Tümmlern zurückzukommen: Der Therapeut ist wie der Handlanger, der dem Tümmler unverdienten Fisch gibt, während das Team weiter als kaltherziger Forscher agieren kann.

Ganz abgesehen von den direkten therapeutischen Verwendungsmöglichkeiten des Teams gibt es noch einen unverhofften Sondereffekt, in dem die Anhänger des Schemas der Mailänder Gruppe einen unschätzbaren Wert entdeckten: die vereinten Energien und Talente einer kleinen Gruppe von Leuten, die hinter dem Einwegschirm Familien in einer Situation von Gleichgestellten oder quasi Gleichgestellten beobachten. Wenn man diese Vierer- oder Sechsergruppen erst einmal in Gang gebracht hat, können sie zum magnetischen Mittelpunkt jeder Agentur oder Institution werden, wo sie ihre Wurzeln schlagen. Dies ermöglicht eine Form der praxisorientierten Forschung ohne Stipendien, enorme finanzielle Auslagen (wenn man einmal von der Anschaffung des Einwegschirmes absieht), und ohne die Anstellung vieler Leute über einen längeren Zeitraum hinweg. Vier Leute können sich um vier Familien kümmern, wobei jede Familie sich mit einem oder zwei Therapeuten einmal alle vierzehn Tage oder einmal im Monat trifft. Die Bemühung zur Konzentration auf eine Hypothese und die anschließende Planung von Interventionen für jede Sitzung, einerlei, ob nun 'paradoxe' Techniken angewandt werden oder nicht, scheint sehr viel Enthusiasmus und lebhafte Anteilnahme freiwerden zu lassen, was sich mit Sicherheit wellenartig auf die ganze Institution auswirkt. Es ist ratsam für diese keimartigen Zellen, so lange wie möglich absolutes Stillschweigen über ihre Aktivitäten zu wahren, weil sie sonst befürchten müssen, daß ein zu großes Zurschaustellen von Aufregung zu Neid und Feindseligkeit beim Gastgeber führt, der Anstrengungen unternehmen könnte, diesen zu erfolgreichen, rasch wachsenden und sich zu einem grossen produktiven Pilz entwickelnden Keim zu vertreiben.

Fragen: Gelöst und ungelöst

Es verbleiben allerdings immer noch viele offene Fragen, auf die es keine einfachen Antworten gibt. Wir können zum Beispiel fragen, ob diese systemische Methode so sehr an ein Team gebunden ist, daß sie für den einzelnen, mit Familien arbeitenden Kliniker von geringem Wert ist. Ich persönlich halte sie für äußerst wertvoll. Viele Kliniker, die in Teams arbeiten, haben berichtet, wie eine subtile Verlagerung stattgefunden hat, die sich auf ihre individuelle Arbeit übertrug, als ob die Kollegen hinter der Abschirmung im geistigen Hinterstübchen des Klinikers eine Wohnung bezogen hätten, etwa so, wie sich Kinder manchmal winzige Leute im Innern eines Radios vorstellen. Wenn ich allein arbeite, habe ich oft das Gefühl, ich beriete mich mit diesen kleinen Leuten.

Wenn ich einen wirklichen Rat brauche, wende ich mich ohne zu zögern an meine Kollegen als an ein ad-hoc-Team. Kein Therapeut, und sei er noch so unabhängig, sollte je ohne Zugang zu ratgebenden Berufskollegen sein. Hier wird die Teamidee zu einem segensreichen Gegenmittel gegen die Vorstellung, ein Therapeut sollte immer allein wirksam werden. Ich sage Kollegen in der Ausbildung, die sich manchmal über Mangel an Erfolg beklagen, daß sich ohne größere Truppeneinheiten und ohne stärkere Munition nichts an der Situation ändern wird und daß ihnen diese Art des 'Versagens' nicht peinlich zu sein braucht. Bei der Beurteilung von Auszubildenden in ihrer Arbeit mit Familien muß man jetzt zu den üblichen Beurteilungen noch „bemüht sich redlich, ohne viel Aussicht auf Erfolg" und „lernt, sie andern zu überlassen" fügen.

Eine andere Frage ist die, ob die systemische Methode mit oder ohne Team auf Individuen oder Paare anwendbar ist, die weniger im Familiennetz gefangen sind. Damit meine ich, ob es auf jene anwendbar ist, die sich in kleineren Einheiten anmelden und geringere Probleme zu haben scheinen. Natürlich muß man ermitteln, ob diese Einheiten nicht doch in Wirklichkeit tief in das Familiennetz verstrickt sind, und ob man ihnen daher andere Familienmitglieder zugesellen soll oder aber die Behandlung neu planen und auf diesen Punkt abstimmen soll. Die Mailänder Gruppe konzentriert sich auf Probleme mit großen, verworrenen Beziehungskontexten, wodurch sie automatisch kleine Gruppe eliminiert , obwohl sie gelegentlich eine Zweierbeziehung in vitro behandelt. Nur wenn sie von ihrer Privatpraxis sprechen, hört man etwas von ihrer Behandlung von Einzelpatienten. Aber selbst dann behaupten sie, ihre Forschung hätte ihre Arbeit verändert, obwohl sie sich schwer dabei tun, die Art dieser Veränderung zu erklären.

Es ergibt sich hier tatsächlich die Frage, welchem Problem der Praktiker seine Aufmerksamkeit schenken muß. Der Spitze des Eisbergs (dem auf kleinere Beziehungseinheiten beschränkten Problem) oder dem ganzen Eisberg (dem Problem mitsamt allen damit verbundenen Beziehungen). Die systemische Methode scheint für den ganzen Eisberg zu sprechen. Die strategischen Therapeuten haben jedoch gezeigt, wie man selbst unter Beschränkung auf die Spitze sehr anständige Arbeit leisten kann. Kliniker, die mit der systemischen Therapie experimentieren, scheinen langsam zu der Auffassung zu kommen, man könne sich auf die Spitze beschränken und dennoch den ganzen Eisberg behandeln – mt anderen Worten, immer noch systemisch arbeiten – solange man nur bei der Behandlung des Eisbergs mit Hypothesen und Interventionen arbeitet.

Einem neuen Argument zufolge könnte die Familientherapie als 'Systemtherapie' umformuliert werden, und das Wort 'Familie' sollte ganz gestrichen werden, weil es therapeutische Probleme einschränkt und verworren macht. Die Anhänger dieses Arguments sind der Meinung, man arbeite mit Problem und Kontext als einem unteilbaren Ganzen und dieses unteilbare Ganze erschiene nicht plötzlich in seiner Gesamtheit in der Praxis. (Pragmatisch gesprochen tut es das nie.) Es ist möglich, der systemischen Sichtweise treu zu bleiben, auch wenn man nur ein Individuum oder einen Teil der Familie behandelt. Die Entscheidung liegt beim Therapeuten, ob die Arbeit mit diesem Fragment ihm einen ausreichenden Ansatzpunkt zu einer Veränderung verschafft.

Ein anderer Einwand gegen die systemische Methode ist der, daß sie sich auf Arbeit mit 'resistenten' Familien begründet, und daß es daher so ist, als schösse man mit Kanonenkugeln auf Spatzen, wenn man sie bei weniger schweren Problemen anwendet. Diejenigen, die diese Einschränkungen vornehmen, glauben, man müsse erst eine einfachere Methode ausprobieren, um zu sehen, wie veränderungswert die Familie oder die Person sei. Man solle sich erst dann 'paradoxen' Zügen zuwenden, wenn die konventionellen Interventionen fehlgeschlagen sind. Man könnte jedoch auch den entgegengesetzten Standpunkt vertreten. Einige Kliniker glauben, diese Methoden müßten erst eingesetzt werden,um sozusagen die Verkrustung aufzubrechen, ehe man überhaupt einfache Züge erprobt. Sie glauben, dies würde den Therapievorgang abkürzen und ihn wirkungsvoller machen.

Eine Frage, die nicht gelöst werden kann (und vielleicht auch nicht sollte), ist die Beziehung der großen Schulen der Systemveränderung zueinander. Sind die systemischen und strategischen Methoden im Grunde dieselben, oder kommen sie von unterschiedlichen begrifflichen Universen trotz der scheinbaren Ähnlichkeit und ihrer gemeinsamen Wurzeln? Wenn letzteres zutrifft: Leitet sich ihre Spaltung aus ihrer unterschiedlichen Herkunft ab, wobei eine Schule vor allem von Bateson und die andere von Erickson beeinflußt ist? Und kann man wiederum aus dem gemeinsamen Interesse an

Familiengeschichte und Verwandtschaft, die die systemische Methode mit der historischen (insbesondere der Methode von Bowen) verbindet, schliessen, sie sollten verbunden werden? Wenn nicht: Was sind die unterschiedlichen Voraussetzungen, die dies verhindern würden?

Und ist die strukturelle Methode im Gegensatz dazu vielleicht weniger unterschiedlich von der systemischen als sie zu sein scheint? Die Arbeit der Mailänder Gruppe scheint sich in eine strukturelle Richtung zu bewegen, während die Praktiker mit Interventionen experimentieren, die vor allem eine Revision der Familie zur Folge haben. Man könnte natürlich sagen, daß alle systemischen Interventionen die Organisation der Familie betreffen, die 'paradoxen' indirekt und viele der Rituale direkt.

Man kann schließlich nicht umhin sich zu fragen, was wohl die Zukunft bringen wird. Wird es eine Vermischung dieser Beiträge in einem mächtigen Strom geben? Wird eine Methode die anderen zusammenfassen? Oder wird jede ihre Grenzen betonen und sich in einer Sekte abkapseln? Diese Fragen werden in immer größerem Maße Kliniker und Forscher auf diesem sich so schnell ausbreitenden Gebiet beschäftigen.

Auf der Suche nach Antworten zu diesen schwierigen Fragen arbeite ich mit einer Anzahl von Kollegen am Ackerman Institute for Family Therapy in New York: Olga Silverstein, Peggy Papp, Gillian Walker, Joel Bergman, Peggy Penn, John Patten und Jeffrey Ross. In verschiedenen Gruppierungen und zu unterschiedlichen Zeiten haben wir uns mit Fragen beschäftigt, wie sie oben aufgeworfen wurden. Besonders haben wir uns in klinischen Untersuchungen sowohl mit den kurzen, strategischen Techniken beschäftigt als auch mit dem Mailänder Modell.

Und hier treffen wir auf eine weitere wichtige Frage. Ein Problem, das die systemische Methode in einem Lehrinstitut stellt, ist die, ob Neulinge in der Familientherapie von vornherein diesem Modell ausgesetzt sein sollten. Furchtsame Stimmen werden laut über Horden von unerfahrenen 'paradoxen Therapeuten', die auf die Welt losgelassen werden. Mein eigenes Empfinden sagt mir, einige dieser Befürchtungen seien ungerechtfertigt. Die Methode kann nicht zurückgeführt werden auf den Einsatz von Techniken, paradoxen oder anderen, sondern verkörpert vielmehr eine enorme epistemologische Verschiebung. Oft kann es einem Anfänger helfen, in seiner Auseinandersetzung mit der systemischen Arbeit (und selbst, wenn er sie nicht völlig versteht) ins Innere der systemischen Sichtweise der Probleme zu gelangen, ohne die Komplexität des Gegenstandes zu opfern oder das, was wie eine Kathedrale empfunden werden sollte, auf eine Planzeichnung zu reduzieren.

Aber trotz der warnenden Ratschläge wird es mit Sicherheit ein wachsendes Interesse an den Experimenten mit der systemischen Methode geben.

Mehr als alle anderen therapeutischen Pläne übersetzt sie Batesons abstrakte und vorausschauende Formeln in elegante pragmatische Anwendungen in der klinischen Arbeit. Ein einflußreiches neues Paradigma, das sich ausführlich mit der klinischen Epistemologie beschäftigt, ist dabei, die Arbeit der Mailänder Gruppe zu rechtfertigen und zu erklären, und über dieses Paradigma und seine Folgen für die Psychotherapie möchte ich im Epilog dieses Buches sprechen.

Epilog

ZU EINER NEUEN EPISTEMOLOGIE

Das evolutionäre Paradigma

Dieses Schlußkapitel weist auf die Zukunft, baut aber auf der Vergangenheit auf. Wir haben von der zirkulären oder rekursiven Epistemologie gesprochen. Bateson wendet sich dieser Angelegenheit zu, indem er das in sich selbst zurückkehrende Wesen der lebenden Formen betont, und für seine Metapher jenen 'merkwürdigen Wurm' Ouroborous wählt, die Schlange, die ihren eigenen Schwanz frißt. Er erläutert seine Ansicht und sagt:
„Wir leben in einem Universum, in dem kausale Folgen nur fortdauern und die Zeit durchleben, wenn sie rekursiv sind. Sie 'durchleben' – d.h. wörtlich 'leben durch sich selbst' – und einige leben länger als andere."(1)

Diese rekursiven Schlaufen sind jedoch nie völlig geschlossen, da immer Platz ist für neue Informationen. Jeder Zyklus kommt zurück zu einer neuen Position, die sich manchmal so geringfügig von der vorherigen unterscheidet, daß sie nicht wahrnehmbar ist, und dennoch manchmal eine größere Verschiebung darstellt.

Nehmen wir zum Beispiel die Evolution der Familientherapie von 195o bis heute. Während dieser drei Jahrzehnte wurde die 'System'-Metapher für Familiengruppen mit ihrer Betonung auf Homöostase und Gleichgewicht ein Hauptmodell für diesen Bereich. Die Analogie mit der kybernetischen Maschine, die immer zu dem angenommenen Ruhestadium zurückkehrt, war eine überzeugende Analogie zu den Redundanzen in der Interaktion, die bei allen Familien beobachtet wurde, nicht nur bei Familien mit symptomatischen Mitgliedern. Sie diente auch dazu, das Feld aus den früheren Analogien herauszuschütteln, die hauptsächlich auf Individuen in der Isolation angewendet wurden.

In neuerer Zeit ist deutlich geworden, daß sich eine neue Schablone herausbildet. Eine eindrucksvolle Sammlung neuer Ideen fordert das Gleichge-

wichtsmodell nicht nur für Familien, sondern auch für viele andere Einheiten heraus. Während der siebziger Jahre begann eine Gruppe von Wissenschaftlern aus der Physik, Chemie, Mathematik und anderen Bereichen, das fast heilige zweite Gesetz der Thermodynamik in Frage zu stellen. Dieses Gesetz behauptet, alle Einheiten des Universums streben zu einem Zustand der Enthropie: eine graue, willkürliche Gleichheit ohne Bewegung oder Veränderung. Unter den Forschern, die dieses Gesetz in Frage stellten, tat sich der Physiker Ilya Prigogine hervor. Er stellte fest, daß eine Anzahl physikalischer und chemischer Prozesse davon ausgenommen zu sein schien und lebende Formen ihm fast zu spotten schienen. Lebende Formen bewegten sich häufig in eine negentropische Richtung, auf eine größere Komplexität und neue und unterschiedliche Stadien zu. Außerdem würde in dem ewigen statischen Bereich der klassischen Physik die Zeit mit ihrer Eigenschaft der Irreversibilität außer acht gelassen. Morgen war dasselbe wie gestern, und nur das, was sich niemals veränderte, war ein angemessenes Studienobjekt. Der interessante Fall der Instabilitäten wurde von der Physik ignoriert. Wie vieles andere in der natürlichen Welt, das sich veränderte und entwickelte. Prigogine sagt:
„Ich benutze oft das Beispiel von der Kathedrale und dem Mauerstein. Solange man 'Mauerstein' denkt, sieht man, wie der Mauerstein Millionen von Jahren derselbe bleibt. Wenn man aber 'Kathedrale' denkt, gibt es den Zeitpunkt, an dem sie gebaut wird und den Zeitpunkt, an dem sie zur Ruine verfällt. Mit dem gleichen Mauerstein kann man Kathedralen und Paläste konstruieren."(2)

Die klassische Physik konnte sich nicht den lebenden Formen und ihrer Entstehung zuwenden, da sie nur das 'Mauersteindenken' kannte.

Ein zentraler Begriff bei Prigogine, wie er im 9.Kapitel beschrieben wird, ist das, was er 'evolutionäres Feedback' nennt. Damit meint er, daß eine Bewegung, die zu einem bestimmten Zeitpunkt nur eine Schwankung in einem System ist, plötzlich die Grundlage für eine völlig neue Anordnung des Systems zu einem anderen Zeitpunkt bilden kann: „Die Evolution des Systems bewegt sich spontan zu Situationen, die weniger wahrscheinlich sind", sagt Prigogine, und dies kann für die physikalischen Vorgänge wie auch für Lebensvorgänge zutreffen.(3)

Von besonderer Bedeutung für die Familientheorie ist der Gedanke, lebende Systeme hätten die Fähigkeit, sich mit Hilfe kleinerer, gewöhnlich willkürlicher Schwankungen zu komplexer organisierten Lebensformen zu verändern. Zwei Autoren haben die Familientheorie mit diesem Modell der Dynamik des Ungleichgewichts in Verbindung gebracht, nämlich der Psychologe Paul Dell, dessen Schriften hierüber in diesem Buch beschrieben worden sind, und der Psychiater Mony Elkaim vom Institut für die Erforschung der Familie und menschlicher Systeme in Brüssel. Beide kritisieren das kybernetische Modell der Familiensysteme und der Systemveränderun-

gen, das von vielen Familientheoretikern akzeptiert ist. Elkaim faßt die gegenwärtigen Überlegungen folgendermaßen zusammen:
„Die Familie ist zwischen zwei Kräften gefangen: eine Kraft, die zur Veränderung führt... und eine Kraft, die ein ewiges Gleichgewicht zu bewahren versucht. Es wurde daher der Versuch gemacht, die Aufgabe des Symptoms darin zu sehen, die Homöostase zu schützen, indem es die Familie vor den Gefahren durch die Veränderung beschützte..." (4)

Als Alternative hierzu wenden sich sowohl Elkaim als auch Dell den Gedanken von Prigogine zu, der alle lebenden Formen als empfänglich für Veränderung beschreibt, besonders, wenn sie weit vom Gleichgewicht fortgetrieben werden. An diesem Punkt kann jede kleine Instabilität sich verstärken und das System dazu bringen, über seine Grenzen hinauszugehen und auf fast magische Art in einem ganz anderen Zustand wieder zu erscheinen. Nach Prigogine ist die Form, die sich aus diesem Vorgang des evolutionären Feedback ergibt, unvorhersagbar. Es ist unmöglich zu sagen, welche der Schwankungen des Systems es aus seinem vorigen Zustand heraustreiben werden.

Elkaim wendet dieses Modell auf die Therapie an und sieht die Aufgabe des Therapeuten im Versuch, das System aus dem Gleichgewicht herauszustoßen und es dazu zu zwingen, eine andere Lösung zu suchen; und vor allem soll der Therapeut die Wichtigkeit des Zufalls erkennen, wenn es um die Entscheidung geht, welche Instabilität zum bestimmenden Faktor wird. Die Struktur wird nach ihren eigenen besonderen Gesetzen umgeformt werden, Gesetze, die der Therapeut unmöglich erraten kann, da sie Teil der, wie Elkaim es respektvoll nennt, 'Einzigartigkeit' der Familie sind. (5)

Es ist interessant, sich zu überlegen, daß dieses von der Mailänder Gruppe erforschte systemische Modell eine lebende Darstellung jenes theoretischen Modells gibt, das sich aus einem so unterschiedlichen Bereich herleitete. Es ist so, als sei ihre therapeutische Methode ausdrücklich auf dem Gedanken des evolutionären Feedback gegründet und nicht unabhängig davon und gleichzeitig in Erscheinung getreten. Die Aufmerksamkeit für kleine Störungen, die ein System aus dem Gleichgewicht bringen können; die Erwartung unzusammenhängender Veränderungen; das Interesse für die Zeit und ihre Irreversibilität; die Achtung vor der Fähigkeit des Systems, sich selbst zu organisieren – all dieses deutet auf ungewöhnliche Übereinstimmung hin.

Zusätzlich fasziniert mich (wie auch Prigogine) die Möglichkeit, Theorien zu entwickeln, die anfangen, lebende und nicht lebende Formen zu verbinden. Um auf Batesons oben angeführtes Zitat zurückzukommen: „Wir können vielleicht damit rechnen, dieselbe Art von Gesetzen bei der Struktur eines Kristalls zu finden, wie bei der Struktur der Gesellschaft..." Die

Entwicklung eines evolutionären Modells für soziale Veränderungen, das so eng verwandt ist mit den Gesetzen der Veränderung aus der Welt der Chemie und Physik, scheint die Hoffnung zu eröffnen, daß diese Prophezeiung eines Tages erfüllt werden könnte.

Die Bedeutung der Epistemologie

Für Bateson war das Thema der Epistemologie von großer moralischer Bedeutung. Epistemologie war für ihn gleichbedeutend mit den notwendigen Gesetzen, um der Welt ihren Sinn zu geben. Diese Gesetze – die uns nicht immer bewußt sind – bestimmen einen großen Teil unseres Verhaltens und unserer Deutung der Verhaltensweise anderer. Bateson isoliert – epistemologisch gesprochen – zwei besondere Bösewichte. Einer ist das 'lineare Denken', das eine Ursache zu unterstellen scheint und häufig am Ende Schuld zuweist. Der andere ist jegliche Form von Dualismus. In diesem Abschnitt verfolgt Bateson einen der auffälligsten Produkte des Dualismus, den Gedanken des 'Ich':
„Wenn man eine Grenzlinie zieht zwischen dem Teil, der die meisten Berechnungen für ein weiteres System macht, und dem weiteren System, von dem es ein Teil ist, schafft man einen mythologischen Bestandteil, der im allgemeinen das 'Ich' genannt wird. In meiner Epistemologie muß der Begriff des Ich zusammen mit allen willkürlichen Trennungslinien die Systeme oder Teile von Systemen abgrenzen, als ein Wesenszug der örtlichen Kultur betrachtet werden – allerdings darf dieser Begriff nicht außer acht gelassen werden, da solche kleinen epistemologischen Ungeheuer dazu neigen, die Brennpunkte der Pathologie zu werden. Die willkürlichen Grenzen, die für den Vorgang der Analyse von Daten nützlich waren, werden allzu leicht Kampffronten, an denen wir versuchen, einen Feind zu töten oder eine Umgebung auszunutzen."(7)

Bateson gibt sich immer größte Mühe, deutlich zu machen, daß er von ganzen Kreisläufen spricht. Man „zerschnippelt die Ökologie", wenn man Teile und Stücke von dem nimmt, was man beschreibt und beschließt, dieser Teil 'beherrsche' den anderen und jener 'verursache' den anderen.

Dell, der Batesons Gedanken auf die Familientherapie anwendet, weist auf die Tendenz vieler Familientherapeuten hin, die epistemologische Revolution zu verleugnen, die durch die Familientherapie-Bewegung deutlich gemacht wird.(8) Er wehrt sich vor allem gegen den üblichen Gebrauch des Gedankens der Homöostase. Familientherapeuten haben sich zu wörtlich an die Vorstellung gehalten, eine Familie sei wie eine homöostatische Maschine mit einem Regler. So wird gesagt, eine „Familie benötige ein Symptom" oder:„Ein Symptom habe eine homöostatische Funktion in der Familie". Mit diesem Sprachgebrauch setzt man einen Dualismus zwischen einem Teil des Systems und einem anderen voraus. Es ist richtiger zu sagen, alle Teile hätten mit der jeweiligen zur Diskussion stehenden Anordnung von Konstanz oder Veränderung in einer gleichwertigen und koordinierten Weise zu tun. Drückt man es anders aus, gibt man sich mit einer Art von – wie Dell es beschreibt – „wirren Systemanimismus" ab.

Man muß die ständige Wiederkehr aller Kreisläufe in komplexen Systemen im Auge behalten. Es ist sinnlos zu sagen, Eltern 'benützten' die Probleme des Kindes, um zusammenzuhalten. Man könnte genauso gut behaupten, das Kind benutze die übergroße Fürsorge der Eltern, um sich vor den Gefahren beim Verlassen des Hauses zu bewahren; oder ohne dieses Problem gäbe es keine Bindung zwischen der Mutter und der Mutter des Vaters; oder ein geliebtes älteres Kind würde deswegen immer wieder ins Haus gezogen werden; oder das Problemkind sei der Haupttrost der Mutter. Dell zieht Analogien zur Biologie und anderen Wissenschaften hinzu:„DNS ist kein Regler von biologischen Systemen. Biologische Funktionen werden vom gesamten System der DNS und dem Zytoplasma reguliert."(9)

Ein anderer Denker aus Batesons Schule, der Psychologe Bradford Keeney schlägt eine ökosystemische Epistemologie vor.(1o) Dieses Rahmenwerk verhindert, daß der Patient für sein Verhalten schuldig erklärt wird oder daß seine Symptome ätiologischen Faktoren angelastet werden. Stattdessen schlägt Keeney vor, Symptome als metaphorische Kommunikation über die Ökologie der Beziehungssysteme des Patienten anzusehen. Vor allem wiederholt er die für Bateson charakteristische Warnung, der Therapeut dürfe sich nie als ein von außen her Handelnder betrachten, sondern eher als Teil des therapeutischen Systems oder als Teil eines Ökosystems. Diese Haltung bietet eine Alternative zu den Formulierungen, die den Therapeuten gegenüber dem Patienten in einen Machtkampf stellen oder in ein Spiel, das der Patient immer 'zu gewinnen' versucht.

Dell greift ein Problem auf, das sich uns allen in Form der epistemologischen Reinheit stellt. Wenn wir den Dualismus abweisen, weisen wir die meisten Vorstellungen zurück, mit denen wir aufwuchsen, Vorstellungen, die unser Denken bestimmen – Kausalität, Absicht, Objektivität u.a. Wir können sogar nicht einmal die geringste Genauigkeit bei all unseren Versuchen ins Anspruch nehmen, Aussagen über die Welt zu machen, da wir uns nicht außerhalb dessen stellen können, was wir beschreiben. Die Realität 'da draußen' kann von uns nicht gewußt werden, da sie sich verändert, während wir sie beobachten, und da unser Beobachten sie verändert.(11)

Das äußerste Ende dieser Denkweise ist natürlich ziemlich radikal. Aussagen über unsere eigenen Erlebnisse können nicht gemacht werden, da wir gleichzeitig Zuschauer und Teilnehmer sind und unsere Grammatik diese

Einheit verletzt. Bateson und seine Anhänger sagen, wir könnten ruhig weiter epistemologische Irrtümer begehen, solange wir wissen, daß wir sie begehen, sonst müßten wir vollständig schweigen. Dell bietet den Trost, solange wir uns bewußt seien, daß wir immer im Zusammenhang eines rekursiven Netzwerks arbeiten, machte es nichts, welche Epistemologien wir gebrauchen oder welche Theorien wir annehmen: „Wichtig ist vor allem unser Bewußtsein, daß sowohl wir als auch unsere erwählte Theorie in rekursiver Weise an dem sich ergebenden und sich entwickelnden Ablauf der Ereignisse teilhaben. Bateson hat dieses Bewußtsein sehr angemessen als 'Weisheit' bezeichnet."(12)

Die zweite Generation

Die neuen theoretischen Einstellungen und die damit verbundenen systemischen Methoden sowie die epistemologische Bewußtmachung, die beides in einen Kontext stellt, fangen an, nicht nur hier, sondern auch im Ausland ihre Wirkung im Familienbereich auszuüben. Einige Arbeiten in Europa waren ursprünglich von amerikanischen Modellen beeinflußt: Satir hat zum Beispiel große Wirkung auf Schweden ausgeübt, und Minuchins strukturelles Modell hat in mehreren Ländern Fuß gefaßt. Das Institut für Familienerforschung vom italienischen Psychiater Maurizio Andolfi in Rom bietet eine Methode an, die die Streßtechniken Minuchins mit Whitakers Don-Quichotischen Bindungen im Behandlungsraum in Beziehung setzt. Das Zwangskasten-Modell, das sich daraus ergab, könnte eine Alternative zur Mailänder Methode werden, die das übrige Europa zu erobern scheint.

Andere Pioniere, die zu dem internationalen Aufblühen der Familientherapie beigetragen haben, sind Gestalten wie John Byng-Hall, Rosemary Whiffen und Robin Skynner in London; Philippe Caille und Rolf Blakar in Oslo; Helm Stierlin in Heidelberg; Luc Kaufman in Lausanne; Yrjo Alanen in Helsinki; Geoffrey Goding in Melbourne; Siegi Hirsch in Paris und viele andere, die mir verzeihen mögen, wenn ich sie nicht erwähne.

Noch wichtiger für die Europäer, die häufig begriffsorientierter und weniger pragmatisch sind als die Amerikaner, ist die Entwicklung eines theoretischen Unterbaus für die Familientherapie. Meine eigenen Beobachtungen lassen zum Beispiel vermuten, daß in den letzten drei Jahren mehr europäische Kliniker, die an der Familientherapie interessiert sind, 'Pragmatics of Human Communication' gelesen haben, als ihre Kollegen in den Vereinigten Staaten in den letzten zehn Jahren. Die Verbreitung internationaler Konferenzen, bei denen die Europäer nicht zu übersehen sind, ist auch

ein Hinweis auf die immer wichtigere Stellung, die sie einnehmen.
In Amerika haben wir ein noch interessanteres Bild. Hier und da, an Universitäten und Kliniken, stellen junge Kliniker und Forscher Fragen über eine neue Art von Therapie und eine neue Denkweise über Therapie, mit der sie sich auseinandersetzen müssen. Diese neue Art ist nicht von Bowen, und sie ist weder strukturell noch strategisch. Sie ist nicht einmal an einen bestimmten Therapeuten gebunden. Sie ist in gewisser Weise systemisch, orientiert sich aber nicht notwendigerweise an der Arbeit der Mailänder Gruppe, obwohl der Hauptteil des Energiestroms auf diesem Bereich aus dieser Quelle zu stammen scheint. Sie ist im Grunde an Bateson ausgerichtet und doch spricht Bateson sie nicht explizit aus. Wir sind meiner Meinung nach Zeugen des Hervorbrechens einer zweiten Generation von Familientherapeuten, die sich deutlich von der ersten unterscheidet. Diese zweite Generation gibt sich nicht mit einer einfachen Veränderung der Ätiologie zufrieden. Für sie ist der Ausspruch: „Die Familie, nicht das Individuum, ist die 'Ursache' des Problems" keine wirkliche Veränderung. Sie begreifen die wirkliche Bedeutung von Batesons Gedanken und verstehen, was die strategischen Theoretiker in Palo Alto, die systemischen Praktiker in Mailand und andere Stimmen in den Vereinigten Staaten und Europa zu vermitteln versucht haben: das Bedürfnis nach einer neuen Epistemologie. Diese neue Epistemologie würde nicht nur grundlegend die Art und Weise, wie man über Therapie dachte, verändern, sondern auch, wie man sie praktiziert.

Ich will mich nun den Punkten zuwenden, die durch diese zweite Generation von Familien- und Systemdenkern bzw. -therapeuten zur Sprache gebracht worden sind. Ich wende dabei meine besondere Aufmerksamkeit der Verlagerung vom homöostatischen zum evolutionären Paradigma zu, das vor allem Dell angesprochen hat, und auch den noch außergewöhnlicheren Implikationen einer zirkulären Epistemologie. Beide sind auf viele Weisen miteinander verflochten. Es folgen nun einige der Ideen, die meiner Meinung nach die Orientierungspunkte der neuen Generation sein werden.

1.
Eine Betonung des zirkulären statt des linearen Denkens ist natürlich grundlegend. Dies trifft in starkem Umfang auf das zu, was früher Diagnose genannt wurde oder die Vermutung über die 'Ursache' der bestimmten Krankheit oder des Kummers. Ein zirkuläres Modell reißt uns völlig aus diesem Rahmen. Bateson sagt, Weisheit ist Bewußtmachung dessen, wie alle Stromkreise in dem System zusammenpassen und miteinander verbunden sind. Das bedeutet, keine Entscheidung darüber zu treffen, ob die Familie das Problem des Individuums 'verursacht' hat oder ob es umgekehrt war. Kein einziges Element hat Vorrang vor einem anderen oder beherrscht dies. Brodey beschrieb einmal mit der Verdichtung eines Poeten einen Fall nach genau diesem Muster: „'Sie lassen mich nie aus dem Haus',

behauptet das Kind. 'Wir haben es versucht, aber er verläuft sich immer', behaupten die Eltern. Und diese Spirale windet sich nun unablässig durch die Zeit."(13)

2.
Wir müssen von der Idee der Ursache zu einem Begriff wechseln, der näher an das 'Ineinanderpassen' kommt. Dieser Begriff wird sehr schön von Dell in 'Beyond Homeostasis' entwickelt. Bei der Beschreibung des Unterschiedes sagt Dell: „Das 'Ineinanderpassen' bezieht sich nicht auf Ätiologie oder Ursache, sondern postuliert nur, daß im Familiensystem vorkommende Verhaltensweisen eine allgemeine Komplementarität aufweisen; sie passen ineinander. Ursache auf der anderen Seite ist eine spezifizierte Art der Interpretation des Ineinanderpassens, die in der beobachteten Komplementarität folgende Form erkennt: A verursacht B. Schlechte Eltern machen zum Beispiel ihre Kinder krank."(14)

3.
Wir müssen den gewöhnlichen negativen Deutungen des symptomatischen Verhaltens positive hinzufügen, und zwar nicht nur als eine Strategie zum Wechsel, sondern weil wir dadurch eine Ebene der Komplexität erreichen, die uns vor linearem Denken schützt.
Anstatt anzunehmen, ein Symptom sei eine Art Minuszeichen, das uns die Dysfunktion einer Familie anzeigt, könnten wir es als genau den Faktor ansehen, der die Familie immerzu in Richtung auf einen neuen und anderen Zustand hinschiebt. Ich fing an, mir Symptome als Vorboten des Wechsels vorzustellen, als ich lernte, wie man eine 'positive Konnotation' zusammenstellt. Die in diesen Vorgang eingehende Arbeit läuft darauf hinaus, ein Organisationsprinzip für das Vorhandensein eines Problems auf der Ebene des Familiensystems zu finden. Außerdem kann man oft das Symptom, so unbequem und destruktiv es auch erscheinen mag, als eine Lösung zu einem Dilemma deuten, dem sich die Familie auf ihrem evolutionären Pfad gegenübersieht. Damit soll nicht gesagt sein, eine positive Konnotation sei deswegen 'wahr', oder sie sei nicht genauso linear wie eine negative, aber in diesem Fall können zwei 'lineare' ein 'zirkuläres' ergeben, wie sich Yin und Yang zu einem Ganzen fügen.

4.
Wir müßten einmal wieder die 'Zeit' legitimieren, die solange als ein Stück unnützen psychotherapeutischen Gepäcks angesehen wurde. Die gegenwärtige Denkströmung über lebende Systeme betont, daß Lebensvorgänge immer irreversibel sind. Nichts kann je zurückgehen und niemand kann zweimal in denselben Fluß steigen. Eine Verlagerung zur Gesamtgestalt, insbesondere eines Systems, kann nie rückgängig gemacht werden, wofür als Beispiel wieder das Kaleidoskop dienen mag.

5.
Wir müssen den Begriff der Unvorhersagbarkeit akzeptieren. Wie es scheint können größere Systemwechsel nie vorhergesagt werden, obwohl man in einigen Fällen die Wahrscheinlichkeiten in brauchbarer Weise einsetzen kann. Das bedeutet den Verzicht unserer Betonung der Ziele und unserer größeren Aufmerksamkeit auf den Zufall. Wir werden unsere Achtung vor dem, was Elkaim die 'Einzigartigkeit' einer jeden Familie nennt, durch das Universum möglicher Lösungen ersetzen müssen. Und wir sollten nie unsere eigenen Vorstellungen davon, wie die Familie aussehen sollte, in den Vordergrund drängen. Familien können sich viel verblüffendere Lösungen ausdenken als wir.

6.
Wir sollten unsere Vorstellung vom Therapeuten als einem Stierkämpfer aufgeben, der die Familie dahin stößt bzw. zieht, wo er sie haben will. Wenn wir die Idee eines Newtonschen Universums und der auf Dinge einwirkenden Kräfte aufgeben sollen, müssen wir auch die Idee des Therapeuten als einer auf Klienten oder Familien wirkenden Kraft aufgeben. Die Vorsicht, mit der die Mailänder Gruppe sich selbst in das therapeutische Feld gestellt hat und die Betonung dessen, was sie 'Neutralität' nennen, ist Ausdruck dieser Idee, was auch für Batesons epistemologisches Denken gilt.

7.
Wir müßten die traditionelle Idee des Widerstands aufgeben, die man sich normalerweise als ein opponierendes Merkmal im Klienten oder in der Familie vorstellt. Die Idee vom Widerstand leistenden Klienten oder von der Familienhomöostase, die diesen Widerstand verursacht, ist völlig linear. In den Worten Dells „leistet das System keinen Widerstand, sondern verhält sich nur in Übereinstimmung mit seiner eigenen Kohärenz."(15)
Homöostase ist in der Familientherapie das Pendant zum Begriff des Widerstands in der Individualtherapie. Genauer gesagt, sollte man den Widerstand als den Ort beschreiben, wo es zwischen dem Therapeuten und dem Klienten bzw. der Familie zur Intersektion kommt. Widerstand ist lediglich ein Artefakt von jenem Zeitpunkt und jenem Ort. Außerdem können wir uns Widerstand auch als etwas Positives denken, da er oft den zur Durchführung eines Wechsels nötigen Antrieb erzeugt. Es ist eine Tatsache, daß alle strategischen/systemischen Therapeuten diese Judotechnik in ihrer Arbeit anwenden.

8.
Wir müssen lernen, Instabilität dem Gleichgewicht vorzuziehen. Wenn Prigogine recht hat, so handelt es sich bei lebenden Systemen um dauernde Instabilitäten. Eine Stadt zum Beispiel ändert sich dauernd durch einen Strom von Leuten und Waren, die hinein- und hinausfließen. Sich entwickelnde Systeme könnte man sich auch als solche vorstellen, die von ei-

nem Zustand der Instabilität zu durch relative Starrheit gekennzeichneten Systemen und schließlich zu neuen Instabilitäten übergehen. Das ist die Umkehrung der klassischen Physik und die Umkehrung des gesunden Menschenverstandes. Es enthält auch einige unbequeme Implikationen für den Therapeuten, vom Klienten ganz zu schweigen, der folgende Botschaft vielleicht nicht freundlich aufnimmt: Komm herein, und ich werde dich aus diesem Zustand der Sorge, Nervosität und Depression, in dem du dich jetzt befindest, erlösen und dich wieder unstabil machen.

9.
In 'Beyond Homeostasis' ersetzt Dell Homöostase durch den neuen Begriff der Kohärenz. Kohärenz betrifft das Zusammenpassen der Stücke eines Systems im Gleichgewicht, das auf sich selbst bezogen intern und auf seine Umgebung bezogen extern ist. Homöostase fühlt sich elastischer und auch undeutlicher an als Kohärenz, weswegen ich diesen Ausdruck ungern aufgeben würde (und auch nicht aufgeben werde), aber Kohärenz ist reiner im epistemologischen Sinne. Außerdem gefällt mir Kohärenz, weil sie mit der Familie in einem Feld zu tun hat. Die Familie muß in ihre Umgebung passen, wie das Individuum in seine Familie passen muß, oder wie die einzelnen Organe eines Systems, wie dem biologischen selbst, ineinanderpassen müssen. Und alle müssen in der Ökologie des Ganzen ineinanderpassen.

Ich möchte hier schließen mit einem Auszug aus den 'Notizbüchern' Paul Klees, weil er die Position, zu der ich selbst gelangt bin, so gut zum Ausdruck bringt:

„Früher schilderte man Dinge, die auf der Erde zu sehen waren, die man gern sah oder gern gesehen hätte. Jetzt wird die Relativität der sichtbaren Dinge offenbar gemacht und dabei dem Glauben Ausdruck verliehen, daß das Sichtbare im Verhältnis zum Weltganzen nur isoliertes Beispiel ist und daß andere Wahrheiten latent in der Überzahl sind...
Ein paar Beispiele: Ein Mensch des Altertums als Schiffer im Boot, so recht genießend und die sinnreiche Bequemlichkeit der Einrichtung würdigend. Dementsprechend die Darstellung der Alten. Und nun: Was ein moderner Mensch, über das Deck eines Dampfers schreitend, erlebt: 1.die eigene Bewegung, 2.die Fahrt des Schiffes, welche entgegengesetzt sein kann, 3.die Bewegungsrichtung und Geschwindigkeit des Stromes, 4.die Rotation der Erde, 5.ihre Bahn, 6.die Bahnen von Monden und Gestirnen drum herum.
Ergebnis: ein Gefüge von Bewegungen im Weltall, als Zentrum das Ich auf dem Dampfer. Ein blühender Apfelbaum, seine Wurzeln, die ansteigenden Säfte, sein Stamm, der Querschnitt mit den Jahresringen, die Blüte, ihr Bau, ihre sexuellen Funktionen, die Frucht, das Gehäuse mit den Kernen. Ein Gefüge von Zuständen des Wachstums.
Ein schlafender Mensch, der Kreislauf seines Blutes, die gemessene At-

mung der Lungen, die zarte Funktion der Nieren, im Kopf eine Welt von Träumen, mit Beziehung zu den Schicksalsgewalten. Ein Gefüge von Funktionen, zur Ruhe geeint."(16)

Die Epistemologie dieser Passage ist zirkulär und nicht linear. Sie hat viele Facetten und ist daher systemisch. Sie gibt keinem Teil den Vorrang vor einem anderen und ist daher nicht dualistisch. Sie zerhackt nicht die Ökologie in Stücke und ist daher holistisch. Sie verbindet den Betrachter einer Zeit mit dem einer anderen und ist daher rekursiv. Und sie ist evolutionär, weil sie eine Verlagerung in Richtung größerer Komplexität zwischen diesen unterschiedlichen Zeiten gebührend herausstellt.

Der oben zitierte Absatz ist gleichzeitig eine Metapher für die vielschichtigen Perspektiven dieses Buches. Von den frühen fünfziger Jahren, als die Familienbewegung begann, bis zum Jahre 198o, als ihre beiden führenden Genies, Gregory Bateson und Milton Erickson, starben, lag eine ganze Generationenspanne. Es ist daher angebracht, diesen Epilog der neuen Generation zu widmen. Denn wir sprechen schließlich von einem evolutionären Paradigma.

ANMERKUNGEN

Prolog: Hinter dem Spiegel

1. Bateson, G., *Mind and Nature.* New York: E. P. Dutton, 1979.
2. Jackson, D. D., »The Question of Family Homeostasis«, *The Psychiatric Quarterly Supplement* 31 (1957), 79—90.
3. Dell, P., and H. Goolishian, »Order Through Fluctuation«, Ansprache anläßlich der wissenschaftlichen Jahrestagung des A. K. Rice Institute (Annual Scientific Meeting), Houston, Texas, 1979.
4. Bateson, *Mind and Nature,* S. 41.
5. Bateson, M. C. »Daddy, Can a Scientist Be Wise?« in Brockman, J. (Hrsg.), *About Bateson.* New York: E. P. Dutton, 1977, S. 65.
6. Bateson, G., »The Birth of a Double Bind«, in Berger, M. (Hrsg.), *Beyond the Double Bind.* New York: Brunner/Mazel, 1978, S. 53.
7. Bateson, ibid., S. 45.
8. Hoffman, L., »Deviation-Amplifying Processes in Natural Groups«, in Haley, J. (Hrsg.), *Changing Families.* New York, Grune and Stratton, 1971.
9. Speer, A., »Family Systems: Morphostasis and Morphogenesis«, *Family Process* 9 (1970), 259—278.
10. Dell, P., »Researching the Family Theories of Schizophrenia: An Exercise in Epistemological Confusion«, *Family Process* 19 (1980), 321—335.

Anfänge der Erforschung von Familiengruppen

1. Guerin gibt einen geschichtlichen Abriß über die Entwicklungen und Personen in diesem Bereich. Siehe Guerin, P., *Family Therapy: Theory and Practice,* New York: Gardner Press, 1978. Eine klare Darstellung der Hauptverschiebungen der durch diese Gruppe vorgetragenen Ideen findet sich in »A Review of the Family Therapy Field«, in Haley, J., *Changing Families,* New York: Grune and Stratton, 1971. Eine ausgezeichnete kritische Auseinandersetzung mit frühen Untersuchungen über Familie und Schizophrenie findet sich bei Paul Dell, »Researching the Family Theories of Schizophrenia: An Exercise in Epistemological Confusion«, *Family Process* 19 (1980), 321—335.
2. Watzlawick, P., D. Jackson, and J. Beavin, *Pragmatics of Human Communication.* New York: W. W. Norton, 1967.
3. Jackson, D. D., »The Question of Family Homeostasis«, *Psychiatric Quarterly Supplement* 31 (1957), 79—90.
4. Haley, J., *Strategies of Psychotherapy.* New York: Grune and Stratton, 1964, S. 189.
5. Haley, J., »Research on Family Patterns: An Instrument Measurement«, *Family Process* 3 (1964), 41—65.
6. Haley, J., and L. Hoffman, *Techniques of Family Therapy.* New York: Basic Books, 1968, S. 227.
7. Bateson, G., D. Jackson, J. Haley, and J. Weakland, »Toward a Theory of Schizophrenia«, *Behavioral Science* 1 (1956), 251—254.
8. Haley, J., »The Family of the Schizophrenic: A Model System«, *Journal of Nervous and Mental Disease* 129 (1959), 357—374.
9. Jackson, D. D., *Therapy, Communication and Change* and *Communication, Family and Marriage.* Palo Alto, Calif.: Science and Behavior Books, 1967.
10. Weakland, J., and D. D. Jackson, »Patient and Therapist Observations on the Circumstances of a Schizophrenic Episode«, *A.M.A. Archives of Neurology and Psychiatry* 79 (1958), 554—574. Jackson, D. D., and J. Yalom, »Conjoint Family Therapy as an Aid to Intensive Psychotherapy«, in Burton, A. (Hrsg.), *Modern Psychotherapeutic Practice.* Palo Alto, Calif.: Science and Behavior Books, 1965, S. 80—98. Weakland, J., and W. Fry, »Letters of Mothers of Schizophrenics«, *American Journal of Psychiatry* 32 (1962), 604—623.
11. Neuerschienen in Sluzki, C., and D. Ransom (Hrsg.), *Double Bind: The Foundation of the Communicational Approach to the Family.* New York: Grune and Stratton, 1976.

12. Sluzki, C., and D. Ransom (Hrsg.), *Double Bind: The Foundation of the Communicational Approach to the Family.* New York: Grune and Stratton, 1976.
13. Ibid., S. 23—37.
14. Bateson, G., D. Jackson, J. Haley, and J. Weakland, »A Note on the Double Bind — 1962«, *Family Process* 2 (1963), 154—161.
15. Watzlawick, P., »A Review of the Double Bind Theory«, *Family Process* 2 (1963), 132—153.
16. Weakland, J., »The Double Bind Theory by Self-Reflexive Hindsight«, *Family Process* 13 (1974), 269—277. Bateson, G., »The Birth of a Matrix or Double Bind and Epistemology«, in Berger, M. (Hrsg.), *Beyond the Double Bind.* New York: Brunner/Mazel, 1977.
17. Bateson, G., *Steps to an Ecology of Mind.* New York: Ballantine Books, 1971, S. 241.
18. Neumann, J. von, and O. Morgenstern, *Theory of Games and Economic Behavior.* Princeton, N. J.: Princeton University Press, 1947.
19. Bateson, *Steps to an Ecology of Mind,* S. 240.
20. Haley, J., »Development of a Theory«, in Sluzki, C., and D. Ransom (Hrsg.), *Double Bind.*
21. Bateson, *Steps to an Ecology of Mind,* S. 236.
22. Paul Dell. Persönliche Mitteilung.
23. Haley, J., »Development of a Theory«, in Sluzki, C., and D. Ransom (Hrsg.), *Double Bind,* S. 78.
24. Haley, J., *Strategies of Psychotherapy.* New York: Grune and Stratton, 1963.
25. Lennard, H., and A. Bernstein, *Patterns in Human Interaction.* San Francisco, Calif.: Jossey-Bass, 1970, S. 134.
26. Whitehead, A. N., and B. Russell, *Principia Mathematica.* Cambridge: Cambridge University Press, 1910.
27. Riskin, J., and E. Faunce, »An Evaluative Review of Family Interaction and Research«, *Family Process* 11 (1972), 365—455.
28. Bowen, M., *Family Therapy in Clinical Practice.* New York: Jason Aronson, 1978.
29. Bowen, M., »The Use of Family Theory in Clinical Practice«, *Clinical Psychiatry* 7 (1966), 345—374.
30. Wynne, L. C., »The Study of Intrafamilial Splits and Alignments in Exploratory Family Therapy«, in Ackerman, N. (Hrsg.), *Exploring the Base for Family Therapy.* New York: Family Service Association of America, 1961, S. 95—115.
31. Ibid.
32. Wynne, L. C., et al., »Pseudo-Mutuality in the Family Relations of Schizophrenics«, *Archives of General Psychiatry* 9 (1963), 161—206.
33. Ibid., S. 206.
34. Laing, R. D., and A. Esterson, *Sanity, Madness, and the Family.* New York: Basic Books, 1971.

Die Dynamik sozialer Felder

1. Bateson, G., *Steps to an Ecology of Mind.* New York: Ballantine Books, 1972, S. 74.
2. Bateson, G., *Naven.* Stanford, Calif.: Stanford University Press, 1958 (revidierte Ausgabe)
3. Bateson, *Steps to an Ecology of Mind,* S. 77.
4. Bateson, *Naven,* S. 175.
5. Boulding, K., *Conflict and Defense.* New York: Harper and Row, 1963.
6. Bateson, *Steps to an Ecology of Mind.,* S. 107—112.
7. Bateson, *Naven,* S. 194.
8. Barth, F., »Segmentary Opposition and the Theory of Games: A Study of Pathan Organization«, *Journal of the Royal Anthropological Institute* 89 (1959), 5—21.
9. Bateson, *Steps to an Ecology of Mind,* S. 110.
10. Bateson, *Naven,* S. 289.
11. Ashby, W. R., *Design for a Brain.* New York: Wiley, 1952.
12. Nett, R., »Conformity-Deviation and the Social Control Concept«, in Buckley, W. (Hrsg.), *Modern Systems Research for the Behavioral Scientist.* Chicago: Aldine, 1968.

Die zweite Kybernetik

1. Maruyama, M., »The Second Cybernetics: Deviation-Amplifying Mutual Causal Processes«, in Buckley, W. (Hrsg.), *Modern Systems Research for the Behavioral Scientist.* Chicago: Aldine, 1968, S. 304.
2. Wiener, N., *The Human Use of Human Beings.* New York: Anchor Books, 1954, S. 25.
3. Hardin, G., »The Cybernetics of Competition: A Biologist's View of Society«, in Shepard, P., and D. McKinley (Hrsg.), *The Subversive Science: Essays Toward an Ecology of Man.* Boston: Houghton Mifflin, 1969, S. 275—295.
4. Schroedinger, E. *What Is Life?* Cambridge: Cambridge University Press, 1945.
5. Buckley, W., »Society as a Complex Adaptive System«, in Buckley, W. (Hrsg.), *Modern Systems Research for the Behavioral Scientist.* Chicago: Aldine, 1968, S. 491.
6. Reiss, D., »The Working Family: A Researcher's View of Health in the Household«. Distinguished Psychiatrist Lecture, Annual Meeting, American Psychiatric Association, San Francisco, Calif., 1980.

7. Buckley, »Society as a Complex Adaptive System«, S. 500.
8. Maruyama, »The Second Cybernetics«, S. 312.
9. Minuchin, S., and A. Barcai, »Therapeutically Induced Family Crisis«, in Masserman, J. H. (Hrsg.), *Science and Psychoanalysis.* New York: Grune and Stratton, 1969.
10. Bateson, G., *Naven.* Stanford, Calif.: Stanford University Press, 1958 (revidierte Ausgabe), S. 197.
11. Simon, H., »Comments on the Theory of Organization«, *American Political Science Review* 46 (1952), 1130—1139.
12. Ruesch, J., and G. Bateson, *Communication: The Social Matrix of Society.* New York: W. W. Norton, 1951, S. 287.
13. Ibid., S. 289.
14. Merton, R., *On Theoretical Sociology.* Glencoe, Ill.: Free Press, 1967, S. 115.
15. Haley, J., *Strategies of Psychotherapy.* New York: Grune and Stratton, 1963, Ch. 1.
16. Wilkins, L. T., »A Behavioral Theory of Drug Taking«, in Buckley, W. (Hrsg.), *Modern Systems Research for the Behavioral Scientist.* Chicago: Aldine, 1968, S. 421—427.
17. Vogel, E. F., and N. W. Bell, »The Emotionally Disturbed Child as the Family Scapegoat«, in Bell, N. W., and Ezra F. Vogel (Hrsg.), *The Family.* Glencoe, Ill.: Free Press, 1960, S. 382—397.
18. Dentler, R. A., and K. T. Erikson, »The Functions of Deviance in Groups«, *Social Problems* 7 (1959), 98—107.
19. Daniels, A., »Interaction Through Social Typing: The Development of the Scapegoat in Sensitivity Training Sessions«. Vervielfältigtes Manuskript.
20. Haley, J., and L. Hoffman, *Techniques of Family Therapy.* New York: Basic Books, 1967, S. 205.
21. Haley, J., »Toward a Theory of Pathological Systems«, in Zuk, G. H., and I. Boszormenyi-Nagy (Hrsg.), *Family Therapy and Disturbed Families.* Palo Alto, Calif.: Science and Behavior Books, 1969, S. 11—27.
22. Lederer, W. J., and D. D. Jackson, *The Mirages of Marriage.* New York: W. W. Norton, 1968, S. 161—173.
23. Jackson, D. D., »The Role of the Individual«. Rede gehalten anläßlich der Conference on Mental Health and the Idea of Mankind, Annual Meeting, Council for the Study of Mankind, Chicago, 1964.
24. Taylor, W., »Research on Family Interaction I: A Methodological Note«, *Family Process* 9 (1970), 221—232.
25. Bales, R., »In Conference«, in Etzioni, A. (Hrsg.), *Readings on Modern Organizations.* Englewood Cliffs, N. J.: Prentice-Hall, 1969, S. 150.
26. Reiss, »The Working Family«.

Typologien der Familienstruktur

1. Singer, M. T., and L. C. Wynne, »Differentiating Characteristics of Parents of Childhood Schizophrenics, Childhood Neurotics, and Young Adult Schizophrenics«, *American Journal of Psychiatry* 120 (1963), 234—243.
2. Jackson, D. D., »Family Interaction, Family Homeostasis and Some Implications for Conjoint Family Therapy«, in Masserman, J. (Hrsg.), *Individual and Familial Dynamics.* New York: Grune and Stratton, 1959.
3. Jackson, D. D., *The Mirages of Marriage.* New York: W. W. Norton, 1968.
4. Watzlawick, W., D. D. Jackson, and J. Beavin, *Pragmatics of Human Communication.* New York: W. W. Norton, 1967, S. 110.
5. Ibid., S. 110—117.
6. Ibid., S. 107—108.
7. Minuchin, S. et al., *Families of the Slums.* New York: Basic Books, 1969.
8. Ibid., S. 352.
9. Ibid., S. 358.
10. Minuchin, S., *Families and Family Therapy.* Cambridge, Mass.: Harvard University Press, 1974.
11. Ibid., S. 248—249.
12. Ashby, W. R., *Design for a Brain.* London: Chapman and Hall, Science and Behavior Books, 1969, S. 79.
13. Ibid., S. 154.
14. Ibid., S. 155.
15. Ibid., S. 207.
16. Ibid., S. 208.
17. Ibid., S. 210.
18. Bowen, M., »The Use of Family Theory in Clinical Practice«, *Comprehensive Psychiatry* 7 (1966), 345—374.
19. Stierlin, Helm, *Separating Parents and Adolescents.* New York: Quadrangle/New York Times Book Co., 1972.
20. Thomas, Lewis, *Lives of a Cell.* New York: Bantam Books, 1974, S. 62—63.
21 Minuchin et al., *Families of the Slums.* S. 355.
22. Eine allgemeinere Diskussion dieses Familientyps findet sich bei Aponte, H., »Underorganization in the Poor Family«, in Guerin, P., *Family Therapy: Theory and Practice.* New York: Gardner Press, 1976.

Der Begriff der Familienparadigma

1. Dell, P., »Researching the Family Theories of Schizophrenia«, *Family Process* 19 (1980), 321—335
2. Reiss, D., »Varieties of Consensual Experience«, *Family Process* 10 (1971), 1—35.
3. Ibid., S. 6.
4. Ibid., S. 4.
5. Hess, R., and G. Handel, *Family Worlds.* Chicago: University of Chicago Press, 1959.
6. Wertheim, E., »Family Unit Therapy and the Science and Typology of Family Systems«, *Family Process* 12 (1973), 361—376.
7. Beavers, W. R., »A Systems Model of Family for Family Therapists«. Unveröffentlichtes Manuskript. Siehe auch Beavers, W. R., *Psychotherapy and Growth,* New York: Brunner/Mazel, 1977.
8. Haley, J., *Leaving Home.* New York: McGraw-Hill, 1980.
9. Kantor, D., and W. Lehr, *Inside the Family.* San Francisco, Calif.: Jossey-Bass, 1975.
10. Reiss, D., »The Working Family: A Researcher's View of Health in the Household«. Distinguished Psychiatrist Lecture, Annual Meeting, American Psychiatric Association, San Francisco, Calif., 1980.
11. Ibid., S. 32.
12. Fivaz, R., »Une Evolution Vers l'Impasse?« *Polyrama* (Ecole Polytechnique Fédérale de Lausanne), Januar 1980, no. 45, S. 9—11.

Die pathologische Triade

1. Weakland, J., »The Double Bind Hypothesis of Schizophrenia and Three-Party Interaction«, in Sluzki, C., and D. Ransom (Hrsg.), *Double Bind: The Foundation of the Communicational Approach to the Family.* New York: Grune and Stratton, 1976.
2. Ibid., S. 29.
3. Wynne, L. C., and Singer, M. T., »Thought Disorder and Family Relations of Schizophrenics: I. A Research Strategy. II. A Classification of Forms of Thinking«, *Archives of General Psychiatry* 9 (1963), 191—206.
4. Lidz, T., A. R. Cornelison, S. Fleck, and D. Terry, »Schism and Skew in the Families of Schizophrenics«, in Bell, N. W., and E. F. Vogel (Hrsg.), *A Modern Introduction to the Family.* Glencoe, Ill.: Free Press, 1960, S. 595—607.
5. Stanton, A., and M. Schwartz, *The Mental Hospital.* New York: Basic Books, 1954.
6. Haley, J., »The Family of the Schizophrenic: A Model System«, *Journal of Nervous and Mental Disease,* 129 (1959), 357—374.
7. Haley, J., »Development of a Theory«, in Sluzki, C., and D. Ransom (Hrsg.), *Double Bind.*
8. Haley, J., »Toward a Theory of Pathological Systems«, in Watzlawick, P., and J. Weakland (Hrsg.), *The Interactional View.* New York: W. W. Norton, 1977.
9. Ibid., S. 37.
10. Caplow, T., *Tow Against One.* Englewood Cliffs, N. J.: Prentice-Hall, 1968.
11. Haley, »Pathological Systems«, S. 38.
12. Haley, »Pathological Systems«, S. 41.
13. Davis, J., »Structural Balance, Mechanical Solidarity, and Interpersonal Relations«, *American Journal of Sociology* 68 (1963), 444—462.
14. Boulding, K., *Conflict and Defense: A General Theory.* New York: Harper and Row, 1963, S. 83.
15. Caplow, *Two Against One,* S. 78.
16. Haley, »Development of a Theory«, S. 81.
17. Ruesch, J., and G. Bateson, *Communication: The Social Matrix of Psychiatry.* New York: W. W. Norton, 1951, S. 193.
18. Ibid., S. 196.
19. Haley, J., *Strategies of Psychotherapy.* New York: Grune and Stratton, 1963, Kap. 5.
20. Haley, »Pathological Systems«, S. 42—44.
21. Ibid., S. 44.
22. Haley, J., *The Power Tactics of Jesus Christ.* New York: Grossman, 1969.
23. Wynne, L., »Intrafamilial Splits and Alignments in Exploratory Family Therapy«, in Ackerman, N., et al. (Hrsg.), *Exploring the Base for Family Therapy.* New York: Family Service Association of America, 1961.
24. Haley, »Pathological Systems«, S. 40.
25. Caplow, *Two Against One,* S. 106.
26. Haley, »Pathological Systems«, S. 39.
27. Hsu, F., »Kinship and Ways of Life: An Explanation«E in *Psychological Anthropology: Approaches to Culture and Personality.* Homewood, Ill.: Richard D. Irwin, 1961.
28. Ross, A., »The Substructure of Power and Authority«, in Barash, M., and A. Scourby (Hrsg.), *Marriage and the Family.* New York: Random House, 1970, S. 86.
29. LeVine, R., »Intergenerational Tensions and Extended Family Structures in Africa«, in Barash and Scourby, *Marriage and the Family,* S. 144—164.

Kongruenzregeln der Triaden

1. Cartwright, C. and F. Harary, »Structural Balance: A Generalization of Heider's Theory«, *Psychological Review* 63 (1956), 277—293.
2. Taylor, W., »Research on Family Interaction: Static and Dynamic Models«, *Family Process* 9, 1970, 221—232.
3. Caplow, T., *Two Against One: Coalitions in Triads.* Englewood Cliffs, N. J.: Prentice-Hall, 1968, S. 59.
4. Davis, J., »Clustering and Structural Balance in Graphs«, *Human Relations* 20 (1967), 181—187.
5. Wolff, Kurt H., *The Sociology of Georg Simmel.* New York: Free Press, Collier-Macmillan, 1950, S. 141.
6. Coser, L., *The Functions of Social Conflict.* New York: Free Press-Collier, 1969, Kap. 4.
7. Davis, »Clustering«, S. 187.
8. Apple, D., »The Social Structure of Grandparenthood«, *American Anthropologist* 53 (1956), 656—663.
9. Bott, E., *Family and Social Network.* London: Tavistock Publications, 1957.
10. Flomenhaft, K., and D. M. Kaplan, »Clinical Significance of Current Kinship Relationships«, *Social Work,* Jan. 1968, 68—74.
11. Taylor, H. F., *Balance in Small Groups.* New York: Van Nostrand-Reinhold, 1970.

Triaden und die Handhabung von Konflikten

1. Freilich, M., »The Natural Triad in Kinship and Complex Systems«, *American Sociological Review* 29 (1964), 529—540.
2. Stanton, A., and M. Schwartz, *The Mental Hospital.* New York: Basic Books, 1964.
3. Ibid., S. 345.
4. Ibid., S. 363.
5. Minuchin, S., B. L. Rosman, and L. Baker, *Psychosomatic Families.* Cambridge, Mass.: Harvard University Press, 1978.

Einfache Bindung und diskontinuierliche Veränderung

1. Bateson, G., *Mind and Nature.* New York: E. P. Dutton, 1978, S. 194
2. Dell, P., and H. Goolishian, »Order Through Fluctuation: An Evolutionary Epistemology for Human Systems«. Vorgestellt beim Annual Scientific Meeting of the A. K. Rice Institute, Houston, Texas, 1979.
3. Bateson, G., *Mind and Nature,* S. 47—48.
4. Dell and Goolishian, »Order Through Fluctuation«, S. 10.
5. Platt, J., »Hierarchical Growth«, *Bulletin of Atomic Scientists* (November 1970), 2—4, 14—16.
6. Ashby, W. R., *Design for a Brain.* London: Chapman and Hall, Science Paperbacks, 1960.
7. Bateson, *Mind and Nature,* S. 98.
8. Erikson, E., *Childhood and Society.* New York: W. W. Norton, 1963.
9. Lindemann, Eric, »Symptomatology and Management of Acute Grief«, in Parad, H. and G. Caplan (Hrsg.), *Crisis Intervention: Selected Readings.* New York: Family Service Association of America, 1969, S. 18.
10. Rapoport, L., »The State of Crisis: Some Theoretical Considerations«, in Parad and Caplan, *Crisis Intervention,* S. 23.
11. Hill, Reuben, *Families Under Stress.* New York: Harper and Bros., 1949.
12. Solomon, M., »A Developmental Premise for Family Therapy«, *Family Process* 12 (1973), 179—188.
13. Eliot, Thomas D., »Handling Family Strains and Shocks«, in Becker, Howard, and Reuben Hill (Hrsg.), *Family, Marriage and Parenthood.* Boston: Heath and Co., 1955.
14. LeMasters, E. E., »Parenthood as Crisis«, in Parad and Caplan, *Crisis Intervention,* S. 111—117.
15. Holmes. T. H., and R. H. Rahe, »The Social Readjustive Rating Scale«, *Journal of Psychosomatic Research* 11 (April 1967), 213—218.
16. Ibid., S. 215.
17. Haley, J., »The Family Life Cycle«, in *Uncommon Therapy: The Psychiatric Techniques of Milton Erickson, M. D.* New York: W. W. Norton, 1973.
18. Ashby, *Design for a Brain.*
19. Ibid., S. 87—89.
20. Gramsci, Antonio, *Prison Notebooks: Selections,* übersetzt von Quintin Hoare und Geoffrey N. Smith. New York: International Publishing Co., 1971, S. 71.
21. Reiss, D., »The Working Family: A Researcher's View of Health in the Household«, Distinguished Psychiatrist Lecture, Annual Meeting of the American Psychiatric Association, San Francisco, 1980.
22. Rabkin, R., »A Critique of the Clinical Use of the Double Bind«, in Sluzki, C., and D. Ransom (Hrsg.), *Double Bind: The Communicational Approach to the Family.* New York: Grune and Stratton 1976, S. 287—306.

23. Sluzki, C., et al., »Transactional Disqualification: Research on the Double Bind«, in Watzlawick, P., and J. Weakland (Hrsg.), *The Interactional View.* New York: W. W. Norton, 1977, S. 217.
24. Rabkin, »Critique of the Double Bind«, in Sluzki and Ransom, *Double Bind,* S. 297.
25. Bateson, G. *Steps to an Ecology of Mind.* New York: Ballantine Books, 1972, S. 277.
26. Wynne, L., »On the Anguish and Creative Passions of Not Escaping the Double Bind«, in Sluzki and Ransom, *Double Bind,* S. 243—250.

Etwas im Gebüsch

1. Bateson, G., *Mind and Nature.* New York: Holt, Rinehart, and Winston, 1979, S. 103.
2. Ravich, R., *Predictable Pairing.* New York: Peter H. Wyden, 1974, S. 269.
3. Wild, C., L. Shapiro, L. Goldenberg, »Transactional Disturbances in Families of Male Schizophrenics«, *Family Process,*14 (1975), 131—160.
4. Lidz, T., et al., »The Intrafamilial Environment of Schizophrenic Patients: II. Marital Schism and Marital Skew«, *American Journal of Psychiatry* 114 (1957): 241—248.
5. Lederer, W., and D. D. Jackson, *Mirages of Marriage.* New York: W. W. Norton, 1968.
6. Ravich, *Predictable Pairing,* Kap. 7
7. Steinglass, P., I. D. Davis, and D. Berenson, »Observations of Conjointly Hospitalized 'Alcoholic Couples' During Sobriety and Intoxication«, *Family Process* 16 (1977), 1—16.
8. Berman, E., C. Pittman, and V. Ratliffe, »A Relational Approach to Spouse Abuse«. Unveröffentlichtes Manuskript.
9. Sampson. H., S. L. Messinger, and R. D. Towne, »Family Processes and Becoming a Mental Patient«, *American Journal of Sociology* 68 (1962), 88—96.
10. Sluzki, C. »Marital Therapy from a Systems Therapy Perspective«, in Paolino, T. J., and B. S. McCrady (Hrsg.), *Marriage and Marital Therapy.* New York: Brunner/Mazel, 1978; Papp, P., »The Use of Fantasy in a couples Group«, in Andolfi, M., and I. Zwerling (Hrsg.), *Dimensions of Family Therapy.* New York: Guilford Press, 1980; Paul, N. and B. Paul, *A Marital Puzzle.* New York: W. W. Norton, 1975; Sager, C., *Marriage Contracts and Couple Therapy.* New York: Brunner/Mazel, 976.
11. Erikson, Kai T., *Everything in Its Path.* New York: Harper & Row, 1978.
12. Chapple, E. D., *Culture and Biological Man.* New York: Holt, Rinehart, and Winston, 1970.
13. Ibid., S. 48.
14. Raush, H., et al., *Communication, Conflict and Marriage.* San Francisco, Calif.: Jossey-Bass, 1974.

Ausbruch aus dem symptomatischen Zyklus

1. Watzlawick, P., J. Weakland, Jr., and R. Fisch, *Change: Problem Formation and Problem Resolution.* New York: W. W. Norton, 1974, S. 9.
2. Dell, P., and H. Goolishian, »Order Through Fluctuation: An Evolutionary Epistemology for Human Systems«. Vorgestellt beim Annual Scientific Meeting of the A. K. Rice Institute, Houston, Texas, 1979.
3. Minuchin, S., *Psychosomatic Families.* Cambridge, Mass.: Harvard University Press, 1978.
4. Ibid., S. 165—66.
5. Haley, J., and L. Hoffman, *Techniques of Family Therapy.* New York: Basic Books, 1967, S. 6.
6. Ibid., S. 63.
7. Haley, J., »Strategic Therapy when a Child is Presented as the Problem«, *Journal of the American Academy of Child Psychiatry* 12 (1973), 64—74.

Familientherapie und ihre großen Pioniere

1. Madanes, C., and J. Haley, »Dimensions of Family Therapy«, *Journal of Nervous and Mental Disease* 165 (1977), 88—98.
2. Satir, V., *Conjoint Family Therapy.* Palo Alto, Calif.: Science and Behavior Books, 1964.
3. Haley, J., and L. Hoffman, *Techniques of Family Therapy.* New York: Basic Books, 1967. Kap. 2.
4. Ackerman, N. »The Family as a Social and Emotional Unit«, *Bulletin of the Kansas Mental Hygiene Society,* October, 1937.
5. Ackerman, N. and P. Franklin, »Family Dynamics and the Reversibility of Delusional Formation: A Case Study in Family Therapy«, in Boszormenyi-Nagy, I. and J. Framo (Hrsg.), *Intensive Family Therapy.* New York: Harper and Row, 1965, Kap. 6.
6. Ackerman, N., *Treating the Troubled Family.* New York: Basic Books, 1966.
7. Whitaker, C., »Power Politics of Family Psychotherapy«. Vorgestellt bei der American Group Psychotherapy Association Conference, February 1973.
8. Ibid.

9. Whitaker, C., »Psychotherapy of the Absurd«, *Family Process* 14 (1975), 1—16.
10. Napier, A. Y., with Carl Whitaker, *The Family Crucible.* New York: Harper and Row, 1978.
11. Whitaker, C., »Psychotherapy of the Absurd«, S. 11
12. Haley, J., *Uncommon Therapy: The Psychiatric Techniques of Milton H. Erickson, M. D.* New York: W. W. Norton, 1973.
13. Erickson, M., in Haley, J. (Hrsg.), *Advanced Techniques of Hypnosis and Therapy.* New York: Grune and Stratton, 1967, S. 395—397.
14. Ibid., S. 396.
15. Ibid., S. 393—395.
16. Grinder, J., et al., *Patterns of the Hypnotic Techniques of Milton H. Erickson, M. D.* Cupertino, Calif.: Meta Publications, 1977.
17. Haley and Hoffman, *Techniques of Family Therapy,* Ch. 3.
18. Weakland, J., and D. D. Jackson, »Patient and Therapist Observations on the Circumstances of a Schizophrenic Episode«, *A. M. A. Archives of Neurology and Psychiatry* 79 (1958), 554—574.
19. Bateson, G., D. D. Jackson, J. Haley, and J. Weakland, »Toward a Theory of Schizophrenia«, *Behavioral Science* 1 (1956), 251—264.
20. Watzlawick, P., J. Beavin, and D. D. Jackson, *Pragmatics of Human Communication.* New York: W. W. Norton, 1967, S. 243—244.
21. Ibid., S. 74—75.
22. Jackson, D. D., and I. Yalom, »Conjoint Family Therapy as an Aid to Intensive Psychotherapy«, in Jackson, D. D. (Hrsg.), *Therapy, Communication and Change.* Palo Alto, Calif.: Science and Behavior Books, 1968.
23. Haley and Hoffman, *Techniques of Family Therapy,* S. 180.
24. Ibid., S. 174.
25. Ibid., S. 177.

Historisch orientierte Methoden der Familientherapie

1. Bowen, M., *Family Therapy in Clinical Practice.* New York: Jason Aronson, 1978.
2. Anonym. »Towards the Differentiation of a Self in One's Own Family«, in Framo, J. (Hrsg.), *Family Interaction.* New York: Springer Publishing Co., 1972.
3. Guerin, P., and K. Guerin, »Theoretical Aspects and Clinical Relevance or the Multi-Generational Model of Family Therapy«, in Guerin, P. (Hrsg.), *Family Therapy: Theory and Practice.* New York: Gardner Press, 1976.
4. Carter, E., and M. Orfanides, »Family Therapy With One Person and the Therapist's Own Family«, in Guerin (Hrsg.), *Family Therapy,* S. 207.
5. Guerin (Hrsg.), *Family Therapy,* S. 104.
6. Paul, N., »The Role of Mourning and Empathy in Conjoint Marital Therapy«, in Zuk, G., and I. Boszormenyi-Nagy (Hrsg.), *Family Therapy and Disturbed Families.* Palo Alto, Calif.: Science and Behavior Books, 1969.
7. Frame, J., »Family of Origin as Therapeutic Resource for Adults in Marital and Family Therapy«, *Family Process* 15 (1976), 193—210.
8. Papp, P., »Family Sculpting in Preventive Work with 'Well' Families«, *Family Process* 12 (1973), 197—212.
9. Boszormenyi-Nagy, I., and G. Sparks, *Invisible Loyalties.* New York: Harper and Row, 1973.
10. Ibid., S. 6.
11. Ibid., S. 47—48.

Ökologische, strukturelle und strategische Methoden

1. Minuchin, S., et al., *Families of the Slums.* New York: Basic Books, 1968.
2. Rabkin, R., *Inner and Outer Space.* New York: W. W. Norton, 1970.
3. Auerswald, E. H., »Interdisciplinary versus Ecological Approach«, *Family Process* 7 (1968), 205—215.
4. Hoffman, L., and L. Long, »A Systems Dilemma«, *Family Process* 8 (1969), 211—234; Hetrick, E., and L. Hoffman, »The Broome Street Network«, in Sanders, D. S., J. Fischer, and O. Kurken (Hrsg.), *Fundamentals of Social Work Practice.* North Scituate, Mass.: Duxbury Press, 1981.
5. Langsley, D., and D. Kaplan, *Treating Families in Crisis.* New York: Grune and Stratton, 1968.
6. Haley, J., and L. Hoffman, *Techniques of Family Therapy.* New York: Basic Books, 1967, Ch. 5.
7. Speck, R., and C. Attneave, *Family Networks.* New York: Vintage Books, 1974.
8. Aponte, H. »The Family-School Interview: An Eco-Structural Approach«, *Family Process* 15 (1976), 303—311. Aponte, H. »Under-organization in the Poor Family«, in Guerin, P. (Hrsg.), *Family Therapy: Theory and Practice.* New York: Gardner Press, 1976.
9. Minuchin, S., *Families and Family Therapy.* Cambridge, Mass.: Harvard University Press, 1974.
10. Minuchin. S., *Psychosomatic Families.* Cambridge, Mass.: Harvard University Press, 1978.
11. Ibid., Kap. 5.
12. Aponte, H., and L. Hoffman, »The Open Door: A Structural Approach to a Family with an Anorectic Child« *Family Process* 12 (1973), 1—44.

13. Malcolm, Janet, »A Reporter at Large: The One-Way Mirror«, *The New Yorker* (May 1978), 40.
14. Weakland, J., R. Risch, P. Watzlawick, and A. Bodin, »Brief Therapy: Focused Problem Resolution«, *Family Process* 13 (1974), 141—168. Watzlawick, P., J. Weakland, and R. Fisch, *Change: The Principles of Problem Formation and Problem Resolution.* New York: W. W. Norton, 1974.
15. Haley, J., *Uncommon Therapy: The Psychiatric Techniques of Milton H. Erickson, M. D.* New York: W. W. Norton, 1973.
16. Haley, J., *Problem-Solving Therapy.* San Francisco, Calif.: Jossey-Bass, 1977.
17. Haley, J. *Leaving Home.* New York: McGraw-Hill, 1980.

Das systemische Modell

1. Selvini Palazzoli, M., *Self-Starvation.* New York: Jason Aronson, 1978, S. 19.
2. Selvini Palazzoli, M., et al., *Paradox and Counterparadox.* New York: Jason Aronson, 1978, S. 8.
3. Selvini Palazzoli, M., »Why a Long Interval Between Sessions«, in Andolfi, M., and I. Zwerling (Hrsg.), *Dimensions of Family Therapy.* New York: Guilford Press, 1980.
4. Selvini Palazzoli et al., *Paradox and Counterparadox,* S. 55.
5. Selvini Palazzoli, *Self-Starvation.* S. 208.
6. Selvini Palazzoli et al., *Paradox and Counterparadox,* S. 56.
7. Madanes, C., »Protection, Paradox and Pretending«, *Family Process* 19 (1980), 73—85.
8. Selvini Palazzoli, M., et al., »Hypothesizing—Circularity—Neutrality«, *Family Process* 19 (1980), 3—12.
9. Selvini Palazzoli, *Self-Starvation,* S. 231.
10. Selvini Palazzoli, M., et al., »The Problem of the Referring Person«, *Journal of Marital and Family Therapy,* 6 (1980), 3—9.
11. Ibid., S. 4.
12. Selvini Palazzoli et al., »Hypothesizing—Circularity—Neutrality«, S. 3—12.
13. Ibid.

Theorien der therapeutischen Bindungen

1. Watzlawick, P., D. Jackson, and J. Beavin, *Pragmatics of Human Communication.* New York: W. W. Norton, 1967, Kap. 7.
2. Stanton, M. D. »Strategic Approaches to Family Therapy«, in Gurman, A., und D. Kniskern (Hrsg.), *Handbook of Family Therapy.* New York: Brunner/Mazel, 1981.
3. Bateson, G., *Mind and Nature.* New York: E. P. Dutton, 1979, S. 62.
4. Haley, J., *Strategies of Psychotherapy.* New York: Grune and Stratton, 1963, S. 159.
5. Hoffman, L., »'Enmeshment' and the Too Richly Cross-Joined System«, *Family Process* 14 (1975), 457—468.
6. Selvini Palazzoli, M. »Why a Long Interval Between Sessions«, in Andolfi, M., and I. Zwerling (Hrsg.), *Dimensions of Family Therapy.* New York: Brunner/Mazel, 1980.
7. Ashby, *Design for a Brain,* S. 207.
8. Dell, P., »Beyond Homeostasis«, *Family Process* (erscheint demnächst).
9. Ibid.

Probleme auf Messers Schneide

1. Papp, P., »The Family That Had All the Answers«, in Papp, P., (Hrsg.), *Family Therapy: Full Length Case Studies.* New York: Gardner Press, 1977, Kap. 9.
2. Miller, S. J., »The Social Base of Sales Behavior«, *Social Problems* 12 (1964), 15—24.
3. Papp, »The Family That Had All the Answers«, S. 152.

Epilog: Auf dem Weg zu einer neuen Epistemologie

1. Bateson, G., »Afterword«, in Brockman, J., (Hrsg.), *About Bateson.* New York: E. P. Dutton, 1977, S. 242.
2. Salomon, M., »Entretien avec Prigogine«, *Prospective et Santé* 13 (Juni 1980), 41—58.
3. Prigogine, I., »L'ordre a partir du chaos«, *Prospective et Santé* 13 (Juni 1980), 29—39.
4. Elkaim, M., »Debat entre Ilya Prigogine, ses collaborateurs, Felix Guattari et Mony Elkaim«. *Cahiers Critiques de Therapie Familiale et de Pratiques de Reseaux* 3 (Paris: Editions Gamma, 1980), 6—17.
5. Elkaim, M., »Non-Equilibrium, Chance and Change in Family Therapy«, wird veröffentlicht in »Models of Therapeutic Invervention with Families: A Representative World View«, Sonderausgabe des *Journal of Marital and Family Therapy* (Sommer 1981).

6. Prigogine, I., »Structure, Dissipation and Life«, in *Theoretical Physics and Biology.* Amsterdam, Holland: North-Holland Publishing Co., 1969, S. 23—32.
7. Bateson, G., »The Birth of a Matrix or Double Bind and Epistemology«, in Berger, M., (Hrsg.), *Beyond the Double Bind.* New York. Brunner Mazel, 1977, S. 53.
8. Dell, P., and H. Goolishian, »Order Through Fluctuation: An Evolutionary Paradigm for Human Systems«. Vorgestellt beim Annual Scientific Meeting of the A. K. Rice Institute, Houston, Texas, 1979.
9. Dell and Goolishian, »Order Through Fluctuation«.
10. Keeney, B., »Ecosystemic Epistemology: An Alternative Paradigm for Diagnosis«, *Family Process* 18 (1979), 117—129.
11. Dell, P., »Beyond Homeostasis«, *Family Process* (erscheint demnächst).
12. Dell and Goolishian, »Order Through Fluctuation«.
13. Brodey, W., »Some Family Operations and Schizophrenia«, *Archives of General Psychiatry* 1 (1959), 379—402.
14. Dell, P., »Beyond Homeostasis«.
15. Ibid.
16. Paul Klee, *Das bildnerische Denken,* Form- und Gestaltungslehre Bd. 1, hrsg. von Jürg Spiller. Basel/Stuttgart: Schwabe u. Co Verlag, 1964, 2. Aufl., S. 78—79.

LITERATUR

Ackerman, N. »The Family as a Social and Emotional Unit«, *Bulletin of the Kansas Mental Hygiene Society,* October, 1937.

Ackerman, N., *Treating the Troubled Family.* New York: Basic Books, 1966.

Ackerman, N. and P. Franklin, »Family Dynamics and the Reversibility of Delusional Formation: A Case Study in Family Therapy«, in Boszormenyi-Nagy, I. and J. Framo (Hrsg.), *Intensive Family Therapy.* New York: Harper and Row, 1965, Ch. 6.

Anonymous, »Towards the Differentiation of a Self in One's Own Family«, in Framo, J. (Hrsg.), *Family Interaction.* New York: Springer Publishing Co., 1972.

Apple, D., »The Social Structure of Grandparenthood«, *American Anthropologist* 53 (1956), 656—663.

Aponte, H. »The Family-School Interview: An Eco-Structural Approach«, *Family Process* 15 (1976), 303—311.

Aponte, H. »Under-organization in the Poor Family«, in Guerin, P. (Hrsg.), *Family Therapy: Theory and Practice.* New York: Gardner Press, 1976.

Aponte, H., and L. Hoffman, »The Open Door: A Structural Approach to a Family with an Anorectic Child«, *Family Process* 12 (1973), 1—44.

Ashby, W. R., *Design for a Brain.* London: Chapman and Hall, Science Paperbacks, 1960.

Auerswald, E. H., »Interdisciplinary versus Ecological Approach«, *Family Process* 7 (1968), 205—215.

Bales, R., »In Conference«, in Etzioni, A. (Hrsg.), *Readings on Modern Organizations.* Englewood Cliffs, N. J.: Prentice-Hall, 1969.

Barth, F., »Segmentary Opposition and the Theory of Games: A Study of Pathan Organization«, *Journal of the Royal Anthropological Institute* 89 (1959), 5—21.

Bateson, G., *Naven.* Stanford, Calif.: Stanford University Press, 1958 (revidierte Ausgabe).

Bateson, G., Steps to an Ecology of Mind. New York: Ballantine Books, 1972. dt.: Ökologie des Geistes. Frankfurt (Suhrkamp), 1981.

Bateson, G., »Afterword«, in Brockman, J., (Hrsg.), *About Bateson.* New York: E. P. Dutton, 1977.

Bateson, G., »The Birth of a Matrix or Double Bind and Epistemology«, in Berger, M., (Hrsg.), *Beyond the Double Bind.* New York: Brunner Mazel, 1977.

Bateson, G., *Mind and Nature.* New York: E. P. Dutton, 1979.

Bateson, G., D. Jackson, J. Haley, and J. Weakland, »A Note on the Double Bind—1962«, *Family Process* 2 (1963), 154—161.

Bateson, G., D. D. Jackson, J. Haley, and J. Weakland, »Toward a Theory of Schizophrenia«, *Behavioral Science* 1 (1956), 251—264.

Bateson, M. C., »Daddy, Can a Scientist Be Wise?« in Brockman, J. (Hrsg.), About Bateson.

Beavers, W. R., »A Systems Model of Family for Family Therapists«. Unpublished manuscript.

Beavers, W. R., *Psychotherapy and Growth,* New York: Brunner/Mazel.

Berman, E., C. Pittman, and V. Ratliffe, »A Relational Approach to Spouse Abuse«. Unpublished manuscript.

Bott, E., *Family and Social Network.* London: Tavistock Publications, 1957.

Boulding, K., *Conflict and Defense: A General Theory.* New York: Harper and Row, 1963.

Bowen, M., »The Use of Family Theory in Clinical Practice«, *Clinical Psychiatry* 7 (1966), 345—374.

Bowen, M., »The Use of Family Theory in Clinical Practice«, *Comprehensive Psychiatry* 7 (1966), 345—374.

Bowen, M., *Family Therapy in Clinical Practice.* New York: Jason Aronson, 1978.

Boszormenyi-Nagy, I., and G. Sparks, *Invisible Loyalties.* New York: Harper and Row, 1973.

Brodey, W., »Some Family Operations and Schizophrenia«, *Archives of General Psychiatry* 1 (1959), 379—402.

Buckley, W., »Society as a Complex Adaptive System«, in Buckley, W. (Hrsg.), *Modern Systems Research for the Behavioral Scientist.* Chicago: Aldine, 1968.

Caplow, T., *Two Against One: Coalitions in Triads.* Englewood Cliffs, N. J.: Prentice-Hall, 1968.

Carter, E., and M. Orfanides, »Family Therapy With One Person and the Therapist's Own Family«, in Guerin (Hrsg.), *Family Therapy.*

Cartwright, C. and F. Harary, »Structural Balance: A Generalization of Heider's Theory«, *Psychological Review* 63 (1956), 277—293.

Chapple, E. D., *Culture and Biological Man.* New York: Holt, Rinehart, and Winston, 1970.

Coser, L., *The Functions of Social Conflict.* New York: Free Press—Collier, 1969.

Daniels, A., »Interaction Through Social Typing: The Development of the Scapegoat in Sensitivity Training Sessions«. Mimeographed manuscript.
Davis, J., »Structural Balance, Mechanical Solidarity, and Interpersonal Relations«, *American Journal of Sociology* 68 (1963), 444—462.
Davis, J., »Clustering and Structural Balance in Graphs«, *Human Relations* 20 (1967), 181—187.
Dell, P., »Beyond Homeostatis«, *Family Process (erscheint demnächst).*
Dell, P., »Researching the Family Theories of Schizophrenia: An Exercise in Epistemological Confusion«, *Family Process* 19 (1980), 321—335.
Dell, P., and H. Goolishian, »Order Through Fluctuation: An Evolutionary Epistemology for Human Systems«. Presented at the Annual Scientific Meeting of the A. K. Rice Institute, Houston, Texas, 1979.
Dentler, R. A., and K. T. Erikson, »The Functions of Deviance in Groups«, *Social Problems* 7 (1959), 98—107.

Eliot, Thomas D., »Handling Family Strains and Shocks«, in Becker, Howard, and Reuben Hill (Hrsg.), *Family, Marriage and Parenthood.* Boston: Heath and Co., 1955.
Elkaim, M., »Debat entre Ilya Prigogine, ses collaborateurs, Felix Guattari et Mony Elkaim«, *Cahiers Critiques de Therapie Familiale et de Pratiques de Reseaux* 3 (Paris: Editions Gamma, 1980), 6—17.
Elkaim, M., »Non-Equilibrium, Chance and Change in Family Therapy«, to be published in »Models of Therapeutic Intervention with Families: A Representative World View«, special issue of the *Journal of Marital and Family Therapy* (summer 1981).
Erikson, E., *Childhood and Society,* New York: W. W. Norton, 1963.
Erikson, Kai T., *Everything in Its Path.* New York: Harper & Row, 1978.

Fivaz, R., »Une Evolution Vers l'Impasse?« *Polygrama* (Ecole Polytechnique Fédérale de Lausanne), January 1980, no. 45, S. 9—11.
Flomenhaft, K., and D. M. Kaplan, »Clinical Significance of Current Kinship Relationships«, *Social Work,* Jan. 1968, 68—74.
Framo, J., »Family of Origin as Therapeutic Resource for Adults in Marital and Family Therapy«, *Family Process* 15 (1976), 193—210.
Freilich, M., »The Natural Triad in Kinship and Complex Systems«, *American Sociological Review* 20 (1964), 529—540.

Gramsci, Antonio, *Prison Notebooks: Selections,* trans. Quintin Hoare and Geoffrey N. Smith. New York: International Publishing Co., 1971.
Grinder, J., et al., *Patterns of the Hypnotic Techniques of Milton H. Erickson, M. D.* Cupertino Calif.: Meta Publications, 1977.
Guerin offers a history of developments and figures in the field; see Guerin, P., *Family Therapy: Theory and Practice,* New York: Gardner Press, 1978.

Haley, J., *Strategies of Psychotherapy.* New York: Grune and Stratton, 1963.
Haley, J., *The Power Tactics of Jesus Christ.* New York: Grossman, 1969.
Haley, J., *Changing Families,* New York: Grune and Stratton, 1971.
Haley, J., *Problem-Solving Therapy.* San Francisco, Calif.: Jossey-Bass, 1977, dt.: Direktive Familientherapie. München (Pfeiffer), 1977.
Haley, J., *Uncommon Therapy: The Psychiatric Techniques of Milton H. Erickson, M. D.* New York: W. W. Norton, 1973, dt.: Die Psychotherapie Milton H. Ericksons. München (Pfeiffer), 1978.
Haley, J., *Leaving Home.* New York: McGraw-Hill, 1980.
Haley, J., »Research on Family Patterns: An Instrument Measurement«, *Family Process* 3 (1964), 41—65.
Haley, J., »Toward a Theory of Pathological Systems«, in Zuk, G. H., and I. Boszormenyi-Nagy (Hrsg.), *Family Therapy and Disturbed Families.* Palo Alto, Calif.: Science and Behavior Books, 1969, S. 11—27.
Haley, J., »The Family of the Schizophrenic: A Model System«, *Journal of Nervous and Mental Disease* 129 (1959), 357—374.
Haley, J., »Toward a Theory of Pathological Systems«, in Watzlawick, P., and J. Weakland (Hrsg.), *The Interactional View.* New York: W. W. Norton, 1977.
Haley, J., and L. Hoffman, *Techniques of Family Therapy.* New York: Basic Books, 1967.
Haley, J., »Strategic Therapy when a Child is Presented as the Problem«, *Journal of the American Academy of Child Psychiatry* 12 (1973), 64—74.
Haley, J., »Development of a Theory«, in Sluzki, C., and D. Ransom (Hrsg.), *Double Bind.*
Hardin, G., »The Cybernetics of Competition: A Biologist's View of Society«, in Shepard, P., and D. McKinley (Hrsg.), *The Subversive Science. Essays Toward an Ecology of Man.* Boston: Houghton Mifflin, 1969, S. 275—295.
Hess, R., and G. Handel, *Family Worlds.* Chicago: University of Chicago Press, 1959.
Hetrick, E., and L. Hoffman, »The Broome Street Network«, in Sanders, D. S., J. Fischer, and O. Kurken (Hrsg.), *Fundamentals of Social Work Practice.* North Scituate, Mass.: Duxbury Press, 1981.
Hill, Reuben, *Families Under Stress.* New York: Harper and Bros., 1949.
Hoffman, L., »Deviation-Amplifying Processes in Natural Groups«, in Haley, J. (Hrsg.), *Changing Families.* New York, Grune and Stratton, 1971.
Hoffman, L., »'Enmeshment' and the Too Richly Cross-Joined System«, *Family Process* 14 (1975), 457—468.
Hoffman, L., and L. Long, »A Systems Dilemma«, *Family Process* 8 (1969), 211—234.
Holmes, T. H., and R. H. Rahe, »The Social Readjustive Rating Scale«, *Journal of Psychosomatic Research* 11 (April 1967), 213—218.

Hsu, F., »Kinship and Ways of Life: An Explanation«, in *Psychological Anthropology: Approaches to Culture and Personality.* Homewood, Ill.: Richard D. Irwin, 1961.

Jackson, D. D., »The Question of Family Homeostatis«, *The Psychiatric Quarterly Supplement* 31 (1957), 79—90.
Jackson, D. D., »The Role of the Individual«. Address to Conference on Mental Health and the Idea of Mankind, Annual Meeting, Council for the Study of Mankind, Chicago, 1964.
Jackson, D. D., Therapy, Communication and Change. Palo Alto, Calif.: Science and Behavior Books, 1967.
Jackson, D. D., *The Mirages of Marriage.* New York: W. W. Norton, 1968.
Jackson, D. D., »Family Interaction, Family Homeostasis and Some Implications for Conjoint Family Therapy«, in Masserman, J. (Hrsg.), *Individual and Familial Dynamics.* New York: Grune and Stratton, 1959.
Jackson, D. D., and I. Yalom, »Conjoint Family Therapy as an Aid to Intensive Psychotherapy«, in Jackson, D. D. (Hrsg.), *Therapy, Communication and Change.* Palo Alto, Calif.: Science and Behavior Books, 1968.

Kantor, D., and W. Lehr, Inside the Family. San Francisco, Calif.: Jossey-Bass, 1975.
Keeney, B., »Ecosystemic Epistemology: An Alternatlive Paradigm for Diagnosis«, *Family Process* 18 (1979), 117—129.

Laing, R. D., and A. Esterson, Sanity, Madness, and the Family. New York: Basic Books, 1971. dt.: Wahnsinn und Familie. Köln (Kiepenheuer und Witsch), 1975.
Langsley, D., and D. Kaplan, *Treating Families in Crisis.* New York: Grune and Stratton, 1968.
LeVine, R., »Intergenerational Tensions and Extended Family Structures in Africa«, in Barash and Scourby, *Marriage and the Family,* S. 144—164.
Lederer, W., and D. D. Jackson, Mirages of Marriage. New York: W. W. Norton, 1968. dt.: Ehe als Lernprozeß. München (Pfeiffer), 1972.
Le Masters, E. E., »Parenthood as Crisis«, in Parad and Caplan, *Crisis Intervention.*
Lennard, H., and A. Bernstein, *Patterns in Human Interaction.* San Francisco, Calif.: Jossey-Bass, 1970.
Lidz, T., et al., »The Intrafamilial Environment of Schizophrenic Patients: II. Marital Schism and Marital Skew«, *American Journal of Psychiatry* 114 (1957): 241—248.
Lidz, T., A. R. Cornelison, S. Fleck, and D. Terry, »Schism and Skew in the Families of Schizophrenics«, in BellE N. W., and E. F. Vogel (Hrsg.), *A Modern Introduction to the Family.* Glencoe, Ill.: Free Press, 1960, S. 595—607.
Lindemann, Eric, »Symptomatology and Management of Acute Grief«, in Parad, H. and G. Caplan (Hrsg.), *Crisis Intervention: Selected Readings.* New York: Family Service Association of America 1969.

Madanes, C., and J. Haley, »Dimensions of Family Therapy«, *Journal of Nervous and Mental Disease* 1965 (1977), 88—98.
Madanes, C., »Protection, Paradox and Pretending«, *Family Process* 19 (1980), 73—85.
Maruyama, M., »The Second Cybernetics: Deviation-Amplifying Mutual Causal Processes«, in Buckley. W. (Hrsg.), *Modern Systems Research for the Behavioral Scientist.* Chicago: Aldine, 1968.
Merton, R., *On Theoretical Sociology.* Glencoe, Ill.: Free Press, 1967.
Miller, S. J., »The Social Base of Sales Behavior«, *Social Problems* 12 (1964), 15—24.
Minuchin, S., et al., *Families of the Slums.* New York: Basic Books, 1968.
Minuchin, S., Families and Family Therapy. Cambridge, Mass.: Harvard University Press, 1974. dt.: Familie und Familientherapie. Freiburg (Lambertus), 1977.
Minuchin, S., B. L. Rosman, and L. Baker, Psychosomatic Families. Cambridge, Mass.: Harvard University Press, 1978. dt.: Psychosomatische Krankheiten in der Familie. Stuttgart (Klett), 1981.
Minuchin, S., and A. Barcai, »Therapeutically Induced Family Crisis«, in Masserman, J. H. (Hrsg.) *Science and Psychoanalysis.* New York: Grune and Stratton, 1969.

Napir, A. Y., with Carl Whitaker, The Family Crucible: Harper and Row, 1978. dt.: Tatort Familie. Köln (Diederichs).
Nett, R., »Conformity-Deviation and the Social Control Concept«, in Buckley, W. (Hrsg.), *Modern Systems Research for the Behavioral Scientist.* Chicago: Aldine, 1968.
Neumann, J. von, and O. Morgenstern, *Theory of Games and Economic Behavior.* Princeton, N. J.: Princeton University Press, 1947.

Papp, P., (Hrsg.), *Family Therapy: Full Length Case Studies.* New York: Gardner Press, 1977.
Papp, P., »Family Sculpting in Preventive Work with 'Well' Families«, *Family Process* 12 (1973), 197—212.
Papp, P., »The Use of Fantasy in a couples Group«, in Andolfi, M., and I. Zwerling (Hrsg.), *Dimensions of Family Therapy.*
Paul, N., »The Role of Mourning and Empathy in Conjoint Marital Therapy«, in Zuk, G., and I. Boszormenyi-Nagy (Hrsg.), *Family Therapy and Disturbed Families.*
Paul, N., and B. Paul, A Marital Puzzle. New York: W. W. Norton, 1975. dt.: Puzzle einer Ehe. Stuttgart (Klett), 1979.
Platt, J., »Hierarchical Growth«, *Bulletin of Atomic Scientists* (November 1970).
Prigogine, I., »Structure, Dissipation and Life«, in *Theoretical Physics and Biology.* Amsterdam, Holland: North-Holland Publishing Co., 1969, S. 23—32.
Prigogine, I., »L'ordre a partir du chaos«, *Prospective et Santé* 13 (June 1980), 29—39.

Rabkin, R., *Inner and Outer Space.* New York: W. W. Norton, 1970.
Rabkin, R., »A Critique of the Clinical Use of the Double Bind«, in Sluzki, C., and D. Ransom (Hrsg.), *Double Bind: The Communicational Approach to the Family.* New York: Grune and Stratton, 1976, S. 287—306.
Rapoport, L., »The State of Crisis: Some Theoretical Considerations«, in Parad and Caplan, *Crisis Intervention.*
Raush, H., et al., *Communication. Conflict and Marriage.* San Francisco, Calif.: Jossey-Bass, 1974.
Ravich, R., *Predictable Pairing.* New York: Peter H. Wyden, 1974.
Reiss, D., Varieties of Consensual Experience«, *Family Process* 10 (1971), 1—35.
Reiss, D., »The Working Family: A Researcher's View of Health in the Household«, Distinguished Psychiatrist Lecture, Annual Meeting of the American Psychiatric Association, San Francisco, 1980.
Riskin, J., and E. Faunce, »An Evaluative Review of Family Interaction and Research«, *Family Process* 11 (1972), 365—455.
Ross, A., »The Substructure of Power and Authority«, in Barash, M., and A. Scourby (Hrsg.), *Marriage and the Family.* New York: Random House, 1970.
Ruesch, J., and G. Bateson, *Communication: The Social Matrix of Society.* New York: W. W. Norton, 1951.

Sager, C., *Marriage Contracts and Couple Therapy.* New York: Brunner/Mazel.
Salomon, M., »Entretien avec Prigogine«, *Prospective et Santé* 13 (June 1980), 41—58.
Sampson, H., S. L. Messinger, and R. D. Towne, »Family Process and Becoming a Mental Patient«, *American Journal of Sociology* 68 (1962), 88—96.
Satir, V., *Conjoint Family Therapy.* Palo Alto, Calif.: Science and Behavior Books, 1964.
Selvini Palazzoli, M., et al., Paradox and Counterparadox. New York: Jason Aronson, 1978. Dt.: Paradoxon und Gegenparadoxon. Stuttgart (Klett), 1977.
Selvini Palazzoli, M., *Self-Starvation.* New York: Jason Aronson. 1978.
Selvini Palazzoli, M., et al., »Hypothesizing—Circularity—Neutrality«, *Family Process* 19 (1980), 3—12.
Selvine Palazzoli, M., et al., »The Problem of the Referring Person«, *Journal of Marital and Family Therapy,* 6 (1980), 3—9.
Shepard, P., and D. McKinley (Hrsg.), *The Subversive Science: Essays Toward and Ecology of Man.* Boston: Houghton Mifflin, 1969.
Simon, H., »Comments on the Theory of Organization«, *American Political Science Review* 46 (1952), 1130—1139.
Singer, M. T., and L. C. Wynne, »Differentiating Characteristics of Parents of Childhood Schizophrenics, Childhood Neurotics, and Young Adult Schizophrenics«, *American Journal of Psychiatry* 120 (1963), 234—243.
Sluzki, C., and D. Ransom (Hrsg.), *Double Bind: The Foundation of the Communicational Approach to the Family.* New York: Grune and Stratton, 1976.
Sluzki, C., et al., »Transactional Disqualification: Research on the Double Bind«, in Watzlawick, P., and J. Weakland (Hrsg.), *The Interactional View.* New York: W. W. Norton, 1977.
Sluzki, C. »Marital Therapy from a Systems Therapy Perspective«, in Paolino, T. J. and B. S. McCrady (Hrsg.), *Marriage and Marital Therapy.*
Solomon, M., »A Developmental Premise for Family Therapy«, Family Process 12 (1973), 179—188.
Speck, R. V. und C. L. Attneave (1973): Family Networks — A New Approach to Family Problems. New York (Pantheon). Dt.: Die Familie im Netz sozialer Beziehungen. Freiburg (Lambertus) 1976.
Speck, R., and C. Attneave, *Family Networks.* New York: Vintage Books, 1974.
Speer, A., »Family Systems: Morphostasis and Morphogenesis«, *Family Process* (1970), 259—278.

Schroedinger, E., *What Is Life?* Cambridge: Cambridge University Press, 1945.

Stanton, A., and M. Schwartz, *The Mental Hospital.* New York: Basic Books, 1964.
Stanton, M. D., »Strategic Approaches to Family Therapy«, in Gurman, A., and D. Kniskern (Hrsg.), *Handbook of Family Therapy.* New York: Brunner/Mazel, 1981.
Steinglass, P., I. D. Davis, and D. Berenson, »Observations of Conjointly Hospitalized 'Alcoholic Couples' During Sobriety and Intoxication«, *Family Process* 16 (1977), 1—16.
Stierlin, Helm, *Separating Parents and Adolescents.* New York: Quadrangle/New York Times Book Co., 1972.

Taylor, H. F., *Balance in Small Groups.* New York: Van Nostrand-Reinhold, 1970.
Taylor, W., »Research on Family Interaction: Static and Dynamic Models«, *Family Process* 9, 1970, 221—232.
Taylor, W., »Research on Family Interaction I: A Methodological Note«, *Family Process* 9 (1970), 221—232.
Thomas, Lewis, *Lives of a Cell.* New York: Bantam Books, 1974.

Vogel, E. F., and N. W. Bell, »The Emotionally Disturbed Child as the Family Scapegoat«, in Bell, N. W., and Ezra F. Vogel (Hrsg.), *The Family.* Glencoe, Ill.: Free Press, 1960, S. 382—397.

Watzlawick, P., »A Review of the Double Bind Theory«, *Family Process* 2 (1963), 132—153.
Watzlawick, P., J. Beavin, and D. D. Jackson, *Pragmatics of Human Communication.* New York: W. W. Norton, 1967, S. 243—244. Dt.: Menschliche Kommunikation, Huber, Bern.
Watzlawick, P., J. Weakland, and R. Fisch, *Change: The Principles of Problem Formation and Problem Resolution.* New York: W. W. Norton, 1974. Dt.: Lösungen. Zur Theorie und Praxis menschlichen Wandels. Huber.

Wertheim, E., »Family Unit Therapy and the Science and Typology of Family Systems«, *Family Process* 12 (1973), 361—376.
Weakland, J., »The Double Bind Theory by Self-Reflexive Hindsight«, *Family Process* 13 (1974), 269—277.
Weakland, J., »The Double Bind Hypothesis of Schizophrenia and Three-Party Interaction«, in Sluzki, C., and D. Ransom (Hrsg.), *Double Bind: The Foundation of the Communicational Approach to the Family.* New York: Grune and Stratton, 1976.
Weakland, J., and W. Fry, »Letters of Mothers of Schizophrenics«, *American Journal of Psychiatry* 32 (1962), 604—623.
Weakland, J., and D. D. Jackson, »Patient and Therapist Observations on the Circumstances of a Schizophrenic Episode«, *A.M.A. Archives of Neurology and Psychiatry* 79 (1958). 554—574.
Weakland, J., R. Risch, P. Watzlawick, and A. Bodin, »Brief Therapy: Focused Problem Resolution«, *Family Process* 13 (1974), 141—168.
Whitaker, C., »Power Politics of Family Psychotherapy«. Presented at the American Group Psychotherapy Association Conference, February 1973.
Whitaker, C., »Psychotherapy of the Absurd«, *Family Process* 14 (1975), 1—16.
Whitehead, A. N., and B. Russell, *Principia Mathematica.* Cambridge: Cambridge University Press, 1910.
Wiener, N., *The Human Use of Human Beings.* New York: Anchor Books, 1954.
Wild, C., L. Shapiro, L. Goldenberg, »Transactional Disturbances in Families of Male Schizophrenics«, *Family Process* 14 (1975), 131—160.
Wilkins, L. T., »A Behavioral Theory of Drug Taking«, in Buckley, W. (Hrsg.), *Modern Systems Research for the Behavioral Scientist.* Chicago: Aldine, 1968, S. 421—427.
Wolff, Kurt H., *The Sociology of Georg Simmel.* New York: Free Press, Collier-Macmillan, 1950.
Wynne, L. C., »The Study of Intrafamilial Splits and Alignments in Exploratory Family Therapy«, in Ackerman, N. (Hrsg.), *Exploring the Base for Family Therapy.* New York: Family Service Association of America, 1961, S. 95—115.
Wynne, L., »Intrafamilial Splits and Alignments in Exploratory Family Therapy«, in Ackerman, N., et al. (Hrsg.), *Exploring the Base for Family Therapy.* New York: Family Service Association of America, 1961.
Wynne, L. C., et al., »Pseudo-Mutuality in the Family Relations of Schizophrenics«, *Archives of General Psychiatry* 9 (1963), 161—206.
Wynne, L. C., (1976): On the Anguish and creative passions of not escaping double binds: A Reformulation. In: C. Sluzki u. D. C. Ransom (Hrsg.), Double Bind: Foundation of the Communicational Approach to the Family. New York (Grune & Stratton). Dt.: Über Qual und schöpferische Leidenschaft im Banne des »double bind« — eine Neuformulierung. Familiendynamik 1 (1976), 24—35.
Wynne, L. C., and Singer, M. T., »Thought Disorder and Family Relations of Schizophrenics: I. A Research Strategy. II. A Classification of Forms of Thinking«, *Archives of General Psychiatry* 9 (1963), 191—206.

Zwerling, I. (Hrsg.), *Dimensions of Family Therapy.* New York: Guilford Press, 1980.

INDEX

BÜCHER BEI ISKO–PRESS

K.Vopel, Interaktionsspiele für Erwachsene, Teil 1 bis 6
K.u.R.Vopel, Ich und Du. Ein Kommunikationstraining für Partner
K.Vopel, Handbuch für Gruppenleiter. Zur Theorie und Praxis der Interaktionsspiele
H.Böschemeyer u.K.Vopel, Kommunikation im ersten Schuljahr
K.Vopel, Interaktionsspiele für Kinder, Teil 1 bis 4
K.Vopel, Interaktionsspiele für Jugendliche, Teil 1 bis 4
K.u.R.Vopel, Selbstakzeptierung und Selbstverantwortung, Teil 1 bis 3
K.Vopel, Anwärmspiele. Experimente für Lern- und Arbeitsgruppen
K.Vopel, Anfangsphase, Teil 1 und 2
K.Vopel, Störungen, Blockaden, Krisen
S.Alex u.K.Vopel, Lehre mich nicht, laß mich lernen, Teil 1 bis 4
Materialien für Gruppenleiter:
Diagnose der Gruppensituation – Gestaltung der Schlußphase – Kommunikationsregeln in Gruppen – Umgang mit Konflikten – Teamentwicklung – Briefe als Lernstrategie – Ziele –
K.Vopel, Dialog mit der Zukunft. Experimente für Kinder und Jugendliche
M.Ehrlich u.K.Vopel, Wege des Staunens. Experimente für die rechte Hemisphäre, Teil 1: Kreatives Schreiben – Teil 2: Malen und Formen – Teil 3: Phantasiereisen
M.Woisin, Integrität und Erinnerung. Kreative Arbeit mit älteren Menschen. Teil 1 und 2

Eric Marcus, Gestalttherapie
Eric Marcus, Weiße Indianer. Wege der Gestalttherapie
Eric Marcus, Logik des Unlogischen
Fanita English: Transaktionsanalyse. Gefühle und Ersatzgefühle in Beziehungen
Eva Leveton, Mut zum Psychodrama
William Schutz, Encounter
Joseph Shorr, Psychoimagination
Lynn Hoffman, Grundlagen der Familientherapie. Konzepte für die Entwicklung von Systemen
D.Gordon u.M.Meyer-Anderson, Phoenix. Therapeutische Strategien von Milton H.Erickson
Sidney Rosen, Die Lehrgeschichten von Milton H. Erickson
Bradford Keeney, Ästhetik des Wandels

Stanley Keleman, Lebe dein Sterben
Howard Halpern, Abschied von den Eltern. Eine Anleitung für Erwachsene, die Beziehung zu den Eltern zu normalisieren
Howard Halpern, Festhalten oder Loslassen. Wie Eltern zu ihren erwachsenen Kindern eine bessere Beziehung herstellen können
Howard Halpern, Liebe und Abhängigkeit. Wie wir übergroße Abhängigkeit in einer Beziehung beenden können.
Gerald May, Der sanfte Weg. Ein Meditationshandbuch
Burkhard Treude (Hg.), Organisationsentwicklung. Praxismodelle in der Bundesrepublik
Helga Ruh, Zwischenzeit. Prosagedichte
Shulamit Arnon, Zwischen Tradition und Wagnis. Frauen aus Israel erzählen
Heidemaria Böschemeyer, Kindergeburtstag. Spiele ohne Verlierer
Claire Unna, Blau ist der Himmel. Vom Malstil des Kindes zwischen 6 und 9
Roman Rabe, Karawane meiner Träume. Schreibanregungen für Kinder
Violetta Wal, Eine Kiste voller Bilder. Malanregungen für Kinder

ISKO–PRESS, Walderseestraße 56, 2000 Hamburg 52, Tel. 040/8801022